本书受中国历史研究院学术出版经费资助

中国历史研究院
Chinese Academy of History

学 术 出 版 资 助

阿马尔那时代
西亚北非大国外交研究

袁指挥 著

社会科学文献出版社
SOCIAL SCIENCES ACADEMIC PRESS (CHINA)

图 1　西亚北非卫星地图

资料来源：Joan Aruz, Kim Benzel and Jean M. Evans, *Beyond Babylon: Art, Trade, and Diplomacy in the Second Millennium B.C.*, New York: Metropolitan Museum of Art, 2008, p. 10.

图 2　美西林的石权标头

资料来源：戴尔·布朗《苏美尔：伊甸园的城市》，王淑芳译，广西人民出版社 2002 年版，第 128 页。

图 3　阿卡德王那拉姆辛胜利石碑

资料来源：Kim Benzel, Sarah B. Graff, Yelena Rakic and Edith W. Watts, eds., *Art of the Ancient Near East: A Source for Educators*, New York: The Metropolitan Museum of Art, 2010, p. 36.

图 4　埃博拉出土的雪花石膏盖子

资料来源：Joan Aruz and Ronald Wallenfels, eds., *Art of the First Cities: the Third Millennium B.C. from the Mediterranean to the Indus*, New York: Metropolitan Museum of Art, 2003, p. 253.

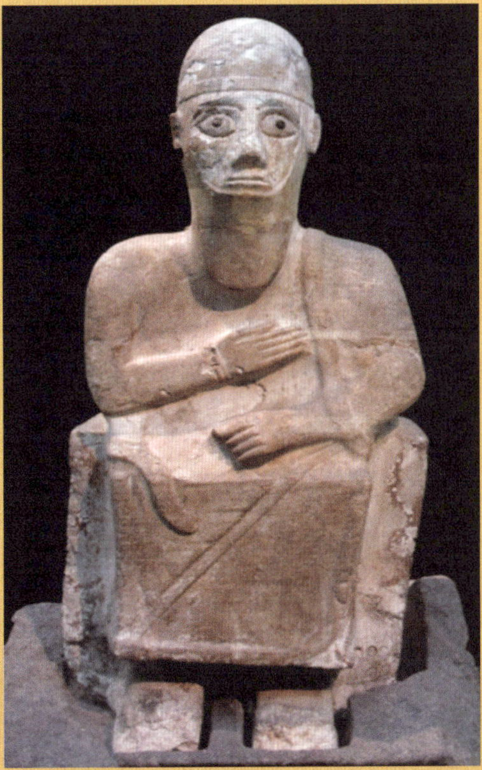

图 5　阿拉拉赫王伊德里米的雕像

资料来源：Trevor Bryce, *Atlas of the Ancient Near East: From Prehistoric Times to the Roman Imperial Period*, New York and London: Routledge, 2016, p. 126.

图 6　伊楠娜神庙的前面

资料来源：Joan Aruz, Kim Benzel and Jean M. Evans, *Beyond Babylon: Art, Trade, and Diplomacy in the Second Millennium B.C*, New York: Metropolitan Museum of Art, 2008, p. 200.

图 7　哈图萨遗址

资料来源：Joan Aruz, Kim Benzel and Jean M. Evans, *Beyond Babylon: Art, Trade, and Diplomacy in the Second Millennium B.C*, p. 186.

图 8　埃赫那吞宗教改革（法老夫妇崇拜阿吞神）

资料来源：*Ancient Egypt and the Near East: an Illustrated History*, New York: Marshall Cavendish Reference, 2011, p. 36.

图 9　杜尔 - 库里加尔祖城遗址的塔庙遗迹

资料来源：Michael Roaf, *Cultural Atlas of Mesopotamia and the Ancient Near East*, Oxford: Equinox, 1990, p. 141.

图 10　赫梯士兵雕像

资料来源：*Ancient Egypt and the Near East: an Illustrated History*, p. 85

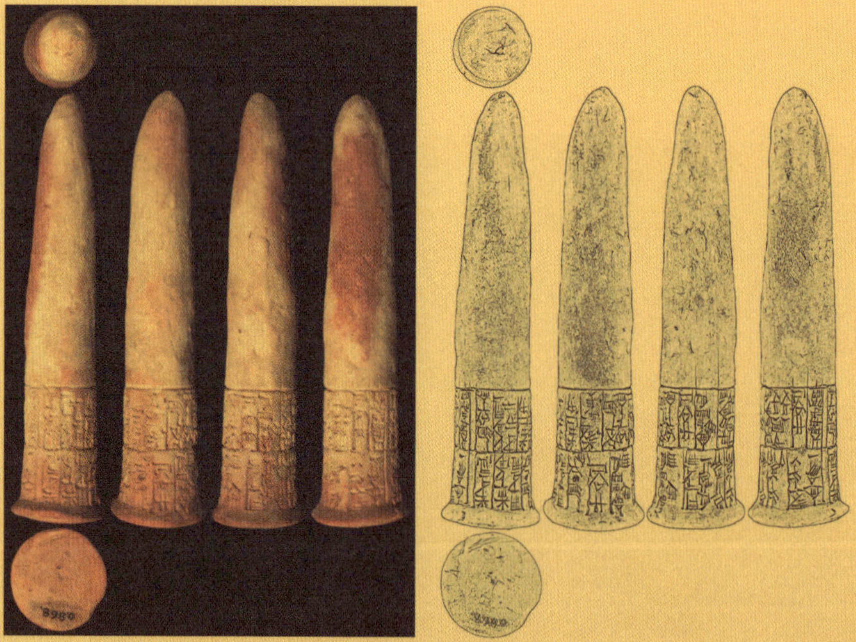

图 11　拉伽什王恩台美那的泥椎（记载与乌鲁克的兄弟关系）

资料来源：Hendrik Hameeuw, "Mesopotamian Clay Cones in the ancient Near East Collections of the Royal Museums of Art and History," *Bulletin des Musées Royaux d'Art et d'Histoire*, Bruxelles, Tome 84, 2013, p. 12.

图 12 “那拉姆辛条约”（背面）

资料来源：https://www.livius.org/pictures/iran/susa/susa-museum-pieces/treaty-between-naram-sin-and-elam/.

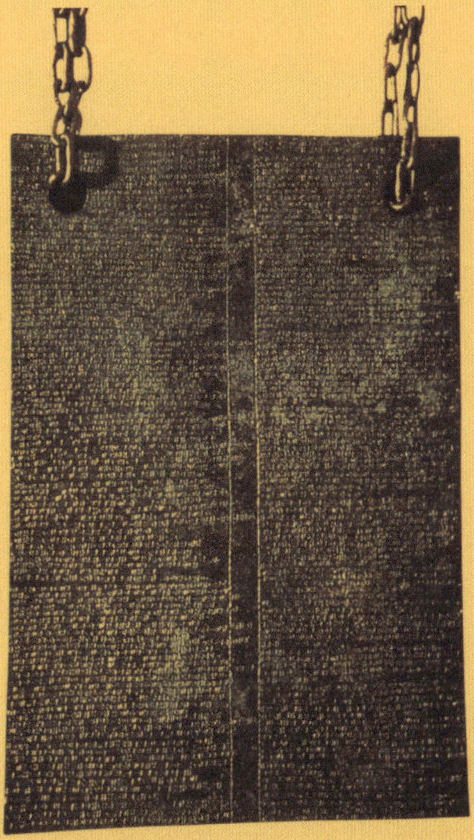

图 13 图德哈里四世与塔尔珲塔萨的国王库伦塔的铜板条约

资料来源：戴尔·布朗编《安纳托利亚：文化繁盛之地》，王淑芳等译，广西人民出版社 2002 年版，第 66 页。

图 14 《苏美尔王表》(泥棱柱)

资料来源：Joan Aruz and Ronald Wallenfels, eds., *Art of the First Cities: the Third Millennium B.C. from the Mediterranean to the Indus*, p. 467.

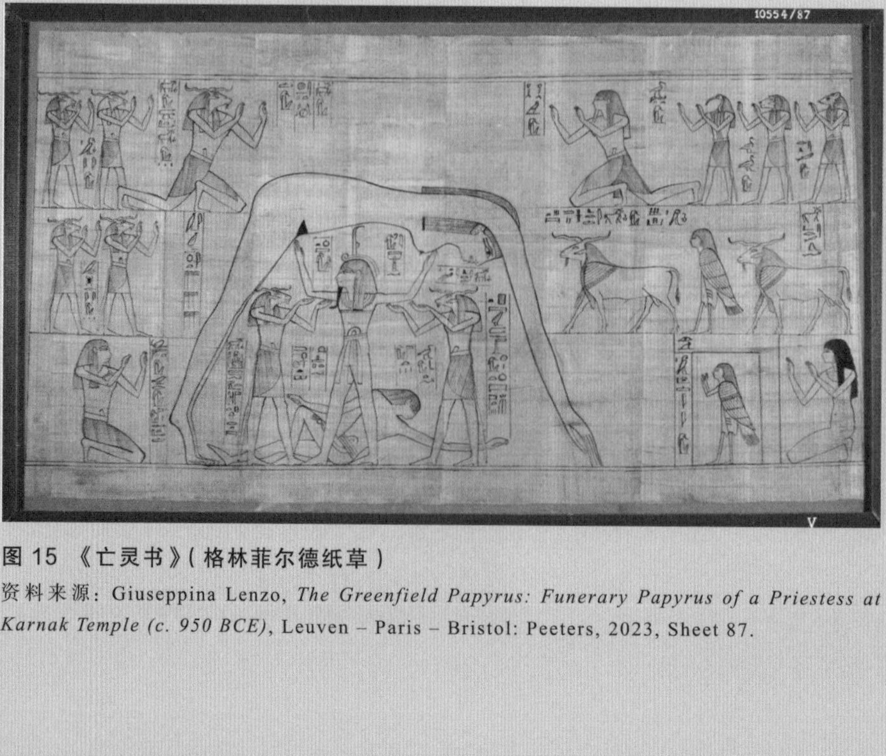

图 15 《亡灵书》(格林菲尔德纸草)

资料来源：Giuseppina Lenzo, *The Greenfield Papyrus: Funerary Papyrus of a Priestess at Karnak Temple (c. 950 BCE)*, Leuven – Paris – Bristol: Peeters, 2023, Sheet 87.

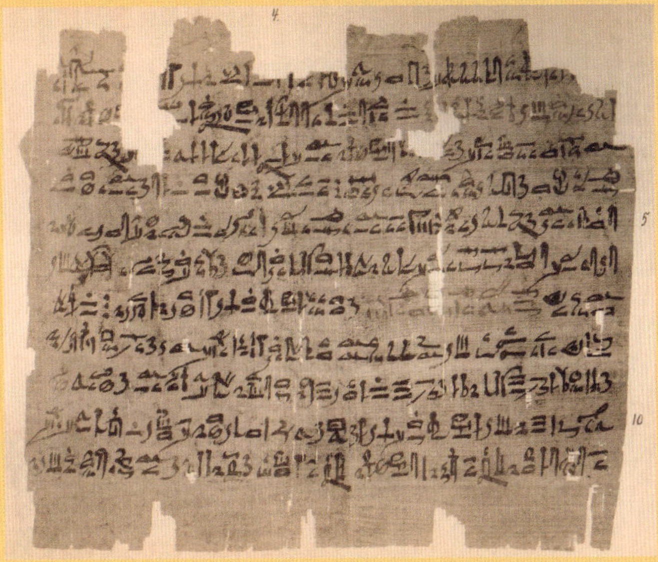

图 16 《对美利卡拉王的教谕》（卡尔斯贝格纸草六）

资料来源：Aksel Volten, *Zwei Altägyptische Politische Schriften: Die Lehre für König Merikarê (Pap. Carlsberg VI) und die Lehre des Königs Amenemhat*, København: Einar Munksgaard, 1945, p. 1.3。

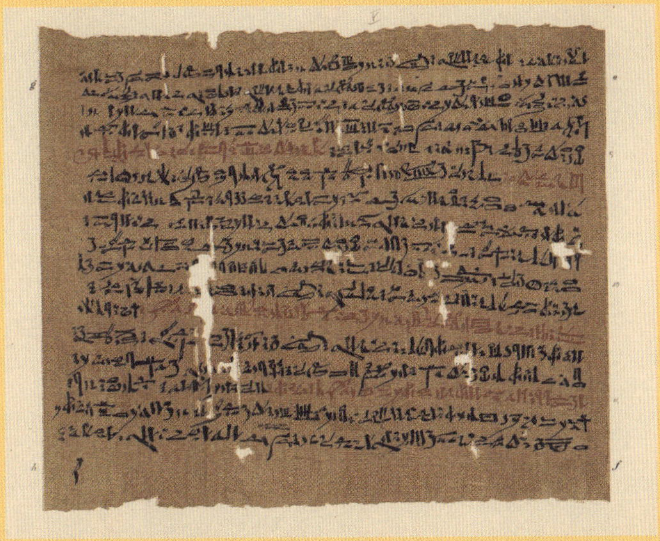

图 17 《阿尼教谕》（布拉克纸草四）

资料来源：Auguste Mariette, *Les Papyrus Égyptiens du Musée de Boulaq*, Bd. 1, Paris: Librairie A. Franck, 1871, p. 1.18。

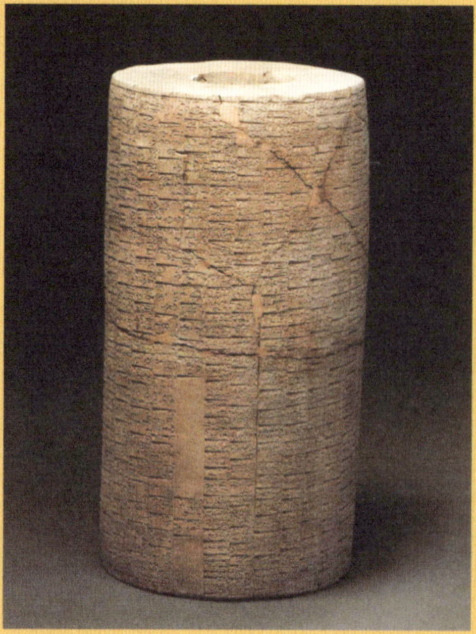

图 18　古迪亚的圆柱

资料来源：Zainab Bahrani, *Mesopotamia: Ancient Art and Architecture*, London: Thames & Hudson, 2017, p. 149.

图 19　卡尼什遗址

资料来源：Joan Aruz, Kim Benzel and Jean M. Evans, *Beyond Babylon: Art, Trade, and Diplomacy in the Second Millennium B.C*, p. 71.

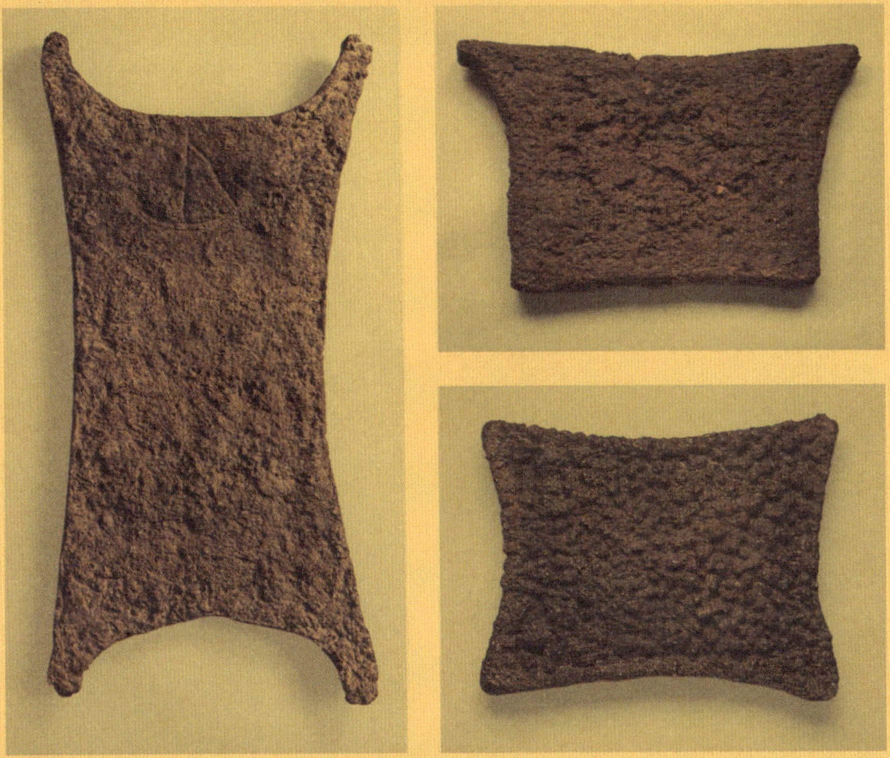

图 20　牛皮铜锭（乌鲁布伦沉船）

资料来源：Joan Aruz, Kim Benzel and Jean M. Evans, *Beyond Babylon: Art, Trade, and Diplomacy in the Second Millennium B.C*, p. 308.

图 21　叙利亚人向埃及进贡马匹

资料来源：Joan Aruz, Kim Benzel and Jean M. Evans, *Beyond Babylon: Art, Trade, and Diplomacy in the Second Millennium B.C*, p. 155.

图 22　埃及壁画中的战车

资料来源：*Ancient Egypt and the Near East: an Illustrated History*, p. 34.

图 23　塞浦路斯出土的青铜架子

资料来源：Joan Aruz, Kim Benzel and Jean M. Evans, *Beyond Babylon: Art, Trade, and Diplomacy in the Second Millennium B.C*, p. 312.

中国历史研究院学术出版资助项目
出版说明

为了贯彻落实习近平总书记致中国社会科学院中国历史研究院成立贺信精神，切实履行好统筹指导全国史学研究的职责，中国历史研究院设立“学术出版资助项目”，面向全国史学界，每年遴选资助出版坚持历史唯物主义立场、观点、方法，系统研究中国历史和文化，深刻把握人类发展历史规律的高质量史学类学术成果。入选成果经过了同行专家严格评审，能够展现当前我国史学相关领域最新研究进展，体现我国史学研究的学术水平。

中国历史研究院愿与全国史学工作者共同努力，把“中国历史研究院学术出版资助项目”打造成为中国史学学术成果出版的高端平台；在传承、弘扬中国优秀史学传统的基础上，加快构建具有中国特色的历史学学科体系、学术体系、话语体系，推动新时代中国史学繁荣发展，为实现“两个一百年”奋斗目标、实现中华民族伟大复兴的中国梦贡献史学智慧。

中国历史研究院

2020 年 3 月

目　录

图表目录

序　言

从公元前16世纪中叶开始，随着埃及新王国在叙利亚—巴勒斯坦地区（后文简称“叙巴地区”）的扩张，以埃及为代表的北非地区开始与西亚地区的地区性体系对接起来，从而使得古代西亚北非的外交体系进入一个全新的时代。当时，绝大多数国家都是这个体系的成员，既有埃及、米坦尼、巴比伦、赫梯、亚述等西亚北非大国，也有两个独立国家——阿拉什亚、阿尔扎瓦，还有依附于大国的一大批小国，这些国家之间开展了丰富多彩的外交活动，发展出一种“毫不夸张地称之为世界政治”[①]的大国外交形态，学界把此时期的外交称为“阿马尔那外交”[②]，把这个时代叫作“阿马尔那时代”，它标志着古代西亚北非的外交的成熟。

尽管阿马尔那时代的西亚北非的外交体系层次多样，但是，在其中起决定作用的是大国。巴里·布赞、琳娜·汉森认为，大国主导了国际体系中的权力配置与走向，是国际秩序的核心驱动力，因此，国际关系学把大国作为最重要的国际体系变迁的“驱动力”加以研究。[③]布赞、汉森的论断，同样适用于阿马尔那时代西亚北非

① 罗曼·赫尔佐克：《古代的国家——起源和统治形式》，赵蓉恒译，北京大学出版社1998年版，第212页。

② 西方学界在1996年组织了一次学术会议，会后出版了名为《阿马尔那外交》的论文集，此后，学界常用阿马尔那外交来称呼泥板书信所反映的古代西亚北非的外交状况。

③ 巴里·布赞、琳娜·汉森：《国际安全研究的演化》，余潇枫译，浙江大学出版社2011年版，第54—57页。

外交关系研究。研究阿马尔那时代西亚北非外交体系的演变及走向，必然要从大国外交入手，通盘考察埃及、米坦尼、巴比伦、赫梯、亚述之间的外交博弈，才能获得有关阿马尔那时代的西亚北非外交的整体性、系统性认知。

一 国内外的研究现状与展望

对于阿马尔那时代西亚北非大国关系的研究，应该说与阿马尔那泥板①的发现和解读是密切相关的。因此，很有必要对一个多世纪以来学界对泥板书信的解读进程以及相关研究成果的情况进行论述。

1887 年，当地人在中埃及的阿马尔那首先发现了泥板，按照以发现地命名的国际惯例，这些泥板就被命名为阿马尔那泥板。阿马尔那（见图 0-1）是现代阿拉伯人对古埃及第 18 王朝法老埃赫那吞（即阿蒙霍特普四世）的新都埃赫塔吞的称呼。②此后，不断有新的泥板出土，但是，据学者估计，有相当数量的泥板流佚，藏于各大博物馆和收藏家之手的只有 300 多块（如图 0-2）。③一些考古学者在阿马尔那继续发掘，皮特里（Flinders Petrie）在 1891—

① 学界把主要在阿马尔那发现的泥板统称为“阿马尔那泥板”。阿马尔那泥板包括书信与文学作品两类，因此，书信常常被称为阿马尔那泥板书信或阿马尔那书信，本书采用阿马尔那泥板书信的称呼。为了叙述方便，后文把阿马尔那泥板简称为“泥板”，把阿马尔那泥板书信简称为“泥板书信”。

② 阿马尔那这一名称显然是个误称，自公元 8 世纪以来，一个贝督英人部落贝尼·阿姆蓝（Beni Amrân）定居在古代埃及的埃赫塔吞地区，该地区的一个村庄叫作 Et-Till Amarna（Amrân 的复数），早期的考察者将 Till 与 Tell 误认为是同一个词，于是将埃赫塔吞称为阿马尔那。

③ William L. Moran, *The Amarna Letters*, Baltimore and London: The Johns Hopkins University Press, 1992, xiii.

图 0-1 阿马尔那遗址中部区域

资料来源：Steven Snape, *The Complete Cities of Ancient Egypt*, London: Thames & Hudson, 2014, p. 160.

1892 年发掘出 22 块碎片，[①] 1903 年，沙西纳（M. Chassinat）带领法国考古队发掘出了 2 块泥板，其中就包括亚述国王写给埃及法老埃赫那吞的泥板书信。到 1907 年，共发掘出 358 块泥板。截至 1979 年，又有 24 块泥板被相继发掘出来。这样，在阿马尔那共出土了 382 块泥板，其中 350 块是埃及与西亚地区的大国、独立国家以及埃及所属叙巴地区附属国的通信，其他 32 块是文学作品。[②]

在翻译和解读泥板书信方面，集大成者当数挪威亚述学者克努松（J.A.Knudtzon）。克努松在 1907 年、1915 年出版了两卷本的《阿马尔那泥板》，[③] 这部书收入了当时已知的所有泥板书信，并对泥板书信进行了划分和排序，其排序方法得到了学界的认可，

① Edward F. Campbell, "The Amarna Letters and the Amarna Period," *The Biblical Archaeologist*, Vol. 23, No. 1, 1960, p. 4.

② William L. Moran, *The Amarna Letters*, xv.

③ J. A. Knudtzon, *Die El-Amarna-Tafeln*, Leipzig: J. C. Hinrichs'sche Buchhandlung, 1907-1915.

至今仍在沿用。另外一位对泥板研究做出重要贡献的学者是雷尼（Anson F.Rainey），他长期致力于泥板的研究，曾经到世界各地（如伦敦、牛津、柏林、纽约、芝加哥、开罗）收藏有泥板的博物馆，对泥板重新进行抄录、校对。1970年，他出版了《第359—379号阿马尔那泥板》，① 该书收入了1907年以来新发现的泥板，在泥板排序上沿用了克努松所创立的方法，在某种程度上可以说是克努松著作的延续。2015年，雷尼的遗作《阿马尔那书信》一书正式出版，标志着泥板的整理、翻译进入了新的发展阶段，是泥板整理历史上又一个里程碑。② 此外，还有学者对米坦尼与埃及之间的泥板书信进行了整理、研究。阿德勒（Hans-peter Adler）的《米坦尼王图什拉塔的阿卡德语》，③ 是一部对米坦尼与埃及的泥板书信进行专门翻译、研究的著作。在该书中，作者重新翻译和校正了米坦尼王图什拉塔用阿卡德语写成的泥板书信，并对这些泥板书信中所涉及的语法等问题做了讨论。

学界在对泥板抄录、校对的同时，也把泥板翻译为现代文字。在泥板的现代文字翻译方面，最有影响力的学者当数莫兰（William L.Moran）。1987年，莫兰出版了《阿马尔那书信》一书，把所有的泥板书信翻译为法文。④ 在书中，他对泥板书信做了全新的解读，但由于他并没有发表他的拉丁化转写，因而无法知晓他是如何翻译泥板书信的。尽管如此，他的成果标志着泥板书信研究进

---

① Anson F. Rainey, *El-Amarna Tablets 359-379*, Kevelaer: Butzon und Bercker, 1970; Anson F. Rainey, *El-Amarna Tablets 359-379*, 2nd and Revised Edition, Kevelaer: Butzon und Bercker, 1978.

② Anson F. Rainey, *The El-Amarna Correspondence: A New Edition of the Cuneiform Letters from the Site of El-Amarna Based on Collations of All Extant Tablets*, 2 Vols., Leiden and Boston: Brill, 2015. 此书由加利福尼亚大学的施尼德温德与雷尼的遗孀齐波拉共同完成。

③ Hans-Peter Adler, *Das Akkadische des Königs Tušratta von Mitanni*, Kevelaer: Butzon and Bercker, 1976.

④ William L. Moran, *Les Lettres d'el-Amarna: Correspondance Diplomatique du Pharaon*, Paris: Les Éditions du Cerf, 1987.

入新阶段。1992 年，莫兰出版了该书的英文版，[①] 此后，该书的影响力迅速提升，被学界广泛利用。莫兰的著作被誉为“泥板书信的标准本”，由此可见其在泥板书信整理历史上的地位。1998—1999 年，著名的意大利学者利韦拉尼（Mario Liverani）出版了两卷本的《阿马尔那书信》，把泥板书信翻译成了意大利文。[②]

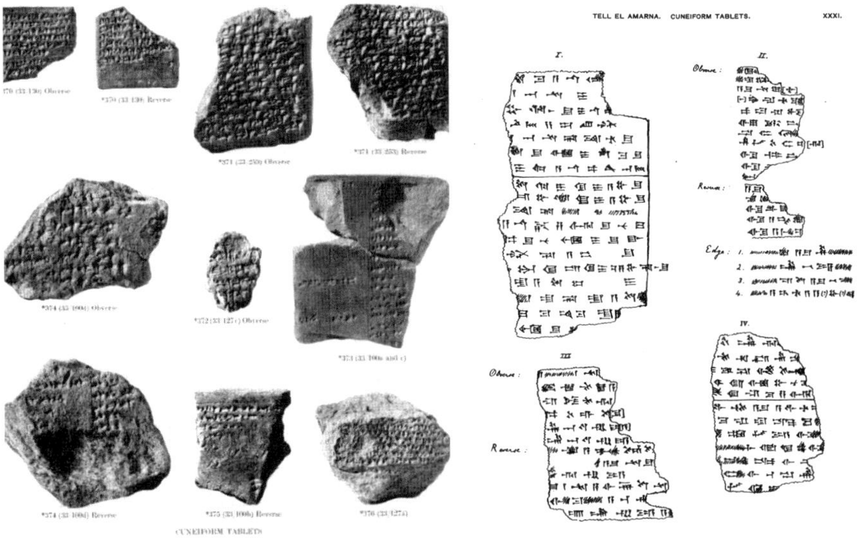

图 0-2　皮特里与彭德伯里挖掘出来的泥板（部分）

资料来源：W. M. F. Petrie, *Tell El Amarna*, London: Methuen & Co., 1894, pl. XXXI; D. S. Pendlebury, *The City of Akhenaten, Part III: The Central City and the Official Quarters, The Excavations at Tell el-Amarna during the Seasons 1926-1927 and 1931-1936*, Vol. 2, London: The Offices of the Egypt Exploration Society, 1951, pl. LXXX.

在对泥板整理、翻译的同时，学界也开始研究泥板中的语言问题。实际上，释读泥板的早期研究者，已经着手研究泥板的语言问

---

① William L. Moran, *The Amarna Letters*.

② Mario Liverani, *Le Lettere di el-Amarna 1: Le Lettere dei 'Piccoli Re*, Brescia: Paideia, 1998; *Le Lettere di el-Amarna 2: Le Lettere dei 'Grandi Re*, Brescia: Paideia, 1999.

题。克努松在其名著《阿马尔那泥板》中，就对泥板的语言做了初步研究，取得了一些成就。在对泥板语言的研究方面，博尔（F. M. T. Bohl）、埃贝林（E. Ebeling）、多尔姆（P. Dhorme）也做出了贡献。此后，一些学者在泥板的语法、词法、句法的研究上，做出了突出贡献。雷尼写作了 4 卷本的《阿马尔那泥板中的迦南语》，其中第 1 卷为正字法、表音法、名词、代词、数词的语法分析，第 2 卷为动词，第 3 卷为副词、小品词，第 4 卷为索引和参考文献。他对动词研究的影响最大，在很大程度上重建了叙巴地区的古语。[①] 伊斯拉埃尔（Shlomo Izre'el）通过分析阿穆鲁写给埃及的泥板书信，写成了 2 卷本的《阿穆鲁的阿卡德语》，极大地推进了人们对阿穆鲁的阿卡德方言的研究。[②] 此后，语言研究呈现继续深化的趋势。2016 年，巴拉诺夫斯基（Krzysztof J. Baranowski）出版了《迦南的阿马尔那书信中的动词》，在前人研究的基础上，进一步推进了对泥板书信中动词的研究。[③]

随着对泥板书信释读的不断精进，学者们对阿马尔那时代大国外交关系的探讨也日益深入。如今，学者们正以多角度、多层次的视角审视当时西亚北非地区各大国之间的外交互动与往来。随着研究的深入，研究的领域逐渐变得宽泛，研究方法也更加多样化，跨学科、多视角的研究日益增多，一批重要的研究成果相继问世。从研究的视角和切入点来看，一个多世纪以来的研究主要聚焦于以下三个方面。

（一）外交关系的研究

在对西亚北非大国外交关系研究方面，就研究方法而言，学界主要有两个研究趋势，一是从泥板书信出发，采用考据、实证的

① Anson F. Rainey, *Canaanite in the Amarna Tablets: A Linguistic Analysis of the Mixed Dialect Used by the Scribes from Canaan*, 4 Vols., Leiden: E. J. Brill, 1996.

② Shlomo Izre'el, *Amurru Akkadian: A Linguistic Study*, 2 Vols., Atlanta: Scholars Press, 1991.

③ Krzysztof J. Baranowski, *The Verb in the Amarna Letters from Canaan*, Winona Lake: Eisenbrauns, 2016.

研究方法，在深入挖掘泥板书信文本信息的基础上，考察西亚北非各国的外交状况。总体上看，这是一种纯粹考据学的研究路径，但也运用了外交学的相关理论和方法。二是立足于泥板书信，结合其他材料（如相关文字材料、考古证据等），从宏观上考察这个时代西亚北非外交关系的演化及其影响。从研究内容来说，也有两个趋势，其一是对个别国家进行研究，其二是以西亚北非为单位进行整体研究。一般而言，考据研究往往以个别国家的外交作为研究对象，而宏观研究往往着眼于整个西亚北非地区。

在采用考据方法对个别国家外交关系研究方面，以色列学者阿茨（Pinhas Artzi）的论文《行动中的外交义务：米坦尼档案》是这一领域的代表作。作者通过对埃及与米坦尼之间的泥板书信的仔细梳理，把阿马尔那时代的埃及与米坦尼的外交关系划分为两个阶段：关系升温阶段和关系恶化阶段。关系升温阶段主要反映在第17号到第25号这9封泥板书信上，表现为两国复交以及两国建立外交联姻关系。而关系恶化阶段主要反映在第26号到第29号这4封泥板书信上，表现在埃及赠送礼物质量下降以及使节往来的中断等方面。① 这篇论文的最大特点是充分挖掘了泥板书信内容，以泥板书信的内容来划分外交发展阶段。但是，这种严重依靠泥板书信文本的分析方法，不能充分、全面再现埃及与米坦尼的外交状况。温静的论文《〈阿玛尔纳书信〉中的埃及与巴比伦》，以埃及与巴比伦的泥板书信为资料，认为巴比伦向埃及提出了相互问候、交换礼物以及互嫁公主等要求，本质上是试图构建一种"家庭比喻"与"虚拟社交"的情境，以便促使埃及融入西亚的外交架构之中，获得最大的利益以维护区域和平。②

一些学者意识到了以上研究的不足，在材料上突破了固守泥板

① Pinhas Artzi, "The Diplomatic Service in Action: The Mitanni File," in Raymond Cohen and Raymond Westbrook, eds., *Amarna Diplomacy: The Beginning of International Relations*, Baltimore and London: The Johns Hopkins University Press, 2000, pp. 205-211.

② 温静：《〈阿玛尔纳书信〉中的埃及与巴比伦》，《外国问题研究》2020年第3期。

书信的做法，辅以其他文献、考古资料，对单个国家的外交进行研究。约翰斯·霍普金斯大学布赖恩（Betsy M. Bryan）的论文《埃及对米坦尼的认知》，以泥板书信为主要材料，参照同期埃及本土的文献、考古资料，梳理了米坦尼与埃及外交关系的全部过程，把两国的外交演变分为四个阶段：早期偶然接触、大规模军事冲突到和平的实现、关系进一步发展与联盟的建立、两国关系的退化及米坦尼的灭亡。在对埃及与米坦尼外交关系的第三、第四个阶段的论述中，该论文作者着重分析了阿蒙霍特普三世统治后期埃及和米坦尼关系衰退和恶化的种种表现，认为在赫梯兴起的背景下，埃及审时度势，逐渐放弃了与米坦尼的友好关系。[①]这篇论文使用材料多样，厘清了米坦尼与埃及外交关系的演变脉络。但是，这种仅局限于两国双边关系的研究，不能以整个西亚北非外交格局的演变为背景，因此，在研究中就事论事，不能深入地看待问题。除了这些专门性研究外，我国学者郭丹彤在其专著《古代埃及对外关系研究》中，在参考丰富的原始资料、考古资料的基础上，对阿马尔那时代的埃及与西亚大国的关系进行了研究，尤其关注埃及与巴比伦、埃及与米坦尼之间的外交关系。[②]

随着研究的深入，宏观性研究突破了以国家为研究对象的樊篱，变为以西亚北非为单位、借助多种材料的整体性宏观研究。笔者和刘凤华的论文《阿玛尔纳时代埃及与巴比伦的关系》，以埃及与巴比伦的外交关系演变为主线，研究了埃及、巴比伦、亚述之间的外交关系。[③]笔者另外一篇论文《论阿玛尔纳时代埃及与米坦尼的关系》以埃及与米坦尼的外交关系演变为主线，研究了埃及、米坦尼、赫梯之间的外交关系。[④]笔者的论文既关注泥板书信文本，也注重

---

① Betsy M. Bryan, “The Egyptian Perspective on Mitanni,” in Raymond Cohen and Raymond Westbrook, eds., *Amarna Diplomacy: The Beginning of International Relations*, pp. 71-84.

② 郭丹彤：《古代埃及对外关系研究》，黑龙江人民出版社 2005 年版，第 105—111 页。

③ 袁指挥、刘凤华：《阿玛尔纳时代埃及与巴比伦的关系》，《内蒙古民族大学学报》2004 年第 3 期。

④ 袁指挥：《论阿玛尔纳时代埃及与米坦尼的关系》，《安徽史学》2005 年第 5 期。

从宏观上把握各国外交走向，特别强调西亚北非的大地域外交特性。

此外，在外交关系扩展和演变方面，也有学者做了探讨。科亨（Raymond Cohen）的论文《伟大的传统：外交在古代世界的扩散》对古代外交进行了深入的探讨，指出外交最早出现在公元前3千纪的西亚城邦时代，中经巴比伦和波斯时期，一直延续到古典时代的希腊和罗马。他分别从外交起源、条约格式的连续性、外交实务和外交观念的转变四个方面对此做了论述。其中对阿马尔那时代的大国外交进行了详细阐释，指出后世的亚述、波斯时代的外交继承了阿马尔那外交。①

（二）外交制度的研究

除了在大国外交实务方面进行分析和研究外，一些学者从外交惯例、制度的角度对这个时期的大国外交进行了全新的审视。从研究内容来看，学界把目光主要聚焦在外交联姻、使节制度以及外交条约三个方面，个别学者对外交中的情报共享、古代外交原则进行了探讨。从研究方法来看，采用了外交学理论与历史分析相结合的方法，在一定程度上坚持了历史主义的原则，避免了古史现代化的倾向。

在外交联姻方面，存在两个研究趋势，一个是以一国的外交联姻为主线进行研究，另一个是以西亚北非为单位对外交联姻进行整体研究，前者更注重考证史实，后者更注重寻求外交联姻中的制度性因素。舒尔曼（Alan R. Schulman）在论文《埃及新王国的外交联姻》中，对阿马尔那时代埃及与西亚地区大国的外交联姻重笔浓描，认为外交联姻是埃及审时度势的外交手段，在国家贫弱时外嫁公主，在国家强大时迎娶公主，埃及将迎娶外国公主作为彰显法老力量的一种手段。该论文特别指出，外交联姻代表了两国君主而

① Raymond Cohen, "The Great Tradition: The Spread of Diplomacy in the Ancient World," *Diplomacy & Statecraft*, Vol. 12, Iss. 1, Mar. 2001, pp. 23-38.

不是两个国家之间的友好关系。[①] 我国学者王海利的论文《古埃及“只娶不嫁”的外交婚姻》梳理了新王国时期埃及的外交联姻，指出埃及采取“只娶不嫁”政策的原因在于埃及人的自我优越感、古埃及妇女较高的社会地位以及埃及的霸权主义思想。[②] 迈耶（Sam A. Meier）的论文《外交和国际婚姻》，从大国文化价值取向的角度论述了王室联姻在阿马尔那时代外交中的作用，指出西亚北非各国文化价值的差异阻碍了王室联姻的顺利进行。[③] 布赖斯（Trevor Bryce）在其著述《古代近东大王之间的书信》中，对大国书信中的婚姻主题进行了别开生面的论述，认为外交联姻是西亚北非大国的外交手段，一般情况下会密切大国之间的外交关系，但是也有恶化彼此关系的可能。[④]

在使节制度方面，主要以西亚北非为单位，对使节进行全方位研究，着重探讨其制度性因素。霍尔默斯（Y. Lynn Holmes）在其论文《阿马尔那书信中的使节》中指出，使节是大国之间外交和经济交往的中介，使节不仅携带书信、运送礼品、解释国王的意图，还是大国之间从事贸易活动的商人。[⑤] 客观地说，霍尔默斯的研究在资料性方面做得很好，但是缺乏制度层面的深究和进一步探讨。格林（John T. Greene）的专著《古代近东信使的地位和信息》第7—43页讨论了古代西亚北非的信使。[⑥] 一位学者对此书

---

① Alan R. Schulman, “Diplomatic Marriage in the Egyptian New Kingdom,” *Journal of Near Eastern Studies*, Vol. 38, No. 3, 1979, pp. 177-193.

② 王海利:《古埃及“只娶不嫁”的外交婚姻》,《历史研究》2002年第6期。

③ Sam A. Meier, “Diplomacy and International Marriage,” in Raymond Cohen and Raymond Westbrook, eds., *Amarna Diplomacy: The Beginning of International Relations*, pp. 165-173.

④ Trevor Bryce, *Letters of the Great Kings of the Ancient Near East*, London and New York: Routledge, 2003.

⑤ Y. Lynn Holmes, “The Messengers of the Amarna Letters,” *Journal of the American Oriental Society*, Vol. 95, No. 3, Jul. - Sep. 1975, pp. 376-381.

⑥ John T. Greene, *The Role of the Messenger and Message in the Ancient Near East*, Atlanta: Scholars Press, 1989.

有如下的评论：该书虽然对苏美尔、巴比伦、亚述、赫梯和乌加里特的使节进行了论证，但是由于所使用的材料不够严谨，出现了很多错误。① 奥勒（Gary Howard Oller）的论文《古代西亚的信使和大使》，对有关使节的术语、使节的任务、使节的礼遇，以及使节的谈判职能等方面进行了翔实的论述，② 但是缺乏制度层面的深入剖析。利韦拉尼在《古代近东国际关系》一书中，按照使节的任务将其划分为三种类型：传递消息的人、较高等级的使节、高级使节。③ 尽管他的这种划分方法是可取的，但是划分的范围比较宽泛且针对性不强。笔者的论文《阿马尔那时代的近东使节》，对使节的分类及构成、使节的职业素养和使命、使节的外交权限及外交特权做了翔实的论述。④ 迈耶的专著《古代塞姆语世界的使节》，从使节的选拔、使节行程、使节抵达出使国、使节传达信息、出使国的招待等方面研究了古代西亚的国家使节和私人的使节，同时还对阿马尔那时代的使节做了分析。⑤

在条约的研究领域，尽管尚无专门针对阿马尔那时代条约的研究成果，但学界在探讨古代西亚北非条约时，已顺带提及了阿马尔那时代的条约问题。莫兰发表的论文《关于塞菲雷石碑中条约术语的一个注释》，提到了泥板书信中的术语与这个石碑中术语的相似性。⑥ 芬山姆（F. Charles Fensham）在其论文《条约和

---

① Sam A. Meier, “Review of John T. Greene, The Role of the Messenger and Message in the Ancient Near East,” *Journal of the American Oriental Society*, Vol. 110, No. 4, 1990, pp.752-753.

② Gary Howard Oller, “Messengers and Ambassadors in Ancient Western Asia,” in Jack M. Sasson, ed., *Civilizations of the Ancient Near East*, Vol. III and IV, Massachusetts: Hendrickson Publishers, 1995, pp. 1465-1473.

③ Mario Liverani, *International Relations in the Ancient Near East, 1600-1100B.C.*, New York: Palgrave, 2001.

④ 袁指挥:《阿马尔那时代的近东使节》,《历史教学》下半月刊，2008 年第 12 期。

⑤ Samuel A. Meier, *The Messenger in the Ancient Semitic World*, Atlanta: Scholar’s Press, 1988.

⑥ William L. Moran, “A Note on the Treaty Terminology of the Sefîre Stelas,” *Journal of Near Eastern Studies*, Vol. 22, No. 3, Jul. 1963, pp. 173-176.

盟约中的父亲和儿子术语》中，围绕父亲与儿子这一对术语，追溯了其在外交文书和条约中的使用历程，指出父亲与儿子术语在泥板书信中仍然表示一种附属关系。[①] 希伯来大学的学者魏因费尔德（M. Weinfeld）的论文《古代近东的盟约术语及其对西方的影响》，从公元前 15 世纪到公元前 13 世纪西亚的盟约术语入手，考察了塞姆语（包括阿卡德语、希伯来语）中条约的表述方式，指出了泥板书信中的条约术语属于塞姆语条约术语体系，阐释了西亚条约术语对古希腊和罗马的条约术语的影响。[②]

在外交情报研究方面，科恩（Raymond Cohen）的论文《阿马尔那书信中的情报》指出，泥板书信的主题是政治情报，泥板书信中存在明显的情报话语格式，例如，我听说某事，这就表明大国之间在情报上是进行交流的。据笔者所知，科恩的论文是目前学界在此方面唯一的研究成果。[③]

除了这些单项研究之外，还出现了综合性的研究成果。笔者的论文《阿马尔那泥板书信中所见的古代近东大国外交方式》，以泥板书信为主要材料，考察了大国外交的途径和一般方式，认为在阿马尔那和平外交中，存在三种外交方式——礼物交换、王室联姻和情报交流，并对这三种外交方式进行了详尽的阐释。笔者指出，礼物交换顺畅与否，是大国关系好坏的晴雨表，而王室联姻则是另外一种“礼物交换”，情报交流是大国之间为了打击共同的威胁而实现的一定程度上的资源共享。[④]

---

① F. Charles Fensham, “Father and Son as Terminology for Treaty and Covenant,” in Hans Goedicke, ed., *Near Eastern Studies in Honor of William Foxwell Albright*, Baltimore and London: The Johns Hopkins Press, 1971, pp. 121-135.

② M. Weinfeld, “Covenant Terminology in the Ancient Near East and Its Influence on the West,” *Journal of the American Oriental Society,* Vol. 93, No. 2, 1973, pp. 190-199.

③ Raymond Cohen, “Intelligence in the Amarna Letters,” in Raymond Cohen and Raymond Westbrook, eds., *Amarna Diplomacy: The Beginning of International Relations*, pp. 85-98.

④ 袁指挥：《阿马尔那泥板书信中所见的古代近东大国外交方式》，《古代文明》2008 年第 3 期。

（三）外交策略的研究

一些学者的研究逐渐从外交关系、外交制度层面上升到外交策略层面。其研究特点在于详细考察书信文本，对文本内容进行前后比对，利用一定理论进行分析。

约翰斯·霍普金斯大学的韦斯特布鲁克（Raymond Westbrook）教授在 2000 年发表的论文《阿马尔那书信中的巴比伦外交》指出，针对埃及国力强大的现实，巴比伦为赢取外交主动而运用了种种外交策略：夸耀富裕来提高国家地位，以两国距离遥远为由拖欠礼物，触犯埃及婚姻禁忌以获得道义上的支持，等等。① 他对巴比伦外交策略的分析很有见地，具有一定的启发性。居内尔（Serdar Güner）、德吕克曼（Daniel Druckman）的论文《阿马尔那外交的一项社会心理学分析》② 与《不完全信息条件下识别公主：一个阿马尔那故事》③ 运用博弈论来分析外交策略。前者更为通俗，多采用语言描述；后者更为专业，使用了复杂的数学计算公式。这两篇文章以埃及法老阿蒙霍特普三世与巴比伦国王卡达什曼恩利尔一世的外交交锋为个案进行分析。在有关探视公主的外交博弈中，卡达什曼恩利尔一世有两种做法：一是应埃及要求派遣使节，二是不派遣使节。而阿蒙霍特普三世也同样面临两个选择——让或不让巴比伦使节看望公主。双方都会进行趋利避害的选择，埃及的选择顺序正好与巴比伦的选择顺序相反，最后得出了埃及最有利的选择是让巴比伦使节看望公主，而巴比伦最有利的选择是不派遣使节，这

---

① Raymond Westbrook, "Babylonian Diplomacy in the Amarna Letters," *Journal of the American Oriental Society*, Vol. 120, No. 3, Jul. - Sep. 2000, pp. 377-382.

② Daniel Druckman and Serdar Güner, "A Social-Psychological Analysis of Amarna Diplomacy," in Raymond Cohen and Raymond Westbrook, eds., *Amarna Diplomacy: The Beginning of International Relations*, pp. 174-188.

③ Serdar Güner and Daniel Druckman, "Identification of a Princess Under Incomplete Information: An Amarna Story," *Theory and Decision*, Vol. 48, No. 4, 2000, pp. 383-407.

样就达到了一个平衡（纳什均衡）。作者进一步分析大国交往中的策略，认为在地位不对等以及双方都明白这种不对等的时候，有效的策略是顺从策略与强制策略相结合，这在阿马尔那书信中随处可见。

笔者的论文《阿马尔那时代近东大国的礼物交换》对阿马尔那时代西亚北非大国交往中的礼物交换及其策略进行了研究，认为大国之间互赠礼物本质上是披着礼物外衣的商品贸易。在礼物交换中，西亚北非大国采取了拖欠策略来实现经济利益最大化。大国所采取的拖欠策略，严重损害其他大国的利益，为此双方不惜采用扣押友邦使节的方法予以反制。大国礼物交换的多次重复博弈的性质，会极大挤压大国不择手段实现自我经济利益最大化的空间。这样，为了实现礼物贸易的初衷，一般西亚北非各大国都会做出合作的姿态，按时派遣使节，赠送等值的礼物。在大国礼物交换中，会不可避免出现拖欠礼物甚至赠送劣质礼物的现象，而在此时多次重复博弈的纠正机制就会发挥作用，会让不遵守规则的大国回到礼物交换的轨道上来。从这个意义上讲，在西亚北非大国礼物交换中出现的拖欠策略，只是等价礼物交换中的插曲而已，不会动摇整个礼物交换的根基。①

（四）研究的优缺点及趋势

在外交关系研究方面，学界各家的差别主要体现在研究对象以及考证手段上。小切口、重文本的研究，能够最大限度地挖掘泥板书信所提供的信息，从而使得研究具有坚实的基础，但不足之处在于材料单一。小切口、多材料的研究，能够把问题放在更多的材料维度中进行审视，在一定程度上弥补了前者的不足。这两类研究的视野较为狭窄，不能从西亚北非外交体系的宏观层面进行综合考察，使人有“只见树木，不见森林”之感。正是在这样的情况下，出现了大切口、多材料的研究，其立足于泥板书信，结合文献、考

① 袁指挥：《阿马尔那时代近东大国的礼物交换》，《东北师大学报》2019年第2期。

古资料，以西亚北非为单位宏观考察各国外交概况。在未来的研究中，小切口微观、大切口宏观的研究固然必不可少，但对于微观与宏观相结合的综合研究的需求也同样迫切。

对外交制度的研究主要集中在外交联姻、使节制度、条约、外交情报方面。其中，对外交联姻、使节制度的研究最为充分且成果颇丰，而对外交情报的研究则只有一篇学术论文，在条约方面至今没有直接的研究成果问世。这些单项性研究的研究对象单一，研究范围狭窄，与厘清外交制度体系的要求存在较大差距。某些学者将礼物交换、外交联姻、情报交流三者相结合进行整体考察，突破单一研究对象的思路，有助于再现外交制度的全貌。由于原始资料的缺乏，对于一些重要的外交惯例或制度，如外交关系建立、中断、复交等程序，境外国民与外交保护，境外犯罪与引渡等问题，学界还不能从制度化的层面做出阐释。未来的研究一方面要对尚未涉及的问题进行探讨，尤其是对原始资料缺乏的某些外交制度，采用文献综合、信息整合的方式进行复原；另一方面要以复原外交制度体系为宗旨进行整体性考察。

在外交策略研究方面，学界主要以巴比伦与埃及的外交为个案，借助文本分析以及博弈论进行研究。借助博弈论进行研究，令人耳目一新，但是适合运用该理论的书信文本并不多。而文本分析却能够突破这个瓶颈，几乎所有的泥板书信都适合使用文本分析的方法，因此，这种研究思路会成为未来外交策略研究的主导路径。

总体上说，虽然泥板书信已经出土一百多年了，但是，从外交史的角度进行研究的成果并不是很多。之所以如此，原因有二。一是翻译的滞后性。全部泥板书信翻译为现代通用语言（英语）是在1992年，此时距离发现书信已经有一百多年了。因此，翻译的滞后给外交史家利用相关材料开展研究带来了很大困难。二是研究旨趣问题。传统外交史家的主要关注点是近现代外交，其即使对古代外交有些许研究，也多关注的是古希腊、古罗马外交，而对古代西亚北非外交很少涉足。

二 主要观点和主要内容

阿马尔那时代的西亚北非外交，在世界外交史上占有重要地位，有学者称之为世界史上第一个外交体系或国际体系。但是，这个体系不是突然出现的，而是古代西亚外交体系逐渐演化的产物；一方面最大限度地保留有古代西亚外交传统的基因，另一方面也受到了埃及文明的强烈影响。

（一）主要观点

学界用“阿马尔那体系”一词来称呼阿马尔那时代西亚北非外交体系。从结构上说，阿马尔那体系具有等级性、层次性。体系顶端的是西亚北非的大国，如埃及、米坦尼、巴比伦、赫梯、亚述，它们是这个体系的主导力量，大国之间的战争与和平决定着这个体系的走向。在阿马尔那时代，对西亚北非的国际秩序起着支配作用的大国，支撑起了学界称为“列强俱乐部”的西亚北非国际关系大厦。第二等级为独立国家，如阿尔扎瓦、阿拉什亚，这些国家或凭借其地缘优势，或借助其资源优势，在整个体系中占有一席之地，成为仅次于大国的重要力量。西亚北非大国的附属国则构成了体系的第三等级，这些附属国依附于大国而生存，成为大国构建的自身势力范围的一部分。不管是埃及还是米坦尼，甚至是巴比伦，以及后来的赫梯，都在其核心地区之外，构建起了自身的势力范围。这些附属国，一方面需要接受宗主国的统治；另一方面也会利用宗主国控制力递减所提供的机会，扩张自己的势力。当然，西亚北非大国之间的外交往来，是以大国作为主导力量的，但是，由于附属国属于大国的势力范围，因此，一些附属国也被卷入大国的外交中，成为大国外交的有机组成部分。

阿马尔那体系的出现，是西亚外交体系与埃及外交体系对接、汇合、碰撞的产物。就西亚外交体系而言，最初在适合农耕的地方形成了一些地区交往圈，笔者称之为“地区性体系”。在公元前3千纪，先后形成了两河流域南部地区、哈布尔河流域地区、叙利亚地区三个地区性体系，当然，地区性体系的地域范围大小，取决于这个体系内部核心区的生产力发展水平的高低。随着生产力水平的提高，核心区的扩张半径会逐渐变长，地区性体系也随之逐渐膨胀起来，其覆盖的范围越来越大，某个地区性体系偶尔会触碰其他地区性体系。比如，在阿卡德时期，两河流域南部地区性体系触碰了哈布尔河流域地区性体系、叙利亚地区性体系，从而形成了体系之间的交往互动局面。随着生产力的进一步发展，两河流域南部的地区性体系的优势凸显出来，其扩张能力大为增强，交往半径显著延长，这个地区性体系与哈布尔河流域地区性体系、叙利亚地区性体系产生了重叠，到了公元前18世纪前后，这些重叠的地区性体系对接形成了横跨两河流域南北地区、叙利亚地区的更大的地区性体系。随着赫梯的兴起并进入北叙利亚地区，已有的体系与小亚连接起来，西亚体系最终形成。而埃及在北非地区一枝独秀，其周边地区都作为资源供给地而遭受掠夺，于是在北非地区逐步形成了以埃及为核心的帝国系统。这一帝国系统本来与西亚体系没有重叠之处，但随着第18王朝对叙巴地区的征伐，埃及接触到了西亚体系，及至埃及与米坦尼议和，埃及加入了西亚体系之中，一个跨越北非、西亚的外交体系——阿马尔那体系随之形成。

在阿马尔那时代，埃及位于北非，米坦尼在两河流域北部、叙利亚地区，亚述位于两河流域北部地区，巴比伦在两河流域南部地区，赫梯在小亚。从地缘政治来看，各国的利益会在叙利亚地区发生叠加、碰撞，这样就依托叙利亚地区形成了阿马尔那时代的大国政治形态。各大国往往以本国为中心，构建起自身的地域疆界和势力范围，而在势力范围相邻或相接的大国之间，往往会建立和发展起更为密切的外交关系，比如，米坦尼、赫梯、埃及形成了较为密切的三方关系。相比较而言，埃及在阿马尔那时代具有超越其他大国的某种优势，所以，相邻的大国往往与埃及形成了较为密切的三边关系。比如，巴比伦、亚述与埃及形成三边外交关系；再如，赫梯、亚述与埃及结成另外一组三边外交关系。当然，这种三边外交关系是有先后顺序的，埃及、米坦尼、赫梯三边关系，以及巴比伦、亚述、埃及三边关系，大致是在同一时期，而赫梯、亚述、埃及三边关系的形成，要稍微晚一些。阿马尔那时代的西亚北非，发生了赫梯兴起、米坦尼亡国、亚述独立等重大事件，推动着阿马尔那体系逐步朝着更加多元化的方向演化。

从阿马尔那体系的形成过程可知，这个体系实际上建立在西亚体系的基础之上，而埃及在叙巴地区的扩张则是促使其最终形成的重要因素。埃及作为最后加入的一员，面对的是一个成熟的西亚外交体系，所以不得不去适应西亚外交传统、文化，让自身融入西亚外交体系之中。在阿马尔那时代，外交惯例或制度大多延续西亚外交的惯例、制度，呈现出很强的历史延续性。但是，与之前的西亚外交相比，阿马尔那时代大国外交表现出明显的制度缺失，这是这个时代的突出特征。就参与者来讲，西亚地区契约、法律发达，加上西亚地区多元化的政治生态，为西亚提供了很多实践多元外交的机会，造就了西亚地区发达的外交制度文化。而埃及的文化传统与西亚地区明显不同，加之北非地区没有可与埃及匹敌的对手，以埃及为核心的帝国体系逐步在北非建立起来。显然，埃及缺乏多元外交往来的经验，也缺乏平等交往的惯例或制度。作为外交惯例或制度缺乏的国家，埃及进入西亚外交体系之中，自然会把埃及的文化带入阿马尔那体系之中，再加上埃及具有超越其他大国的优势，从而削弱了整个体系的制度特征。

在阿马尔那时代，埃及与西亚大国交往中，有着这样或那样的摩擦甚至碰撞。若从埃及与西亚地区的文化差异入手，就能找到这种外交冲突的根源所在。埃及的王权神化程度最高，而西亚地区的王权神化程度较低，这就导致了在对外交往中，埃及往往对西亚的对等外交原则视而不见。从更深的文化背景来看，埃及的秩序世界与混沌世界对立、斗争的宇宙观，与西亚地区的多元宇宙观差别很大，这直接导致了双方对战争、和平的看法有别，埃及把和平看作对手的臣服，而西亚则没有埃及那样的极端观点，对于各国之间的和平交往，容易从现实的角度进行考量，因此，更容易适应阿马尔那时代多元化的外交环境。不管是埃及，还是西亚大国，都确立了自身为中心、他者为边缘的“中心－边缘”观念，但是，经过多元化环境洗礼的西亚国家，反而更容易适应多元化的现实。总体上看，在外交往来中，由于文明的差异与历史上政治生态的差异，埃及在融入西亚外交体系的过程中，出现了自身文化与西亚文化的碰撞。当然，在阿马尔那时代这样一个多元化、多中心的世界中，各国文化也出现了融合的态势，各国为了外交顺畅都做出了努力。比如，埃及的神圣王权与西亚的对等外交产生矛盾时，埃及采取了内外各表的做法；鉴于第 18 王朝埃及国王迎娶姐妹为妻的传统，西亚各国也做出了让步，放弃了公主执掌后权、公主的子嗣继承王权的要求。总之，阿马尔那时代西亚北非文明多样性的现实，促使交往各方都对自己的文化做出了某种修正，以满足各方的文化诉求与现实需求。

在阿马尔那时代政治格局转变的过程中，各国根据自身利益做出了理性的选择。不管是赫梯与米坦尼的战争，还是亚述的扩张战争，埃及与巴比伦就亚述问题的博弈，抑或是埃及与亚述合作对抗赫梯，都体现了各国务实的理性精神。在各国的日常交往中，不管是礼物交换，还是王朝联姻，抑或是其他方面的交往，各国审时度势，采取了最有利的策略，实现了自身利益最大化。总体上看，阿马尔那时代的大国外交，并不是一种原始的外交，而是建立在理性基础上的外交，是古代西亚北非外交史上的一座高峰。

阿马尔那体系具有鲜明的、可识别的特征，这使得它在古代西亚北非外交史上地位独特，甚至不可逾越。在阿马尔那时代，西亚北非地区见证了一个国际性的大国政治时代的出现，塑造出了一个以礼物贸易为核心，以和平交往、交融混同为特征，发挥承前启后作用的外交体系。该体系是古代西亚北非的地区性体系的历史发展，代表着古代西亚北非外交的最高发展水平。

（二）主要内容

研究外交史，既要研究外交关系的演变，也要考察外交制度的面貌，还要讨论外交摩擦的文化底蕴、族群心理等底层原因。在各国的交往中，战争、和平是最引人注目的大事件，在关注这些大事件的同时，还得考量在这些大事件中，各国是否经过深思熟虑、权衡利弊做出了最优的选择，参与方的决策是否具有理性的基础，唯有如此，方能把外交史考察得全面、系统、客观。当然，要把某一时段的外交史，放在该地区外交史的大背景下去探讨，只有这样才能明晰该时段的外交史在此地区整个外交史中的地位与影响。

出于以上考量，笔者拟遵循史实—制度—文化—心理的研究思路进行研究，即，第一，从史实层面剖析西亚北非大国之间的外交关系的演变轨迹；第二，从制度层面考察西亚北非大国外交中的制度性因素、外交惯例；第三，从文明、文化层面，探讨各国外交理念的差异和冲突的深层次原因；第四，引入博弈论分析格局转换时期各方战略的选择，并考察日常交往中摩擦和冲突中的策略选择；第五，论述阿马尔那时代大国外交在整个西亚北非外交史上的地位。

本书各章主要内容如下。

第一章探讨阿马尔那时代西亚北非大国外交关系的变迁。笔者认为，若只讨论阿马尔那时代几个大国的外交关系，而不考虑阿马尔那体系产生的历史基础，那么，所有的探讨都会流于形式，并不能触及阿马尔那外交最本质的部分。基于此种考虑，第一节聚焦埃博拉时代、马里时代这两个西亚外交的高峰时期，探讨西亚外交如何从分散、独立走向整体、协同。第二节论述阿马尔那时代各个大国的发展历程，旨在探析民族迁徙对西亚北非政治生态的冲击，以及由此引发的外交生态的变化，特别是论述埃及驱逐喜克索斯人的战争，把埃及带入了西亚政治体系之中，为阿马尔那时代西亚北非外交体系的形成准备了条件。在此基础上，第三节讨论阿马尔那时代的大国外交关系，把西亚北非的大国外交关系分成三个区域分别论述。一是论述埃及、赫梯、米坦尼之间的关系。首先论述埃及、赫梯、米坦尼三国对叙利亚的争夺以及它们之间的外交关系；然后从米坦尼、赫梯对埃及的拉拢入手，说明埃及在权衡利弊的基础上，做出了与米坦尼复交、与赫梯建交的外交决策；接着论述埃及与米坦尼复交后密切的外交关系；最后叙述赫梯和米坦尼之间的战争情况和双方军事行动，以及战争期间埃及扩张势力范围的举动。二是论述埃及、巴比伦、亚述之间的关系。首先描述埃及、巴比伦、亚述之间的早期外交关系；接着以亚述崛起为分界点，讨论亚述兴起之前巴比伦对埃及的经济外交；然后论述亚述、巴比伦对埃及支持的争夺。面对亚述崛起的局面，巴比伦改变了刻薄的经济外交政策，开始关注政治利益，要求埃及拒绝承认亚述，但是，埃及出于牵制巴比伦的目的，承认了亚述的独立地位。三是论述埃及、亚述、赫梯之间的关系。赫梯军事扩张危害了埃及的利益，亚述的扩张遭到了赫梯的反对，在这种情况下，埃及与亚述结成了反赫梯同盟，但是，亚述与埃及先后遭到了失败，赫梯逐渐在西亚北非舞台上站稳了脚跟。“小结”对本章内容进行总结，认为阿马尔那时代的西亚北非以外交格局的转变为特征，形成了三组三边关系，尽管发生了米坦尼的灭亡、赫梯与亚述的兴起等大事件，但是，阿马尔那时代的多边格局并未改变，跨文明、大洲的外交面貌并无变化。

第二章讨论阿马尔那时代西亚北非大国外交中的惯例、制度。笔者认为，阿马尔那时代西亚北非的外交惯例、制度，在很大程度上是对西亚外交惯例、制度的延续，而埃及进入西亚外交体系之后，反而造成了外交惯例、制度的退化，因此，从更长的历史时段着眼，方能厘清阿马尔那时代外交惯例、制度的演变过程与特性。鉴于此，在第一节探讨阿马尔那时代之前西亚外交惯例、制度的演变，分别以埃博拉时代、马里时代的西亚外交为主要探讨对象，从外交惯例、战争惯例两个维度做了考察。第二节探讨阿马尔那时代西亚北非大国外交的准则、方式，这是对此时外交惯例、制度的总基调（西亚外交的核心要素）的研究。笔者认为阿马尔那时代大国外交的准则是家庭隐喻、对等交往，在此原则的支配下，以礼物交换、王朝联姻、信息沟通的方式开展外交活动。第三节主要从国家外交关系的层面考察外交惯例、制度，如外交关系的建立、中断、复建、确认等制度，同时也考察了外交友好的术语。第四节详细研究了阿马尔那时代的使节制度，从使节的头衔术语、分类构成、职业素养、职责使命、特权等方面做了讨论。第五节探讨了阿马尔那泥板书信中有关条约、结盟的文本，在此基础上分析阿马尔那时代大国在签订条约与缔结同盟方面所遵守的惯例、制度。第六节简要论述境外国民的权利问题。第七节简单分析阿马尔那时代的外交礼仪。最后对此时期的外交惯例、制度进行总结，主要是在与马里时代西亚外交对比的基础上，分析阿马尔那时代外交惯例、制度的特征与差异，阐述导致阿马尔那时期外交传统和规范削弱的根本原因。

第三章探讨阿马尔那时代西亚北非大国外交中的文化冲突与调适。在西亚北非大国外交中，参与者具有不同的文明背景和文化传统，势必会造成外交中的矛盾和冲突，这种状况促使各大国做出某些调整与适应。第一节探讨神圣王权观念与对等原则之间的矛盾。埃及的神圣王权观念最为浓厚，因此，在与西亚大国交往中，不会把西亚大国的君主作为平等的伙伴来看待，这自然会造成埃及与西亚大国的矛盾、冲突。埃及意识到这个问题之后，采取了内外各表的解决办法。第二节探讨宇宙观与战争、和平观念的关系。阿马尔那时代是西亚北非大国和平交往时代，各国对于战争与和平的理念在很大程度上决定了它们在外交政策中的定位，尤其是各国关于和平的观念和认知，直接影响到各大国在与友邦建立友好往来关系时所采取的态度。埃及作为一个宇宙观十分独特的国家，在对外交往中不容易以平和的心态进行交往，而西亚大国在这方面受到的干扰要少得多。第三节探讨中心－边缘观念与外交方式的冲突与调适，中心－边缘观念普遍存在于西亚北非大国的意识深处，造就了边缘物资向中心流动的单项交换观念，而这种观念与多边体系之下各国平等交往的现实格格不入。在礼物交换和王朝联姻的例证中，可以观察到中心－边缘的观念所带来的影响。作为一个中心－边缘观念最为浓厚的国家，埃及在礼物交换中存在诸多不适应，但是，在西亚大国的斗争之下，埃及最终还是做出了让步。在王朝联姻方面，西亚大国考虑到埃及独特的王室通婚传统，在外交联姻中做出了重大让步。最后对本章做总结，主要论述各国的王权观、宇宙观以及中心－边缘观念对阿马尔那时代西亚北非大国外交的影响和作用，指出各国为了适应大国外交的政治生态，在力所能及的范围内做了努力。

第四章探讨阿马尔那时代西亚北非大国的外交战略、策略。本章分别从外交战略、策略两个方面来论述。第一节探讨外交战略，选取了赫梯与米坦尼的战争、亚述的兴起与扩张、埃及承认亚述、埃及与亚述联合对抗赫梯四个历史事件进行分析，分别使用了博弈论的四个理论模型进行阐释。从策略学的角度来看，这些历史事件具有某种必然性，也体现了参与者的理性考量。第二节讨论日常交往中各国采取的策略，主要聚焦于礼物交换、王朝联姻两个方面。在礼物交换方面，主要有拖欠、迂回、夸耀、贬低、掩盖五种策略。各国所采用的礼物交换策略，容易造成友邦的反制与报复，甚至出现礼物交换断停的风险。但是，笔者通过运用无限多次重复博弈理论，分析了礼物交换策略造成的断交僵局，认为礼物交换策略的负面影响并不会产生礼物交换停止的后果。在王朝联姻方面，主要选取巴比伦与埃及就探视公主、交换公主事件的外交博弈，从中得出参与方的理性策略选取原则，然后从有限重复博弈的角度，分析了外交联姻中双方针锋相对的缘由。最后，对本章内容做总结，从艾里森的理性决策模型入手，论述了阿马尔那时代西亚北非大国理性的外交战略和策略。

代结语部分主要论述阿马尔那时代西亚北非大国外交的历史地位与影响。笔者把阿马尔那时代西亚北非的大国外交，放置在整个西亚北非外交史的框架内予以考察，分别从外交体系的承前启后性、礼物贸易、和平交往、多元交融四个方面进行论述，在此基础上分析阿马尔那外交的历史地位。

三　理论方法

由于本研究涉及的问题相当广泛，涵盖了外交史、国际体系、文化学、社会学以及决策学等多个领域，因此，本研究除了运用历史学常用的文本分析法外，还参考了相关学科的理论和方法。

（一）外交学框架学说以及世界体系理论

古代西亚北非外交史的研究可以追溯到很久以前，然而，目前学界的大部分研究实际上仅关注参与方之间的外交关系，往往忽略了制度层面的讨论，更遑论文化层面的探讨。事实上，此类研究只触及了外交史学的外交实务层面，其局限性是显而易见的。鉴于此，本书借鉴了外交学有关理论，从外交关系、外交制度、外交策略等方面进行研究。[①] 此外，考虑到阿马尔那时代西亚北非各大国的传统文化对外交的影响，笔者又增加了外交文化的内容。这样，本书以外交学的相关观点为指导，把研究框架确定为外交关系演变、外交惯例、外交文化、外交战略和策略等几个方面。

在阿马尔那时代，尽管发生了赫梯兴起、米坦尼亡国和亚述崛起等重大事件，但是，多元共存的政治格局没有发生变化，而从历史根源上看，阿马尔那时代的外交也是西亚外交与埃及外交融合的

---

① 金正昆：《现代外交学概论》，中国人民大学出版社 1999 年版，第 22—23 页。

结果。鉴于此，笔者借鉴了国际关系体系理论，分析了阿马尔那时代西亚北非的外交体系以及格局转化。“系统”一词被广泛运用于社会科学的各学科之中，在政治学、国际关系学研究中更是得到了广泛使用，系统分析被用来建立认识政治体系运行过程的概念框架和方法论，各行为体之间的相互依存与互动是系统转型的重要途径。国际关系的体系论萌芽于20世纪四五十年代，盛行于1960年以后。西方学界普遍认为，自20世纪50年代以来，体系论成为国际关系理论的一个研究重点和核心概念，体系论强调国际关系的整体性、层次性、联系性、稳定性、功能性。众多学者对国际体系论提出了见解，主要有系统环境论、国际体系行为结果模式、国际体系六模式、国际复合体系论、世界政治体系论、世界体系论。① 尽管，在阿马尔那时代的西亚北非，很难使用某一流派的理论、方法进行具体分析，但是，国际关系体系论的整体性视野，特别是结构－功能的分析框架，仍可对阿马尔那时代西亚北非的外交关系演变进行解释。

沃勒斯坦等人提出的世界体系论，学界已经把它运用到世界古代史的研究之中。对于本书而言，世界体系论的体系化视角，对于观察古代西亚北非外交体系的演变具有重要理论价值。在古代西亚北非，“中心往往多半是几个相互竞争、进行交流的政治实体组成的联合体，而其中的某一政治实体会是中心的霸主”，② 这些中心往往是“规模大致相似的政治体群，它们卷入王朝关系和条约中，以规范彼此之间的关系，尽量减少利益冲突”。③ 这些论

---

① 倪世雄等:《当代西方国际关系理论》，复旦大学出版社2001年版，第327—335页。

② K. 埃克霍尔姆、J. 弗里德曼:《古代世界体系中的“资本”帝国主义与剥削》，安德烈·冈德·弗兰克、巴里·K. 吉尔斯主编:《世界体系：500年还是5000年？》，郝名玮译，社会科学文献出版社2004年版，第74页。

③ Michael Rowlands, “Centre and Periphery: A Review of a Concept,” in Michael Rowlands, Mogens Larsen and Kristian Kristiansen, eds., *Centre and Periphery in the Ancient World*, Cambridge, London, New York, New Rochelle, Melbourne and Sydney: Cambridge University Press, 1987, p. 5.

述对于理解阿马尔那时代西亚北非的多元大国政治格局具有理论意义。

（二）中心－边缘理论

以拉美经济在20世纪30年代经济大危机中的惨痛经历为依据，阿根廷学者普雷维什（Prebisch）提出了中心－边缘概念，作为解释工业化强国与拉美国家之间不平等关系的一个理论分析框架。他认为资本主义世界经济存在“两种经济”，中心经济和作为世界经济的边缘的经济，两种经济性质不同。中心－边缘概念真实反映了世界经济体系中被国际贸易所掩盖的几个重要特征：中心与边缘是根本不同的，中心与边缘之间存在支配与依赖的关系，中心－边缘结构中包含中心对边缘的霸权。① 在联合国拉丁美洲和加勒比经济委员会发展拉美经济的方案失败后，拉美经济陷入了“拉美陷阱”之中，在此种背景下，20世纪五六十年代逐渐出现了依附论。该学派借用了中心－边缘概念作为分析工具，认为资本主义的发展造成了世界的中心－边缘结构，资本主义的发展造成了边缘国家的边缘地位，不但在国际领域存在中心－边缘结构，甚至在国家的内部也存在这种结构，依附论者把中心－边缘分析框架用于更广泛的政治、社会领域之中。20世纪70年代，在美国兴起了世界体系理论，该理论仍然把中心－边缘作为分析框架，同时加入了“半边缘”的概念，认为“中心”拥有生产和交换的双重优势，对“半边缘”和“边缘”进行经济剥削，维持自己的优越地位；“半边缘”既受“中心”的剥削，又反过来剥削更落后的“边缘”；而“边缘”则受到前两者的双重剥削：三个区域的存在是以世界经济分工为前提的。中心、半边缘、边缘所构成的世界体系并不是一成不变的，边界范围由小变大，在扩展过程中，有正向、逆向两种运动，即中心、半边缘、边缘的地位处于不断转化的过程之中。在资本主

---

① 张康之、张桐:《世界的中心—边缘结构》，中国社会科学出版社2016年版，第49—50页。

义世界体系中，始终存在剥削、压迫和不平等，不但世界经济存在中心－半边缘－边缘的结构，政治、文化同样存在这样的结构。

世界体系论主要代表学者沃勒斯坦（Immanuel Wallerstein）认为，以中心－半边缘－边缘为结构特点的现代体系是自16世纪起逐步形成的，而在现代之前，“帝国是五千年来世界舞台的恒久特征。在任一时点上，世界各地总是不断产生几个这类的帝国。帝国的政治集权化是它的力量所在，同时也是其弱点所在。其力量在于，它能凭借暴力（贡品和赋税）和贸易中的垄断优势来保证经济从边缘向中心流动。其弱点在于，这种政治结构所必需的官僚制度吸取了过多的利润，尤其当压迫和剥削引起反抗从而扩大了军事开支的时候。政治帝国是经济统治的原始手段”。① 沃勒斯坦的分析有一定的道理，但是，现代之前并不是所有“世界经济体”一定会“转化成帝国”，② 事实上，在帝国之前的各个地区，甚至在不同的帝国之间，也存在地区性的经济体系。有学者如此评价沃勒斯坦等人，“弗兰克和沃勒斯坦（或他们的批评者）对前资本主义时代没有什么特别的兴趣……他们认为，在16世纪之前，历史是不断扩张的政治体（世界帝国）的产物，这些政治体通过征服、军国主义和朝贡相互联系在了一起”。③

一些学者把世界体系理论运用到中世纪、古代，“弗兰克和巴里·吉尔斯等提出公元前3000年已经存在单一的体系，他们认为从古代社会开始，欧亚大陆—非洲各主要文明之间的相互影响构成了一种世界体系。扩展的世界体系理论不仅关注社会经济发展，也关注政治、军事、文化等领域的世界体系”。④ 根据刘健的研究，

---

① 伊曼纽尔·沃勒斯坦:《现代世界体系》第1卷《16世纪的资本主义农业与欧洲世界经济体的起源》，罗荣渠等译，高等教育出版社1998年版，第12—13页。

② 伊曼纽尔·沃勒斯坦:《现代世界体系》第1卷《16世纪的资本主义农业与欧洲世界经济体的起源》，第13页。

③ Michael Rowlands, “Centre and Periphery: A Review of a Concept,” in Michael Rowlands, Mogens Larsen and Kristian Kristiansen, eds., *Centre and Periphery in the Ancient World*, p. 3.

④ 刘健:《“世界体系理论”与古代两河流域早期文明研究》，《史学理论研究》2006年第2期。

学界关于古代世界体系的主要观点如下。第一，以农耕生产方式为主的地区是核心区，以游牧生产方式为主的地区是边缘区，在核心区与边缘区之间存在半边缘区。笔者认为，半边缘区是以半农业、半游牧为主要生产方式的，此外，在半边缘区外，还存在无人生活、尚未开发的地区。第二，核心区与边缘区之间存在不平等的交换关系，边缘区往往为核心区提供原材料，而核心区与边缘区的关系主要体现在技术输出、文化扩张、经济控制等方面。第三，游牧族群对农耕族群的侵扰和核心区的不断扩张，带来了古代世界的霸权中心不断发生转移，造成了古代世界频繁的兴衰周期变化。在古代世界，同样存在核心区、半边缘区、边缘区之间正向、逆向的变化，即核心区的半边缘化、边缘区的核心化，此外，核心区的需求变化以及自然环境变迁、大国间的战争和族群迁移，使得古代世界的中心、边缘区不断发生变化。①

在中心、边缘地区，依托于不同的生产方式，自然会形成不同生活方式，即农耕生产、游牧生产方式。而在核心区，由于农业生产的累积性效应，容易形成农耕族群对游牧族群的技术优势，这种技术优势会逐渐沉淀在农耕族群的心理层面，经过文化传统的阐释、再解释，会产生自我与他者对立的观念，把游牧族群甚至把自身周围的所有族群视为文化上不发展的“野蛮族群”。笔者把这种思想偏见称为“中心－边缘观念”。显然，人类总是通过创造或消除差异来建构身份。② 利韦拉尼对中心－边缘观念有着精辟的论述，他说，从意识形态的角度而言，人们所生活的空间或领土，从来不是同质化的，而是有中心与边缘的，“领土认知的定性区分是基于明显的心理印象，基本上是以追求安全为中心的”，在这种观念的主导下，“所有积极品质的集中构成了（在其最佳状态下）主体所

① 刘健:《“世界体系理论”与古代两河流域早期文明研究》,《史学理论研究》2006年第2期。

② Michael Rowlands, “Centre and Periphery: A Review of a Concept,” in Michael Rowlands, Mogens Larsen and Kristian Kristiansen, eds., *Centre and Periphery in the Ancient World*, p. 8.

在的区域，所有消极品质都被推向了边缘”，这样就形成了中心－边缘看待问题的方式。“这不仅是一个实际行为的问题，而且是一个现实的象征性表现问题的方式，还是一个价值体系”，“中心和边缘之间的对立可以在不同的层面上被感知”，那些“分享相同语言和价值观、习俗和程序的人”，往往会“认为自己的领土与周围地区不同”，认为“边缘世界的地理条件和文化特征不仅与中心国家不同，而且还是低劣的”，把这些边缘地区的人群要么视为“缺乏文明世界的基本要素”的人，要么视为“与我们的文化完全相反”的人。①

笔者借用中心－边缘概念，从物质交流和意识形态的角度来看待上古时期不同文明之间的关系。在上古时代，文明国家认为自身所处的地方是世界的中央，而周边地区则是蛮荒之地，在它们的心目中，形成了相对简单的中心与边缘对立的观念和意识，因此，在处理与他国的关系时，往往会从中心与边缘对立、边缘为中心服务的视角来看待和处理问题。

（三）博弈论

博弈论（Game Theory），又称“对策论”“游戏理论”“赛局理论”，“研究决策主体的行为在直接相互作用时，人们如何进行决策以及这种决策如何达到均衡的问题”。这个理论用来研究“怎样以数学模型来模拟理性决策者之间的冲突与合作”，“由于冲突与合作的结果依赖于所有人所做的选择，所以每个决策者都企图预测其他人可能的选择，以确定自己的最佳决策，因此，如何合理地进行这些相互依存的策略选择便是博弈论的主题”。② 在《新帕尔格雷夫经济学大辞典》中，罗伯特·奥曼（Robert J. Aumanm）将博

---

① Mario Liverani, *Prestige and Interest: International Relations in the Ancient Near East, ca. 1600-1100 B. C.*, Paduva: Sargon srl, 1990, pp. 33-37; Mario Liverani, *International Relations in the Ancient Near East, 1600-1100 BC*, pp. 17-19.

② 熊义杰编著:《现代博弈论基础》，国防工业出版社 2010 年版，第 11 页。

弈论直接称为“互动的决策论”。①

博弈论的理论假设是：参加斗争的各方具有完全不同的利益和目标。为了达到各自的利益和目标，各方必须充分考虑和估计对手可能采取的各种行动方案，并选择对自己最有利或最合理的方案。② 博弈论通过理论抽象，规定了一个博弈现象必须具备几个条件。博弈的参与者（players），即博弈中独立决策、独立承担后果、以自身利益最大化来选择行动的决策主体。参与者必须有两个或两个以上。博弈行为（action），是指参与者所有可能的策略或行动的集合。博弈信息（imformation），是指参与者在博弈中掌握的对选择策略有帮助的知识，特别是有关其他参与者的特征和行动的知识。博弈策略（strategies），是指参与者可选择全部行为或策略的集合。博弈顺序（order），是指参与者做出策略选择的顺序。博弈收益（payoff），又称支付，是指参与者在博弈中做出决策后的所得或所失。博弈结果（outcome），是指参与者感兴趣的要素集合，如选择的策略、得到的相关收益、策略路径等。博弈均衡（equilibrium），是指所有参与者最优策略或行动的组合。确定了以上八个方面，一个博弈现象就确定了。

博弈论在国际关系研究上得到了广泛的应用。20 世纪 50 年代以后，学界在运筹学的博弈概念基础上，综合运用心理学、统计学、社会学和策略学等学科的原理，逐步形成国际关系学的博弈论。③ 在国际关系领域，其所设定的博弈者主要是国家，重点体现在国际安全和国际政治经济学领域，包括实践和理论两个层面。④ 20 世纪 50 年代至 70 年代，学界运用博弈论研究国际冲

① Steven N. Durlauf and Lawrence E. Blume, eds., *The New Palgrave Dictionary of Economics*, Vol. 3, 2nd Edition, New York: Palgrave MacMillan, 2008, p. 529.

② 熊义杰编著:《现代博弈论基础》，第 12 页。

③ 倪世雄:《博弈论：游戏规则与策略选择——西方国际关系理论简介之七》,《国际展望》1987 年第 7 期。

④ 胡宗山:《博弈论与国际关系研究：历程、成就与限度》,《世界经济与政治》2006 年第 6 期。

突。其中主要代表人物有卡普兰（M. A. Kaplan）、谢林（Thomas C. Schelling）、博尔丁（K. E. Boulding）、拉帕波特（Anatol Rapoport）、多伊奇（Karl Deutsch）、布拉姆斯（Steven J. Brams）。卡普兰在《国际政治的系统和过程》的论策略部分，对博弈论在国际政治中运用的优缺点进行论述，认为最有用的模型为学习或随机模型。[①] 谢林的《冲突的战略》，更多关注博弈论的运用问题，关注非合作博弈过程中如何化解冲突、实现和解、获得双赢，认为零和博弈模型不符合国家关系实际，非零和博弈中的混合博弈是冲突与利益共存的博弈，强调几乎所有的多人决策问题都既包含利益冲突，也包含共同利益，国际关系中“有限敌对关系”的各方有最少的共同利益，发展出博弈论中著名的讨价还价理论，论述了关于可信承诺在冲突或谈判过程中的重要作用，分析了国家之间的讨价还价行为。[②] 多伊奇的《国家关系分析》运用心理学、统计学、社会学原理阐释博弈论理论，把战略视为博弈论的核心概念，认为零和博弈适合冷战格局。布拉姆斯在《超级大国的游戏：博弈论在超级大国冲突研究中的应用》中，用斗鸡博弈、囚徒困境和真相博弈分析了超级大国间的三种冲突类型——威慑游戏、军备竞赛游戏和核查游戏。[③]

20 世纪七八十年代，学界运用博弈论研究国际合作。随着博弈论研究的发展，学者们逐渐意识到重复多次博弈往往会带来合作博弈。1965 年，奥尔森（Mancur Olson）对集体行动困境的解决之道是划分小行动联盟，即 K 集团（N 人中的小团体）依靠大团体与中小团体的合作来解决“公共利益困境”。1971 年霍华德（Nigel Howard）的《理性的悖论》，运用元博弈方法研究古巴导弹危机

---

① 莫顿·卡普兰:《国际政治的系统和过程》，薄智跃译，上海人民出版社 2008 年版，第 211—304 页。

② 托马斯·谢林:《冲突的战略》，赵华等译，华夏出版社 2006 年版，第 73—144 页。

③ 胡宗山:《博弈论与国际关系研究：历程、成就与限度》，《世界经济与政治》2006 年第 6 期。

和越南战争，这里用的元博弈方法事实上与重复多次博弈类似。霍华德运用现实世界中的认知现象（学习），将囚徒困境改造成一种互动游戏，认为通过合作而共同获益也属于“纳什均衡”。在重复多次博弈中，博弈者必然采用“一报还一报”的策略，最终促使国际合作实现。[①] 奥伊（Kenneh A. Oye）以囚徒困境、猎鹿模型和胆小鬼游戏为例，试图找出促进国际合作的战略，[②] 重点强调了影响合作的三个变量——报偿结构、未来的阴影和行为体的数目问题。[③] 基欧汉（Robert O. Keohane）借用博弈论提出了国际机制理论，并使用囚徒困境来分析国际机制理论：国家发现自己陷入囚徒困境中，但由于机制为协议的达成提供了谈判的规则、原则、规范和决策程序的框架，即使自我中心主义者之间也可以相互合作。基欧汉用囚徒困境模型解释机制的作用，其出发点是不确定性。一国对他国的选择是不确定的，因而错过了许多共同获益的机会或从已经达成的协议中抽身，而机制则向国家提供信息或降低获取信息成本从而促进合作。[④]

冷战结束后，国际关系学界仍然使用博弈论来探讨国际关系。一些学者深化了理论。弗伦（James D. Fearon）认为用共同战略结构来理解国际合作难题更为准确，并将国际合作的主要问题归结为讨价还价和执行困难，指出这是两个不同的阶段，并用囚徒困境和重复囚徒困境分别加以解释。丽莎·马丁（Lisa Martin）根据国际合作的结构，把国际博弈分为协作博弈、协调博弈、保证博弈和劝说博弈四种类型。[⑤]

---

① 王鸣鸣：《外交决策研究中的理性选择模式》，《世界经济与政治》2003 年第 11 期。

② 詹姆斯·多尔蒂、小罗伯特·普法尔茨格拉夫：《争论中的国际关系理论》，阎学通等译，世界知识出版社 2003 年版，第 612 页。

③ 胡宗山：《博弈论与国际关系研究：历程、成就与限度》，《世界经济与政治》2006 年第 6 期。

④ 门洪华：《博弈论与国际机制理论：方法论上的启示》，《国际观察》2000 年第 3 期。

⑤ 阎学通、阎梁：《国际关系分析》，北京大学出版社 2008 年版，第 152—156 页。

总体来看，在国际关系领域，最常见的博弈论模型有“小鸡游戏”（the game of chicken）、“囚徒困境”（prisoner's dilemma）、“针对不等的威胁对策”（threat games against inequality）和“协调博弈”（coordination game）等。博弈论模型作为广泛使用的研究方法被西方学者用来分析国家间安全问题和经济问题。例如，零和博弈作为博弈论的一种理论模型，被广泛应用于外交决策、军备竞赛、合作与冲突、和平与战争等重大国际问题的研究中。然而，零和博弈并不能完全反映现实的国际关系，因为在现实世界的博弈中，各方的收益或损失的总和并非总为零，因此，非零和博弈更适用于分析国家之间的关系。尽管博弈论在国际政治领域得到了广泛应用，但在复杂多变的国际环境中，博弈论的模型可能过于简单和刻板，存在一定的局限性。①

四 相关概念的界定与说明

（一）时间概念

就“阿马尔那时代”这个概念而言，目前有两种定义。第一种是埃及学界的定义，指的是埃赫那吞进行改革的时期，具体说来始于法老埃赫那吞迁都埃赫塔吞，终于法老图坦卡蒙（Tutankhmun）放弃改革。② 有学者注意到了这一概念存在的问题，认为学界错误

---

① 王志民、申晓若、魏范强：《国际政治学导论》，对外经济贸易大学出版社2010年版，第10页。

② Cyril Aldred, “The Beginning of the EL-‘Amārna Period,” *Journal of Egyptian Archaeology*, Vol. 45, Dec. 1959; Cyril Aldred, “The End of the EL-‘Amārna Period,” *Journal of Egyptian Archaeology*, Vol. 43, Dec. 1957; Cyril Aldred, *Akhenaten: King of Egypt,* London: Thames and Hudson, 1988, p. 291; Donald B. Redford, ed., *The Oxford Encyclopedia of Ancient Egypt*, Vol. 1, Oxford: Oxford University Press, 2001, p. 50; David O'Conner and Eric H. Cline, eds., *Amenhotep III: Perspectives on His Reign,* Michigan: The University of Michigan Press, 1998, p. 271.

地将阿马尔那时代指代为埃赫那吞统治的时代。[①] 第二种是古代西亚北非外交史学界的定义，指的是古代西亚北非国际关系、外交关系发展的一个时期，即约公元前1550—前1200年。[②] 第二种概念所指代的时间段，与晚期青铜时代完全重合，鉴于此，笔者认为有必要对阿马尔那时代重新进行界定。

众所周知，不管是埃及还是赫梯，抑或是两河流域的国家，都有自身的年代框架，研究这些国家、地区的关系，需要一个超越各个国家历史框架的新的年代框架。笔者认为青铜时代的年代框架较为合适，现在国际学界已经把这个年代框架广泛运用于古代史的研究。除此之外，就晚期青铜时代而言，理由有两点：一则晚期青铜时代的年代上下限与古代西亚北非外交史学界所说的阿马尔那时代相当，二则西亚北非大国外交的舞台是叙巴地区，而晚期青铜时代是叙巴地区文明的年代框架。在晚期青铜时代的西亚北非外交舞台上，埃及、赫梯是最为重要的两个国家，因此，笔者分别以这两个国家的首都命名晚期青铜时代外交的两个阶段：第一个阶段叫阿马尔那时代，上起公元前1550年，下讫埃及法老图坦卡蒙去世的公元前1323年，其间发生了西亚北非大国争夺叙利亚的战争，以及米坦尼与埃及议和后的大国和平；第二个阶段叫哈图萨时代，上起公元前1323年，下讫海上民族入侵、西亚北非的外交体系崩塌，即公元前1200年前后。

除了阿马尔那时代外，笔者在文中还使用了“埃博拉时代”“马里时代”。埃博拉时代指的是在公元前25—前23世纪在西亚形成的地域性外交体系。由于外交文书主要出土于叙利亚的埃博拉（现在叙利亚的马尔第赫丘），学界用“埃博拉时代”称呼西亚外交史的这个重要时代。马里时代指的是约公元前2000—前1700

① Donald B. Redford, ed., *The Oxford Encyclopedia of Ancient Egypt*, Vol. 1, p. 50.

② Mario Liverani, “The Great Power’s Club,” in Raymond Cohen and Raymond Westbrook, eds., *Amarna Diplomacy: The Beginning of International Relations*, p. 15; Mario Liverani, *International Relations in the Ancient Near East 1600-1100 B. C.*, p. 2.

年在西亚形成的覆盖两河流域、叙利亚地区的外交体系。根据两河流域的年代框架，有学者把这个时代称为“古巴比伦时代”或者“阿摩利王国时代”，[①] 但是，古代西亚北非外交史学界更愿意使用“马里时代”一词。这个时期最主要的外交文献出土于马里（现在叙利亚的哈里里丘），故而得名“马里时代”。笔者沿用古代西亚北非外交史学者通用的“埃博拉时代”和“马里时代”的概念。

（二）空间概念

研究西亚北非的大国外交，有必要对西亚北非的地域范围做一界定。“西亚北非”指的是西亚、北非地区，大致相当于从埃及的西境（东经 20°）到伊朗的东境（东经 60°）之间的广阔地区，其中西亚指的是两河流域及其相连地区，如叙利亚、巴勒斯坦、伊朗高原、小亚等地，北非指的是埃及及其相连的努比亚、利比亚地区。[②] 国外学术界一般把西亚北非地区称为“近东”或“中东”，其中“近东”一词经常为考古学家和历史学家所使用，指的是利凡得（现在的以色列、巴勒斯坦、约旦、叙利亚和黎巴嫩）、小亚（现在的土耳其）、两河流域（现在的伊拉克和叙利亚东部）、伊朗高原（现在的伊朗、阿富汗和巴基斯坦西部）等地区，有时候，近东也包括埃及。文中的“西亚”一词指的是西亚北非地区除了埃及之外的其他地区，“上两河流域”指的是两河流域北部的高地地区，包括今天的伊拉克西北部、叙利亚东北部、土耳其东南部。此外，“安纳托利亚”指的是小亚，即现在土耳其所在的地区。文中的“叙巴地区”指的是今天的叙利亚和巴勒斯坦一带，由于古代没有这两个国家，所以用此术语称呼。

---

① Bertrand Lafont, “International Relations in the Ancient Near East: The Birth of a Complete Diplomatic System,” *Diplomacy & Statecraft*, Vol. 12, Iss. 1, 2001, p. 39.

② 刘文鹏主编:《古代西亚北非文明》，中国社会科学出版社 1999 年版，第 1 页。

（三）国家与王朝的概念

在巴比伦、亚述的文献中，通常把米坦尼王国称为哈尼加尔巴特王国。古巴比伦后期的文献首次提及哈尼加尔巴特。在泥板书信中，也提及哈尼加尔巴特的名字，在亚述写给埃及的泥板书信（第16号）中，亚述把米坦尼称呼为哈尼加尔巴特，在埃及写给巴比伦的泥板书信（第1号）中也如此称呼，在米坦尼王图什拉塔写给埃及的泥板书信（第18、第20、第29号）中，他以这个名称称呼自己的国家。中亚述时代的铭文把赫梯王苏皮鲁流马一世（Suppiluliuma I）允许米坦尼王子米提瓦扎重建的米坦尼国，称为哈尼加尔巴特。而米坦尼的称呼，最早出现在埃及文献中，后来在写给埃及的泥板书信中，图什拉塔自称“米坦尼王”，而在中亚述王提格拉特帕拉沙尔一世的铭文中，也提到了米坦尼的名称（亚述文献中唯一一次）。此外，赫梯文献经常提及“胡里国”，在泥板书信中，图什拉塔自称胡里王，因此，在这个意义上，胡里似乎是米坦尼的同义语。但是，从苏皮鲁流马一世与米提瓦扎签订的条约来看，似乎米坦尼只是胡里人中一个最大的王国。埃及文献还把叙利亚地区称为“那哈林”，从使用语境来看，在一些情况下指的是米坦尼。鉴于以上，笔者把处于独立时期的胡里人国家称为“米坦尼”，依附于赫梯时期的称为“哈尼加尔巴特”。

学界通常把加喜特人创建的王朝称为“加喜特王朝”。为了将其与古巴比伦和新巴比伦相区别，学界也将它称为中巴比伦。而加喜特王朝统治巴比伦尼亚的时期，学界一般称为加喜特时期或中巴比伦时期。笔者在论述的时候，一般将该王朝称为巴比伦，必要的时候，将之称为“加喜特王朝”。

在马里时代，一个位于上两河流域的国家取代了古亚述，这个国家被称为“埃卡拉图王朝”，有时也被称为“亚述”。在阿马尔那时代，亚述重新崛起，学界通常称之为“中亚述”，在本书中简称为“亚述”。

（四）其他概念

本书以大国外交为研究对象，有必要界定一下大国的含义。具体到本书的研究语境，大国指的是特定历史时期内实力最强且能够主导地区政治格局的国家，这些国家往往是国际体系中在权力资源上拥有最大优势的国家，拥有强大的地缘政治实力、影响力和很高的国际地位，并能对其他国家产生显著影响。具体到古代西亚北非，哪些国家是大国，需要放在特定的历史阶段去考察，不可一概而论。比如，在马里时代，握有最大权力资源并能够对地区局势产生影响的国家，主要有伊辛、拉尔萨、古巴比伦、埃兰、埃卡拉图、马里、卡特那、延哈德，而在本书所研究的阿马尔那时代，埃及、巴比伦、米坦尼、赫梯、亚述是这类大国。

本书研究的是大国外交，也有必要阐释一下外交的概念。事实上，“外交”一词使用比较宽泛，正如尼克尔森（H. Nicolson）所言，在日常生活中外交有五层含义：外交政策、谈判缔约、进行谈判缔约的机构和程序、部分外交工作、一种抽象的品质或天赋。[①]从词源上看，现代的“外交”一词起源于古希腊，它的本义是“证书”，这是一种发给使节的、折叠的、能证明其身份的文书，到了 1796 年，英国学者伯克使用了 diplomacy，“外交”一词正式诞生。[②]此后，学界对于外交概念，有着很多争论。坦率地说，目前学界多数定义都是关于近现代外交的，如外交是“处理关系的艺术，既能谋取利益又不致引起冲突。是对外政策的主要手段……外交的目标是为了在地理、历史、经济等方面进一步增加本国利益……此外，外交寻求国家利益最大化而又不使用武力，最好还能避免招致怨恨”。[③]再如，“外交是运用智力和机智处理各独立国家的政

① 聂科逊：《外交学》，郭节述译，商务印书馆 1943 年版，第 4 页。

② 金正昆：《现代外交学概论》，第 2 页。

③ 美国不列颠百科公司编著：《不列颠简明百科全书》（精粹本），中国大百科全书出版社编译，中国大百科全书出版社 2014 年版，第 934 页。

府之间的官方关系，有时也推广到独立国家和附庸国家之间的关系”；① 外交是“国家以和平手段对外行使主权的活动，通常指国家元首、政府首脑、外交部长和外交机关代表国家进行的对外交往活动”；②“外交学是研究以谈判缔约的方式，对于国际关系之处理；大使和特使或其他外交代表调整、处置国际事务的方法；外交官的任务、修养和技术” ③ 等。

显然，研究古代外交，套用近现代外交的概念是行不通的。由于古代没有近现代的外交观念、机构，因此，不管是从外交主体而言，还是从外交客体来说，古代外交与近现代外交有很大不同。笔者认为，就古代西亚北非而言，外交指的是国家及其代表在战争、和平时期对国家间政治关系以及嵌入政治关系中的经济关系的维持以及维持的途径、方法；内容上分为外交关系、外交制度、外交文化、外交策略等几个方面。

① 戈尔－布思主编:《萨道义外交实践指南》，杨立义等译，上海译文出版社 1984 年版，第 3 页。

② 中国大百科全书总编辑委员会《政治学》编辑委员会编:《中国大百科全书（政治学）》，中国大百科全书出版社 1992 年版，第 366 页。

③ 聂科逊:《外交学》，第 5 页。

第一章

阿马尔那时代西亚北非大国外交关系的演变

西亚北非的各个族群、文明间的交往历史源远流长。在长期的交往实践中，他们发展出了异彩纷呈的外交关系，开创了上古时代早期最为成熟的外交形态。在西亚北非历史上，形成了埃博拉外交、马里外交、阿马尔那外交、哈图萨外交四个高峰。在这四个外交高峰中，阿马尔那外交最为突出，因为它开创了世界历史上最早的跨大洲、跨文明的大外交格局。

第一节　古代西亚外交关系的早期发展

古代西亚北非外交肇始于古代两河流域，最早可追溯到苏美尔城邦时代。到了公元前 24 世纪，在两河流域核心地区和外围地区，出现了丰富多彩的外交活动。到了公元前 18 世纪，形成了涵盖西亚大部分区域的地区性外交局面。古代西亚外交关系的演变，为阿马尔那时代整个西亚北非地区的更大范围的外交活动奠定了基础。

一 埃博拉时代的西亚外交关系

两河流域孕育了世界上最早的外交关系。在苏美尔城邦时代，出现了列国争霸的局面，基什、乌鲁克、乌尔先后称霸，在此过程中，各国展开了丰富多彩的外交活动。在公元前 2600 年之前，基什称霸，其势力抵达阿达波，此处出土的 2 块石碗残片上的铭文写道："基什王美西林，在埃萨尔神庙（E-SAR）举行了 *burgi* 仪式（某种献祭仪式）"，"基什王美西林，宁胡尔萨格的爱子，进献了这只碗"。① 基什的势力也可能扩展到更靠南的吉尔苏，此处出土的一个石权标头（见文前图 2）上的铭文写道："基什王美西林，宁吉尔苏神庙的建造者，为宁吉尔苏神制造了这只权标头。"此处出土的一个青铜剑的剑鞘铭文写有这样的话："卢伽尔那米尔苏姆是基什王。"② 在拉伽什与温马争霸中，基什王美西林作为霸主裁决了两国的纠纷，划定了两国的疆界，此事在拉伽什国王埃安那图姆、恩美台那时代的文献中都有描述，"美西林已经把（界）碑立在那里""埃安那图姆没有越过美西林立（界）碑的地方""在美西林立（界）碑的地方""基什王美西林……在地上用绳子丈量并在那里立了纪念物""复原了美西林的纪念物"。③ 此外，基什似乎与巴比伦尼亚中部、南部的一个联盟有一定的联盟关系。而这个联盟指的是由乌鲁克、阿达波、尼普尔、拉伽什、温马、舒鲁帕克组成的同盟，主要依据为法拉（Fara，古代的舒鲁帕克）出土的文献："乌鲁克壮丁 182 名，阿达布 192 名，尼普尔 94 名，拉格什 60 名，舒鲁帕克 56 名，乌玛 86 名。自 Ki-en-gi? 所征，交予（舒鲁帕

---

① Douglas R. Frayne, *Royal Inscriptions of Mesopotamia, Early Periods 1: Presargonic Period (2700-2350 BC)*, Toronto, Buffalo and London: University of Toronto Press, 2008, pp. 70-71.

② Douglas R. Frayne, *Royal Inscriptions of Mesopotamia, Early Periods 1: Presargonic Period (2700-2350 BC)*, pp. 69-70, 73.

③ Douglas R. Frayne, *Royal Inscriptions of Mesopotamia, Early Periods 1: Presargonic Period (2700-2350 BC)*, pp. 141, 142, 143, 195, 196.

克），壮丁670名，驻于（舒鲁帕克）”，“乌鲁克壮丁140名，阿达布215名，尼普尔74名，拉格什110名，舒鲁帕克66名，乌玛128名。壮丁共650名。Ki-en-gi? 壮丁”。[①] 雅各布森（Thorkild Jacobsen）认为，法拉文献表明在苏美尔地区存在一个由六个国家组成的联盟。[②] 库帕（Jerrold Cooper）接受了雅各布森的看法，认为在约公元前2550年，巴比伦尼亚的中部和南部的六个城市组成了一个松散的联盟或中央集权性质的国家。至于这个联盟与基什的关系，库帕认为这个联盟要么与基什结盟，要么臣服于基什。[③]

在阿卡德王国建立之前，基什主导着巴比伦尼亚北部地区政治的发展，在南部，则形成了拉伽什、温马与乌鲁克—乌尔联盟三大政治势力。[④] 其中，拉伽什与温马发生了旷日持久的领土纠纷。在埃安那图姆统治时代，拉伽什打败了温马，在鹫碑（见图1-1）上记载了埃安那图姆迫使温马王以发誓的方式保证温马不侵犯拉伽什的经过，其誓言的末尾是对违约行为的诅咒。[⑤] 尽管鹫碑上的铭文只记载了温马王发誓的情况，但是温马王发誓部分的行文方式，与后世的条约有诸多相似之处，由此猜测两国签订了某种条约，可能已经确立起了以条约的形式解决外交纠纷的惯例。在阿卡德时代，经过几代君主的对外扩张，阿卡德王国控制了埃兰（见文前图3）。为了保证埃兰忠于阿卡德，阿卡德王国的国王那拉姆辛与埃兰的一

---

① 王献华：《两河流域早王朝时期作为地理概念的“苏美尔”》，《四川大学学报》（哲学社会科学版）2015年第4期。

② Thorkild Jacobsen, “Early Political Development in Mesopotamia,” *Zeitschrift für Assyriologie und Vorderasiatische Archäologie*, Vol. 52, 1957, pp. 120-122.

③ Jerrold Cooper, “International Law in the Third Millennium,” in Raymond Westbrook, ed., *A History of Ancient Near Eastern Law*, Vol. 1, Leiden and Boston: Brill, 2003, p. 243.

④ Jerrold Cooper, “International Law in the Third Millennium,” in Raymond Westbrook, ed., *A History of Ancient Near Eastern Law*, Vol. 1, p. 243.

⑤ Douglas R. Frayne, *Royal Inscriptions of Mesopotamia, Early Periods 1: Presargonic Period (2700-2350 BC)*, pp. 133-138.

图 1-1 鹫碑残片（左：正面；右：背面）

资料来源：斯特凡诺·祖菲主编，恩里科·阿斯卡洛内等著《史前到古埃及时期的艺术》，周婷译，上海三联书店 2023 年版，第 82—83 页。

个君主签订了条约（以下简称“那拉姆辛条约”）。从残留的条约来看，除了开头的见证神祇名单外，其余为七次起誓的誓言以及条约的具体条款，这种做法与鹫碑上的起誓相似，由此判定这是一个具有鲜明苏美尔风格的条约；从誓言部分的内容来看，只有埃兰君主对那拉姆辛单方面起誓，这也与温马王的起誓相似，由此可以确定这是一个不平等条约或臣服条约。

在幼发拉底河中游、上游地区以及北叙利亚地区，埃博拉（见图 1-2）与马里因争夺商路控制权，爆发了长达一个世纪的战争。不管对埃博拉来说，还是对马里而言，幼发拉底河中上游地区都具有重要的战略地位，因此，双方对这一地区展开了争夺。根据安那达干书信（The Enna-Dagan Letter）以及马里国王的铭文，马里的国王阿努布、萨乌鲁姆、伊什图普沙尔、伊布鲁尔伊利、安那达

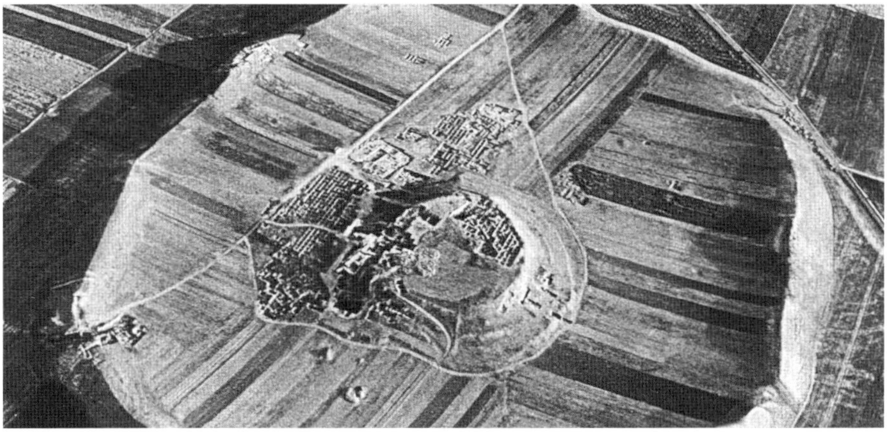

图 1-2　埃博拉城遗址

资料来源：Joan Aruz, Kim Benzel and Jean M. Evans, *Beyond Babylon: Art, Trade, and Diplomacy in the Second Millennium B.C*, p. 35.

干推行对外扩张政策，[①] 与埃博拉争夺从卡赫米什到埃马尔的幼发拉底河两岸地区。面对马里咄咄逼人的态势，埃博拉不得不称臣纳贡以暂避其锋芒。与此同时，不甘示弱的埃博拉，利用幼发拉底河的阿巴萨尔被马里严重削弱之机，强迫阿巴萨尔与其签订了臣服条约（后文简称《阿巴萨尔条约》），掌控了阿巴萨尔所在地区的贸易。此后，埃博拉积蓄力量，逐渐强盛起来，它的势力抵达了阿勒颇，以及现在的叙利亚和土耳其交界地区（卡赫米什和安提柯平原），幼发拉底河左岸地区的国家布尔曼与卡博卢尔、巴里赫河流域的哈兰、现在叙利亚与土耳其边界地区的萨那普朱古姆与古达达努姆，都承认了埃博拉的霸权。[②] 尽管如此，马里仍然是埃博拉的头号敌人。可能出于制衡马里的目的，埃博拉与哈布尔河流域

① Alfonso Archi and Maria Giovanna Biga, "A Victory over Mari and the Fall of Ebla," *Journal of Cuneiform Studies*, Vol. 55, 2003, p. 2; Douglas R. Frayne, *The Royal Inscriptions of Mesopotamia, Early Periods 1, Presargonic Period (2700-2350 BC)*, pp. 300, 307, 309, 312, 326, 328, 330, 331, 336.

② Alfonso Archi, *Ebla and Its Archives: Texts, History, and Society*, Boston and Berlin: Walter de Gruyter, 2015, p. 8.

的强国那伽尔、底格里斯河左岸的域外之国哈马兹建立起了友好关系。[①] 随着埃博拉国力的增强，埃博拉采取了摆脱马里奴役的措施：停止向马里纳贡，并利用马里参与乌鲁克反对基什的战争而无暇顾及的有利时机，促使马里与它签订了平等条约，最终两国在“银板条约”上写下了“埃博拉王与马里王在库拉神庙中发下的誓言”。[②]

此后，埃博拉乘机扩张势力，在埃博里姆担任埃博拉宰相的头三年，主要对北方地区用兵，接着对南部地区多次用兵。对北方、南方战争的胜利，使得埃博拉的实力大增，它的势力范围从北部的哈苏瓦延伸到南部的哈马地区，有 20 多个城邦承认了埃博拉的霸权，而北边重要的国家阿尔米也与埃博拉签订了友好条约。在埃博里姆任宰相第十三年的一次战争中，有 15 个国家参与出兵，[③] 一块泥板记载说“共有 17 个国家在埃博拉国王的手中”，[④] 埃博拉的霸权由此可见一斑。强盛的埃博拉大举进军幼发拉底河流域，马里王赫达在幼发拉底河上游台尔卡迎战。然而，马里王在战场上受伤，导致马里军队战败。[⑤] 但因为阿尔米攻击了埃博拉的姻亲之国哈兰，埃博拉不得不放弃对马里的围攻。与马里交恶的同时，埃博拉还寻求域外盟友的支持。埃博拉强化了与那伽尔的联盟关系，把公主塔格里斯达穆嫁给了那伽尔王子乌尔图姆胡胡，此外，还把公主凯什杜特嫁给了基什的一个王子，并且派宰相埃比兹凯尔出访那伽尔和基什。

此外，埃博拉还通过比布鲁斯与埃及建立起了商贸关系。在埃博拉的 G 宫殿建筑群中出土的古王国时代石制器物残片有 200

---

① Alfonso Archi, *Ebla and Its Archives: Texts, History, and Society*, p. 9.

② Alfonso Archi, *Ebla and Its Archives: Texts, History, and Society*, p. 9.

③ Alfonso Archi, *Ebla and Its Archives: Texts, History, and Society*, p. 11.

④ Giovanni Pettinato, *The Archives of Ebla: An Empire Inscribed in Clay*, Garden City, New York: Doubleday & Company, Inc., 1981, p. 107.

⑤ Alfonso Archi, *Ebla and Its Archives: Texts, History, and Society*, p. 11.

多件，其中有 2 块闪长岩器皿残片上写着第 4 王朝法老哈夫拉的金荷鲁斯名（*ḥr-nbw Sḫm-nbw Ḫ^c-f-R^c*）、两夫人名（*nbty wsr m nbty Ḫ^c-f-R^c*），1 个器皿塞子（见文前图 4）上写着第 6 王朝法老帕辟一世上下埃及之王的名字（*[mr]y tꜣwy nsw-bity sꜣ ḥwt-ḥr nbt Iwnwt Pp[y]*），[①] 有学者认为“这些器皿是埃博拉王国与古王国时期埃及之间贸易往来的间接证据”。[②] 尽管埃博拉文献中提及的地名还不能与埃及直接联系起来，但是，有学者提出杜古拉苏（Dugurasu）可能指的是埃及，埃及法老“派他（官员伊尼 [Iny]）去比布鲁斯，然后去一个地方（肯定是叙利亚）购买这些地区的产品。所交易的产品有天青石、锡、银和沥青。埃博拉的文献提到了埃博拉宫廷向各个王国送礼物。埃博拉宫廷只向杜古拉苏的国王赠送天青石、锡和银，而杜古拉苏的国王从未对埃博拉宣誓效忠；杜古拉苏把黄金制品、亚麻纺织品和大量不同颜色的宝石以及用一种可能是雪花石的石头制成的珍贵花瓶作为礼物送给埃博拉宫廷。埃博拉送给杜古拉苏的物品与伊尼去叙利亚购买的物品是一样的”，[③] 由此认为杜古拉苏可能是埃及。有学者按照提供的线索，考察了伊尼铭文中提及的一个名为 *rw-ḥꜣwt* 的地方，该地名在埃及语中是“河口”的意思。通过对埃及语音节与塞姆语对译的音节的比较，该学者认为 *rw-ḥꜣwt* 在塞姆语中写作 duġura(u)t，与埃博拉文献中

---

① Karin N. Sowada, *Egypt in the Eastern Mediterranean during the Old Kingdom: An Archaeological Perspective*, Vandenhoeck and Ruprecht Göttingen: Academic Press Fribourg, 2009, pp. 141, 142, 144. 按，本书在对古代文献进行拉丁化转写的时候，采用了国际通用的体例，参见本书附录一。

② Pierre Tallet, “Egypt’s Old Kingdom in Contact with the World,” in Karen Radner, Nadine Moeller and D. T. Potts, eds., *The Oxford History of the Ancient Near East, Volume I: From the Beginnings to Old Kingdom Egypt and the Dynasty of Akkad*, Oxford: Oxford University Press, 2020, p. 441.

③ Maria G. Biga, “Inherited Space-Third Millennium Political and Cultural Landscape,” in Eva Cancik-Kirschbaum, Nicole Brisch, and Jesper Eidem, eds., *Constituent, Confederate, and Conquered Space in Upper Mesopotamia: The Emergence of the Mitanni State*, Berlin/Boston: De Gruyter, 2014, p. 99.

的 Dugurasu 几乎没有区别。① 但是，有学者则认为，埃博拉文献中的杜古拉苏可能与 Tukriš 有关，并且认为它可能在伊朗。② 还有学者认为，埃博拉文献中 Du^ki Du^ki 的意思是“两土地”（即埃及）。③

在哈布尔河流域的乌尔凯什，同样也孕育出了丰富的外交关系。乌尔凯什位于西亚地区东西、南北商路的交会点上，扼守着两河流域平原地带与山区地带贸易之要冲，因金属贸易而得以兴旺发达。④ 公元前 2700 年，乌尔凯什已进入了城市文明时代，建造了一座神庙；到公元前 2500 年前后，其已发展成为叙利亚地区最大的城市。⑤ 至少从公元前 2300 年前后起，乌尔凯什与两河流域保持着密切的关系，出土印章（见图 1–3）上，描绘了一位名叫乌克尼图的女子。从名字看，这是一位阿卡德女子，她有“乌克尼图，女主人”（gìn.za-*ni-tum* nin）、“乌克尼图，图普凯什的妻子”（gìn.za-*ni-tum* dam *tup-ki-iš*）的头衔，⑥ 学界推测她可能是来自阿卡德的公主。如果说这位公主的身份存在疑问的话，那么另外一位阿卡德公主的身份则较为可靠。在乌尔凯什，发现了阿卡德王那拉姆辛的女儿塔拉姆阿卡德的印章（见图 1–3）以及一位阿卡德王

---

① Alessandro Roccati, “Dugurasu = *rw-ḥ3wt*,” in Alfonso Archi, ed., *Tradition and Innovation in the Ancient Near East: Proceedings of the 57th Rencontre Assyriologique International at Rome, 4-8 July 2011*, Winona Lake: Eisenbrauns, 2015, pp. 157-159.

② Alfonso Archi, “Egypt or Iran in the Ebla Texts?,” *Orientalia*, Nova Series, Vol. 85, No. 1, 2016, pp. 1-49.

③ Karin N. Sowada, *Egypt in the Eastern Mediterranean during the Old Kingdom: An Archaeological Perspective*, p. 223.

④ Marilyn Kelly-Buccellati, “Trade in Metals in the Third Millennium: Northeastern Syria and Eastern Anatolia,” in Paolo Matthiae, Maurits Van Loon and Harvey Weiss, eds., *Resurrecting the Past: A Joint Tribute to Adnan Bounni*, Te Istanbul: Nederlands Historisch-Archaeologisch Instituut, 1990, pp. 117-131.

⑤ Giorgio Buccellati and Marilyn Kelly-Buccellati, “In Search of Hurrian Urkesh,” *Archaeology Odyssey*, Vol. 4, No. 3, 2001, pp. 24-25.

⑥ Marilyn Kelly-Buccellati, “Urkesh and the North: Recent Discoveries,” in David I. Owen and Gernot Wilhelm, eds., *General Studies and Excavations at Nuzi 11/1*, Bethesda: CDL Press, 2005, pp. 30-31.

图 1-3 阿卡德两位公主的封印

注：左：乌克尼图的封印（印文：乌克尼图，图普凯什的妻子），右：塔拉姆阿卡德的封印（印文：那拉姆辛，阿卡德国王，他的女儿塔拉姆阿卡德）

资料来源：Joan Aruz and Ronald Wallenfels, eds., *Art of the First Cities: the Third Millennium B.C. from the Mediterranean to the Indus*, p. 226-227.

国官员的印章，其中塔拉姆阿卡德印章上的印文写道："那拉姆辛，阿卡德国王，他的女儿塔拉姆阿卡德"（^{d}*Na-ra-am-*^{d}En.Zu lugla *A-ga-dè*^{ki} *Tar-àm-A-ga-dè*^{ki} dumu.sal-*su*）。① 对于这位公主的身份，乌尔凯什的发掘者布切拉蒂夫妇认为，她很可能是乌尔凯什的王后。如果确实如此的话，那么至少有两位阿卡德公主成为乌尔凯什的王后，这充分证明了两国之间存在紧密的外交关系。

二 马里时代的西亚外交关系

随着乌尔第三王朝的崩溃，两河流域南部地区陷入分裂，形成了列国争霸的局面。与此同时，两河流域的核心地带的周围，也出现了区域力量聚合的态势，这两种发展态势汇合并发展为马里时代的西亚地区外交体系。

① Giorgio Buccellati and Marilyn Kelly-Buccellati, "Tar'am-Agade, Daughter of Naram-Sin, at Urkesh," in Lamia Al-Gailani Werr, *et. al.*, eds., *Of Pots and Plans: Papers on the Archaeology and History of Mesopotamia and Syria Presented to David Oates in Honour of His 75th Birthday*, London: Nabu Publications, 2002, pp. 13-14.

乌尔第三王朝灭亡后，继承其衣钵的是伊辛第一王朝（约公元前 2017—前 1794 年）。伊辛王伊什比埃拉成功驱逐了埃兰人，并援助其他城市，从而获得了某些地方势力的支持，在此基础上击败反对自己的势力，维持了两河流域南部地区的统一。事实上，此时的伊辛第一王朝只是名义上的天下共主，很多地方仍旧处于半独立状态。在伊辛第一王朝第五任国王李皮特伊斯塔尔在位时期，长期处于半独立状态的拉尔萨正式独立，形成了伊辛、拉尔萨南北对峙的局面。与此同时，进入两河流域的阿摩利人逐步站稳了脚跟，先后建立起了国家。公元前 1794 年，拉尔萨最终灭掉了伊辛，成为两河流域南部的霸主。

在两河流域南部的核心地区之外，一些国家逐渐强盛起来。在乌尔第三王朝末期，迪亚拉河流域的埃什嫩那（现在的阿斯马丘）脱离中央政府独立。但是，阿摩利人威胁到了埃什嫩那的安全，埃什嫩那联合伊辛，成功遏制住了阿摩利人的扩张势力。在第四任国王比拉拉马统治时期，埃什嫩那又与东方的埃兰结成同盟，来抵抗周围的阿摩利人的入侵。在第十五任国王伊皮克阿达德二世统治时代，埃什嫩那征服了整个迪亚拉河流域。就在此时，亚述地区的埃卡拉图逐步强大起来。埃卡拉图国王沙马什阿达德一世在巴比伦的支持下，废除了古亚述的最后一任统治者，开始谋求上两河流域的霸权。在名年官阿塔奴之年，沙马什阿达德一世打败了“12 个国王”，此处还提及马里王亚赫顿林，① 由于铭文破损，不知其具体内容，可能指的是打败了马里，控制了哈布尔河中下游地区。此时，马里内乱，王子苏穆亚曼驱逐了马里王亚赫顿林，3 年后马里官员们杀死了苏穆亚曼，沙马什阿达德一世乘机夺取了马里，“伊图尔美尔神……把整个马里赐给了我”。② 沙马什阿达德一世建立起了

① Jean-Jacques Glassner, *Mesopotamian Chronicles*, Atlanta: Society of Biblical Literature, 2004, pp. 162, 163.

② Albert Krik Grayson, *The Royal Inscriptions of Mesopotamia, Assyrian Periods 1: Assyrian Rulers of the Third and Second Millennia (to 1115 BC)*, Toronto, Buffalo and London: University of Toronto Press, 1987, p. 57.

一个横跨上两河流域的大帝国：沙马什阿达德一世驻扎在舒巴特恩利尔，长子伊什美达干一世在埃卡拉图统治，次子亚斯马赫阿杜在马里统治。伊什美达干一世在大小扎布河地区不断用兵，亚斯马赫阿杜则对叙利亚的哈舒、乌尔舒、卡赫米什、延哈德作战。

在巴比伦王汉谟拉比登上王位的时候，西亚地区形成了多强并立的局面。巴比伦控制着阿卡德地区，拉尔萨掌控着阿卡德以南地区，马里（见图 1-4）控制着幼发拉底河上游地区，埃卡拉图掌控着西帕尔上游的底格里斯河地区，埃什嫩那控制着东北的迪亚拉河地区。此外，还有东部的埃兰，西部的延哈德、卡特那。这样，在西亚地区形成了巴比伦、拉尔萨、埃什嫩那、马里、延哈德、卡特那、埃兰等政治势力并立的局面，很多小国依附于强国而生存，而强国则领导着一批同盟国或附属国以谋求存国，这样就形成了以同盟争霸为主要形式的外交新局面。马里泥板书信提及，当时的巴比伦、拉尔萨、埃什嫩那、卡特那和延哈德等国，都有一批小国追随着。①

图 1-4　马里城遗址

资料来源：Jean-Claude Margueron, *Mari: Capital of Northern Mesopotamia in the third Millennium BC: the Archaeology of Tell Hariri on the Euphrates*, Oxford & Philadelphia: Oxbow Books, 2014, p. 3.

① Georges Dossin, “Les Archives Épistolaires du Palais de Mari,” *Syria*, T. 19, Fasc. 2, 1938, p. 117.

埃卡拉图王沙马什阿达德一世吞并了马里后，势力如日中天；那拉姆辛、达杜莎统治下的埃什嫩那实力强大；利姆辛一世治下的拉尔萨实力更是不可小觑；而北叙利亚的延哈德成功抵御了埃卡拉图王朝的进攻，其实力可见一斑；卡特那在埃卡拉图与延哈德的争斗中成长为一支举足轻重的力量。在巴比伦的汉谟拉比统治的第十七年，埃卡拉图王沙马什阿达德一世去世，不久马里复国成功，西亚各方之间的势力平衡被打破，爆发了一系列的冲突、战争。埃什嫩那急于填补埃卡拉图衰落后留下的权力真空，逼迫马里称臣纳贡。马里、巴比伦与埃兰结成反埃什嫩那同盟，打败了埃什嫩那。不久，埃兰占领了埃什嫩那，势力盛极一时。埃兰为了削弱拉尔萨、巴比伦，挑动两国自相残杀，企图坐收渔翁之利。巴比伦、拉尔萨识破了埃兰的计谋，很快与马里结成同盟。在巴比伦王汉谟拉比统治第三十年，巴比伦、马里联军一举击溃埃兰、埃什嫩那、马尔吉姆联军，将埃兰人驱逐出两河流域。

埃兰人退出两河流域后，两河流域与埃兰的矛盾得以缓解，巴比伦与拉尔萨的矛盾加剧，战争一触即发。在这种紧张的局势下，两国都竭尽全力争取第三国的支持。巴比伦王汉谟拉比继续交好马里，同时与曾经投靠埃兰的马尔吉姆修好，为了对付拉尔萨甚至不惜与埃兰握手言和，而拉尔萨也展开了外交攻势，争取到了埃什嫩那的支持，这样就形成了以巴比伦与拉尔萨为首的两大联盟的对峙局面。最终，巴比伦与拉尔萨兵戎相见，巴比伦的汉谟拉比取得了重大胜利，几乎夺取了拉尔萨所有的土地，拉尔萨王利姆辛一世只剩下孤城一座。利姆辛一世不得不向北叙利亚的卡特那、东方的埃兰求援，但是，巴比伦拦截了拉尔萨派往卡特那的使节，而埃兰王重病缠身无法率兵援助。在汉谟拉比统治第三十一年，巴比伦最终一举攻灭了拉尔萨，完成了两河流域南部的统一。

此后，汉谟拉比开始筹划征服迪亚拉河流域埃什嫩那的大计。

在汉谟拉比统治第三十一年，巴比伦军队重创了埃什嫩那与其他小国的联军，埃什嫩那从此一蹶不振。两河流域的强国就剩下马里、埃卡拉图、马尔吉姆。到了汉谟拉比统治第三十四年，巴比伦完成了对马里、马尔吉姆的征服。在汉谟拉比统治第三十七年，巴比伦灭亡了埃什嫩那。次年，巴比伦又征服了埃卡拉图，至此，整个两河流域统一于巴比伦。

总体上看，乌尔第三王朝的崩溃，为两河流域南部地区多元化政治局面的出现准备了条件；两河流域南部地区分裂的局面，又为两河流域边缘地区政治势力的兴起提供了契机。随着汉谟拉比统一两河流域，马里时代异彩纷呈的外交局面终结了。

第二节　阿马尔那时代西亚北非的大国

马里时代之后，西亚北非经历了频繁的民族迁徙和严重的民族冲突，例如，赫梯人和胡里人在北叙利亚地区的冲突和碰撞；喜克索斯人的迁徙以及埃及驱逐喜克索斯人的战争。在这个过程中，不断涌现出的新的国家或王朝，逐步重建了西亚北非的政治秩序，为阿马尔那时代西亚北非的紧密交流奠定了坚实基础。

一　加喜特王朝的建立及其发展历程

一般认为，加喜特人来自两河流域的东部山区，从语言上看，加喜特人属于非塞姆语族，从他们的宗教可以判定他们与印欧人有着一定的关系。① 最早到达巴比伦尼亚的加喜特人，往往以充当农业雇工来维持生计。公元前 17 世纪，一些商业档案中的加喜

① 加喜特人的具体来源至今还不是很清楚。英语中的 Kassite 一词来自希腊语 Kossaioi，而 Kossaioi 来自阿卡德语词语卡什苏（*Kaššû*），而卡什苏可能是对加喜特语词 *g/kalž-* 的对译。*g/kalž* 可能是加喜特人的自称。但是，值得注意的是，加喜特王朝的国王几乎不用卡什苏称呼自己，往往有加喜特语的名字。

特人名字的数量增长很快，表明他们以和平的方式稳定地进入了巴比伦尼亚。在这个世纪之末，加喜特人地位开始上升，他们在巴比伦尼亚取得了一定的财产所有权。在古巴比伦王国的汉谟拉比统治时代，文献中开始零散地提到加喜特人。“在汉谟拉比之后的两位君主（萨姆苏伊鲁那和阿比埃舒赫）统治时期，年名中提到了‘加喜特人的军队’”：① “萨姆苏伊鲁那打败加喜特人强大的军队之年”，② “在安、恩利尔和马尔杜克的伟大力量的崇高命令下，国王阿比埃舒赫（制服了）加喜特人的军队和部队”，③ 这说明两者发生过战争。在古巴比伦王国后期，加喜特人开始大批进入巴比伦尼亚的北部地区。根据一些文献记载，学者们认为，在这个时候，加喜特人在古巴比伦王国边界建立了独立的王国，这个王国很可能是幼发拉底河中游的哈那王国。④ 约公元前1595年，赫梯古王国的国王穆尔什里一世摧毁古巴比伦王国。赫梯军队退回了安纳托利亚之后，早已定居在巴比伦尼亚的加喜特人填补了政治空白，建立起了统治，史称“加喜特王朝”或“巴比伦第三王朝”。

根据王表记载，加喜特王朝共有36位国王，统治了576年，⑤ 但是，根据现代学者的研究，加喜特王朝接管巴比伦后共统治了440年，即公元前1595—前1157年。对于公元前1420年之前的

① Walter Summerfield, “The Kassites of Ancient Mesopotamia: Origins, Politics, and Culture,” in Jack M. Sasson, ed., *Civilizations of the Ancient Near East*, Vol. I and II, Massachusetts: Hendrickson Publishers, 2000, p. 917.

② Erich Ebeling and Bruno Meissner, *Reallexikon der Assyriologie und Vorderasiatischen Archaologie*, Bd. 2, Berlin und Leipzig: Walter de Gruypter & Co., 1938, p. 183.

③ https://www.cdli.ucla.edu/tools/yearnames/HTML/T12K8.htm，2022年10月20日。

④ Joan Oates, *Babylon*, Revised Edition, London: Thames and Hudson, 1986, p. 84.

⑤ A. Leo. Oppenheim, “Babylonian and Assyrian Historical Texts,” in James B. Pritchard, ed., *Ancient Near Eastern Texts Relating to the Old Testament*, 3rd Edition with Supplement, Princeton: Princeton University Press, 1969, p. 272; Susanne Paulus, “Kassite Babylonia,” in Karen Radner, Nadine Moeller and D. T. Potts, eds., *The Oxford History of the Ancient Near East, Volume III: From the Hyksos to the Late Second Millennium BC*, Oxford: Oxford University Press, 2022, p. 808.

加喜特王朝的情况，学界知之甚少。王表给出的最早的国王是干达什，后世的一份抄本记载了干达什征服了巴达拉姆，他的军事行动很可能就是萨姆苏伊鲁那年名中提到的加喜特人的进攻。约公元前 1460 年，加喜特王朝征服了海国第一王朝，王表记载道："后来，卡什提里亚什（三世）的兄弟加喜特人乌拉姆布亚什，召集了他的军队，征服了海国王朝，（并）统治了这个国家""卡什提里亚什（三世）之子阿古姆（三世）集结军队征伐海国王朝"。① 这样，加喜特王朝最终完成了巴比伦尼亚的统一。到了卡拉尹达什统治时期，加喜特王朝发展兴盛，卡拉尹达什得到了"巴比伦之王，苏美尔和阿卡德之王，卡什苏人（即加喜特人）和卡尔杜尼阿什之王"这个前所未有的头衔，② 在乌鲁克为伊楠娜女神修建了神庙（见文前图 6）。③ 在卡达什曼哈尔贝一世统治时期，加喜特王朝受到了半游牧族群苏图人的侵扰，加喜特王率领军队进行了反击，在一个名叫黑黑的地方修建了堡垒。在库里加尔祖一世统治时期，加喜特王朝修建了新城"杜尔－库里加尔祖"。

亚述兴起之后，加喜特王布尔那布亚什二世迎娶了阿淑尔乌巴里特一世的女儿，两国关系比较密切。之后，阿淑尔乌巴里特一世的曾外孙库里加尔祖二世成为加喜特王朝的国王。但好景不长，很快两国起了冲突，双方军队战于苏加古，"在亚述王恩利尔尼拉里统治时代，小库里加尔祖是卡尔杜尼阿什的王。恩利尔尼拉里在底格里斯河的苏加古与他作战，把他的军队打得溃不成军"。④ 在卡

---

① Albert Kirk Grayson, *Assyrian and Babylonian Chronicles*, New York: J. J. Augustin Publisher, 1975, p. 156; Jean-Jacques Glassner, *Mesopotamian Chronicles*, pp. 272, 273.

② Margaret S. Drower, "Syria c. 1550-1400 B. C.," in I. E. S. Edwards, *et. al.*, eds., *The Cambridge Ancient History*, 3rd Edition, Vol. II, pt. 1, London: Cambridge University Press, 1976, p. 465.

③ Susanne Paulus, "Kassite Babylonia," in Karen Radner, Nadine Moeller and D. T. Potts, eds., *The Oxford History of the Ancient Near East, Volume III: From the Hyksos to the Late Second Millennium BC*, pp. 821-822.

④ Albert Kirk Grayson, *Assyrian and Babylonian Chronicles*, pp. 159-160; Jean-Jacques Glassner, *Mesopotamian Chronicles*, pp. 178, 179.

什提里亚什四世统治时期，亚述王图库尔提尼努尔塔一世攻占了巴比伦，巴比伦成为亚述的附庸。此后，加喜特王朝的历史比较混乱，不断遭到亚述与埃兰的控制与侵扰。加喜特王马尔杜克阿帕拉伊丁那死后，加喜特王朝基本上解体了。

二　赫梯的发展历程

在小亚地区，约公元前 2000 年，印欧语系的赫梯人迁入安纳托利亚，将土著的哈梯人征服，赫梯人与哈梯人融合后形成了历史上的赫梯人。图德哈里一世在公元前 1730 年前后统治着库萨拉，之后他的儿子普萨鲁马继承了王位。此后，帕帕蒂尔马篡夺了王位，但是很快合法的继承人拉巴尔那又重新掌握了政权。[①] 可能是由于拉巴尔那的功勋卓著，后世的赫梯王往往将他们的世系追溯到他，他的名字成为后世赫梯国王的王衔。但是，迄今为止，没有发现这位国王的任何铭文材料，铁列平的铭文中提到拉巴尔那征服了阿尔扎瓦，指定他的儿子做哈里什河以南地区新征服领土的总督。之后，拉巴尔那的儿子继承了王位，称拉巴尔那二世。他将都城从库萨拉迁移到哈图萨（见文前图 7），并且将自己的名字改为哈图什里（哈图萨之人），[②] 史称“哈图什里一世”。在他统治时期，赫梯开始向外扩张，越过了陶鲁斯山进入北叙利亚，同控制北叙利亚的延哈德 [③] 发生了冲突。

---

① Bedrich Hrozný, *Ancient History of Western Asia, India and Greece,* trans. J. Prochazka, Prague: Artia, 1953, p. 125.

② William W. Hallo and William Kelly Simpson, *The Ancient Near East: A History*, New York, Chicago, San Francisco and Atlanta: Harcourt Brace Jovanovich, Inc., 1971, p.105.

③ 延哈德王国于公元前 18 世纪在北叙利亚地区兴起，都城在哈拉波（现在叙利亚的阿勒颇），因此，也被称为哈拉波王国。延哈德王国有很多附属国，最著名的是阿拉拉赫。赫梯王穆尔什里一世灭亡了这个王国。赫梯衰落之后，哈拉波王国重建，将都城迁到了阿拉拉赫，重建后的王国不再称延哈德，而称哈拉波王国，国王的头衔为“哈拉波之王”。从伊德里米统治时期开始，哈拉波王国臣服于米坦尼，国王的头衔不再是“哈拉波之王”，而变成了“穆基什之王”或“阿拉拉赫城之王”。赫梯王苏皮鲁流马一世扩张的时候，该王国被纳入了赫梯势力范围。

之后，赫梯国王穆尔什里一世继续征伐叙利亚，《铁列平敕令》对此叙述道，穆尔什里一世“去了哈尔帕（即阿勒颇）城，摧毁了它，他把哈尔帕的战俘和物品带到了哈图萨”，[①] 可能是他彻底结束了延哈德的“伟大的王权”，赫梯文献对此如此描述，“大王哈图什里的孙子，赫梯王，大王穆尔什里，摧毁了阿勒颇的王权和阿勒颇国家”。[②] 在公元前1595年前后，穆尔什里一世率兵进入了巴比伦尼亚，灭亡了古巴比伦王国，《铁列平敕令》对此也有提及，“后来，他（即穆尔什里一世）去了巴比伦，他摧毁了巴比伦”，[③]《巴比伦编年史》也记载了这一重大历史事件：“在萨姆苏迪塔那统治时代，赫梯人远征阿卡德。”[④] 凯旋的穆尔什里一世后被汉提里谋杀，汉提里当上了赫梯的国王，史称“汉提里一世”。

此后，赫梯陷入了内部纷争和频繁政变的困境。与此同时，胡里人从东部入侵赫梯，而赫梯南部的土地也被敌人占领。这样，赫梯逐渐衰落下去，一蹶不振。约公元前1525年，铁列平僭越王位，制定了王位继承法令，收复了许多失地，并与叙利亚的库祖瓦德那签订了赫梯历史上第一个条约。[⑤] 此后，赫梯进入了中王国时代，国力再次衰弱。

图德哈里二世开创了赫梯新王国，而苏皮鲁流马一世使得赫梯成为当时西亚北非大国中的一员。苏皮鲁流马一世死后，在经过阿尔努瓦达三世短暂的统治后，穆尔什里二世登上了王位。此时，阿

---

① William H. Hallo, *The Context of Scriptue*, Vol. 1, Leiden and Boston: Brill, 2003, p. 195; Siim Mõttus, *The Edict of Telepinu and Hittite Royal Succession*, M. A. Dissertation, University of Tartu, 2018, p. 113.

② Gary M. Beckman, *Hittite Diplomatic Texts*, Atlanta: Society of Biblical Literature, 1996, p. 89.

③ William H. Hallo, *The Context of Scriptue*, Vol. 1, p. 195; Siim Mõttus, *The Edict of Telepinu and Hittite Royal Succession*, M. A. Dissertation, University of Tartu, 2018, p. 113.

④ Albert Kirk Grayson, *Assyrian and Babylonian Chronicles*, p. 156; Jean-Jacques Glassner, *Mesopotamian Chronicles*, pp. 272, 273.

⑤ 李政：《赫梯条约研究》，昆仑出版社 2006 年版，第 244—245 页。

尔扎瓦、卡什卡人和叙利亚地区的附属国起兵反抗赫梯，穆尔什里二世经过几年的作战最终平息了叛乱。穆尔什里二世将王位传给了儿子穆瓦塔里二世。此时，赫梯帝国的统治已经很稳固了。但是，埃及第 19 王朝的法老力图恢复往日埃及帝国的威风，率领军队远征，与赫梯争夺北叙利亚地区。穆瓦塔里二世与埃及法老塞提一世和拉美西斯二世断断续续进行战争。最终，赫梯王哈图什里三世与埃及法老拉美西斯二世缔结了和平条约。在哈图什里三世统治时代，赫梯出现了和平、繁荣的景象，重新修建了都城哈图萨，与埃及、巴比伦等国保持着友好关系。

在哈图什里三世的儿子图德哈里四世统治末期，阿黑亚瓦的国王联合一个名叫阿塔里斯亚的人在帝国的最西边反抗赫梯。最终赫梯平息了动乱。阿尔努瓦达四世统治时代，帝国西部与东部都发生了动乱，赫梯没有力量扑灭。在末王苏皮鲁流马二世统治时代，海上民族席卷整个西亚北非地区，赫梯帝国在这个浪潮中灭亡了。

三　胡里人的渗透与米坦尼王国的发展历程

乌尔第三王朝之前，胡里人居住在两河流域的北部和东北部地区。在乌尔第三王朝灭亡之后的混乱时代和古巴比伦王国时代，胡里人扮演的角色越来越重要。从马里文献可以看出，一批胡里人的国家建立起来，其范围从北叙利亚开始，中经上两河流域，一直到东底格里斯河和扎格罗斯山。在埃卡拉图的沙马什阿达德一世扩张的时候，幼发拉底河以西形成了四个胡里人的王国：延哈德、乌尔舒、哈舒、卡赫米什。[①]

埃卡拉图王朝崩溃以后，胡里人开始大规模地扩张。公元前 16 世纪，胡里王国中最大的王国米坦尼逐步建立起来。米坦尼王

---

① Benno Landsberger, “Assyrische Königsliste und ‘Dunkles Zeitalter’,” *Journal of Cuneiform Studies*, Vol. 8, No. 1, 1954, p. 64.

国的形成与来自东北地区的新种族——印度-雅利安人的迁徙密切相关。[①] 有学者认为，这个新种族逐渐取得了米坦尼王国的政权，成为统治阶级。1910年，安德烈亚斯首先把马亚努或马亚尼（*mariannu/-nni*，阿卡德语以 *-nnu* 结尾，胡里语以 *-nni* 结尾）与梵语 *márya* 做了比较，[②] 温克勒认为 *maryanni* 一词指的是雅利安人国王的随从，源于梵语 *márya*（意思是"人"），因此，*maryanni* 群体是雅利安人。[③] 这样，在米坦尼王国中就形成了这样的状况：居民是胡里人，他们讲的是胡里语；而统治者阶层是印欧语族的人，他们讲的是印欧语。[④] 但是，近来有学者认为，虽然学界对 *maryanni* 词源学的分析是正确的，米坦尼国王的王位名的确是印欧语系的词语，但由于资料匮乏，对于这些国王取印欧语王名的原因现在还不清楚，再者，米坦尼人采用 *maryanni* 称呼，并不意味着他们来源于印欧人。[⑤]

米坦尼位于两河流域北部，中心在哈布尔河流域。米坦尼首都是瓦舒卡尼，但是现在仍没有确定其具体的地理位置，很可能在哈布尔河一带。[⑥] 米坦尼王国崩溃后，哈尼加尔巴特王国定都台达，

---

① J.-R. Kupper, "Northern Mesopotamia and Syria," in I. E. S. Edwards, *et. al.*, eds., *The Cambridge Ancient History*, Vol. II, pt. 1, Cambridge: Cambridge University Press, 1971, p. 38.

② Peter Raulwing, "Manfred Mayrhofer's Studies on Indo-Aryan and the Indo-Aryans in the Ancient Near East: A Retrospective and Outlook on Future Research," in Thomas Schneider and Peter Raulwing, eds., *Egyptology from the First World War to the Third Reich: Ideology, Scholarship, and Individual Biographies*, Leiden and Boston: Brill, 2013, p. 256.

③ Eva von Dassow, "Mittani and Its Empire," in Karen Radner, Nadine Moeller and D. T. Potts, eds., *The Oxford History of the Ancient Near East, Volume III: From the Hyksos to the Late Second Millennium BC*, p. 476.

④ Ignace J. Gelb, *Hurrians and Subarians*, Chicago: The University of Chicago Press, 1944, p. 72.

⑤ Eva von Dassow, "Mittani and Its Empire," in Karen Radner, Nadine Moeller and D. T. Potts, eds., *The Oxford History of the Ancient Near East, Volume III: From the Hyksos to the Late Second Millennium BC*, pp. 475-476.

⑥ Gernot Wilhelm, *The Hurrians*, Warminster: Aris and Phillips Ltd., 1989, p. 27.

台达位于马尔丁附近。[①] 对于米坦尼王国早期的历史，“我们现在还不是很清楚”。[②] 尽管如此，通过一些文献还是可以梳理出米坦尼王国的国王世系。米坦尼的国名，可能是从祖先麦塔（Maitta）的名字演变而来。第一个可以证实的米坦尼王是苏塔尔那一世，在绍沙塔尔所使用的印玺的印迹上（发现于北叙利亚的阿特沙那丘）可以读到这样的文字：“苏塔尔那，凯尔塔之子，米坦尼王。”由此可以知道，米坦尼的两代国王是凯尔塔、苏塔尔那一世。而在奴兹发现的绍沙塔尔的印文（见图 1-5）上写道：“绍沙塔尔，帕沙塔尔那之子，米坦尼王。”[③] 此处的帕沙塔尔那，有的学者认为是帕拉塔尔那一世，有的学者认为是另外一位国王。此外，在赫梯王苏皮鲁流马一世和哈尼加尔巴特王米提瓦扎的条约里提到了绍沙塔尔：“我的先祖绍沙塔尔王，靠武力从亚述国夺取了金银门，作为其荣耀的象征物，立在了首都瓦舒卡尼的宫殿中。”[④] 这样，就可以知道米坦尼前几代国王的顺序：凯尔塔—苏塔尔那一世—帕拉塔尔那一世—帕沙塔尔那—绍沙塔尔。奴兹出土的泥板记载了服装的发放情况，其中一件“在帕拉塔尔那国王去世时被烧掉了”，特尔卡出土的泥板中，提及了名为帕拉塔尔那（Parattarna）、塞塔尔那（Saitarna）、绍沙达尔塔（Sausadatra）的三个国王，绍沙达尔塔的继任者是塞塔尔那和帕拉塔尔那，其中绍沙达尔塔可能是绍沙塔尔的异名。[⑤] 这样，形成了绍沙塔尔—塞塔尔那—帕拉塔尔那二世这样的世系。在巴拉克丘出土的泥板中有“在苏塔尔那王的儿子阿

---

① Ignace J. Gelb, *Hurrians and Subarians*, p. 72.

② Gernot Wilhelm, *The Hurrians*, p. 20.

③ Albert Krik Grayson, *The Royal Inscriptions of Mesopotamia, Assyrian Periods 1: Assyrian Rulers of the Third and Second Millennia (to 1115 BC)*, p. 333.

④ Gary M. Beckman, *Hittite Diplomatic Texts*, pp. 44-45; Ignace J. Gelb, *Hurrians and Subarians*, pp. 75-76; 参见李政《赫梯条约研究》，第 312 页。

⑤ Eva von Dassow, “Mittani and Its Empire,” in Karen Radner, Nadine Moeller and D. T. Potts, eds., *The Oxford History of the Ancient Near East, Volume III: From the Hyksos to the Late Second Millennium BC*, p. 473.

图 1-5　米坦尼王绍沙塔尔的印文

资料来源：Richard A. Martin, *Ancient Seals of the Near East*, Chicago: Field Museum of Natural History, 1940, No. 8。

尔塔苏马拉”的字句，[①] 苏塔尔那可能是后来泥板书信中的图什拉塔的父亲苏塔尔那二世，而阿尔塔苏马拉可能是图什拉塔的兄长。在米坦尼末王图什拉塔与埃及法老往来的泥板书信中，图什拉塔提到了米坦尼先王阿尔塔塔马一世和苏塔尔那二世。这样，可以排出后几代国王的顺序：阿尔塔塔马一世—苏塔尔那二世—阿尔塔苏马拉—图什拉塔。综上，米坦尼王国的世系可能是这样的：凯尔塔—苏塔尔那一世—帕拉塔尔那一世—帕沙塔尔那—绍沙塔尔—塞塔尔那—帕拉塔尔那二世—阿尔塔塔马一世—苏塔尔那二世—阿尔塔苏马拉—图什拉塔。

在帕拉塔尔那一世统治时代，米坦尼的势力明显开始向西方发展。阿拉拉赫国王伊德里米臣服于帕拉塔尔那，与米坦尼签订了臣服条约，伊德里米雕像（见文前图 5）上的《阿拉拉赫王伊德里米

① Eva von Dassow, “Mittani and Its Empire,” in Karen Radner, Nadine Moeller and D. T. Potts, eds., *The Oxford History of the Ancient Near East, Volume III: From the Hyksos to the Late Second Millennium BC*, p. 472.

的故事》对此有记载。[①] 此外，在《伊德里米与皮里亚的条约》中有帕拉塔尔那一世的名字，“从帕拉塔尔那与伊德里米在众神面前发誓的那天起”，[②] 这可能体现了他的宗主地位。此外，帕拉塔尔那一世控制了努哈什舍、尼亚等地。在绍沙塔尔统治时代，米坦尼的势力达到了极盛。绍沙塔尔处理了阿拉拉赫与库祖瓦德那之间的领土纠纷，显然，此时的阿拉拉赫和库祖瓦德那臣服于米坦尼。此外，绍沙塔尔还与库祖瓦德那王苏那萨拉一世签订了一份条约。同时，米坦尼可能还征服了亚述，因为在赫梯王苏皮鲁流马一世和哈尼加尔巴特王米提瓦扎的条约中提及，绍沙塔尔掠夺了亚述的金银门。此后，米坦尼逐渐与埃及实现了和平，从泥板书信可以知道，阿尔塔塔马一世与苏塔尔那二世将公主嫁给了埃及法老，米坦尼与埃及保持了良好的关系，这种关系一直持续到了图什拉塔统治时期。在赫梯王苏皮鲁流马一世大举扩张的时候，米坦尼成为牺牲品，图什拉塔被自己的一个儿子谋杀，米坦尼王国灭亡。

图什拉塔的儿子米提瓦扎在赫梯王苏皮鲁流马一世的支持下，重新建立国家，史称“哈尼加尔巴特王国”。重建的王国成为赫梯的附属国，丧失了独立地位。哈尼加尔巴特王国成为新兴亚述西进的严重障碍，因此，亚述与哈尼加尔巴特王国战争不断。最终，在绍图阿拉二世统治时期，哈尼加尔巴特王国为亚述王图库尔提尼努尔塔所灭亡，至此，米坦尼彻底退出了历史舞台。

---

① Edward L. Greenstein and David Marcus, “The Akkadian Inscription of Idrimi,” *Journal of the Ancient Eastern Society*, Vol. 8, Issue 1, Jan. 1976, p. 65; Gary Howard Oller, *The Autobiography of Idrimi: A New Text Edition with Philological and Historical Commentary*, Ph. D. Dissertation, University of Pennsylvania, 1977, p. 13.

② D. J. Wiseman, *The Alalakh Tablets*, London: The British Institute of Archaeology at Ankara, 1953, pp. 31, 32; Kenneth A. Kitchen and Paul J. N. Lawrence, *Treaty, Law and Covenant in the Ancient Near East, Part 1: Texts*, Wiesbaden: Harrassowitz Verlag, 2012, pp. 304, 305.

四　古埃及第 18 王朝的发展历程

在公元前 17 世纪的北非，外来族群喜克索斯人，乘埃及内乱之机，在尼罗河三角洲，建立了第 15 王朝。至于喜克索斯人的身份，学界推测为居住于黎巴嫩北部到约旦高地南部的巴勒斯坦区域内的讲西塞姆语的阿摩利人。① 阿波菲斯统治时期是喜克索斯王朝最为强盛的时期，它控制了从尼罗河三角洲到尼罗河谷直至努比亚的广大地区。② 在底比斯王朝的领导下，埃及掀起了驱逐喜克索斯人的战争。在阿赫摩斯二世 ③ 统治时期，埃及人占领了喜克索斯王朝的首都阿发里斯，并将其势力驱逐到了巴勒斯坦地区，接着又攻克了喜克索斯人在南巴勒斯坦的据点沙鲁亨。这样，底比斯王朝约在公元前 1467 年彻底清除了喜克索斯人的势力，取得了战争的胜利。

由于阿赫摩斯二世的巨大功勋，曼涅托将他视为新的王朝——第 18 王朝的开创者。由此开始，埃及进入了新王国时代，史学家也称之为埃及的帝国时代。在此时期，埃及走上武力对外扩张的道路，其首要目标便是喜克索斯人的大本营——巴勒斯坦地区。图特

① 郭丹彤：《略论埃及希克索斯王朝》，《东北师大学报》1997 年第 3 期。有的学者认为，喜克索斯人入侵埃及属于胡里人大迁徙的一个插曲，喜克索斯人就是胡里人，参见 Niels Peter Lemche, "The History of Ancient Syria and Palestine: An Overview," in Jack M. Sasson, ed., *Civilizations of the Ancient Near East*, Vol. I and II, p. 1205。

② 郭丹彤：《略论埃及希克索斯王朝》，《东北师大学报》1997 年第 3 期。

③ 第 18 王朝的法老阿赫摩斯，学界起初认为他是古埃及历史上第一个叫阿赫摩斯的国王，因此，有学者称他为阿赫摩斯一世，以区别于第 26 王朝的阿赫摩斯二世。但是，最近又发现了一个名为阿赫摩斯的国王，他是早于卡摩斯和阿赫摩斯一世的第 17 王朝国王，这样，第 18 王朝的阿赫摩斯一世就变成了阿赫摩斯二世。参见 K. S. B. Ryholt, *The Political Situation during the Second Intermediate Period, ca. 1800-1550 B.C.*, Copenhagen: Museum Tusculanum Press, 1997, pp. 278-280, 396-397; Daniel Polz, "Upper Egypt before the New Kingdom," in Karen Radner, Nadine Moeller and D. T. Potts, eds., *The Oxford History of the Ancient Near East, Volume III: From the Hyksos to the Late Second Millennium BC*, pp. 54, 55。

摩斯一世在位时期，积极对外扩张，远征叙巴地区，兵锋到达幼发拉底河东岸地区，在南部地区将埃及的势力扩展到了尼罗河第三瀑布。在哈特舍普苏特女王统治时代，埃及与蓬特进行了非常活跃的贸易。图特摩斯三世亲政后，对叙巴地区发动了17次远征，确立了对南叙利亚和巴勒斯坦地区的统治，将南部国境拓展到了尼罗河第四瀑布，创建了埃及帝国。在阿蒙霍特普二世和图特摩斯四世统治时期，埃及与西亚的米坦尼王国最终实现了和平，确定了彼此的势力范围。在阿蒙霍特普三世统治时期，埃及帝国享受着和平、安定，并且他在第12王朝的基础上，建造了卢克索神庙的主体工程。埃赫那吞进行了著名的宗教改革（见文前图8），迁都埃赫塔吞，与以阿蒙神庙为首的宗教势力进行了残酷的斗争。之后，埃及第18王朝走向没落。在图坦卡蒙死后，政权落入了掌握军事力量的贵族手中，不久，第19王朝取代了第18王朝。

五 中亚述的兴起及其发展历程

在历史上，亚述的核心区域在底格里斯河地区的扎布河流域，其领土主要位于两河流域北部地区。早期阿淑尔城邦臣服于巴比伦尼亚的政权。在乌尔第三王朝衰落之后，阿淑尔城独立，形成了古亚述王朝。在古亚述时期，亚述人在小亚地区建立一些商业殖民地，从事远程贸易。在阿摩利人扩张时期，古亚述被阿摩利人建立的新王朝所取代，即埃卡拉图王朝。在沙马什阿达德一世统治时期，埃卡拉图王朝基本上统一了两河流域北部地区，成为当时西亚地区的八大强国之一。但是，随着马里复国、巴比伦王国汉谟拉比扩张，埃卡拉图王朝逐渐从人们的视野中消失了。在胡里人扩张时期，亚述蜷缩于扎布河流域，最后成为米坦尼王国的附属国。

在阿淑尔乌巴里特一世统治时期，亚述开始重新出现在历史舞台上。由此，亚述进入了中亚述时代。在阿淑尔乌巴里特一世统治时期，亚述打败了东方的穆茨如人，巩固了亚述核心地区阿淑尔城到尼尼微一带。在恩利尔尼拉里统治时期，亚述打败了南边的加喜特王朝，将边界向南方推进了一大步。在阿达德尼拉里一世统治时期，又打败了哈尼加尔巴特国王绍图阿拉一世。在沙尔马那沙尔一世和图库勒提尼奴尔塔一世时期，亚述灭亡了哈尼加尔巴特王国，打通了通向地中海的道路，同时征服了南方的加喜特王朝。中亚述进入鼎盛时期。此后，记载亚述国王的文献变得稀少，表明此时期亚述国力的衰退。亚述一度受制于南方的加喜特王朝。在提格拉特帕拉沙尔一世统治时期，亚述复兴。此时，亚述军队出现在了地中海沿岸地区，打败了新赫梯各国，大败阿拉美亚部落，攻陷了伊辛第二王朝所控制的巴比伦城。在阿淑尔贝尔卡拉之后，亚述再度衰落，一直到新亚述时期才再度在西亚北非历史舞台上扮演重要角色。

第三节　阿马尔那时代西亚北非大国外交关系的演化

阿马尔那时代，是大国主导西亚北非地区政治格局的时代。这个时代的显著特点是多极化，始终都是几个大国主导西亚北非局势，而不是一个国家单独称霸。因此，有的学者将之称为“国际性”[①]的时代。赫梯条约对大国有这样的描述：“与陛下（即赫梯王）平起平坐的国王——埃及王、巴比伦王、哈尼加尔巴特王或亚述王”，“与我（即赫梯王）地位相等的国王有埃及王、巴比伦王、亚述王和阿黑亚瓦王”。[②]

阿马尔那时代也是西亚北非政治局势转换的时代，即由以埃及、米坦尼和巴比伦三国为主导向以赫梯、埃及、亚述、巴比伦四国为主导的西亚北非政治秩序转变。在三国主导时期，埃及实力要更强

① Mario Liverani, “The Great Powers Club,” in Raymond Cohen and Raymond Westbrook, eds., *Amarna Diplomacy: The Beginning of International Relations*, p. 45.

② Gary M. Beckman, *Hittite Diplomatic Texts*, pp. 101, 85. 中文译文参见李政《赫梯条约研究》，第 373—396 页。

一些；而在四国主导时期，赫梯的实力更强一些。在这个政治格局的转变过程中，充满着矛盾和斗争，形成了三对矛盾：米坦尼—赫梯、巴比伦—亚述以及埃及和亚述—赫梯。同时，也形成了三个外交关系区域：埃及、米坦尼和赫梯外交区域，埃及、巴比伦和亚述外交区域，埃及、亚述和赫梯外交区域。

一 埃及、米坦尼和赫梯三方关系

在埃及与米坦尼议和之前，不管是米坦尼，还是埃及，抑或是赫梯，都向叙利亚地区扩张势力。随着各国扩张半径的延长，米坦尼与赫梯的势力相遇，双方在叙利亚地区展开了争夺，不久埃及也加入对叙巴地区争夺的行列之中。埃及法老图特摩斯三世对叙巴地区的 17 次远征，不仅造成了埃及与米坦尼的冲突，而且还使得埃及与巴比伦、亚述、赫梯等国家发生了联系。埃及与米坦尼议和，结束了埃及与米坦尼的敌对关系，促使以和平交往为特征的阿马尔那外交体系形成。此后，远离大国争斗舞台的赫梯，逐步恢复了元气，赫梯对米坦尼的战争，使得阿马尔那体系发生了震荡。在这种大形势下，埃及、米坦尼、赫梯的关系变得复杂而微妙。一方面，埃及与米坦尼的关系跌宕起伏；另一方面，埃及与赫梯眉目传情。随着赫梯对米坦尼战争的节节胜利，埃及企图坐收渔翁之利，乘机掠夺米坦尼故地。而在赫梯灭亡米坦尼后，携胜利之威的赫梯军队进入了埃及的势力范围，夺取了埃及在叙利亚地区的附属国，这为日后埃及与赫梯的反目埋下了祸根。

（一）埃及、米坦尼、赫梯在北叙利亚的争夺

早在古王国时代，赫梯就已经向叙利亚地区扩张势力。公元前 17 世纪下半叶，赫梯王哈图什里一世曾两次沿着陶鲁斯山远征北叙利亚，与控制北叙利亚地区强大的胡里人国家——延哈德王国发生了冲突，赫梯人战胜了延哈德王国。[①] 紧接着，哈图什里一世

① O. R. Gurney, *The Hittites*, Melbourne, London and Baltimore: Penguin Books, 1952, p. 23.

攻击了延哈德北部地区的盟友乌尔舒后，转而攻打小亚西南部的阿尔扎瓦。这时，叙利亚地区的胡里人开始大规模反击，攻入赫梯境内，占领了除首都哈图萨之外的所有赫梯国土。① 赫梯文献的赫梯文版本把攻击赫梯的敌人称为“来自胡里的敌人”，但是，阿卡德文版本称其为“来自哈尼加尔巴特的敌人”。② 胡里人的进攻使哈图什里一世放弃了对小亚西南部的征伐，回过头来与胡里人进行战争。经过两年的浴血奋战，赫梯人把胡里人赶出安纳托利亚高原，向幼发拉底河地区推进。尽管如此，哈图什里一世还是没有彻底征服胡里人的延哈德王国，而且还在战争中受了致命的创伤。③

哈图什里一世驾崩后，他的孙子继承王位，史称穆尔什里一世。此时的延哈德王国仍然强大，并且与两河流域的古巴比伦王国结成盟国，而在马里地区则兴起了哈那王国。赫梯王穆尔什里一世为给祖父报仇雪恨，继续与延哈德王国进行战争，最终结束了延哈德王国在北叙利亚地区的统治，沉重地打击了胡里人。如前文所言，约公元前 1595 年，穆尔什里一世率兵攻入巴比伦尼亚，结束了古巴比伦王国在两河流域的统治。④ 至此，赫梯古王国达到了极盛。

---

① O. R. Gurney, “Anatolia c. 1750-1600 B. C.,” in I. E. S. Edwards, *et. al.*, eds., *The Cambridge Ancient History*, Vol. II, pt. 1, p. 242.

② Eva von Dassow, “Mittani and Its Empire,” in Karen Radner, Nadine Moeller and D. T. Potts, eds., *The Oxford History of the Ancient Near East, Volume III: From the Hyksos to the Late Second Millennium BC*, p. 481.

③ J. G. Macqueen, *The Hittites*, London: Thames and Hudson, 1986, p. 44.

④ Gary M. Beckman, *Hittite Diplomatic Texts*, pp. 88-89; O. R. Gurney, “Anatolia c. 1750-1600 B. C.,” in I. E. S. Edwards, *et. al.*, eds., *The Cambridge Ancient History*, Vol. II, pt. 1, pp. 241-251; Horst Klengel, *Syria, 3000 to 300 B.C.*, Berlin: Akademie Verlag, 1992, pp. 80-83; Philip K. Hitti, *History of Syria*, 2nd Edition, New York: ST Martin’s Press, 1957, p. 155; Nadav Na’aman, “The Historical Introduction of the Aleppo Treaty Reconsidered,” *Journal of Cuneiform Studies*, Vol. 32, No. 1, 1980, p. 36.

在返回赫梯本土两年后，穆尔什里一世死于宫廷政变之中，赫梯古王国由此衰落。而此时胡里人的势力再度膨胀，其领土一度扩展到北叙利亚，延哈德（哈拉波）再次独立。胡里人还将势力推进到西里西亚，[①] 并在那里建立了胡里人的国家库祖瓦德那。[②] 有学者认为，赫梯人与胡里人的争斗，促使米坦尼国家逐步建立，胡里人定都瓦舒卡尼。[③]

就在胡里人在北叙利亚地区占绝对优势的时候，埃及逐渐摆脱了喜克索斯人的统治。新兴的第 18 王朝将驱逐喜克索斯人的战争转变为一场对外扩张战争，这样，埃及逐渐与胡里人发生了联系，甚至还起了冲突。第 18 王朝的官员阿蒙尼姆赫特的坟墓铭文有这样的描述，“米坦尼，被称为□□□的敌人”（ *Mi͗-ti͗-ni͗* [...] *ẖr.tw r=s ẖfti͗w*），[④] 有学者认为这是古埃及最早提及米坦尼一词的文献，而该文献的年代可能是阿蒙霍特普一世或图特摩斯一世统治时代。[⑤] 而埃及最早接触到米坦尼可能是在法老图特摩斯一世统治时期，尼罗河第二瀑布图特摩斯一世的胜利碑提到了帝国的北界到达“逆流河”（ *mw pf qd*），[⑥] 有的学者认为

---

① 西里西亚是位于安纳托利亚和叙利亚之间的一块平原，北靠陶鲁斯山，东及阿马努斯山，南临地中海。这里早期的居民是鲁维人，赫梯古王国衰落后，胡里人迁入该地，逐渐占据了主导地位，建立了库祖瓦德那王国，参见 Albrecht Goetze, “Cilicians,” *Journal of Cuneiform Studies*, Vol. 16, No. 2, 1962, pp. 48-58。

② J. G. Macqueen, *The Hittites*, p. 44.

③ Eva von Dassow, “Mittani and Its Empire,” in Karen Radner, Nadine Moeller and D. T. Potts, eds., *The Oxford History of the Ancient Near East, Volume III: From the Hyksos to the Late Second Millennium BC*, p. 481.

④ Alexandra von Lieven, “The Movement of Time. News from the ‘Clockmaker’ Amenemhet,” in Renata Landgráfová and Jana Mynářová, eds., *Rich and Great: Studies in Honour of Anthony J. Spalinger on the Occasion of His 70th Feast of Thoth*, Prague: Charles University in Prague, 2016, pp. 211, 219. 按，[ ] 表示文字缺失。

⑤ David O’Conner and Eric H. Cline, eds., *Amenhotep III: Perspectives on His Reign,* p. 251.

⑥ Kurt Seth, *Urkunden der 18. Dynastie*, Band 1, Heft 2, Leipzig: J. C. Hinrichs’sche Buchhandlung, 1906, p. 85.

此河是幼发拉底河。[①] 图特摩斯三世在其年代记里宣称："在他父亲上下埃及之王埃赫帕尔卡拉（图特摩斯一世）的界碑旁边，他立了一块界碑"，[②] 在巴卡尔石碑中记载道："于是，陛下在那哈林山上立起了石碑，那是一块从幼发拉底河西岸的山中采下的石头。"[③] 从这一点可以看出，图特摩斯一世确实到达了幼发拉底河东岸地区，很可能兵锋直达米坦尼本土。

之后，埃及很快进入了哈特舍普苏特的"埃及和平"时代。"在外貌与衣服装束上呈现男性特征的伟大的王后哈特舍普苏特对战争没有渴求"，[④] 对叙巴地区征伐的次数明显较少。埃及在该地区所造就的"政治真空"给了米坦尼一个可乘之机，大约公元前1470年，米坦尼王国向西扩展势力，吞并了哈拉波王国以及尼亚、穆基什等国，势力扩展到了地中海东岸地区。

但是，米坦尼一国独霸的好景不长，大约公元前1458年，埃及法老图特摩斯三世开始了对叙巴地区的远征（见图1-6），成功地打败了以卡迭什为首的叙利亚诸国联军，因为这些叙利亚小国也讲胡里语，所以，黑尔克认为"这种文化上的联系反映了政治上的

---

① Betsy M. Bryan, "The Egyptian Perspective on Mittani," in Raymond Cohen and Raymond Westbrook, eds., *Amarna Diplomacy: The Beginning of International Relations*, pp. 71-72. 据学者考证，图特摩斯一世的通巴斯（Tombos）石碑之中的 *mw qd* 可能在南部地区而非西亚地区，在新王国时代埃及语中一般称呼幼发拉底河为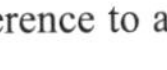 *pẖr wr*（意思为反向的大河，即逆流河），参见 Anthony Spalinger, "A New Reference to an Egyptian Campaign of Thutmose III in Asia, " *Journal of Near Eastern Studies*, Vol. 37, No. 1, Jan. 1978, p. 37。

② Kurt Sethe, *Urkunden der 18 Dynastie*, Band 3, Heft 9/10, Leipzig: J. C. Hinrichs'sche Buchhandlung, 1907, p. 697. 英文译文参见 James Henry Breasted, *Ancient Records of Egypt*, Vol. 2, Chicago: University of Chicago, 1906, p. 202。

③ A. de Buck, *Egyptian Readingbook*, Vol. 1, Leiden: Nederlands Instituut Voor Het Nabije Oosten, 1948, p. 58. 英文译文参见 Donald B. Redford, *The Wars in Syria and Palestine of Thutmose III*, London and New York: Brill, 2003, p. 107; 参见郭丹彤译著《古代埃及象形文字文献译注》上卷，东北师范大学出版社 2015 年版，第 115 页。

④ J. D. S. Pendlebury, *Tell el-Amarna,* London: Lovat Dickson & Thompson Ltd. Publishers, 1935, p. 2.

图 1-6 卡那克神庙墙壁上描绘的图特摩斯三世击敌场景

资料来源：斯特凡诺·祖菲主编，恩里科·阿斯卡洛内等著《史前到古埃及时期的艺术》，第 248 页。

联系，这些叙利亚王国的联盟得到了米坦尼王国的支持”。[①] 公元前 1447 年，图特摩斯三世对西亚地区发动了第八次远征，在攻克了卡迭什后，进入米坦尼西部的卡赫米什，不久渡过了幼发拉底河，进入了米坦尼本土。据埃及王铭记载，埃及军队并没有遭遇到米坦尼方面的反击，[②] 埃及非常顺利地从米坦尼俘虏了“3 名王公、30 名妇女、80 名马亚努，606 名男女奴隶及其子嗣”。[③] 但是，有学者认为，“他（图特摩斯三世）声称他那可恶的敌人——米坦尼的统治者在他面前逃跑而非与埃及人交战，但在随后的几年里，他的远征能到达北方的次数越来越少。显然，米坦尼和它的臣服者确实与埃及人打过仗，而且有时还能打赢”。[④] 公元前 1438 年，

---

① Wolfgang Helck, “Zur Staatlichen Organisation Syriens im Beginn der 18. Dynstie,” *Archiv für Orientforschung*, Bd. 22, 1968/69, pp. 27-29.

② Margaret S. Drower, “Syria c. 1550-1400 B. C.,” in I. E. S. Edwards, *et. al.*, eds., The *Cambridge Ancient History*, 3rd Edition, Vol. II, pt. 1, p. 457; James Henry Breasted, *Ancient Records of Egypt*, Vol. 2, pp. 202-203.

③ Kurt Sethe, *Urkunden der 18 Dynastie*, Band 3, Heft 9/10, p. 698. 英文译文见 James Henry Breasted, *Ancient Records of Egypt*, Vol. 2, p. 203。

④ Eva von Dassow, “Mittani and Its Empire,” in Karen Radner, Nadine Moeller and D. T. Potts, eds., *The Oxford History of the Ancient Near East, Volume III: From the Hyksos to the Late Second Millennium BC*, p. 483.

图特摩斯三世进行第十七次远征，也是最后一次远征，其目标主要是米坦尼支持的图尼普和卡迭什。埃及与米坦尼的冲突也反映在埃及的文献记载中，从图特摩斯三世统治时期起，那哈林国家的名字几乎出现在埃及的每一篇铭文里，“除了卡那克神庙内刻写的‘图特摩斯三世年代记’之外，努比亚第四瀑布处的巴卡尔山石碑、卡那克方尖碑、卡那克诗碑和阿尔曼特碑刻画了法老横渡幼发拉底河（ *pḫr wr*）的场面”，[1] 这一切都表明了图特摩斯三世统治时代的埃及与米坦尼之间爆发了大规模的军事冲突。

在图特摩斯三世远征叙巴地区时，赫梯正处于衰弱的中王国时代，但是，赫梯对北叙利亚仍旧抱有幻想，它试图利用埃及远征的机会驱逐心头大患胡里人。赫梯王孜丹塔二世抓住埃及法老图特摩斯三世远征的有利时机，向图特摩斯三世进献礼物，与埃及建立了外交关系，[2] 埃及文献对此记载道：“今年哈梯王公（送来）的贡品：8 个指环，401 德本；2 大块白色宝石；*pꜣ-gw* 木头□□□。”[3] 不久赫梯成功地将库祖瓦德那王国拉入了自己的阵营，[4] 后世库祖瓦德那与赫梯签订的臣服条约中如此写道：“先前，在我祖父的时代，库祖瓦德那属于赫梯。”[5] 赫梯在埃及法老图特摩斯三世第十三次远征时，再一次给埃及奉送了礼物，“哈梯王公的贡品：黄金□□□”，[6] 这进一步巩固了两国的友好关系。

---

① Betsy M. Bryan, “The Egyptian Perspective on Mittani,” in Raymond Cohen and Raymond Westbrook, eds., *Amarna Diplomacy: The Beginning of International Relations*, pp. 73-74.

② O. R. Gurney, “Anatolia c. 1600-1380 B. C.,” in I. E. S. Edwards, *et. al.*, eds., *The Cambridge Ancient History*, 3rd Edition, Vol. II, pt. 1, p. 671.

③ Kurt Sethe, *Urkunden der 18 Dynastie*, Band 3, Heft 9/10, p. 701. 英文译文参见 James Henry Breasted, *Ancient Records of Egypt*, Vol. 2, p. 204。

④ O. R. Gurney, “Anatolia c. 1600-1380 B. C.,” in I. E. S. Edwards, *et. al.*, eds., *The Cambridge Ancient History*, 3rd Edition, Vol. II, pt. 1, p. 671.

⑤ Gary M. Beckman, *Hittite Diplomatic Texts*, p. 14; 李政：《赫梯条约研究》，第 251 页。

⑥ Kurt Sethe, *Urkunden der 18 Dynastie*, Band 3, Heft 9/10, p. 727. 英文译文参见 James Henry Breasted, *Ancient Records of Egypt*, Vol. 2, p. 213。

有学者认为，“埃及法老图特摩斯三世、阿蒙霍特普二世的进攻迫使米坦尼退出了西里西亚和叙利亚”，[①] 米坦尼虽然遭到一定的打击，但是实力尚存。而埃及对叙巴地区的控制显然是不稳定的，图特摩斯三世的17次远征多数是为了镇压北叙利亚的反抗、叛乱。在图特摩斯三世远征之后，米坦尼王国最伟大的国王绍沙塔尔出现在西亚北非历史舞台上，在他的带领下，米坦尼很快医治了战争创伤，“绍沙塔尔随后赢得了胜利，维持了米坦尼的统治并击退了埃及的进攻”。[②] 米坦尼的势力再度膨胀，征服了亚述，控制了包括乌加里特在内的地中海沿岸地区，甚至成为库祖瓦德那的宗主国，此外，还把阿拉拉赫和阿拉帕哈变成了其附属国。[③] 这样，绍沙塔尔将东起扎格罗斯山，西到地中海沿岸的所有讲胡里语的区域纳入了米坦尼的版图。绍沙塔尔裁决了阿拉拉赫国王与库祖瓦德那的纠纷，把双方争议的领土给了阿拉拉赫，[④] 引起了库祖瓦德那的不满。库祖瓦德那投靠赫梯，成为赫梯的附属国，赫梯条约对此记载道：“现在库祖瓦德那国的人是赫梯人的牲口，并选择了他们的畜舍。他们从胡里的统治者那里解脱出来，转向陛下。”[⑤]

此后，埃及与米坦尼的军事冲突仍在继续，阿蒙霍特普二世对叙巴地区发动了三次远征。在他统治的第七年，阿蒙霍特普二世发动了第二次远征，他率领军队到达了奥伦特河，占领了卡特那和尼亚。阿蒙霍特普二世的孟斐斯碑提到，本次远征抓获了携带书信

① Emanuel Pfoh, *Syria-Palestine in the Late Bronze Age: An Anthropology of Politics and Power*, London and New York: Routledge, 2016, p. 16.

② Eva von Dassow, “Mittani and Its Empire,” in Karen Radner, Nadine Moeller and D. T. Potts, eds., *The Oxford History of the Ancient Near East, Volume III: From the Hyksos to the Late Second Millennium BC*, p. 483.

③ Gernot Wilhelm, “The Kingdom of Mitanni in Second-Millennium,” in Jack M. Sasson, ed., *Civilizations of the Ancient Near East*, Vol. I and II, p. 1249.

④ D. J. Wiseman, *The Alalakh Tablets*, p. 39.

⑤ Gary M. Beckman, *Hittite Diplomatic Texts*, p. 15; 李政：《赫梯条约研究》，第252页。

的那哈林的使节，[①] 显然迦南地区的国家得到了米坦尼的政治支持。此时，赫梯王图德哈里二世或三世乘机出兵北叙利亚，夺取了叙利亚重镇阿勒颇，[②] 重申对库祖瓦德那的宗主权。在这种严峻形势下，米坦尼为了避免两线作战，主动与埃及议和，阿蒙霍特普二世的一篇铭文记载了这件事："背着贡品的米坦尼的首领们来到了他面前，乞求陛下赐予他们甜美的生命气息。……这是自神代以来从未听说的事。这个对埃及一无所知的国家祈求善神（的庇佑）。" [③] 可能自从这次议和之后，埃及与米坦尼的关系开始有了改善，因为在阿蒙霍特普二世统治晚期，再也没有描述过叙利亚战争，铭文中也没有提及那哈林或米坦尼敌人。更重要的是，在埃及文献中，"那哈林敌人"的表述已经消失不见，取而代之的是古埃及通用术语"亚洲人"。[④] 这种变化或许表明了埃及对米坦尼的态度发生了重大转变。

学界对于埃及与米坦尼建立友好关系的确切时间，至今仍然没有取得一致意见。阿蒙霍特普二世的孟斐斯碑写道："那哈林的统

① Wolfgang Helck, *Urkunden der 18. Dynastie: Übersetzung zu den Heften 17-22*, Berlin: Akademie Verlag, 1961, p. 38; Peter Der Manuelian, *Studies in the Reign of Amenophis II*, Hildesheim: Gerstenberg Verlag, 1987, p. 224; 参见郭丹彤译著《古代埃及象形文字文献译注》上卷，第 152 页。

② Gary M. Beckman, *Hittite Diplomatic Texts*, p. 89; Margaret S. Drower, "Syria *c*. 1550-1400 B. C.," in I. E. S. Edwards, *et. al.*, eds., The *Cambridge Ancient History*, 3rd Edition, Vol. II, pt. 1, p. 462; Horst Klengel, *Syria, 3000 to 300 B. C.* , p. 95.

③ James Henry Breasted, *Ancient Records of Egypt*, Vol. 2, p. 317; Margaret S. Drower, "Syria *c*. 1550-1400 B. C.," in I. E. S. Edwards, *et. al.*, eds., The *Cambridge Ancient History*, 3rd Edition, Vol. II, pt. 1, p. 462; Barbara Cumming, *Egyptian Historical Records of the Later Eighteenth Dynasty*, Fascicle 1, Warminster: Aris and Phillips Ltd., 1982, p. 39.

④ Betsy M. Bryan, "The Egyptian Perspective on Mittani," in Raymond Cohen and Raymond Westbrook, eds., *Amarna Diplomacy: The Beginning of International Relations*, p. 76; Betsy M. Bryan, "The 18th Dynasty before the Amarna Period," in Ian Shaw, ed., *The Oxford History of Ancient Egypt*, Oxford: Oxford University Press, 2002, p. 245.

治者、哈梯的统治者和善加尔（ *sngr*，即巴比伦）的统治者听到了我所取得的伟大胜利……他们代表他们的祖先真诚地说话以请求陛下赐予礼物，并且给予他们生命气息”，[①] 布赖恩认为，这是埃及与米坦尼建立联盟的第一次官方声明。[②]《牛津古代埃及百科全书》认为，阿蒙霍特普二世与米坦尼实现了和平，并且划分了势力范围。[③] 但是，基钦认为，埃及与米坦尼缔结和平条约是在法老图特摩斯四世统治时代。[④]

笔者认为，基钦的观点更能让人接受，也更有理有据。因为埃及的文献中仍然有关于埃及与米坦尼之间冲突的记载。图特摩斯四世的一篇破损的铭文，提到在与那哈林作战中获得的战利品，[⑤] 这充分说明了埃及与米坦尼之间还存在局部冲突，两国的关系还未实现正常化，遑论缔结和平条约了。但是，在阿蒙霍特普二世时代埃及对米坦尼的态度改变之后，经过图特摩斯四世的局部战争和小规模冲突，埃及与米坦尼意识到彼此都不能彻底打败对方，最终选择了和平，很可能缔结了和平条约。[⑥] 这一点可以从埃及文献中找到证据。图特摩斯四世的一枚圣甲虫铭刻（见图 1-7）写道：“当蒙凯普鲁拉从宫殿里出来时，背着礼物的那哈林王公们看着他，他们听到了他那像努特的儿子的声音，他手里的弓就像舒的后继者

① Wolfgang Helck, *Urkunden der 18. Dynastie: Übersetzung zu den Heften 17-22*, p. 40; Barbara Cumming, *Egyptian Historical Records of the Later Eighteenth Dynasty*, Fascicle I, p. 32; Peter Der. Manuelian, *Studies in the Reign of Amenophis II*, p. 227; 参见郭丹彤译著《古代埃及象形文字文献译注》上卷，第 156 页。

② Betsy M. Bryan, “The Egyptian Perspective on Mittani,” in Raymond Cohen and Raymond Westbrook, eds., *Amarna Diplomacy: The Beginning of International Relations*, p.77.

③ Donald B. Redford, ed., *The Oxford Encyclopedia of Ancient Egyp*t, Vol. 3, pp. 340-341.

④ David O’Conner and Eric H. Cline, eds., *Amenhotep III: Perspectives on His Reign,* p. 251.

⑤ James Henry Breasted, *Ancient Records of Egypt*, Vol. 2, p. 324.

⑥ David O’Conner and Eric H. Cline, eds., *Amenhotep III: Perspectives on His Reign,* p. 252; Margaret S. Drower, “Syria *c.* 1550-1400 B. C.,” in I. E. S. Edwards, *et. al.*, eds., The *Cambridge Ancient History*, 3rd Edition, Vol. II, pt. 1, p. 463.

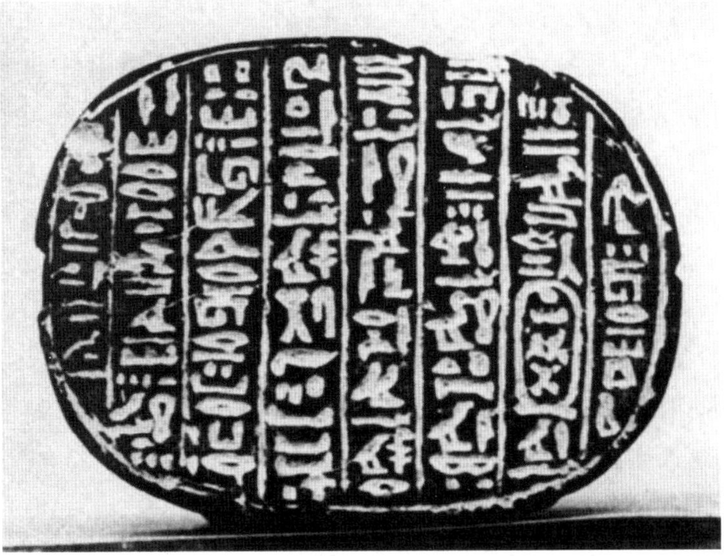

图 1-7　埃及法老图特摩斯四世圣甲虫铭刻（记载与米坦尼议和）

资料来源：Alan W. Shorter, "Historical Scarabs of Tuthmosis IV and Amenophis III," *Journal of Egyptian Archaeology*, Vol. 17, No. 1/2, 1931, pl. IV。

的弓。"[①] 图特摩斯四世迎娶了米坦尼国王阿尔塔塔马一世的女儿，米坦尼王图什拉塔对此如此描述道："当尼穆瑞亚的父亲□□□派人到我祖父阿尔塔塔马处，并要求我祖父的女儿，我父亲的姐妹的时候，他派人来了五六次，但他没有把她给他。当他第七次派人到我祖父处时，他不得已才把她给了他。"（EA 29:16-18）[②] 可能米坦尼王苏塔尔那二世又把女儿嫁给了图特摩斯四世，"□□□再次，我父亲苏塔尔那的女儿□□□□□□□在第十次（请求）时，他才送给你的祖父"。（EA 24，§ 5）在底比斯一些埃及大臣的坟墓里，有描绘米坦尼首领请求法老赐予生命气息的浮雕与壁画，出土了叙利亚式的随葬品，此外，图特摩斯四世法老修建的卡那克神庙

---

① Alan W. Shorter, "Historical Scarabs of Tuthmosis IV and Amenophis III," *Journal of Egyptian Archaeology*, Vol. 17, No. 1/2, May 1931, p. 23.

② 本书使用的泥板书信，除了第 24 号之外，都系笔者翻译。为如实反映文献原意，笔者多进行直译，在引用的时候采用文中夹注。其中 EA 指代泥板书信，紧跟其后的数字代表第某号书信，冒号后边的数字一般代表行号，若有分节，则用 § 表示。

第四塔门庭院里的浮雕也描绘了叙利亚物品，[①] 这些都是两国关系实现正常化的证据。因此，笔者认为，在阿蒙霍特普二世与米坦尼王初步议和的基础上，图特摩斯四世时代的埃及与米坦尼彻底实现了和平。

在埃及法老阿蒙霍特普三世统治前期，埃及与米坦尼的友好关系持续发展。阿蒙霍特普三世迎娶了米坦尼国王苏塔尔那二世的女儿凯鲁希帕，重新认定了两国间的友好关系。泥板书信记载道："当你的父亲尼穆瑞亚写信给我父苏塔尔那，并要求我父的女儿、我姐妹的时候，他派人来了三四次，但他没把她给出。当他第五、第六次派人来，他不得已才把她给了他。"（EA 29:18-20）阿蒙霍特普三世的圣甲虫铭刻也记载了这件盛事："在拉之子、底比斯的统治者阿蒙霍特普……陛下统治的第十年，……惊奇的物品被带给了陛下：愿法老永生、昌盛和安康，那哈林的首领苏塔尔那的女儿凯鲁希帕与她的闺房仕女 317 人。"[②]

（二）米坦尼、赫梯竞相交好埃及

米坦尼王苏塔尔那二世去世后，他的长子阿尔塔苏马拉被一个叫皮尔黑[③]的人杀害，大权落到皮尔黑的手中，米坦尼与埃及的外交关系中断。图什拉塔（苏塔尔那二世的另外一个儿子）描述了内乱时期米坦尼与埃及的关系，皮尔黑实行敌视埃及的政策，"我与任何一个爱我的人友好，他都不允许"。（EA 17: 15-16）同时，

---

① Betsy M. Bryan, "The Egyptian Perspective on Mittani," in Raymond Cohen and Raymond Westbrook, eds., *Amarna Diplomacy: The Beginning of International Relations*, p. 79.

② A. de Buck, *Egyptian Readingbook*, Vol. 1, p. 67; Wolfgang Helck, *Urkunden der 18. Dynastie*, Band 6, Heft 20, Berlin: Akademie Verlag, 1957, p. 1738. 英文译文见 James Henry Breasted, *Ancient Records of Egypt*, Vol. 2, p. 348; 参见郭丹彤译著《古代埃及象形文字文献译注》上卷，第 157 页。

③ 关于皮尔黑，传世资料对他没有任何记载。有学者认为皮尔黑可能是胡里王阿尔塔塔马二世称王之前的名字，参见 Eva von Dassow, "Mittani and Its Empire," in Karen Radner, Nadine Moeller and D. T. Potts, eds., *The Oxford History of the Ancient Near East, Volume III: From the Hyksos to the Late Second Millennium BC*, p. 494。

一个叫阿尔塔塔马（即阿尔塔塔马二世）[①] 的人宣布有王位继承权，称“胡里王”，在胡里人中建立起了统治，[②] 在赫梯条约中，把阿尔塔塔马二世与图什拉塔的王位争夺，称为两人之间的法律诉讼，[③] 米坦尼的乱象由此可见一斑。

后来，图什拉塔铲除了皮尔黑的势力，（EA 17: 19-20）平息了米坦尼的内乱。图什拉塔执掌政权后，对埃及奉行什么样的外交政策呢？这是摆在米坦尼面前一个重要问题。从第 17 号泥板书信来看，图什拉塔放弃了皮尔黑敌视埃及的外交政策，为此图什拉塔写信对阿蒙霍特普三世表明了态度：“因为你与我的父亲友好，所以我派人告诉你这些事情，以便我的兄弟（埃及王）听到这些事情，以便他（埃及王）高兴一下。”（EA 17: 21-24）并且派遣重臣凯利亚赴埃及商讨两国复交大事。图什拉塔之所以选择这样的外交政策，其主要原因有：第一，刚刚夺回政权的图什拉塔，要想坐稳江山，埃及的支持对其来说是不可或缺的；第二，自中王国时期起蜷缩于安纳托利亚高原的赫梯开始恢复元气，企图重新夺回北叙利亚地区（当时属于米坦尼的势力范围）。图什拉塔执掌政权后不久，赫梯王苏皮鲁流马一世就对米坦尼发动了一次进攻。（EA 17: 30-35）在这种情况下，米坦尼迫切需要与埃及建立友好关系，以改善外部环境。

在历史上，赫梯人和米坦尼人不断发生冲突和战争。赫梯将

① 至于阿尔塔塔马二世的身份，有学者认为他是图什拉塔的兄长，在阿尔塔苏马拉遇害后，图什拉塔在王位争夺中获胜，而争夺王位失败的阿尔塔塔马二世逃亡到赫梯，这给赫梯出兵米坦尼提供了由头，即裁决阿尔塔塔马二世与图什拉塔的争端。参见 Pierre Grandet, “Egypt’s New Kingdom in Contact with the World,” in Karen Radner, Nadine Moeller and D. T. Potts, eds., *The Oxford History of the Ancient Near East, Volume III: From the Hyksos to the Late Second Millennium BC*, pp. 420-421。

② Eva von Dassow, “Mittani and Its Empire,” in Karen Radner, Nadine Moeller and D. T. Potts, eds., *The Oxford History of the Ancient Near East, Volume III: From the Hyksos to the Late Second Millennium BC*, pp. 420-421.

③ Gary M. Beckman, *Hittite Diplomatic Texts*, p. 40; 李政：《赫梯条约研究》，第 305 页。

北叙利亚看作自己天然的势力范围，只要有机会就会出兵与米坦尼人争夺，[①] 因此，这两个国家因叙利亚地区爆发战争是不可避免的。由于赫梯对米坦尼试探性的远征以失败告终，[②] 赫梯王苏皮鲁流马一世认识到了赫梯与米坦尼实力悬殊，他进行了积极的准备工作，以增强赫梯的实力。苏皮鲁流马一世稳定赫梯国家周边形势，与一些国家或部落签订了条约，以保证战争时期的后方安全。后来，他与库祖瓦德那签订了条约，[③] 这样“苏皮鲁流马一世清理了通向北叙利亚的道路，确保了他与米坦尼进行战争的时候库祖瓦德那不会从背后攻击”。[④] 苏皮鲁流马一世在外交上走的最为重要的一步棋就是拉拢埃及，[⑤] 他写信给埃及法老阿蒙霍特普三世，要求建立外交关系。关于这一点，可以从第 41 号泥板书信中苏皮鲁流马一世所说的话语中推断出来。很显然，苏皮鲁流马一世积极交好埃及法老阿蒙霍特普三世的目的是孤立米坦尼，破坏米坦尼与埃及之间的友好关系，为赫梯成为地区大国创造良好的外部环境。

面对米坦尼和赫梯的外交攻势，埃及做了综合判断后认为，米坦尼实力雄厚，而赫梯则刚刚从蛰伏中醒来，势力较弱，选择米坦尼对埃及更为有利，埃及外交的天平倾向了米坦尼一边。埃及对米坦尼的拉拢做出了积极回应，阿蒙霍特普三世派遣特使马奈随同凯利亚返回米坦尼，提议两国进行联姻。阿蒙霍特普三世让马奈向图什拉塔传话道：“请我的兄弟送来你的女儿做我的妻

---

① J.-R. Kupper, “Northern Mesopotamia and Syria,” in I. E. S. Edwards, *et. al.*, eds., *The Cambridge Ancient History*, Vol. II, pt. 1, pp. 37-38; O. R. Gurney, “Anatolia c. 1600-1380 B. C.,” in I. E. S. Edwards, *et. al.*, eds., *The Cambridge Ancient History*, 3rd Edition, Vol. II, pt. 1, p. 671.

② Amir Harrak, *Assyria and Hanigalbat: A Historical Reconstruction of Bilateral Relations from the Middle of the Fourteenth to the End of the Twelfth Centuries B. C.*, Hildesheim, Zurich and New York: Georg Olms Verlag, 1987, p. 16.

③ Gary M. Beckman, *Hittite Diplomatic Texts*, pp. 13-22.

④ J. Lehmann, *The Hittites, Nation of a Thousand Gods*, London: Collins, 1977, p. 224.

⑤ David O’Conner and Eric H. Cline, eds., *Amenhotep III: Perspectives on His Reign*, p. 243.

子，埃及（米西尔）的女主人吧！”（EA 19: 17-19）经过反复谈判和交涉，两国特使最终促成了埃及与米坦尼的联姻，图什拉塔把塔杜希帕公主嫁给了阿蒙霍特普三世。通过这次联姻，两国不仅顺利复交，而且还推动两国关系达到了历史上的最高水平，这主要体现在以下三点。

第一，在外交文书中祈求两国的主神保佑江山社稷，体现了两国关系的密切。在古代世界，宗教在政治生活中占有重要地位，彼此承认主神意味着彼此承认对方的地位，一国接受另一国的主神是异常亲密关系的佐证。在第19号泥板书信中，图什拉塔一再强调：“愿我主台舒巴与（你主）阿蒙使（我们彼此之间的友爱）像现在这样天长地久”，（EA 19: 15-16）“愿邵什卡、阿蒙使她符合我兄弟的心愿！”（EA 19: 24）在另外一封泥板书信中，图什拉塔说，“愿我兄使得我在我的国家、我的外宾面前获得无上的荣耀，愿台舒巴、阿蒙保佑（愿望实现）”。（EA 20: 73-74）此外，应埃及法老阿蒙霍特普三世的请求，图什拉塔把尼尼微的邵什卡神像送到埃及供法老使用。图什拉塔在信中这样写道：“愿天之女神邵什卡庇护我们——我的兄弟和我——长达10万年！愿我们的女神赐予我们巨大的欢乐！”（EA 23: 26-29）

第二，两国在观念上的同一（两国合并、王位互换的表述）也显示了两国的密切关系。这主要体现在图什拉塔的一系列言辞里。联姻前的图什拉塔认为，联姻后“哈尼加尔巴特与埃及（米西尔）将会变成一个人”。（EA 20: 17）而在联姻后图什拉塔宣称：“胡里国和埃及国在它们之间成为一个（国家），彼此支持。我就如埃及国的主人，我的兄弟就如胡里国的主人”，“以及关于胡里国的每个方面，也同样是埃及国的每一个方面”。（EA 24, §§ 15, 19a）另外，图什拉塔向阿蒙霍特普三世表达了米坦尼的外交态度：“这个国家是我兄弟的国家，这座宫殿是我兄弟的宫殿。”（EA 19: 70）这种声明从另一个角度表明米坦尼与埃及的友好关系。这种互换王位、互换国家的表述，不可能是真实的历史情况，但是透露出来的信息却是真实的，它表明了两国关系发展到了一个“彼此共有”的状态。在后世的文献中，经常出现类似的语句。如埃及第19王朝法老拉美西斯二世与赫梯国王哈图什里三世缔结条约后，两国的友好关系取得了长足进展，拉美西斯二世迎娶了赫梯公主，这标志着两国之间关系的异常密切，拉美西斯二世对此评论道：“赫梯国王的公主来到埃及，两个伟大的国家变成了一个国家……在那一天，两个伟大的国家变成了一个国家。而且两个伟大的国王变成了纯粹的兄弟。”①

第三，图什拉塔对阿蒙霍特普三世称呼的转变以及问候对象的改变，也暗示了两国关系的密切。图什拉塔即位之初，将法老称为兄弟，且以兄弟自称，（EA 17: 2, 4）当埃及法老阿蒙霍特普三世同意建交并建议再度联姻时，图什拉塔称阿蒙霍特普三世为女婿，并自称为岳父。（EA 20: 1, 3）这种称呼的变化是两国关系恢复并加深的有力证据。在第17、第19号泥板书信中，图什拉塔向远嫁埃及的姐姐凯鲁希帕问好，但是在以后的泥板书信里不再向凯鲁希帕问好，这说明两国关系发展到了新阶段，不再把以前的联姻作为两国友好关系的标志，新的联姻已经重新确认了两国的友好关系。

尽管，米坦尼与埃及的友好关系重新建立起来了，两国关系进入了蜜月期，但是埃及同时也与赫梯建立了友好关系，在外交上承认了赫梯。埃及承认赫梯这个问题，可以从泥板书信中找到证据：“我向你的父亲派去了我的使节，你的父亲提出了要求：‘在我们之间，让我们建立兄弟友谊吧！’”（EA 41: 7-10）显然，对于苏皮鲁流马一世建交要求，阿蒙霍特普三世给予了积极回应。从穆尔什里二世的瘟疫祈祷词中可知，在穆尔什里二世之前的国王很可能是苏皮鲁流马一世统治时期，赫梯与埃及就库鲁斯塔马人的问题签订了一个协定，这个协定规定赫梯与埃及和平相处，划分了彼此在叙

---

① Donald B. Redford, ed., *The Oxford Encyclopedia of Ancient Egypt*, Vol. 2, p. 113.

利亚地区的疆界。[①]那么，埃及为什么要承认赫梯呢？关于这个问题，文献资料没有给出任何答案，甚至是一点相关的信息都没有。学界一般认为，由于埃及看到了赫梯的发展潜力，而米坦尼正处于衰落之中，预料到了米坦尼在未来的战争中没有任何胜算，[②]因此，埃及制定了既与米坦尼交好，又不疏远赫梯的外交政策。

（三）米坦尼试图拉埃及结成反赫梯同盟

尽管米坦尼与埃及的关系恢复且进入了蜜月期，但是，不知道什么原因，在埃及国内出现了反米坦尼潮流。在法老阿蒙霍特普三世统治晚期，埃及重新将米坦尼视为对手和敌人。卢克索神庙露天大厅的西壁上写有这样的话："他（阿蒙霍特普三世）在每一片外国的土地上都留下了他那勇敢的名字，他战斗的吼声传遍了那哈林，当他（即敌人）的肚子绽裂开时，他将恐惧放在他们的心上。"[③]卢克索神庙多柱厅的铭文，把阿蒙霍特普三世称为"击打那

---

① René Lebrun, *Hymnes et Prières Hittites*, Lou-vain-la-Neuve: Centre d'Histoire des Religions, 1980, p. 205; Itamar Singer, *Hittite Prayers*, Atlanta: Society of Biblical Literature, 2002, p. 58; Albrecht Goetze, "Hittite Prayers," in James B. Pritchard, ed., *Ancient Near Eastern Texts Relating to the Old Testament,* 3rd Edition with Supplement, p. 395. 有的学者认为，赫梯与埃及签订友好条约即库鲁什塔马条约可能在图特摩斯三世统治时代，详见 O. R. Gurney, "Anatolia c. 1600-1380 B. C.," in I. E. S. Edwards, *et. al.*, eds., *The Cambridge Ancient History*, 3rd Edition, Vol. II, pt. 1, p. 671; Horst Klengel, *Syria, 3000 to 300 B.C.*, p. 95; David O'Conner and Eric H. Cline, eds., *Amenhotep III: Perspectives on His Reign*, pp. 243-244; Cyril Aldred, *Akhenaten, King of Egypt*, p. 122; Donald B. Redford, *The Wars in Syria and Palestine of Thutmose III*, p. 251。但是，《牛津古代埃及百科全书》中一处提到赫梯与埃及的条约是图德哈里一世与阿蒙霍特普二世签订的，在另一处说埃及与赫梯的条约是由阿蒙霍特普三世与苏皮鲁流马一世最终签订的，详见 Donald B. Redford, ed., *The Oxford Encyclopedia of Ancient Egypt*, Vol. 2 pp. 112, 423。

② Steven R. David, "Realism, Constructivism, and the Amarna Letters," in Raymond Cohen and R. Westerbrook, eds., *Amarna Diplomacy: The Beginning of International Relations*, p. 65.

③ Wolfgang Helck, *Urkunden der 18. Dynastie,* Band 6, Heft 20, p. 1693；德文译文参见 Wolfgang Helck, *Urkunden der 18. Dynastie: Übersetzung zu den Heften 17-22*, p. 216; Betsy M. Bryan, "The Egyptian Perspective on Mittani," in Raymond Cohen and Raymond Westbrook, eds., *Amarna Diplomacy: The Beginning of International Relations*, p. 83。

哈林的人”。[1] 阿蒙霍特普三世葬祭庙（位于底比斯）的石碑描述了其驱逐叙利亚人的情况，碑文写道：“善神……用他那强有力的剑打击了那哈林。”[2] 以上这些表述的再度出现，表明了埃及把米坦尼视为敌人而非盟友。那么，在埃及与米坦尼关系要好的时候，法老阿蒙霍特普三世为什么突然改变其外交态度呢？尽管流传后世的文献资料没有给出明确答案，但是还是可以从泥板书信中看出一点蛛丝马迹的。其实，早在两国协商联姻时，就出现了不和谐的音符，主要体现在两国在嫁妆和聘礼的讨价还价上。当图什拉塔在外国宾客面前展示阿蒙霍特普三世送的黄金聘礼时，在场观礼的宾客质疑说：“这些就是全部东西吗？这些就是未加工的黄金吗？”（EA 20: 51）但图什拉塔以大局为重，容忍了这种不友善的行为，他在信中对法老说：“我主台舒巴从不允许我这样做，我不会对我的兄弟愤怒！”（EA 20: 60-62）阿蒙霍特普三世送给图什拉塔的黄金聘礼质量低劣，可能这本身就是对米坦尼大国地位的亵渎，表明了友好关系掩盖之下两国之间的矛盾和斗争。但是，此时这种敌对和不友好只是暗流，还没有成为主流。

埃赫那吞继位后，图什拉塔的女儿塔杜希帕可能成了埃赫那吞的妻子，[3] 这一点可以从图什拉塔写给埃及的书信中看出来。图什拉塔在写给埃及太后泰伊（见图 1–8）的书信中说，塔杜希帕是埃赫那吞的妻子，（EA 26: 5）他还在写给埃赫那吞的书信中称呼塔杜希帕为埃赫那吞的妻子。（EA 28: 8; 29: 3）值得注意的是，两国友好关系是通过塔杜希帕嫁给埃赫那吞而不是通过新的联姻来确认的，这是不符合外交惯例的做法，或许暗示着两国关系的衰退。此外，从其他两个方面也可以看出米坦尼与埃及的关系出现了某种

---

① Wolfgang Helck, *Urkunden der 18. Dynastie*, Band 6, Heft 20, p. 1696.

② W. M. Flinders Petrie, *Six Temples at Thebes*, London: Bernard Quaritch, 1897, p. 23 and pl. X; James Henry Breasted, *Ancient Records of Egypt*, Vol. 2, pp. 342-343.

③ 有的学者认为，塔杜希帕成为日后的涅斐尔提提；也有的学者认为，塔杜希帕成了凯亚。参见 Joyce A. Tyldeslry, *Nefertiti, Egypt's Sun Queen*, Revised Edition, London and New York: Penguin, 2005, pp. 42-43。

问题。一方面，两国互相扣押信使，外交文书传递受到了极大阻碍。法老埃赫那吞扣留了图什拉塔派遣到埃及的使者，米坦尼则采取了以暴制暴的政策，威胁法老道："我将扣留我兄弟的使节马奈，直到我兄弟放我的使节离开并且他们到达我这里。"（EA 28:17-19）尽管扣押信史在阿马尔那时代司空见惯，但是，在赫梯兴起的背景下，埃及扣押米坦尼信史，就别有意味了。另一方面，埃及拖欠礼物甚至停止赠送礼物，两国间礼物交换受到了影响。埃及法老埃赫那吞停止对米坦尼例行的礼物赠送，甚至连先王阿蒙霍特普三世拖欠的礼物也不再赠送。图什拉塔在写给埃及太后泰伊的信中说："但是，你的丈夫尼穆瑞亚所许诺的问候礼品，你没有给我送来。"（EA 26:35-36）无计可施的图什拉塔请求泰伊让"那坡胡瑞亚送给"他纯金雕像。（EA 26:49-53）图什拉塔还直接向埃赫那吞抱怨道："但是，现在我的兄弟还没有送来你父亲要送给我的纯金浇铸的雕像。而你送了镀金木头雕像。你父亲要送给我的东西，你（不但）没有送来，而且还大大降低了其品质。"（EA 27: 32-34）

图 1-8　埃及太后泰伊雕像

资料来源：Joyce Tyldesley, *Chronicle of the Queens of Egypt: From Early Dynastic Times to the Death of Cleopatra*, London: Thames & Hudson, 2006, p. 117.

面对埃及对米坦尼政策的新变化，以及两国关系的严重倒退，米坦尼王采取了相应的措施。出于维持对外战略连续性和完整性的考虑，米坦尼千方百计拉拢埃及，希望两国继续维持友好关系。而就在此时，赫梯王苏皮鲁流马一世正在进行积极的准备，意欲夺取北叙利亚，与米坦尼决一雌雄。在这种形势下，米坦尼比任何时候都需要埃及的外交支持，而埃赫那吞疏远甚至冷落图什拉塔的政策显然对米坦尼十分不利。为此，图什拉塔做了很多工作，尽了最大的努力，试图继续与埃及维持友好关系，竭力创造一个有利的外部环境。

第一，图什拉塔采取“王后外交”，以改变埃赫那吞对米坦尼的外交政策，具体来说，就是求助埃及太后泰伊，试图通过她来改变埃赫那吞对米坦尼的外交政策。图什拉塔充分意识到太后泰伊在埃及宫廷中的地位，以及对年轻法老埃赫那吞的影响力，他在三封泥板书信（EA 27:70-71; 28:42-46; 29:45-46）里提到了太后泰伊，并且一再强调太后泰伊是他与阿蒙霍特普三世的友好关系，以及米坦尼与埃及之间协议的见证人，图什拉塔以此向埃赫那吞表明米坦尼与埃及友好关系源远流长，暗示埃赫那吞应该遵从传统，维持与米坦尼的友好关系。图什拉塔还特意给太后泰伊写了一封信，要求泰伊为他与阿蒙霍特普三世达成的协议作证，因为她比任何人更清楚米坦尼与埃及两国君主彼此的承诺。（EA 26:7-18）在这封信里，图什拉塔说：“如果你不直接向他交代的话，那么其他人怎么能知道呢？”（EA 26:51-53）值得注意的是，图什拉塔还对泰伊提议说：“现在，愿属于你的使节，与那坡胡瑞亚的使节，愿送给我妻子约尼的礼物，都能不断定期到来！愿我妻子约尼的使节也不断地定期到你那里！”（EA 26:58-63）这或许表明了图什拉塔借助王后外交以挽救不断恶化的米坦尼与埃及关系的良好心愿。“王后外交”可能是阿马尔那时代一种普遍的外交手段，在西亚北非，王后之间通信的情况非常普遍。在哈图萨时代，埃及王后涅斐尔塔丽与赫梯王后普杜希帕之间就有书信往来。①

第二，图什拉塔诉诸米坦尼和埃及的传统友谊来感化埃赫那吞。图什拉塔回顾了两国历次外交联姻，（EA 29:16-27）特别是阿蒙霍特普三世同其女儿塔杜希帕的婚姻，以此劝说埃赫那吞以史为鉴，维持两国的友好关系。同时，他还表达了对阿蒙霍特普三世驾崩的哀悼，他伤心得“不吃不喝”。（EA 29:57）他列举了埃赫那吞即位以来的所作所为，并将目前两国外交往来的混乱状况与过去的井然有序做了比较，要求埃赫那吞恪守传统，恢复两国友好关系，保持信使往返与外交文书往来的渠道畅通无阻。（EA 28:37-41）

第三，米坦尼竭力疏通两国外交通道，让埃及了解西亚北非事态，以使其做出有利于米坦尼的外交选择。图什拉塔致信埃及的迦南附属国：

> 你（使节）对迦南的国王们，我的兄弟的仆人们（说）：“下面是国王的话。”与此同时，至于我的使节阿凯亚，我派遣他以最快的速度到我的兄弟埃及（米西尔）王处。愿任何人都别拖延他！使他安全地进入埃及（米西尔）！尽快地把他交到埃及（米西尔）的要塞指挥官的手中！请让他立即前行！他不应该欠任何（过路）礼品。（EA 30）

阿茨认为，第30号泥板书信是米坦尼与埃及外交部门的正式公文，信使带着它可以顺利地通过各种关口。②

第四，面对错综复杂的局势，米坦尼竭力建立两国信任机制，反击敌人的离间。图什拉塔对阿蒙霍特普三世提出以下要求：“马奈对我的兄弟说的话是友好的，是真的，我的兄弟必须□□□他没

① Gary M. Beckman, *Hittite Diplomatic Texts*, p.123.

② Pinhas Artzi, “The Diplomatic Service in Action: The Mitanni File,” in Raymond Cohen and Raymond Westbrook, eds., *Amarna Diplomacy: The Beginning of International Relations*, p. 207.

有做坏事，他的话没有污蔑我的兄弟，他说话，我听到了他的话。他没有把虚假的东西说成真的，也没有把真的东西说成假的"，"任何人所说的关于我或我的国家的话，如果马奈和凯利亚所说的话不是那样，愿我的兄弟别信那些话。但是，马奈和凯利亚说的有关我或我的国家的话，他们是对的，愿我的兄弟听他们的话"。（EA 24，§§ 17，27）不仅如此，他还以身作则地表达了对埃及的信任："任何人向我说的关于我的兄弟或他的国家的话，如果凯利亚与马奈不那样说，我就不会听信。但是，凯利亚与马奈说的关于我的兄弟或他的国家的话是对的，我会听信这些话。"（EA 24，§ 27）通过这种方式，图什拉塔希望建立一条交流的安全通道，从而实现两国之间的相互信任。

第五，图什拉塔向埃及建议组成一个互助同盟，缔结军事互助条约。图什拉塔写信给埃赫那吞，回顾了两国的友好，以及历史上赫梯人对胡里人的威胁，"事实上，我们的先祖，我自己的先祖和我的兄弟的先祖，彼此友好。来自埃及国土的所有的□□□，赫梯人是胡里的 ḫéri □□□，数量众多，像□□□。赫梯是胡里国的敌人"。（EA 24，§ 2）图什拉塔向埃及提出了建议：

> 一旦我的兄弟的敌人侵略他的国家，那么，请我的兄弟写信给我，胡里国家、甲胄、武器和所有能够打击我的兄弟敌人的东西，都任他使用。但是，另外若我有敌人——但愿没有——的话，我将写信给我的兄弟，我的兄弟会派出埃及国、甲胄、武器和所有能打击我的敌人的东西，□□□我们的敌人□□□伟大诸王，伟大国家□□□敌人□□□那个敌人，我们的敌人不存在，尽管如此，没有与我们匹敌的。（EA 24，§ 26）

尽管泥板书信没有写明图什拉塔所谓的"敌人"是哪个国家，但是，联系米坦尼与赫梯冲突的大背景，显然此处的敌人应指的是赫梯人。

图什拉塔所做的努力，确实收到了一定的成效。埃及太后泰伊曾让米坦尼特使凯利亚转告图什拉塔，埃及不会忘记两国的传统友谊，也不会中断两国间的使节往来，并且要求图什拉塔“现在，你同样不要忽视与你的兄弟尼穆瑞亚的友爱。请加深并保持与那坡胡瑞亚的友爱！愿你不断地派遣令人愉悦的商旅，请不要中断！”（EA 26:25-29）或许是在太后泰伊的劝服和压力下，埃赫那吞曾做出改善两国关系的姿态，派特使马奈出使米坦尼，送去了埃及的礼物。（EA 27:7-8）图什拉塔抓住这个大好机会，立即表示，他不计较埃赫那吞所有不友好的行为。（EA 27:38-40）埃赫那吞也写信给图什拉塔说：“正如你与我的父亲尼穆瑞亚保持友爱，现在，请（与）我保持友爱吧！”（EA 27:9-10）面对赫梯扩张的势头，埃及做了一些积极举措，曾经联合阿尔扎瓦和阿拉什亚包围赫梯。[①] 尽管经历了这次短暂的关系回暖，但是，米坦尼与埃及的关系却再也没有恢复到过去的那种亲密程度。

在赫梯与埃及的关系上，埃赫那吞继承了阿蒙霍特普三世的外交政策，继续与赫梯保持友好关系。但是，赫梯王苏皮鲁流马一世不满足于现状，要求两国之间建立更为务实的外交关系，进一步密切彼此之间的关系。在第 41 号泥板书信中，苏皮鲁流马一世这样写道：“现在，我的兄弟，你已经坐上你的父亲的王座，就如你的父亲（埃及先王）和我一样，我们之间需要（互送）问候礼品。现在，你和我，我们之间应该是友好的。至于我曾向你的父亲说过的要求，我将向我的兄弟说出来：‘请让我们之间建立姻亲关系吧！’”（EA 41:16-22）

（四）赫梯—米坦尼战争期间微妙的三国关系

随着赫梯与米坦尼矛盾的激化，最终两国兵戎相见。在第一次叙利亚战争中，赫梯与米坦尼打了一个回合，米坦尼反击取得了胜

① Steven R. David, “Realism, Constructivism, and the Amarna Letters,” in Raymond Cohen and R. Westerbrook, eds., *Amarna Diplomacy: The Beginning of International Relations*, p. 66.

利，于是赫梯发动了第二次叙利亚战争，结果米坦尼战败亡国。面对赫梯与米坦尼的战争，叙利亚的一些小国不断改换立场以图存国。在这样错综复杂的背景下，埃及根据时局的变化，采取了较为灵活的外交政策，以维护埃及的利益。

鉴于赫梯此前试探性远征的失败，苏皮鲁流马一世为他的正式战争做了精心准备。苏皮鲁流马一世扶植图什拉塔的反对力量，“陛下、大王、英雄、赫梯王、风暴神所宠爱者苏皮鲁流马，与胡里王阿尔塔塔马相互缔结了条约”，① 同时还扶植阿尔什，因为在该条约中，赫梯声称把征服了米坦尼的疆土送给了阿尔什：“我、陛下、大王、赫梯王、英雄、风暴神所宠爱者苏皮鲁流马，抵达了阿尔什和库特马尔（Kutmar）地区，我征服了它们。我把它作为礼物送给了阿尔什的安塔拉特里（Antaratli）。” ② 由此可见，阿尔什可能是赫梯反米坦尼统一战线的重要成员。

在公元前1340年，赫梯对米坦尼发动了战争，史称“第一次叙利亚战争”，这次战争也被称为“一年战争”，因为在赫梯与哈尼加尔巴特的条约中，苏皮鲁流马一世声称，“由于图什拉塔国王的妄为，我在一年内洗劫了所有的国家并使它们归于赫梯。从黎巴嫩山和从幼发拉底河的遥远的岸边，我把它们变成我的领土”。③ 但是，有学者把这份条约与穆尔什里二世年代记的文本进行对比，认为苏皮鲁流马一世不可能在一年内征服幼发拉底河西岸米坦尼那么多的附属国。根据穆尔什里二世年代记，赫梯国王每出征1年，就要送1次战利品到赫梯，而在赫梯与哈尼加尔巴特条约中，提及向哈图萨运送了5次战利品，以此类推，第一次叙利亚战争可能持续了3年至5年，而非1年。④

---

① Gary M. Beckman, *Hittite Diplomatic Texts*, p. 38; 参见李政《赫梯条约研究》，第303页。

② Gary M. Beckman, *Hittite Diplomatic Texts*, p. 39; 参见李政《赫梯条约研究》，第304页。

③ Gary M. Beckman, *Hittite Diplomatic Texts*, p. 40; 参见李政《赫梯条约研究》，第305页。

④ Violetta Cordani, “One-year or Five-year War? A Reappraisal of Suppiluliuma’s First Syrian Campaign,” *Altorientalische Forschungen*, Vol. 38, Iss. 2, 2011, pp. 240-253.

战争爆发后，赫梯军队击败了米坦尼在幼发拉底河西岸地区的附属国，黎巴嫩以北的米坦尼附属国都向赫梯表示臣服。[①] 从卡特那出土的伊丹达档案可知，尼亚王塔古威（Taguwe）已经臣服赫梯。[②] 阿勒颇与穆基什成为赫梯附属国，图尼普与赫梯签订了臣服条约，[③] 苏皮鲁流马一世在努哈什舍扶植了一个亲赫梯的国王沙鲁普什。[④] 苏皮鲁流马一世为此自豪地说："我掠夺了幼发拉底河西岸的国家，我合并了黎巴嫩山。"[⑤] 比布鲁斯统治者在写给埃及的书信中，对此次战争描述道："赫梯国王已经占领了所有的土地，（这些土地属于）米坦尼王、那哈林王以及其他伟大国王。"（EA 75:35-40）苏皮鲁流马一世的扩张，严重损害了米坦尼的利益，米坦尼王图什拉塔对此提出了严正抗议："为什么你掠夺了幼发拉底河西岸？……如果你掠夺幼发拉底河西岸的国家，那么我也将掠夺幼发拉底河西岸的国家。"[⑥]

米坦尼的外交斡旋没有任何结果，于是，图什拉塔率领军队出征，一个埃及附属国统治者写给埃及法老的书信提到了这件事情："听说米坦尼的国王率领战车兵和一支远征军前来，并且我还听说，在水中……"（EA 58: 4-10）此外，比布鲁斯的统治者也报告了米坦尼的军事行动："米坦尼的国王抵达苏木尔，虽然他本想行军至古柏拉，但因为没有水饮用，他返回他自己的土地。"（EA 85: 51-55）

---

① Michael C. Astour, "Ugarit and the Powers," in G. D. Young, ed., *Ugarit in Retropect: Fifty Years of Ugarit and Ugaritic*, Winana Lake: Eisenbrauns, 1981, p. 19.

② Boaz Stavi, *The Reign of Tudhaliya II and Suppiluliuma I: The Contribution of the Hittite Documentation to a Reconstruction of the Amarna Age*, Heidelberg: Universitätsverlag Winter, 2015, p. 112.

③ Albrecht Goetze, "The Struggle for the Domination of Syria," in I. E. S. Edwards, *et. al.*, eds., *The Cambridge Ancient History*, 3rd Edition, Vol. II, pt. 2, p. 9.

④ Gary M. Beckman, *Hittite Diplomatic Texts*, p. 50; Albrecht Goetze, "The Struggle for the Domination of Syria," in I. E. S. Edwards, *et. al.*, eds., *The Cambridge Ancient History*, 3rd Edition, Vol. II, pt. 2, p. 10; 参见李政《赫梯条约研究》，第 320 页。

⑤ Gary M. Beckman, *Hittite Diplomatic Texts*, p. 38; 参见李政《赫梯条约研究》，第 303 页。

⑥ Gary M. Beckman, *Hittite Diplomatic Texts*, p. 38; 参见李政《赫梯条约研究》，第 303 页。

米坦尼的军队抵达了苏木尔，这非常耐人寻味。此时的苏木尔在埃及的掌握之中，还是在叙利亚国家阿穆鲁的掌控之下，事实上还不太清楚。但有学者认为，“图什拉塔最终放弃了与埃及的联盟，入侵埃及帝国最北端的土地——这是赫梯军队尚未到达的最南端的土地——直到沿海城市苏木尔”，此外，他还认为此时苏木尔已经被阿穆鲁所占领，面对来势汹汹的米坦尼王，阿穆鲁向米坦尼臣服，① 其他学者对阿穆鲁与米坦尼的关系也持同样的观点，认为阿穆鲁王阿布迪阿什尔塔放弃了对埃及的臣服，而转向了米坦尼。② 后来赫梯与阿穆鲁的条约也对此如此描述道：“当（阿兹鲁）来到住在赫梯的我的曾祖父苏皮鲁流马面前，阿穆鲁国家仍是敌对的。他们臣服于胡里的国王，同样对于他（胡里国王）来说，阿兹鲁是臣仆。” ③

在米坦尼反攻的时候，北叙利亚的小国向赫梯求援。在米坦尼大兵压境的形势下，努哈什舍国王沙鲁普什向赫梯求救，“当米坦尼王想杀沙鲁普什的时候，当米坦尼国王带着步兵与战车兵进入努哈什舍的时候，当他压迫他的时候，沙鲁普什向哈梯国王派出使节，说：‘我是哈梯王的臣下，救救我！’”④ 在伊丹达档案中，提及努哈什舍国王沙鲁普什与胡里王签订了条约，但是转过头来向赫梯求援，⑤ 或许表明在局势扑朔迷离的情况下，叙利亚地区的小国采

① Eva von Dassow, “Mittani and Its Empire,” in Karen Radner, Nadine Moeller and D. T. Potts, eds., *The Oxford History of the Ancient Near East, Volume III: From the Hyksos to the Late Second Millennium BC*, p. 497.

② Mario Liverani, “How to Kill Abdi-Ashirta: EA 101, Once Again,” *Israel Oriental Studies*, Vol. 18, 1998, p. 392; Yuan Zhihui, “Amurru’s Expansion and Egypt’s Response in the Amarna Age,” *Journal of Ancient Civilizations*, Vol. 19, 2004, p. 24.

③ Gary M. Beckman, *Hittite Diplomatic Texts*, p. 99; Amnon Altman, “Rethinking the Hittite System of Subordinate Countries from the Legal Point of View,” *Journal of the American Oriental Society*, Vol. 123, No. 4, 2003, pp. 742-743; 参见李政《赫梯条约研究》，第 393—394 页。

④ Gary M. Beckman, *Hittite Diplomatic Texts*, p. 50; 参见李政《赫梯条约研究》，第 320 页。

⑤ Boaz Stavi, *The Reign of Tudhaliya II and Suppiluliuma I: The Contribution of the Hittite Documentation to a Reconstruction of the Amarna Age*, p. 114.

取首鼠两端的外交策略。除了努哈什舍外，尼亚王塔古威、赫梯将军写信给卡特那王伊丹达，并且传达了赫梯王的命令："在我到达之前，守住卡特那。"①

图什拉塔的军事行动取得了成功，米坦尼军队很快攻入了努哈什舍，推翻了亲赫梯的沙鲁普什政权，代之以亲米坦尼的阿杜尼拉里政权。②可能在图什拉塔胜利的刺激下，本已与赫梯结盟的伊苏瓦开始反叛赫梯，③而叙利亚地区的穆基什—努哈什舍—尼亚联盟也转向了旧主人——米坦尼一边。④显然，米坦尼的军事行动埋葬了赫梯的胜利成果，北叙利亚的小国再次向米坦尼臣服。

在赫梯—米坦尼争霸夹缝中，穆基什—努哈什舍—尼亚联盟已经壮大了力量，乘机扩张势力，向乌加里特进军。面对联盟的进攻，乌加里特向赫梯求援，"乌加里特的国王尼寇马杜把脸转向大王苏皮鲁流马，（在信中）写道：'愿陛下、大王、我主，把我从敌人的手中救出来！我是陛下、大王、我主的臣仆……这些国王正压迫我。'"⑤

在这种背景下，苏皮鲁流马一世再次对米坦尼发动了战争，史称"第二次叙利亚战争"（公元前1327—前1322年），此次战争也被称为"六年战争"或"胡里战争"。在哈图什里三世的文献中，提及苏皮鲁流马一世有20年时间在安纳托利亚，有6年时间在胡里："我的祖父苏皮鲁流马停留在胡里国，因为该国很

---

① Boaz Stavi, *The Reign of Tudhaliya II and Suppiluliuma I: The Contribution of the Hittite Documentation to a Reconstruction of the Amarna Age*, p. 114.

② Michael C. Astour, "The Partition of the Conferderacy of Mukiš-Nuhašše-Nii by Suppiluliuma: A Study in Political Geography of the Amarna Age," *Orientalia* Nova Series, Vol. 38, No. 3, 1969, p. 395.

③ Gary M. Beckman, *Hittite Diplomatic Texts*, pp. 50-51; 参见李政《赫梯条约研究》，第320页。

④ Albrecht Goetze, "The Struggle for the Domination of Syria," in I. E. S. Edwards, *et. al.*, eds., *The Cambridge Ancient History*, 3rd Edition, Vol. II, pt. 2, p. 13.

⑤ G. Beckman, *Hittite Diplomatic Texts*, pp. 30-31; 参见李政《赫梯条约研究》，第294页。

强大，他花了6年时间才平定了该国。”① 因此，学界才把第二次叙利亚战争称为“六年战争”。② 苏皮鲁流马一世先将战争的矛头指向背叛赫梯的伊苏瓦，“其时当伊苏瓦敌视赫梯王，我，赫梯王，前往伊苏瓦国。当我摧毁了伊苏瓦后，我前往援助沙鲁普什以抵抗米坦尼国”。③ 此后，在获得阿尔什国王同意后，苏皮鲁流马一世借道阿尔什去进攻米坦尼本土，④ 一份赫梯条约对此记载道：

> ……苏皮鲁流马……去进攻专横的图什拉塔王。我渡过了幼发拉底河，前往伊苏瓦。再次征服了伊苏瓦，再次把其变成臣仆……我到了阿尔什国和库特马尔地区，我征服了它们。我把它作为礼物送给了阿尔什的安塔拉特里。我突入苏塔地区，掠夺了苏塔地区。我抵达了瓦舒卡尼城去掠夺……但是图什拉塔王逃跑了。他再也没有回来与我作战。⑤

在乌加里特战线上，苏皮鲁流马一世派一支部队进入乌加里特，“大王听了尼寇马杜的话，大王苏皮鲁流马派遣王子们与贵族们率领步兵和战车兵到了乌加里特。他们把敌军从乌加里特赶了出去”。⑥ 在赫梯援军到来之前，乌加里特拒绝加入穆基什—努哈什舍—尼亚联盟，导致联盟的军队攻入了乌加里特，占领了乌加里特

---

① Boaz Stavi, *The Reign of Tudhaliya II and Suppiluliuma I: The Contribution of the Hittite Documentation to a Reconstruction of the Amarna Age*, p. 102.

② Violetta Cordani, “One-year or Five-year War? A Reappraisal of Suppiluliuma’s First Syrian Campaign,” *Altorientalische Forschungen*, Vol. 38, Iss. 2, 2011, p. 241.

③ Gary M. Beckman, *Hittite Diplomatic Texts*, p. 50; 参见李政《赫梯条约研究》，第320页。

④ Albrecht Goetze, “The Struggle for the Domination of Syria,” in I. E. S. Edwards, *et. al.*, eds., *The Cambridge Ancient History*, 3rd Edition, Vol.II , pt. 2, p. 13.

⑤ Gary M. Beckman, *Hittite Diplomatic Texts*, pp. 38-39; 参见李政《赫梯条约研究》，第303—304页。

⑥ Gary M. Beckman, *Hittite Diplomatic Texts*, p. 31; 参见李政《赫梯条约研究》，第294页。

的一些城市，并且毁坏了乌加里特城。[①]泥板书信中提到的“大火烧毁了乌加里特国王的宫殿，一半烧毁，另一半没有（烧毁）”，（EA 151: 55-57）或许与联盟入侵有关。在赫梯与米坦尼大战期间，卡特那显然站在了反赫梯的一边，从卡特那写给埃及的书信中可以看出这一点：“努哈什舍的国王、尼亚的国王、辛加尔的国王、图图那布的国王和所有属于我主人的国王，都是他（指埃及国王）的仆人。”（EA 53: 41-44）此外，图尼普也站在了反赫梯联盟一边。[②]

在攻占了瓦舒卡尼之后，苏皮鲁流马一世很快向西渡过了幼发拉底河，首先打败了阿勒颇和穆基什，接着又攻入了尼亚和卡特那，并再次征服了努哈什舍，最后将卡迭什打败。赫梯文献对此有着如下的记载：

> 我再次渡过幼发拉底河，征服了阿勒颇、穆基什。尼亚的国王塔库瓦来到我面前，按照穆基什的方式请求和平……我也把卡特那城及其所有的东西带到了哈梯。当我到了努哈什舍，我占领其所有领土……我没有去进攻金扎（即卡迭什）。但是，（它的）国王苏塔塔拉及其子埃塔卡马，率领战车兵前来攻击我……我俘虏了苏塔塔拉及其子嗣、战车兵、诸兄弟及其所有的东西，我把他们带到了哈梯……阿皮那国王阿里瓦那……前来攻击我。我把他们及其国家、所有东西带到了哈梯。[③]

在卡特那写给埃及的书信中，对赫梯的进攻有着这样的记载：“现在，哈梯的国王□□□用火烧了它们。至于卡特那的神祇和人民，哈梯王把他们都带走了。”（EA 55: 40-43）经过这些战争，赫梯

---

① Gary M. Beckman, *Hittite Diplomatic Texts*, p. 30；参见李政《赫梯条约研究》，第 294 页。

② Michael C. Astour, “*The Partition of the Confederacy of Mukiš-Nuúašše-Nii by Šuppiluliuma:* A Study in Political Geography of the Amarna Age,” *Orientalia* Nova Series, Vol. 38, No. 3, 1969, p. 396.

③ Gary M. Beckman, *Hittite Diplomatic Texts*, pp. 39-40；参见李政《赫梯条约研究》，第 304—305 页。

灭亡了米坦尼国，图什拉塔可能被杀，在一封破损的泥板书信中，赫梯似乎向埃及通报了这一情况。（EA 43）苏皮鲁流马一世宣称："因为图什拉塔专横，我在一年内洗劫了所有的国家，把它们（即战利品）带到了哈梯。从黎巴嫩山到幼发拉底河的河对岸（的广大地区），我把它们变成了我的疆土。"[①] 这样，通过灭亡米坦尼，赫梯一跃成为西亚北非大国俱乐部中的一员，疆土得以扩大，其势力范围与埃及的势力范围连接起来。

在第一次叙利亚战争期间，埃及采取了怎样的外交政策，学界还有争论。有学者认为，埃及采取了中立政策，[②] 但是，从泥板书信来看，埃及似乎采取了投机措施，以坐收渔翁之利。当米坦尼在与赫梯的战争中落了下风时，米坦尼从北叙利亚的一些地区撤退，原米坦尼的一些附属国面临着选择：要么投靠赫梯或埃及，要么继续忠于米坦尼。在这种境况下，原米坦尼的三个附属国卡特那、图尼普和努哈什舍投靠了埃及，这三个国家写信给埃及法老埃赫那吞表示臣服，可以从他们自称是埃及法老的仆人这一点看出来。第 56 号泥板书信引述了埃赫那吞所说的话："我到米坦尼旅行，那里有 3 个或 4 个敌视赫梯的国王，他们任我使用。"（EA 56: 39-42）这里所说的"3 个或 4 个敌视赫梯的国王"，可能指的是埃赫那吞新得到的原米坦尼的三个附属国。此外，埃赫那吞甚至试图派一支远征军到叙巴地区，埃及一个附属国给其的泥板书信中提到"你派遣到那哈林的军队"，（EA 194:21-23）可能指的就是这次军事行动。

在第二次叙利亚战争期间，赫梯不仅将米坦尼的势力挤压在幼发拉底河东岸，而且长驱直入地攻下了米坦尼的首都，米坦尼王国灭亡。赫梯的扩张也触动了埃及的利益，埃及新获得三个附属国也投入赫梯的怀抱，埃及半游离状态的附属国乌加里特与苏皮鲁流马

---

① Gary M. Beckman, *Hittite Diplomatic Texts*, p. 40；参见李政《赫梯条约研究》，第 305 页。

② Pierre Grandet, "Egypt's New Kingdom in Contact with the World," in Karen Radner, Nadine Moeller and D. T. Potts, eds., *The Oxford History of the Ancient Near East, Volume III: From the Hyksos to the Late Second Millennium BC*, p. 421.

一世缔结了臣服条约，正式成为赫梯的附属国，[①] 北叙利亚的附属国阿穆鲁积极交好赫梯，对埃及的离心力进一步增强了。叙利亚附属国卡迭什也与赫梯达成了一致。这样，赫梯对埃及利益的触动，使埃及与赫梯之间的矛盾加剧。

不仅埃及对赫梯与米坦尼的战争做出了反应，而且远在两河流域南部的巴比伦，也同样采取了相应的对策。有学者认为巴比伦乘机试图扩张领土，[②] 但是，此种观点没有坚实的证据。事实上，在赫梯—米坦尼战争前或期间，巴比伦可能与赫梯建立起正式外交关系。苏皮鲁流马一世迎娶了巴比伦公主为妻，而此时的巴比伦国王可能是布尔那布亚什二世，公主本名可能叫马尔尼加尔（Malnigal），后来获得了赫梯王后独有头衔塔瓦那那（Tawananna），她的印章上的印文写着“塔瓦那那，伟大的王后，巴比伦之王的公主”的字句。[③] 对于赫梯与巴比伦建立友好关系的动机，有学者认为可能与赫梯为了取得对米坦尼战争的胜利，营造有利的国际环境有关。[④] 此外，巴比伦拒绝接纳米坦尼王子政治避难，或许也有着自身的利益考量。米坦尼王子米提瓦扎在米坦尼亡国后逃亡到了巴比伦，“阿基 – 台舒巴 [⑤] 在他（即另外一个胡里王

---

① Gary M. Beckman, *Hittite Diplomatic Texts*, pp. 30-32; 参见李政《赫梯条约研究》，第293—296页。

② Pierre Grandet, “Egypt’s New Kingdom in Contact with the World,” in Karen Radner, Nadine Moeller and D. T. Potts, eds., *The Oxford History of the Ancient Near East, Volume III: From the Hyksos to the Late Second Millennium BC*, p. 423.

③ Trevor Bryce, *The Kingdom of the Hittites*, New Edition, Oxford: Oxford University Press, 2005, pp. 159, 434; Trevor Bryce, *Letters of the Great Kings of the Ancient Near East*, p. 103.

④ Trevor Bryce, *The Kingdom of the Hittites*, New Edition, p. 159; Trevor Bryce, *Letters of the Great Kings of the Ancient Near East*, p. 15.

⑤ 对阿基 – 台舒巴（Keli-Teššub）的身份，有学者认为他是图什拉塔的儿子，最后投靠了苏皮鲁流马一世，在赫梯的扶持下复国，这个王子登基后的王位名为沙提瓦扎，参见Eva von Dassow, “Mittani and Its Empire,” in Karen Radner, Nadine Moeller and D. T. Potts, eds., *The Oxford History of the Ancient Near East, Volume III: From the Hyksos to the Late Second Millennium BC*, p. 470。

苏塔尔那三世）面前逃亡，进入巴比伦。200 名战车兵和他一起逃亡，巴比伦国王把这 200 名战车兵和阿基 - 台舒巴的所有财产据为己有。他让阿基 - 台舒巴与他的战车兵勇士享有同样的地位。他（即巴比伦王）密谋杀死他（即阿基 - 台舒巴）。他本想把我，图什拉塔国王的儿子沙提瓦扎也杀了，但我从他手中逃了出来，并祈求陛下、大王、赫梯国王、英雄、风暴之神所宠爱者的庇佑”。①显然，巴比伦出于自身利益考量，没有接纳米坦尼王子，或许是因为不想与赫梯为敌。

二 埃及、巴比伦和亚述三方关系

古巴比伦王国灭亡后，两河流域的政治格局重新洗牌，但是，不论是巴比伦还是亚述，起初实力都不太强。埃及对叙巴地区的征伐，对两国产生了震动，为此，两国出于种种目的，交好埃及法老图特摩斯三世。除此之外，巴比伦交好东部的埃兰，稳定周边局势，亚述与巴比伦签订边界条约，优化自身的生存环境。图特摩斯三世之后，埃及在叙巴地区的势力收缩，米坦尼大肆扩张，亚述成为米坦尼的附属国。埃及与米坦尼议和后，巴比伦、米坦尼、埃及成了西亚北非外交体系的支柱性力量。

关于埃及、巴比伦和亚述的关系，笔者认为，根据参与者的不同，可以分成埃及与巴比伦的双边关系，埃及、巴比伦和亚述的三边关系两个发展阶段。总体上看，埃及与两河流域这两个国家关系的演变，可以划分为亚述兴起之前和兴起之后两个阶段。②在第一个阶段，巴比伦与埃及的关系呈现出既合作又斗争的特点。而在第二个阶段，亚述的兴起威胁到了巴比伦的利益，因此，巴比伦试图劝阻埃及承认亚述的独立地位，而亚述则要求埃及承认其地位，经

---

① Gary M. Beckman, *Hittite Diplomatic Texts*, p. 44; 参见李政《赫梯条约研究》，第 312—313 页。

② 袁指挥、刘凤华:《阿玛尔纳时代埃及与巴比伦的关系》,《内蒙古民族大学学报》2004 年第 3 期。

过一番外交博弈之后，埃及承认了亚述的独立地位。

（一）埃及与巴比伦、亚述之间的早期关系

赫梯人撤走后，加喜特人接管了巴比伦尼亚。在巴比伦尼亚建立统治的国王是阿古姆二世，他采用了一个全新的王衔“卡什苏（即加喜特）和阿卡德之王”，可能是对传统的“苏美尔和阿卡德之王”王衔的模仿。[1] 阿古姆二世对幼发拉底河中游地区发动了战争，从哈那国夺回了赫梯人所掠夺走的马尔杜克神像。[2] 约公元前1510年前后，加喜特王朝巩固了与亚述的边界，加喜特王布尔那布亚什一世与亚述王普祖尔阿淑尔三世签订了边界条约，他们“就边界问题发下了誓言”。[3] 加喜特王朝征服了南方的海国第一王朝之后，控制了全部巴比伦尼亚。加喜特王朝同奴兹保持了紧密的联系，奴兹的一个王子拜访了巴比伦，加喜特王朝将一批俘虏遣送回奴兹。[4]

在埃及法老图特摩斯三世对叙巴地区进行远征的时候，已经摆脱了内部困扰的加喜特王朝积极与埃及交往，以便能走向西亚北非地区的政治前台。在图特摩斯三世第八次远征时，加喜特王朝的统治者就给埃及送去了礼物，“善加尔（ *sngr*，即巴比伦）王公的贡品：真天青石，4+X 德本；人造天青石，24 德本；巴比伦（ *Bbr*）的天青石□□□”。[5] 正如前文所言，在埃及法

① A. T. Olmstead, “Kashshites, Assyrians, and the Balance of Power,” *The American Journal of Semitic Languages and Literatures*, Vol. 36, No. 2, Jan. 1920, p. 121.

② 学界认为，赫梯灭亡古巴比伦王国后，掠走了马尔杜克神像，最后安置在哈那的首都特尔卡，参见 Susanne Paulus, “Kassite Babylonia,” in Karen Radner, Nadine Moeller and D. T. Potts, eds., *The Oxford History of the Ancient Near East, Volume III: From the Hyksos to the Late Second Millennium BC*, p. 815。

③ Albert Kirk Grayson, *Assyrian and Babylonian Chronicles*, pp. 158-159; Jean-Jacques Glassner, *Mesopotamian Chronicles*, pp. 176, 177.

④ J. A. Brinkman, “Foreign Relations of Babylonian from 1600 to 625 B. C.: The Documentary Evidence,” *American Journal of Archaeology*, Vol. 76, No. 3, Jul. 1972, p. 274.

⑤ Kurt Sethe, *Urkunden der 18 Dynastie*, Band 3, Heft 9/10, pp. 700-701. 英文译文参见 James Henry Breasted, *Ancient Records of Egypt*, Vol. 2, p. 204。

老阿蒙霍特普二世对叙巴地区远征的时候，加喜特王朝再次给埃及送去了礼物。①

在卡拉尹达什统治时代，一方面，加喜特王朝与亚述签订边界条约。《同步王表》记载："卡尔杜尼阿什王卡拉尹达什与亚述王阿淑尔贝尔尼塞舒，就（两国的）边界问题签订了协议并彼此发下了誓言。"② 另一方面，其与埃及建立友好关系。卡拉尹达什是第一个与埃及建立直接外交关系的加喜特国王，③ 因为后来的加喜特国王布尔那布亚什二世曾说："自从卡拉尹达什以来，自从你的先祖们的使节们经常去我的先祖们那里以来，直到现在，他们一直是朋友。"（EA10: 8-10）卡拉尹达什将女儿嫁给了当时的埃及法老图特摩斯四世，以加强两国的关系。卡达什曼哈尔贝一世统治时期，加喜特王朝可能与埃兰缓和了关系，在埃兰发现的铭文记载了巴比伦与埃兰建立了友好外交关系。④

库里加尔祖一世继位后，巴比伦开展了全方位的外交活动。第一，巴比伦与埃及的友好关系继续保持，库里加尔祖一世不但将女儿嫁给了阿蒙霍特普三世，（EA 1; 2: x+9）而且拒绝了叙巴地区反埃及同盟的邀请。（EA 9: 19-30）在底比斯的阿蒙霍特普三世葬祭庙的地名表中，提到了巴比伦与杜尔－库里加尔祖，⑤ 在后世亚美尼亚的墓葬中出土的滚印上用埃及象形文字写着库里加尔

---

① Wolfgang Helck, *Urkunden der 18. Dynastie: Übersetzung zu den Heften 17-22*, p. 40; Joan Oates, *Babylon*, Revised Edition, p. 88.

② Albert Kirk Grayson, *Assyrian and Babylonian Chronicles*, pp. 158-159; Jean-Jacques Glassner, *Mesopotamian Chronicles*, pp. 176, 177.

③ Margaret S. Drower, "Syria *c.* 1550-1400 B. C.," in I. E. S. Edwards, *et. al.*, eds., The *Cambridge Ancient History*, 3rd Edition, Vol. II, pt. 1, p. 465.

④ Susanne Paulus, "Kassite Babylonia," in Karen Radner, Nadine Moeller and D. T. Potts, eds., *The Oxford History of the Ancient Near East, Volume III: From the Hyksos to the Late Second Millennium BC*, p. 823.

⑤ Susanne Paulus, "Kassite Babylonia," in Karen Radner, Nadine Moeller and D. T. Potts, eds., *The Oxford History of the Ancient Near East, Volume III: From the Hyksos to the Late Second Millennium BC*, pp. 825, 826.

祖的名字（*ku-r-g-r-zu*）和“善加尔主事”（*ỉmy-r*ᶜ *wr sngr*）的字样，① 该滚印可能是埃及赠送给巴比伦的礼物。第二，维持与埃兰的良好关系。库里加尔祖一世把两个女儿嫁给埃兰王，新巴比伦时代复制的一封埃兰写给加喜特的书信描述了埃兰王的血统，提及库里加尔祖一世的两个女儿嫁到了埃兰。②

巴比伦与埃及建立友好关系后，得到了西亚北非地区商品贸易带来的实惠。卡拉尹达什与埃及法老图特摩斯四世建立直接外交关系后，获得了金属和木材等产品，尤其是埃及的黄金，增强了国家实力。之后，“在埃及的经济资助下，库里加尔祖在许多城市包括乌尔、埃利都和乌鲁克等地修建了宏大的建筑物”，③ 库里加尔祖一世还修建了加喜特王朝最宏伟的建筑物——杜尔 - 库里加尔祖城（见文前图 9）的基础工程。④ 在库里加尔祖一世统治时代，根据第 11 号泥板书信的描述，埃及法老送给巴比伦王大量黄金:“在你的父亲送给库里加尔祖大量黄金后，有什么东西能够超过库里加尔祖的礼物呢？”（EA 11: 47-48）有学者认为，由于从埃及获得了大量黄金，加喜特王朝放弃了以前的银本位制，实行了金本位制。⑤ 显然，由于得到了埃及的承认，加喜特王朝获得了所需的稀缺物资，经济得到较大发展，王室的经济力量得以壮大，国王的威望

① E. V. KhanzadIan and B. B. Piotrovskii, “A Cylinder Seal with Ancient Egyptian Hieroglyphic Inscription from the Metsamor Gravesite,” *Soviet Anthropology and Archeology*, Vol. 30, No. 4, 1992, pp. 71, 72.

② Behzad Mofidi-Nasrabadi, “Elam in the Late Bronze Age,” in Karen Radner, Nadine Moeller and D. T. Potts, eds., *The Oxford History of the Ancient Near East, Volume III: From the Hyksos to the Late Second Millennium BC*, p. 879; Michael Roaf, “Kassite and Elamite Kings,” in Alexa Bartelmus and Katja Sternitzke, eds., *Karduniaš. Babylonia Under the Kassites*, Vol. 1, Berlin / Boston: De Gruyter, 2017, p. 182.

③ Joan Oates, *Babylon*, Revised Edition, p. 89.

④ Margaret S. Drower, “Syria *c.* 1550-1400 B. C.,” in I. E. S. Edwards, *et. al.*, eds., The *Cambridge Ancient History*, 3rd Edition, Vol. II, pt. 1, pp. 465-466.

⑤ J. A. Brinkman, “Foreign Relations of Babylonian from 1600 to 625 B. C.: The Documentary Evidence,” *American Journal of Archaeology*, Vol. 76, No. 3, 1972, p. 275.

得到提高。

亚述自埃卡拉图王朝的伊什美达干一世失去霸权后，就不得不臣服于埃兰和埃什嫩那以及古巴比伦。在古巴比伦王汉谟拉比同埃兰、拉尔萨、埃什嫩那等强国进行争霸时，亚述地区的各小国依附于各强国以图生存。[1] 在古巴比伦王汉谟拉比统一两河流域的时候，可能因为伊什美达干一世与汉谟拉比的良好关系，亚述并未遭受太大损失，这可为阿淑尔城的地层没有发生中断所证实。[2] 当然，古巴比伦王国衰落之后，亚述取得了独立。亚述王普祖尔阿淑尔三世与巴比伦王布尔那布亚什一世就两国的边界问题签订了条约，[3] 有学者认为，该条约表明“此时的亚述不再是一个严格意义上的城邦，它把沿底格里斯河以南的地区视为其统治范围。考古学证实了亚述人在这一时期向底格里斯河以东和下扎布河地区的扩张”。[4]

亚述早在图特摩斯三世第二次远征时，就先后两次给埃及送了礼物，“亚述（ *Issr*）王公的贡品：一大块真天青石，价值□□□德本□□□”。[5] 不久，又第二次送去了礼物。[6] 虽然图特摩斯三世第八次远征的文献中提到一国送去了礼物，但是由于文献破损，不知道赠送礼物的是哪一国，[7] 布列斯特德认为此处破损

---

① 刘文鹏主编:《古代西亚北非文明》，第 282 页。

② Hervé Reculeau, “Assyria in the Late Bronze Age,” in Karen Radner, Nadine Moeller and D. T. Potts, eds., *The Oxford History of the Ancient Near East, Volume III: From the Hyksos to the Late Second Millennium BC*, p. 714.

③ A. T. Olmstead, *History of Assyria*, Chicago and London: The University of Chicago Press, 1951, p. 36.

④ Hervé Reculeau, “Assyria in the Late Bronze Age,” in Karen Radner, Nadine Moeller and D. T. Potts, eds., *The Oxford History of the Ancient Near East, Volume III: From the Hyksos to the Late Second Millennium BC*, pp. 716-717.

⑤ Kurt Sethe, *Urkunden der 18 Dynastie*, Band 3, Heft 9/10, p. 671. 英文译文见 James Henry Breasted, *Ancient Records of Egypt*, Vol. 2, p. 191。

⑥ James Henry Breasted, *Ancient Records of Egypt*, Vol. 2, p. 192.

⑦ Kurt Sethe, *Urkunden der 18 Dynastie*, Band 3, Heft 9/10, p. 701.

的部分可能并非另外一国的礼物，而是巴比伦所送礼单的部分内容，① 但是，泽特在编纂铭文集的时候，把缺损处拟补为“今年亚述王公的贡品”，② 著名学者基钦同意泽特的看法，认为这个国家可能是亚述。③ 据奥姆斯特德进一步推测，此时的亚述统治者很可能是阿淑尔拉比一世，显然，亚述结交埃及是为了对付南边的巴比伦与西边的米坦尼，以求自保，而埃及则希望亚述能从背后牵制米坦尼。④ 阿淑尔乌巴里特一世写给埃及的泥板书信中谈及，“当我的先祖阿淑尔那丁阿赫派人去埃及（米西尔）的时候，他们给了他20塔兰特 ⑤ 黄金”，（EA 16:19-20）这可能反映了亚述与埃及的早期外交往来。

但是，米坦尼扩张势力时，亚述被米坦尼王绍沙塔尔吞并，米坦尼军队将所夺取的亚述宫殿的金银门竖立在自己的首都。基钦认为，自从埃及与米坦尼议和以后，亚述就不在埃及的文献中出现，这种状况一直持续到泥板书信所在的时代晚期。⑥ 可能在这段时间内，亚述处于异族的统治之下，亚述臣服于米坦尼的同时又臣服于巴比伦。

（二）巴比伦与埃及的斗争合作关系

在崛起之前，亚述曾经沦为米坦尼与巴比伦的势力范围，因此，此时的埃及、巴比伦、亚述的三边关系，事实上只是巴比伦与埃及之间的关系。换句话说，在亚述兴起之前，主要涉及的是埃及与巴比伦的关系。

在阿马尔那时代，西亚北非大国势力范围在叙利亚地区具有重

---

① James Henry Breasted, *Ancient Records of Egypt*, Vol. 2, p. 204.

② Kurt Sethe, *Urkunden der 18 Dynastie*, Band 3, Heft 9/10, p. 701.

③ David O'Conner and Eric H. Cline, eds., *Amenhotep III: Perspectives on His Reign*, pp. 251-252.

④ A. T. Olmstead, *History of Assyria*, p. 36.

⑤ 塔兰特（Talent），苏尔语、阿卡德语分别为 gú/gun，*biltum*，古代西亚地区的重量单位，合 30240 克。

⑥ David O'Conner and Eric H. Cline, eds., *Amenhotep III: Perspectives on His Reign*, p. 252.

叠性，而巴比伦以北为米坦尼，米坦尼挡住了巴比伦直接进入叙利亚地区的道路，使得巴比伦的势力无法扩张到叙利亚地区。此外，相较于其他国家，巴比伦所处的地理位置也距离大国争斗的舞台更远一些，以致埃及忽视巴比伦的大国地位。在写给埃及法老拉美西斯二世的书信中，赫梯王后普杜希帕提及了埃及对巴比伦地位的忽略，“如果你说‘巴比伦王不是大王’，那么我的兄弟不知道巴比伦的级别”，[①] 笔者认为，这并不代表埃及法老不知道巴比伦的情况，而是在埃及法老眼中，巴比伦的实力与西亚北非的其他大国有一定的差距。在第 1 号泥板书信中，埃及法老仅仅称呼卡达什曼恩利尔一世为巴比伦王，而自称埃及王、大王。从泥板书信的称呼用语惯例来看，埃及法老的做法是不合乎礼仪的。笔者认为，埃及的这种称呼显示了埃及法老以自我为中心的意识形态，同时也表明巴比伦实力不济的现实。

由于远离叙巴地区这个外交舞台，巴比伦更为关注经济利益而非政治利益。巴比伦对埃及的外交似乎主要集中在经济方面，正如有的学者所言，巴比伦的外交目的既不像亚述那样追求大国的平等地位，也不像米坦尼那样寻求同盟关系，而是实现最大的经济利益。[②] 从泥板书信来看，巴比伦为了获得埃及的黄金赠礼而不惜纡尊降贵，“现在，我的兄弟送我 2 米那[③] 黄金作为我的问候礼。现在，若黄金多的话，请送给我像你父亲送的那样多的黄金！若（黄金）稀少的话，请送给我你父亲送的（黄金）一半”。（EA 9: 11-13）从埃及方面来说，由于巴比伦远离大国争斗的焦点地区——叙巴地区，对埃及的威胁较小，更何况加喜特人统治下的巴比伦的实力远不如古巴比伦和新巴比伦，因此，埃及对巴比伦外交政策显得

① G. Beckman, *Hittite Diplomatic Texts*, p. 128.

② Raymond Westbrook, “Babylonian Diplomacy in the Amarna Letters,” *Journal of the American Oriental Society*, Vol. 120, No. 3, Jul. - Sep. 2000, p. 378.

③ 米那（Mina），苏美尔语、阿卡德语分别为 ma.na，*manûm*，古代西亚地区的重量单位，合 504 克。

较为宽容一些，通常会对巴比伦追求经济利益的外交政策做出让步，通过物质交换来换取巴比伦对埃及大国地位的承认。①

从泥板书信来看，巴比伦追求经济利益的外交使用了一些策略。它通常通过炫耀财富来提高自己的地位，利用外交联姻来索取聘礼。此外，它还以进行工程建设为借口，要求埃及提供赠礼。当无法按时给予埃及王室惯常赠礼时，它还会以客观的自然原因作为借口。②

首先，自诩“自给自足”来提高经济地位。巴比伦王一般宣扬两国“什么都不缺”，国家富足强盛。（EA 7: 33-36）巴比伦王不仅夸耀自己国家的富庶，而且表示可以为法老提供一切必需物品，“(若）你需要我国的任何东西，你写信告诉我，我会让他们带给你”。（EA 9: 17-18）巴比伦试图通过这种“夸富”的策略来掩盖其物品的短缺与匮乏，进而提高其在商贸往来中的地位，更有效地获取本国所需物品。

其次，利用外交联姻来获取物品和财富，以达到其获取经济利益的最终目的。巴比伦王卡达什曼恩利尔一世利用法老不肯外嫁埃及公主的心理，来抬高女儿的聘礼价码。巴比伦王在要求迎娶一名埃及公主遭到法老拒绝后，又向埃及索要一名平民妇女，但同样遭到法老拒绝，（EA 4: 4-22）于是他便揭露法老不友好的面孔，以“获取婚姻协商中的有利地位”。③埃及法老对于巴比伦的这种做法，曾这样加以讽刺：“你把你的女儿送出去以便从你周边的诸王获得

---

① 袁指挥、刘凤华：《阿玛尔纳时代埃及与巴比伦的关系》，《内蒙古民族大学学报》2004年第3期。

② 韦斯特布鲁克教授对巴比伦对埃及外交中的策略进行了颇为详细的探讨，他认为巴比伦采用了夸耀富裕提高国家地位、以两国相距遥远为由拖欠礼物、触犯埃及婚姻禁忌来获得外交主动等策略，笔者在参考韦斯特布鲁克教授研究成果的基础上，对此问题做论述。参见 Raymond Westbrook, “Babylonian Diplomacy in the Amarna Letters,” *Journal of the American Oriental Society*, Vol. 120, No. 3, Jul. - Sep. 2000, pp. 378-382。

③ Raymond Westbrook, “Babylonian Diplomacy in the Amarna Letters,” *Journal of the American Oriental Society*, Vol. 120, No. 3, Jul. - Sep. 2000, p. 380.

一件衣服，这合适吗？”（EA 1: 61-62）

再次，巴比伦以进行工程建设为借口，要求埃及奉送给它黄金。“愿我兄弟送给我大量上乘黄金，这样我可以使用在我的工程上了”，（EA 7: 64-65）“现在，我在神庙中的工程是浩大的，我正在努力做这个工程。请送给我多一些黄金！”（EA 9: 15-16）巴比伦王也以工程所需为借口向埃及索要聘礼。（EA 4: 36-50）

最后，巴比伦以两国路途遥远为由，为拖欠法老礼物做辩护。“他们告诉我说‘旅途艰难，江河阻隔，天气炎热’，（因此）我没能给你送去太多的上好礼品。我给我的兄弟送上 4 米那上乘的天青石作为小小的问候礼品。我给我的兄弟送上 5 套马。当天气变好的时候，我的下批使节将会出行，给我的兄弟带去更多的上好礼品。”（EA 7: 53-55）

据上所述，可以得出这样的结论：付出最小的经济代价，获取最大的经济利益，是巴比伦对埃及外交的出发点和落脚点。因此，在与埃及的交往中，巴比伦对于联姻中的物品交换非常重视：为了提高联姻中聘礼的价码，与埃及进行了激烈的讨价还价；对于商贸安全给予了充分的注意，一再要求埃及保护巴比伦商人的安全；对埃及搪塞了事的做法提出最强烈的抗议，在政治方面寻求借口为难埃及，进而使得埃及以厚礼弥补。①

当埃及法老阿蒙霍特普三世向巴比伦王卡达什曼恩利尔一世提出联姻要求时，巴比伦王表示，从未听说远嫁埃及的姐姐的任何消息，不知姐姐的生死，不肯将女儿嫁给法老，继而他这样反驳法老：“至于我的兄弟给我写来的信中所涉及的婚姻关系，你（埃及王）说道：‘[我想要你的女儿]，为什么你不嫁（她）？’□□□□□□我的女儿有的是，她们的丈夫应该是国王或有王室血统（的人）。这些人是我愿意为我的女儿接受的人们。任

① 袁指挥、刘凤华：《阿玛尔纳时代埃及与巴比伦的关系》，《内蒙古民族大学学报》2004 年第 3 期。

何国王都不会把他的女儿们嫁给没有王室血统的人！你的女儿也有的是，你为什么不给我（一个）呢？”（EA 2: 6-13）当法老以埃及公主从不外嫁为由拒绝巴比伦王卡达什曼恩利尔一世时，巴比伦王再一次刁难法老：“（埃及）总有人家有长大的女儿、美丽的女子吧？送给我一个漂亮的女子，权当是你的女儿。有谁会说：‘她不是国王之女呢？’”（EA 4: 11-13）但当再次遭到法老的拒绝时，巴比伦王成功地戳穿了法老所谓的“传统禁忌”的托词，获得了道义上的优势。他同时表示不会采取法老那样的做法，会将女儿嫁给法老阿蒙霍特普三世，（EA 4: 20-22）以此来增强自身的道义优势。然后他向阿蒙霍特普三世下达最后通牒，要求埃及在 4 月、5 月送来黄金，否则就拒绝联姻。（EA 4: 41-50）在这种情形之下，阿蒙霍特普三世只好送给卡达什曼恩利尔一世大量名贵家具和摆设品作为礼物，仅黄金就达 10 米那 7 谢克尔[①]，白银有 1 米那 8.5 谢克尔。（EA 5: 18-33）最终，两国在联姻的各个方面达成了协议，巴比伦在经济上达到自己的目的，而埃及则奠定和树立了其在西亚北非“大国中的老大哥”的地位和权威。

在礼物交换或商业贸易方面，巴比伦要求埃及保护巴比伦使节或商人[②]。巴比伦王布尔那布亚什二世曾在信中这样写道：“我向你派去的使节萨尔穆，在他的旅程中，他被抢劫了两次……要把他的装备还给他，并对他的全部损失予以补偿。”（EA 7: 73-82）但是，阿蒙霍特普三世可能并未给予充分的重视，以致在埃赫那吞统治时期事态更为恶化。布尔那布亚什二世写信给埃赫那吞说道：

> 现在，我的商人与阿胡塔布一起出发，在迦南做买卖被扣留了。当阿胡塔布向我的兄弟行进的时候，在迦南的欣那图那城，巴隆美之子顺阿达与阿克城的萨拉图之子苏塔特那，派

① 谢克尔（Shekel），苏美尔语、阿卡德语分别为 gín，*šiqlum*，约合 8.4 克。

② 关于使节与商人的关系，见本书“使节制度”部分。

遣他们的人，杀了我的商人，并夺走了他们的银子。（EA 8: 13-21）

巴比伦王要求法老干预，赔偿损失，处死肇事者。他强调说："如果你不杀掉这些人，他们会再次做（这样的事），他们将会杀掉我的商队（的人）或者你的使节，（这样，）在我们之间的（往来的）使节将会被取消。"（EA 8: 30-33）这暗示了巴比伦王对法老消极应付的不满，他在书信中将埃及牵扯进去，以此让法老明白这种杀人越货行为的危害性，进而促使其采取有效的措施，避免此类事件的再次发生。

与此同时，就埃及对其大国地位的忽视，巴比伦进行了针锋相对的斗争。针对阿蒙霍特普三世将巴比伦赠送的战车不加区别地与埃及本国地方长官进献的战车放在一起，卡达什曼恩利尔一世深表不满，他认为阿蒙霍特普三世在他的国家面前"羞辱了它们"。（EA 1: 89-96）此外，对于埃及外交上的失礼之处，卡达什曼恩利尔一世也表达了抗议，"当你庆祝一个盛大的节日时候，你没有派你的使节来到这里，说道：'来吧！吃吧！喝吧！'你也没有送来节日的礼物"。（EA 3: 18-20）布尔那布亚什二世因法老没有问候他的健康而"变得愤怒"，直到法老派遣使节做出解释，巴比伦王才不生气了。（EA 7: 14-32）巴比伦对政治地位的追求，可提升它在对埃及外交中的地位，使得它在礼物交换、商贸往来中获得有利地位，有助于实现其经济外交的目的。

（三）巴比伦、亚述争取埃及的支持

亚述兴起的时候，巴比伦和埃及之间的关系变得微妙起来。亚述的兴起，无疑对巴比伦是一个威胁。出于对亚述的顾忌，巴比伦竭力压制亚述。对于亚述而言，埃及的承认对其崛起有着重要意义。在这种背景之下，巴比伦为了换取埃及的支持与合作，逐渐放松了其追求巨大经济利益的外交政策，而埃及出于牵制巴比伦的目的，承认了亚述的地位，亚述在外交上取得了重大成功。

从巴比伦方面来说，由于历史上两河流域北部的亚述地区和南部巴比伦尼亚的对立和仇恨，加喜特王朝对亚述一直怀有戒心。从现存的泥板书信来看，当蛰伏的亚述要求与埃及建立外交关系时，米坦尼并未对埃及提出任何要求，而巴比伦则对埃及提出最严厉的外交抗议："现在，亚述人正看着我的脸（臣服），我没有写信给你。我听说了他们（到了埃及），为什么他们到了你的国家？如果你爱我，任何商业活动，他们都将做不成，让他们两手空空地返回到（他们的国家）！"（EA 9: 31-35）

面对亚述兴起这一严重挑战，巴比伦为了换取埃及的支持，开始放弃刻薄的经济外交政策，对政治地位更加关注。从第 9 号及其他泥板书信可以看到，布尔那布亚什二世几次提及祖先同埃及的友好关系，这或许表明了巴比伦希望以此促使埃及拒绝承认亚述的真实用心。在第 9 号泥板书信中，布尔那布亚什二世回顾了先祖库里加尔祖一世对埃及的友好——拒绝了迦南的反埃及同盟的邀请。（EA 9:19-30）紧接着，布尔那布亚什二世讲述了自卡拉尹达什时代以来两国的友好关系。（EA 10: 8-12）在另一封泥板书信中，巴比伦王又提到了库里加尔祖一世与埃及的密切关系。（EA 11: 48-52）这种近似于米坦尼书信里强调两国传统友谊的做法在以前的泥板书信里从未出现过，这或许是巴比伦在亚述兴起的背景下采取的积极外交措施。

值得注意的是，布尔那布亚什二世在与埃赫那吞联姻中表现出来的爽快，与其父卡达什曼恩利尔一世与阿蒙霍特普三世间激烈的讨价还价形成了鲜明的对比。布尔那布亚什二世在信中叙述了此事："在你父亲的妻子被哀悼之后，我向你派遣了我的使节胡阿阿及翻译米胡尼。与此同时，我写信说道：'巴比伦王的女儿被带给了你的父亲。让他们带另外一个给你。'"（EA 11: 5-8）这或许反映了在亚述崛起的新形势下巴比伦出于抑制亚述的考虑而做出的重大让步。

从亚述角度讲，亚述自埃卡拉图王朝的伊什美达干一世失去霸权后，就不得不臣服于周边的强国以图生存。① 在米坦尼和加喜特王朝平分秋色之时，亚述既臣服于米坦尼也臣服于巴比伦。在阿马尔那时代的政治格局转变的时候，亚述抓住机会，试图重新崛起，但是，要想成为西亚北非地区的大国，埃及的支持是不可或缺的。因此，亚述王阿淑尔乌巴里特一世写信给埃及，要求承认其应有的地位：

> 你（使节）对埃及（米西尔）王说："下面是亚述（阿淑尔）王阿淑尔乌巴里特的话。"祝愿平安与你本人、你的宫廷、你的国家、你的战车和你的马匹同在！
>
> 我派遣我的使节去看你和你的国家。直到现在，我的先祖们还没有派人（去埃及）。今天，我写信给你，并把一辆精美的战车及两套马、一（串）上乘椰枣形天青石珠作为你的问候礼送给你。
>
> 至于我派遣去你处参观的［使节］，请不要扣留他！让他参观，（然后）让他启程回来！愿他能看到你的情况以及你的国家的情况！（然后，）让他启程回来。（EA 15）

从某种程度上讲，巴比伦追求经济利益的外交政策，可能一直困扰着埃及，亚述的兴起给埃及提供了一个打破局面的机会，因此，出于牵制巴比伦、维持两河流域地区势力均衡的目的，埃及最终承认了亚述的独立地位。正如有学者所言，"虽然法老的回信没有保存下来，但法老一定满足了亚述的要求"。② 在第 16 号泥板书信中，亚述王阿淑尔乌巴里特一世与埃及法老埃赫那吞以"兄弟"相称，并且将彼此称为"大王"，（EA 16: 1-4）而在第 15 号泥板书

---

① 刘文鹏主编：《古代西亚北非文明》，第 282 页。

② Jared L. Miller, "Political Interactions between Kassite Babylonia and Assyria, Egypt and Ḫatti during the Amarna Age," in Alexa Bartelmus and Katja Sternitzke, eds., *Karduniaš. Babylonia Under the Kassites*, Vol. 1, p. 96.

信中阿淑尔乌巴里特一世自称“亚述王”，把埃及法老称呼为“埃及王”，（EA 15: 1-3）这两封泥板书信的称呼用语形成了鲜明的对比，这种称呼的改变表明亚述得到了埃及的承认。从第 16 号泥板书信来看，亚述与埃及之间的信使往来和礼物互赠（EA 16:13-18, 43-55）很频繁，这直接表明了两国间密切的外交关系。

那么，埃及到底是在什么时候承认亚述的呢？解决这个问题的关键在于确定第 16 号泥板书信的年代。对于这封信的收信人的名字，至今尚有争议，克努松读作 ᵐ*N*[*a-a*]*p-ḫu-*[*r*]*i-i-x*，而戈登（Gordon）读作 ᵐ⌜*Ḫu*⌝-[*r*]*u*/[*r*]*a- ḫu-ri-i-*[*tu*⌝-[*x-x*]。① 如果克努松的读法正确的话，这封信的收信者是埃赫那吞，因为他的王位名为尼斐尔凯普鲁拉（*Nfr-ḫpr.w-rᶜ*），对译为阿卡德语就是那坡胡瑞亚（*Na-ap-ḫu-*]*ru-re-ia* / *Na-ap-ḫu-*ʾ*-ru-re-*[*ia*]）。这样，综合第 9、第 15、第 16 号泥板书信，可以得出一个结论：埃及没有理会巴比伦的抗议，很快就承认了亚述。如果戈登的读法正确，那么，意味着收信者为埃及法老阿伊，这里的 ᵐ⌜*Ḫu*⌝-[*r*]*u*/[*r*]*a- ḫu-ri-i-*[*tu*⌝-[*x-x*] 可能就是其王位名 *Ḫpr- ḫpr.w-rᶜ* 的对译。再者，结合第 16 号泥板书信中提到的亚述要求取得与当年米坦尼一样的地位，（EA 16:22-31）这说明埃及对亚述的承认经历了一个渐进的过程，据此可以推断，埃及在充分考虑了巴比伦的意见的基础上，权衡利弊才承认了亚述。但是，雷尼认为戈登的读法不对，在重新校验泥板的时候，他看到了残留的楔形文字符号 ḪI 的痕迹，并把克努松不确定的末尾字符（标记为 *x*）复原为字符 IA，② 间接支持了克努松的读法。若是如此，这表明埃及对承认亚述一事，并没有犹豫太久。

埃及对亚述的承认，为亚述成为地区大国奠定了基础，但对于

---

① William L. Moran, *The Amarna Letters*, p. 39, n. 1.

② Anson F. Rainey, *The El-Amarna Correspondence: A New Edition of the Cuneiform Letters from the Site of El-Amarna Based on Collations of All Extant Tablets*, Vol. 2, p. 1348.

巴比伦来说，埃及对亚述的承认是其外交上的重大失败。正如前文所言，在米坦尼灭亡的时候，米坦尼王子米提瓦扎逃亡到了巴比伦，但是，巴比伦不但没有为米提瓦扎提供帮助，还企图加害米提瓦扎。有学者认为，“这无疑表明，巴比伦试图参与米坦尼动荡不安的王位继承事宜，拒绝支持苏塔尔那（得到亚述支持的胡里王）的反对者米提瓦扎”。巴比伦的态度可能表明“巴比伦和亚述之间的关系是友好的，巴比伦不想破坏这种关系，或者巴比伦屈服于亚述的压力”。①不管情况如何，虽然巴比伦有点不甘心，但是巴比伦王布尔那布亚什二世最终也接受了亚述兴起的事实，娶了亚述王阿淑尔乌巴里特一世的女儿穆巴里塔特 - 舍鲁阿为妻子，② 承认了亚述的大国地位。③

三　埃及、亚述和赫梯三方关系

赫梯灭亡米坦尼后，埃及、米坦尼和赫梯的三方关系不复存在，米坦尼与赫梯的矛盾消失了，而巴比伦对亚述的承认，使得巴比伦与亚述之间的矛盾缓和了。在此种新情况下，又出现了新的矛盾——埃及与赫梯的矛盾、亚述与赫梯的矛盾，并逐步形成了埃及、亚述和赫梯之间新的三方关系。

新的矛盾和三方关系的出现，显然与赫梯的对外扩张密切相关。亚述利用赫梯与米坦尼战争的有利时机，吞并了原米坦尼在

---

① Jared L. Miller, “Political Interactions between Kassite Babylonia and Assyria, Egypt and Ḫatti during the Amarna Age,” in Alexa Bartelmus and Katja Sternitzke, eds., *Karduniaš. Babylonia Under the Kassites*, Vol. 1, p. 97.

② 这一点在《同步王表》《加喜特王表》中有记载，“在亚述王阿淑尔乌巴里特时代，加喜特军队反叛并杀死了卡尔杜尼阿什之王、阿淑尔乌巴里特之女穆巴里塔特 - 舍鲁阿的儿子卡拉哈尔达什”，“卡达什曼哈尔贝，阿淑尔乌巴里特之女穆巴里塔特 - 舍鲁阿的儿子卡拉哈尔达什的儿子”，参见 Albert Kirk Grayson, *Assyrian and Babylonian Chronicles*, pp. 159, 171; Jean-Jacques Glassner, *Mesopotamian Chronicles*, pp. 178, 179, 278, 279。

③ Rodolfo Ragionieri, “The Amarna Age: An International Society in the Making,” in Raymond Cohen and Raymond Westbrook, eds., *Amarna Diplomacy: The Beginning of International Relations*, p. 48; J.-R. Kupper, “Northern Mesopotamia and Syria,” in I. E. S. Edwards, *et. al.*, eds., *The Cambridge Ancient History*, Vol. II, pt. 1, pp. 28-29.

幼发拉底河东岸的大片领土，[①]“整个米坦尼一片废墟，亚述和阿尔什瓜分了它”。[②]亚述派出军队围攻原米坦尼首都瓦舒卡尼，[③]此外，亚述还控制了两河流域中部和东部的小国。[④]亚述对原米坦尼领土的抢占，触动了赫梯的利益，因此，两国矛盾加剧。在灭亡米坦尼已成定局的情况下，赫梯对埃及不再有所顾忌，开始触动埃及的利益，不仅夺取了埃及新获得的三个附属国，而且还夺取了埃及传统附属国乌加里特、卡迭什和阿穆鲁。随着战争不断取得胜利，赫梯开始派兵进攻埃及控制的阿姆卡地区，[⑤]进一步激化了埃及与赫梯的矛盾，造成了埃及和赫梯的直接对立。可能就在此时，埃及与亚述出于共同的利害关系，逐渐走近，结成了一个反赫梯的联盟。[⑥]

亚述从东边渡过幼发拉底河攻入赫梯势力范围，而埃及从南部越过奥伦特河攻取了卡迭什，[⑦]赫梯文献记载了这件事情：“对于我父亲（苏皮鲁流马一世）已经征服的国家金扎（即卡迭什），埃及部队与战车到达并攻击了金扎。”[⑧]但是，亚述和埃及的联军遭受了重创，亚述退回幼发拉底河东岸，埃及退回阿姆卡地区，接着，赫

① Gary M. Beckman, *Hittite Diplomatic Texts*, pp. 44-45; 参见李政《赫梯条约研究》，第303—304页。

② Gary M. Beckman, *Hittite Diplomatic Texts*, p. 40; 参见李政《赫梯条约研究》，第305页。

③ Gary M. Beckman, “New Joins to Hittite Treaties,” *Zeitschrift für Assyriologie und Vorderasiatische Archäologie*, Vol. 87, Iss. 1, 1997, pp. 97-98；Gary M. Beckman, *Hittite Diplomatic Texts*, p. 44; 参见李政《赫梯条约研究》，第312页。

④ Donald B. Redford, *Akhenaten, the Heretic King*, Princeton: Princeton University Press, 1984, p. 213.

⑤ Itamar Singer, *Hittite Prayers*, p. 58; Albrecht Goetze, “Hittite Prayers,” in James B. Pritchard, ed., *Ancient Near Eastern Texts Relating to the Old Testament,* 3rd Edition with Supplement, p. 395.

⑥ Donald B. Redford, *Akhenaten, the Heretic King*, p. 213.

⑦ Horst Klengel, *Syria, 3000 to 300 B.C.*, pp. 110-111.

⑧ Hans Gustav Güterbock, “The Deeds of Suppiluliuma as Told by His Son, Mursili II,” *Journal of Cuneiform Studies*, Vol. 10, No. 2, 1956, p. 93.

梯军队攻入了阿姆卡地区。[①]

就在赫梯攻入阿姆卡与埃及军队激战之时，埃及法老图坦卡蒙驾崩。穆尔什里二世对此事叙述道："当我父亲在卡赫米什的时候，他派卢帕基（Lupakki）和塔尔珲塔扎尔马（Tarḫunta-zalma）去了阿姆卡。于是他们去攻打阿姆卡，并将被驱逐者、牛羊带回我父亲面前。但埃及的人听说要攻打阿姆卡，就害怕了。此外，由于他们的主人尼卜胡瑞亚（Nibḫururiyaʿ）已经死了。"[②] 由于对赫梯战争失利和法老驾崩，埃及国内形成主战和主和两派，主和派以寡后安赫森娜蒙（原名安赫森帕吞）为代表，而主战派以阿伊和赫连姆赫布为主。据赫梯文献记载，安赫森娜蒙[③]试图与赫梯和解，她在写给苏皮鲁流马一世的信中说道："我的丈夫死了。我没有儿子。但是对于你，他们说你儿子很多。如果你愿意给我一个你的儿子，他将成为我的丈夫。我绝不会挑选我的一个大臣作为我的丈夫……我害怕。"[④] 显然，主战派向寡后施压而使她感到害怕，也说明主战派夺取政权的企图。由于主战派的阻挠，安赫森娜蒙与赫梯和解的愿望最终成为一枕黄粱。赫梯王子扎南扎在去埃及途中被刺杀，赫梯文献对此记载道："埃及人杀害了扎南扎，带话说'扎南扎死了'。"[⑤] 扎南扎的遇害，使得两国丧失了实现和平的机会。苏皮鲁

① J.-R. Kupper, "Northern Mesopotamia and Syria," in I. E. S. Edwards, *et. al.*, eds., *The Cambridge Ancient History*, Vol. II, pt. 1, p. 17.

② Hans Gustav Güterbock, "The Deeds of Suppiluliuma as Told by His Son, Mursili II," *Journal of Cuneiform Studies*, Vol. 10, No. 2, 1956, p. 94.

③ 由于穆尔什里二世所讲述的苏皮鲁流马一世的故事中提及的埃及王后达哈蒙祖（Daḫamunzu）显然不是人名，可能是埃及语"王后"（ *t3 ḥmt nswt*）的赫梯语对译，对于这位王后到底是谁，学界目前还未取得一致意见，多数学者认为是安赫森娜蒙，但是有学者认为是涅斐尔提提，笔者采纳多数人的看法。参见 Alan R. Schulman, "ʿAnkhesenamūn, Nofretity, and the Amka Affair," *Journal of the American Research Center in Egypt*, Vol. 15, 1978, p. 43。

④ Hans Gustav Güterbock, "The Deeds of Suppiluliuma as Told by His Son, Mursili II," *Journal of Cuneiform Studies*, Vol. 10, No. 2, 1956, p. 94.

⑤ Hans Gustav Güterbock, "The Deeds of Suppiluliuma as Told by His Son, Mursili II," *Journal of Cuneiform Studies*, Vol. 10, No. 2, 1956, p. 108. 在穆尔什里二世的瘟疫祈祷文中，也记载了这件事情，参见 Itamar Singer, *Hittite Prayers*, p. 58。

流马一世为替儿子报仇而对埃及军队掀起了新一轮的进攻，赫梯军队再度突入阿姆卡地区，同埃及军队展开了殊死搏斗。赫梯的军事进攻取得了一定的成功，但是由于埃及军队发生了瘟疫，[①]被俘的埃及士兵将瘟疫传给了赫梯士兵（见文前图 10），使得赫梯军队也暴发了瘟疫，赫梯只好罢兵回国。

在攻取了卡赫米什之后，赫梯的另外一路大军向幼发拉底河东岸挺进，不久就到达了米坦尼故都瓦舒卡尼。令人不可思议的是，赫梯人并未遇到亚述的抵抗，十分顺利地占领了这座城市。而赫梯扶持的胡里王阿尔塔塔马二世及其儿子苏塔尔那三世，似乎倒向了亚述一边，一份赫梯条约对此描述道："在［胡里国王］、阿尔塔塔马之子苏塔尔那，改变了□□□□米坦尼国，他的父亲、阿尔塔塔马王做了错事。他用尽了诸王的宫殿中的财物，向亚述国和阿尔什国付款……但他却使自己投靠在亚述人的面前，并且把他的财富作为贡品缴纳，而亚述人曾是他父亲的臣民，不曾纳贡。"苏塔尔那三世还把米坦尼绍沙塔尔掠夺来的金银门归还给了亚述。[②]在这种局面之下，赫梯王苏皮鲁流马一世在苏塔尔那三世与米提瓦扎之间做出了选择，立米提瓦扎为哈尼加尔巴特国王："我接纳了图什拉塔国王的儿子米提瓦扎，让他坐在他父亲的宝座上，大国米坦尼就这样复国了。"[③]复国后的米坦尼，不仅成了赫梯的附属国，而且还成了赫梯与亚述之间的缓冲国，这使得亚述无法直接进攻赫梯。

虽然赫梯对埃及和亚述的战争取得了重大胜利，但是，瘟疫的暴发使得苏皮鲁流马一世及其继承人丧命。瘟疫蹂躏了赫梯近一代

---

① 关于这次瘟疫的讨论，参见 Hans Goedicke, "'The Canaanite Illness'," *Studien zur Altägyptischen Kultur*, Bd. 11, 1984, pp. 91-105。

② Gary M. Beckman, *Hittite Diplomatic Texts*, pp. 44-45; 参见李政《赫梯条约研究》，第 311—312 页。

③ Gary M. Beckman, *Hittite Diplomatic Texts*, p. 40; 参见李政《赫梯条约研究》，第 306 页。

人的时间，[①] 赫梯对外扩张的势头暂时停止了。埃及由于国内问题无力挑战赫梯霸权，亚述则暂时被哈尼加尔巴特王国挡住了西进的道路，因此，在西亚北非暂时形成了赫梯、埃及、亚述和巴比伦四国并立的格局。但是，阿马尔那体系的震荡远未结束，亚述不断进攻哈尼加尔巴特王国，而埃及则为了收复北部疆界与赫梯再次兵戎相见。

哈尼加尔巴特王国有效地抵御了亚述的进攻，中亚述的几代国王都与赫梯的这个附属国发生过战争。[②] 到了沙尔马那沙尔一世统治时期，亚述打败了哈尼加尔巴特国王绍图阿拉二世："我征伐哈尼加尔巴特国，我开辟了最困难的道路（和）通道。哈尼加尔巴特的国王绍图阿拉，在赫梯和阿赫拉穆（Ahlamu）的军队的帮助下，攻占了我的（道路）上的通道和水源地。当我的军队口渴和疲劳的时候，他们的军队发动了猛烈的攻击。但我击退了他们，打败了他们。我屠杀了他们无数的士兵。至于他（绍图阿拉），我在狭窄的地方追赶他，直到日落。我屠杀了他们的成群结队的人，（但）其中 14400 人（仍）活着，我把他们的眼睛弄瞎了（并）带走了。我征服了他的 9 个设防的崇拜中心（以及）城市，我把他的 180 座城市变成了废墟。我像宰羊一样宰杀了他的盟友赫梯和阿赫拉穆的军队。当时，我夺取了他们（在该地区）的城市：从台达到伊瑞都（Irridu），直到埃鲁哈特（Eluhat）城的卡西阿里山（Kašiiari）的所有城市，苏度（Sudu）要塞、哈拉努（Harranu）要塞到幼发拉底河畔的卡赫米什。我成为他们土地的统治者，放火烧了他们其余的城市。"[③] 这样，亚述彻底灭亡了哈尼加尔巴特王国，打通了西进的道路。

---

① Pierre Grandet, "Egypt's New Kingdom in Contact with the World," in Karen Radner, Nadine Moeller and D. T. Potts, eds., *The Oxford History of the Ancient Near East, Volume III: From the Hyksos to the Late Second Millennium BC*, p. 427.

② Gernot Wilhelm, "The Kingdom of Mitanni in Second-Millennium," in Jack M. Sasson, ed., *Civilizations of the Ancient Near East*, Vol. I and II, pp.1252-1254.

③ Albert Kirk Grayson, *The Royal Inscriptions of Mesopotamia, Assyrian Periods 1: Assyrian Rulers of the Third and Second Millennia (to 1115 BC)*, pp. 183-184.

由于亚述不断攻击并灭亡了哈尼加尔巴特王国，因此，亚述与赫梯的关系实现正常化的进程比较缓慢。亚述王阿达德尼拉里一世要求赫梯承认其大国地位，不断写信给赫梯王，他强调已经夺取了米坦尼故土，亚述王已跻身大国君主之列，但是，赫梯王对于亚述侵夺哈尼加尔巴特王国的土地十分不满，不愿意承认亚述的大国地位。赫梯王穆尔什里三世为此对亚述王阿达德尼拉里一世说："由于［我的祖父］和我的父亲没有就［兄弟关系］写信给亚述王，你不应该继续给我写信要求［建立兄弟关系］和获得大王的地位。"[①] 在哈图什里三世统治时代，赫梯与亚述的关系可能实现了正常化，从哈图什里三世写给亚述王阿达德尼拉里一世的书信来看，双方似乎已经建立起了友好关系，赫梯承认了亚述的大国地位。[②]

埃及与赫梯的关系正常化，似乎也不太容易。第 19 王朝对赫梯侵夺埃及势力范围一事耿耿于怀，法老塞提一世、拉美西斯二世都对赫梯占领的地区发动过战争，但是，埃及最终不得不接受赫梯崛起的事实，拉美西斯二世与哈图什里三世签订了和平条约："为了［在他们之间］永远建立和平和友好的兄弟关系，拉美西斯，阿蒙所宠爱者，大王，［埃及］王，确实在这［天］与［哈图什里］，大王，赫梯王，他的兄弟，在银板上缔结了条约。他是［我］的兄弟，我也是他的兄弟。〈他与我和平相处〉，我也与他永远和平相处。我们将建立我们的兄弟关系和我们的［和平］，它们将比［埃及与］哈梯以前的兄弟关系和和平更好。"[③]

小　结

阿马尔那时代频繁外交活动的出现，不是孤立的、偶然的历史

---

① Gary M. Beckman, *Hittite Diplomatic Texts*, p. 138.

② Gary M. Beckman, *Hittite Diplomatic Texts*, p. 140.

③ Gary M. Beckman, *Hittite Diplomatic Texts*, p. 92; 李政：《赫梯条约研究》，第 388—389 页。

现象，而是古代西亚北非外交往来累积的结果。这个时代给人印象最深的一点是，北非的埃及、小亚的赫梯和两河流域的巴比伦、亚述、米坦尼等国的直接交往，这是历史上不曾有过的盛事。这个时代外交盛况的形成，与埃及第 18 王朝的对外扩张有着密切关系，而埃及的和平外交则直接促使这个时代来临。有学者说："我们应该注意到，在公元前 2 千纪，埃及实际上与赫梯帝国、米坦尼王国和巴比伦的加喜特王国一起，被纳入了一个近东地区的国家'系统'之中。"① 还有学者称之为大国政治，"于是在这一个千年代（注：指公元前 2 千纪）的后半期便出现了一个国际性的大国政治时代，这种大国政治可以毫不夸张地称之为世界政治（不过这里所谓的世界只能是局限于当时西亚北非的几个已知地区）"。②

阿马尔那时代西亚北非的政治格局，呈现出多极格局的特征，换句话说，这是一种多极体系。在国际关系语境中，多极体系指的是包含有三个或三个以上具有明显优势地位的主导性权力中心的国际体系。在阿马尔那时代前期，埃及、米坦尼、巴比伦构成了三极体系。那么，这种三极体系是否具有稳定性呢？施韦勒认为三极体系有四种不同的权力结构：三极势均力敌，即甲 = 乙 = 丙；一极优于其他两极，但是小于其他两极之和，即甲＞乙 = 丙，甲＜乙 + 丙；两极势均力敌，一极较弱，即甲＜乙 = 丙；三极互有优劣，任何两极之和均大于第三极，即甲＞乙＞丙，甲＜乙 + 丙。③ 笔者认为，在阿马尔那时代，埃及的实力稍强一些，米坦尼与巴比伦的实力之和明显要大于埃及，因此，权力结构属于施韦勒所说的第二种权力结构。在这种权力结构之下，往往两个实力较弱的国家会联合

① Anthony D. Smith, *Nationalism: Theory, Ideology, History*, 2nd Edition , Cambridge and Malden: Polity Press, 2010, pp. 111-112. 中文译本见安东尼・史密斯《民族主义——理论，意识形态，历史》，叶江译，上海人民出版社 2006 年版，第 109 页。

② 罗曼・赫尔佐克:《古代的国家——起源和统治形式》，第 212 页。

③ Randall L. Schweller, "Tripolority and the Second World War," *International Studies Quarterly*, Vol. 37, No. 1, Mar. 1993, p. 77.

起来对付强国，因此能够保持体系的相对稳定，目前并未发现巴比伦与米坦尼联合起来对抗埃及的证据，可见，由埃及、米坦尼和巴比伦构成的三极体系是相对稳定的。到阿马尔那时代晚期，赫梯、埃及、亚述、巴比伦四极格局基本形成，尽管亚述与埃及在军事上联合起来也不是赫梯的对手，但是若综合考虑其他因素，则赫梯的力量未必比埃及与亚述的力量总和要大。总体来讲，不论是三极还是四极体系，多极体系是阿马尔那时代西亚北非外交体系的鲜明特征。

阿马尔那时代西亚北非大国外交历程和政治格局的特点，可能用“转变”二字来概括是最恰当不过的了。阿马尔那时代，也出现了大国力量较量和政治格局转变的状况，尤其出现了几个大国主导西亚北非的态势，这在上古西亚北非历史上是罕见的。政治格局转变的推动力，主要来自赫梯。正是因为赫梯的扩张，才造成了米坦尼王国的崩溃，为亚述的兴起并且成为一个地区大国创造了条件。当然，这种政治格局的转变，在本质上没有动摇阿马尔那时代所形成的基本格局，即多国主导地区政治的格局。

从各国关系亲疏的角度说，这个时代形成了三个外交区域：埃及、米坦尼和赫梯三方外交区域；埃及、巴比伦和亚述三方外交区域；而到阿马尔那时代晚期，由于赫梯扩张和政治格局转变，埃及、亚述和赫梯的三方外交区域也逐渐形成。对于各国来说，不管在哪个外交区域里，埃及都奉行势力均衡外交战略，维持地区力量的均势，实现埃及国家利益的最大化；赫梯和亚述则是力求外交上获得主动，以交好大国，为国家的复兴创造良好的外部环境；巴比伦和米坦尼则是对自己的宿敌十分关心，对亚述和赫梯的一举一动都保持着高度警惕，竭力遏制宿敌的复兴。因此，可以从这个角度将外交目的分为三种类型：埃及式、赫梯和亚述式、米坦尼和巴比伦式。

通过分析阿马尔那时代大国之间外交关系的发展历程，可以发现，大国之间的交往具有单向性或单边性的特点。在三方外交区域中，往往缺乏一对密切的关系。例如，在米坦尼、赫梯和埃及的三方外交关系中，缺乏米坦尼与赫梯的关系；而在埃及、巴比伦和亚述的外交关系中，更多的是埃及与巴比伦的关系，缺少巴比伦与亚述之间关系的相关史料。因此，在各个三方外交区域内，国家间的互动性是不均衡的。正如上面所说，这种情形的出现，也许是真实的历史事实，毕竟各国根据地缘政治结成密切关系，也有可能是由于古代文献没有完整保存下来所造成的假象。

阿马尔那时代西亚北非大国外交关系的展开是以叙巴地区为活动舞台的，它凸显了叙巴地区的地缘政治优势。早在 1942 年，伍利就提出了北叙利亚是古代西亚北非世界联系纽带的观点，他从阿拉拉赫考古发掘出的器物入手，分析了各种文明在北叙利亚交汇的状况。[①] 在历史上，“叙利亚和黎凡特的各城市国家成了埃及与两河流域大力争夺的对象”。[②] 从自然地理来看，埃及位于北非，巴比伦位于两河流域的核心地带，米坦尼位于两河流域北部和叙利亚地区，而亚述位于底格里斯河的大小扎布河之间，赫梯则在小亚的哈里斯河流域；就各国的核心区域而言，除了亚述与巴比伦、米坦尼与赫梯、米坦尼与亚述相邻外，埃及与任何一国都不相邻，而赫梯与巴比伦不相接。在这种情况下，形成包括所有国家的彼此交往是有一定困难的，需要一个各国利益叠加的地区，叙巴地区就是最佳的候选地。由于叙巴地区的重要战略地位，自古以来就是各大国征服的对象，不管是尼罗河流域的埃及，还是两河流域的强国，抑或是安纳托利亚高原的赫梯，都曾征伐过叙巴地区。在阿马尔那时代，西亚北非的大国正是以叙巴地区为活动舞台联结成一体的，正是依托于叙巴地区，才造就了一个活跃的大国关系网络。

---

① Leonard Woolley, “North Syria as a Cultural Link in the Ancient World,” *The Journal of the Royal Anthropological Institute of Great Britain and Ireland*, Vol. 72, No. 1/2, 1942, pp. 9-18.

② 巴里·K. 吉尔斯、安德烈·冈德·弗兰克:《积累之积累》，安德烈·冈德·弗兰克、巴里·K. 吉尔斯主编:《世界体系：500 年还是 5000 年？》，第 96 页。

阿马尔那时代大国关系的特点之一是跨文明的趋势逐渐凸显。一般而言，古代西亚是孕育世界上最早的外交关系的地方，苏美尔城邦的争霸斗争促使一些外交惯例出现，而叙利亚地区埃博拉与马里争夺商路的斗争，进一步丰富了这种外交实践。在马里时代，叙利亚的马里发挥中间纽带作用，将两河流域与叙利亚的一些王国联结在了一起。此后，赫梯加入进来，使得大国之间的文化身份和背景具有了多元化发展的倾向，米坦尼王国的加入则进一步推动了多元政治格局的发展。在阿马尔那时代，两河流域加喜特王朝和后来的中亚述王国、小亚的赫梯新王国以及北非的埃及新王国，彼此之间都产生了这样或那样的联系，外交活动空前活跃。相较而言，在以前的埃博拉时代和马里时代，两河流域仅仅是与叙利亚发生了直接的外交关系，此后，尽管赫梯与胡里诸国以及后来的米坦尼发生了冲突，但是地域范围较小，具有很大的局限性。而在阿马尔那体系之中，不但有两河流域的大国巴比伦和亚述，而且包括北非的埃及和小亚的赫梯，大国外交的地域范围空前扩展，出现了前所未有的跨大洲、跨文明的政治格局。

相比于马里时代来说，阿马尔那时代的鲜明特征在于和平外交。毋庸置疑，马里时代的政治格局是多元化的，也是几个国家主导着两河流域和北叙利亚的政治格局，但这个时代不是一个和平的时代，各国进行了一系列战争，而随着汉谟拉比统一两河流域，这个多元政治格局最终消失了。阿马尔那时代西亚北非大国外交的一个特征就是和平往来，尽管发生了赫梯灭亡米坦尼王国和赫梯在北叙利亚地区进行扩张等重大事件，但是，这并没有埋葬阿马尔那时代前期所形成的多国主导下的西亚北非政治格局。从某种程度上说，阿马尔那时代所形成的多国格局，在阿马尔那时代之后一直保持着，即使埃及与赫梯的战争也没有摧毁这个格局。吉尔平认为在人类历史上出现过三种国际体系：第一种为帝国或霸权体系，即一个单一的国家支配整个体系；第二种为两极的控制结构，即两个强国控制整个体系；第三种为均势结构，有三个或更多的国家相互调控彼此的行为。[①] 显然，阿马尔那时代的西亚北非体系就是吉尔平所言的均势结构，因此，即使发生了大国灭亡的重大事件，但是多元的政治格局仍然能够维持整个体系的均势与平稳。

需要补充的一点是，阿马尔那时代大国之间的交往是借助于一个语言中介——阿卡德语建立起来的。在阿马尔那体系中，从文字角度而言，既有使用楔形文字的国家，也有使用象形文字的国家；从语言方面来说，有使用塞姆语的国家，有说印欧语的国家，还有讲哈姆语、胡里语的国家。阿马尔那体系中多语言、多文字的状况，一方面代表了族群的差异，另外一方面也暗示了文明的差别。各国固有的语言、文化传统，必然会造成各国外交往来的诸多不便。如果没有一种各国普遍认同的语言文字，不仅会阻碍各国的交流和往来，而且也会削弱国际体系和外交体系的有效性。事实上，即使是在同样使用楔形文字的国家之间，彼此也会有很大差别，如赫梯与两河流域地区的语言就存在着巨大差别，作为胡里文明集大成者的米坦尼，虽然吸收了很多两河流域文明成果，但它与两河流域文明也同样存在很大的差异。在马里时代，西亚各国使用阿卡德语进行外交往来，这为阿卡德语成为西亚北非的国际通用语言准备了条件。及至埃及与米坦尼议和，西亚北非大国依然选择使用阿卡德语进行交流。这样，在阿马尔那体系中，中巴比伦语（阿卡德语的一种）成为西亚北非的通用语言，楔形文字成为各国交往的通用文字。

① Robert Gilpin, *War and Change in World Politics*, Cambridge: Cambridge University Press, 1981, pp. 110-111.

第 二 章

阿马尔那时代西亚北非大国外交惯例

从一般意义上说，“外交出现于遥远的古代。氏族社会已经有了外交的萌芽。不过就外交一词的真正含义而言，外交却只能和国家的发展并提”。[①] 外交不同于交往，“然而在所有的情势下，外交的出现都证明了各个政治单位情愿在一个规则框架内运作——或者，依据英国学派的观点，他们愿意建立国际社会的愿望”。[②] 外交关系出现后，经过各个政治体的博弈，逐步会形成外交惯例和外交制度，当然，人类用书面形式记载外交惯例要更晚一些。就外交制度而言，可以分为不成文的外交制度和成文的外交制度。而不成文的外交制度最主要的组成部分是外交惯例。在阿马尔那时代，西亚北非大国的外交活动都是在外交惯例规范下进行的。在这种外交惯例的规范下，“古代东方各国开展了频繁的外交活动，出现了各种类型的条约，形成了派遣外交代表团来调整国际生活各项问题的外交习惯，并产生了军事政治谍报工作”。[③]

---

① B. П. 波将金主编:《外交史》上册，史源译，刘丕坤校，三联书店 1979 年版，第 3 页。

② 巴里 · 布赞、理查德 · 利特尔:《世界历史中的国际体系——国际关系研究的再构建》，刘德斌主译，高等教育出版社 2004 年版，第 186 页。

③ B. П. 波将金主编:《外交史》上册，第 4 页。

第一节 古代西亚外交惯例的起源与演变

正如前文所言，在阿马尔那时代之前，古代西亚开展了丰富多彩的外交活动，尤其是在马里时代，形成了西亚区域外交的新格局。在这些外交活动中，古代西亚形成了一些不成文的外交惯例。

一 古代西亚的契约法律传统与外交传统

在世界历史上，古代两河流域产生了最早的契约。尽管公元前3500年两河流域先民发明了文字，但大约500年后才把契约记载下来，[①] 因此，早在公元前3000年以前，两河流域的居民就已经使用契约规范生产、生活了。在早王朝时代一期（公元前2900—前2800年），两河流域的文献开始记载买卖活动，但书面记录仅记载土地买卖，这些最早的契约记载了转让土地的状况（面积、位置）、买卖双方的名字、支付方式、成交后的宴会。[②] 在早王朝时代三期（公元前2666—前2334年），从吉尔苏出土的文献来看，契约逐渐完善起来。契约类型更加多样，除了土地买卖契约外，也开始逐步出现了奴隶买卖契约；从契约的措辞风格来看，奴隶买卖契约是土地买卖契约的一种变体。[③] 在巴比伦尼亚中部地区，也逐步形成了独具风格的契约，此时的牲畜买卖契约是以奴隶买卖契约为基础发展起来的。[④]

---

① Claus Wilcke, "Early Dynastic and Sargonic Periods," in Raymond Westbrook, ed., *A History of Ancient Near Eastern Law*, Vol. 1, p. 141.

② Claus Wilcke, "Early Dynastic and Sargonic Periods," in Raymond Westbrook, ed., *A History of Ancient Near Eastern Law*, Vol. 1, p. 166.

③ Claus Wilcke, "Early Dynastic and Sargonic Periods," in Raymond Westbrook, ed., *A History of Ancient Near Eastern Law*, Vol. 1, pp. 168-169.

④ Claus Wilcke, "Early Dynastic and Sargonic Periods," in Raymond Westbrook, ed., *A History of Ancient Near Eastern Law*, Vol. 1, p. 171.

到了乌尔第三王朝时代，契约的使用更为普遍。目前学界已经出版了1万多份私人契约，主要涉及债务、买卖（房子、果园、奴隶、牲畜）、土地租佃、人员雇佣、牲畜租用等事务。①在买卖契约中，奴隶买卖契约比重最大，鲜见土地买卖契约。就买卖契约而言，多为在证人面前订立的口头契约，契约的条款分为生效条款（operative clause）、完成条款（completion clause）和意外条款（contingency clause）三类。②而借贷契约分为收据式（receipt）、期票式（promissory note）、借据式（debit note）三种。③值得注意的是，契约已经渗透到日常社会关系之中，主要体现为：其一，缔结婚姻往往需要签订契约。订立婚姻契约的双方当事人，一般是新郎或新郎的父亲与新娘的父亲。婚姻契约中条款涉及婚姻的约定、嫁妆与聘礼以及丈夫死后妻子的财产权益等事项。其二，收养关系也需要签订契约，一些没有子嗣的家庭，往往收养奴隶作为继子，收养契约往往叙述收养的过程、继子继承财产的权利等内容。要强调的是，乌尔第三王朝时期契约的一个重要特征是大量使用誓言，通过誓言来保证契约的履行。

到古巴比伦时代，契约的使用范围更加广泛。契约成为社会生活中不可或缺的组成部分。除了转让财产的契约、借贷契约、租佃契约外，还有合伙经营（土地经营、商业经营）契约。④在社会生活中，契约成为缔结社会关系的前提条件，结婚必须有婚约，收养也必须有收养契约。

综上可见，古代两河流域契约涉及的领域宽泛，既有经济生产

---

① Bertrand Lafont and Raymond Westbrook, "Neo-Sumerian Period (Ur III)," in Raymond Westbrook, ed., *A History of Ancient Near Eastern Law*, Vol. 1, p. 185.

② Bertrand Lafont and Raymond Westbrook, "Neo-Sumerian Period (Ur III)," in Raymond Westbrook, ed., *A History of Ancient Near Eastern Law*, Vol. 1, p. 210.

③ Bertrand Lafont and Raymond Westbrook, "Neo-Sumerian Period (Ur III)," in Raymond Westbrook, ed., *A History of Ancient Near Eastern Law*, Vol. 1, p. 212.

④ Raymond Westbrook, "Old Babylonian Period," in Raymond Westbrook, ed., *A History of Ancient Near Eastern Law*, Vol. 1, pp. 411-414.

领域，也有社会生活领域，契约规范的事项繁多，从商品买卖到土地租佃，从婚姻缔结到遗产分割。因此，从某种程度上说，古代两河流域人生活在一个重视契约的社会之中。

在社会生产、生活中，与契约一样发挥重要作用的还有法律。同契约一样，两河流域很晚才把法律活动记载下来。公元前24、前23世纪，拉伽什的国王恩美台那和乌鲁卡基那的铭文，提到他们的立法活动：恩美台那宣称“赋予了拉伽什的自由”，而乌鲁卡基那在其泥椎铭文中宣称建立了弱势群体自由。① 除此之外，在早王朝时代，私法文书主要涉及的是土地转让的纠纷事宜。② 除了立法活动外，古代两河流域很早就开始进行司法活动。虽然担任法官的通常是国王以及官员，但诉讼文书中经常提及一个拥有马什凯姆头衔的官员。马什凯姆是国王给予代表其进行司法活动的官员的头衔，有学者认为这指的是一种职能而非职业，③ 或许可以翻译为“王室督办”。马什凯姆在法律上的主要职能是主持法庭审判和监督法官的审判工作。就审判而言，在司法实践中形成了一套固定的程序：首先，原告提出申诉要求，并向法庭上诉；其次，马什凯姆传唤被告和证人，诉讼程序正式启动；再次，诉讼双方发表声明并起誓，对于一些疑难案件则采取神判法（当事人跳进河里）；最后，法庭做出判决。

乌尔第三王朝时期（见图2-1）编撰了《乌尔那木法典》，从此编撰法典成为两河流域乃至整个西亚的法律传统。乌尔第三王朝的国家档案记载了大量的审判报告，这些报告记录了双方当事人姓名、争端的状况、证人及证言、关键证据及誓言、担任马什凯姆的

① Claus Wilcke, “Early Dynastic and Sargonic Periods,” in Raymond Westbrook, ed., *A History of Ancient Near Eastern Law*, Vol. 1, pp. 141-143.

② Claus Wilcke, “Early Dynastic and Sargonic Periods,” in Raymond Westbrook, ed., *A History of Ancient Near Eastern Law*, Vol. 1, p. 143.

③ Claus Wilcke, “Early Dynastic and Sargonic Periods,” in Raymond Westbrook, ed., *A History of Ancient Near Eastern Law*, Vol. 1, p. 151.

图 2-1　乌尔那木雕像（正面）

资料来源：吉川守、NHK 取材班責任編集『NHK 大英博物館 1：メソポタミア・文明の誕生』日本放送出版協会、1990 年、第 84 頁。

官员名字、法官的名字以及日期。[①] 法庭审判程序，较之于早王朝时代，似乎更加人性一些：首先，原告提出诉讼，马什凯姆监督诉讼双方，法庭会给予当事人一定时间去寻找证人；其次，诉讼双方带着自己的证人进入法庭，如果有必要证人应到神庙以国王或神的名义发誓，当然诉讼双方也要发誓；最后，法庭做出判决。[②]

古代西亚外交源远流长，在世界外交史上占有重要地位。那么，在西亚作为规范国与国关系的外交惯例或制度，与西亚的契约、法律传统是否有关系呢？换句话说，西亚的外交惯例是否起源于发达的契约法律传统呢？门登霍尔认为，“国际条约在巴比伦和亚述都发展出了特殊的形式，这与平常的商业或私人法律契约中

① Bertrand Lafont and Raymond Westbrook, “Neo-Sumerian Period (Ur III),” in Raymond Westbrook, ed., *A History of Ancient Near Eastern Law*, Vol. 1, p. 184.

② Bertrand Lafont and Raymond Westbrook, “Neo-Sumerian Period (Ur III),” in Raymond Westbrook, ed., *A History of Ancient Near Eastern Law*, Vol. 1, pp. 194-195.

看到的形式没有任何直接关系”。[①] 但是芒恩 – 兰金（J. M. Munn-Rankin）认为，“人们长期认为，国际法和国际礼仪的发展受到了巴比伦的强烈影响。在完整条约中所运用的许多法律概念和术语，都来自巴比伦的国内法”。[②] 部分学者认为，“契约法也用来处理平等地位国家之间以及宗主国与附属国之间关系”。[③] 不容忽视的一点是，在公元前 2 千纪中期，在赫梯外交条约或文书中，用阿卡德语把条约称为 *riksu māmītu*，而 *riksu* 在阿卡德语中就有契约的意思，用赫梯语把条约称为 *išhiul lingai-*，而 *išhiul* 也指赫梯国王下达给官员的敕令，因此，就术语而言，显然是外交受到了契约、法律的影响。事实上，契约是在个人交换誓言与希望的基础上形成的，条约也同样包含着誓言与希望，因此，从这个意义上讲，条约具有浓厚的契约意味。当然，古代西亚北非签订条约的主体是国王，而国王是国家的象征，君王之间的契约自然就与私人契约具有不同的特质，因此，这种君王间的契约具备了国际层面的内涵，自然就变成了条约。此外，古代西亚北非条约采用第一人称的叙述手法、对个人的经常性提及以及形式上与书信的相似之处，都能表明古代西亚北非条约与契约之间的亲缘关系。[④] 但是，条约也有不同于契约的地方，韦斯特布鲁克对此方面进行了阐释。他说契约依靠证人的证明来保证契约的履行，缔约方的争端依靠国内司法解决；而条约的证人是神祇，神祇既见证条约的订立，也裁决条约的争端。根据他的看法，条约具有契约所没有的两个本质属性：一是缔约方处于同

---

① George E. Mendenhall, “Covenant Forms in Israelite Tradition,” *The Biblical Archaeologist*, Vol. 17, No. 3, Sep. 1954, p. 53; George E. Mendenhall, *Law and Covenant in Israel and the Ancient Near East*, Pittsburg: Biblical Colloquium, 1955, p. 27.

② J. M. Munn-Rankin, “Diplomacy in Western Asia in the Early Second Millennium B. C.,” *Iraq*, Vol. 18, No. 1, Spring, 1956, p. 109.

③ Lindsay Jones, ed., *Encyclopedia of Religion*, Vol. 3, 2nd Edition, Farmington: Thomson Gale, 2005, p. 2047.

④ David J. Bederman, *International Law in Antiquity*, Cambridge: Cambridge University Press, 2004, p. 138.

一等级秩序；二是缔约方被置于神圣裁判体系的约束之下。①

从条约的结构，也可以看出契约对条约的影响。在古代两河流域，一个契约的主要组成部分有当事人名字、契约实施部分（交易内容）、交易物品运送（通常会写在契约实施部分）、证人名字、偶尔有国王核实的条款和日期。②而条约一般都包括当事人的名字和头衔、条约的条款、见证条约的神祇名单、祝福和诅咒。事实上，条款相当于契约的实施部分；见证条约的神祇名单，对应着契约中证人的名字。从两者的基本结构来看，条约多了祝福和诅咒的部分。值得一提的是，在契约签订的时候，往往有当事人一方或双方以及证人的举誓环节。契约中的誓言旨在保证未来当事人一方不会损害另一方的利益。两河流域的这种重视誓言的契约传统，移植到国际契约之中就变成了祝福与诅咒。当然，除了举誓外，契约还可以通过法庭上诉的方式得到保护，而条约则只能通过神圣的誓言得到保证；对于破坏契约者法庭给予惩处，而对于破坏条约者，则只能通过战争予以惩罚。

二 埃博拉时代的外交惯例

尽管西亚很早进入文明，但传世的有关各国外交关系的资料却不早于公元前2500年。从这些有限的资料中，可以管窥古代西亚外交、战争惯例的初始发展形态。

（一）和平交往惯例

在公元前3千纪，西亚地区发明了兄弟关系（苏美尔语为nam-šeš，阿卡德语为 *atḫūtum*）模式来定位彼此的友好关系。从目前的材料来看，早在公元前26世纪，巴比伦尼亚的城邦已经使用兄弟关系来指代彼此的和平、友好关系，拉伽什国王恩美台

---

① Raymond Westbrook, "International Law in the Amarna Age," in Raymond Cohen and Raymond Westbrook, eds., *Amarna Diplomacy: The Beginning of International Relations*, p. 37.

② Gene M. Tucker, "Covenant Forms and Contract Forms," *Vetus Testamentum,* Vol. 15, Fasc. 4, Oct. 1965, p. 499.

那的泥椎（见文前图 11）铭文宣称："拉伽什王恩美台那与乌鲁克王卢伽尔凯基奈杜杜建立了兄弟关系。"（[u_4-ba En-TE.ME-na énsi Lagaš (NU_{10}.BUR.LA)^{ki} Lugal-ki-né-éš-du_7-du_7 énsi Unu^{ki}-bi nam-šeš e-ak]）① 显然此处的"兄弟关系"指的是两国结束了边界纠纷、建立起了友好的外交关系。埃博拉的高官伊布布在写给哈马兹国王的使节的书信中有着这样的话："我是你的兄弟，你是我的兄弟。"（*an-tá* šeš *ù an-na* šeš）② 不管是国王之间的兄弟关系，还是官员之间的称兄道弟，这都是两国之间友好关系的隐喻。建立起兄弟关系的国家事实上结成某种同盟关系，其内涵在那拉姆辛条约中再清楚不过了："那拉姆辛的敌人是我的敌人，那拉姆辛的朋友是我的朋友。"（bi-ti-[i]r Na-ra-am-[^{d}EN.Zu-ni-ra] [bi-t]i-ir ù-ri duk-ti-ir Na-ra-am-^{d}EN.ZU-ni-r[a] duk-ti-ir ù-ri）③ 有学者认为，后来用来表述宗主国与附属国关系的术语"父亲""儿子"，可能在此时已经出现了，因为家庭对于两河流域和叙利亚的先民而言至关重要，所以，他们会用家庭术语来规范外交关系。④

在古代西亚，友好国家之间往往会缔结同盟关系，签订同盟条约。这种盟约，在古代西亚经常被称为"誓言"，换句话说，誓言就是条约的代名词。在苏美尔城邦时代，鹫碑上记载了拉伽什与温马签订条约的过程，提到六次发誓，每次都是拉伽什王埃安那图姆迫使温马王发誓（nam e-na-ta-ku_5），温马王按照拉伽什王的要

---

① Douglas R. Frayne, *Royal Inscriptions of Mesopotamia, Early Periods 1: Presargonic Period (2700-2350 BC)*, p. 202.

② Giovanni Pettinato, *The Archives of Ebla: An Empire Inscribed in Clay*, 1981, pp. 97-98; Piotr Michalowski, *Letters from Early Mesopotamia*, Atlanta: Scholars Press, 1993, pp. 13-14.

③ Walther Hinz, "Elams Vertrag mit Nar ā m-Sîn von Akkade," *Zeitschrift für Assyriologie und Vorderasiatische Archäologie*, Vol. 58, Iss. 1, 1967, p. 91; Kenneth A. Kitchen and Paul J. N. Lawrence, *Treaty, Law and Covenant in the Ancient Near East, Part 1: Texts*, p. 44.

④ Amanda H. Podany, *Brotherhood of Kings: How International Relations Shaped the Ancient Near East*, Oxford: Oxford University Press, 2010, p. 28.

求向其“发誓”（nam mu-na-ku_5-de_6），[①] 鹫碑中所记载的这六次发誓，可能指的就是两国签订条约或批准条约。在阿卡德王国时代，“那拉姆辛条约”（见文前图12）中，记载了埃兰王对那拉姆辛的七次发誓，每次发誓开头都如此写道：“国王对诸神发下了誓言。”（na-bí-ip gi-ri-ip zu-ki-ip）[②] 缔结条约时，往往会举行一定的仪式，这种仪式称为“发誓仪式”或“缔约仪式”。从埃博拉文献来看，埃博拉与叙利亚西北部的附属国签订同盟条约，一般在埃博拉境内及其附近举行，埃博拉与其他大国（如马里、那加尔）签订盟约，则在马里国境内，或在图图尔城的达干神圣地举行。[③] 埃博拉与马里议和并签订了条约，在“银板条约”中“写下了埃博拉王与马里王在库拉神庙中发下的誓言”。[④]

在西亚各国的外交实践中，往往通过联姻的方式巩固彼此关系。如前文所述，那拉姆辛将女儿嫁给乌尔凯什王，从而确立了彼此的同盟关系。根据埃博拉出土的文献，不但埃博拉国王迎娶了其他国家的公主，[⑤] 而且埃博拉国王也把公主嫁给其他国家的王族人员，埃博拉王伊尔卡博达穆除了把公主嫁给了埃马尔、卢姆南、布尔曼（位于幼发拉底河流域）、哈兰（位于巴里赫河流域）、基什等国的国王外，还把公主嫁给了那伽尔的王子。[⑥] 到了乌尔第三王朝时代，国王往往会迎娶异邦公主为妻。乌尔国王舒尔吉迎娶了马里公主塔兰乌兰、埃什嫩那的贵族女子舒尔吉西姆提，舒辛迎娶

---

① Douglas R. Frayne, *Royal Inscriptions of Mesopotamia, Early Periods 1: Presargonic Period (2700-2350 BC),* pp.133, 134, 135, 136, 137, 138.

② Kenneth A. Kitchen and Paul J. N. Lawrence, *Treaty, Law and Covenant in the Ancient Near East, Part 1: Texts*, pp. 44, 46.

③ Jerrold Cooper, “International Law in the Third Millennium,” in Raymond Westbrook, ed., *A History of Ancient Near Eastern Law*, Vol. 1, p. 246.

④ Alfonso Archi, *Ebla and Its Archives: Texts, History, and Society*, p. 9.

⑤ Amanda H. Podany, *Brotherhood of Kings: How International Relations Shaped the Ancient Near East*, p. 34.

⑥ Alfonso Archi, *Ebla and Its Archives: Texts, History, and Society*, pp. 257-258.

了尼尼微公主提阿马特巴什提。乌尔的国王也将公主嫁给周边的国家，如舒尔吉、舒辛把公主嫁给埃兰地区的强大的国王，舒辛把公主嫁到底格里斯河中上游地区的国家西马努姆。①

王室联姻不仅能密切国家间关系，而且能够实现国家之间的物品交换与流动，凯什杜特公主的嫁妆丰厚，“972 头公牛，935 头成熟的小母牛，768 头阉割肉公牛，338 头阉割的犁地公牛，241 头成熟的牛犊子，36 头犁地牛犊子。共有 1680 只绵羊。159 头驴，1 头骡子，5 头猪，19 头野牛，14 头熊。总数：3290 头牛。（以上这些是）为国王的女儿凯什杜特结婚（níg-mu-sá）提供的物品”。② 王室联姻后，双方仍然进行物品交换，如埃博拉国王曾经委托那伽尔国王将礼物带给自己的女儿。③ 在埃博拉发现的大量石头器皿及其残片，有学者认为这是直接或间接贸易的物品，也有学者认为是用于交换的礼物。有学者注意到，埃博拉所有埃及石制器皿都发现于宫殿区而非神庙区，而这些埃及石制器皿 85% 以上都是碗、盏，主要被用来盛放香油等名贵物品，而且不像有些来自两河流域的物品上面雕刻有战利品的字样，因此，这些石制器皿里的物品很可能是埃及送给埃博拉的外交礼物。④

与现代国家一样，战场的较量最终还会移到谈判桌前，战争中失败的一方要向胜利的一方求和，彼此之间签订条约来确认战争的结果。虽然拉伽什与温马的条约本身没有保存下来，但鹫碑上有关温马国王举誓的记载，可能是对温马与拉伽什签订条约或批准条约这一事件的记录。除了战争的结果需要条约确认外，两国的友好关

① Douglas R. Frayne, *The Royal Inscriptions of Mesopotamia, Early Periods 3/2, Ur III Period (2112-2004)*, Toronto, Buffalo & London: University of Toronto Press, 1997, pp. 86, 104, 297; 刘昌玉：《政治婚姻与两河流域乌尔第三王朝的治理》，《社会科学》2018 年第 8 期。

② Alfonso Archi, *Ebla and Its Archives: Texts, History, and Society*, p. 5.

③ EST 001, http://ebda.cnr.it/tablet/view/3116#151963，2021 年 8 月 21 日；Amanda H. Podany, *Brotherhood of Kings: How International Relations Shaped the Ancient Near East*, p. 34。

④ Karin N. Sowada, *Egypt in the Eastern Mediterranean during the Old Kingdom: An Archaeological Perspective*, pp. 222, 223.

系也要通过条约进行确认，“那拉姆辛条约”就是对阿卡德与埃兰的某个国家友好关系的确认。国家间的外交条约兹事体大，因此，要举办仪式来赋予条约以庄严性。在缔约仪式上，一般要举行涂油礼和礼物交换仪式。鹫碑上描述了向众神发誓、涂油礼、放飞鸟的仪式，埃博拉文献提到了油，这可能用于涂油礼。① 礼物交换成为批准盟约必不可少的内容，在一封书信中，埃博拉国王要求哈马兹国王提供一种马科动物作礼物，以交换他曾经给予哈马兹国王的礼物。②

除了规定两国之间友好外，条约还会对两国关心的问题进行规定，其中最为常见的是侨民保护与打击逃亡犯。在古代西亚，侨民主要指的是那些跨境经商的商人。商人由于携带大量物资，因此，往往成为不法分子抢劫的对象。在外交活动中，各国负有保护商人的责任，在阿巴萨尔条约中，明确规定了保护商人的条款，“关于埃博拉的商人，阿巴萨尔应该让他们安全返回。关于阿巴萨尔的商人，埃博拉将会让他们安全返回”。③ 各国对打击逃亡人员非常重视，在埃博拉与阿巴萨尔的条约中明确规定了打击、引渡逃亡犯的条款，“倘若来自阿巴萨尔边界的人试图成为埃博拉的子民，倘若这个来自阿巴萨尔边界的人是阿巴萨尔的子民，那么应该处死他。如果来自埃博拉边界的人企图成为阿巴萨尔的子民，倘若这个来自埃博拉边界的人是埃博拉的子民，那么应该处死他”。④ “那拉姆辛

---

① J. Cooper, “International Law in the Third Millennium,” in Raymond Westbrook, ed., *A History of Ancient Near Eastern Law*, Vol. 1, p. 246.

② J. Cooper, “International Law in the Third Millennium,” in Raymond Westbrook, ed., *A History of Ancient Near Eastern Law*, Vol. 1, p. 246.

③ L. Milano, “Ebla: A Third-Millennium City-State in Ancient Syria,” in Jack M. Sasson, ed., *Civilizations of the Ancient Near East*, Vol. 2, New York: Charles Scribner’s Sons, 1995, p. 1228; 刘昌玉：《历史上最早的国际条约〈埃卜拉—阿巴尔萨条约〉译注》，《世界历史评论》2022 年第 3 期。

④ L. Milano, “Ebla: A Third-Millennium City-State in Ancient Syria,” in J. M. Sasson, ed., *Civilizations of the Ancient Near East*, Vol. 2, p. 1228; 刘昌玉：《历史上最早的国际条约〈埃卜拉—阿巴尔萨条约〉译注》，《世界历史评论》2022 年第 3 期。

条约”也有相似的规定。[①]

在公元前 3 千纪的外交实践中，古代西亚形成了领土纠纷的条约解决机制。理论上讲边界是不可侵犯的，但是发生边界冲突后，可以通过条约来调整并加以解决。拉伽什与温马的边界纠纷由来已久，拉伽什王埃安那图姆打败了温马，战后两国通过签订条约来解决边界问题，温马王承诺道：“我不会越过宁吉尔苏的疆界。我不会改变水道和水渠。我不会拔出界石。”[②]《阿巴萨尔条约》规定了埃博拉和阿巴萨尔的势力范围，规定哪些城市属于埃博拉，哪些城市属于阿巴萨尔。[③]另外，如前文所述，霸主也可以裁决边界纠纷，基什王美西林曾经以霸主身份，调节了拉伽什与温马的边界纠纷，划定了两国的疆界。

不管是战争后的斡旋，还是平日的交往，各国之间都依靠使节来协调彼此关系。一般而言，使节出入各国宫廷，携带着本邦君主送给友邦君主的外交礼物。对于使节的一些权益，往往通过不成文的外交惯例或彼此签订的外交条约予以保证，受访国的君主应该及时接见出访国的使节，并且要给予使节行动的自由。[④]对于使节出使期限，《阿巴萨尔条约》（见图 2–2）中有所暗示：“出行的使节（或商旅）能停留 20 天，他们以出行携带的给养为食；但是如果想让他们多停留一些日子，那么，你就要给他们提供额外的给养。”[⑤]

---

① W. Hinz, “Elams Vertrag mit Nardm-Sin von Akkade,” *Zeitschrift für Assyriologie und Vorderasiatische Archäologie*, Vol. 58, Iss. 1, 1967, pp. 76, 91, 93.

② Douglas R. Frayne, *The Royal Inscriptions of Mesopotamia, Early Periods 1, Presargonic Period (2700-2350 BC)*, pp. 133, 134, 135, 136, 137, 138.

③ Kenneth A. Kitchen and Paul J. N. Lawrence, *Treaty, Law and Covenant in the Ancient Near East, Part 1: Texts*, pp. 18, 20；详细参见刘昌玉《历史上最早的国际条约〈埃卜拉—阿巴尔萨条约〉译注》，《世界历史评论》2022 年第 3 期。

④ Maria Giovanna Biga, “I Rapporti Diplomatici nel Periodo Protosiriano,” in Paolo Matthiae, *et. al.*, eds., *Ebla: Alle Origini della Civiltà Urbana*, Milan: Electa, 1995, p. 140.

⑤ Kenneth A. Kitchen and Paul J. N. Lawrence, *Treaty, Law and Covenant in the Ancient Near East, Part 1: Texts*, p. 20; 刘昌玉：《历史上最早的国际条约〈埃卜拉—阿巴尔萨条约〉译注》，《世界历史评论》2022 年第 3 期。

图 2-2 《阿巴萨尔条约》

资料来源：Joan Aruz and Ronald Wallenfels, eds., *Art of the First Cities: the Third Millennium B.C. from the Mediterranean to the Indus*, p. 464.

由此可以看出，使节在出使国的访问期限可能为 20 天，并且自己承担吃喝用度的花费。

（二）战争惯例

在阿卡德王国建立之前，两河流域南部的苏美尔城邦形成了城邦争霸的局面，有乌鲁克与基什的南北之争、乌尔称霸以及拉伽什与温马的领土争端。在列国争霸的态势下，逐渐形成了一些战争惯例。由于资料短缺，笔者对此了解得并不多，只能依靠现有资料进行简单论述。

在发动战争之前，似乎有宣战的程序。关于此时的宣战惯例，留下的材料很少。出自吉尔苏的一篇破损的文档提到了拉伽什对温马的宣战："他派使节去……'这里声明的是你的城市将会被彻底摧毁！投降吧！这里声明的是温马将被彻底摧毁！投降吧！'"[①] 这

① Amnon Altman, *Tracing the Earliest Recorded Concepts of International Law: The Ancient Near East (2500-330 BCE)*, Leiden: Brill, 2012, p. 18.

则材料表明，在公元前 3 千纪，苏美尔人在发动战争之前可能要派使节去宣战或下战书。

在战场上，一般会对阵亡者进行掩埋处理。在描述拉伽什与温马战争的鹫碑（公元前 25 世纪）背面的左下角，描绘了建造两个坟丘的场景：有两个头顶着装满泥土篮子的人，他们正向一个尸体堆走去，可能是去掩埋阵亡者。公元前 3 千纪的铭文也记载了掩埋敌方阵亡者，拉伽什王乌尔南什、埃安那图姆、恩美台那的铭文提及了用土掩埋敌方的阵亡者，阿卡德王里姆什的铭文记载，阿卡德军队占领了埃兰地区的城市后，在城里为敌方阵亡者垒了坟冢。① 此外，那拉姆辛的两篇王铭提到，“他垒起一个坟丘”“在他们（即卢卢比人）身上垒起了一个坟丘”。② 乌尔第三王朝时代，仍然延续了之前的传统——埋葬阵亡者，舒尔吉在打败凯马什和胡尔图姆后，“垒起了尸体堆”，③ 舒辛时代的王铭对此记载道：“他杀死了强壮的和弱小的敌人……他把人们的尸体堆起来。”④ 这两处文献中提及的“尸体堆”暗示了乌尔士兵把敌军尸体收集起来进行埋葬。当然，也出现了个别极端做法，阿卡德王那拉姆辛把敌方阵亡者尸体扔进了河里，“他用他们的尸体填满了幼发拉底河”。⑤

在战场上，战胜者通常会将战败者抓捕囚禁。阿卡德王里姆什的铭文提及俘获战俘：“基什之王里姆什，在战场上打败了温马和

① 袁指挥：《古代近东处置战败者的惯用手段》，《中国社会科学报》2019 年 3 月 11 日，第 5 版。

② Douglas R. Frayne, *Royal Inscriptions of Mesopotamia, Early Periods 2: Sargonic and Gutian Period (2334-2113 BC)*, Toronto: University of Toronto Press, 1993, pp. 129, 144.

③ Douglas R. Frayne, *Royal Inscriptions of Mesopotamia, Early Periods 3.2: Ur III Period (2112-2004 BC)*, Toronto: University of Toronto Press, 1997, p. 141.

④ Douglas R. Frayne, *Royal Inscriptions of Mesopotamia, Early Periods 3.2: Ur III Period (2112-2004 BC)*, p. 303.

⑤ Douglas R. Frayne, *Royal Inscriptions of Mesopotamia, Early Periods 2: Sargonic and Gutian Period (2334-2113 BC)*, p. 107.

KI.AN，打倒了 8900 人。他抓了 3540 名俘虏。”在卡扎鲁打倒了 12052 人，“他抓了 5862 名俘虏”。与埃兰等国作战时，“他抓了 4216 名俘虏”。① 乌尔第三王朝国王舒辛抓敌方逃兵为囚徒，“他（即舒辛）把逃跑者变成囚徒”。②

战胜国有时候会掠夺战败国的劳动力。阿卡德王里姆什的几份铭文有掠夺人口的记载：“他从这两座城市（即阿达波和扎巴拉）驱逐了那么多人，他消灭了他们”“他从这两座城市（即温马和 KI.AN）驱逐了 3600 人，他消灭了他们”“他从这两座城市（乌尔和拉伽什）驱逐了 5985 人，他消灭了他们”“他从苏美尔驱逐了 14000 人，他消灭了他们”。③ 有的学者认为铭文中的“消灭”（*ana karasim iškum*）一词的意思是“编入劳役营”。④ 到了乌尔第三王朝时代，可能还单独建造了劳役城市或劳役营。舒尔吉曾经在温马省建造了劳役营，舒辛提及在尼普尔边境为敌方的人员建造了一座城市：“为恩利尔神和宁利尔女神，他把敌方人员——他的战利品，即西马努姆人安置在尼普尔的边境地区，为他们建造了一座城镇。”⑤ 此外，阿马尔辛和舒辛时代的行政文献，提及为温马城里的囚徒分配口粮，这些囚徒有妇女、小孩和老年女子，这些人可能是战俘；另外一份文献提及将从西马努姆来的 172 个俘虏移交给温马的总督。⑥ 至于这些俘虏主要从事什么劳作，舒辛的铭文给出了答

① Douglas R. Frayne, *Royal Inscriptions of Mesopotamia, Early Periods 2: Sargonic and Gutian Period (2334-2113 BC)*, pp. 43, 48, 52.

② Douglas R. Frayne, *Royal Inscriptions of Mesopotamia, Early Periods 3.2: Ur III Period (2112-2004 BC)*, p. 298.

③ Douglas R. Frayne, *Royal Inscriptions of Mesopotamia, Early Periods 2: Sargonic and Gutian Period (2334-2113 BC)*, pp. 42, 44, 46, 48.

④ Amnon Altman, *Tracing the Earliest Recorded Concepts of International Law: The Ancient Near East (2500-330 BCE)*, p. 33.

⑤ Douglas R. Frayne, *Royal Inscriptions of Mesopotamia, Early Periods 3.2: Ur III Period (2112-2004 BC)*, p. 298.

⑥ Amnon Altman, *Tracing the Earliest Recorded Concepts of International Law: The Ancient Near East (2500-330 BCE)*, pp. 43-44.

案："他刺瞎了他攻占的这些城市的人的眼睛，把他们安置在恩利尔神、宁利尔女神以及其他大神的果园中劳作。至于他攻占的那些城市的妇人，他献给恩利尔神、宁利尔女神以及其他大神的纺织作坊""为了开采金银矿，他（即舒辛）让他们在那干活"。①

对于战败的国王或统帅，通常要抓捕关押。阿卡德王里姆什曾提及阿卡德军队俘虏地方统治者的情况，"他俘获了阿达波的国王美斯凯加拉、扎巴拉的国王卢伽尔加尔祖""他抓住了温马的国王恩□、KI.AN的国王卢伽尔卡""他俘虏了乌尔的国王卡库、拉伽什的国王凯图伊德""他抓捕了卡扎鲁的国王阿沙雷德"。② 那拉姆辛征服了马干，也曾俘获其统治者。③ 及至乌尔第三王朝时代，舒尔吉把战败者的国王捆绑为俘虏，"我把□□□国的国王□□□捆绑抓获"，④ 舒辛宣称，"他把他们的主人和当王者捆起来抓了俘虏"，也把其他一些国王抓了俘虏。⑤ 那么要如何处置这些俘虏呢？从文献记载来看，战胜者会把战俘押送到恩利尔神庙，例如，萨尔贡曾经把俘获的国王送到了恩利尔神庙，"在战场上抓住了乌鲁克的国王卢伽尔扎格西，用套牲畜的绳子套着他，把他押送到恩利尔神庙的大门口"，⑥ 那拉姆辛也这么做过，"在那些战争获胜后，他抓住了他们的3个国王，把他们带到了恩利尔神面前""他把戴着

① Douglas R. Frayne, *Royal Inscriptions of Mesopotamia, Early Periods 3.2: Ur III Period (2112-2004 BC)*, pp. 304, 305.

② Douglas R. Frayne, *Royal Inscriptions of Mesopotamia, Early Periods 2: Sargonic and Gutian Period (2334-2113 BC)*, pp. 42, 43, 46, 51.

③ Douglas R. Frayne, *Royal Inscriptions of Mesopotamia, Early Periods 2: Sargonic and Gutian Period (2334-2113 BC)*, p. 117.

④ Douglas R. Frayne, *Royal Inscriptions of Mesopotamia, Early Periods 3.2: Ur III Period (2112-2004 BC)*, p. 143.

⑤ Douglas R. Frayne, *Royal Inscriptions of Mesopotamia, Early Periods 3.2: Ur III Period (2112-2004 BC)*, p. 304.

⑥ Douglas R. Frayne, *Royal Inscriptions of Mesopotamia, Early Periods 2: Sargonic and Gutian Period (2334-2113 BC)*, pp. 10, 14.

锁铐的国王带到恩利尔面前”。[①]阿卡德王沙尔卡利萨里“把戴着锁铐的国王带到恩利尔面前”。[②]到了乌尔第三王朝时代，舒辛宣称把敌人的统治者“带到了恩利尔神和宁利尔女神面前”。[③]

三　马里时代的外交惯例

马里时代，两河流域、叙利亚、胡泽斯坦地区都进入了西亚体系之中，各国为了存国，开展了丰富多彩的外交活动。在继承埃博拉时代外交惯例的基础上，发展出较为成熟的外交惯例。

（一）和平交往惯例

在公元前2千纪上半期，阿摩利人进入了两河流域和北叙利亚地区，逐步建立起稳固的统治。阿摩利人把自己族群的文化传统带到了两河流域，这对古代西亚的外交惯例产生了影响。各国以血亲原则确定各国之间关系的惯例，可能源于阿摩利人的原始血亲关系。阿摩利人本为游牧或半游牧族群，血缘关系在部族中影响深远，因此，当进入两河流域外交舞台的时候，他们就把这种血亲关系带到了外交之中。一般而言，建立友好关系的国王之间互称兄弟，宗主国与附属国建立起父子关系。此时，一个国王具有多重身份，他是同等级国王的兄弟，也是更有势力国王的儿子，还是弱小国王的父亲。一个年轻的国王，在先王的盟友面前，通常自称“儿子”，当先王的盟友认为其具备了条件后，这个年轻的国王才开始与这些国王称兄道弟。国王的身份以国家实力为依托，随着国家实力的变化而变化，一个被同等级的其他国王称为兄弟的国王，很可能因国家实力的削弱而变成儿子，当然，被称为儿子的国王可

---

① Douglas R. Frayne, *Royal Inscriptions of Mesopotamia, Early Periods 2: Sargonic and Gutian Period (2334-2113 BC)*, pp. 112, 117, 138.

② Douglas R. Frayne, *Royal Inscriptions of Mesopotamia, Early Periods 2: Sargonic and Gutian Period (2334-2113 BC)*, p. 193.

③ Douglas R. Frayne, *Royal Inscriptions of Mesopotamia, Early Periods 3.2: Ur III Period (2112-2004 BC)*, p. 304.

能因为国力的增强而被称为兄弟。[①] 同样，家庭中奴隶与主人的关系术语，也迁移到了外交关系中：附属国君主称呼宗主国君主为“主人”，而自称“仆人”。

同盟关系在马里时代非常普遍，很多小国追随大国，大国之间建立军事同盟以求存国，而附属国之间也可以缔结同盟。从马里泥板文献可以看出缔结同盟的一般性程序：首先，此国的国王派遣使节前往彼国，邀请彼国的国王到两国边界某个城市，彼国国王则派遣使节陪同此国国王前往两国边界的城市，在其他国家的代表的见证下，缔约双方商讨条约的各项条款，商量妥当后缔约双方刑驴而盟；其次，彼此在对方神祇面前宣誓；最后，举办盛大的庆典，双方举行饮酒仪式并交换礼物。[②] 当然，并不是每次会盟国王都能亲自面对面谈判，当情况不允许时，国王派遣使节代替自己进行会盟，会盟的仪式与前文所述基本相同，不同的是歃血仪式取代了刑驴盟誓。这种歃血仪式称为“触喉”（*napištam lapātum*, touch the throat），国王要交换鲜血以表明同盟双方休戚与共，在公元前 18 世纪中期的阿拉拉赫的一份授予条约中，提到“切开羔羊的脖子”，[③] 这可能也是一种歃血仪式。举办这些仪式后，缔约双方进行发誓。会盟最重要的目的，是确立国家之间的同盟关系并缔结同盟条约。由于现存的条约原文上没有加盖国王的印信，所以，这些盟约可能是条约的底本或草稿，而签订条约的时候采取口头协定的方式。另外，从古巴比伦时代的法律文献可以知道，任何法律行为都必须有证人或者契约文书才能有效，如《汉谟拉比法典》（见图 2–3）第七条规定：“如果一个人从另一个自由民或一个人的奴隶手中买了或者接受了委托寄存的银子、金子、男奴隶、女奴隶、

① Amanda H. Podany, *Brotherhood of Kings: How International Relations Shaped the Ancient Near East*, p. 70.

② Jesper Eidem, “International Law in the Second Millennium: Middle Bronze Age,” in Raymond Westbrook, ed., *A History of Ancient Near Eastern Law*, Vol. 1, pp. 747-748.

③ Donald J. Wiseman, “Abban and Alalaḫ,” *Journal of Cuneiform Studies*, Vol. 12, No. 4, 1958, pp. 126, 129.

图 2-3 《汉谟拉比法典》石柱（左：上半部分；右：整个石柱）

资料来源：Kim Benzel, Sarah B. Graff, Yelena Rakic and Edith W. Watts, *Art of the Ancient Near East: A Source for Educators*, New York: The Metropolitan Museum of Art, 2010, p. 19.

牛、羊、驴或者任何其他东西，而没有证人或契约，那么该人就是小偷，应该处死。”① 因此，只要有证人，条约不必书写下来。② 埃卡拉图的伊什美达干一世在一封书信中提到了建立盟约的事情：“他以神的名义向我起誓。我向他派出了证人们。我自己也以神的名义发誓了。”③ 由此可见，结盟有双方举誓以及证人见证的环节。马里泥板书信提到“小泥板”（*ṭuppum ṣeḫrum*）与“大泥板”（*ṭuppum*

① Martha T. Roth, *Law Collections from Mesopotamia and Asia Minor*, 2nd Edition, Atlanta: Scholars Press, 1997, p. 82; 吴宇虹等:《古代两河流域楔形文字经典举要》，黑龙江人民出版社 2006 年版，第 43—44 页。

② Amanda H. Podany, *Brotherhood of Kings: How International Relations Shaped the Ancient Near East*, p. 80.

③ 吴宇虹等:《古代两河流域楔形文字经典举要》，第 317—320 页。

rabûm)，[①] 可能前者为条约的草稿，后者为条约的正文，但是这种条约的正文仅仅是在条约比较复杂的情况下使用，很可能作为盟约的备份，因此，书面条约可能并没有成为盟约的主要形式。

联盟关系除了依靠条约和仪式予以保证外，还要通过外交联姻进行加固。就如公元前 3 千纪一样，外交联姻同样是密切同盟关系最好的黏合剂。对于大国而言，建立同盟关系的一个必然后果，就是彼此之间缔结姻亲关系。金瑞林迎娶了延哈德与卡特那的公主，巴比伦王汉谟拉比迎娶了埃什嫩那的公主，埃卡拉图王朝的伊什美达干一世为儿子迎娶了一个大国的公主。大国与附属国也往往通过外交联姻来密切彼此关系，实力强大的国王往往把女儿嫁给弱小国家的君主，大国的国王似乎对附属国的公主兴趣不大，很少有大国国王迎娶附属国的公主的例证，[②] 这似乎成为这个时代外交联姻的一个鲜明特征。马里的金瑞林家族至少将 10 名公主嫁给了外国的国王，[③] 其中最著名的是嫁给附属国伊兰苏拉的国王哈亚苏穆的马里公主西马图姆和凯鲁。[④] 对于盟国而言，外交联姻是密切国家间关系的最有效的方式，所以各国都想方设法与友邦缔结联姻，这种需求从小扎布河流域地区的一个国王库瓦里写给附属国君主的话可见一斑，“要不你给我一个你的女儿，要不让我将我的女儿送给你”。[⑤] 此时，外嫁的公主除了密切国家的关系外，还负有刺探他

---

① W. Heimpel, *Letters to the King of Mari: A New Translation, with Historical Introduction, Notes, and Commentary*, Winona Lake: Eisenbrauns, 2003, p. 325.

② Amanda H. Podany, *Brotherhood of Kings: How International Relations Shaped the Ancient Near East*, p. 84.

③ Bertrand Lafont, “Relations Internationales, Alliances et Diplomatie au Temps des Royaumes Amorritesmore,” in Jean-Marie Durand and Dominque Charpin, eds., *Amurru 2: Mari, Ebla et les Hourrites: Dix ans de Travaux, Deuxieme Partie*, Paris: Editions Recherche sur les Civilisations, 2001, pp. 313-314.

④ Bertrand Lafont, “The Women of the Palace at Mari,” in Jean Bottero, ed., *Everyday Life in Ancient Mesopotamia*, trans. A. Nevill, Baltimore: Johns Hopkins University Press, 2001, p. 131.

⑤ Jesper Eidem and Jørgen Læssøe, *The Shemshara Archives 1: The Letters*, Copenhagen: Royal Danish Academy of Sciences and Letters, 2001, p. 131.

国情报的任务，马里公主尹巴图姆就曾写信向马里王金瑞林汇报了她所在王国的情势以及她丈夫的行为；① 马里公主西马图姆因为不从事间谍活动而被马里官员斥责不忠于金瑞林，另外一个公主凯鲁则因为忠于金瑞林而遭受了丈夫的冷遇。② 嫁到他国的公主，在特殊的情况下可以返回母国。例如，马里公主尹巴图姆在丈夫去世后，马里官员安排她返回马里；马里公主凯鲁与丈夫哈亚苏穆解除了夫妻关系，文献对此记载道，哈亚苏穆“在国王面前剪断了他的袍子褶边”，并对凯鲁说：“回到你父亲的房子去。”③ 从马里泥板书信记载来看，马里王金瑞林派遣官员把凯鲁接回了马里。④

在马里时代，两河流域核心地区与边远地区开展了广泛的外交活动，再加上战争频繁，需要协商的事务多且繁杂，因此，各国的使节奔走于各国宫廷，活跃在国际外交舞台上。在此时，还没有出现常驻使节，这些使节的主要任务还是传送国王的书信。⑤ 使节会携带两块泥板，一块作为国书呈送给受访国国王，另外一块在使节团负责人手中，以便使节在面见受访国国王的时候依照泥板内容念给国王听。⑥ 使节通常携带着外交礼物，由卫队护卫着出使他国，抵达受访国的宫廷后，往往会在王宫内一个专门区域驻扎下来，这个区域叫旅馆（*bīt napṭarim*），在出访期间，受访国有责任为使

① W. Heimpel, *Letters to the King of Mari: A New Translation, with Historical Introduction, Notes, and Commentary*, p. 492.

② W. Heimpel, *Letters to the King of Mari: A New Translation, with Historical Introduction, Notes, and Commentary*, pp. 292, 295, 297, 490, 491.

③ W. Heimpel, *Letters to the King of Mari: A New Translation, with Historical Introduction, Notes, and Commentary*, p. 491.

④ W. Heimpel, *Letters to the King of Mari: A New Translation, with Historical Introduction, Notes, and Commentary*, p. 493.

⑤ Dominique Charpin, *Writing, Law, and Kingship in Old Babylonian Mesopotamia*, trans. J. M. Todd, Chicago: The University of Chicago Press, 2010, p. 98.

⑥ Dominique Charpin, *Writing, Law, and Kingship in Old Babylonian Mesopotamia*, trans. J. M. Todd, pp. 99-100.

节提供日常所需。[①] 受访国君主一般会同时接见各国使节，各国使节为了争夺优先接待权而争吵不休。[②] 受到接见的使节在君主面前大声诵读出访国君主的书信，并且呈上本国送去的礼物。在滞留他国期间，完成任务的使节被邀请到王宫进餐，友好国家的使节会被安排坐着用餐，地位低的国家的使节则蹲着进餐。[③] 使节在参加他国的庆典活动时，通常会被安排坐在贵宾席上。与近代的使节一样，马里时代的使节除了完成外交出访、协商任务外，往往还负有刺探情报的任务。换句话说，使节同时也是间谍。马里王金瑞林向巴比伦王汉谟拉比的宫廷派遣的两名使节即从事间谍活动，[④] 当埃卡拉图王朝的使节与巴比伦王汉谟拉比耳语的时候，金瑞林的使节尽力去窃听，将听到的事情向金瑞林报告。[⑤] 事实上，在 16 世纪以来很长一段时间，欧洲各国的使节除了充当各国元首的代表外，还是间谍，甚至从事阴谋活动，煽动受访国的叛乱活动。[⑥] 因此，在马里时代，使节除了执行外交使命外，还可能承担刺探情报甚至充当间谍的任务，这或许是这一古老职业的附加职能。在战争期间，敌国的使节丧失了行动自由权，会受到监视，在埃兰与巴比伦关系紧张的时候，汉谟拉比将埃兰使节禁足于他们的住处，埃兰的使节“不能进入王宫大门。他们被扣留在住所。国王的那些人监视

---

① Amanda H. Podany, *Brotherhood of Kings: How International Relations Shaped the Ancient Near East*, p. 72.

② Dominique Charpin, *Writing, Law, and Kingship in Old Babylonian Mesopotamia*, trans. J. M. Todd, p. 100.

③ Dominique Charpin, *Writing, Law, and Kingship in Old Babylonian Mesopotamia*, trans. J. M. Todd, p. 101.

④ C. J. Gadd, “Hammurabi and the End of His Dynasty,” in I. E. S. Edwards, *et. al.*, eds., *The Cambridge Ancient History*, Vol. II, Part 1, Cambridge: Cambridge University Press, 1973, pp. 180-181.

⑤ W. Heimpel, *Letters to the King of Mari: A New Translation, with Historical Introduction, Notes, and Commentary*, p. 475.

⑥ 戴维 · M. 沃克:《牛津法律大辞典》，李双元等译，法律出版社 2003 年版，第 326 页。

他们”，[①] 在埃兰与巴比伦战争期间，“他们用镣铐把埃兰人的使节锁起来。他们把埃兰使节的随从、驴子和他们的财物都带到了宫殿里”，[②] 等战争结束了，埃兰使节才获得自由。在巴比伦与拉尔萨关系紧张的时候，巴比伦扣押了拉尔萨的使节。[③] 由于使节担负着重要的外交任务，因此，使节往返周期的长短受到各国的重视。国王希望使节能够尽可能快地返回来，以便知晓外交事务处理的情况，以及其带回他国情报，而受访国往往通过滞留使节的做法，来达到自己的外交目的，因此，外交书信经常有要求及时放使节返国的请求与抗议。

在马里时代，与公元前 3 千纪一样，各国对逃亡犯进行了重点打击，友好国家之间彼此引渡逃亡犯。一般而言，对于友邦提出的引渡要求应该予以满足。巴比伦曾向埃卡拉图提出引渡逃亡犯乌什坦沙里的要求，埃卡拉图做出的反应是“调查”逃亡犯的“背景”并派人“抓住他”。[④] 马里使节要求伊兰苏拉国王哈亚苏穆引渡一个叫沙比沙农的人，哈亚苏穆回应说：“我不会相信那个人，我会让他到我父亲那里。”[⑤] 但是，有的国家会找各种理由拖延或拒绝引渡逃亡犯。巴比伦军队中的穆帖巴人逃亡到了拉尔萨，巴比伦王汉谟拉比写信要求拉尔萨王利姆辛一世引渡这些人，尽管利姆辛一世以这些人惊魂未定为由拒绝立即引渡，但是答应等这些人平静下来以后把他们引渡到巴比伦。[⑥] 马里王金瑞林向阿拉哈德国提出引渡两名

---

① W. Heimpel, *Letters to the King of Mari: A New Translation, with Historical Introduction, Notes, and Commentary*, pp. 317-318.

② Dominique Charpin, *et. al.*, *Archives Royales de Mari 26: Archives Épistolaires de Mari I/2*, Paris: Éditions Recherche sur les Civilisations, 1988, p. 165; Wolfgang Heimpel, *Letters to the King of Mari: A New Translation, with Historical Introduction, Notes, and Commentary*, p. 319.

③ W. Heimpel, *Letters to the King of Mari: A New Translation, with Historical Introduction, Notes, and Commentary*, p. 326.

④ 吴宇虹等：《古代两河流域楔形文字经典举要》，第 218—219 页。

⑤ W. Heimpel, *Letters to the King of Mari: A New Translation, with Historical Introduction, Notes, and Commentary*, p. 313.

⑥ W. Heimpel, *Letters to the King of Mari: A New Translation, with Historical Introduction, Notes, and Commentary*, p. 322.

罪犯的要求，但是该国国王阿塔伦却搪塞道："有许多士兵与这两名罪犯在一起……一旦我将这些人移送给我的兄弟，我担心这些士兵会背离我。"① 有时候，也可以通过交换的方式进行引渡。一个名叫阿西库尔阿杜的统治者向阿拉哈德国王阿塔伦提出引渡一名逃亡犯，而阿塔伦则要求将逃亡到阿西库尔阿杜处的 5 名罪犯引渡回来，最终两国通过交换的方式实现了引渡。② 公元前 19 世纪迪亚拉河流域的两个城市国家签订了一个引渡协议，这个协议区分了两类逃亡情形："因战争而逃亡，以及被迫离开家乡，那么他的主人不能抓他。倘若因绑架或抢劫而搬迁，应该盘查他；倘若该人不是外国人，应该遣返；倘若是外国人，应该把他抓住。"③ 这些国家之所以这么重视打击逃亡犯，是因为一些逃亡犯从事了犯罪、叛乱活动。更为重要的是，逃亡犯会把所在国的情势告诉避难国，从而在某种程度上损害国家利益，在马里泥板书信中很多地方都提及逃亡犯提供情报的事例。④

（二）战争惯例

公元前 2 千纪上半期，西亚出现了列国争霸的局面，进入了"以持续的战争为特征"⑤ 的"马里时代"。⑥ 这造成了频繁的战争，同时也造就了发达的外交，"诸王为了军事胜利需要赢得外交胜

① W. Heimpel, *Letters to the King of Mari: A New Translation, with Historical Introduction, Notes, and Commentary*, p. 349.

② W. Heimpel, *Letters to the King of Mari: A New Translation, with Historical Introduction, Notes, and Commentary*, p. 355.

③ Wu YuHong, "The Treaty between Shadlash and Neribtum," *Journal of Ancient Civilizations*, Vol. 9, 1994, p. 126.

④ W. Heimpel, *Letters to the King of Mari: A New Translation, with Historical Introduction, Notes, and Commentary*, pp. 300, 309, 388, 492, 500.

⑤ Raymond Cohen and Raymond Westbrook, "Introduction: The Amarna System," in Raymond Cohen and Raymond Westbrook, eds., *Amarna Diplomacy: The Beginnings of International Relations*, p. 11.

⑥ Bertrand Lafont, "International Relations in the Ancient Near East: The Birth of a Complete Diplomatic System," *Diplomacy & Statecraft*, Vol. 12, Iss. 1, 2001, p. 39.

利”。[①] 在硝烟弥漫的战争与纵横捭阖的外交的双重作用下，古代西亚逐步形成了一些关于战争的惯例或传统。

发动战争需有正当的理由，这是很多古代社会遵守的规则，即所谓的“兵不妄动，师必有名”。虽然古代西亚没有发动战争须有正当理由的明确表述，但发动战争的一方似乎非常在意战争的合法性。一般而言，把敌方的无端侵扰、忘恩负义和不遵誓言视为发动战争的合法理由。巴比伦王汉谟拉比对拉尔萨战争的理由是拉尔萨的无端侵扰、忘恩负义，“现在拉尔萨人一再袭击并骚扰我的国家。自从大神们把那个国家从埃兰人的魔爪下解救出来并对拉尔萨人施恩以来，他并未回报诸大神的恩情”。[②] 不遵誓言成为国家之间发生战争的另外一个合法理由，沙马什阿达德一世对阿哈祖征伐的理由，就是该国的国王雅舒卜阿杜不遵誓言，“他叛我而去，正跟随着卡库姆的国王”。[③] 此外，一国的忘恩负义往往会被他国视为敌对行为，甚至成为发动战争的合法理由。延哈德就曾以此为借口要攻击德尔：

请对亚舒布亚哈德说，这是你的兄弟雅瑞林的话：

沙马什神应该来调查并裁决你我的行为。我对你如父如兄，而你对我如奸如敌。阿杜神和雅瑞林的军队拯救了巴比伦城，救了你的国家和你的性命，这是什么样的友好啊！15 年以前，因为阿杜神和雅瑞林，德尔才没有被风吹走！（若没有延哈德），它就如糠皮一样（被吹走了），人们永远找不到它了。你怎么能如此对我呢？狄尼克图的国王辛加密尔，与你很

① William J. Hamblin, *Warfare in the Ancient Near East to 1600 BC*, London and New York: Routledge, 2006, p. 210.

② Dominique Charpin, *et. al.*, *Archives Royales de Mari 26: Archives Épistolaires de Mari I/2*, pp. 203-204; Wolfgang Heimpel, *Letters to the King of Mari: A New Translation, with Historical Introduction, Notes, and Commentary*, p. 333.

③ Jesper Eidem and Jørgen Læssøe, *The Shemshara Archives 1: The Letters*, pp. 70-71.

> 像，他不断用谎言与挑衅来回应我。即使狄尼克图的码头停有500艘船，我照样占据了他的国家，囚禁了他长达12年！现在，像他一样的你，持续用谎言和挑衅来回应我。我以我的城神阿杜、我的个人神辛的名义起誓，在消灭你的国家和你之前，即使懈怠一会儿，愿我遭受（神）的惩罚！现在，春天我将率军出征，将在你的城门前扎营。我会让你见识阿杜神和雅瑞林的愤怒的军威。①

在这封书信中，雅瑞林列举了其对德尔王的恩情——拯救了德尔城以及德尔王的性命，并指出德尔王以怨报德的情况，“不断用谎言与挑衅来回应我”，“我对你如父如兄，而你对我如奸如敌”，这样雅瑞林就获得了发动战争的合法理由。

在古代西亚的观念中，作为神祇代理人的国王，其发动的任何战争都得获得神祇的批准，正如学者查尔平所言，“在进行任何军事行动之前，我们知道巴比伦王都会寻求神的支持”。② 在一封马里泥板书信中，提及了巴比伦王汉谟拉比与拉尔萨作战之时，曾经寻求神祇的批准，“现在我催促沙马什、马尔杜克神……没有征求神祇的意见，我是不会如此提兵作战的”。③ 马里王金瑞林的征战同样需要得到神祇的批准，一封写给金瑞林的书信中讲到这件事情：“倘若你要去出征，在没有得到神谕的情况下，千万别出征。当我发出神谕的时候，你再出征！倘若我没有发出神谕，千万不要

---

① Jack M. Sasson, “Yarim-Lim’s War Declaration,” in J.-M. Durand et J.-R. Kupper, eds., *Miscellanea Babylonica: Mélanges Offerts à Maurice Birot*, Paris: Éditions Recherche sur les Civilisations, 1985, pp. 237-256.

② Dominique Charpin, *Hammurabi of Babylon*, Lodon and New York: I. B. Tauris and Co. Ltd., 2012, p. 114.

③ Dominique Charpin, *et. al.*, *Archives Royales de Mari 26: Archives Épistolaires de Mari I/2*, pp. 203-204; Wolfgang Heimpel, *Letters to the King of Mari: A New Translation, with Historical Introduction, Notes, and Commentary*, p. 333.

走出城门。”[①] 另外一份文献同样表明了神谕对战争的重要性，小国提鲁库（扎格罗斯山区）的国王扎兹亚在信中如此说：“如果是吉兆，我会攻击埃什嫩那的统治者。如果是凶兆，我就不会攻击。”[②] 另外一封写给马里王金瑞林的书信提及了太阳神沙马什对金瑞林战争的态度：“另外一件事，沙马什如此说：‘库尔塔王汉谟拉比对你说了谎，他正在策划一个计划。你的手要抓住他，在你的国家里，你要颁布一道恢复敕令。现在，全部国家都给你了。当你控制了城市并颁布了恢复敕令的时候，它表明你的王权是永恒的。’”[③]

不仅征讨敌人需要神祇批准，而且抵抗敌人同样也需要神祇批准。亚明部落寻求独立，其军队突破了马里的边防，马里王并没有直接派兵去抵抗，而是在等待允许派兵作战的神谕。马里总督巴赫迪林写给金瑞林的书信，对此进行了记述：

> 至于敌人突破了边防部队并招募了尽可能多的部队，我的主人就此写信给我——关于我的主人不需要这些东西□□□。他们从突击队中招募了边防部队，并招募了辅助部队，我的主人应该继续就这些事情，满足达干、沙马什和阿杜神的愿望。我的主人不断满足达干、沙马什和阿杜神的愿望，我的主人不要匆忙去迎战，我的主人不要□□□敌人。他必然□□□他。当达干、沙马什和阿杜等神对你说“好的”、占卜兆头是好的时候，我的主人马上出征！[④]

① Martti Nissinen, *Prophets and Prophecy in the Ancient Near East*, Atlanta: Society of Biblical Literature, 2003, p. 22.

② J.-R. Kupper, “Une Lettre du Général Yassi-Dagan,” *Mari. Annales de Recherches Interdisciplinaires*, Vol. 6, 1990, p. 338.

③ Martti Nissinen, *Prophets and Prophecy in the Ancient Near East*, p. 25.

④ Jean-Marie Durand, *Archives Royales de Mari 26: Archives Épistolaires de Mari I/1*, Paris: Éditions Recherche sur les Civilisations, 1988, pp. 358-359; Wolfgang Heimpel, *Letters to the King of Mari: A New Translation, with Historical Introduction, Notes, and Commentary*, p. 243.

从另外一封书信可知，在获得了吉兆后，马里派出了军队来抵抗敌人："我已经为部队的福祉进行了占卜，根据好的征兆派出了军队。与此同时，我把这些好征兆送给我的主人！"①

但并不是每次出征都顺利得到神的批准。一封书信这样写道："当我的主人想出战的时候，他这样指示我：'你要待在神的城市里。'"② 在写给金瑞林的另外一封书信中，有这样的话："女祭司……说道：'金瑞林，不要出征！待在马里！'"③ 在等不到神谕的情况下，国王只能先派出未携带武器的军队。在马里文献中有这样一个记载："□□□关于军队出征与战争，我不断占卜，但是没有得到回答。现在我将派遣部队并保留所有装备，而不是（试图）理解和问（正确的问题），愿我的主人的神保佑我征伐成功！"④ 当然，占卜者除了询问神祇是否同意征伐外，还会询问战争的结果。在马里的一封书信中，对此有着这样的记载：

> 关于我的主人正在筹划的战争，我给男女（占卜）人员喝下东西来问询征兆。征兆大利于我的主人。同样，我问男女（占卜）人员关于伊什美达干，征兆大恶于伊什美达干。关于他的征兆如此写道："他将趴在我主人的脚下。"⑤

① Jean-Marie Durand, *Archives Royales de Mari 26: Archives Épistolaires de Mari I/1*, pp. 360-361; Wolfgang Heimpel, *Letters to the King of Mari: A New Translation, with Historical Introduction, Notes, and Commentary*, p. 243.

② Jean-Marie Durand, *Archives Royales de Mari 26: Archives Épistolaires de Mari I/1*, pp. 422-423; Wolfgang Heimpel, *Letters to the King of Mari: A New Translation, with Historical Introduction, Notes, and Commentary*, p. 250.

③ Martti Nissinen, *Prophets and Prophecy in the Ancient Near East*, p. 68.

④ Jean-Marie Durand, *Archives Royales de Mari 26: Archives Épistolaires de Mari I/1*, pp. 372-373; Wolfgang Heimpel, *Letters to the King of Mari: A New Translation, with Historical Introduction, Notes, and Commentary*, p. 248.

⑤ Martti Nissinen, *Prophets and Prophecy in the Ancient Near East*, pp. 39-40.

这封信接下来就描述占卜的事情，其中提及金瑞林在战争中会大获全胜，伊什美达干一世将落荒而逃。

倘若战争牵扯到了其他国家，一般要向其他国家说明原委，以便获得支持。在对阿哈祖发动战争之前，埃卡拉图王沙马什阿达德一世对一个国家的国王库瓦里进行了战争通报："现在，过□个月就是冬天，我不会对他动手，但是，一旦天气转好，你将会听到我在他的国家所做的事情了""现在是冬天，寒冷的天气还会持续2个月，我不能对他动手□□□□□□□□□等天气一转好，我将率领一支大军前去质问他"。[①] 从书信来看，库瓦里对沙马什阿达德一世的战争给予了支持，说："愿神带领着你！抓住他！"[②] 沙马什阿达德一世在对阿哈祖动手之前，可能把战争计划也通报给了库提，库提王表示支持战争："如果我的父亲沙马什阿达德的军队进入斯克萨布，我不会阻拦，我不会对我的父亲犯罪！如果他命令我撤离，我就撤离！如果他命令我待着，我就原地待命！"[③]

对于敌对双方来说，发动战争要通知对方，不能偷袭或不宣而战。埃什嫩那对两河流域北部发动战争之前，给马里王金瑞林写信进行通告："我将去建立我的边界，我在前往舒巴特恩利尔的路上。"[④] 有学者认为，延哈德王雅瑞林写给德尔王的书信本质上是战书。当然，从书信的末尾来看，雅瑞林宣布在春天出兵讨伐，似乎具备战书的性质，但从书信的全部内容来看，尤其是列举了狄尼克图王辛加密尔的例子，似乎又具有某种威慑的意味。可以猜测，倘若德尔王对此不加理会，可能雅瑞林才会提兵来战。对于战书的威慑性，可从埃兰王给库尔塔王汉谟拉比的战书中看得更加清楚：

埃兰宰相对汉谟拉比说："我的仆人阿塔伦接纳你为儿子。

① Jesper Eidem and Jørgen Læssøe, *The Shemshara Archives 1: The Letters*, pp. 70-71, 74-75.

② Jesper Eidem and Jørgen Læssøe, *The Shemshara Archives 1: The Letters*, pp. 74-75.

③ Jesper Eidem and Jørgen Læssøe, *The Shemshara Archives 1: The Letters*, pp. 82-83.

④ Dominique Charpin, *Hammurabi of Babylon*, p. 114.

现在，我一直听说你不断给巴比伦与马里送去泥板。不要再给巴比伦与马里送泥板了！如果你再给巴比伦和马里送泥板，我就会征服你。”这就是埃兰宰相写给汉谟拉比的这封信的内容。我读了那块泥板。①

有学者认为这是一封宣战文书，埃兰携战胜埃什嫩那之威而对“库尔塔王发出了战争警告”。② 马里王金瑞林统治下的亚明部落造反失败后，4个亚明部落的头目向埃马尔逃跑，金瑞林将这个情况通报了盟友延哈德，延哈德王对埃马尔下了最后通牒：“亚明人的王不应该留在埃马尔。驱逐他们！从现在起，他们不应该再留在这里了，一旦这些人试图再次进入埃马尔，金瑞林与我就会进攻你！”③

战争结束之后，战胜者一般要对战败者进行处置。为了根除敌方的反抗能力，一般要毁灭敌方的城防设施。文献中经常提及的“摧毁某某城市”，可能是对敌方城防设施处置的普遍办法，即战胜敌方后，一般会把敌方的城市毁掉。④ 与此同时，还有一种有限惩罚的传统，即摧毁敌方部分城防设施。马里王金瑞林的年名记载道：“金瑞林摧毁了米兹兰与萨马奴的城墙。”⑤ 巴比伦王汉

---

① Wolfgang Heimpel, *Letters to the King of Mari: A New Translation, with Historical Introduction, Notes, and Commentary*, p. 504.

② Dominique Charpin, *Writing, Law and Kingship in Old Babylonian Mesopotamia*, trans. Jane Marie Todd, p. 104.

③ Jack M. Sasson, “*Casus Belli* in the Mari Archives,” in Hans Neumann, Reinhard Dittmann, Susanne Paulus, Georg Neumann and Anais Schuster-Brandis, eds., *Krieg und Frieden im Alten Vorderasien: 52e Rencontre Assyriologique Internationale International Congress of Assyriology and Near Eastern Archaeology*, Münster: Ugarit-Verlag, 2014, p. 682.

④ Jack M. Sasson, *The Military Establishments at Mari*, Rome: Pontifical Biblical Institute, 1969, p. 48.

⑤ Jean-Marie Durand, *Archives Royales de Mari 30: La Nomenclature des Habits et des Textiles dans les Textes de Mari*, Paris：CNRS Éditions, 2009, p. 225.

谟拉比灭亡了拉尔萨后，仅仅拆除了拉尔萨的城墙，①在《汉谟拉比法典》的前言中，汉谟拉比把自己称作“宽恕拉尔萨的战士”。②在打败马里、马尔吉姆后，“汉谟拉比摧毁了马里、马尔吉姆的城墙”。③同时，汉谟拉比的王铭曾记载将马里变成一片废墟，“他让这个国家变成了瓦砾堆和泥土堆”，④鉴于王铭的宣传功用，此处的记载可能夸大其词。此外，把某某国家变成瓦砾堆和泥土堆是古代西亚王铭中的惯用语。巴比伦王汉谟拉比第三十八年的两个年名记载了对埃什嫩那的处理：“汉谟拉比王……用大水摧毁了埃什嫩那”，⑤“汉谟拉比王修复了被洪水摧毁的埃什嫩那的城墙”，⑥对于大水摧毁埃什嫩那，到底指的是什么，现在仍然不太清楚，因为“这段话的解释并不是不言而喻的，但它可能表明他通过改变河流和运河的流向来冲垮城墙的根基”。⑦巴比伦王汉谟拉比对埃什嫩那城墙的修复，可能暗示这里对于用大水摧毁埃什嫩那这种不人道的做法采取了补救措施。

对于作为政治体的敌对国，一般采取将其变成附属国或兼并的方式进行处理，“一旦征服了一个城邦，征服者可能会兼并这个城邦，或者，在该城邦的国王以藩王的身份宣誓效忠后，征服者可以

---

① Dominique Charpin, *Writing, Law and Kingship in Old Babylonian Mesopotamia*, trans. Jane Marie Todd, p. 107.

② Martha T. Roth, *Law Collections from Mesopotamia and Asia Minor*, 2nd Edition, p. 77.

③ Erich Ebeling and Bruno Meissner, *Reallexikon der Assyriologie und Vorderasiatischen Archaologie*, Bd. 2, p. 180.

④ Douglas R. Frayne, *The Royal Inscriptions of Mesopotamia, Early Period 4: Old Babylonian Period (2003-1595 BC)*, Toronto, Buffalo and London: University of Toronto Press, 1990, p. 346.

⑤ Erich Ebeling and Bruno Meissner, *Reallexikon der Assyriologie und Vorderasiatischen Archaologie*, Bd. 2, p. 180.

⑥ Cuneiform Digital Library Initiative, https://cdli.ucla.edu/tools/yearnames/HTML/T12K6.htm, 2018 年 12 月 5 日。

⑦ Marc Van De Mieroop, *King Hammurabi of Babylon: A Biography*, Malden, Oxford and Carlton: Blackwell Publishing, 2005, p. 52.

让该城邦的国王继续统治”。[①] 事实上，在古代世界这两种方法经常被使用，例如，《摩奴法论》提到战胜敌人后，“在大致了解全体百姓的愿望之后，他应该在那里扶植一名原王室成员，还应该缔结盟约”。[②] 在巴比伦与马里打败埃兰后，马里王金瑞林写信给巴比伦王汉谟拉比提议如此处理埃什嫩那：“倘若埃什嫩那的贵族支持你，你本人就当埃什嫩那的王。倘若他们不支持你，那么，你立一个你熟悉的王族成员当他们的王。”[③] 在马里时代列国争霸的态势下，一个国家在没有取得压倒性优势的情况下，通常会将敌国变成藩国。金瑞林当上马里王后，向周边地区出征，就把很多国家变成了马里的藩国，从而构建起了一个松散的政治体。例如，金瑞林在统治第二年和第十三年，两次征服了阿什拉卡（Ashlakka），其年名有载，“金瑞林占领了阿什拉卡”，[④] 以及“金瑞林第二次占领阿什拉卡”，[⑤] 在金瑞林统治第四年，他把女儿伊尼卜沙瑞嫁给了阿什拉卡王伊巴尔阿杜，通过这样的方式将这个国家变成了马里的附属国。倘若两个大国争战，战后一般会进行议和。在列国争战中，有时候实力强大的国家，会对争战双方的争端进行裁决，比如，马里王金瑞林对延哈德与卡特那的争端进行裁决，“现在，除了我的主人，没有人能在延哈德与卡特那之间建立起友谊”。[⑥] 此外，宗主国会对附属国之间的争端进行裁决，马里王金瑞林对一个藩国对另外一个藩国的侵略做出裁决：“现在，卡拉那的阿什库尔阿杜与我

① Amnon Altman, *Tracing the Earliest Recorded Concepts of International Law: The Ancient Near East (2500-330 BCE)*, p. 63.

② 蒋忠新译：《摩奴法论》，中国社会科学出版社 2007 年版，第 137 页。

③ Marc Van De Mieroop, *King Hammurabi of Babylon: A Biography*, p. 46.

④ Henri Limet, *Archives Royales de Mari 25: Textes Administratifs Relatifs aux Métaux*, Paris: Editions Recherche sur les Civilisations, 1986, p. 47.

⑤ Jean-Marie Durand, *Archives Royales de Mari 30: La Nomenclature des Habits et des Textiles dans les Textes de Mari*, p. 424.

⑥ J. M. Munn-Rankin, “Diplomacy in Western Asia in the Early Second Millennium B. C.,” *Iraq*, Vol. 18, No. 1, Spring, 1956, p. 78.

在一起……你侵略了他的国家。现在，至于你夺取的所有东西，都要收集起来还给他。”①

战争结束后，战胜者会从幸存者中挑选一些人作为俘虏，因为在上古时期，“战争是交战国全部居民之间的争斗”，“一个交战国的任何人，不论是否携有武器作战，不论男女，不论成年或未成年，都可以被交战国他方任意杀害或执为奴隶”。②在亚斯马赫阿杜写给沙马什阿达德一世的信中，提及从1000人中挑选了30人作为俘虏，③在沙马什阿达德一世写给亚斯马赫阿杜的信中，提及攻占了赫巴拉城后，俘虏了300人以及这些人的儿子。④拉扎马王沙拉亚与安达里格王卡尔尼林打败并占领马尔达曼后，“他们获得了1000名战俘，两人平分了这1000战俘”。⑤战俘一般会被带到宫廷，从事各种劳作，在马里王金瑞林写的一封信中记载道：“当亚斯马赫阿杜出走马里后，宫殿被抢劫一空。因为我一直在征伐，所以，我能为我的宫殿提供所能抓到的所有的战俘。”⑥

除了将敌方居民俘虏作为奴隶外，“一种较宽大的和更有区别对待的实践逐渐成长起来”。⑦在埃卡拉图王沙马什阿达德一世写

① J. M. Munn-Rankin, “Diplomacy in Western Asia in the Early Second Millennium B. C.,” *Iraq*, Vol. 18, No. 1, Spring, 1956, p. 95.

② 拉沙·法朗西斯·劳伦斯·奥本海:《奥本海国际法下：争端法、战争法、中立法》第1分册，王铁崖、陈体强译，商务印书馆1972年版，第147—148页。

③ Georges Dossin, *Archives Royales de Mari 1: Correspondance de Šamši-Addu et de ses Fils*, Paris: Imprimerie Nationale, 1950, pp. 96-97.

④ Georges Dossin, *Archives Royales de Mari 1: Correspondance de Šamši-Addu et de ses Fils*, pp. 164-165.

⑤ Jean-Marie Durand, *Archives Royales de Mari 26: Archives Épistolaires de Mari I/1*, Paris: Éditions Recherche sur les Civilisations, 1988, p. 293; Wolfgang Heimpel, *Letters to the King of Mari: A New Translation, with Historical Introduction, Notes, and Commentary*, p. 225.

⑥ Wolfgang Heimpel, *Letters to the King of Mari: A New Translation, with Historical Introduction, Notes, and Commentary*, p. 40.

⑦ 拉沙·法朗西斯·劳伦斯·奥本海:《奥本海国际法下：争端法、战争法、中立法》第1分册，第148页。

给儿子亚斯马赫阿杜的信中，他对儿子善待敌方人员的行为表示赞赏："你没有杀这个城市的居民，而是安慰他们，然后释放了他们。你这个行为不错，值□塔兰特金子。"① 古巴比伦王萨姆苏伊鲁那的铭文记载道，他在占领了伊达马拉兹 2 个月后"释放了俘获的伊达马拉兹的俘虏、埃什嫩那的兵卒以及所俘获的众多俘虏，饶了他们的性命"。② 事实上，对于投降国家的百姓，战胜国一般会善待他们。一封马里泥板书信提及了巴比伦王汉谟拉比对进攻拉尔萨的军队下达的指令："倘若你们成功了，假如他们在你们面前打开了城门，你们就接受他们的求和！即便他们违背了以沙马什、马尔杜克之名发下的誓言，你们别伤害这座城市！"③

对于战争频繁的各国来说，在处理战俘的问题上，除了上文提及的对俘虏进行无条件释放外，最为理想的选择可能是交换或赎回战俘。阿斯马丘出土的一封书信，提及了交战双方交换俘虏的事宜，"如果你释放了俘虏，我会给阿摩利人□□□，然后事实上我能获得被释放的你的军队"，"5 天之内解决此事"。④ 从马里文献来看，对于地位尊贵的女战俘，似乎可以采取调换的方式赎回，马里王金瑞林指示总督如此做："请收下另外一个女仆，作为这个女仆的替代，释放这个女仆（敌方国王的伴侣）。"⑤ 另外，还采取付赎金的方式赎回被俘者。一封马里泥板书信对此做了记载："至于库尔塔（俘虏）的特尔卡人，我主人就此写信给我，'去称出 1/3

① Georges Dossin, *Archives Royales de Mari 1: Correspondance de Šamši-Addu et de ses Fils*, pp. 40-41.

② Douglas R. Frayne, *The Royal Inscriptions of Mesopotamia, Early Period 4: Old Babylonian Period (2003-1595 BC)*, p. 390.

③ Dominique Charpin, *Archives Royales de Mari 26: Archives Épistolaires de Mari I/2*, pp. 203-204; Wolfgang Heimpel, *Letters to the King of Mari: A New Translation, with Historical Introduction, Notes, and Commentary*, p. 333.

④ Robert M. Whiting, *Old Babylonian Letters from Tell Asmar*, Chicago: The Oriental Institute of the University of Chicago, 1987, pp. 102-103.

⑤ Wolfgang Heimpel, *Letters to the King of Mari: A New Translation, with Historical Introduction, Notes, and Commentary*, p. 440.

米那银子，放在证人面前！’在我的主人的书信到达之前，他的兄弟们称出 1/3 米那又 2 谢克尔银子，赎回了他们的兄弟。”① 另外一封马里泥板书信提及，一名战俘的父亲要花 1 米那 5 谢克尔银子赎回儿子，但是，对方要求“再加半米那银子，就可以带走你的儿子”。② 此外，另外一封马里泥板书信也提及了战俘的兄弟们把战俘赎回，“至于这个城的战俘，这个国家的兄弟赎回了他们的兄弟”。③ 对于赎回战俘，《汉谟拉比法典》第三十二条有着明确的规定：

> 如果一个兵丁或一个渔夫兵卒，在为王出征中被俘了，一个商人赎回了他，并把他送到他生活的城市，倘若该兵丁有足够的钱赎身，那么他应该把自己赎回，倘若该兵丁没有赎身的钱，那么，他应该由他的城市的神庙赎回，如果他的城市的神庙没有赎身的钱，那么，宫廷应该赎回他。但是，他的田地、果园或房子，不能充作赎金。④

汉谟拉比所写的一封书信提及神庙赎回战俘：“至于被敌人俘虏的马尼姆之子辛阿那达穆利帕里斯辛，神庙拿出 10 谢克尔银子给了商人来赎回他。”⑤

---

① Dominique Charpin, *et. al.*, *Archives Royales de Mari 26: Archives Épistolaires de Mari I/2*, pp. 311-312; Wolfgang Heimpel, *Letters to the King of Mari: A New Translation, with Historical Introduction, Notes, and Commentary*, p. 360.

② Dominique Charpin, *et. al.*, *Archives Royales de Mari 26: Archives Épistolaires de Mari I/2*, pp. 336-337; Wolfgang Heimpel, *Letters to the King of Mari: A New Translation, with Historical Introduction, Notes, and Commentary*, p. 366.

③ Dominique Charpin, *Archives Royales de Mari 26: Archives Épistolaires de Mari I/2*, pp. 341-342; Wolfgang Heimpel, *Letters to the King of Mari: A New Translation, with Historical Introduction, Notes, and Commentary*, p. 368.

④ Martha T. Roth, *Law Collections from Mesopotamia and Asia Minor*, 2nd Edition, p. 87.

⑤ A. Leo Oppenheim, *Letter from Mesopotamia: Official, Business, and Private Letter on Clay Tablets from Two Millennia*, Chicago and London: The University of Chicago Press, 1967, p. 93.

除了善待俘虏外，也要善待敌方的阵亡者。在一个祭司写给马里王金瑞林的信中，提及太阳神沙马什的神谕，“现在，把你的国土上的敌方尸体堆给你”，[①] 马里王亚赫顿林的王铭记载道：“把他们打得一败涂地。他堆起了尸体堆。”[②] 尽管这些文献是用“尸体堆”来描述战争的结果，但是，这也可能意味着战争结束后获胜者要将敌方阵亡者的尸体堆在一起，以便在之后进行掩埋。此外，马里文献中也有掩埋因瘟疫丧生者的记载，并在多处提及“掩埋尸体堆”，[③] 因此，掩埋可能是古代两河流域对死者进行处理的普遍性做法。还有一些文献明确表示在敌人的尸身上建造了坟冢。巴比伦王萨姆苏伊鲁那的王铭记载道：“当这一年还没有过去一半的时候，他杀死了利姆辛（二世），此人曾经挑动亚穆特巴尔反叛，曾经当过拉尔萨的王。在基什的土地上，在他的尸首上垒起了一个坟冢。”[④] 马里泥板书信中提及允许阵亡者的家属将阵亡者尸体运走安葬的事情。[⑤]

从以上分析可以看出，马里时代出现了较为人道的战争成例，代表着古代西亚战争惯例的发展方向。从两河流域战争惯例的演化历史来看，一方面，马里时代的战争惯例继承了公元前 3 千纪西亚的某些传统，这主要体现在战前宣战、掩埋敌方阵亡者、霸主调节争端方面。另一方面，马里时代的战争惯例，丰富并发展了公元前 3 千纪的战争惯例。正如前文所言，在正式发动战争之前，需要完

---

① Martti Nissinen, *Prophets and Prophecy in the Ancient Near East*, p. 24.

② Douglas R. Frayne, *The Royal Inscriptions of Mesopotamia, Early Period 4: Old Babylonian Period (2003-1595 BC)*, p. 606.

③ Jean-Marie Durand, *Archives Royales de Mari 26: Archives Épistolaires de Mari 1/1*, pp. 562-563, 564-565; Wolfgang Heimpel, *Letters to the King of Mari: A New Translation, with Historical Introduction, Notes, and Commentary*, p. 278.

④ Douglas R. Frayne, *The Royal Inscriptions of Mesopotamia, Early Period 4: Old Babylonian Period (2003-1595 BC)*, p. 387.

⑤ Amnon Altman, *Tracing the Earliest Recorded Concepts of International Law: The Ancient Near East (2500-330 BCE)*, p. 65.

成一些规定程序或步骤，以此来避免不必要的战争：首先，发动战争要有合法理由，讲究师出有名，这在某种程度上会对穷兵黩武式的战争形成某种制约；其次，寻求神祇的批准，事实上代表了国家内部各种政治势力对某场战争的路线博弈，可在某种程度上对战争形成一些约束；再次，把发动战争的信息通报给相关国家，在某种程度上能够避免不必要的冲突，从而降低战争的惨烈性；最后，下达威胁性的战书，以此达到不战而屈人之兵的效果，此种做法有时会奏效。在战争结束后，对战败国的处理，也遵循了一些较为人道的战争惯例。在对敌方的城市设施的处理上，逐步发展起来有限惩罚的措施，即拆除敌方的防御设施；在对敌方政权的处罚上，往往采用将其变成藩国这样比较温和的处理方法；在对敌方战俘、百姓的对待上，采取无条件释放百姓、调换或金钱赎回战俘的措施。显然，这些战争惯例无不体现出人道主义色彩。那么，马里时代这种战争惯例形成的原因是什么呢?

若要分析马里时代战争惯例产生的原因，需要考虑当时西亚的政治态势。在马里时代，古代西亚进入了“战国”时代，社会动荡，各国征伐不断。在两河流域南部地区，先后形成了伊辛与拉尔萨的对峙、巴比伦与拉尔萨的对立，与此同时，巴比伦以北的埃什嫩那不断扩疆并土；在两河流域北部地区，继埃卡拉图王国短暂统一之后，形成了众多独立的国家；在叙利亚地区，出现了马里、延哈德、卡特那三国并立的局面，胡泽斯坦的埃兰，则开始入侵埃什嫩那，企图主宰两河流域。在这种情势下，各国为了扩张势力，往往不断对外用兵，小规模的战争不计其数，大规模的战争也为数不少，先后爆发了沙马什阿达德一世灭亡马里的战争、拉尔萨灭亡伊辛的战争、埃兰等国灭亡埃什嫩那的战争、巴比伦等国驱逐埃兰的战争、巴比伦等国灭亡拉尔萨的战争、巴比伦灭亡埃什嫩那的战争、巴比伦灭亡马里的战争。正是在这种背景下，萌芽于公元前3千纪的战争惯例，在马里时代逐步发展起来。从某种程度上说，马里时代连年的战争，是马里时代战争惯例发展的土壤。

马里时代战争惯例的出现，还与此时战争规模有一定关系。在马里时代争霸的背景下，各国结成各种军事同盟，如以埃兰为首的反埃什嫩那的军事同盟，以巴比伦、马里为首的反埃兰、反拉尔萨军事同盟，马里与埃什嫩那的反巴比伦军事同盟等等。与此同时，各个小国依附于大国以求生存，从而形成了以某个大国为首的同盟和集团。正如马里泥板书信所言：

> 没有一个国王是靠自己而强大的。10个或15个王追随着巴比伦的汉谟拉比，同样数目的王追随着拉尔萨的利姆辛，同样数目的王跟随着埃什嫩那的伊巴尔皮埃尔，同样数目的王跟随着卡特那的阿穆特皮埃尔，但有20个王跟随着延哈德的雅瑞林。①

不仅如此，在某些地区还出现了一些地区性强国，它们也在构建自己的势力范围，从而形成了地区性的军事集团。在上哈布尔河流域，有一个叫伊拉苏拉的国家，其国王哈亚苏穆臣服于马里王金瑞林。伊拉苏拉虽然是马里的附属国，但是其本身还有一些附属国，马里使节写给马里王金瑞林的书信中对此进行了记载：

> 你的仆人沙克努姆对我的主人说："国王们，全部聚集在那胡尔，来到了哈亚苏穆面前，在会上说了如下的话：'除了金瑞林和哈亚苏穆，没有第二个主人和父亲。我们将按照我们的主人金瑞林说的话去行事。'"那些开会的国王说了这样的话。②

---

① Georges Dossin, "Les Archives Épistolaires du Palais de Mari," *Syria*, T. 19, Fasc. 2, 1938, p. 117; William L. Moran, "Akkadian Letters," in James B. Pritchard, ed., *Ancient Near Eastern Texts Relating to the Old Testament*, 3rd Edition with Supplement, p. 628.

② Dominique Charpin *et. al.*, *Archives Royales de Mari 26: Archives Épistolaires de Mari I/2*, pp. 120-121; Wolfgang Heimpel, *Letters to the King of Mari: A New Translation, with Historical Introduction, Notes, and Commentary*, p. 311.

从以上论述可以看出，一旦西亚大国之间结成军事同盟进行战争，那么，追随这些大国的附属国也必须参与战争，甚至追随附属国的小国同样也要参与战争，这样，西亚大国构成的军事集团之间的战争，就变成了牵扯范围非常大的“国际化”战争。例如，在以巴比伦、马里为首的反埃兰战争中，不但牵扯到巴比伦、马里这两国，而且牵扯到两国的同盟国、附属国，马里王曾经动员其盟友延哈德、扎尔马库姆地区的各国参战：

> 你的兄弟金瑞林对汉谟拉比说：“至于你一直写信给我说的军队，我一直写信给哈拉波的国王汉谟拉比，要求他派遣他的军队，他给我派遣来了他的军队。他的军队来到了我面前……我把泥板送给了上地的国王们……送给了扎尔马库姆的国王们……扎尔马库姆的下地国王们的军队将会抵达，我就会把扎尔马库姆的军队派遣给你！”①

不仅如此，敌对双方还会瓦解彼此的盟友。在对埃兰的战争中，马里王金瑞林争取站在埃兰一边的埃卡拉图和阿达里格改变立场，一封马里泥板书信中对此有着这样的描述：“现在，当我的主人根据□□□和他的伟大王权而制订出一个计划，当我的主人让埃卡拉图、阿塔伦和上地以及苏巴尔图从埃兰人那里改变立场，埃兰人事实上从黑里图姆城退了出来。”② 此外，从某些战役的参战兵力，也能知道此时战争的规模，在巴比伦、马里主导的反埃兰战争中，仅在黑里图姆城的争夺战中，双方至少投入了 3 万兵力，在巴比伦灭亡埃兰的战争中，拉尔萨集结了 4 万兵力，③ 在马里、延哈

---

① Wolfgang Heimpel, *Letters to the King of Mari: A New Translation, with Historical Introduction, Notes, and Commentary*, p. 591.

② Wolfgang Heimpel, *Letters to the King of Mari: A New Translation, with Historical Introduction, Notes, and Commentary*, p. 511.

③ Marc Van De Mieroop, *King Hammurabi of Babylon: A Biography*, pp. 27, 35.

德、扎尔马库对阿拉哈德以及后来安达里格王阿塔伦战争中，除了马里的军队外，延哈德、扎尔马库各派出了1万兵力。[①]

马里时代战争惯例的形成，也与战争的频繁有着密切的关系。马里时代，各国不断地结盟、背盟，使得战争爆发愈发频繁。马里在承认埃什嫩那的宗主地位之后不久，就加入了以埃兰为首的反埃什嫩那同盟之中，后又与埃什嫩那、巴比伦联手对抗埃兰。[②] 在这种态势下，即便是长期合作的盟邦之间，对盟邦的潜在的背叛行为也深感担忧。在马里王金瑞林与巴比伦王汉谟拉比的条约中，专门有禁止盟邦单方面与敌人议和的条款："从这一天起，只要我还活着，我就是斯瓦帕拉尔胡帕克的敌人，我不会□□□□，我不会写信给他。没有马里与哈那的国王金瑞林的同意，我不会与斯瓦帕拉尔胡帕克实现和平。倘若我想与斯瓦帕拉尔胡帕克实现和平，我会与马里与哈那的国王、亚赫顿林的儿子金瑞林进行商量，倘若商量的结果是同意与斯瓦帕拉尔胡帕克握手言和，那么，我们一起与斯瓦帕拉尔胡帕克实现和平。"[③] 大国通过变化立场，来保证国家利益的最大化，而小国也通过变化立场，以便能在大国争霸的夹缝中生存下去。埃卡拉图王沙马什阿达德一世写给一个名叫库瓦里的国王的书信（见图2-4）对此进行了生动的描述：

> 您一定已经对阿哈祖人雅舒卜阿杜的敌意有所耳闻。先前，他跟随什姆伦的国王，他背弃什姆伦的国王而跟随提鲁库人的王，他背弃提鲁库人的国王而跟随雅伊拉努姆部落，他背

---

① Charles-F. Jean, *Archives Royales de Mari 2: Lettres Diverses*, Paris: Imprimerie Nationale, 1941, pp. 50-51.

② Jack M. Sasson, "*Casus Belli* in the Mari Archives," in Hans Neumann, Reinhard Dittmann, Susanne Paulus, Georg Neumann and Anais Schuster-Brandis, eds., *Krieg und Frieden im Alten Vorderasien: 52e Rencontre Assyriologique Internationale International Congress of Assyriology and Near Eastern Archaeology*, p. 677.

③ Wolfgang Heimpel, *Letters to the King of Mari: A New Translation, with Historical Introduction, Notes, and Commentary*, pp. 512-513.

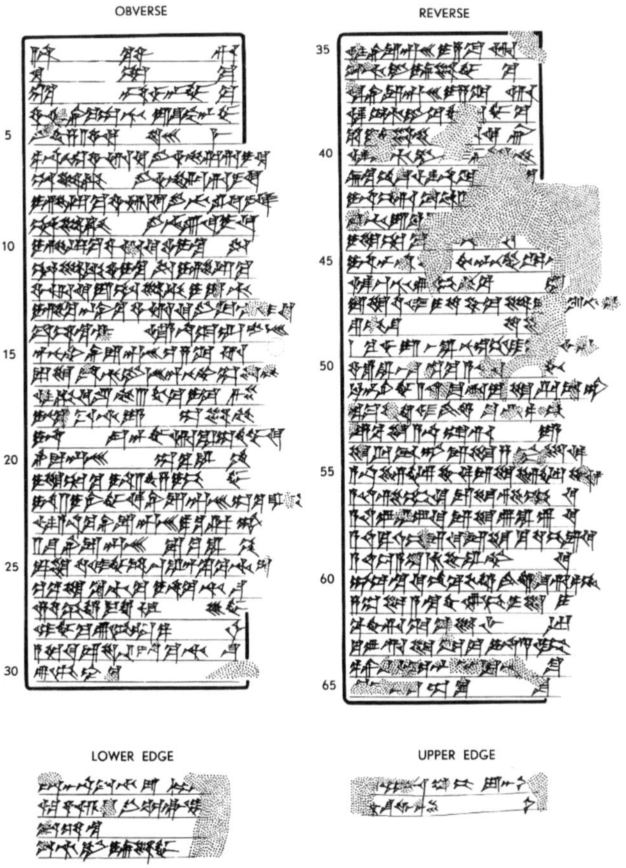

图 2-4 埃卡拉图王沙马什阿达德一世写给库瓦里书信的线描图

资料来源：Jesper Eidem and Jørgen Læssøe, *The Shemshara Archives 1: The Letters* , pl.1。

弃雅伊拉努姆部落来跟随我。他叛我而去，正跟随着卡库姆的国王。他跟所有这些国王都盟誓过！就在三年里，他与这些国王建立同盟关系，后又破坏了这种同盟关系。

当他与我结盟时，他在阿拉帕哈的台舒巴神庙中向我起誓，在阿伊努姆的扎布河岸边，他再次向我立誓，我也向他发誓。他向我发誓两次，从他抓住我衣袍下摆的那天起，我从未在他的国家收取任何的银、牛、羊或谷物。我没有侵占过他的国家的任何城市。现在，他与我断绝了关系，追随了卡库姆的国王。

他与一个国王建立同盟关系并跟他盟誓。他与另外一个国王建立同盟关系并举誓，但是，他就与他盟誓的上一位国王断绝关系，与新的国王建立同盟关系，就在2□[①]个月内，他结盟又背盟。他与我结盟才1□[②]个月，就转而背弃了我。[③]

从这封书信可以看出，一个名叫雅舒卜阿杜的国王，根据形势的变化，不断变换阵营，在3年的时间内，变化了4次立场。这种状况绝不是个例，阿拉哈德以及后来安达里格王阿塔伦，先后臣服于埃兰、埃什嫩那、马里和巴比伦，[④]对于背盟的国家，各国一般会采取武力手段进行报复，这就形成了马里时代战争“频繁”的特点。

从以上分析可以看出，马里时代的战争不仅仅牵涉到当时的大国，而且把这些大国的同盟国、附属国甚至追随其附属国的小国也卷入进去，因此，此时的战争具有参加国家众多、投入兵力多、规模大的特征。在大国争霸的态势下，国家间的关系具有很大的不稳定性，各国根据形势变化不断选择自己的宗主国、同盟国，因此，结盟、背盟成为常态，而这又极容易引发战争，从而使得马里时代战争具有“频繁化”“经常性”的特征。不难想见，此时的战争对西亚地区的生产、生活造成了持续性的破坏，不但小国深受其害，就是大国也受害不浅。在激烈的战争中，各国多以最为残酷的手段对付敌人，比如，毁城，屠杀战俘，屠杀无辜的百姓，可谓无所不

① 此处文字损毁，无法确定确切数字。

② 此处文字损毁，无法确定确切数字。

③ Jesper Eidem and Jørgen Læssøe, *The Shemshara Archives 1: The Letters*, pp. 70-71.

④ Jack M. Sasson, "*Casus Belli* in the Mari Archives," in Hans Neumann, Reinhard Dittmann, Susanne Paulus, Georg Neumann and Anais Schuster-Brandis, eds., *Krieg und Frieden im Alten Vorderasien: 52e Rencontre Assyriologique Internationale International Congress of Assyriology and Near Eastern Archaeology*, p. 680; Wolfgang Heimpel, *Letters to the King of Mari: A New Translation, with Historical Introduction, Notes, and Commentary*, p. 530.

用其极。一般而言，战争的破坏性、毁灭性也会引起人们对战争伦理的反思。频繁的战争对西亚的社会生产造成了严重破坏，战争的惨烈和破坏性也促使战争的惯例发展起来。因此，正是在这种背景下，西亚地区逐步发展出来具有人道主义色彩的战争惯例。

第二节　阿马尔那时代大国外交的准则与方式

外交准则是各国公认的从事外交活动应该遵循的基本行为规范。在遥远的阿马尔那时代，西亚北非的大国在外交中也形成了独特的外交准则：家庭准则与对等准则。所有的国家在外交活动中都要按照这两项准则开展外交活动。以这两个外交准则为指导，大国之间开展了以礼物交换、王室联姻、信息沟通为主要内容的外交活动。

一　外交准则

任何时代，国家之间的外交实践总会形成一些基本的外交准则，这些准则反过来又规范着外交行为。在阿马尔那时代，尽管没有出现明晰的外交准则，但是通过阅读和分析泥板书信，仍然可以管窥当时的外交准则。

（一）家庭准则

利韦拉尼说，阿马尔那时代的国际关系是以人际关系为模型塑造出来的，国家之间的交往似乎就是社区内不同家庭之间的交往，日常生活的交往方式潜移默化地迁移到了国家交往中。[①] 正如前文所言，在西亚北非外交发展的早期阶段，就已经能看到这种外交准则的原始形态——兄弟关系模式。哈马兹书信（埃博拉高级官员伊

① Mario Liverani, “The Great Power’s Club,” in Raymond Cohen and Raymond Westbrook, eds., *Amarna Diplomacy: The Beginning of International Relations*, p. 18.

布布写给哈马兹使节的书信）对此有着精辟的描述：“埃博拉国王伊尔卡博达穆是哈马兹国王孜孜的兄弟，哈马兹国王孜孜是埃博拉国王伊尔卡博达穆的兄弟。”① 根据这种产生于公元前 3 千纪的观念，后世的大国君主“认为他们属于一个扩展的家庭或家族，在这些自以为彼此平等的国王之间，这种‘兄弟关系’式的联盟构成了他们的政治纽带”。② 到阿马尔那时代，不仅有“兄弟关系”，还有“父子关系”、“姐妹关系”以及“兄妹关系”等。彼此承认的国家之间是友邦，君主之间互称“兄弟”，王后之间互称“姐妹”，一国君主与他国王后以兄妹相称，一国的王子则称呼他国君主为“父亲”，出嫁公主称呼未来的丈夫为“主人”。从这些称呼来看，俨然就是一个井然有序的大家庭。有些学者形象地将阿马尔那时代的世界叫作“大村庄”，③ 大国君主之间的关系就如邻里关系一般，彼此之间称兄道弟。

兄弟关系是家庭准则的核心，易言之，兄弟关系是大国君主间最基本的关系，是其他关系，如兄妹关系、姐妹关系赖以存在的前提。在泥板书信中，“兄弟”一词通常用苏美尔语词语“šeš”（）来表示，但偶尔也用阿卡德语词语“*aḫu*”来表达。雷韦斯在研究了古埃及语中的“兄弟”（ *sn*）一词后指出，古埃及语“兄弟”也用在国际关系语境之中，表达大国君主之间的兄弟关系，在第 1 号泥板书信中，埃及法老将巴比伦王称为“兄弟”，显然也是从古埃及语的意义上说的。④ 第 19 王朝时期，埃及法老拉美西斯二世与赫梯国王哈图什里三世第一次联姻时，曾经这样说道，“他们犹如一

① Piotr Michalowshi, *Letters from Early Mesopotamia*, pp. 13-14.

② Bertrand Lafont, “International Relations in the Ancient Near East: The Birth of a Complete Diplomatic System,” *Diplomacy & Statecraft*, Vol. 12, Iss. 1, 2001, pp. 41-42.

③ Mario Liverani, “ The Great Power’s Club,” in Raymond Cohen and Raymond Westbrook, eds., *Amarna Diplomacy: The Beginning of International Relations*, p. 18.

④ Jean Revez, “The Metaphorical Use of the Kinship Term sn ‘Brother’ ,” *Journal of the American Research Center in Egypt*, Vol. 40, 2003, p. 125.

个心房跳动的兄弟”（ *ỉw.w m ỉb=f w*^{c} *mỉ snw*），① 这里就使用了这个古埃及语词语 *sn*。在泥板书信中，兄弟关系用阿卡德语词语 *atḫūtum* 来表示，这个词本身既有兄弟关系的意思又有伙伴关系的意思。但是这些称呼仅仅适用于友邦之间，没有得到承认的国家是不可以这样称呼的。在亚述王阿淑尔乌巴里特一世在写给埃及法老阿蒙霍特普三世的建交书信中，没有贸然称呼对方为“兄弟”，仅仅称呼对方为埃及王（EA 15: 1-3），在得到埃及的承认后，才开始称呼其为“兄弟”（EA 16: 1-4）。此外，阿马尔那时代之后的一个例子可以进一步说明这一点。亚述进攻赫梯的附属国哈尼加尔巴特，并俘虏了其国王瓦萨沙塔，在这种情况下，亚述王阿达德尼拉里一世却寻求与赫梯建立友好关系，这遭到赫梯王的严厉斥责：“我为什么要给你写信论兄弟关系呢？难道你和我是一母同胞吗？”② 显然，亚述是赫梯的敌国而不是友邦，所以赫梯王不同意与其建立兄弟关系。“兄弟关系暗示两个王室家族之间紧密的个人关系的存在”，③ 这种关系的建立是以两国互相承认为前提的，没有彼此承认，兄弟关系就失去合法性与存在的理由。

大国君主之间的兄弟关系可以延伸到两国的其他成员，如王后、王子以及官员。也就是说，两国的其他成员以君主间的兄弟关系为模式，彼此建立适宜的关系模式。正如莫兰指出的那样，“根据那个时代的观念，统治者之间最基本的关系是‘兄弟关系’的联盟，这种关系使得他们成为兄弟，使得他们成为同一个家庭或者家族的成员”。④ 在赫梯王子孜丹写给埃及法老的书信中，因赫梯王和埃及王是兄弟关系，所以他将埃及王称为“父亲”（EA 44: 1-4）。在第 19 王朝，埃及法老的王子在写给赫梯国王的信中同样称呼赫梯王为“父亲”，埃及法老在给赫梯王子的信中，把对方称为“儿

① Kenneth A. Kitchen, *Ramesside Inscriptions*, Vol. 2, Oxford: Blackwell, 1979, p. 251.

② Gary M. Beckman, *Hittite Diplomatic Texts*, p. 138.

③ Trevor Bryce, *Letters of the Great Kings of the Ancient Near East*, p. 83.

④ William L. Moran, *The Amarna Letters*, xxiv.

子”。[①] 尽管目前所看到的泥板书信没有王后之间的称呼，但是，从埃及与赫梯的通信中可以看出，西亚北非王后之间以“姐妹”相称，而埃及法老与赫梯王后、赫梯国王与埃及王后之间则以“兄妹”相称。[②] 值得一提的是，在西亚北非外交发展的历史中，年龄悬殊的国王之间，年轻者往往称呼年长者为“父亲”，“这仅仅是个人之间的尊重，没有政治含义”，一般而言，附属国称呼宗主国为“主人”，自称为“仆人”。[③] 官员之间的称呼从埃及与独立国家阿拉什亚的泥板书信中可见一斑。阿拉什亚的一名总督给埃及的一名总督写了一封信，在信中，他按照国王之间的“兄弟关系”模式，将埃及总督称为“兄弟”（EA 40: 1-3）。

此外，从大国间外交书信的问候语可以看出，阿马尔那时代的家庭准则观念非常强烈。下面笔者以一封书信的问候语为例进行说明。埃及法老写给巴比伦王的信中这样写道：“祝愿平安在我面前！祝愿平安在你面前！真诚祝愿平安与你的宫廷、你的妻子们、你的儿子们、你的官员们、你的马匹、你的战车以及你的国家同在！祝愿平安与我同在！祝愿平安与我的宫廷、我的妻子们、我的儿子们、我的官员们、我的马匹、我的战车和我的大军同在！祝愿平安与我国里的一切同在！”（EA 1: 3-9）从问候语可知，国王是以一个家长的形象出现的，他的妻子、儿女、官员都是他的家庭成员，

① 埃及王子苏塔哈坡沙坡写信给赫梯国王哈图什里三世的信中称呼对方为“我的父亲”，埃及法老拉美西斯二世在信中将赫梯王子塔什米沙鲁马称为“我的儿子”。参见 Gary M. Beckman, *Hittite Diplomatic Texts*, pp. 122, 123。

② 埃及王后那普泰拉在写给赫梯王后普杜希帕的信中，称其为“姐妹”。拉美西斯二世在写给赫梯王后普杜希帕的信中称呼对方为“我的姐妹”。参见 Gary M. Beckman, *Hittite Diplomatic Texts*, pp. 123, 126。

③ Mario Liverani, *International Relations in the Ancient Near East, 1600-1100 BC*, p. 136. 芒恩 - 兰金持不同见解，他深入研究了马里泥板书信，认为，“父子关系”表达的是一种附属关系，附属国君主称呼宗主国君主为“父亲”，这种关系有时描述成一种“奴役关系”，即仆人和主人的关系，详见 J. M. Munn-Rankin, “Diplomacy in Western Asia in the Early Second Millennium B. C.,” *Iraq*, Vol. 18, No. 1, Spring, 1956, p. 76。

马匹和战车是他的家庭财产。从这个意义上说，国与国之间的交往就是两个家庭之间的交往，国王就是家长，他们之间处理关系的时候也必然以家庭准则为首要的准则。

如果说一个国家就是一个家庭，一国的国王是一个家庭的家长，那么，几个国家并存的阿马尔那世界就是由几个家庭组成的一个大家族，这个大家族由埃及、米坦尼、巴比伦、亚述和赫梯等四个大国组成，它们的交往都是以家庭中的亲属关系为模式塑造出来的，首席成员就是各国的国王，高贵的成员有王后、王子和臣子，还有一些普通的成员。在这个大家庭中，兄弟关系、姐妹关系、父子关系、兄妹关系是基本关系，家庭准则是基本准则。

（二）对等准则

所谓对等准则，是指在大国之间的外交活动中，各国在地位和等级上相互对应，在外交价值上也保持对等。也就是说，从价值判断上说，这些外交活动必须具有等量的价值和意义。在某种程度上，对等准则是由原始的公平准则和阶级社会的等级准则相结合形成的，即等级前提下的对等，而不是不同等级之间的平等。

拉焦涅里（Rodolfo Ragionieri）认为，从泥板书信中可以发现一些基本准则，但是最主要的是对等准则和服从准则。他还认为，对等在平等大国间通常是以交换的形式表现出来的，以公主的交换为主要表现形式，以礼物的交换为补充。① 笔者认为，把他的话颠倒过来说更为合适：对等通常是以平等大国之间交换的形式出现的，以礼物的交换为主要表现形式，以公主的交换为补充。

从泥板书信可以看出，西亚北非大国在彼此的交往中追求身份、地位的对等，一切不符合对等准则的行为都将遭到大国君主的反对。大国君主在政治地位上必须对等，不具有大国地位的国家是

① Rodolfo Ragionieri, "The Amarna Age: An International Society in the Making," in Raymond Cohen and Raymond Westbrook, eds., *Amarna Diplomacy: The Beginning of International Relations*, pp. 47-48.

不能与大国平起平坐的，彼此之间是不能称兄道弟的。如前所述，夺取赫梯附属国的亚述试图与赫梯建立外交关系，这一不合时宜的行为遭到了赫梯的斥责。亚述在外交上的失败，除了上述亚述忽视了大国交往的家庭准则之外，还有一个原因是，赫梯认为亚述与其在地位上不对等，不配与它称兄道弟。

另外，前文所言的大国之间往来书信中的问候语，同样也体现了对等准则。在泥板书信中，大国君王一般是先问候对方，包括对方的妻子、儿女、官员、马匹和战车等，然后以同样的形式问候自己。从问候所涉及的人和物来看，两者完全是对等的。

在外交礼遇上，大国也追求与其身份相符合的对等地位。巴比伦王卡达什曼恩利尔一世对于埃及法老阿蒙霍特普三世将他送来的战车放在埃及国内地方长官进献的战车中间一事很是不满，（EA 1: 89-92）他认为这是对他的地位和身份的贬低，是绝对不可忍受的。埃及王举行节日的时候没有邀请巴比伦王赴宴，巴比伦王很生气，但是他表示，以对等准则为出发点，他不会像埃及法老那样做。（EA 3:18-29）

外交态度和行为也必须遵守对等准则。在埃及的迦南附属国发生叛乱时，巴比伦并没有给予支持，因此，当巴比伦的附属国亚述寻求埃及支持和承认的时候，巴比伦王要求埃及法老按照对等准则不要支持亚述。（EA 9: 19-35）当亚述王阿淑尔乌巴里特一世得到埃及法老的承认后，他认为自己与米坦尼王是平等的，而埃及法老送给他的东西却没有送给米坦尼王的多，因此，他按照对等准则要求埃及以对待米坦尼的标准来对待他："当我的先祖阿淑尔那丁阿赫派人去埃及（米西尔）的时候，他们给了他 20 塔兰特黄金。当哈尼加尔巴特的国王派人（使节）去埃及（米西尔）见你的父亲的时候，他们给了他 20 塔兰特黄金。（现在），我与哈尼加尔巴特的国王地位平等，而你送给我□□□黄金！"（EA 16: 19-31）

对等准则还体现在大国的外交方式上，即下面所论述的三种外交方式：礼物交换、王室联姻和信息沟通。

礼物交换在人类历史上源远流长。莫斯（Marcel Mauss）强调礼物交换在社会互动中的重要性，认为赠送礼物、接受礼物和回报礼物都是义务，礼物交换可以强化社会纽带，礼物交换没有经过某个流程的话，就会影响到相关人员的社会地位。[①]在礼物交换上，“只有在收到对方的回报后，实际上送出去礼物的价值才能被完全衡量”，即以严格的对等方式“回报同样数量的礼物”。[②]事实上，礼物交换的对等性可以从巴比伦与埃及的书信中看出，巴比伦王对埃及法老说：“请［写信告诉］我你所需要的我国的东西，让人（把它们）带给你！我同样也会写信告诉你，我所需要的你国的东西，让人（把它们）送给［我］。”（EA 6: 13-16）巴比伦王说：“你的使节们到我这里3次了，你没送给我任何美好的问候礼品，我也（同样）没给你送任何美好的问候礼品。”（EA 10: 12-15）利韦拉尼说，大国之间礼物交换似乎是对等的，谁也不会占谁的便宜。[③]

在王室联姻上，追求对等的只有巴比伦一个国家。在第4号泥板书信中，按照对等准则，巴比伦王卡达什曼恩利尔一世要求埃及法老阿蒙霍特普三世送给他一名女子，他说：“也许，你不会送给我一名女子，而我因为你的这个做法，将扣留（本来打算送给）你的一名女子，将不再把她送走。”（EA 4: 20-22）巴比伦王提出这样的要求，主要是出于抬高价码的经济目的，面对这种情况，埃及则找各种借口婉言拒绝了巴比伦王的要求，而不是蛮横无理地否认巴比伦王要求的合理性。埃及的做法表明了这样的一种准则的存在，试想如果没有这样的准则存在，那么埃及就可以直接回绝巴比伦，根本没有必要寻找种种借口。巴比伦王布尔那布亚什二世曾经要求迎娶埃及公主美丽塔吞（泥板中称为马亚提）：“至于你的女儿

① 马赛尔·莫斯：《礼物》，汲喆译，上海人民出版社2002年版，第22、23页。

② Bertrand Lafont, “International Relations in the Ancient Near East: The Birth of a Complete Diplomatic System,” *Diplomacy & Statecraft*, Vol. 12, Iss. 1, 2001, p. 51.

③ Mario Liverani, “The Great Power’s Club,” in Raymond Cohen and Raymond Westbrook, eds., *Amarna Diplomacy: The Beginning of International Relations*, p. 25.

马亚提，我已经听说了她，1 条鼓形（珠子）的天青石项链，（珠子）数目是 1048，我送给她作为她的问候礼品。”（EA 10: 44-47）但可能是在埃及拒绝后，他在一封泥板书信（见图 2-5）中要求埃赫那吞用黄金予以补偿，“马亚图对我的健康没做任何事情，她（也）并不关心我，让他们尽快把你的大量的黄金送来给我！愿他们带给我大量黄金！”（EA 11: 54-57）

图 2-5　第 11 号阿马尔那泥板书信（背面）

资料来源：Joan Aruz, Kim Benzel and Jean M. Evans, *Beyond Babylon: Art, Trade, and Diplomacy in the Second Millennium B.C*, p. 203.

信息沟通也同样遵守着对等原则，这主要体现在使节的往来上。巴比伦王在写给埃及法老的信中说：“我已经向你的使节交代了情况，我已经派走了他。请尽快向我的使节们交代情况，让他们回来。”（EA 7: 51-52）如果一方扣留使节，那么另一方也会采取同样的措施。米坦尼王图什拉塔对埃及法老埃赫那吞说：“我将扣留我兄弟的使节马奈，直到我兄弟放我的使节离开并且他们到达我这里。”（EA 28: 17-19）他还对埃及法老埃赫那吞表示：“我将立

即派出我的兄弟的使节到你处，当我的兄弟滞留我的使节［返回］，我也会把他们滞留在这里。”（EA 29: 149-150）

二　外交方式

列维－斯特劳斯（Claude Lévi-Strauss）认为，人类关系史上交流的三大内容是信息、礼物和女人，[①]这完全适用于阿马尔那时代的大国外交状况，也能够为泥板书信所证实。也就是说，在阿马尔那时代，大国外交是围绕礼物交换、王室联姻和信息沟通这三大主题展开的，这种交流或交换构成了阿马尔那时代大国外交的主要内容。拉焦涅里说，从广义上讲，从泥板书信中可以发现构成外交政策——王室联姻、礼物交换、书信交换和使节定期往来——的各种各样的外交实践。[②]布赖恩说，“礼物和使节的交换是友好关系的一种表达形式”，[③]而“妇女主要用于交流”，从这个意义上说“她们是礼物”。[④]

（一）礼物交换

马克思主义认为，物质资料的生产是人类最基本的实践活动，是人类社会赖以存在的基础。在人类交换的历史中，物质的交换从来都是最主要的内容。在阿马尔那时代，礼物交换是西亚北非大国外交的主要内容之一，受到了大国的普遍关注。在泥板书信中，大国因为礼物交换而争吵不休，就某件礼物进行冗长的谈判和协商。许多泥板书信的末尾都列出了礼物清单，更有甚者，整块泥板就是一份礼物清单。

---

① Mario Liverani, “The Great Power’s Club,” in Raymond Cohen and Raymond Westbrook, eds., *Amarna Diplomacy: The Beginning of International Relations*, p. 20.

② Rodolfo Ragionieri, “The Amarna Age: An International Society in the Making,” in Raymond Cohen and Raymond Westbrook, eds., *Amarna Diplomacy: The Beginning of International Relations*, p. 50.

③ Betsy M. Bryan, “The Egyptian Perspective on Mittani,” in Raymond Cohen and Raymond Westbrook, eds., *Amarna Diplomacy: The Beginning of International Relations*, p. 77.

④ 乔治·巴塔耶：《色情史》，刘晖译，商务印书馆 2003 年版，第 30 页。

在阿马尔那时代，大国间交换的礼物分为日常礼物和特殊礼物两大类。前者为大国间日常交往中的礼物，后者为大国联姻中的嫁妆、聘礼。日常礼物，包括常规性礼物、非常规性礼物两大类，常规性礼物可进一步分为日常问候礼物、使节礼物两类，非常规性礼物通常为友邦的援助性礼物。

日常问候礼物是大国使节日常往来所携带的礼物，包括普通问候礼物和祝贺礼物两类。按照阿马尔那时代的外交惯例，每次使节出访，都要携带问候礼物送给友邦。大国间的外交信函中频频提及普通问候礼物，并通常以这样的行文格式对此进行表述："与此同时，我给你送去某某东西作为你的问候礼物。"例如，在一封写给埃及的外交信函中，巴比伦王写道："我送给你 3 米那真天青石、5 辆木头战车上的 5 套马作为你的问候礼。"（EA 9: 36-38）在一封信函中，米坦尼王如此说道："现在，我送去（以下物品）作为我的兄弟的问候礼……"（EA 19: 80-85）与普通问候礼物不同，祝贺礼物只有在特殊的情况下才会赠送，如新宫殿、新建筑落成典礼，节日庆典。阿马尔那书信一般以这样的行文格式进行表述：与此同时，我送去某某东西作为你的某某的礼物；与此同时，我将通过某某使节之手给你送某某的礼物。在巴比伦的新宫殿建成的时候，埃及法老送去了祝贺礼："与此同时，我将通过舒提给你送新房的礼物……"（EA 5: 18-33）"我送给你 25 个男子与 25 个女子总共 50 人作为你的问候礼。"（EA 3: 30-31）在举办节日的时候，举办国需要把礼物送给友邦来分享，例如，当埃及法老举办节日庆典的时候，没有按照惯例给巴比伦王送去礼物，招致巴比伦王的外交抗议："当你庆祝一个盛大的节日的时候，你没有派你的使节来到这里……你也没有送来节日的礼物。"（EA 3: 18-20）一国举办节日庆典，作为友邦要通过赠送礼物的方式表示祝贺，如米坦尼举办节日庆典的时候，就曾要求埃及赠送黄金。

在阿马尔那时代，使节一般都会受到出使国的厚待，其中就包括得到出使国的赠礼。尽管出使国把礼物赠送给了使节个人，但使节代表着各国的君王，因此，其所获赠的礼物本质上是大国礼物交换的一个组成部分。在阿马尔那书信中，有一些书信提及了此种礼物，例如，在写给埃及王的信函中，米坦尼王提到其把礼物赠送给埃及使节："至于我的兄弟（埃及王）的使节马奈与我的兄弟的翻译哈奈，我像对神一样地尊崇他们。我（米坦尼王）赐予了他们（马奈与哈奈）很多礼物，我非常友好地接待他们（马奈与哈奈）。"（EA 21: 24-28）米坦尼也提及埃及法老阿蒙霍特普三世赠送给米坦尼使节重 1000 谢克尔的金条。（EA 29:34）

日常礼物中有一种比较特殊的类型，这就是援助性的礼物。此种礼物常常是为了援助友邦修建一些重要建筑物，象征着大国间的友好与互助。例如，为了修建先祖的祭庙，米坦尼王要求埃及赠予黄金，"愿我的兄弟送来我曾向我的兄弟要的（用在）祭庙的大量未加工的黄金！"（EA 29: 163）亚述王也以类似由头要求法老赠送礼物："我正在建设一座新宫殿。请送给我装饰（新宫殿）所用的和（其他）所需的所有黄金。"（EA 16: 16-18）在巴比伦王的新宫殿落成之际，埃及王赠送了一些用具："现在我听说你已经建造了一处新宫室。与此同时，我给你送去一些东西——你房子的用具。"（EA 5: 13-15）

在大国礼物交换中，数量巨大、品目多样、价值连城的当属联姻礼物。在阿马尔那时代，大国联姻具有时效性的特征，一旦联姻双方中有一方去世，就需要重新缔结联姻关系，新王登基如此，联姻公主去世也同样如此。在古代社会，婚姻多数属于有偿婚姻，即男方需要支付聘礼，而女方需要拿出嫁妆。此种婚姻形式，某种程度上具有交换的性质。这与大国间的礼物贸易有某种契合之处。因而，大国之间很快就将大国联姻嵌入到礼物交换的体系之中，从而通过外交联姻的方式，实现了大规模的礼物交换。

大国之间借助外交联姻实现礼物交换的目的，在巴比伦王写给埃及法老的书信中一目了然："如果在这个收获季节，在 4 月（塔穆孜月）或者在 5 月（阿布月），你送来了我写信所提及的黄金，我就会把我的女儿给你。请你愉快地送给我上好的黄金。如果在 4 月（塔穆孜月）或者 5 月（阿布月），你没有送来黄金，导致我不能做完我所从事的工程的话，你愉快地送我（黄金）有什么用呢？在我完成了我所从事的工程后，我还要黄金干什么呢？即使你送我 3000 塔兰特黄金，我也不会接受，将退还给你，我也不把我的女儿嫁给（你）！”（EA 4: 41-50）大国间通过外交联姻，将礼物交换的政策用到了极限，在埃及与巴比伦、埃及与米坦尼的联姻中，双方用于交换的物品数量庞大，品种丰富，甚至整块泥板都用来写礼单，如记载巴比伦与埃及联姻的礼单的第 13 号、第 14 号泥板，记载米坦尼与埃及联姻的礼单的第 22 号、第 25 号泥板（见图 2-6）。米坦尼王图什拉塔提及米坦尼几次联姻，都送去了泥板礼单：“现在，我的父亲的女儿即我的姐妹，在那里了，她的嫁妆的泥板清单也在那里了；我的祖父的女儿即我的父亲的姐妹，在那里了。愿我的兄弟保有她们给你的那两块泥板，愿他听到她们的话。至于我要给的嫁妆的泥板清单，愿他也能给他，愿我的兄弟能听到它（并且知道）嫁妆丰富，嫁妆精良，它符合我的兄弟的心意。”（EA 24, § 22）

在阿马尔那时代，礼物交换被赋予了外交伦理内涵，其构成了西亚北非外交大厦的根基。布里安说，“礼物和使节的交换是友好关系的一种表达形式”；[①] 扎卡尼尼进一步指出，从现实层面而言，当不间断且充足的物质交换——问候礼的交换有效运转时，大国君王间的兄弟关系、友情关系等才会变得真实。[②] 在写给埃及法老的一封信函中，巴比伦王说：“自从我的父亲与你的父亲彼此称朋友之后，他们互送上好的问候礼品。”（EA 9: 7-9）埃及太后泰伊对

---

① Betsy M. Bryan, “The Egyptian Perspective on Mittani,” in Raymond Cohen and Raymond Westbrook, eds., *Amarna Diplomacy: The Beginning of International Relations*, p. 77.

② Carlo Zaccagnini, “The Interdependence of the Great Powers,” in Raymond Cohen and Raymond Westbrook,eds., *Amarna Diplomacy: The Beginning of International Relations*, pp. 144-145.

图 2-6 第 22、25 号阿马尔那泥板书信（左：第 22 号；右：第 25 号）

资料来源：Joan Aruz, Kim Benzel and Jean M. Evans, *Beyond Babylon: Art, Trade, and Diplomacy in the Second Millennium B.C*, pp. 159, 196.

米坦尼使节这样说道：阿蒙霍特普三世对米坦尼友好，“不停地派遣商旅”。（EA 26: 24）从这些表述可以得出这样的一个结论：大国间确立友好关系是礼物交换的前提，礼物交换则是维持大国间友好的必要条件。与现代国家一样，西亚北非大国所追求的外交目标之一，就是深化与友邦的外交关系。而深化外交关系的体现，就是要增加礼物赠送的数量，提升礼物交换的水平。米坦尼王图什拉塔提出深化米坦尼与埃及关系的意见，要求埃及法老送给他“十倍于”过去的“友爱和礼物”，显然，增加九倍的礼物数量，意味着彼此关系大大提升了。亚述王也表达了类似的想法，他说：“如果你的意图是一种美好的善意的话，请送给我大量的黄金。”（EA 16: 32-33）简言之，在阿马尔那时代的大国看来，礼物多寡与彼此关系友好程度密切相关，礼物与友好是同义词。对各国而言，礼物交换是否顺畅，是彼此关系好坏的晴雨表。

该如何看待阿马尔那时代西亚北非大国的礼物交换呢？笔者认为，阿马尔那时代的礼物交换，本质上属于商业贸易，是披着礼物外衣的商品流通交换。巴比伦王写给埃及法老的话语，是对此最好的诠释。巴比伦王对埃及法老说道，别让亚述使节做“任何商业活动……让他们两手空空地返回到（他们的国家）”。（EA 9: 34-35）显然，巴比伦王把亚述使节出使埃及视为商业活动。从巴比伦王写给埃及法老的外交信函中可以看出，使节肩负着商人的使命，在巴比伦王眼中，叙巴地区的地方统治者截杀巴比伦商人的行径，会导致“使节将会被取消”的严重后果。（EA 8: 33）

对于礼物交换的商品贸易本质，还可以从各国处理礼物的方式上体现出来。巴比伦王曾将埃及送来的黄金，进行回炉处理；（EA 3: 14-17）米坦尼王也曾经把埃及送来的黄金切割开来，“当着所有在场人的面，把我兄弟送来的黄金切开了”。（EA 20: 48）从常理而言，外交礼物象征着邦交国的友好关系，是表达彼此敬意的载体，因而善待外交礼物就有某种积极的意义。显然，西亚大国采取了一种看似违反常规的处理方式：切开黄金，或将黄金回炉处理。该如何理解此种做法呢？笔者认为，阿马尔那时代，大国进行礼物交换的目的是获得原材料而非礼品。就米坦尼、巴比伦而言，期望从埃及获取的礼物，是黄金原材料而非黄金制成品。在写给埃及的信函中，米坦尼王不断要求埃及赠送未加工的黄金，“愿我的兄弟，送给我无数的未加工的黄金吧！”（EA 19: 59-60）米坦尼王的话语，道出了阿马尔那时代大国礼物交换背后的真实的动机。

礼物交换中的日常礼物的品种，反映了商品交换的本质。两河流域、叙利亚地区的大国送给友邦的礼物，主要为战车、战马、天青石及其制品，小亚为白银及其制品，而埃及则为黄金、乌木。米坦尼统治下的北叙利亚地区，在改造之前战车的基础上，逐渐发展出了辐条轮的轻型马拉战车，掌握了战车制造的先进工艺，战车制造工艺逐步在两河流域地区流传开来，因而，两河流域成为战车制造的中心。两河流域北部地区很早就发展起了马匹养殖业，巴比伦尼亚在加喜特时代也发展起来了马匹养殖业，因米坦尼在战马驯养上技术先进，这个地区成为战马输出地区。虽然天青石产自今天阿富汗的巴达山，但是，两河流域、北叙利亚地区利用地缘优势，成为天青石向埃及输出的重要中介。小亚的赫梯接近陶鲁斯山区的银矿，因而成为白银输出的中心。新王国时代，埃及形成了三大黄金产地：科普托斯、瓦瓦特、库什。它成为古代西亚北非最重要的黄金产地。埃及同样利用地缘优势，成为非洲乌木输往西亚的中转地。由此可见，大国输出的都是友邦没有或无法获得的稀缺品，因而赋予了大国礼物交换以商品贸易的性质。

从某种程度上讲，西亚北非地区资源分布的不均，造就了大国之间的礼物交换。不管是埃及，还是两河流域，抑或是小亚，都缺少各种资源。对于各国而言，获取短缺物资，不外乎两种方式：战争掠夺与商业贸易。[①] 在获取短缺物资的过程中，大国会逐步构建起以自身为主导的地区性贸易体系。起初，这些体系没有交集，随着生产力的进步，体系的边界逐步向外延伸，最终一些体系对接甚至交会起来。埃及第 18 王朝在叙巴地区的大规模扩张，使以埃及为中心的体系扩展到了叙巴地区，它与以米坦尼为中心的体系实现了对接。随着埃及与米坦尼实现和平，一个相对稳定的、和平的地区性秩序随之确立。战争掠夺显然变得不合时宜，于是，商业贸易成为几乎唯一的方式。此时，不管是埃及，还是两河流域，以国王为代表的宫廷掌握着国家的各种资源，而各国的疆界或势力范围成为这些资源流通的边界。因此，一个大国若想获得稀缺资源，必然要同另外一个大国进行交换。随着西亚北非地区各大国间外交关系的建立，逐步发展起了以大国礼物互赠为形式的贸易体系。

综上可见，阿马尔那时代大国间的礼物交换，是采用礼物交换形式的商品贸易，可以视为一种特殊的贸易形式。这种贸易形式的

① 袁指挥：《阿马尔那时代近东外交体系的特征》，《东北师大学报》2018 年第 1 期。

出现，与几个因素有关：第一，西亚北非地区的区域性体系相互交汇和融合，为商品交易创造了一个便捷的平台。然而，大国势力范围却人为地划定了各个体系的边界，从而形成了物品流通的界限和范围；第二，西亚北非大国的国王控制着绝大多数的稀缺资源，因而，交换的主体必然是各个大国的国王；第三，大国间和平外交秩序的确立，物品交换被赋予了政治友好的内涵。这些因素综合起来，使得商品贸易采取了礼物交换的特殊形式。

（二）王室联姻

王室联姻历来就是国家处理棘手外交问题的方法之一，同时也是密切国家间关系的有效途径之一。在我国的春秋战国时期，各诸侯国为了“结诸侯之信”，往往“重之以婚姻”。[①] 秦国和晋国经常联姻，结成了“秦晋之好”；鲁国和齐国世代通婚，形成了姻亲之国、甥舅之国。显然，“春秋战国王室之间的互相婚娶是增进和发展两国关系的纽带”。[②] 此后，中原地区的王朝出于边境安宁的目的，有时会将公主嫁给边陲政权的首领，如解忧公主远嫁乌孙；也有出于密切中原地区的王朝同边疆民族政权关系的目的，将公主嫁给民族首领的，如唐朝的文成公主远嫁松赞干布。

在西亚北非历史上，国家间的联姻并不是什么稀罕的事情，早在公元前 2400 年前后，埃博拉君主伊尔卡布达姆与埃马尔的君主之间就曾进行过外交联姻，[③] 但是晚期青铜时代（包括阿马尔那时代在内），王室联姻的规模在古代西亚北非历史上是空前的。布赖斯指出，在晚期青铜时代，王室联姻是加强大国之间政治、军事同盟的重要手段之一，从这个意义上说，公主就成为珍贵的外交资源。[④] 迈耶说，王室联姻将晚期青铜时代各种各样的文化联结在一

---

① 《国语》上册，上海师范大学古籍整理组校点，上海古籍出版社 1978 年版，第 157 页。

② 裴默农:《春秋战国外交群星》，重庆出版社 1994 年版，第 35 页。

③ Horst Klengel, *Syria, 3000 to 300 B. C.* p. 29.

④ Trevor Bryce, *Letters of the Great Kings of the Ancient Near East*, p. 107.

起。[①] 如果说礼物交换是从物的角度将大国联系了起来，那么王室联姻从人的角度将大国联结了起来，为赤裸裸的物质交换蒙上一层温情脉脉的面纱。

拉丰（Bertrand Lafont）总结古代西亚北非王室联姻的历史后指出，联姻的一般步骤是：请求者提出请求，接受者表示许可，特使往来以观摩公主、协商嫁妆和聘礼、迎娶公主，最后是出行前往他国以及到达他国后举行庆典。[②] 结合泥板书信提供的有关信息，笔者将这个程序简化为三个步骤。

首先，一国向友邦提出联姻请求。一般情况下，这种请求由使节携带泥板书信向他国提出。例如，埃及法老阿蒙霍特普三世派遣使节向巴比伦王卡达什曼恩利尔一世提出联姻要求——“[我想要你的女儿]”，（EA 2: 7）阿蒙霍特普三世派遣特使马奈向米坦尼提出了联姻要求，“请我的兄弟送来你的女儿做我的妻子，埃及（米西尔）的女主人”。（EA 19: 17-19）一般而言，西亚北非大国为了在外交中赢得主动，往往故意拖延，而不是很爽快地答应他国的要求。巴比伦王卡达什曼恩利尔一世对于埃及的联姻请求，先是以不知道已经嫁到埃及的姐妹的生死为借口不同意联姻，（EA 1）继而提出按照对等准则要求迎娶一位埃及公主，（EA 2; 4）直到提出的条件满足后才将公主嫁给了埃及法老。米坦尼王图什拉塔对埃及与米坦尼几代国王间的联姻所做的回顾，给人留下了更为深刻的印象，其祖父阿尔塔塔马一世在埃及法老提出七次请求后才同意将公主嫁给埃及法老，而其父亲苏塔尔那二世则是在六次之后。（EA 29: 16-20）但是也有例外存在。巴比伦王布尔那布亚什二世在埃及先王阿蒙霍特普三世的妻子（巴比伦公主）死后，主动向埃及法老埃赫那吞提议，再将一名巴比伦公主嫁到埃及。（EA 11: 5-9）这种

① Sam A. Meier, “Diplomacy and International Marriages,” in Raymond Cohen and Raymond Westbrook, eds., *Amarna Diplomacy: The Beginning of International Relations*, pp. 165-166.

② Bertrand Lafont, “International Relations in the Ancient Near East: The Birth of a Complete Diplomatic System,” *Diplomacy & Statecraft*, Vol. 12, Iss. 1, 2001, p. 52.

情况是否背离了大国之间的联姻的步骤呢？只要考察一下巴比伦的外在处境就可以理解了。当时巴比伦以北的亚述正在谋求自立，竭力获取埃及的承认和支持，在这种形势下，巴比伦出于牵制和抑制亚述的外交战略，主动提出要将公主外嫁埃赫那吞。

其次，他国接受联姻要求后，两国的使节在一些具体的事情上进行协商，如嫁妆、聘礼、迎娶的方式等，这个过程往往异常烦琐，十分冗长。下面以埃及与米坦尼的协商过程为例进行说明。图什拉塔同意阿蒙霍特普三世的联姻要求后，允许埃及特使马奈观摩公主的容颜，（EA 19: 21-22）接着图什拉塔向埃及提出黄金聘礼的要求，（EA 19: 56-57）并为此派遣特使凯利亚与马奈到埃及面见法老。（EA 19: 71-77）不久之后，埃及派遣特使马奈返回米坦尼，传达了法老阿蒙霍特普三世的意见，（EA 20: 21-25）显然，埃及与米坦尼就具体事宜达成了一致意见。接着米坦尼开始准备嫁妆。（EA 20: 21-25）由于特使马奈和凯利亚事务缠身无法返回埃及，于是图什拉塔派遣另外一名埃及使节哈拉马西返回埃及，将米坦尼的书信带给埃及法老。（EA 20: 33-35）之后埃及送去了黄金，米坦尼对黄金的质量很不满意，（EA 20: 46-51）图什拉塔提出了严正的抗议。两国经过交涉后，最终在一些问题上达成了共识，至此两国协商结束。除了在嫁妆和聘礼上进行讨价还价外，大国间也得就迎娶公主的仪式进行协商，如巴比伦王对埃及用五乘战车迎娶公主很是不满，认为级别太低、档次不够。（EA 11: 18-24, 42-44）尽管泥板没有给出商谈的结果，但是可以推测两国最终应在这一问题上达成了一致，否则联姻是不能最终实现的。

最后，交付嫁妆和聘礼清单；将公主护送到他国，嫁妆和聘礼同时交付。这一步骤完成后，联姻最终得以完成。在巴比伦王布尔那布亚什二世与埃及法老埃赫那吞的联姻中，第 13、第 14 号泥板就是彼此交付的嫁妆和聘礼清单，很遗憾，他们之间的书信没有提到迎娶公主到埃及和举行婚礼的相关情况。在米坦尼王图什拉塔与埃及法老阿蒙霍特普三世联姻的时候，泥板记载了图什拉塔送给其女儿的嫁妆清单。（EA 22，25）尽管泥板书信没有提供举行婚礼的信息，但是，从埃及的铭文中可以管窥一二。在第18王朝时期，埃及通常用圣甲虫来记载重大庆典，正如阿蒙霍特普三世曾用圣甲虫记载他与泰伊的结婚庆典一般，阿蒙霍特普三世同样用圣甲虫铭刻记载了米坦尼公主嫁到埃及这一盛事，因此，在米坦尼与埃及的联姻上使用圣甲虫来记载这一喜事的做法表明了婚礼庆典的举行。

恩格斯在讨论中世纪王公之间的联姻时说："对于骑士或男爵，像对于王公自己一样，婚姻是一种政治行为，是一种借新的联姻来增加势力的机会；决定因素是家族的利益，而不是个人的意愿。"① 一般说来，阿马尔那时代西亚北非大国之间进行王室联姻的主要目的是密切彼此的友好关系，但是，若做具体的和进一步的分析，至少可以将大国联姻的主要目的分为两种类型。

第一类，以政治目的为主型，即通过王室联姻来密切大国间的政治合作关系。这类是以米坦尼王图什拉塔与埃及法老阿蒙霍特普三世的联姻为代表。图什拉塔诛杀了僭越者皮尔黑，重新执掌了国家政权。几乎与此同时，米坦尼面临着赫梯强有力的挑战，尽管米坦尼挫败了赫梯的进攻，但为了确保王国的安全，米坦尼积极寻求与埃及复交。在这种背景下，两国的联姻就带有了很强的政治色彩。从米坦尼方面来说，联姻可以实现联合埃及抗击赫梯的外交战

① Friedrich Engels, *The Origin of the Family, Private Property and the State*, Moscow: Foreign Languages Publishing House, 1948, pp. 111-112; Friedrich Engels, "The Origin of the Family, Private Property and the State," Karl Marx and Frederick Engels, *Selected Works*, Vol. II, Moscow: Foreign Languages Publishing House, 1958, p. 237. 1972年的中文版将之翻译为"对于骑士或男爵，以及对于王公一样，结婚是一种政治的行为，是一种借新的联姻来扩大自己势力的机会；起决定作用的是家世的利益，而绝不是个人的意愿"，见恩格斯《家庭、私有制和国家的起源》，《马克思恩格斯选集》第4卷，人民出版社1972年版，第74页。1995年的中文版的翻译更接近原文："对于骑士或男爵，像对于王公一样，结婚是一种政治的行为，是一种借新的联姻来扩大自己势力的机会；起决定作用的是家世的利益，而决不是个人的意愿"，见恩格斯《家庭、私有制和国家的起源》，《马克思恩格斯选集》第4卷，人民出版社1995年版，第76—77页。

略；从埃及方面来说，联姻可以树立其政治大国的地位和保障北部势力范围的安全。

第二类，以经济目的为主型，即通过王室联姻来实现物质交流，最大限度地赚取经济利益。这类的典型是巴比伦王卡达什曼恩利尔一世与埃及法老阿蒙霍特普三世的联姻。卡达什曼恩利尔一世露骨地对阿蒙霍特普三世说，他的女儿要嫁给能送他礼物的人，这招致埃及法老的嘲讽、挖苦："也许，你周边的诸王是富裕的和强大的。你的女儿们从他们（周边的诸王）那里得到东西……你把你的女儿送出去以便从你周边的诸王处获得一件衣服，这合适吗？"（EA 1: 56-62）卡达什曼恩利尔一世向埃及下达的最后通牒更是直接暴露了他的心机。他说，若埃及在规定的日期内送来黄金，就把公主嫁给埃及法老，否则就不将公主嫁给他。（EA 4: 41-50）

以上仅仅是从主要目的角度来划分的，并不是绝对的。例如，巴比伦联姻的主要目的是追求经济利益，但是也包含获取政治利益的目的在内；米坦尼联姻的主要目的在政治方面，但是不排除有着经济上的考虑。从埃及方面考虑，不管是与米坦尼联姻，还是与巴比伦联姻，目的都具有双重性，既有政治上的考虑，也有经济上的考量。

值得一提的是，学者普遍认为，在"家天下"的阿马尔那时代，两国之间的友好在本质上是两国君主间的友好，正如布赖斯所言，像条约一样，王室联姻不是两个王国之间的关系，而是两国君主之间的关系。① 从理论上说，当一国君主去世后，由于一方已经不存在，所以这种友好关系便终结了，因此，需要继位者重新与他国君主确认兄弟关系，必要时再次联姻以确认和密切彼此的关系。尽管巴比伦王卡达什曼恩利尔一世的姐妹还活着，但是由于当政的巴比伦王卡达什曼恩利尔一世的父亲已经过世，他的离世意味着他与阿蒙霍特普三世因联姻所确认的两国友好关系终结了，因此，对

---

① Trevor Bryce, *Letters of the Great Kings of the Ancient Near East*, p. 113.

于两国而言，有必要再次联姻以确认两国的友好关系。于是，巴比伦新王卡达什曼恩利尔一世将他的女儿嫁给了阿蒙霍特普三世。米坦尼王图什拉塔掌握政权后，也通过将自己的女儿嫁给埃及法老来重新确认两国的关系。

（三）信息沟通

英国学者艾伦·詹姆斯说："联系是外交的核心"，"外交的必要性在于就各国问题与外国保持日常的联系"。① 联系意味着国家之间存在着信息的交流和沟通，而有效的信息交流会进一步密切国家之间的关系。在大国交往中，彼此之间经常互通信息是很有必要的，一方面可以联系感情，避免误解；另一方面可以实现信息资源共享，有效应对共同的威胁。此外，大国间的泥板书信本身就有传递信息的功能。从类型上看，国与国之间信息交流可以分为三类。

一是日常的信息交流。由于阿马尔那时代的大国天各一方，再加上敌人的离间，不可避免地会产生一些误解，因此，各国有必要进行持续的信息交流和沟通。日常的信息交流主要涉及国王的健康状况、远方亲友的状况、国家工程建设等方面的内容。在第7号泥板书信中，巴比伦王布尔那布亚什二世因为埃及法老埃赫那吞没有问候他的健康而生气，此后埃及的使节就此事与布尔那布亚什二世进行了交流，化解了他的抱怨。此外，大国君主之间会就某些具体的日常事务进行沟通，如巴比伦王卡达什曼恩利尔一世就外交礼节与法老阿蒙霍特普三世进行了交流；（EA 3:18-29）由于巴比伦的使节没有看到远嫁埃及的公主，巴比伦王就公主的生死与埃及法老进行了争执，于是，两国之间就此事不断进行交流和沟通。（EA 1:10-52）

二是突发事件的交流。西亚北非各大国之间，生活着一些半游牧部落，它们往往威胁着使节的安全。因此，大国之间就此进行沟通和交流，以避免事态进一步恶化。在第16号泥板书信中，亚述

---

① 金正昆：《现代外交学概论》，第9页。

王阿淑尔乌巴里特一世就埃及使节被苏图人阻碍一事，向埃赫那吞做了通报，（EA 16: 36-42）这是两国君主在使节安全上所做的信息交流。在巴比伦与埃及之间的使节往来中，使节安全问题相当突出。巴比伦王布尔那布亚什二世的使节萨尔穆遭到了大马士革统治者比尔亚马扎和另一个小国统治者帕马胡的抢劫，（EA 7: 73-82）为此，布尔那布亚什二世向埃赫那吞通报了这一事件。布尔那布亚什二世又向埃赫那吞通报了使节在埃及所属的迦南地区被杀一事，指出如果埃赫那吞不做妥善处理的话，事态会进一步恶化，势必会把巴比伦与埃及之间的信息交流通道切断。（EA 8: 13-41）此外，独立国家阿拉什亚对突发事件的通报，也可作为旁证，阿拉什亚王在写给埃及法老的书信中，对本国发生瘟疫的情况进行了通报，希望埃及法老原谅他没有及时派遣埃及的使节回国。（EA 35: 35-39）

三是政治形势方面的交流和沟通。科亨对泥板书信的情报和信息交流进行了专门的研究后指出，泥板书信中论述的主题之一就是政治情报：除了附属国的书信具有情报性质外，大国之间的书信也具有情报交流的性质。[①]出于维护共同利益的考虑，大国之间就一些重大事务彼此进行通报，以便能够有效地应对。米坦尼王图什拉塔粉碎赫梯的进攻后，将战争的状况通报给埃及法老阿蒙霍特普三世。（EA 17: 30-35）对于米坦尼和埃及来说，哪一国都不希望看到一个强国在安纳托利亚高原上崛起，因此，米坦尼将这个信息透露给埃及，以便共同应付这种新情况和新局面。埃及与阿尔扎瓦之间的书信提到信息交流，可作为旁证。在信中，法老埃赫那吞向阿尔扎瓦王说，赫梯的进攻已经被粉碎了。（EA 31: 22-38）科亨认为，对于阿尔扎瓦来说，赫梯被米坦尼击败已经不是什么新闻，法老提到这些是为了表明他在国家间交换情报上有巨大兴趣。[②]

---

① Raymond Cohen, “Intelligence in the Amarna Letters,” in Raymond Cohen and Raymond Westbrook eds., *Amarna Diplomacy: The Beginning of International Relations*, p. 85.

② Raymond Cohen, “Intelligence in the Amarna Letters,” in Raymond Cohen and Raymond Westbrook eds., *Amarna Diplomacy: The Beginning of International Relations*, pp. 86-87.

不管是日常的信息交流，还是国际形势方面的沟通，都必须由使节来完成，使节是信息交流的工具和载体。因此，正常而有序的互派使节是信息及时沟通的重要保障，因为只有使节的到来才能带来信息，只有使节在大国之间的奔波才能实现信息交流和互动。在泥板书信中，经常读到要求对方别扣留使节的语句，例如，巴比伦王布尔那布亚什二世要求埃及法老埃赫那吞，“不要扣留我的［使］节，让他们尽快到［我］这里”。（EA 8: 46-47）他也强烈要求埃及法老埃赫那吞“尽快”给他的“使节们交代情况，让他们回来”。（EA 7: 52）米坦尼王图什拉塔也发出同样的呼唤：“我派我的使节凯利亚到我的兄弟处，愿我的兄弟别耽搁他！”（EA 19: 71-72）以上这些要求和呼声，在一定程度上反映了这些国家对信息交流的渴望，同时，也说明了使节在信息交流中的重要作用。

第三节　外交关系的建立、中断、重建和确认

在任何时代，国家之间建立外交关系都是一件非常重大的事情，这在阿马尔那时代的西亚北非也不例外。在泥板书信中，可以看到关于大国之间外交关系的建立、中断、重建的例子，值得一提的是，在古代西亚北非，还有外交关系重新确认的外交惯例。

一　关于友好关系的术语

在泥板书信中，最常见的关于友好关系的术语是“友善”（*ṭābūtum*），[①]“无疑阿马尔那书信中的 *ṭābūtu*，指的是通过条约所产生的关系，大量证据可以证实它与‘兄弟关系’一词同时出现”。[②]这个词是从“香甜或友好”（*ṭābum*）演变来的，它可以作

---

① 出现在 EA 4: 15; 6: 9-10; 8: 9; 9: 8; 10: 10, 23; 11: 51; 15: 32; 17: 15 中。

② William L. Moran, “A Note on the Treaty Terminology of the Sefîre Stelas,” *Journal of Near Eastern Studies*, Vol. 22, No. 3, Jul. 1963, p. 175.

为修饰语，表明兄弟之间的关系是良好的，如在第 1 号泥板书信中第 64 行的“良好的兄弟关系”[*at-ḫu-ut-ti ṭābti*(dug.ga)[ti]]，也可以作为形容词构成形容词句子，来表达两国关系的友好，如第 8 号泥板信书信第 12 行的“让我们友好”（*ni-i-nu lu ṭa-ba-nu*），第 17 号泥板书信第 21 行的“因为你与我的父亲友好”（*ki-i at-ta it-ti a-bi-ia ṭa-ba-a-ta*）和第 19 号泥板书信第 32 行的“让我们友好”（*lu-ú ṭá-a-bá-nu*）。

因为大国君主之间互称兄弟，所以也使用“兄弟关系”（*atḫūtum* 或 *aḫḫūtum*）一词，① 指代大国之间的友好外交关系。

此外，“好事情”（*amatu banita*）一词也指代两国之间的友好关系。② 类似的表达出现在马里泥板书信中。马里国王雅瑞林写信给卡特那（Qatanum）的国王说：“我们之间发生好事情”，其中，“好事情”用 *awātim damqātim* 来表达，③ 在泥板书信中也使用“和平或缔结和平”（*sulummûm*）。④ 在第 11 号泥板书信第 50 行，同时使用了以上几个表达友好关系的词语：[*bi-ri*] *šarrāni*(lugal[meš]) *aḫ-ḫu-tu*$_4$ *ṭa-bu-tu*$_4$ *sa-li-mu ù a-ma-tu*$_4$ [*ba-ni-tu*$_4$]，由此可以看出这几个词能够表达相近甚至是相同的意思。

在米坦尼写给埃及的泥板书信中，米坦尼王使用最多的一个词是“爱或友爱”（*ra'āmum* 或 *râmum*），显然他用此词指代米坦尼王和埃及法老之间的友好关系。这个词的使用非常频繁，两国之间的泥板书信几乎都使用了这个词，甚至在一封泥板书信中数次提及。这个词用作 Gt 词干，有“保持爱，保持友情”的意思，如第

---

① 前者出现在 EA 1: 64；后者出现在 EA 1: 64; 4: 15; 11: 51。

② 该词出现在 EA 7: 37-39 中：*a-ma-ta ba-ni-ta ša ul-tu pa-na i-na ga-at šar-ra-ni ma-ah-ra-nu-ma šu-ul-ma a-na a-ha-mi-iš ni-iš a-ap-pa-[ra] ši-i-ma a-ma-tum i-na bi-ri-ni lu ka-a-a-na*。在本书附录中对该泥板书信做翻译时候，笔者把该词意译为“友好关系”。

③ William L. Moran, “A Note on the Treaty Terminology of the Sefîre Stelas,” *Journal of Near Eastern Studies*, Vol. 22, No. 3, Jul. 1963, p. 175.

④ 该词出现在 EA 29: 6; 42: 19 中。在 EA 41: 18 使用了 *šulmāniš* 一词的变体形式 *šulmāna* 来表示和平。

29号泥板书信的第122—123行的“他们将友情永久地保持在他们的心中”（[*i- n*]*a lìb-bi-šu-nu ir-t*[*a -na-‘-a-mu ma-a-d*]*ì-iš dan-níš*）。

此外，赫梯写给埃及的书信还出现了“友情或友谊”（*atterūtu*，EA 41: 9）一词，米坦尼、奴兹和赫梯首都哈图萨所出土的文献中也可以经常看到这个词。

二　外交关系的建立

在阿马尔那时代，两个国家若要建立友好关系，往往是一个国家向另一个国家提出要求，等到另一个国家认可后，方能建立外交关系。最典型的例子是亚述与埃及友好关系的建立。正如前面所分析的，在与埃及建立友好关系之前，亚述王没有使用“兄弟”这个词，等到埃及认可之后才开始与埃及法老称兄道弟。很遗憾，现存亚述和埃及的通信只有两封，因此，不能够详细了解两国协商建交的具体细节。尽管如此，通过收集泥板书信中零散的信息，仍然可以看出两国外交关系建立的大致轮廓。

一般而言，在建立友好关系之前，一国向他国派出使节，携带泥板文书，向他国提出“让我们之间建立起友好的兄弟之谊吧！”（EA 1: 64）一旦对方同意，两国的君主就正式宣布他们之间已经建立了朋友关系，因此两国也就确立了友好关系。

正常情况下，两个国家的友好关系是比较稳定的。虽然，王位更替后需要重新确认两国的友好关系，但这并不等于得要重新建立这种友好关系，而是需要一国新继任的国王与另一国的国王或者另一国新继任的国王重新确认先王之间的友好关系。这一点可以从巴比伦王所说的话语中看出来：“就如以前你和［我的］父亲彼此友好，现在，愿我和你彼此［友好］。”（EA 6: 8-10）从逻辑角度讲，因为先王与埃及法老友好，新王自然会继承这种关系，“太古以来我们的诸先王有着友好关系，（因此）我们应该彼此互致问候”。（EA 7: 37-38）尽管这种友好关系具有继承性，但是还需要彼此“宣布了朋友关系”，（EA 8: 9）以此来正式确认彼此之间的友好关系。

三 外交关系的恶化、中断和重建

在阿马尔那时代，西亚北非大国外交恶化的例证主要来自米坦尼与埃及。埃赫那吞登上埃及王位后，米坦尼与埃及的关系一路下滑、不断恶化，这主要体现在以下两个方面：礼物交换次数的减少，甚至礼物交换中断；使节往来渠道受阻，甚至出现长时间扣留使节的情况。面对与埃及关系恶化的态势，尽管米坦尼王图什拉塔付出了诸多努力，无奈埃及法老埃赫那吞反应冷淡，最终致使米坦尼在赫梯的攻击和埃及的冷遇下，孤立无援，遭受了亡国的灾难。尽管泥板书信中可以看到很多关于礼物和使节争吵的例证，但是，最显著的体现还是在米坦尼与埃及的外交书信中，并且，从争论的程度而言，米坦尼与埃及的争吵也最为激烈。大国之间争吵在所难免，但是一旦超出了适度的范围，那么，这种争吵就会改变性质。

从大国外交关系中断的角度而言，存在两种类型：一种是自然中断，如一个国家灭亡了，该国与其他国家的外交关系就自然终止了，理论上说米坦尼的灭亡就是埃及与米坦尼关系的自然终结；另一种是人为中断，即一个国家因为统治者的意愿而中断了与其他国家的外交关系，如皮尔黑掌握米坦尼政权时，米坦尼与埃及关系的中断。

在米坦尼与埃及的泥板书信中还看到了外交关系重建的例子。米坦尼本来在图特摩斯四世时代就与埃及建立了友好关系，但是，图什拉塔执掌政权之前，因为国内动乱，米坦尼与埃及的友好关系中断了。图什拉塔诛灭皮尔黑后，着手重建与埃及的友好关系，因为中断并非图什拉塔的真实意思。他强调说，皮尔黑不允许他“与任何一个爱我的人友好”，（EA 17: 15-16）所以，他在与埃及法老的通信中，仍然互相称呼兄弟。从这一事例可以看出，虽然一国因内乱而中断了与他国的外交关系，在清除内乱后，他们的友好关系可以很容易建立起来，因为这是非正常方式的中断，断交并非出自其真实意愿。

四　外交关系的确认

所谓外交关系的确认，指的是友邦中的一国新君即位的时候，友邦之间应该重新确认彼此的友好关系。例如，第 6 号泥板书信就是巴比伦新国王布尔那布亚什二世写给埃及法老阿蒙霍特普三世的重新确认外交关系的书信，从书信的内容来看，主旨是表明布尔那布亚什二世会像巴比伦先王一样与阿蒙霍特普三世友好。当阿蒙霍特普三世去世后，埃赫那吞重新确认了与布尔那布亚什二世的友好关系，尽管重新确认友好关系的书信没有保存下来，但是从第 8 号泥板书信中布尔那布亚什二世所引述的话可以判断出这封信是存在的。“我和我的兄弟，我们一起宣布了朋友关系，我们说了这样的话：‘像我们的父辈彼此友好一样，让我们也友好吧！’”显然，这里所说的宣布朋友关系就是重新确认友好关系。同样，第 41 号泥板书信也是一封外交关系重新确认的文书。在这封信中，赫梯国王苏皮鲁流马一世要求与埃及新任法老埃赫那吞重新确认他与阿蒙霍特普三世开创的友好关系。

友邦之间除了以书信重新确认彼此之间的关系外，还通过王室联姻来重新确认彼此之间的联姻关系。如米坦尼王图什拉塔掌握政权后，将自己的女儿塔杜希帕嫁给了埃及法老阿蒙霍特普三世，从而确认了彼此之间的联姻关系。同样，巴比伦王卡达什曼恩利尔一世即位后，将自己的女儿嫁给了埃及法老阿蒙霍特普三世，将彼此之间的联姻关系予以确认。阿蒙霍特普三世驾崩后，巴比伦王布尔那布亚什二世将自己的女儿嫁给了埃赫那吞，从而确认了彼此之间的联姻关系。

第四节　使节制度

早在上古时期，“各国之间互相派遣临时性的使节”，可以说，

"自从有国际交往，也就有临时性使节往返"。① 在西亚地区，很早就产生了使节。在史诗时代（前王朝时代），使节就为各种外交事务而穿梭于各个城邦之间，苏美尔史诗《吉尔伽美什与阿伽》《恩美卡与阿拉塔之王》描述了基什王派遣使节到乌鲁克从事外交活动，乌鲁克王恩美卡几次派遣使节出使阿拉塔。② 此后，使节作为国家之间联系的中介，发挥着越来越重要的作用。在阿马尔那时代，使节的作用更是重大，他们担负起了大国之间外交往来的重任。

一　关于使节的术语和称谓

在泥板书信中，"使节"一词通常用表意符 dumu 与表音符 *šipri* 组合成词组 *mār šipri*，但在一些泥板中也用表意符 lúdumu.kin 来表述。若把这个合成词分开进行分析，就可以看出它的意义：*māru*，最原始的含义为"儿子"，后来引申为"社会群体的成员、雇佣者、宗教团体成员"，③ *šipri* 是"报告、信息"之意，两者组合起来就是报信者、使节、使者的意思。在古阿卡德语、古亚述语中，通常把使节写作 *šipri*，一般不与 *māru* 组合起来使用，例如，"城市和卡尼什港口的使节"（*ší-ip-ru ša ālim u kārum Kaniš*）。④ 有学者认为，"由于在古亚述语和古阿卡德语中 *šipru* 都保留了'信使'的意思，因此更有可能的是，*mār šipri* 是在古巴比伦时期出

① 王铁崖主编：《国际法》，法律出版社 1981 年版，第 277 页。

② 吴宇虹：《记述争夺文明命脉——水利资源的远古篇章：对苏美尔史诗〈吉勒旮美什和阿旮〉的最新解释》，《东北师大学报》2003 年第 5 期；Samuel Noah Kramer, *Enmerkar and the Lord of Aratta: A Sumerian Epic Tale of Iraq and Iran*, Philadelphia: University Museum, University of Pennsylvania, 1952, pp.12-41；拱玉书：《升起来吧！像太阳一样——解析苏美尔史诗〈恩美卡与阿拉塔之王〉》，昆仑出版社 2006 年版，第 307—388 页。

③ A. Leo Oppenheim and Erica Reiner, *et. al.*, eds., *The Chicago Assyrian Dictionary of the Oriental Institute of the University of Chicago*, Vol. 10, Part 1, Chicago: The Oriental Institute, 1977, pp. 314 - 315.

④ Erica Reiner, *et. al.*, eds., The Chicago Assyrian Dictionary of the Oriental Institute of the University of Chicago, Vol. 17, Part 1, Chicago: The Oriental Institute, 1989, p. 74.

现的一种职业称呼”。①

在古苏美尔语中，把使节叫作 kin-gi$_4$-a，字面意思是“带着欣喜返回来的人”，② 如在史诗《恩美卡与阿拉塔之王》中，用该词称呼奔波在乌鲁克与阿拉塔之间的使节。③ 古阿卡德语中，除了写作为 *šipri* 之外，偶尔还有 lú-kin-gi$_4$-a 和 *mārū*(dumu) *ší-ip-ri-a* 的写法。④ 在乌尔第三王朝时期出土的文献中，经常用 sukkal 称呼出使他国的官员，把主管外交事务的官员叫作 sukkal.mah，此外还有一种从事外交活动的官员叫信差（^{lú}kas$_4$）。⑤ 在古亚述时期，提及最多的是 *ší-ip-ru ša ālim*（城市的使节），*ší-ip-ru ša kārim* PN（某某港口的使节），这说明在这个时期，使节更多的作用是体现在商业上，此时还出现了 *ší-ip-ru ekallim*(é-gal)，即“宫廷的使节”，在某种程度上，这说明使节一词的使用逐渐由私人向公室扩展。⑥ 在古巴比伦时期，“使节”一词更加频繁地出现在文献中，马里泥板中曾经提到“卡特那的使节们”（*mārī*^{meš} *ši-ip-ri* ^{lú}*Qa-ta-na-ya*[^{ki}] / *mārū*^{meš} *ši-ip-ri* ^{lú}*Qa-ta-na-y*[*u*^{ki}] / [*mārī*^{meš}] *ši-ip-ri* ^{lú}*Qa-ṭà-nim*$^{k[i]}$），“埃什嫩那的使节（们）”（*mār*[*ī*^{meš}] *ši-ip-ri* ^{lú}*Èš-nun-na*^{ki} / *mār ši-ip-ri-im* ^{lú}*Èš-nun-na*^{ki} / *mārū*^{meš} *ši-ip-ri*

① Samuel A. Meier, *The Messenger in the Ancient Semitic World*, p. 12.

② John A. Halloran, ed., *Sumerian Lexicon: A Dictionary Guide to the Ancient Sumerian Language*, Los Angeles: Logogram Publishing, 2006, p. 146.

③ Samuel Noah Kramer, *Enmerkar and the Lord of Aratta: A Sumerian Epic Tale of Iraq and Iran*, pp. 10, 12, 16, 18, 20, 22, 24, 26, 28, 30, 32, 34, 36, 38, 40; 拱玉书:《升起来吧！像太阳一样——解析苏美尔史诗〈恩美卡与阿拉塔之王〉》，第 317、322、323、331、333、338、339、340、343、347、353、354、359、361、363、365、366、367、368、371、372、373、376、379 页。

④ Erica Reiner, *et. al.*, eds., The Chicago Assyrian Dictionary of the Oriental Institute of the University of Chicago, Vol. 17, Part 1, pp. 73 - 77.

⑤ John A. Halloran, ed., *Sumerian Lexicon: A Dictionary Guide to the Ancient Sumerian Language*, pp. 136, 240.

⑥ 参见 Erica Reiner, *et. al.*, eds., *The Chicago Assyrian Dictionary of the Oriental Institute of the University of Chicago*, Vol. 17, Part 3, Chicago: The Oriental Institute, 1992, pp. 74-75。

^{lú}*Èš-nun-na*^{ki}），“巴比伦的使节”（*mārū*^{meš} *ši-ip-ri Bâbili*^{ki}），“库尔达的使节们”（*mār[ū*^{meš}*] ši-ip-ri Kur-da-ya*^{ki}），“库尔达王的使节”（*mār ši-ip-ri-im ša šar Kur-da*^{ki}），“埃兰的使节们”（*mārī*^{meš} *ši-ip-ri E-la-mi-i / mārū*^{meš} *ši-ip-ri E-la-mi-i*），“埃兰宰相的使节们”（*mārī*^{meš} *ši-ip-ri ša sukkal [El]amtim*^{tim}），“埃卡拉图的使节们”（*mārī*^{meš} *ši-ip-ri É-kál-la-ta-ya*^{ki}），“延哈德的使节”（*mār ši-ip-ri-im Ia-am-ḫa-du-um*），“泰尔姆努的使节（们）”（*mārī*^{meš} *ši-ip-r[i-im]* ^{lú}*Te-el-mu-nu-ú*[^{ki}] / *mār ši-ip-ri-im* ^{lú}*Te-el-mu-ni-i-im*^{ki}）。① 在马里泥板中，通常把外国的使节称呼为 *mār šipri*，而把本国的使节称为“某某国王的奴仆”（*wardū*），② 这说明在古巴比伦时期，使节在政治生活中发挥的作用在逐渐增强。而到了阿马尔那时代，由于大国外交的发展和交往地域的不断扩大，在各国君主的交往中，使节的沟通作用更加重要。这就是使节一词频频在泥板书信中出现的原因之一。

一般认为，阿卡德语中的“使节”一词在古埃及语中的对应词是 *wpwty/ỉpwty*（），这个词的祭司体文字出现在第 27 号泥板书信背面左下边缘的题记中，“统治的第 2 年，冬季的 1 月 9 日，当在南城的 *Ḥ*ʿ*-m-ȝḫwt* 的要塞中的时候，复制了使节皮里西、图鲁布里带来的那哈林的书信”（*ḥȝt sp* 2 *ȝbd* 1 *prt* [*sw* 9](?) *ỉw.tw m nwt rsyt m pȝ bḫn n Ḥ*ᶜ*-m-ȝḫwt mỉtt n š*ᶜ*t N-h-*[*r*]*-n ỉn.n. wpwty Pỉ-rỉ-sỉ wp*[*wpty Trbr*]）。从词源学上看，这个词是由名词 *wpwt*（）加上词尾 *-y*（）构成的，而名词的意思是“信息、

① Georges Dossin, *Archives Royales de Mari 1: Correspondance de Šamši-Addu et de Ses Fils*, pp. 48, 50, 53, 104, 158; Charles-F. Jean, *Archives Royales de Mari 2: Lettres Diverses*, pp. 45, 98, 136, 138, 186, 210; J. R. Kupper, *Archives Royales de Mari 3: Correspondance de Kibri-Dagan, Gouverneur de Terqa*, Paris: Imprimerie Nationale 1950, pp. 76, 78; Georges Dossin, *Archives Royales de Mari 4: Correspondance de Šamši-Addu et de Ses Fils*, Paris: Paul Geuthner, 1951, p. 22.

② Samuel A. Meier, *The Messenger in the Ancient Semitic World*, p. 3, n. 9.

任务、命令、吩咐、要求”。《埃及语言词典》将这个词解释为送信人、信差、使者、使节，它既用来指人类的使节，也可以指神祇的使者。[①] 其中，国王的使节（ *wpwty nswt*）的地位最高，一般是国王派遣到国外执行特殊任务的使节。[②] 有时候，还把国王的使节称为“派往所有外国的国王的使节 / 派往所有国家的国王的使节”（ *wpwtyw nswt r ḫ3st nb*/ *wpwtyw nswt r t3 nb*）。[③] 埃及法老拉美西斯二世与赫梯国王哈图什里三世的和平条约的埃及版本，提到前来商讨和平条约的赫梯使节的时候，将之称为国王的使节（）。[④] 但是，在西塞姆语中，阿卡德语中的“使节”一词的对应词为 *mal'āk*。[⑤] 在胡里语中，阿卡德语中的“使节”一词的对应词为 *paššitḫi*，在胡里语写成的第 24 号泥板书信中，在提及马奈的地方，多次使用了这个术语。（EA 24，§ 5：53，§ 6：59，§ 7：72，§ 9：83，§ 10：114，§ 11：14，§ 14：57，§ 18:111，§ 29：40）在赫梯语中，一般把使节称呼为 *halukat(t)alla*，该词是在 *haluka*（意思为信息）的基础上形成的，[⑥] 在赫梯语写成的第 31 号泥板书信中，就用该词来称呼使节，（EA 31：12）而在赫梯语写就的第 32 号泥板书信中，用赫梯语词 *temia* 来称呼使节。（EA 32：11）

---

① Adolf Ernan und Hermaan Grapow, *Wörterbuch der Aegyptischen Sprache*, Bd. 1, Berlin: Akadmie Verlag, 1971, p. 304.

② Georg Steindorff, “The Statuette of an Egyptian Commissioner in Syria,” *Journal of Egyptian Archaeology*, Vol. 25, No. 1, Jun. 1939, pp. 31-32.

③ Richard H. Wilkinson and Noreen Doyle, “Between Brothers: Diplomatic Interactions,” in Pearce Paul Creasman and Richard H. Wilkinson, eds., *Pharaoh's Land and Beyond: Ancient Egypt and Its Neighbors*, Oxford: Oxford University Press, 2017, p. 84; Alan H. Gardiner, *Ancient Egyptian Onomastica*, Vol. 1, London: Oxford University Press, 1947, pp. 26*-27*.

④ Kenneth A. Kitchen, *Ramesside Inscriptions*, Vol. 2, p. 226.

⑤ Samuel A. Meier, *The Messenger in the Ancient Semitic World*, p. 2.

⑥ Jaan Puhvel, *Hittite Etymological Dictionary*, Vol. 3, Berlin and New York: Mouton de Gruyter, 1991, pp.44-46; Johann Tischler, *Hethitisches Etymologisches Glossar*, Teil I, Innsbruck: Institut für Sprachwissenschaft der Universität Innsbruck, 1983, pp.136-137.

不管是阿卡德语的表述，还是埃及语的表述，使节一词都没有严格的意义，适用范围比较宽泛，属于一个泛称。正如利韦拉尼所指出的，“尽管使节这一术语（巴比伦语 *mār šipri*，埃及语 *wpwty*）通常是一样的，但是，使节的级别和作用随着其携带了的信息的不同而有所差别”。①

二　使节的分类及构成

正如上文所言，泥板书信虽然将这些出使他国的人通称为 *mār šipri*，在埃及语中的对应词为 *wpwty*。事实上，通过分析泥板内容可以发现，这类人中除了一般的报信者、使节外，还有一些负有特殊使命的人员。因此，如果按照字面意思，将其简单地理解为“使节”或者“大使”的话，那么就是将复杂的问题过于简单化了。一般来说，使节可以分为信差、一般使节和特使三种。如果从派遣者身份的角度来划分，可以发现至少存在四类使节：国王的使节、王后或太后的使节、王子的使节以及大臣或地方官员的使节。这四类使节中的每一类都还可再划分为信差、一般使节和特使三类。如果考虑出使对象的不同，可以将使节分为三类：第一类是出使大国的使节，如出使埃及、赫梯、亚述、米坦尼和巴比伦的使节；第二类是出使独立国家的使节，如出使阿拉什亚、阿尔扎瓦的使节；第三类是出使附属国的使节，这类使节通常是以信差的身份出现的。第一类使节和第二类使节也可以分为信差、一般使节和特使三类。

奥勒对使节的构成做了这样的论断：如果出使任务是个人的事情，统治者从王室中选派使节，因这些人与出使的国家或者宫廷有这样或那样的关系，才会被挑选为使节。② 诚然，使节的任务性质各有不同，可能使节的构成也会不同。但是，正如以上所做的分

① Mario Liverani, *International Relations in the Ancient Near East, 1600-1100 BC*, p. 71.

② Gary Howard Oller, “Messengers and Ambassadors in Ancient Western Asia,” in Jack M. Sasson, ed., *Civilizations of the Ancient Near East*, Vol. III and IV, p. 1466.

析，在阿马尔那时代，使节是一个一般性的称谓，既指一般跑腿送信的人，也指一些普通使节，还指商讨国家间重大事务的特使。鉴于使节构成成分的复杂多样，在尝试分析使节构成的时候，也必然要从不同角度进行探讨。对于信差的构成，泥板书信只是泛泛称之为使节，没有给出姓名，从这一点来看，这类使节的地位不高，因此可以推断出，他们来自低级官吏。对于第二类使节，即一般使节，他们的地位较高，很可能有口头传话的资格，来源于高级官员。第三类使节，即特使，其地位最为重要，可能是国王的重臣或亲信。如米坦尼的特使凯利亚的头衔是宰相 [^{lú}*šukkalli*(sukkal)^{li}]。（EA 17：46）关于使节的身份、地位和构成，尽管泥板书信没有给出详细的信息，但是可以从马里泥板得到旁证。在马里泥板中，特使通常是宫廷中重要的大臣，他们具有很多重要头衔，担任着重要官职。①

值得一提的是，商人与使节的关系究竟如何呢，也即使节是否由商人充当，或者使节本身是否具有商人的职能呢？众所周知，在后世的拜占庭和 17 世纪的欧洲各国，都曾使用过商人作为使节，著名的英国外交学家尼科尔森认为，拜占庭的外交被贸易往来的实用主义与商业活动中讨价还价的本位主义所促进。② 在阿马尔那时代，使节与商人的关系又是怎样的呢？

迈耶指出，在塞姆语世界中，外交和贸易关系的紧密是显而易见的，似乎多数外交工作是由商人完成的，使节“不仅是信息的传递者，因为还运输货物并活跃在市场上”，在阿马尔那时代似乎也是如此，“阿马尔那时期的国王认为这些人是‘我的商人’和‘我的使者’”。（EA 39：10-16）③ 科亨认为，商人和使节不仅结伴而

---

① J. M. Munn-Rankin, “Diplomacy in Western Asia in the Early Second Millennium B. C.,” *Iraq*, Vol. 18, No. 1, Spring, 1956, pp. 99-100.

② Harold George Nicolson, *Diplomacy*, Washington: Institute for the Study of Diplomacy, 1988, pp. 55-62, 162.

③ Samuel A. Meier, *The Messenger in the Ancient Semitic World*, pp. 3, 21.

行，而且有时候商人就是使节，使节也具有商人的身份。① 利韦拉尼则认为，偶尔委托商人携带官方书信的习惯，是一种比较经济的途径。② 从泥板书信中可以看出，巴比伦的使节萨尔穆兼有商人的身份。③ 阿拉什亚国王在送给埃赫那吞法老的书信中提到商人时说："这些人是我的商人。"（EA 39: 10-16）尽管在泥板书信中没有提及这些商人的"使节"头衔，但是，有些学者仍然认为他们的另外一个身份就是使节。④ 可以确定的一点是，使节与商人之间的关系是很密切的，这些使节除了具有政治上的职能之外，可能经常性身兼经济上的职责，并不像现在的外交使节那样高度专业化。西方学者霍尔默斯的话很具有启发性，他说："使节所携带的大量礼物表明了各国王室间的礼物交换在功能上是大国之间的商业媒介，因此，使节行使了国王商业代理人的职能。"⑤

在阿马尔那时代，一些长期从事外交活动的官员及其家族，似乎具备了某种优势，得到了国王的认可。迈耶注意到，米坦尼王图什拉塔点名要求法老阿蒙霍特普三世派遣埃及使节马奈，（EA 24）而米坦尼王派遣了凯利亚的叔叔取代凯利亚，特别请求埃及法老阿蒙霍特普三世原谅，显然两国都信任对方的某个使节。此外，巴比伦王也要求派遣某个埃及使节，"至于你派遣来的你的官员哈亚，与他在一起的战车和士兵太少了。请派来更多的战车与士兵，以便哈亚把国王的女儿带给你！不要派其他官员来！"（EA 11:41-43）迈耶对此如此认为，"很明显，某些使节的需求是如此之大，以至

① Raymond Cohen, "The Great Tradition: The Spread of Diplomacy in the Ancient World," *Diplomacy & Statecraft*, Vol. 12, Iss. 1, Mar. 2001, p. 35.

② Mario Liverani, "The Great Power's Club," in Raymond Cohen and Raymond Westbrook, eds., *Amarna Diplomacy: The Beginning of International Relations*, p. 22.

③ 在 EA 7: 73 中，萨尔穆的头衔是使节（*mār šipri*）；在 EA 11: 37 中，他的头衔是商人（*tamkār*）。

④ Mario Liverani, "The Great Power's Club," in Raymond Cohen and Raymond Westbrook, eds., *Amarna Diplomacy: The Beginning of International Relations*, p. 22.

⑤ Y. Lynn Holmes, "The Messengers of the Amarna Letters," *Journal of the American Oriental Society*, Vol. 95, No. 3, Jul. - Sep. 1975, p. 379.

于使节成为他们在为王家当差时的专门职务。提及使节姓名的文献，清楚地表明了许多人在长达几年的时间里专门充任使节……信使也可能只被派去执行具体任务”。[①] 在阿马尔那时代，有时候同一家族的几位成员都曾出任使节，例如，米坦尼特使凯利亚、他的叔叔马斯巴德里和他的兄弟都是米坦尼的使节，（EA 29: 156-159, 162）在凯利亚滞留埃及期间，他的叔叔和兄弟担任使节出使埃及。这是否意味着一种“使节家族”的出现呢？对此问题，笔者不敢做肯定或否定的回答，因为除此之外，没有发现其他例证。这种情况的出现，可能是由于凯利亚在外交中的良好声誉，及其家族对外交事务的熟悉，米坦尼王才任命其家族的其他成员出任使节的，当然，也不排除其家族成员本身具有很强的外交素质。

三　使节的职业素质

对于现代的外交官而言，基本的素质是聪明、干练、接受过专业训练、在口头表达和书面表达上游说能力较强。[②] 古印度的《摩奴法典》认为，使节应该精通各门法律，善于察言观色，作风正派，出身显赫，而“国王的使节，和蔼，廉洁，机敏，强记，熟知天时地利，威仪堂堂，大胆且雄辩时，为大家所推重”。[③] 波斯人尼扎姆·莫尔克在其著作《治国策》中谈到使节的素质时说：“就一个使节而言，他应当效忠国王，敢于慷慨陈词；应当游历四方，对每一门学问都有所涉猎；应当记忆超群，深谋远虑；应当身材高大，相貌端庄……”[④]《恩美卡与阿拉塔之王》描述了使节的素养之一为记忆力强，使节在出使前须牢记恩美卡的命令与指示。那么，在阿马尔那时代，那些在大国之间奔走的使节的基本素质是什么

---

① Samuel A. Meier, *The Messenger in the Ancient Semitic World*, p. 15.

② Geoffrey Berridge, “Amarna Diplomacy: A Full-fledged Diplomacy System?,” in Raymond Cohen and Raymond Westbrook, eds., *Amarna Diplomacy: The Beginning of International Relations*, p. 217.

③ 迭朗善译，马香雪转译：《摩奴法典》，商务印书馆 1982 年版，第 151 页。

④ 尼扎姆·莫尔克：《治国策》，蓝琪、许序雅译，云南人民出版社 2002 年版，第 103 页。

呢？一般而言，谈到古代使节的自身素质，主要包括忠心、诚实和送信的速度快等几个方面。① 通过分析泥板书信，可以归纳出阿马尔那时代使节的基本素质有吃苦耐劳、忠诚、机智。

从当时西亚北非各大国的地理位置来看，埃及位于北非，米坦尼本土位于两河流域北部、叙利亚地区，赫梯位于小亚，巴比伦位于两河流域南部，亚述位于两河流域北部，使节从一国到另一国得穿越一些附属国以及游牧、半游牧人控制的地区。西亚北非地区气候炎热，叙巴地区的地理环境异常不便，正如埃及的文学作品《对美利卡拉王的教谕》中所言：缺少甘泉，树木稀少，山峦阻隔，道路崎岖。② 巴比伦王布尔那布亚什二世在致埃及法老埃赫那吞的书信中也谈到了恶劣的自然条件：“旅途艰难，江河阻隔，天气炎热。”（EA 7: 53-54）这就要求使节必须具有吃苦耐劳的优良品质，否则很难完成出使任务。对于阿马尔那时代的使节来说，单单是恶劣的自然环境还是可以忍受的，更让使节感到恐惧的是半游牧部落的袭击。巴比伦王布尔那布亚什二世向埃及派遣的使节萨尔穆两次遭到地方小国的打劫，（EA 7: 73-77）在泥板书信中经常有卫队护送使节的记载。由于半游牧部落苏图人的干扰和强盗行为，埃及的使节不能及时返回，一直滞留在亚述。（EA 16: 35-42）埃及的文学作品《各种职业的讽刺》（见图 2-7）谈到了使节的艰辛：“当急使出使别国时，因害怕遇到狮子和亚洲人，他把自己的财产遗留给他的孩子，只有在埃及他才知道他自己。他在傍晚到达自己的家宅，旅途让他筋疲力尽。”③

---

① Gary Howard Oller, “Messengers and Ambassadors in Ancient Western Asia,” in Jack M. Sasson, ed., *Civilizations of the Ancient Near East*, Vol. III and IV, p. 1466.

② Miriam Lichtheim, *Ancient Egyptian Literature: A Book of Reading*, Vol. I, Berkeley, Los Angeles and London: University of Californian Press, 1973, p. 104.

③ Wolfgang Helck, *Die Lehre des Dwꜣ-Ḫtjj*, Wiesbaden: Otto Harrassowitz, 1970, p. 16. 这段话的拉丁化转写为：*sḫḫty ḥr prt r ḫꜣst swḏ.n=f ꜣḫt=f n msw=f snd ḥr mꜣiw ḥna ꜥꜣmw rḫ=f sw r=f iw=f ḥr kmt spr=f r pr=f mšrw wḏꜥ.n sw šmt*。英文译文参见 Miriam Lichtheim, *Ancient Egyptian Literature: A Book of Reading*, Vol. I, p. 188。

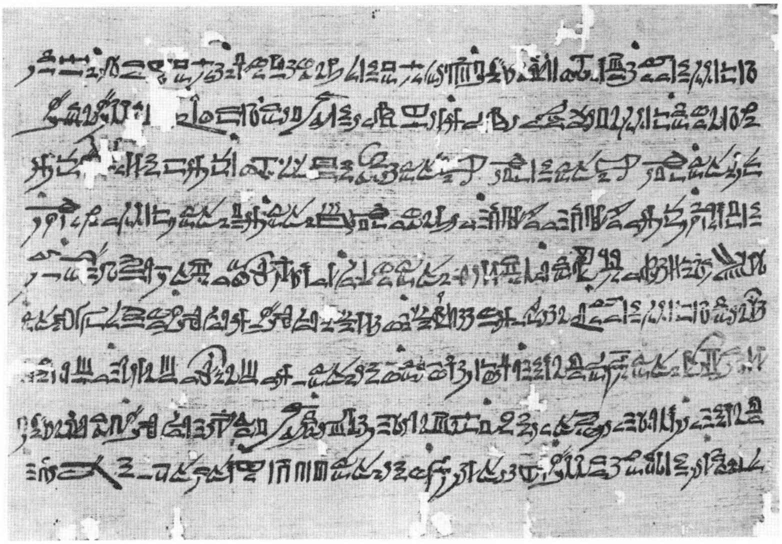

图 2-7 《各种职业的讽刺》（萨利耶纸草二）

资料来源：E. A. Wallis Budge, *Facsimiles of Egyptian Hieratic Papyri in the British Museum*, 2nd Series, London: British Museum, 1923, pl. LXVII.

在阿马尔那时代，使节的素质之一是忠诚。正如迈耶指出的那样，在古代西亚北非的文献中，“多次提及使节的这种忠诚 / 诚实的理想品质”。① 当然，忠诚并不是阿马尔那时代使节所独有的素质，而是任何时代使节的基本素质和职业要求。我国古代史书将这样的外交素养称为“奉君命无私，谋国家不贰，图其身不忘其君”。② 康邦认为，道义上的信誉是外交官最必需的素质，外交官的忠实可靠应该取信于所出使国家的政府和本国的政府，使他的言辞不受到任何怀疑。③ 如果把忠诚进一步解释的话，它包含两个方面的内容：忠心，对派遣国忠心不贰；诚实，对出使国诚实有信。在泥板书信中，笔者看到了一些对使节忠诚的抱怨和指责，埃及法老阿蒙霍特普三世写信给巴比伦王卡达什曼恩利尔一世质问道：

① Samuel A. Meier, *The Messenger in the Ancient Semitic World*, p. 23.

② 李学勤主编：《春秋左传正义》卷第二十八《成公 16 年》，十三经注疏标点本，北京大学出版社 1999 年版，第 790 页。

③ 周启朋等编译：《国外外交学》，中国人民公安大学出版社 1990 年版，第 261 页。

“为什么不派一个能告诉你真话——你姐姐在这里平安生活——的可靠的人呢？”（EA 1: 32-34）[①] 埃及法老的话暗示了先前巴比伦王派遣来的使节是不忠诚的，这说明大国君主认识到使节忠诚的重要性。如果说上面这个例子仅仅含糊地表达了对使节忠诚的怀疑，那么，下面这个例子则可佐证使节不忠诚的原因。在第 32 号泥板书信中，由于使节的口信与泥板上书写的内容略有出入，因此，收信者表示“在这件事情上，我不相信卡尔巴亚”。（EA 32: 1-6）正如夏尔·德马唐斯所言：“外交人员若要受人信任（这种信任对事业的成功是非常重要的），就必须使人相信他本性坦白而不虚伪。如果让别人怀疑自己在玩弄权术，那就会引起疑虑，从而影响履行职务。”[②] 忠诚的使节往往会得到出使国的信任和优待，米坦尼王图什拉塔的一句话道出了忠诚与信任的关系：“我（米坦尼王）赐予了他们（马奈与哈奈）很多礼物，我非常友好地接待他们（马奈与哈奈），（这是）因为他们的汇报是很友好的。”（EA 21: 27-29）据此，或许可以做出这样的推断，因为埃及使节马奈的诚实汇报令米坦尼王图什拉塔非常满意，所以他得到了米坦尼王的赞美和厚待：“我的使节马奈很好，在整个国家找不出像他这么好的人，因此，愿我的兄弟再次派他到我的国家”，“这样有教养的人，我从未见到过！”（EA 24, § 17; 21: 30-31）如果某个使节得到了出使国的信任，那么出使国会要求派出国派遣自己所信任的使节，如巴比伦王请求埃及法老派遣哈亚而非其他使节，（EA 11: 43）米坦尼王提出，“愿我的兄弟不要派遣其他使节，愿他只派遣马奈。如果我的兄弟不派遣马奈，而派遣其他人，我不接纳他啊！愿我的兄弟知道这一点！不，愿我的兄弟只派遣马奈来。”（EA 24, § 31）

机智、擅辩也是阿马尔那时代使节的基本素质。关于使节的机智、擅辩，史诗《恩美卡与阿拉塔之王》如此说：善言辞又有

① 这封信的第 71—72 行也提到 *ù i-ka-ab-bi la(!) ki-ti a-na ša-[a i]- š]ap-par-šu*，意为“他（使节）对派遣他的人（巴比伦王）没有讲真话”。

② Charles de Martens, *Le Guide Diplomatique*, Tome 1, Leipzig: F. A. Brockaus, 1866, p. 152.

脚力。[①] 关于这个问题，可以从埃及使节应对巴比伦王布尔那布亚什二世的外交抗议的个案中清楚地看出来。在布尔那布亚什二世抱怨埃及法老埃赫那吞没有问候他的疾病时，埃及的使节们机智地进行辩解：他们以路途遥远作为客观理由，解释说埃赫那吞因为没有听到布尔那布亚什二世健康欠佳的信息，所以没有特意派人进行问候。在布尔那布亚什二世对路途遥远这一客观理由表示怀疑时，埃及的使节看出了布尔那布亚什二世的心思，建议其立刻就此事询问巴比伦使节，在布尔那布亚什二世就两国是否遥远的问题询问自己的使节得到肯定答复后，布尔那布亚什二世的怒气方才消散。这样，这件外交抗议事件经过埃及使节机智地周旋才没有酿成严重的外交后果。

因为阿马尔那时代的使节不是现代意义上的“职业外交官”，因此，尽管他们具备了一些现代外交人员所必备的素质，但还显得比较原始。在阿马尔那时代，语言障碍的问题，由于翻译人员的随行而得到了解决，这一点可以从阿马尔那书信提到了翻译与使节一起出使他国看出来，如第 11 号书信（第 6、第 11 行）、第 21 号书信（第 25 行）。也许当时的使节还具有其他方面的素质，由于现有的文献资料没有提供证据，笔者也不敢贸然进行推断。

四　使节的使命

在阿马尔那时代，鉴于使节在大国交往中的重要作用，各国君主对他们非常重视，而使节的定期出使也是国家之间关系正常和友好的标志之一。因此，在泥板书信中，各国对使节定期出使的问题提出了许多要求。从某种程度上说，使节重要性的凸显，与阿马尔那时代各大国紧密联系的迫切需要，而各国间区域交通却不甚发达、通信技术手段较为落后有一定的关系。当时各国国王不便直接

① Samuel Noah Kramer, *Enmerkar and the Lord of Aratta: A Sumerian Epic Tale of Iraq and Iran*, pp. 10, 12; 拱玉书：《升起来吧！像太阳一样——解析苏美尔史诗〈恩美卡与阿拉塔之王〉》，第 317、322 页。

会面，因此只能依赖使节，正如赫梯王后写给埃及法老拉美西斯二世的书信中所说："尽管，我们伟大的国王是兄弟关系，但是，一个不能见到另一个。在我们之间往来的是我们的使节。"①

我国古代文献《吴越春秋・勾践入臣外传》提到了使节的使命和作用："奉令受使，结合诸侯；通命达旨，赂往遗来；解忧释患，使出所疑；出不忘命，入不被尤。"② 克朗（A.D.Crown）在谈到古代西亚北非国王的使节的时候说，国王的使节被赋予了一些最为艰难的任务，从收集情报到运送囚犯。③ 既然使节在各国交往中地位突出，作用不可忽视，那么，使节的使命和任务是什么呢？

第一，使节承担着各国宫廷和官僚定期接触和联系的任务。在这一点上，使节是各国君主和官僚的"延长了的手"。这种定期的接触和联系主要是各大国彼此间礼节性的交往，是由携带着普通外交书信的使节来完成的。这种礼节性的交往主要有：礼节性的问候，（EA 8: 44-45; 28: 29-31; 39: 10-13）邀请友邦君主参加节日庆典，（EA 3: 18-19）代表派出国君主慰问生病的友邦君主，（EA 7: 18）代表派出国君主参加友邦祭祀活动。（EA 34: 8-17）承担这种出使任务的使节，从身份上说，属于信差。尽管使节的地位不是很高，但是，他所承担的任务确实具有重要的象征意义。如果承担礼节性问候的使节定期出使，就表明两国的关系是良好的、正常的，反之亦然。

第二，在处理外交事务上，使节有向出使国传达派出国意向的任务，他不但要携带泥板书信，还要携带派出国的口头信息。关于使节携带外交书信的问题，阿马尔那泥板书信中有丰富的记载。这些泥板书信中经常可以看到这样的表述："与此同时我派遣我的

---

① Elmar Edel, *Die Ägyptische-hethitische Korrespondenz aus Boghazköi in Babylonischer und Hethitischer Sprache*, Bd. 1, Opladen: Westdeutscher Verlag, 1994, pp. 138-139.

② 赵晔:《吴越春秋》卷七，江苏古籍出版社 1999 年版，第 111 页。

③ A. D. Crown, "Messengers and Scribes: The רפס and ךאלמ in the Old Testament," *Vetus Testamentum*, Vol. 24, Fasc. 3, Jul. 1974, p. 366.

使节。”在捎带口信方面，米坦尼国王图什拉塔写给埃及太后泰伊的泥板书信提供了一个典型的例证：“与信同时，你对凯利亚说道：‘请告诉你的主人，我的丈夫尼穆瑞亚一直与你的父亲友爱着，并且一直为他而保持着它。他没有忽视他与你的父亲的友爱，他并没有停止派遣（过去）一直派遣的商旅。现在，你同样不要忽视与你的兄弟尼穆瑞亚的友爱。请加深并保持与那坡胡瑞亚的友爱！愿你不断地派遣令人愉悦的商旅，请不要中断！’”（EA 26: 19-29）此外，在泥板书信中还发现了其他一些表述：“他对我的使节说道：‘现在，我要送给我兄弟的这些雕像、大量的黄金与无数的东西，你们用眼睛看看吧！’”（EA 27: 29-30）“至于我的兄弟的使节哈马西，当他来到我面前的时候，当他对我说了我的兄弟的话语，我听到了这些话之后……”（EA 27: 37-38）“你的使节将会告诉我做什么。”（EA 38: 25-26）

第三，使节有责任就某些事宜向受访国进行解释和阐述。这一般有两种情况：其一是泥板书信中的内容在双方理解有出入的情况下，使节可以就此进行澄清；其二是就某些事情进行解释和说明。利韦拉尼说道：“他（使节）也必须回答问题，做出解释，说明送信者的意思。”[①] 使节承担这样的任务出使时，他的权力更重，自由裁量的空间更大。在巴比伦王致埃及法老的一封书信（EA 7: 14-32）中，对使节此种任务有这样的描述：巴比伦王布尔那布亚什二世生病，而埃及法老埃赫那吞没有派遣使节进行问候，这让巴比伦王很生气，埃及的使节就此进行解释，最后说服了巴比伦王。在巴比伦的商人在埃及所属的迦南地区被杀后，巴比伦王布尔那布亚什二世派遣使节去埃及，就此向法老埃赫那吞进行说明。（EA 8: 13-24）

第四，使节有责任将出访国赠送的礼物运送到受访国。在泥板书信的末尾常常列有礼品清单，这是各国君主之间互赠的问候礼品。它们通常是随着使节一道运送到出使国的，因此，使节不但要

① Mario Liverani, *International Relations in the Ancient Near East, 1600-1100 BC*, p. 71.

携带书信和传达口信，还需要把礼物护送到出使国。一封泥板书信中有这样的话："与此同时，我将通过苏提（使节）给你送新房的礼物……"（EA 5: 18-33）这充分说明了使节承担着运送国王礼物的任务。笔者在另一封泥板书信中读到这样一句话："至于［我的兄弟的使节］哈马西，当他来到［我的面前时］，并没有送来任何东西。"（EA 27: 52-53）巴比伦王致埃及法老的一封书信中提到使节带来了黄金礼物，（EA 10: 18-19）更清楚地表明了使节具有运送礼物的职责。由于使节在出使中携带着礼物，所以容易遭到叙巴地区小国君主和半游牧部落的抢劫。

第五，使节的主要职责是处理国家间的重要外交事务，如建立外交关系、王室联姻等。当亚述开始崛起的时候，它为了得到埃及的承认，派遣使节到埃及商讨两国建交事宜。（EA 15）米坦尼在清除内乱之后，为了与埃及恢复友谊，派遣重臣凯利亚到埃及商讨复交问题。（EA 17）在王室联姻方面，使节的作用是不容忽视的，阿蒙霍特普三世派遣使节马奈向米坦尼王提出了联姻的要求，（EA 19: 17-19）此后，在两国为此事进行讨价还价时，使节更是左右奔走，竭尽所能地斡旋。另外一个旁证是，在埃及与阿尔扎瓦的联姻中，阿蒙霍特普三世派遣伊尔沙坡普到阿尔扎瓦处理有关事宜。（EA 31: 11-14）除了商讨联姻有关事情之外，使节还须在受访国举行某种仪式：将油倒在所要迎娶的公主的头上，（EA 31: 14-15）然后将公主带回本国。（EA 29: 11-14）

五　使节的外交权限与外交特权

通过以上分析可知，使节发挥了国与国之间正常交往和沟通的桥梁纽带作用，从一般的礼节性交往到重大外交事务的协商，都能看到使节的身影，这无不凸显出使节的重大作用和价值。既然使节的作用如此重大，那么使节的外交权限究竟有多大呢？

对于一般的信差而言，根本谈不上外交权限问题，这里所涉及的外交权限，仅是针对一般使节和特使而言。可以说，涉外事务越重要，使节的外交权限越大。利韦拉尼说："在最重要和精细的协商事务——王室联姻方面，使节能够自主处理的范围是特别宽泛的。"[①] 尽管如此，使节权限并不是大到可以自作主张处理外事，在一些重大问题上，还须返回本国向君主汇报和请示，这样才可以采取进一步的行动。在米坦尼国王图什拉塔与埃及法老阿蒙霍特普三世的王室联姻协商中，特使马奈与凯利亚在埃及与米坦尼之间往返数次，显然是向本国君主汇报和请示。[②]

在阿马尔那时代，使节是否享有外交特权呢？如果享有的话，那么这样的权利到底是怎样的呢？所谓外交特权，是使节在外交事务中享有一定的特殊权利。芒恩－兰金在研究了马里时代西亚各国的外交后认为，王室使节作为国王的代表，在执行任务中享有一定的便利和特权。[③] 在阿马尔那时代，使节享有人身不受侵犯的权利。亚述王阿淑尔乌巴里特一世为了保障埃及使节的安全，承诺要坚决打击半游牧部落苏图人，（EA 16: 35-41）而巴比伦王布尔那布亚什二世的使节在埃及所属的迦南遭到抢劫并遇害时，巴比伦王对埃及法老没有尽到保护外使的责任很生气，要求埃及法老严惩肇事者。（EA 8）以上两个例证表明，大国按照势力所及的范围的大小，划定了保护外使的地理界线，理性承担起保护使节人身财产安全的责任。

此外，学者普遍关注的另外一个问题是使节是否享有外交特权中最重要的使节外交豁免权。在现代外交中，外交官享有外交豁免权，其权利不仅适用于外交官本人，而且还适用于其随员。在我国古代就有这样的惯例和做法，"兵交，使在其间可也"。[④] 阿马尔

① Mario Liverani, *International Relations in the Ancient Near East, 1600-1100 BC*, p. 72.

② 这一点可以从书信中看出来。在 EA 20: 8-15 中，"我兄弟的使节马奈友好地来了……我反复让人阅读了他带来的泥板，并且倾听了他（马奈）的话语。……至于马奈告诉我的我兄（说）的每一句话，我都将落实"，显然，这是马奈在汇报和请示阿蒙霍特普三世后，返回米坦尼，带去了本国的最新的指示和要求。

③ J. M. Munn-Rankin, "Diplomacy in Western Asia in the Early Second Millennium B. C.," *Iraq*, Vol. 18, No. 1, Spring, 1956, p. 104.

④ 李学勤主编：《春秋左传正义》卷第二十八《成公 9 年》，第 738 页。

那时代的使节是否也享有这样的外交特权呢？对于这个问题，学界还没有达成共识，分歧较大。科亨认为，在阿马尔那时代，外交使节是不受人身侵犯的，享有外交豁免权。[①] 拉丰说："在阿马尔那时代，这种'人身不可侵犯'显然被认可和接受。"[②] 而韦斯特布鲁克则持相反的观点，他认为现代外交豁免权原则在古代西亚北非记载中不能被证实。[③] 迈耶说："外交豁免权充其量只是使节的梦想而已。敌对国家的朝臣（即使节）没有豁免权，在古代近东历史上一直如此。"[④] 在马里时代，巴比伦与埃兰之间爆发了战争，巴比伦王派人把埃兰使节抓起来，"他们用镣铐把埃兰人的使节锁起来。他们把埃兰使节的随从、驴子和他们的财物都带到了宫殿里了"。[⑤] 外交史家贝瑞兹（Geoffrey Berridge）也反对将现代的观念运用于古代，不承认外交豁免权的存在。[⑥]

还有一个问题是，使节在出使国履行职能时，触犯了出使国的法律，是否可以不受受访国法律的司法管辖。芒恩－兰金的研究表明，马里时代的使节没有免除刑事处罚的外交特权。[⑦] 泥板书信中涉及使节境外犯罪问题的只有一处。埃及法老埃赫那吞指责米坦尼的两名使节在埃及触犯了法律，米坦尼王图什拉塔将这两名使节

---

① Raymond Cohen, "On Diplomacy in the Ancient Near East: The Amarna Letters," *Diplomacy & Statecraft*, Vol. 7, No. 2, Jul. 1996, p. 257.

② Bertrand Lafont, "International Relations in the Ancient Near East: The Birth of a Complete Diplomatic System," *Diplomacy & Statecraft*, Vol. 12, Iss. 1, 2001, p. 46.

③ Raymond Westbrook, "International Law in the Amarna Age," in Raymond Cohen and Raymond Westbrook, eds., *Amarna Diplomacy: The Beginning of International Relations*, p. 33.

④ Samuel A. Meier, *The Messenger in the Ancient Semitic World*, p. 76.

⑤ Dominique Charpin, *et. al.*, *Archives Royales de Mari 26: Archives Épistolaires de Mari I/2*, p. 165; Wolfgang Heimpel, *Letters to the King of Mari: A New Translation, with Historical Introduction, Notes, and Commentary*, p. 319.

⑥ Geoffrey Berridge, "Amarna Diplomacy: A Full-fledged Diplomacy System?," in Raymond Cohen and Raymond Westbrook, eds., *Amarna Diplomacy: The Beginning of International Relations*, pp. 213-214.

⑦ J. M. Munn-Rankin, "Diplomacy in Western Asia in the Early Second Millennium B. C.," *Iraq*, Vol. 18, No. 1, Spring, 1956, p. 108.

及其随员捆绑起来送到边界城市，听候埃及法老的处理，鉴于埃及法老没有明确表态，米坦尼王没有杀掉这两名使节。（EA 29: 173-181）很显然，米坦尼使节并不享有现代意义上的外交豁免权，他们免于一死并不是得益于所谓的外交豁免权，而是埃及法老的宽容。试想，如果埃及法老埃赫那吞要求引渡这两名使节的话，米坦尼王是会答应埃及方面的要求的，因为图什拉塔将使节捆绑到边界，说明他已经做了最坏的打算——让使节到埃及接受处罚。从这个事例可以看出，免于受访国司法审判的外交特权在阿马尔那时代可能还没有确立。然而，由于泥板书信没有提供其他例证，因此目前还不能得出绝对的结论。

第五节 条约和结盟

现代意义上的条约，是国家间或国际组织间签订的、具有契约性质的、对缔约方产生法律权利和义务的国际协议。[①] 正如前文所言，古代西亚的私人契约关系相当发达，国家间的外交条约，本身就是私人契约或协议的扩展，是在新条件下的再运用。在西亚北非外交史上，结盟通常要缔结条约，通过条约来约束缔约双方。如前所述，西亚北非历史上最早的条约是埃博拉与哈马兹订立的条约，以及阿卡德王与埃兰君主订立的条约。在古亚述时期，亚述人与位于安纳托利亚地区的一个贸易港口签订了一个条约，这个条约的年代为公元前 1750 年。[②] 在赫梯新王国时代和新亚述时代，赫梯、

① B. 森:《外交人员国际法与实践指南》，周晓林等译，中国对外翻译出版公司 1987 年版，第 389—390 页。

② Jesper Eidem, “An Old Assyrian Treaty from Tell Leilan,” in Dominique Charpin and Francis Joannès, eds., *Marchands, Diplomates et Empereurs: Études Sur la Civilisation Mésopotamienne Offertes à Paul Garelli*, Paris: Recherche sur les Civilisations, 1991, pp. 185-207.

亚述与附属国以及其他国家缔结了大量条约。据拉丰的研究，在西亚北非3000多年的历史中，一共缔结了大约60个国际条约，其中15个是保存完整的条约。① 迄今为止，还没有发现阿马尔那时代大国之间签订的条约原文，但是在泥板书信中有类似条约的文字描述。

一　条约

在阿卡德语中，到了公元前2千纪中期，条约的标准术语是 *riksu / rikistu / rikiltu u māmītu*（复数为 *riksāte u māmīte*），这个词组由 *riksu* 与 *māmītu* 组成，*riksu* 的本义为"带子、绳子"，这里引申为"义务、约束"之意，而 *māmītu* 本义为"誓言"，这个词组可以直译为"约束与誓言"。② 例如，亚述出土的王表，记载了亚述与巴比伦的条约，就是用这个词。③ 在亚述的年代记中，提及中亚述国王阿淑尔贝尔尼塞舒与巴比伦国王卡拉尹达什签订的条约的时候，用到了 *riksu* 和 *māmītu* 这两个词。④ 在亚述的《提库尔提尼努尔塔史诗》中，同样运用了这两个词，"当我们的祖先在神圣的您面前签订条约的时候，他们发下了誓言，他们赞颂您的伟大"[*e-nu-ma a/i-na ma-ḫar i-lu-ti-ku iš-ku-nu ri-kíl-ta a-bu-ú-ni ú-kín-nu ma-mi-ta ina*(aš) *be-ri-šu-nu rabūt*(gal)^{ut}*-ka is-saq-ru*]，当然也会单用其中一个词，*ri-kíl-ti ab-be-e-ia*，"我们祖先的条约"。⑤ 同时，也使用这个词组的一个词加上泥板一词，来称呼写有条约的文本，在公元前15世纪，西亚文献中出现了一个

① Bertrand Lafont, "International Relations in the Ancient Near East: The Birth of a Complete Diplomatic System," *Diplomacy & Statecraft*, Vol. 12, Iss. 1, 2001, p. 53.

② M. Weinfeld, "Covenant Terminology in the Ancient Near East and Its Influence on the West," *Journal of the American Oriental Society,* Vol. 93, No. 2, Apr. - Jun.1973, pp. 190-191.

③ Jean-Jacques Glassner, *Mesopotamian Chronicles*, pp. 176, 177.

④ Jean-Jacques Glassner, *Mesopotamian Chronicles*, p. 176.

⑤ Peter Bruce Machinist, *The Epic of Tukulti-Ninurta I: A Study in Middle Assyrian Literature*, Ph. D. Dissertation, Yale University, 1978, pp. 76, 94.

新的词组 *ṭuppu rikši*，意思是“约束之泥板”。①

到了公元前 1 千纪，在亚述语中这个词组中的前半部分 *riksu* 被 *adê/adû* 所取代，因此，这个词组演变为 *adê/adû māmīte*。许多新亚述时代的文献，常常单独用 *adê/adû* 来称呼条约，例如，在新亚述国王阿淑尔尼拉里五世与阿尔帕德国王马贴尔签订的条约（见图 2–8）中，有多处用到 *adû* 这个词。② 新亚述的一份文献将阿淑尔神给国王的约定称为“这块阿淑尔神的条约泥板”（*ṭup-pi a-de-e an-ni-u* ᵈ*Aš-šur*），③ 亚述王阿萨尔哈东与推罗王巴尔的条约（见图 2–9）把记录条约的泥板称为“条约泥板”（*ṭup-pi a-d*[*e*]-*e*）。④ 新亚述国王辛那赫里布年代记里提及，巴勒斯坦的埃克伦的国王帕迪与亚述签订的条约使用了 *adû u māmītu*，把帕迪称呼为与亚述签订过条约的人。⑤

根据魏因费尔德的研究，古代西亚关于条约的词语有两类：一类是表达宣誓与承诺的词语，如上文所说的词语 *riksu / rikistu / rikiltu u māmītu*；另一类是表达恩典与友善的词语，⑥ 如友谊（*salīmu/salāmu/sulummû*）、和平（*šulmu/šalmu*）、友善（*ṭūbtu/ṭābuttu*）、兄弟关系（*atḫūtu/aḫḫūtu*）、友好（*damiqtu/damqātu*），偶尔也使用爱（*râmum*）或友谊（*tappūtu*）。古代西亚文献经常将这些词组合起来，如友谊与友好（*salīmu u damqātu*），兄弟关系与友好（*aḫḫūtum u damiqtu*），友善与和

---

① J. M. Munn-Rankin, “Diplomacy in Western Asia in the Early Second Millennium B. C.,” *Iraq*, Vol. 18, No. 1, Spring, 1956, p. 84.

② Simo Parpola and Kazuko Watanabe, *Neo-Assyrian Treaties and Loyalty Oaths*, Helsinki: The Helsinki University Press, 1988, pp. 8, 9, 12.

③ Simo Parpola, *Assyrian Prophecies*, Helsinki: Helsinki University Press, 1997, p. 25.

④ Simo Parpola and Kazuko Watanabe, *Neo-Assyrian Treaties and Loyalty Oaths*, p. 27.

⑤ Daniel David Luckenbill, *The Annals of Sennacherib*, Chicago: University of Chicago Press, 1924, p. 31.

⑥ M. Weinfeld, “Covenant Terminology in the Ancient Near East and Its Influence on the West,” *Journal of the American Oriental Society,* Vol. 93, No. 2, Apr. - Jun.1973, p. 190.

图 2-8 亚述王阿淑尔尼拉里五世与阿尔帕德王马贴尔的条约（背面）

资料来源：Simo Parpola and Kazuko Watanabe, *Neo-Assyrian Treaties and Loyalty Oaths*, Helsinki: Helsinki University Press, 1988, pl. 3.

图 2-9 亚述王阿萨尔哈东与推罗王巴尔的条约（部分残片）

资料来源：Simo Parpola and Kazuko Watanabe, *Neo-Assyrian Treaties and Loyalty Oaths*, Helsinki: Helsinki University Press, 1988, pl. 6.

平（*ṭūbtu u sulummû*），兄弟关系与友善（*atḫūtu ṭābtu*），兄弟关系与友谊（*aḫḫūtum salāmu*），和平与兄弟关系（*sulummû aḫḫūtu*），爱与兄弟关系（*râmum aḫḫūtu*）。例如，中亚述年代记把彼此建立友好关系，用 *tūbta sulummâ ... iskunu* 来表述，[①] 到

① Noel Weeks, *Admonition and Curse: The Ancient Near Eastern Treaty/Covenant Form as a Problem in Inter-cultural Relationships*, London and New York: T & T Clark International, 2004, p. 33.

了公元前 1 千纪亚述语使用的词组为友善与友好（*ṭābtu damiqtu/dēqtu*）。[1]

在赫梯语中，一般将条约称为 *ishiul*，[2] 这个词可以翻译为“义务”“条约”，这个词语不仅用于称呼赫梯与附属国间的条约，也称呼赫梯与其他大国之间的条约。例如，在有关苏皮鲁流马一世的故事中，穆尔什里二世提及赫梯与埃及，就库鲁斯塔马签订的条约，此处“条约”一词用了这个词，[3] 在哈图什里三世与塔尔珲塔萨国王乌尔米台舒巴的条约、图德哈里四世与塔尔珲塔萨的国王库伦塔的铜板条约（见文前图 13）中，同样使用了这个词。[4] 另外，常常把条约称为 *išhiulaš* DUP.PU，意思为“义务的泥板”，该术语最早出现在赫梯古王国时代，既可称呼平等条约，也可称呼赫梯与附属国间的诸侯条约。青铜板条约还用 TUP-PA RI-KIL-TI 称呼条约，一些泥板文献用词语 *lengaias/linkiias* TUP-PI 称呼条约，这个词语的意思是誓言泥板。[5]

埃及语中没有专门表示条约的词语，在拉美西斯二世与哈图什里三世签订的著名的和平条约的埃及语版本中，使用了 *nt-ᶜ*（）一词。[6] 兰登与加德纳将之翻译为条约，[7] 此后，其

---

① M. Weinfeld, “Covenant Terminology in the Ancient Near East and Its Influence on the West,” *Journal of the American Oriental Society,* Vol. 93, No. 2, Apr. - Jun.1973, pp. 191-192.

② Harry A. Hoffner, *An English-Hittite Glossary*, Paris: Librairie C. Klincksieck, 1967, p. 91.

③ Hans Gustav Güterbock, “The Deeds of Suppiluliuma as Told by His Son, Mursili II,” *Journal of Cuneiform Studies*, Vol. 10, No. 2, 1956, p. 98.

④ Kenneth A. Kitchen and Paul J. N. Lawrence, *Treaty, Law and Covenant in the Ancient Near East, Part 1: Texts*, pp. 610, 618, 629, 636, 638.

⑤ Li Zheng, *Hittite Treaties*, Ph.D. Dissertation, Northeast Normal University, 1993, p. 4; 李政：《赫梯条约研究》，第 10 页。

⑥ Kenneth A. Kitchen, *Ramesside Inscriptions*, Vol. 2, p. 227.

⑦ S. Langdon and Alan H. Gardiner, “The Treaty of Alliance between Ḫattušili, King of the Hittite, and the Pharaoh Ramesses II of Egypt, ” *Journal of Egyptian Archaeology*, Vol. 6, No. 3, Jul. 1920, p. 189, n. 4.

他埃及学家逐渐接受这种翻译方法，也将之译为条约。[①] 斯潘林格（Anthony Spalinger）将之翻译为“习惯性协定”（customary agreement），将另一术语 *nt-ᶜ mty*（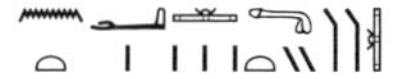）翻译为“定期的习惯性协定”（regular customary agreement）。[②] 由于词组 *nt-ᶜ mty* 是在追溯此前埃及与赫梯签订的条约时使用的，因此，有的学者将之翻译为“从前的条约”。[③]

在阿马尔那时代大国间的泥板书信中，没有出现条约的标准术语。一些学者认为，在新王国时代，埃及在叙利亚地区扩张势力，接触到了西亚地区固有的外交惯例。因此，埃及利用了这些既有的外交惯例，将自身嵌入了西亚的外交体系之中。当然，埃及除了适应西亚的外交惯例之外，必然也给西亚地区的外交惯例带来了一些埃及固有的传统和影响，使得现行的外交机制——条约没有发挥出应有的作用。[④] 但是，赫梯国王穆尔什里二世在第二篇瘟疫祈祷文中，提到其父苏皮鲁流马一世曾经与埃及法老签订了《库鲁斯塔马条约》，[⑤] 可惜的是，“由于《库鲁斯塔马条约》铭文

① William J. Murnane, *The Road to Kadesh*, Chicago: The University of Chicago, 1985, p. 44, n. 63.

② Anthony Spalinger, “Considerations on the Hittite Treaty between Egypt and Hatti,” *Studien zur Altägyptischen Kultur*, Bd. 9, 1981, pp. 302, 321, 322.

③ Alan R. Schulman, “Aspects of Ramesside Diplomacy: The Treaty of Year 21,” *Journal of the Society for the Study of Egyptian Antiquities*, Vol. 8, 1977/78, pp. 113, 123, n. 17.

④ W. L. Murnane, “Imperial Egypt and the Limits of Power,” in Raymond Cohen and Raymond Westbrook, eds., *Amarna Diplomacy: The Beginning of International Relations*, pp. 103-104.

⑤ 该文献对这一条约进行了如下描述：“第二块泥板是关于库鲁斯塔马城市的。赫梯暴风雨神如何将库鲁斯塔马人带到埃及国，赫梯暴风雨神如何让他们与赫梯人签订了一个条约，他们向赫梯暴风雨神发了誓言。尽管赫梯人和埃及人都向赫梯的暴风雨神发了誓言，但是赫梯人继续夺取了土地，赫梯人违背了诸神的誓言。我的父亲派遣步兵和战车兵攻击了埃及的边疆地区阿姆卡。他再次派兵，再次攻击。”参见 René Lebrun, *Hymnes et Prières Hittites*, p. 205; Itamar Singer, *Hittite Prayers*, p. 58。但有学者认为《库鲁斯塔马条约》是阿蒙霍特普二世与图德哈里一世签订的，参见 Itamar Singer, “The Urḫi-Teššub Affair in the Hittite-Egyptian Correspondence,” in Th. P. J. van den Hout, ed., *The Life and Times of Ḫattušili III and Tutḫaliya IV: Proceedings of a Symposium Held in Honour of J. De Roos, 12-13 December 2003, Leiden*, Leiden: Nederlands Instituut Voor Het Nabije Osten, 2006, p. 27。

破损严重，几乎无法阅读，因此，它对于了解条约的内容没有任何帮助”。①

尽管如此，在一些附属国与埃及法老的通信中，仍旧可以隐约看到条约存在的蛛丝马迹。在阿马尔那泥板书信中，往往简单地使用誓言来指代条约。② 在第 74 号泥板书信第 42 行有这样的表述：“因此，他们在他们中间放置了誓言。”（*ki-na-na ti-eš-ku-nu māmīta* (nam.ne.ru) *a-na be-ri-šu-nu*）很明显，这里的“放置了誓言”指的是条约意义上的誓言。如果说上面的这个例证还不能充分说明问题，那么下面的例子可以更为明确地指出誓言的交换性和条约性。第 149 号泥板书信第 60 行有“他们彼此交换了誓言”（*ù iš-ta-ni ma-mi-ta i-na be-ri-šu-nu*），古代西亚北非条约的末尾往往是缔约双方的誓言，把双方的誓言列出，使得誓言具有了交换的性质，这里提到的“交换誓言”很可能是从这个意义上讲的。此外，在订立条约的时候，如果签约双方能够见面，往往要举行一定的仪式，进行“歃血盟誓”。正如前文所言，马里时代通过宰杀驴来发布誓言，③ 杀驴献祭（见图 2-10）是发誓仪式的一个必要的组成部分。第 162 号泥板书信第 22—24 行提到阿穆鲁统治者阿兹鲁与卡迭什统治者友好，坐在一起吃饭喝酒，这里所说的“吃饭喝酒”很有可能指的是盟誓之后共享牺牲。

显然，埃及与附属国的泥板书信中提及的誓言代替条约的表述，源自西亚的传统。正如前文所述，在古代西亚，无论是在国内司法实践中还是在国际条约中，宣誓都占有极为重要的地位。在古代西亚外交中，如果是平等国家缔结条约，双方都要发誓；如果是

---

① Li Zheng, *Hittite Treaties*, Ph.D. Dissertation, Northeast Normal University, 1993, p. 80.

② Raymond Westbrook, “International Law in the Amarna Age,” in Raymond Cohen and Raymond Westbrook, eds., *Amarna Diplomacy: The Beginning of International Relations*, p. 38.

③ 吴宇虹、曲天夫：《古代中国和两河流域的“刑牲而盟”》，《东北师大学报》1997 年第 4 期。

图 2-10 夏锁遗址出土的邢牲而盟的驴子骨架

资料来源：Guy Bar-Oz1, Pirhiya Nahshoni, Hadas Motro and Eliezer D. Oren, "Symbolic Metal Bit and Saddlebag Fastenings in a Middle Bronze Age Donkey Burial," *PLoS One*, Vol. 3, No. 3, 2013, p. 3.

宗主国与附属国缔结的诸侯条约，一般而言附属国单方面对宗主国发誓，但是在某些赫梯条约中宗主国也发誓。① 记载拉伽什与温马的条约的鹫碑上，就提到温马王多次以苏美尔各种神祇的名义起誓，每次起誓后都伴随着背约后的诅咒，并且每次发誓之后，埃安那图姆都把鸽子放飞到起誓的神祇处，可能是把誓言内容向神做汇报。在“那拉姆辛条约”中，首先是呼吁众神来倾听缔约者的话，埃兰王的几次单方面起誓，起誓后就是关于背约的诅咒，这里至少提及 35 位神祇。到了马里时代，仍然能够看到用誓言来指代

① Amnon Altman, "Who Took the Oath on the Vassal Treaty: Only the Vassal King or also the Suzerain?—The Hittite Evidence," *Zeitschrift für Altorientalische und Biblische Rechtsgeschichte*, Vol. 9, 2003, pp. 178-184.

条约的例证。在一份文献中，沙马什阿达德一世的父亲亚拉卡巴图与亚基德林“彼此之间发了庄严的誓言”（*nīš ilim dannam ina biritišunu*），① 埃卡拉图王伊什美达干一世写给兄弟的信中说“让我们以众神的名义起誓”，这里起誓事实上指的就是缔结条约。其他马里文献也有类似的表述，“让我们发下誓言并确立稳固的关系”（*nīš ilim u riksātim dannātim nišakkan*）。② 在宗主国与附属国的外交关系中，发誓具有关键性的作用。前文论述埃卡拉图王沙马什阿达德一世写给库瓦里的一封书信时，提及阿哈祖人的首领在 3 年时间里不断更换宗主，此人对沙马什阿达德一世的效忠发誓仪式是在神庙举行的，从这封书信可以看出，发誓是臣服仪式的中心环节。延哈德国王阿巴埃尔将阿拉拉赫及其他土地给予其兄弟雅瑞林的条约（见图 2–11）使用了这样的表述：“阿巴埃尔对雅瑞林发下誓言。”（*u* ᵐ*Ab-ba*-An *a-na Ia-ri-im-li-im ni-iš ilāni*(meš) *za-ki-ir*）其中对发誓环节记载道，阿巴埃尔发誓不收回伊里迪（地方名），并且进行背约的自我诅咒，而雅瑞林发誓忠诚于阿巴埃尔，以及雅瑞林未来背约的自我诅咒，最后为对子孙后代背约的诅咒。③ 中亚述文献记载，巴比伦与亚述在处理边界问题的时候，双方缔结了条约，发了誓言。《提库尔提尼努尔塔史诗》常常用“诸神的誓言”（*māmīt ilānu*），同时把神祇称为“誓言的诸神”，④ 由此可见誓言在条约中的重要性。

在马里时代，条约的大泥板也称为“众神生命之泥板”（*ṭuppu*

① Georges Dossin, *Archives Royales de Mari 1: Correspondance de Šamši-Addu et de Ses Fils*, p. 24; P. van der Meer, *The Chronology of Ancient Western Asia and Egypt: With a Synchronistic Table in Four Sheets*, 2nd and Revised Edition, Leiden: E. J. Brill, 1955, p. 27.

② M. Weinfeld, “Covenant Terminology in the Ancient Near East and Its Influence on the West,” *Journal of the American Oriental Society,* Vol. 93, No. 2, Apr. - Jun.1973, p. 190, n. 1.

③ Donald J. Wiseman, “Abban and Alalaḫ,” *Journal of Cuneiform Studies*, Vol. 12, No. 4, 1958, pp. 126, 129.

④ Peter Bruce Machinist, *The Epic of Tukulti-Ninurta I: A Study in Middle Assyrian Literature*, Ph. D. Dissertation, Yale University, 1978, pp. 66, 78, 96, 134.

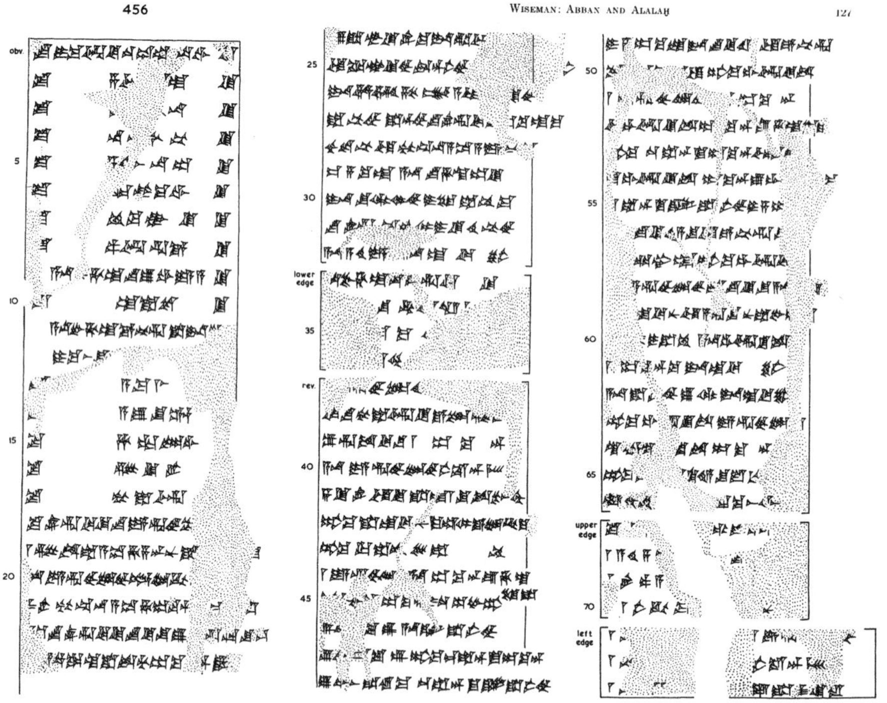

图 2-11 延哈德王阿巴埃尔把阿拉拉赫给予其兄弟雅瑞林的条约的线描图

资料来源：Donald J. Wiseman, "Abban and Alalaḫ," *Journal of Cuneiform Studies*, Vol. 12, No. 4, 1958, pp. 126-127。

nīš ilāni)，① 因为在正式批准条约的仪式中发誓占据主要地位，在众神面前发誓使得条约具有了神圣性。② 阿拉拉赫国王尼寇美帕与图尼普的统治者签订的条约，也称为"众神生命之泥板"（*ṭuppu ša nīš ilāni*），③《提库尔提尼努尔塔史诗》有"诸神生命"[*ni-*

① Georges Dossin, *Archives Royales de Mari 1: Correspondance de Šamši-Addu et de Ses Fils*, p. 84.

② J. M. Munn-Rankin, "Diplomacy in Western Asia in the Early Second Millennium B. C.," *Iraq*, Vol. 18, No. 1, Spring, 1956, p. 84.

③ Amnon Altman, "What Kind of Treaty Tradition Do the Sefire Inscriptions Represent?," in Mordechai Cogan and Dan'el Kahn, eds., *Treasures on Camels' Humps: Historical and Literary Studies from the Ancient Near East Presented to Israel Ephal*, Jerusalem: The Hebrew University Magnes Press, 2008, p. 36.

iš ilāne/il(dingir^{meš})] 的表述，[①] 这些显然继承了马里时代的传统。

二　结盟

至于结盟的问题，一些学者认为，指代结盟的一个词是“友谊”（*salīmum*），结盟可以用词组“建立友谊”（*salīmam šakānum*）、“形成友谊”（*salīmam epēšum*）表达，提议结盟用词组“带来友谊”（*salīmam našûm*）表达，而接受结盟要用词组“接受友谊”（*salīmam leqûm*）来表达，使用词组“打手”（*qātam napāṣum*）表示拒绝结盟请求。[②] 在阿卡德语中，不履行条约叫作“破坏、打破条约”（*māmītam parāṣum*）。[③] 在古埃及语中，有“建立和平”（ *ỉr ḥtp*）、“请求和平”（ *dbḥ ḥtp*）两个词组，表面上看这两个词组与阿卡德语“建立友谊”“形成友谊”“带来友谊”的意思相似，但是有学者认为埃及语与阿卡德语的用词完全不对应，在埃及语中这两个词组表示的是敌人屈服于埃及。[④]

同样，在阿马尔那时代，大国之间的泥板书信没有此种表述。但是正如上文所分析的，在阿马尔那时代，“友谊”（*salîmum*）一词似乎不再局限于表达同盟之间的关系，也泛指大国之间的和平关系。但是，泥板书信中一个细节引起了笔者的注意。布尔那

---

① Peter Bruce Machinist, *The Epic of Tukulti-Ninurta I: A Study in Middle Assyrian Literature*, Ph. D. Dissertation, Yale University, 1978, p. 70.

② J. M. Munn-Rankin, “Diplomacy in Western Asia in the Early Second Millennium B. C.,” *Iraq*, Vol. 18, No. 1, Spring 1956, pp. 85-86.

③ M. Weinfeld, “Covenant Terminology in the Ancient Near East and Its Influence on the West,” *Journal of the American Oriental Society,* Vol. 93, No. 2, Apr. - Jun.1973, p. 197.

④ David Lorton, *The Juridical Terminology of International Relations in Egyptian Texts through Dyn. XVIII*, Baltimore: Johns of Hopkins University Press, 1974, pp. 78, 147; Vanessa Davies, *The Dynamics of Hetep in Ancient Egypt*, Ph. D. Dissertation, The University of Chicago, 2010, p. 284, n. 73.

布亚什二世提到他的先祖库里加尔祖一世曾经拒绝与埃及的迦南附属国结盟对抗埃及，尽管没有使用上述的阿卡德语关于“结盟”的表述，但是，此处使用了动词“建立”（*šakānum*），联系上下文，可以推断出这里的 *salîmum šakānum* 指的是结盟的意思。

此外，令人欣喜的是，在米坦尼与埃及的通信中，笔者发现了类似盟约的表述。面对赫梯咄咄逼人的气势，米坦尼王图什拉塔向埃及法老提出这样的建议：“一旦我的兄弟的敌人侵略他的国家，那么，请我的兄弟写信给我，胡里国家、甲胄、武器和所有能够打击我兄弟的敌人的东西，都任他使用。但是，另外，若我有敌人——但愿没有——的话，我将写信给我的兄弟，我的兄弟会派出埃及国、甲胄、武器和所有能打击我的敌人的东西。”（EA 24, §26）显然，这是一个建立军事互助同盟的建议。对于米坦尼的建议，埃及的反应如何，泥板书信没有给出明确的答案。

第六节　境外国民与外交保护

在阿马尔那时代，由于西亚北非各国联系的紧密和商业的发展，很多国家的民众到他国从事各种活动，这样就产生了维护侨居他国的本国民众的权利问题。

在现代国际法中，外交保护泛指一国通过外交途径对在国外的本国国民的合法权益进行的保护。具体说来，外交保护，是指外国人在居留的国家，其人身和财产被侵犯、受到损害时，外国人的本国对居留国要求给予适当的救济。[①] 国际习惯法承认一国

① 日本国际法学会编:《国际法词典》，外交学院国际法教研室校订，世界知识出版社 1985 年版，第 188 页。

有权为其在境外的国民提供外交保护。巴比伦商人在埃及所属的迦南地区遭到抢劫，所携财物遭受了严重损失，甚至有的商人为此丢掉性命，巴比伦王就此事向埃及法老提出交涉，要求埃及法老严惩肇事者，赔偿商人的损失。（EA 7:73-82; 8: 13-29）这里，巴比伦王提出了一个引人注目的问题，即因为迦南是埃及的属地，埃及应该对此事负责。显然，这是一种属地管辖权[①]的具体运用，即一国的统治者对于他国臣民的安全负有责任，如果不法事件发生在该国统治者所管辖的地区，该统治者对此应该负责。

在埃及第20王朝时期，阿蒙神庙派遣温阿蒙到黎巴嫩地区采购建造太阳船的木材，温阿蒙在比布鲁斯遭到偷窃，为此他对该国统治者提出了如下要求："我在你的港口遭受了抢劫，你是这个国家的王公，是掌握这个国家的人，请找回我的钱财！"[②]这种国际事务中的属地管辖的法律规定，源自国内法的有关规定。《汉谟拉比法典》有这样的规定："如果一个人抢劫了东西并被抓住，那个人应被处死。如果那个强盗没被抓住，被抢劫的人应在神的面前声明他所失去的所有东西，偷窃事件所发生地区或者周围的公社及长老，应赔偿其所失之物。"[③]很有可能国家间在处理突发事件时直接使用了国内法的相关规定。

埃及与阿拉什亚的泥板书信提及了对客死他乡的人的处理，可以作为旁证。在第35号泥板书信中，阿拉什亚国王对埃及法老说："一个阿拉什亚人在埃及死去，这件事情发生在你的国家，他的妻

---

① 由于国家领土内一切人和物都属于国家的属地最高权的支配，因而每个国家对他们都有管辖权，参见拉沙·法朗西斯·劳伦斯·奥本海《奥本海国际法上：平时法》第1分册，第244页。

② Miriam Lichtheim, *Ancient Egyptian Literature: A Book of Reading*, Vol. II, Berkeley, Los Angeles and London: University of California Press, 1976, pp. 224-225.

③ Eugenio Bergmann, *Codex Ḫammurabi: Textus Primigenius*, Roma: Pontificium Institutum Biblicum, 1953, pp. 22, 23.

小与我在一起。因此，我的兄弟得照看好这个阿拉什亚的人的（尸体），将他移交给我的使节。”（EA 35: 30-34）从这个例子可以看出，侨居他国的子民突然死亡后，该国有权利要求他国将其送返家乡。阿拉什亚王特别强调死者的亲人在阿拉什亚，或许暗示了一种处理此类事件的惯例，即如果客死他乡的死者的亲人也在那个国家，就可以不向他的国家送还尸体；若死者的亲人在他自己的国家，那么就得将这个人的尸体送回他的国家。

若一个国家的子民在他国犯了罪，则另当别论了。埃及法老指责阿拉什亚的一些人与鲁克基人在一起，做了不利于埃及的事情，阿拉什亚王表示："如果有我国人参与的话，我将他们遣送给你，我将按照我（此处疑为‘你’）的愿望处置他们。你本身不认识他们，他们没有做这样的事情。若我国的人做了这样的事情，那么，你随意处置他们。”（EA 38: 13-22）从这段话可以看出，如果一国的子民在他国犯了罪，那么这些犯罪者可以被引渡到他国接受惩罚。

第七节　外交礼仪

古人云："礼者，敬人也。”在外交活动中会逐渐形成一定的外交礼仪，"外交活动中总有其礼仪”。[①] 众所周知，古希腊城邦外交已经出现了“优待客卿”的外交礼仪制度。阿马尔那时代的大国外交当然也存在一些外交礼仪，具体说来究竟是怎样的呢？

在泥板书信中，有一个词语 *parṣu*，这个词有四个意思：职位、崇拜仪式、宇宙法则和神圣职能、习惯与传统。[②] 其中第四个意思用在泥板书信和赫梯首都哈图萨出土的文献中。第 27 号

---

① 周启朋等编译：《国外外交学》，第 338 页。

② Jeremy Black, *et. al.*, eds., *A Concise Dictionary of Akkadian*, 2nd (corrected) Printing, Wiesbaden: Harrassowitz Verlag, 2000, p. 266.

泥板书信第 93 行出现了这样的表述：*i-na pa-ar-ṣu*。这里的意思是“以……的礼仪或习惯”，很遗憾，由于后面的文字缺损，无法确定该词的确切意义。幸运的是，第 42 号泥板书信第 18 行，再次出现了这个词，在这里它指的是一种礼仪，更准确地说，是指一种正确的习惯或者惯例。阿茨研究了这封书信（EA 42），认为这个词的准确意义是“正确的国际习惯”，这可以为后来赫梯文献所证实。[①] 尽管泥板书信中在文字上直接涉及礼仪和习俗的地方只有这两处，但这并不代表阿马尔那时代大国外交没有礼仪可循。

在使节往来中，大国之间奉行优待使节的外交礼仪，主要体现在三个方面：

一是在使节进入出使国的境内或其附属国的境内时，出使国需迎接他国使节并陪同其到王宫。早在马里时代，外国使节进入出使国境内时，地方官员要将使节送到王宫，亚斯马赫阿杜因没有将卡特那的使节护送到沙马什阿达德一世的王宫，而遭到了沙马什阿达德一世的严厉训斥。[②] 在阿马尔那时代，没有看到大国之间迎接使节的例证，但是，埃及法老与附属国的通信中有对法老要求地方统治者迎接出使米坦尼的埃及使节（EA 62）的描述。据此可以推断出，可能大国之间依然存在着像马里时代那样的迎接使节的外交礼仪。

二是使节到达出使国的宫廷后，出使国要善待使节，很可能出使国会举行一个宴会来欢迎使节。在第 20 号泥板书信第 8—13 行，图什拉塔提到埃及使节马奈到达米坦尼，他就在当天和当天晚上“做美好的事情”，尽管这里没有说明“美好的事情”指的是什么，但从图什拉塔的表述来看，他非常高兴，举行了仪式或宴会来

① Pinhas Artzi, “EA 42, the Earliest Known Case of Parṣu, ‘Correct International Custom’,” in Yitschak Sefati, *et. al.*, eds., *An Experienced Scribe Who Neglects Nothing: Ancient Near Eastern Studies in Honor of Jacob Klein*, Bethesda：CDL Press, 2005, pp. 462-479.

② J. M. Munn-Rankin, “Diplomacy in Western Asia in the Early Second Millennium B. C.,” *Iraq*, Vol. 18, No. 1, Spring, 1956, p. 107.

招待埃及使节。图什拉塔宣称，“愿我的兄弟派走马奈。当他到来的时候，我会办一个体面的招待会，其他国家与所有的外宾都会到场，他会发言，所有的其他国家和我的附庸都会到场”。（EA 24: §16）“当我的兄弟的使节与皮里西、图鲁布里一起来到时，我会为他们举办盛大的庆典。”（EA 27: 99-100）此外，在第29号泥板书信中，图什拉塔还提到，当他听到埃及法老埃赫那吞的话之后，他度过了美好的一天，此处的“美好的一天”很有可能指的是为埃及使节的到来举行欢迎宴会。

三是在使节离开之前，出使国要赐予外使礼物。米坦尼国王图什拉塔多次谈及善待埃及使节的事情，“至于我的兄弟（埃及王）的使节马奈与我的兄弟的翻译哈奈，我像对神一样地尊崇他们。我（米坦尼王）赐予了他们（马奈与哈奈）很多礼物，我非常友好地接待他们（马奈与哈奈）”；（EA 21: 24-27）巴比伦王卡达什曼恩利尔一世就其使节在埃及是否得到赏赐，与埃及法老阿蒙霍特普三世进行了激烈的争论，（EA 1: 67-76）这反映出了赏赐友邦使节的观念是何等的深入人心。

外交联姻也有其外交礼仪。在迎娶外国公主的过程中，要举行“倒油”仪式，以象征婚姻成立。① 事实上，这个习俗起源于民间的婚俗，《中亚述法典》中有这样的规定：“如果一个男人在节日的时候给阿维鲁妇女的头上浇油，或者在宴会的时候带来菜肴，就不应该归还礼物”，“如果一个男人在她头上浇油或在宴会上带来菜肴，之后他的儿子死了或者逃跑了，那么，他应该把该女子给他剩下的儿子中的任何一个。”② 在巴比伦与埃及的联姻中，可以看到这样的礼俗存在，如第1号泥板书信第96行，第11号泥板书信正面

① 在古代西亚，缔结婚约时有涂油仪式，新郎的代理人把香油浇在准新娘的头上。在阿马尔那泥板中，由埃及王的使节代表埃及王把油浇在公主头上，参见 Meir Malul, *Studies in Mesopotamia Legal Symbolism*, Kevelaer: Verlag Butzon & Bercker Kevelaer, Neukirchen-Vluyn: Neukirchener Verlag Neukirchen-Vluyn, 1988, pp. 161-179。

② Martha T. Roth, *Law Collections from Mesopotamia and Asia Minor*, 2nd Edition, p. 169.

第17—18行、第43行。同样，第29号泥板书信第23行，提到埃及使节将油倒在了即将嫁给阿蒙霍特普三世的米坦尼公主塔杜希帕的头上。此外，在对阿蒙霍特普三世与阿拉什亚的联姻记载中，也提到了倒油在未来新娘头上的事情。（EA 31：11-14）显然，“倒油”仪式是一种迎娶公主时必备的礼仪，一旦倒了油在头上，就不能反悔了，正如布尔那布亚什二世所言，不能扣留已经举行了倒油仪式的公主。汤普森（Stephen E. Thompson）在研究了埃及文献中所提到的涂油膏的个案后指出，阿马尔那书信中提到联姻中的“倒油”仪式，显然不是埃及自己的礼仪，而是西亚人的礼仪。①

从泥板书信可以看出，似乎大国之间礼物交换也要遵循一定的礼仪。巴比伦王卡达什恩利尔一世对于埃及法老阿蒙霍特普三世的节日庆典失礼之处做了抗议：“当你庆祝一个盛大的节日的时候，你没有派你的使节来到这里，说道：‘来吧！吃吧！喝吧！’你也没有送来节日的礼物。”（EA3：18-20）在新王即位的时候，友邦往往须送贺礼，尽管在现存的泥板书信中看不到这方面的内容，但是，在日后的赫梯外交书信中却记载了此方面的外交纠纷。赫梯国王哈图里三世对亚述国王阿达德尼拉里一世的失礼进行了谴责：“但是，当我当上国王的时候，[那时]您没有向我派遣使节。当一个国王执政的时候，与此国王同等级的国王，应该送给他适当的[问候礼物]、与王者身份匹配的衣服以及用于涂油礼的油膏。但是，现在，你什么也没有做。”②

小　结

讨论阿马尔那时代大国外交惯例，必须与之前的西亚地区的外

① Stephen E. Thompson, “The Anointing of Officials in Ancient Egypt,” *Journal of Near Eastern Studies*, Vol. 53, No. 1, Jan. 1994, p. 24.

② Gary M. Beckman, *Hittite Diplomatic Texts*, p.140.

交特别是马里时代的外交进行比较，才能看得更明白，因此，笔者在比较的基础上考察了阿马尔那时代的西亚北非外交惯例的特征。

从西亚北非外交惯例的演化来说，阿马尔那时代的大国外交具有继承性与断绝性的特征，它一方面继承了既有西亚外交的历史遗产，另一方面又体现了时代特性。苏美尔城邦时代先后出现了基什与乌鲁克、拉伽什与温马之间的争霸斗争，在这些争斗中，形成了第三国仲裁的外交惯例，基什王美西林为拉伽什与温马之间的边界之争进行了调停，划定了两国的边界。① 在马里时代，西亚地区形成了马里、巴比伦、亚述、拉尔萨、埃什嫩那、埃兰、延哈德和卡特那等国家并立的政治局面，各国为了生存广泛开展外交活动，形成了一系列外交惯例和做法。而在阿马尔那时代，大国之间在更广泛的地域范围内从事外交活动，跨地域、跨文明的态势进一步加强了。那么，阿马尔那时代的大国外交与先前的西亚外交相比有什么不同呢？

在外交准则上，家庭准则的内涵比先前更为宽泛，在“兄弟关系”的基础上，进一步按照家庭准则塑造出了“父子关系”、“姐妹关系”以及“兄妹关系”等。先前的马里时代，已经出现了“父子关系”的表述，如一个名叫阿比沙马尔的国王称呼马里王亚赫顿林为父亲，② 卡赫米什国王阿帕拉罕达称呼埃卡拉图王沙马什阿达德一世为父亲。③ 这个时期所使用的“父子关系”，确切地说，多数情况指的是一种臣服关系，即如果一个国王臣服于另一个国王，那么这个国王将另一个国王称为“父亲”，而自称“儿子”。而在阿马尔那时代，一国王子称呼另一国的国王为父亲，这种父子关系不再表达臣服关系了，而是大国之间按照家庭准则组织相互关系的一种方式，大国君主之间的兄弟关系延伸到了两国的其他成员，两

---

① 刘文鹏主编：《古代西亚北非文明》，第 235 页。

② F. Charles Fensham, “Father and Son as Terminology for Treaty and Covenant,” in Hans Goedicke, ed., *Near Eastern Studies in Honor of William Foxwell Albright*, p. 123.

③ F. Charles Fensham, “Father and Son as Terminology for Treaty and Covenant,” in Hans Goedicke, ed., *Near Eastern Studies in Honor of William Foxwell Albright*, p. 124.

国的其他成员以君主间的兄弟关系为模式，彼此建立适宜的关系模式。在对等准则方面，西亚地区的国家率先实践了这个准则，不论国家大小，不论国力强弱，君主之间以国王相称，彼此之间赠送礼物，进行了积极的外交往来。到了阿马尔那时代，由于埃及神圣王权观念作祟，埃及在对外交往中往往忽视这个准则的存在，这就招致了认可它的西亚大国的反对，这样，这个准则就凸显了出来。

外交方式也存在继承性和断绝性的特征。马里时代的文献提到马里国王与其他国家的国王之间进行了礼物交换的情况。根据多森的统计数据，马里出土的经济文献中提到了30多个国王与马里国王进行了礼物交换，交换的物品有衣服、布料、黄金、白银、器皿、耳环、手镯、滚印和啤酒罐。① 在阿马尔那时代，西亚北非大国继承了礼物交换的外交方式，并且使之成为一种惯常的外交行为，其普遍性超过了先前的马里时代。在王室联姻方面，马里时代有亚述与卡特那之间的联姻，沙马什阿达德一世的儿子亚斯马赫阿杜迎娶了卡特那王伊什赫阿杜的女儿，② 两国在政治上结为盟友。而在阿马尔那时代，大国之间的王室联姻更主要的是出于密切彼此关系的目的，有政治目的，也有经济目的，联姻成为确认彼此友好关系的外交方式之一。在信息沟通方面，阿马尔那时代的外交中的分量与马里时代基本一样，没有明显的变化，但是就信息交流的类别来看，马里时代的国家更注重政治信息的交流，而阿马尔那时代的大国则注重日常信息的交流。

在使节的职能分工上，阿马尔那时代与先前的马里时代差别比较大。马里文献对不同职能的使节有着不同的称呼，会把一般的使节称为“使节”（*mār šiprim*），信差称为 *wābil/bābil ṭuppim*，急使称为 *awīlum qallum* 或者 *mārum qallum*，一些文献也将急使

① Georges Dossin, “Les Archives Économiques du Palais de Mari,” *Syria*, T. 20, Fasc. 2, 1939, p. 108.

② Wu YuHong, *A Political History of Eshnunna, Mari and Assyria*, Changchun: Institute of History of Ancient Civilizations, 1994, pp. 114-123.

叫作 *lāsimum*，而另外一类使节叫作“骑马的使节”（*rākibum*），使节团则称呼为“携带泥板的人”（*awīlū ša ṭuppātim... ublūnim*），[①] 此外，还有一类使节的头衔是 *ālikum*，[②] 字面意思是“来者，到来的人”，使节队伍中的年轻者被称为 *ṣuharum*。[③] 而在阿马尔那时代，使节的头衔只有 *mār šiprim*，使节的分工程度不是很明显，似乎使节职能专业化程度没有马里时代高。在马里时代，一国使节可以常驻某个国家处理与该国相关的外交事务，事情处理完毕就得返回本国。使节们所处理的事情绝大多数是保证“盟国之间军事和外交协调”，[④] 而阿马尔那时代使节所处理的事情多数与战争没有关系，他们协调的是大国之间和平交往的事情。很有可能，因为马里时代是战争时期，为了及时、有效地处理各种事务，才对使节的职能分工提出了要求，于是形成了以上提到的这些使节种类。而阿马尔那时代处于相对和平时期，没有了这方面的强烈需求，所以使节的种类变得比较单一。当然，这只是一个方面的原因，应该还有其他方面的原因。

与马里时代相比，阿马尔那时代的条约和结盟也有其独特之处。在马里时代，结盟是非常普遍的现象，如亚述与卡特那的结盟，[⑤] 埃什嫩那王达杜沙与埃卡拉图王沙马什阿达德一世之间的结盟。[⑥] 同时，以某个大国为首，一些国家结成了同盟，正如前文所言，不论是巴比伦、拉尔萨、埃什嫩那等两河流域的大国，抑

---

① Robert W. Fisher, “The Mubbssir ū Messengers at Mari,” in Gordon D. Young, ed., *Mari in Retrospect: Fifty Years of Mari and Mari Studies*, Winona Lake: Eisenbrauns, 1992, p. 113.

② Georges Dossin, *Archives Royales de Mari 4: Correspondance de Šamši-Addu et de Ses Fils*, p. 111.

③ J. M. Munn-Rankin, “Diplomacy in Western Asia in the Early Second Millennium B. C.,” *Iraq*, Vol. 18, No. 1, Spring, 1956, p. 100.

④ J. M. Munn-Rankin, “Diplomacy in Western Asia in the Early Second Millennium B. C.,” *Iraq*, Vol. 18, No. 1, Spring, 1956, p. 104.

⑤ Wu YuHong, *A Political History of Eshnunna, Mari and Assyria*, pp. 114-123.

⑥ Wu YuHong, *A Political History of Eshnunna, Mari and Assyria*, pp. 178-180.

或是卡特那、延哈德等叙利亚大国，都有 10 个以上的小国追随着。在条约和结盟方面，形成了一系列有章可循的做法。同时，也出现了一些表示缔结条约仪式的术语：触喉（*napištam lapātum*, touch the throat）、杀驴（*ḫâram/ḫârī qatālum*, kill an ass）、捆绑斯斯凯图（*sissiktam rakāsum*, bind the *sissktum*）、持斯斯凯图（*sissiktam kalû*, hold *sissktum*）、抓某人的袍角（*qaran ṣubat* X *ṣabātum*, seize the hem of someone's garment）等。[①] 如果两个国家签订条约，除了写下条约的条款外，更为重要的是“刑牲而盟”，即签约各方要牺牲驴子，然后以缔约各方神祇的名义起誓。[②] 在阿马尔那时代，尚未发现有这样完备的结盟仪式，也没有大国之间签订条约的例子，这似乎表明阿马尔那时代大国的结盟或签订条约可能仍相对简单或较为不发达。

在其他外交惯例方面，如引渡问题，两个时代也有很大不同。马里时代一个引渡的例证是这样的：一个名叫乌什坦沙瑞的人逃亡到了沙马什阿达德一世所控制的地区，因此，巴比伦提出了对这个人引渡的要求。[③] 埃卡拉图王朝的一个附属国的君主库瓦里要求另外一个附属国统治者埃台伦引渡逃亡到该国的臣民，对此，埃台伦表示：“如果你的仆人在阿拉帕哈国，我会找到他们并且将他们押送给你。”[④] 而在阿马尔那时代，看不到这些外交惯例存在的证据。在外交保护方面，阿马尔那时代的大国按照属地管辖权原则，为他国的侨民提供保护，而在马里时代，至今没有发现外交保护惯例存在的证据。

---

① J. M. Munn-Rankin, “Diplomacy in Western Asia in the Early Second Millennium B. C.,” *Iraq*, Vol. 18, No. 1, Spring, 1956, p. 85.

② J. M. Munn-Rankin, “Diplomacy in Western Asia in the Early Second Millennium B. C.,” *Iraq*, Vol. 18, No. 1, Spring, 1956, pp. 86-92.

③ Georges Dossin, *Archives Royales de Mari 4: Correspondance de Šamši-Addu et de Ses Fils*, pp. 16-19.

④ Jørgen Laessøe and Thorkild Jacobsen, “Šikšabbum Again,” *Journal of Cuneiform Studies*, Vol. 42, No. 2, Autumn, 1990, p. 152.

埃及加入西亚外交体系之中，不仅扩大了西亚北非外交活动的范围，而且还造成外交制度退化的问题。在后面的章节中，笔者从文化观念方面分析大国之间在外交上的冲突和调适，着重强调埃及的特殊性，指出埃及浓厚的神圣王权观念与中心－边缘意识造成了大国外交上的困难。埃及作为当时最为强大的国家，它的介入一定会给西亚地区的外交活动带去它特有的文化传统，进而对外交惯例产生影响。除此之外，与西亚地区相比较，埃及缺乏契约传统和法律传统，正如一位学者所言："尽管我们看到了苏美尔、阿卡德、赫梯和新巴比伦时代法律汇编，但是，在埃及我们没有看到此类汇编。尼罗河流域没有给我们留下任何法典、任何理论著作的抄本。"① 埃及这种不同于西亚地区的传统，弱化了西亚地区的外交惯例和制度。此外，外交惯例本身具有延续性和变异性。阿马尔那时代外交惯例与马里时代的不同，主要体现在制度的弱化以及某些制度的缺失，而这也同外交惯例的演变有关。

① Aristide Théodorides, "The Concept of Law in Ancient Egypt," in J. R. Harris, ed., *The Legacy of Egypt*, 2nd Edition, Oxford: Oxford University Press, 1971, pp. 291, 320.

第三章

阿马尔那时代西亚北非大国外交中的文化冲突与调适

在任何时代，外交都遵循一些共同的原则和准则。同时，思想意识方面也会形成一系列相应的观念，这些观念和意识反过来会影响和制约外交行为。在古代社会，只要人们能够相互接触并意识到对方的存在，就会形成各种联系和交往。在这种联系和交往中，各方会接触到他国的异域文化，出于交流便利的考虑，各方往往会自觉或不自觉地从对方的文化角度来调整和完善自身的文化。尽管阿马尔那时代没有形成现代各国认同的外交理念，但与现代各国对于一些问题的看法存在着惊人的相似。与此同时，由于文化背景的差异，各国在外交上也会产生一些碰撞和摩擦。考虑到文化传统和观念的延续性特点，笔者分析问题的时候不会局限于阿马尔那时代，而是着眼于西亚北非的长时段的历史考察。

第一节　神圣王权观念与对等外交准则

一　古代西亚北非各国的神圣王权观念

神圣王权是指将统治者视为神圣世界的化身、显灵、中介或者代理者的一种观念。在古代西亚北非，国王是一国的最高统治者，享有至高无上的权力，一般而言，在地位上唯一高于国王的是神祇。但是在国际交往中，各国国王要遵循家庭准则和对等准则，因而他们的地位是平等的。这样就产生国王国内地位的至高无上性和国际地位的平等性之间的矛盾。大国国王是如何处理这些问题的呢？神圣王权观念又是如何适应国际交往的现实的呢？

一般来说，王权神化的程度越高，越不容易接受各国平等的现实和观念；反之，王权世俗化的程度越高，越容易接受各国平等观念，越容易运用现实的眼光去看待和处理问题。在西亚北非的历史舞台上，各国的发展轨迹不同，王权的神化程度亦有差别。各国的神圣王权观念，无疑对各国的外交观念产生了深远的影响，同时也在各国融入国际社会的过程中扮演了重要角色。

苏美尔语通常将国王称为“恩西”（ ensi）或者“卢伽尔”（ lugal），较早的文献把统治者称为“恩”（ en）。“恩”最早在乌鲁克使用，字面意思是“主人”；“恩西”最早为拉伽什的埃安那图姆使用；“卢伽尔”最早在乌尔使用，是“大人”之意。相较而言，“卢伽尔”一词使用的范围较广。① 在两河流域的历史发展过程中，国王的王衔主要有基什之王（ lugal Kiš, *šar Kiš*）、国土之王（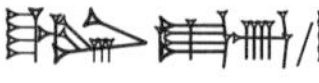/ lugal Kalam/

① 在两河流域早期历史上，不同的城邦对国王的称呼是不同的，例如，温马将国王称为“善加”（Sanga），乌鲁克称国王为“恩”（En），拉伽什把国王称为“恩西”（Ensi），详见 Nicholas Postgate, “Royal Ideology and State Administration in Sumer and Akkad,” in Jack M. Sasson, ed., *Civilizations of the Ancient Near East*, Vol. I and II, p. 396。

ma-da, *šar mātim*）、乌尔之王（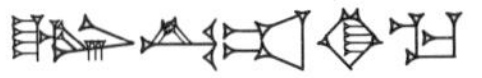 lugal Urima, *šar Urim*）、四方之王（ lugal an-ub-da limmu$_2$-ba, *šar kibrātim arba'im*）、苏美尔和阿卡德之王（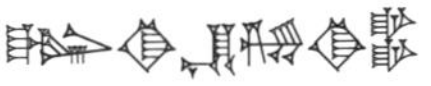 Lugal Ki-engi Ki-uri, *šar māt Šumerîm Akkadîm*）。[①] 亚述人创造的王衔是宇宙之王（ lugal Kiš, *šar kiššati*），[②] 事实上该头衔是对苏美尔时代的王衔“基什之王”的改造与再使用。这些称号旨在彰显国王的统治权威，以及统治地域的广阔程度和王权行使的有效范围。在两河流域的文献中，除了这些称号外，还有一些准王衔或修饰语来凸显国王的权威，如某位神祇所宠爱者（ki-áŋ DN, *narām* DN）、所喜欢者（še-ga DN, *migir* DN）。从这些准王衔或修饰语可以看出，某位国王之所以能成为统治者，是因为得到神祇的恩宠。乌尔第三王朝国王阿马尔辛自称“南那神所宠爱者”，[③] 古巴比伦王汉谟拉比宣称他自己是“乌图神所喜欢者和马尔杜克神所宠爱者”，[④] 早期亚述统治者伊鲁舒马称呼自己为“阿淑尔神与伊什塔尔女神的最宠爱者”。[⑤] 古代两河流域的国王，宣扬上台执掌王权是神祇选择的结果。早王朝时期拉伽什的统治者埃安那图姆称，“恩利尔神赐予他以力量，宁胡尔萨格女神用健康的乳汁哺育了他，伊楠娜女神给他起了一个好听的名字，恩基神赐予他智慧，强大

---

① 基什之王是一个古老的王衔，阿卡德王国的萨尔贡使用过这个称号；国土之王，早王朝末期的卢伽尔扎格西首先使用这个称号；乌尔之王，最早由阿卡兰杜格使用，此后为乌鲁克、乌尔第三王朝、伊新、拉尔萨等王朝诸王使用；四方之王，萨尔贡自称“统治四方的人”，他的儿子那拉姆辛明确提出“四方之王”的称号；苏美尔和阿卡德之王，由乌尔第三王朝的乌尔那木开始使用。参见 William W. Hallo, *Early Mesopotamian Royal Titles*, New Haven: American Oriental Society, 1957。

② 从阿淑尔乌巴里特一世到提格拉特帕拉沙尔一世的亚述国王都使用这一王衔，库里加尔祖一世之后的加喜特国王也使用了这一王衔，参见 Mario Liverani, *International Relations in the Ancient Near East, 1600-1100 BC*, p. 23。

③ Mario Liverani, *International Relations in the Ancient Near East, 1600-1100 BC*, p. 138.

④ Mario Liverani, *International Relations in the Ancient Near East, 1600-1100 BC*, p. 139.

⑤ Daniel David Luckenbill, *Ancient Records of Assyria and Babylonia*, Vol. I, New York: Greenwood Press, 1968, p. 12.

的女神南什心中所选定者”，“恩利尔神赐予他以力量，宁胡尔萨格女神用健康的乳汁哺育了他，南什女神给他起了一个好听的名字”。[1] 中亚述王沙尔马那沙尔一世宣扬阿淑尔神选中了他来当王：“当主人阿淑尔选择我作为他的合法崇拜者和黑头人的统治者的时候，他给了我权杖、刀剑和手杖，交给我合法统治权的王冠。”[2]

古代两河流域最常用的称呼国王的词是“卢伽尔”（直译为“大人”）。从卢伽尔一词来看，在古代两河流域的观念中，国王是比一般人更具有智慧的、更勇敢的、英雄式的人物。与埃及法老相比，两河流域的国王与普通人之间的鸿沟并非难以逾越。[3] 有学者认为，《苏美尔王表》（见文前图 14）中宣称“王权自天而降”，表明王权是神圣的，但并不意味着王权的持有者是神圣的。[4] 此外，根据雅克布森的观点，苏美尔词 bala（）指的是某个城邦所持有王权的时间，[5] 在苏美尔人的意识中，王权不是永恒之物，而是随着神祇的兴趣从一个城邦转移到另一个城邦。《乌尔毁灭的哀伤》中的一句话对此有着精辟的叙述：“乌尔被给予王权，但不是被给予永恒的统治……有谁能看到持久的王权统治？”[6] 此外，铭文在描述国王的时候，经常会使用两个修饰语：“强大的男人”（ nita kalag-ga，*dannum*）、“强大的国王”（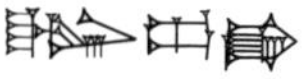

---

① Douglas R. Frayne, *Royal Inscriptions of Mesopotamia, Early Periods 1: Presargonic Period (2700-2350 BC),* pp. 139, 142.

② Daniel David Luckenbill, *Ancient Records of Assyria and Babylonia*, Vol. I, p. 39.

③ Henri Frankfort, *Kingship and the Gods*, Phoenix Edition, Chicago and London: The University of Chicago Press, 1978, p. 224.

④ Henri Frankfort, *Kingship and the Gods*, p. 237.

⑤ J. M. Munn-Rankin, “Diplomacy in Western Asia in the Early Second Millennium B. C.,” *Iraq*, Vol. 18, No. 1, Spring 1956, p. 74. 对于 bala 的意思，参见 John A. Halloran, ed., *Sumerian Lexicon: A Dictionary Guide to the Ancient Sumerian Language*, p. 28; The Electronic Pennsylvania Sumerian Dictionary (ePSD), http://psd.museum.upenn.edu/nepsd-frame.html, 2021 年 8 月 18 日。

⑥ S. N. Kramer, “Sumerian Lamentations,” in James B. Pritchard, *Ancient Near Eastern Texts Relating to the Old Testament*, 3rd Edition with Supplement, p. 617.

lugal kalag-ga，*šar dannum*）。后者是对前者的发展和改造，[①] 这两个词语强调的是国王身体的强壮、力量的强大。不可否认，在两河流域的历史上，曾经出现过将国王视为神的现象。首位被神化的国王是阿卡德王那拉姆辛。乌尔第三王朝中的四位国王（舒尔吉、阿马尔辛、舒辛、伊比辛）都在自己的名字前加上了“神”的符号。之后，拉尔萨、埃什嫩那、德尔以及马尔吉姆的国王们也采取了同样的做法。总体而言，神化国王的例子并不多见，因此，可以认为两河流域的主流观念是将国王视为神所钟爱的、力量强大的凡人。

相比较而言，古埃及王权神化程度最高。有的学者这样评述古埃及人的王权观念：“埃及人认为，国王是来自神祇世界的神圣职务的持有者，国王属于神圣世界的一部分。”[②] 法老有五个神圣的王衔：荷鲁斯（ *ḥr.w*）、涅布提（ *nbty*）、金荷鲁斯（ *ḥr.w nbw*）、尼苏毕特（ *nsw-bit*）、拉之子（ *sꜣ-rꜥ*）。荷鲁斯头衔强调了法老的神圣统治权，涅布提表明了法老是两土地的拥有者和结合者，金荷鲁斯体现出了国王的尊贵，尼苏毕特反映的是国王的神性与人性的统一，拉之子的头衔表现了国王的神族血统。埃及法老的王衔表明以下几种观念：其一，过世的法老是奥西里斯，而在位的法老是荷鲁斯，是奥西里斯的继承人；其二，法老是上下埃及之王，红冠与白冠的持有者，是两夫人（两位女神）的代表者；其三，法老与舒神合二为一，他来自太阳神拉的躯体，死后必然要回到他父亲的身体里。埃及文献将在位法老直接称为“神”，或者“好神”。[③] 此外，法老还是胡（命令之神）、西阿（智慧之神）和玛阿特（真理之神）的化身，因此，“威令在法老口中，认知在

① William W. Hallo, “Royal Titles from the Mesopotamian Periphery,” *Anatolian Studies*, Vol. 30, 1980, p. 193.

② Ronald J. Leprohon, “Royal Ideology and State Administration in Pharaonic Egypt,” in Jack M. Sasson, ed., *Civilizations of the Ancient Near East*, Vol. I and II, p. 274.

③ Henri Frankfort, *Kingship and the Gods*, p. 36.

法老心中，法老的言语是真理之所”。[①] 有学者进一步指出，埃及的王权观念一直认为法老是太阳神的儿子，是降临凡间的神，[②] 从这个意义上讲，法老是埃及的神，是神的活雕像，[③] 他的存在是唯一的，只有他一个人居于人与神的中间。[④]

赫梯国王拥有很多头衔，在不同历史时期，国王的头衔也不相同。[⑤] 在古王国时代，赫梯国王除了自称为“王”（lugal）外，还自称是“大王（lugal.gal）和塔巴尔那（Tabarna）”。其中，“大王”一词用于外交语境中，表示赫梯王与其他大国国王的地位平等；而“塔巴尔那”则是赫梯早期国王拉巴尔那这一名字的变形，一般翻译为“皇帝”。[⑥] 到了帝国时代，即赫梯的新王国时期，赫梯国王的尊称一般为“塔巴尔那，大王，赫梯王，英雄（ur.sag），某某神祇所宠爱者（*naram* DN）”。[⑦] 其中，头衔“英雄”最早为赫梯王苏皮鲁流马一世所使用，在赫梯文献中通常写作苏美尔词语 ur.sag 或阿卡德词语 *qarrādum*，从未用赫梯词语写过这个头衔，因此，它可能是从两河流域引进来的。[⑧] 从这些王衔来看，赫梯王似乎并不具有神性。那么，其他头衔是否体现了赫梯王的神性呢？赫梯王还有两个常用的头衔：“陛下”（直译为“我的太阳”）、

---

① 刘文鹏：《古代埃及史》，商务印书馆 2000 年版，第 202—203 页。

② Henri Frankfort, *Kingship and the Gods*, pp. 5-6.

③ John A. Wilson, “Egyptian Hymns and Prayers,” in James B. Pritchard, *Ancient Near Eastern Texts Relating to the Old Testament*, 3rd Edition with Supplement, p. 376.

④ H 和 H. A. 法兰克弗特、约翰·A. 威尔森、陶克尔德·雅克布森：《人类思想发展史——关于古代近东思辨思想的讨论》，郭丹彤译，黑龙江人民出版社 2005 年版，第 81 页。

⑤ Gary M. Beckman, “Royal Ideology and State Administration in Hittite Anatolia,” in Jack M. Sasson, ed., *Civilizations of the Ancient Near East*, Vol. I and II, p. 537.

⑥ Gary M. Beckman, “Royal Ideology and State Administration in Hittite Anatolia,” in Jack M. Sasson, ed., *Civilizations of the Ancient Near East*, Vol. I and II, p. 532.

⑦ Gary M. Beckman, “Royal Ideology and State Administration in Hittite Anatolia,” in Jack M. Sasson, ed., *Civilizations of the Ancient Near East*, Vol. I and II, p. 532.

⑧ Tayfun Bilgin, *Officials and Administration in the Hittite World*, Berlin and Boston: Walter de Gruyter, 2018, p. 18.

“众神和阿利那的太阳女神的祭司”，有的学者认为“陛下”这一头衔是从米坦尼和埃及借用来的，① 但是，这个头衔在古王国时代已经出现，② 因此，很难说是否受到了米坦尼或埃及的影响。事实上，这两个头衔可能表明了赫梯王与神祇的关系，而在赫梯人的意识里，国王是神祇的管家，他统治国家的权力是神祇所赋予的，他是“最高神的代理人和最高祭司”，③ 对于臣民来说，国王是他们的代表和首长，是神祇和普通百姓之间的中介人。一篇文献这样写道：“国家属于风暴神，天、地和人民也属于风暴神。他（风暴神）让国王塔巴尔那（作为）他的代理人，给了他（国王）哈图萨的全部国土。塔巴尔那将统治全部国土！”④ 在赫梯人的观念里，尽管在位的国王是王室创始人的化身，但他活着的时候是个凡人，只有死后才会变成神祇。⑤ 此外，值得一提的是，赫梯文献往往用“成神”来指代国王的死亡。例如，普杜希帕在对阿利那的太阳女神的祈祷词中提到“当仆人穆瓦塔里变成了神”，⑥ 穆尔什里二世在其年代记中写下这样的话：“我的父亲一变成神，我的兄弟阿尔努瓦达把自己放在我父亲的王座上”，“当我的兄弟阿尔努瓦达变成了神”。⑦ 由此可见，赫梯王权的基本观念是国王本身只是凡人，死后会成为神祇。

---

① O. R. Gurney, *The Hittites*, pp. 64-65.

② Harry A. Hoffner and Irving L. Diamond, eds., *Perspectives on Hittite Civilization: Selected Writings of Hans Gustav Güterbock*, Chicago: The Oriental Institute of the University of Chicago, 1999, p. 229.

③ Harry A. Hoffner and Irving L. Diamond, eds., *Perspectives on Hittite Civilization: Selected Writings of Hans Gustav Güterbock*, p. 232.

④ Albrecht Goetze, “Review of Istanbul Arkeoloji Müzelerinde Bulunan Boğazköy Tableterinden Seçme Metinler,” *Journal of Cuneiform Studies*, Vol. 1, No. 1, 1947, pp. 90-91.

⑤ O. R. Gurney, *The Hittites*, pp. 64-65; Bedrich Hrozný, *Ancient History of Western Asia, India and Greece*, trans. J. Prochazka, p. 137.

⑥ Albrecht Goetze, “Hittite Prayers,” in James B. Pritchard, ed., *Ancient Near Eastern Texts Relating to the Old Testament,* 3rd Edition with Supplement, p. 393.

⑦ Johannes Lehmann, *The Hittites, Nation of a Thousand Gods*, p. 229.

至于米坦尼王国的王权观念，学界基本上没有任何了解，笔者只能从泥板书信中略窥一二。在阿蒙霍特普三世死后，埃赫那吞登上王位时，图什拉塔如此说道："他现在已经长大成人，他已经坐在了变成神的他父亲的王座上。"（EA 29: 154）这里，图什拉塔说阿蒙霍特普三世变成了神祇，这种说法可能反映了胡里人或者印欧人的思想意识，即认为国王过世后就成了神祇。这种观念与赫梯的观念很相似，也许是胡里人的观念影响了赫梯，也可能这是印欧人共同的观念，对于这一点，就不得而知了。

总之，埃及王权神化的程度最高，法老常常被视为神祇，而西亚地区王权神化的程度较低，除了一些国王自称是神之外，大多数国王都被看作凡人。在西亚地区，国王神化色彩比较淡薄，而埃及则不然，国王神化的色彩异常浓重。

二　神圣王权观念在对外关系中的调适

在阿马尔那时代，西亚北非大国之间交往的频繁程度是史无前例的，由于各国王权观念的不同，因此必然会产生一些矛盾和摩擦。前文提及的巴比伦与埃及交往中的外交摩擦，或许在某种程度上与各国文化传统的差异有一定关系，笔者将举三个例子对此进行阐释。巴比伦王卡达什曼恩利尔一世，抗议埃及法老把他赠送的战车与埃及地方长官进献的战车混在一起。（EA 1: 89-92）就巴比伦王而言，他认为自己与埃及王都是国王，地位平等，其地位自然要高于地方长官，因此，他赠送给埃及法老的战车不应该与地方长官的战车放在一起；就埃及王而言，按照埃及的传统观念，埃及法老是神而非人，巴比伦王自然要低埃及法老一等，与埃及国内的地方长官没有区别，把巴比伦的战车放在埃及地方长官进献的战车中间是理所当然的。在第3号泥板书信中，巴比伦王抗议埃及法老没有邀请他参加宴会。（EA 3:18-29）从巴比伦王抗议来看，埃及法老未邀请巴比伦王赴宴，违背了同等级国王互相宴请的惯例，而在埃及法老看来，巴比伦王作为与埃及国内的地方长官地位一样的人，似乎不应该与神一般的法老同坐一席。因此，按照埃及的王权观念，邀请巴比伦国王赴宴是不适宜的。在第 7 号泥板书信中，巴比伦王对埃及法老未问候他的病情表达了不满，根据泥板书信的描述，埃及使节解释说两国遥远，埃及法老不能及时获悉巴比伦王身体抱恙的情况。尽管如此，可以设想一下，若埃及与巴比伦相邻，在埃及人的思想观念中，身体抱恙的巴比伦王地位如同埃及国内的地方长官，神一样的法老怎么可能去问候下级的病情！所以，不管什么情况，在神圣王权观念的支配下，埃及法老是不会把巴比伦王看作同等级的国王的。

赫梯与埃及也存在外交纠纷。在一封泥板书信中，赫梯王对埃及法老提出了抗议："现在，至于［你送来］的你的泥板，为什么你把你的名字放在我的名字上面呢？"（EA 42:15-16）一般而言，在大国之间的往来泥板书信上，国王不会签名，也不会盖他的名章。但是，从赫梯王抗议的言辞来看，在一块埃及法老送给赫梯王的泥板上，埃及法老把自己的名字写在了赫梯王的名字上面，这究竟是怎么一回事呢？在仔细推敲后，阿茨提出了一个看法：此处提及的一个名字在另外一个名字上面，显然不是指法老将自己的名字和问候语写在了赫梯国王的名字以及对赫梯国王的问候语的前面，而是指在一份条约式的文件中，埃及王将自己的印文压在了赫梯王的印文的上面。①若阿茨的解释正确的话，那么国王印章（见图 3-1）如何按压，按压在哪里，这其中大有文章。埃及与西亚国家交往的时间不算短了，埃及法老不会不知道泥板条约签名的国际礼仪。若埃及法老知道西亚的签名传统，他为什么要这样做呢？根据目前的资料，没有发现埃及与赫梯交恶的证据，因此，也不存在埃及法老报复赫梯的可能性。在笔者看来，此事件的发生恐怕与埃及的王权观念有关系。正如前文所言，埃及法老认为自己是神，外国国王的地位如同埃及的臣子，因此在签订外交条约时，自然会把他的印章按压在赫

① Pinhas Artzi, "EA 42, The Earliest Known Case of Parṣu, 'Correct International Custom'," in Yitschak Sefati, *et. al.* eds., *An Experienced Scribe Who Neglects Nothing: Ancient Near Eastern Studies in Honor of Jacob Klein*, pp. 470-474.

图 3-1 赫梯王苏皮鲁流马一世敕令泥板（上盖有国王的印章）

资料来源：Joan Aruz, Kim Benzel and Jean M. Evans, *Beyond Babylon: Art, Trade, and Diplomacy in the Second Millennium B.C*, p. 173.

梯王印文的上面。对于习惯了西亚对等准则的赫梯王而言，两国的君主地位平等，泥板上按压的印章不能一高一低，应该按压在同一水平线上。

巴比伦、赫梯与埃及的外交摩擦反映出西亚和埃及的外交观念存在差异。西亚地区由于自古以来就有发达的多边交往，因此，逐步确立起了同等级国王地位对等的观念，即前文所讲的外交对等准则。事实上，对等准则本质上是政治多元化的产物，主要体现在参与者的地位对等上。到了阿马尔那时代，西亚北非的政治由几个大国主导，除了埃及之外，这些大国都是西亚地区的国家。经过多元权力的洗礼，西亚地区的国家奉行的是西亚地区的外交对等原则。然而，埃及在北非地区一国独大，其他国家很难与之匹敌，缺乏多元权力的历练，形成了自我为中心的外交观念。因此，埃及的外交观念与多国主导的西亚北非政治格局并不相符。在阿马尔那时代的多边外交中，埃及只有两个选择：一是继续保持自己的观念，或独立于西亚外交体系之外，或与西亚国家外交冲突不断；二是审时度势，对西亚大国做出让步，遵守西亚外交中的对等准则。通过文献来看，埃及似乎采取了国内、国外分别表述的路径。

在外交信函中，按照阿卡德语，埃及法老称呼通信双方为“国王”，按照西亚的外交惯例书写外交信函，但是，在国内的语境下，埃及继续保持神圣王权的观念，维持埃及中心的观念，把埃及法老与外国君主区别对待。由此可见，一个王权神化程度非常高的国家要适应西亚的外交体系是多么困难！

埃及国内的文献通常把埃及最高统治者称呼为“国王”（ *nswt*），把西亚的君主称为“王公”（ *wr*），[①] 偶尔称呼为“主人”（ *nbw*）或“首领”（ *ḥqꜣ*）。[②]《埃及语言词典》把 *wr* 一词释义为“王子”（die fürst），这个词可以直译为“大人”，古王国时代用来称呼贵族，显然，古埃及人把外国统治者视为与埃及国内官员等级一样。至于 *ḥqꜣ*，在早王朝、古王国时代，*ḥqꜣ* 通常指的是埃及的官员、土地管理者，偶尔也指外国的统治者，第一中间期变成了地方统治者的头衔，中王国时代也用来称呼外国统治者，如贝尼哈桑的克努姆霍特普二世的坟墓描述来自西亚的人员中首领伊拉比沙（ *ỉb-šꜣ*）的头衔就是“外国首领”（ *ḥqꜣ ḫꜣst*），在喜克索斯王朝时期，国王的一个王衔就是“外国首领”（*ḥqꜣ ḫꜣswt*），如哈延的本名“诸外国首领，哈延”（ *ḥqꜣ ḫꜣsw ḫyꜣnt*），及至第 18 王朝，偶尔以 *ḥqꜣ* 的复数形式来称呼外国君主，但是从未用单数 *ḥqꜣ* 称呼某位外国君主。[③] 更多情况是用 *ḥqꜣ* 称呼埃及国王、神祇，以此表明埃及王是世界上所有国家的宗主。[④]

新王国时期的埃及文献常常把埃及国王称呼为 *nswt*，在埃及人的意识中，在某个特定时期国王只有一个，[⑤] 因此，“阐释王权的

---

① Adolf Ernan und Hermaan Grapow, *Wörterbuch der Aegyptischen Sprache*, Bd. I, p. 329.

② Emanuel Pfoh, *Syria-Palestine in the Late Bronze Age: An Anthropology of Politics and Power*, p. 38.

③ A. David Lorton, *The Juridical Terminology of International Relations in Egyptian Texts through Dyn. XVIII*, pp. 61, 62.

④ A. David Lorton, *The Juridical Terminology of International Relations in Egyptian Texts through Dyn.XVIII*, pp. 21-32.

⑤ A. David Lorton, *The Juridical Terminology of International Relations in Egyptian Texts through Dyn. XVIII*, p. 19.

神话与 *nswt* 的复数是不相容的”，[①] 而外国的统治者只能被称为王公、主人或酋长，他们永远不能与埃及国王相提并论。因此，古埃及人不会把阿卡德语中的 *šarrum* 一词对译为埃及语的 *nswt*。第 17 王朝的卡摩斯的铭文用 *wr* 一词称呼喜克索斯王朝、科尔马王国的君主，“一个王公在阿发里斯，另外一个在库什（  *wr m ḥwt-wꜥrt ky m kš*）”。[②] 如前文所述，阿蒙霍特普三世与米坦尼国王苏塔尔那二世联姻的时候，阿蒙霍特普三世的圣甲虫铭刻就把苏塔尔那二世称呼为“那哈林的王公苏塔尔那”（ *wr n nhrn sꜣtyrnꜣ*）。[③] 在著名的埃及与赫梯的和平条约的埃及版本中，赫梯国王仍然被称为“赫梯大公”（ *wr ꜥꜣ n ẖtꜣ*），而埃及法老则自称“埃及大王”（  *ḥqꜣ ꜥꜣ n kmt*）。[④] 阿布·辛拜勒大神庙的露台南端处记载了第 19 王朝法老拉美西斯二世与赫梯王哈图什里三世统治时期的第一次联姻的情况，依然把赫梯王称呼为“赫梯大公”（ *wr ꜥꜣ n ẖtꜣ*）。[⑤]

尽管埃及与赫梯实现了和平，签订了和平条约。但是，埃及在国内仍然宣扬卡迭什战役中拉美西斯的丰功伟绩，赫梯王哈图什里三世对此非常不满，提出了外交抗议，认为埃及国内的反赫梯甚至

① Donald B. Redford, “The Concept of Kingship during the Eighteenth Dynasty,” in David B. O’Connor and David P. Silverman, eds., *Ancient Egyptian Kingship*, Leiden, New York and Köln: E. J. Brill, 1995, p. 168.

② Alan H. Gardiner, “The Defeat of the Hyksos by Kam ō se: The Carnarvon Tablet, No. I,” *The Journal of Egyptian Archaeology*, Vol. 3, No. 2/3, 1916, p. 98; 参见郭丹彤译著《古代埃及象形文字文献译注》上卷，第 64 页。

③ A. de Buck, *Egyptian Readingbook*, Vol. 1, p. 67; Wolfgang Helck, *Urkunden der 18. Dynastie*, Band 6, Heft 20, p. 1738; James Henry Breasted, *Ancient Records of Egypt*, Vol. 2, p. 348; 参见郭丹彤译著《古代埃及象形文字文献译注》上卷，第 157 页。

④ 郭丹彤译著:《古代埃及象形文字文献译注》上卷，第 257 页。

⑤ Kenneth A. Kitchen, *Ramesside Inscriptions*, Vol. 2, p. 247; 英文翻译见 James Henry Breasted, *Ancient Records of Egypt*, Vol. 3, Chicago: University of Chicago, 1906, p. 184。

丑化赫梯的宣传，与两国君王结成的友谊和兄弟关系不协调。① 尽管埃及采取了国内外分别表述的方式，仍然不能令主张大国君主对等地位的赫梯王满意。同时，这在某种程度上也表明了埃及适应西亚地区观念的困难，也可以看出法老在维持国内威望与国外形象之间的矛盾。

对于西亚地区的国家来说，这种矛盾远远没有埃及那么突出。在第 30 号泥板书信中，作为大国君主的米坦尼国王图什拉塔，把埃及的迦南附属国的统治者称呼为“国王”（lugal），（EA 30: 1）在米坦尼王看来，这些附属国是有资格使用“国王”这一术语的。尽管米坦尼承认了小国甚至是附属国的王权，但是这种王权不能与大国的王权相提并论，因为大国的君主是“大王”，是“国王中的国王”。显然，在西亚人的意识中，王者的地位不是独有的，也不是平等的，而是有等级差别的，存在“大王”（*šarrum rabûm*）与“王”（*šarrum*）的差别，在宇宙中最大的是“神王”。在两河流域人的意识中，城邦的统治者都是王，都是由城神选中，然后报请主神批准的，因此他们彼此之间的地位是平等的。在马里时代，可以看到这种平等的王权概念，不论国家大小，所有的国王都被称为“王”，国王没有高下之分，只有实力强弱之别，实力弱小的国王追随实力强大的国王。前文所引述的马里使节的话，最具有代表性：“没有一个国王是靠自己而强大的。10 个或 15 个王追随着巴比伦的汉谟拉比（见图 3-2），同样数目的王追随着拉尔萨的利姆辛，同样数目的王跟随着埃什嫩那的伊巴尔皮埃尔，同样数目的王跟随着卡特那的阿穆特皮埃尔，但有 20 个王跟随着延哈德的雅瑞林。”② 从这段话可以看出，国王之间的差别在于其是否强大，与王权神化没有很大关系，也表明在几个

① Mario Liverani, *International Relations in the Ancient Near East, 1600-1100 BC*, pp. 82, 102.

② Georges Dossin, “Les Archives Épistolaires du Palais de Mari,” *Syria*, T. 19, Fasc. 2, 1938, p. 117; William L. Moran, “Akkadian Letters,” in James B. Pritchard, ed., *Ancient Near Eastern Texts Relating to the Old Testament*, 3rd Edition with Supplement, p. 628.

图 3-2 国王头像（可能是汉谟拉比）

资料来源：斯特凡诺·祖菲主编，恩里科·阿斯卡洛内等著《史前到古埃及时期的艺术》，第 113 页。

强国并立的形势下，国家实力占据着重要的地位。

综上所述，在古代西亚北非，王权观念的差异在埃及与西亚国家之间表现得尤为明显。这种观念的差异对阿马尔那时代大国的外交关系产生了深远影响。在新王国时代，埃及进入西亚地区的大国外交体系之中，埃及所面对的是一个经历了至少 1000 年发展的外交体系，因此，埃及的选择只能是适应，但是这个适应过程相当艰难，从泥板书信中仍能看出这种矛盾与困难。相对于埃及而言，西亚地区的国家之间基本没有这种不适应与困难，西亚各国之间王权观念的世俗化程度如此之高，使得他们之间具有了外交适应的意识基础。

第二节 宇宙观与战争、和平观念

在古代西亚北非，由于不同文明的特性以及文化上的差异，大国对待战争与和平这两个基本问题的态度和观念，存在着一定的差异，当然这并不排除彼此之间具有共同之处。

马克思说："大家知道，希腊神话不只是希腊艺术的武库，而且是它的土壤。"[①] 马克思的论断说明了宗教、神话对理解文明的特

① 马克思：《〈政治经济学批判〉导言》，《马克思恩格斯选集》第 2 卷，人民出版社 1995 年版，第 28 页。

质具有重要意义。在上古时代，宗教享有崇高的地位，是当时精神文明的主要体现，因此，要从思想层面上探讨大国对战争与和平的观念上的异同，则从宗教观念和神话观念出发是必然的选择，当然这也是寻求一种文化解释的方式。

当从宗教角度做出一种文化解释的时候，首先面对的是资料短缺的问题。埃及的文献资料充分展示了古埃及人对宇宙的看法，但是加喜特人留给后世的关于其宇宙观的材料却微乎其微，因此，无法加以详细地考察和说明。鉴于加喜特人对巴比伦文化的认同和接受，可以参考巴比伦尼亚的主流宇宙观进行一番梳理。米坦尼人传世的文献资料非常罕见，赫梯几乎没有宇宙观念的文献传世。而且这两个国家之间文化上的交融以及受到巴比伦主流文化的影响非常深厚，因此，要想做出明晰的阐释并非易事。

一　古埃及人的宇宙观与战争、和平观念

宇宙神学是宗教观念的根基，所有的宗教、神话观念都是以此为基础逐步形成的。若要研究宗教、神话观念，则必须考察宇宙观。所谓宇宙观，是指宇宙发生和进化的总的看法和观点，包括宇宙生成论和宇宙进化论。现代的宇宙观是建立在科学实践和推理的基础上的，而古代的宇宙观则与神祇联系在了一起，是一种宗教宇宙观念。

按照赫里奥坡里斯的神学观念，神祇创世之前，世界处于混沌状态，沉浸在广阔的原初之水之中。首先在原初之水上出现了一小块土地，接着阿图姆神诞生在这块小土地上。阿图姆神依靠自己的力量创造了自己，因此，阿图姆这个词的含义是“任何事情”和“没有事情”，同时具有肯定和否定的双重意义。[1]之后，阿图姆生

---

① H 和 H. A. 法兰克弗特、约翰·A. 威尔森、陶克尔德·雅克布森：《人类思想发展史——关于古代近东思辨思想的讨论》，第 54 页。

出了其他神祇。空气之神舒将天神托了起来（见文前图 15），从此天神努特和地神盖伯分离，天地得以形成。[①] 此后又诞生了两对神祇，其中奥西里斯成为埃及最早的国王。在古埃及人的观念中，神祇的创世使得天地分离、万物形成，但这并不意味着创世活动的结束。混沌只是暂时退出了秩序世界，秩序世界的周围被混沌力量所包裹，混沌力量不时地侵入秩序世界，因此，有必要与混沌力量进行斗争，以便维护宇宙的秩序。埃及人认为太阳的西落是与混沌力量新一轮较量的开始，在黑夜中，太阳神与代表混沌力量的阿波菲斯巨蛇做斗争，而太阳的升起则标志着秩序对混沌的胜利，等到太阳西落则又开始了新一轮的较量。因此，维护秩序世界和保存创世果实的斗争会一直进行下去，这个过程永远也不会完成。

古埃及人以宇宙神学为基础，并依托宇宙观创造出独有的思想观念，并把它嵌入到了古埃及人对环境、周边世界的认知中。在古埃及人看来，埃及是神祇所创造的“黑土地”，是秩序和正义之地，是宇宙的中心；而周边地区则是“红土地”，是混沌力量的居所，居住在这些土地上的外国人被视作混沌力量的象征。在古埃及人的观念中，国王依靠 *nḫt* 来实现保家卫国的重任。在古埃及语中，该词写作，是一个属性词，可以充当动词与形容词，形容词的意思为“强壮、坚强、胜利”，往往用该词来修饰国王、神祇及其卡（即灵魂），动词的意思与形容词类似，用来描述国王的行动。[②] 在第 18 王朝时期，有关国王的描述往往使用 *nḫt* 一词，按照古埃及人的观念，神会把 *nḫt* 赐给国王，国王使用 *nḫt* 来对抗敌人、镇压反叛，埃及运用 *nḫt* 能够在战场上取得胜利，外国诸邦慑于埃及的 *nḫt* 而臣服埃及，埃及迎来了万国来朝的繁荣景象，从而使得埃及王确立了至高无上的地位。[③]

---

① Brian Brown, *The Wisdom of the Egyptians*, New York: Brentano’s, 1923, p. 38.

② Adolf Ernan und Hermaan Grapow, *Wörterbuch der Aegyptischen Sprache*, Bd. II, pp. 314-315.

③ José M. Galán, *Victory and Border: Terminology Related to Egyptian Imperialism in the XVIIIth Dynasty*, Hildesheim: Gerstenberg Verlag, 1995, pp. 68, 94.

众所周知，历史上不断有其他族群与埃及发生冲突，对于这种冲突、敌对，埃及人也依托宇宙观给出了解释。在古埃及人的观念中，外国人对埃及的侵略，就是混沌力量对秩序力量的反叛，埃及对之的打击乃是维护宇宙秩序；埃及的对外战争并非仅为了扩张领土，也为了惩罚那些威胁宇宙秩序的反叛者，以确保宇宙和谐安宁。在对埃及中王国时期的文学作品研究后，波那泽指出，在埃及人的教义里，野蛮人是敌人，他们的命运注定是要被征服，要臣服于埃及王的。① 利韦拉尼指出，在古埃及人的观念里，敌人就是反叛者。不管是对埃及有敌对行动的外国人，还是计划对埃及采取军事行动的外国人，抑或是拒绝接受埃及宗主权的外国人，他们都被视为埃及的反叛者。因此，“埃及军事远征的一个基本理由就是消灭反叛者，其目的就是恢复和平与肯定埃及的主导地位”。② 在埃及文献中，关于埃及对外战争的论述，最经常使用的、经典的表述是：陛下派遣一支军队到某地方，以摧毁那些反叛陛下和敌视两土地之主的人。

在埃及语中，表示敌人的词主要有 *ḫrw*（ / ）、*ḫrwy*（ / ）、*ḫfty*（），从象形文字的符号来看，敌人就是那些被埃及人击倒在地并被捆绑起来的人。就 *ḫfty* 而言，在《金字塔文》《棺文》中指的是挑战国王合法性的人，“在埃及的所有时期都使用 *ḫfty* 来表示反对拉神或奥西里斯神的‘罪人’，即光明和正义的宇宙秩序之外的人和反对光明和正义的宇宙秩序的人”，③ 因此，在战争的语境下，*ḫfty* 就是那些享有独立身份的外国人，他们被视为以埃及国王为代表的文明世界的敌人。在埃及人看来，敌人就是俘虏，是反叛埃及的失败者，其失败是

① Georges Posener, *Littérature et Politique dans l'Égyte de XIIe Dynastie*, Paris: Champion, 1956, p. 104.

② Mario Liverani, *International Relations in the Ancient Near East, 1600-1100 BC*, p. 87.

③ David Lorton, *The Juridical Terminology of International Relations in Egyptian Texts through Dyn. XVIII*, pp. 119-121.

注定的，因为“敌人是劣等的”。[①] 埃及语中的“战争”一词是由词语“敌人”加上后缀转变而来的，读作 *ḫrwyw*（）或者 *ḫrwyt*（），显然埃及人将战争看作打击和消灭敌人的行为，“战争是单向的行为，是消灭反叛者，是掠夺，是屠杀，是毁坏”。[②] 对于战争的结果，埃及人认为是可以预定的，即埃及人胜利，反叛者逃逸，然后埃及军队追击和屠杀反叛者。[③]

对于战后的和平，埃及人也从宇宙观、意识形态的角度进行了解读。在古埃及人的意识里，和平是伴随着战争的胜利而到来的，其典型特征是敌人的屈服和己方的胜利。从埃及的文献和铭文来看，若是敌人在战场上投降埃及，那么他们则被反捆着双手，形象如象形文字符号；若是敌人是自愿臣服埃及，那么这些人则拜倒在法老脚下，以便法老践踏。从宇宙观的角度说，“胜利”意味着秩序对混沌的胜利，是秩序的重新建立，同时也是对埃及主导地位的再次确认。

在这种思想的指导之下，古埃及人将西亚大国与埃及实现和平、签订和平条约，视为西亚大国对埃及的臣服。当米坦尼与埃及议和的时候，阿蒙霍特普二世的孟斐斯碑写了这样的话语：“那哈林的统治者、赫梯的统治者和善加尔（即巴比伦）的统治者听到了我取得的伟大胜利……他们代表他们的祖先真诚地说话以请求陛下赐予礼物，并且给予他们生命的气息。”[④] 古埃及王铭中常用外国人祈求法老赐予“生命的气息”（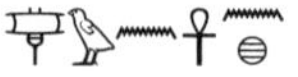 *ṯ3w n ꜥnḫ*）的表述来表达敌方求和，“生命的气息”的反义词为“死亡的气息”（ *ṯ3w n mwt*）。古埃及文献常常把臣服者说成要向法老“祈求生命的气息”（ *dbḥ ṯ3w n ꜥnḫ*），《埃及

① Mario Liverani, *International Relations in the Ancient Near East, 1600-1100 BC*, p. 86.

② Mario Liverani, *International Relations in the Ancient Near East, 1600-1100 BC*, p. 89.

③ Mario Liverani, *International Relations in the Ancient Near East, 1600-1100 BC*, p. 101.

④ Barbara Cumming, *Egyptian Historical Records of the Later Eighteenth Dynasty*, Fascicle I, p. 32; Peter Der. Manuelian, *Studies in the Reign of Amenophis II*, p. 227.

语言词典》认为该词组的意思为“囚犯为活命而祈求”（von den Gefangenen, die um ihr leben flehen），[1] 而赐予“生命的气息”就是祈求法老饶命，这代表着敌人对埃及的屈服。显然，在埃及人的观念中，他国与埃及的和平是战争胜利所带来的结果，本质上是对埃及胜利的肯定和承认。

此外，埃及文献还把议和称为“祈求和平”。在一篇埃及铭文中看到这样一句话：“米坦尼的王公们来到了他面前，背负着贡品，向陛下祈求和平（ *dbḥ ḥtpw*），请求甜美的生命气息。”[2] 埃及与赫梯的和平条约的埃及版本，描述了赫梯国王派遣使节来祈求和平，“带来了赫梯大公哈图什里的一块银板，把这块银板带给法老，向法老祈求和平（ *dbḥ ḥtpw*）”。[3] 在埃及语中，表示“和平”的词是 *ḥtpw*（），这个词的基本含义是“满意，高兴”，其动词形式 *ḥtp*（）的意思是“高兴、和祥、平静、休息、满意、满足”，[4] 从它的动词意义来看，主要是指一种由平静、祥和所带来的满足感，因此，名词的意义指的是这种满足感的状态。从该词的起源上来看，它主要在宗教语境中使用，表示奉献者通过劝慰神祇来安抚其情绪，以使神祇感到满足，进而庇护奉献者。这个词用在国际关系语境之下，指的是他国劝慰法老，向法老臣服。古埃及文献常常用该词与其他词组成词组 *ỉr ḥtp*（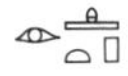）、*ḥtp n*（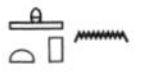）、*dbḥ ḥpt*（）、*rdỉ ḥtp*（），第一个词的意思为“媾和、投降”（frieden schliessen, sich ergeben），第二个词的意思是“投降”（sich jamandem

① Adolf Ernan und Hermaan Grapow, *Wörterbuch der Aegyptischen Sprache*, Bd. V, p. 439.

② Wolfgang Helck, *Urkunden der 18. Dynastie,* Band 5, Heft 17, Berlin: Akademie Verlag, 1955, p. 1326.

③ Kenneth A. Kitchen, *Ramesside Inscriptions*, Vol. 2, p. 226; 参见郭丹彤译著《古代埃及象形文字文献译注》上卷，第 264 页。

④ Raymond O. Faulkner, *A Concise Dictionary of Middle Egyptian*, Oxford: Griffith Institute Ashmolean Museum, 1981, pp. 179-180.

ergeben），第三个词的意思是“请求和平”（frieden erbitten），[①]第四个词的意思是“给予和平、无条件投降”。有学者认为，这几个词指的是同一件事情，即敌人向埃及无条件投降。[②]

从以上叙述可知，在埃及人的思想意识里，和平意味着他国对埃及的臣服，他国统治者安慰了埃及法老，使埃及法老停止了战争，他国统治者的性命也得以保全，从而带来了平静与祥和。例如，上文所提及的孟斐斯碑中的表述，传达了这样的含义：当米坦尼王使埃及法老感到满意和愉悦时，埃及法老就会平静下来，战争也会宣告结束。这样一来，米坦尼王公不仅保全了自己的性命，还获得了“生命气息”。对于埃及的敌人来说，和平乃是投降的同义语，“在军事语境下，和平常常与外国人惧怕埃及国王有关，埃及国王迫使反叛的国家变得平静，让敌人在和平中拜倒”，[③]而且实现和平就是向埃及无条件投降和臣服。因此，投降者需要对埃及法老宣誓效忠，表示再也不会反叛埃及。“在有生之年，我们（投降埃及的人）再也不会对我们的主人蒙凯帕拉（图特摩斯三世）做邪恶的事情了，因为我们看到了他的力量，他给了我们所希冀的呼吸。”[④]在这种思想观念的支配下，埃及人进入西亚人所建立的外交体系，必然会给双方带来一些不适和隐患，也给埃及与西亚国家的交往造成一些问题。在泥板书信中，可以发现许多关于埃及与西亚国家往来中发生摩擦和冲突的记录。

二　两河流域人的宇宙观与战争、和平观念

鉴于巴比伦文明和亚述文明的亲缘关系，以及同属于两河流域文明的事实，把亚述与巴比伦合在一起进行论述。如前所述，加喜

---

① Adolf Ernan und Hermaan Grapow, *Wörterbuch der Aegyptischen Sprache*, Bd. III, pp. 193, 190.

② David Lorton, *The Juridical Terminology of International Relations in Egyptian Texts through Dyn. XVIII*, pp. 77, 118-119, 144-147.

③ Vanessa Davies, *The Dynamics of Hetep in Ancient Egypt*, Ph. D. Dissertation, The University of Chicago, 2010, pp. 171-172.

④ Barbara Cumming, *Egyptian Historical Records of the Later Eighteenth Dynasty*, Fascicle I, p. 4.

特人几乎没有留下关于他们本民族思想观念的文献，因此，笔者主要对整个巴比伦文明做论述，亚述受到了巴比伦文明的深厚影响，对于亚述，也会以巴比伦文明作为支点进行阐释。

《埃努玛·埃里什》（写作于古巴比伦时期）是两河流域最完整、最系统的创世神话，反映了塞姆人对宇宙的一般看法。因此，要论述两河流域的宇宙观，就得从这部文献说起。在天地形成之前，宇宙一片混沌，只有原初之水阿普苏和提阿马特，阿普苏是地下的甘泉，提阿马特是大海中的咸水。宇宙的进化就从这两种原初之水中开始，首先诞生的两位大神是拉赫穆和拉哈穆。接着，其他一些神祇先后出生，其中包括埃阿。这些新生的神吵吵嚷嚷，打扰了原初之水阿普苏的休息，愤怒的阿普苏企图杀死这些新神。这样，就引发了象征秩序力量的新神与象征混沌力量的老神之间的冲突和战争。聪明的埃阿神杀死了阿普苏，在阿普苏的上面建立了自己的居所。提阿马特决定为丈夫报仇，消灭这些新神。埃阿的儿子，神勇的马尔杜克神战胜了提阿马特。他将提阿马特头颅割下来，把她的身体截为两段，把她的上半身踏在脚下，创造出了大地，把她的下半身举起来，造出了天空，让神祇守护天空以防她的血液流溢。然后，他建立了自己的居所，也为阿努、恩利尔和埃阿建造了居所。他创造星辰、星座，确定了年，创造月亮并规定月亮的盈亏，还安排太阳的活动方式。此外，他将提阿马特的双眼变成了幼发拉底河和底格里斯河。在巴比伦人的创世神话中，最显著的特点是创世是宇宙进化的最后链条，众神在提阿马特中生活了很长时间后，由于元初混沌的暴力，才怒起反抗，最终世界形成。混沌力量彻底被秩序力量所制服，秩序力量以牺牲混沌力量为代价创造了宇宙。

两河流域人具有这样的创世神学观念：他们认为不存在混沌世界对秩序世界的侵略。在两河流域人的思想意识中，国家的兴亡以及外族的入侵是众神的裁决，例如，埃兰人攻灭乌尔第三王朝，苏美尔文献将之解释为众神会议的决定。《乌尔毁灭的哀伤》（见图

图 3-3 《乌尔毁灭的哀伤》的泥板

资料来源：『NHK 大英博物館 1: メソポタミア・文明の誕生』73 頁。

3-3）表达了这种思想观念，乌尔的保护神南那请求恩利尔神不要毁灭乌尔，但恩利尔说："会议的判决不能更改，恩利尔命令的话不知道推翻二字。"[①] 把国家的灭亡说成神祇的旨意，这样就为乌尔第三王朝的灭亡提供了一个合理的解释。与之相似，对于战争中的某一方失败，两河流域人将之解释为统治者的罪过，是统治者得罪神祇的报应，而获胜的一方对失败一方的统治，是失败方的城神将统治权让给了获胜方。在对幼发拉底河中游地区的征服中，不论是阿卡德王萨尔贡、那拉姆辛，还是巴比伦王汉谟拉比，都宣称此地

① S. N. Kramer, "Sumerian Lamentations," in James B. Pritchard, *Ancient Near Eastern Texts Relating to the Old Testament*, 3rd Edition with Supplement, p. 617.

大神达干给了他们这个地区的统治权。[1] 亚述文献中也有类似解释。在亚述王埃萨尔哈东的陈词中，他将亚述先王对巴比伦的战争解释为："众神之主马尔杜克愤怒了，为了摧毁这块土地连同土地上的人民，他想出了一个邪恶的计划。"[2]

在这种思想观念支配下，古代两河流域人根据现实情况，对敌人的身份和来源做出了解释。阿卡德语把动词"敌对"写作 *nakārum*，这个词有敌对、变成敌人、投入战斗、反叛君主等意思，对应苏美尔语中的 kúr（𒉽）。kúr 是陌生人、敌对者的意思，在苏美尔语中，把高山、高原、外国称为 kur（𒆳），在历史上，居住在这些地区的族群不断入侵两河流域。苏美尔语把居住在这些地区的人称为敌人，换言之，敌人就是居住在高山、高原地区的陌生人。这种对敌人身份的描述，显然来自两河流域的历史经验：东北山区的库提人灭亡了阿卡德王国，而来自西方的阿摩利人则让乌尔第三王朝陷入了困境。就亚述人的观念而言，似乎有着一些自己的特点，中亚述王铭将敌人定义为反叛者，如已经臣服并且发誓效忠的人违背了誓言，或者发誓进献贡物的附属国不履行承诺，那么这些敌视亚述的行为就是反叛行为，他们就是反叛者，就是敌人。[3]

既然两河流域如此看待战争、敌人，那么，他们又是如何看待和平的呢？在阿卡德语中，"和平"一词写作 *salīmum*，《芝加哥东方研究所亚述语词典》将之解释为：（1）和平、和谐；（2）顺从神祇，讨好神祇。[4] 在两河流域文献中，常常可以看到将战争与和

---

① J. M. Munn-Rankin, "Diplomacy in Western Asia in the Early Second Millennium B. C.," *Iraq*, Vol. 18, No. 1, Spring, 1956, pp. 73-74.

② Daniel David Luckenbill, *Ancient Records of Assyria and Babylonia*, Vol. II, p. 245.

③ Mario Liverani, *International Relations in the Ancient Near East, 1600-1100 BC*, pp. 87-88.

④ Erica Reiner, *et. al.*, eds., *The Chicago Assyrian Dictionary of the Oriental Institute of the University of Chicago*, Vol. 15, Chicago: The Oriental Institute, Glückstadt: J. J. Augustin Verlagsbuchhandlung, 1984, p. 100.

平联系在一起的表述，如“在他们之间存在的不是战争就是和平”（*ulu kakkū uluma sa-li-m[u-u]m ša birišunu*），也可以看到将服从与和平联系在一起的表述，例如，“在国家中存在服从与和平”（*tašmû u sa-li-mu ina māti ibašši*）。此外，这个词还用在签订和平协定的表述中，例如，“与某某人订立和平协定”（*sa-li-mi-im itti* PN *ikšudunim*）。从以上这些例证可以看出，在两河流域文化中，和平就是一种与战争相联系的敌人的服从行为，对于敌人来说是和平，而对于自己来说，则意味着征服。

综上所述，在两河流域人的宇宙观念中，并没有混沌和秩序之间强烈对立和斗争的概念存在，他们认为战争的胜负是由神祇所决定的，周边民族对两河流域地区政权的覆灭也是神祇的意旨。和平的到来与战争紧密相连，和平意味着敌人的屈服。因此，从这个意义上说，他们的和平观念更多地反映了国家生存的现实，而少有道义上的托词。因此，在阿马尔那时代的交往中，两河流域的国家更为务实。比如，巴比伦追求经济利益，只有当亚述的独立带来威胁的时候，才会关注政治地位；再如，从亚述与埃及的泥板书信来看，亚述对埃及政策非常务实，它试图进入西亚北非的“大国俱乐部”中，从而实现国家的崛起。

三　米坦尼人的宇宙观与“友爱”的观念

米坦尼王国作为胡里文明的集大成者，理应给后世留下更多关于其思想观念方面的文献。然而，遗憾的是，他们传世的文献非常罕见。就神话而言，多为赫梯文献中所保留的胡里人的神话故事，即使是这些有限的材料，也大多受到了两河流域核心地区文明的影响，因此，要弄清楚胡里人的原发神话是有困难的。

《库马尔比之歌》描述了在风暴之神台舒巴获取王权之前，天庭王权演化的历史。起初，阿拉鲁是天庭之王，天神阿努站出来挑战他，阿拉鲁逃亡于地下，阿努占据了天庭，当上了第二代天王。

不久，神祇库马尔比挑战并打败阿努登上了王位。但是，库马尔比体内生长着毁灭他的力量——台舒巴，台舒巴最后打败了库马尔比，成为新一代天王。①《希达姆之歌》描述了库马尔比企图复辟，台舒巴借助王后邵什卡的帮助平定动乱的故事。②在《乌利库米之歌》中，不甘失败的库马尔比企图夺回王位，孕育出了巨大石头怪物乌利库米，乌利库米打败了台舒巴，台舒巴在埃阿的协助下取得了最终的胜利。③从这些神话故事来看，胡里人的宇宙进化是通过暴力来完成的，在剧烈的冲突中，台舒巴确立了在天庭的绝对统治。因此，胡里人认为宇宙之中充满了矛盾和斗争，这种斗争集中体现在争夺统治权上。

这种宗教观念反映了胡里人对战争的普遍看法，他们认为所有的战争和暴力都与王权和统治权有关。这种宗教观念体现了他们对现实世界的高度关注，因此，胡里人在看待战争时更注重现实性，不存在抽象的解释和道义上的伪装。然而，做出这样的评判需要承担很大的风险，因为评论是基于现有的材料做出的，而现有材料的不完整性更进一步增加了评判的风险。

探讨米坦尼人的和平观念同样面临着材料缺乏的困境。因此，笔者主要依据泥板书信进行说明。在米坦尼王图什拉塔所写的泥板书信中，除了使用两河流域传统的友善（*ṭābūtum*）一词外，还使用了一个独特的动词——友爱（*râmum*）。尽管“友爱”一词出现在了巴比伦写给埃及的泥板书信中，（EA 9: 34-35）但是频繁使用这个词的是米坦尼王，这在某种程度上暗示了该词在胡里人中具有重要意义。图什拉塔曾说过这样的话：“我的父亲爱你，你也爱

---

① Harry A. Hoffner, *Hittite Myths*, 2nd Edtion , Atlanta: Scholars Press, 1998, pp. 42-45.

② Gary M. Beckman, “Primordial Obstetrics ‘The Song of Emergence’ (CTH 344),” in Manfred Hutter und Sylvia Hutter-Braunsar, eds., *Hethitische Literatur: Überlieferungsprozesse, Textstrukturen, Ausdrucksformen und Nachwirken*, Münster: Ugarit-Verlag, 2011, pp. 25-32; Harry A. Hoffner, *Hittite Myths*, 2nd Edtion, pp. 50-55.

③ Harry A. Hoffner, *Hittite Myths*, 2nd Edtion, pp. 55-65.

我的父亲。(因此),我的父亲为了这份爱把我的姐妹送给了你。”(EA 17: 24-27)在这里“爱”这个词可以用友善一词进行替换:我的父亲同你友善,你也同我的父亲友善,出于这个原因,我的父亲将我的姐妹送给了你。但是笔者认为,“友爱”在米坦尼王国的意识观念中有着特殊的含义,该词除了作为友善的替代词外,还体现了米坦尼王国的宇宙观念。正如前文所述,胡里人将天庭权力的更替看作一个暴力的过程,是下级对上级的僭越,具有阴谋和非道义的性质,如果说在胡里诸王国争夺最高统治权的过程中,这个理念可以为霸主提供理论上的依托,但当米坦尼王国建立并且成为胡里诸王国中的霸主后,这种理念就很不利于王国的长治久安,因此,米坦尼王国开始强调“友爱”,借助这种观念来抵消宇宙观的消极影响。

此外,对于胡里人的“友爱”观念,还可以从哈尼加尔巴特王米提瓦扎与赫梯王苏皮鲁流马一世签订的条约中窥见一二。这个条约有两个版本,一个是赫梯版本,另外一个是胡里版本。胡里版条约的末尾,提及赫梯王苏皮鲁流马一世对米提瓦扎的友爱:“正如陛下、大王、英雄、赫梯王、风暴神所宠爱者苏皮鲁流马,爱着他的国家、他的军队、他的儿子们和他的孙子们,也爱着我们——我米提瓦扎、我们胡里人和米坦尼连同我们的国家以及我们的财产。”① 而在赫梯版本中,并没有出现此类的内容,由此可见,这里的说辞是胡里人对条约的解读,体现的是胡里人的观念。

在古代社会,适用于国内的理念很容易运用于国家之间,在这些理念中,有的做了一些调整,有的基本未加改动。在处理与埃及的关系时,米坦尼想要保持两国之间长久的和平,不希望出现彼此争权夺利的场面,因此特别强调两国的君主是彼此相爱的人:“爱我的人与我爱的人”之间应该保持旺盛的爱。在这里,显然“友

① Gary M. Beckman, *Hittite Diplomatic Texts*, p.49; 李政:《赫梯条约研究》,第 319 页; Erica Reiner and Martha T. Roth, *et. al.*, eds., *The Chicago Assyrian Dictionary of the Oriental Institute of the University of Chicago*, Vol. 14, Chicago: The Oriental Institute, 1999, p. 139。

爱”的观念不仅强调等级秩序，同时还强调大国之间和平相处，保持一种和谐的状态。从这个角度说，在米坦尼人的观念中，友爱就是和平。

四 赫梯人的宇宙观与战争、和平观念

学界对赫梯人的宇宙观，了解非常有限，因为至少在赫梯古王国时代，文献中没有与此相关的内容。在赫梯中王国时代，两河流域的宇宙观念传入赫梯，赫梯由此出现了最初的宇宙观念，他们认为世界是一个带有四个角的高大建筑，天空是屋脊，大地是地板。① 赫梯人的宇宙观念受到了胡里文化的影响，《乌利库米之歌》暗示了创造世界的行为，“当他们在我身上创造天地的时候，我什么也没有意识到。当他们到来，用铜做成的切割工具将天与地切开的时候，我甚至没有意识到这些”。② 这段话表明，赫梯人认为在天地还未分开时，它们本是一体的。神祇利用某种工具（铜锯）来实现这一分离过程，并且在这个过程中充满了破坏和暴力的气息。笔者在赫梯文献中发现了这样一段话：“取得天与地，众神分开了。上面的神占据了天空，下面的神占据了大地和地府。”在这里，神祇按照地位来划分居住地域，但没有出现众神与原始众神的区分，也没有出现将原始众神驱赶到地府的描述，这明显不同于胡里神话。③ 通过以上论述可以发现，在赫梯人的观念中，世界的创立是一种暴力活动，但不存在新旧神之间的对立和斗争，因此，也就没有强烈的秩序和混沌相对立的观念。

赫梯的创世神学，似乎更多是对现实的关注，这体现了赫梯文化务实性的一面。可能正因为如此，赫梯人才把战争视为一场司法诉讼，作为争论双方解决问题的终极方式。“面对两个凡人之间

---

① M. Popko, *Religions of Asia Minor*, trans. I. Zych, Warsaw: Academic Publications Dialog, 1995, p. 129.

② Harry A. Hoffner, *Hittite Myths*, 2nd Edtion, p. 64.

③ M. Popko, *Religions of Asia Minor*, trans. I. Zych, pp. 129-30.

的司法案件，最高法庭可能会因案情复杂而无法裁决，这样必须将之提交给众神来裁定，同样，在两位国王之间的悬而未决的司法案件中，无论哪方退让都会被视为犯错的表现，这样的案子就会被带到众神面前由战争法则来裁决。”① 在赫梯与卡什卡人的争斗中，赫梯把起因视为卡什卡对赫梯的侵略，因此向众神提出了诉讼：“瞧，现在兹特哈里亚神正向众神带来了他的诉讼，请留意我的案件！”② 当阿尔扎瓦的统治者乌哈兹提斯拒绝引渡赫梯的逃亡者，赫梯王穆尔什里二世送去了战书：“现在，我们将发生战争，我主风暴神将裁决我们的案子。”③

赫梯不仅将本国与他国的战争看作司法诉讼，而且也将外国之间的争端看作司法诉讼。在苏皮鲁流马一世看来，胡里王阿尔塔塔马二世与米坦尼王图什拉塔争夺胡里诸王国的最高地位和支配权，是一个司法诉讼问题，在图什拉塔死后，苏皮鲁流马一世曾这样评论道：“随着图什拉塔的死亡，风暴神已经判决了阿尔塔塔马的案件。”④ 显然，在赫梯人的思想观念中，国家之间的战争属于司法层面的诉讼问题，而不是政治问题，法庭由赫梯人的众神组成，而不包括敌方国家的神祇，这个法庭享有最后的裁决权。在赫梯人看来，国与国之间的冲突，不仅是赫梯人与敌人之间的冲突，而且还是赫梯的神与敌国的神之间的冲突，“赫梯国家的众神没有做反对卡什卡国家的众神的任何事情，他们没有束缚你。但是，卡什卡国家的众神开战了，将赫梯国家的众神从他们的领地驱赶出去，占据

① Albrecht Goetze, “Warfare in Asia Minor,” *Iraq*, Vol. 25, No. 2, Autumn 1963, pp. 126-127.

② Albercht Goetze, “Hittite Rituals, Incantations, and Description of Festivals,” in James B. Pritchard, ed., *Ancient Near Eastern Texts Relating to the Old Testament*, 3rd Edition with Supplement, p. 354.

③ A. Göetze, *Die Annalen des Mursilis*, Darmstadt: Wissenschaftliche Buchgesellschaft, 1967, p. 47.

④ Gary M. Beckman, *Hittite Diplomatic Texts*, p. 40; 参见李政《赫梯条约研究》，第 305—306 页。

了他们的领地”。①

赫梯人也在思考战争伦理问题，《穆尔什里二世的年代记》描述了赫梯人宣战的“正当理由”：惩罚反叛者，反击对手的进攻，对拒绝引渡赫梯逃亡者的国家进行报复。②在赫梯人的战争观念中，违背誓言被视为敌对行为。当赫梯与米坦尼争夺库祖瓦德那的时候，以库祖瓦德那曾经臣服于赫梯为由，赫梯人要求米坦尼放弃这个国家，但是遭到米坦尼的拒绝，因此，赫梯认为米坦尼的这种做法违背了两国之间所达成的口头协议，这就是对赫梯国家的挑战。③同样，附属国违背誓言以及不履行条约所规定的义务，这种行为也是敌视赫梯的行为。卡拉什马国与赫梯签订了条约，但是又违背了条约，赫梯人将之视为对赫梯的敌视。④在赫梯人看来，众神会垂青坚守誓言的一方，而惩罚违背誓言的一方，因此，在战争之前，就出现了正义方获胜的征兆，如天空的雷声、温和的气候等。⑤

一旦战争结束，赫梯人会着手重建因暴力而被破坏了的彼此关系。他们订立条约，以神的名义起誓来结束敌对关系，把敌人转变为朋友。在赫梯人看来，单单消灭反叛者是不能带来和平的，只有通过条约规范双方的行为、明确彼此的地位、确立双方的权利和义务，和平才能随之形成。⑥换句话说，赫梯人认为和平是通过彼此的承认构建起来的，议和双方的地位可能是平等的，也可能是不平等的，只要把双方关系纳入一个关系网络中即可。

---

① Albercht Goetze, “Hittite Rituals, Incantations, and Description of Festivals,” in James B. Pritchard, ed., *Ancient Near Eastern Texts Relating to the Old Testament*, 3rd Edition with Supplement, p. 355.

② V. Korošec, “Warfare of the Hittites: From the Legal Point of View,” *Iraq*, Vol. 25, No. 2, Autumn 1963, p. 163.

③ Gary M. Beckman, *Hittite Diplomatic Texts*, pp. 14-15.

④ Albrecht Goetze, *Die Annalen des Muršiliš*, pp. 192-193.

⑤ Mario Liverani, *International Relations in the Ancient Near East, 1600-1100 BC*, p. 104.

⑥ Mario Liverani, *International Relations in the Ancient Near East, 1600-1100 BC*, p. 123.

在某种程度上，赫梯的外交体现出更多的制度特性，在与他国实现和平的时候，一般会签订外交条约来规范彼此的关系。赫梯崛起后，与附属国签订了大量条约，多数附属国忠于赫梯，一直到赫梯文明奔溃为止。赫梯对附属国的统治是相当稳定的，这种稳定性或许与赫梯外交的制度性特征有着关系。就泥板书信来看，虽然不能够找到有关赫梯外交特性的内容，但是，赫梯的务实性的、重制度的外交传统，必然会对赫梯与埃及的关系产生影响。正如前文所言，赫梯可能与埃及曾经签订过《库鲁斯塔马条约》，卡迭什战后双方又签订了“银板条约”，重新调整了埃及与赫梯的关系，从此赫梯与埃及成为同盟国家，两国的关系一直存续到赫梯国家崩溃。

总体上看，尽管不同文明对战争与和平有着自己的看法，有着不同于其他文明的观念，但是他们之间还是存在一些共同之处。各国在和平观念上，都认为敌人的臣服就是和平，因为臣服意味着敌对状态的结束，这样，征服者与被征服者就可以和谐相处，和平随之到来了。不管是埃及的极端性臣服观念，还是赫梯的协议式的和平观念，抑或是两河流域的普通臣服观念，以及米坦尼的友爱和平理念，都是建立在敌人臣服的基础上的，没有敌人的臣服，和平就不能实现。因此，可以发现，在这些西亚北非大国的君主留给后世的文献中，他们都鼓吹敌方向他们祈求和平与臣服，例如，埃及把与米坦尼议和看作米坦尼的臣服，赫梯与附属国签订条约则从法理层面上可以保证附属国永远臣服，而亚述更是宣扬其血腥的征服行为。

在阿马尔那时代，尽管各国都秉持敌方臣服己方的和平观念，但是，在这样一个由多个大国主导地区政治的时代，不容许任何大国以这样的观念来处理对外关系，如果哪个国家使用这样的观念指导外交行为，就会增加外交成本和难度。尽管各大国在国内的宣传仍然是突出本国君主的地位而贬低外国君主地位，但是，在泥板书信中看到的却是彼此之间建立友好关系的声明，而且很多情况下都是联合声明。由此可以看出，为了适应外交游戏规则，大国都在对自己的臣服与和平观念进行调整，唯一例外的就是米坦尼大肆宣扬其友爱观念，这种宣扬可能正好适应了当时大国外交的需求，否则米坦尼可能也会刻意回避。

第三节　中心－边缘观念与外交方式

阿马尔那时代，西亚北非的大国以家庭准则、对等准则来构建彼此的外交关系，借助礼物交换、王室联姻、信息沟通实现了大国之间的外交往来。通过研究泥板书信，可以发现西亚北非大国在交往过程中总有这样或那样的不适与冲突存在。那么，交往中这些不协调是什么原因导致的呢？它的深层次原因是什么呢？

一　中心－边缘观念

正如前文所言，埃及人将自己的国家称呼为“黑土地”（ *kmt*），而将周边地区称呼为“红土地”（ *dšrt*），将尼罗河河谷称为“土地”（ *tꜣ*），将周边的山区称为“山地”（ *ḫꜣst*）。在埃及人的心目中，埃及是土地肥沃、充满生命力的地方，而周边地区则是穷山恶水之地，这样就把埃及与周边地区区分开来了。古埃及人的文学作品《对美利卡拉王的教谕》（见文前图 16）生动记载了埃及人对周边地区的看法：“瞧，可怜的亚洲人，因为他们居住在没有甘泉、林木的地方，重峦叠嶂，道路艰险。”因此，他们是“不幸的”，正是由于这种恶劣的生存环境，他们“自从荷鲁斯时代起，就不停地战斗，从未宣布过哪天结束战争，像一个贼……”① 显然，在埃及人看来，“边缘世界的地理因素与居民的特征不仅不同于中心国家，而且比中心国家的地理条件要更恶劣，居

① Aksel Volten, *Zwei Altägyptische Politische Schriften: Die Lehre für König Merikarê (Pap. Carlsberg VI) und die Lehre des Königs Amenemhat*, København: Einar Munksgaard, 1945, pp. 47-48; Miriam Lichtheim, *Ancient Egyptian Literature, A Book of Reading,* Vol. I, pp. 103-104.

民要更低劣”。[①] 对于埃及中心论的观念，有的学者从地理因素上做出了这样解释：古埃及人通过观察太阳每天的升起和落下以及尼罗河每年的周期性泛滥，形成了埃及是世界中心的信仰。在这种观念下，他们以埃及的标准来判断其他国家的一切事物，如埃及人遇到了从北向南流淌的河流的时候，以尼罗河为参照物，把这条河流叫作“逆流河”（ *mw pf qd* /  *pẖr wr*）。[②]

古埃及人的世界观和价值观，也是产生古埃及人民族优越感的温床。既然外国的沙漠、高山之地，与埃及的平原环境是相对立的，那么，外国人就是混沌的象征，埃及人就是秩序的子民，埃及人自然要比外国人更为文明。在古埃及文献中，经常能读到“邪恶的亚洲人”“邪恶的努比亚人”“邪恶的库什人”等表述，由此可见古埃及人对周边族群的看法。这种民族优越之感一目了然。《阿吞颂歌》这首诗把外国人和动物相提并论，[③] 体现出了古埃及人强烈的大民族主义观念。

中心与边缘的观念也体现在两河流域人的思想意识之中，约公元前600年的《巴比伦世界地图》（见图3-4）对此有着生动的描述。新巴比伦人把地球想象成大圆圈套着小圆圈围成的圆形土地，一条河流（幼发拉底河）将地球分为两部分。[④] 从地图的构图可知，古代两河流域人认为幼发拉底河位于世界的中心，把两河流域视为世界的中心。如果说这幅地图的创作年代较晚而不具有说服力的话，那么，从更加古老的材料出发进行分析或许会更有说服力。苏美尔人将自己生活的地方称为“土地”（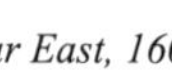 kalam），而将周边地区称为“山地”（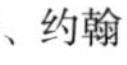 kur.kur），显然，在苏美尔人的思想观

① Mario Liverani, *International Relations in the Ancient Near East, 1600-1100 BC*, p. 19.

② H 和 H. A. 法兰克弗特、约翰 · A. 威尔森、陶克尔德 · 雅克布森：《人类思想发展史——关于古代近东思辨思想的讨论》，第36—37页。

③ W. K. Simpson, ed., *The Literature of Ancient Egypt*, New Edition, New Haven and London: Yale University Press, 1972, p. 293.

④ Wayne Horowitz, *Mesopotamian Cosmic Geography*, Indiana: Eisenbrauns, 1998, pp. 20-42.

图 3-4 《巴比伦世界地图》

资料来源：BarBara A. Somervill, *Empires of Ancient Mesopotamia*, New York: Chelsea House, 2010, p. 100.

念里，周边的山地与两河流域的平原是完全不同的。古代两河流域人以两河流域为中心，将地中海称为"上海"（*tâmtum elītum*），将波斯湾称为"下海"（*tâmtum šaplītum*），用它们来指代两河流域的两个边界，显然这种说辞是以两河流域为中心的产物。同样，他们以两河流域为中心来确定方位，就逐渐形成了"四方"（*kibrātum arba'um*）的概念。在两河流域人的意识中，周边地区是文明欠发展的边缘地区，其生活方式不同于他们自己，在《萨尔贡的地理》中有这样的话："……阿卡里图、马尔图，南方的人，鲁鲁布，北方的人，他们不懂得建筑……他们不懂得埋葬。"[①]《阿卡德的诅咒》也有类似的描述："山区的马尔图人，那些不知道谷物的人。"[②]

---

① Wayne Horowitz, *Mesopotamian Cosmic Geography*, pp. 73-75.

② Thorkild Jacobsen, *The Harps That Once…: Sumerian Poetry in Translation*, New Haven and London: Yale University Press, 1987, p. 363.

赫梯传世的文献也有类似于两河流域的“上海”和“下海”的表述，即“上地”（kur ugu/uguti）与“下地”（kur šapliti）。显然，赫梯人是以自己居住的哈里什河作为定位的坐标，把哈里什河以东的安纳托利亚东部地区作为他们的“上地”，将哈里什河西南的安纳托利亚中部地区称为他们的“下地”。从地理上看，赫梯与其他国家并没有太多的不同，也不具有将自身与他国隔离开的地理屏障，“安纳托利亚地区没有足够的地理上的理由认为自己不同于他们的邻国，尽管他们也发展出了中心主义的观念”。①

对于中心地区来说，边缘地区的存在价值不在于他们自身而在于中心地区，也就是说，他们没有独立存在的价值，它们的存在仅仅是为了满足中心地区的经济、政治以及文化需求。边缘地区通过向中心地区提供物质财富而获得了其合理存在的价值，他们自身在“文化上低劣，不知道建城造房，不认识谷物，夏种冬收，因此，只有在被中心世界所关注的时候才算进入了神祇所创造的世界”。②事实上，中心地区通过压榨边缘地区，实现了对边缘地区的资源掠夺、政治控制和文化优势。尽管，“各文明地区普遍有中心－边缘的政治观”，③但是，中心－边缘观念在各个地区的强弱是不一样的，因此不能一概而论。相较而言，埃及的中心－边缘观念更为强烈，更具影响力，且持续时间更长；而西亚地区的则相对较为微弱、影响力较小，且持续时间较短。

在对待边缘地区的语言方面，不同国家的观念相去甚远。埃及人将自己的语言称为“人类的语言”（ *ns n rmṯ*），在他们的意识中，埃及人的语言是人类的语言，因此，可以推断出非埃及人的语言并不被古埃及人视为真正的人类语言。这个推论得到了埃及文献的支持:《阿尼教谕》（见文前图 17）提到埃及人向努比

① Mario Liverani, *International Relations in the Ancient Near East, 1600-1100 BC*, p. 18.

② Mario Liverani, *International Relations in the Ancient Near East, 1600-1100 BC*, p. 19.

③ Mario Liverani, *International Relations in the Ancient Near East, 1600-1100 BC*, p. 18.

亚人、叙利亚人和其他陌生人教授埃及语；[①] 另外一份文献提到埃及法老要求定居埃及的利比亚人放弃母语改学埃及语。[②] 显然，埃及人认为外族的语言是不文明的，有必要向他们传授埃及的语言。在西亚，尽管也存在贬低外族语言的证据，[③] 但是，不可否认的是，西亚出现了数量众多的双语、多语文献，甚至还有多语对照的词典。此外，研究古代两河流域的文学作品，可以管窥他们的观念。苏美尔史诗《恩美卡与阿拉塔之王》提及“双语的苏美尔”，[④] 不管学界把 eme-ha-mun 一词解释成双语还是多语，从这个词可以看出，在史诗编撰者的心目中，在多种语言并行的两河流域，语言并没有成为一个排他性的族群划分标准。这部史诗还提到恩基神曾经为人类创造了多种语言，[⑤] 从史诗的行文来看，编撰者并没有语言高低优劣的偏见。在古巴比伦时代的《舒尔吉颂歌》中，乌尔第三王朝的国王舒尔吉以会说其他族群的语言为荣，自我夸耀道：“我能听懂讲话人（埃兰人）回答的话……我能与黑山来的人交谈……我能做马尔图来的人（从山区来的人）的翻译……我能纠正他所说的话中的错误……当一个苏巴尔图人叫喊着说话的时候……我能听懂他说的话，尽管我不是一个苏巴尔图人。在苏美尔的司法审判中，我能用五种语言（苏美尔语、埃兰语、黑山来的人的语言、马尔图语、苏巴尔图语）说话。在我的宫廷中，没有人能像我一样在不同语言之间切换得那么快。”[⑥] 蒲慕州（Mu-chou Poo）认为，古代两河流域不以语言作为区分族群的标准，这“可能与美索不达米亚人习惯于

① Miriam Lichtheim, *Ancient Egyptian Literature,* A Book of Reading, Vol. II, p. 144.

② Mario Liverani, *International Relations in the Ancient Near East, 1600-1100 BC*, p. 20.

③ Mario Liverani, *International Relations in the Ancient Near East, 1600-1100 BC*, p. 20.

④ 拱玉书:《升起来吧！像太阳一样——解析苏美尔史诗〈恩美卡与阿拉塔之王〉》，第328页。

⑤ Herman Vanstiphout, *Epics of Sumerian Kings: The Matter of Aratta*, Atlanta: Society of Biblical Literature, 2003, pp. 64, 65.

⑥ A Praise Hymn of Shulgi (Shulgi B)，http://etcsl.orinst.ox.ac.uk/cgi-bin/etcsl.cgi?text=c.2.4.2.02&display=Crit&charenc=gcirc&lineid=c24202.1#c24202.1，2022 年 10 月 20 日。

使用不同的语言有关，因为多元化的语言环境有利于培育人们接受外国语言的开放心态”。[①]

二 交换观念

在这种中心－边缘观念的支配下，大国如何看待与他国的交流呢？正如前文所言，在中心地区看来，边缘地区的存在价值在于能为中心提供各种物品、服务，从某种程度上讲，这是边缘存在的唯一价值。在极端的中心－边缘观念中，物资的流向是单向的，即从边缘向中心流动，根本不存在中心向边缘的物资流动。

《阿卡德的诅咒》中描述了全世界的物资流向阿卡德王国的首都的状况：“伊楠娜打开了城门，来自苏美尔本地的仓库的货船向上游航行；高原地区的马尔图人，那些不知道谷物的人，给她送来了上等的牛羊；麦鲁哈人，黑色山区的人，为她带来了奇珍异品；埃兰人与苏巴尔图人，像驮着物品的驴子一样拿着他们的东西。所有城市的统治者，所有神庙的主持，所有沙漠边缘的巡视者，都送来他们每个月的食物贡品，送来他们新年的食物贡品。”[②]古迪亚描述建筑吉尔苏神庙的圆柱（见文前图18）的印文提及从两河流域的边缘地区运来的各种原材料：“为了建筑宁吉尔苏的神庙……□□□□□统治者……把他的手放在……埃兰人来到了他面前，苏萨人来到了他面前。山区的马干人和麦鲁哈人为他扛来木头。他们都聚集在古迪亚的城市吉尔苏，为宁吉尔苏修建神庙。宁吉尔苏命令宁扎加（迪尔蒙主神）为古迪亚运来了铜……宁吉尔苏命令宁斯凯拉（迪尔蒙女神）……运来了哈鲁波木材和乌木以及海中的木材；雪松山（黎巴嫩地区）为了主人宁吉尔苏……石头山为了主人宁吉尔苏……来自马达加（现在凯尔库克附近）……凯马什（现在凯尔

① Mu-chou Poo, *Enemies of Civilization: Attitudes toward Foreigners in Ancient Mesopotamia, Egypt, and China*, Albany: State University of New York Press, 2005, pp. 34-35.

② Thorkild Jacobsen, *The Harps That Once…: Sumerian Poetry in Translation*, p. 363.

库克附近）的铜山唯他使用……”①

除了两河流域的文献外，其他国家的文献也有类似的描述。赫梯一个建筑神庙的仪式文献写道：“他们从比伦杜马带来金子，他们从……带来银子，他们从塔卡尼亚拉山带来天青石，从卡尼什国带来大理石，从埃兰带来碧玉，他们从大地带来闪长岩，他们从天空带来黑铁，他们从阿拉什亚的塔加塔山带来铜与青铜。”② 同样，埃及的文献也有类似的描述：“在法老到来之前，以极度的热诚、坚定和效率，提供一切好的东西，有香甜的油膏，阿拉什亚的杰菲特油膏，赫梯的上好的齐德维尔油膏，阿拉什亚的尹布油膏，善加尔的南坎菲特尔油膏，阿穆鲁的坎尼油膏，塔赫斯的甘特油膏，那哈瑞那的油膏……”③

综上可知，在古代西亚北非地区各大国的观念中，边缘地区是它们的原料产地，其存在的价值在于为中心地区提供各种物资和服务。在一个地区只有一个文明程度较高的国家而周边都是文明程度较低国家的情况下，中心－边缘的观念存续的时间就会更长一些，因为周边民族的文明水平还没有能力挑战核心地区的国家。此外，在诸如埃及帝国、赫梯帝国、亚述帝国和波斯帝国等帝国中，霸权的绝对性为这种中心－边缘观念提供了存在的空间。但是，一旦各个文明程度相近的国家能够建立直接联系，那么，这种以自我为中心的观念必然要遭受到其他国家挑战。为了国家之间顺利交往，各国对自我中心意识观念进行了调整，对其适用范围做出了限制，这样，就引起外交

---

① Dietz Otto Edzard, *The Royal Inscriptions of Mesopotamia, Early Periods 3/1: Gudea and His Dynasty*, Toronto, Buffalo & London: University of Toronto Press, 1997, p. 78; Thorkild Jacobsen, *The Harps That Once...: Sumerian Poetry in Translation*, pp. 406-408.

② Albercht Goetze, “Hittite Rituals, Incantations, and Description of Festivals,” in James B. Pritchard, ed., *Ancient Near Eastern Texts Relating to the Old Testament*, 3rd Edition with Supplement, p. 356.

③ Ricardo A. Caminos, *Late-Egyptian Miscellanies*, London: Oxford University Press, 1954, p. 200.

方式在一定程度上的转变，即从中心－边缘模式向对等外交模式演进。

尽管，埃及在新王国建立之前，曾经出现喜克索斯王朝、底比斯王朝和库什王朝三足鼎立的局面，但是由于埃及驱逐了喜克索斯人后进入强大的新王国时代，走上了对外武装扩张的道路，所以它没有太多机会实践对等的外交模式。在西亚，实践对等外交模式的机会是很多的，两河流域的城邦时代存在时间较长，当时各个城邦之间开展了一系列的外交活动，多个城邦国家并存的状况，促成对等的外交模式产生，而到了马里时代，埃兰、埃什嫩那、拉尔萨、巴比伦、亚述、马里等几个强国并立，外交上的对等模式被广泛接受。赫梯人在北叙利亚的扩张，特别是灭亡了古巴比伦王国，使得文明间的交往达到了一个新的水平，而在胡里人与两河流域核心地区的王朝以及赫梯的交往中，不同文明的碰撞进一步弱化了各大国的中心－边缘观念，从而为平等交流意识的产生开辟出更加平坦的大道。

三　大国外交方式的冲突

在新王国时期，埃及中心－边缘观念依然根深蒂固，然而，在此之前，西亚地区已经历了对等外交观念的洗礼。在埃及加入西亚地区的外交体系之后，埃及的那种以自我为中心的观念，与西亚地区的平等观念有着不可调和的矛盾。埃及意欲在大国外交中维持中心－边缘模式，但是，西亚地区的大国则要求埃及放弃这种模式。在西亚国家看来，中心－边缘模式只能运用于大国与附属国之间，而在大国之间应该遵循对等准则。

在礼物交换上，礼物的多寡是衡量大国君主权威的方式之一，获得外国的礼物越多，越能彰显大国君主的地位和权势，正如米坦尼王所言，“愿我兄使得我在我的国家、我的外宾面前获得无上的荣耀，愿台舒巴、阿蒙保佑（愿望实现）”，（EA 20: 73-74）显然，荣耀二字表明了礼物在提高威望上的作用。因此，大国君主竭力追求他国的奇珍异宝，但是，由于受不同的交换观念的影响，埃及与西亚大国之间出现了不和谐之处。正如有学者所言，“以对等定位的亚洲国王们与奉行中心主义的法老之间，关系中的不适应是相当明显的”。[①] 西亚的君主要求按照对等准则，在礼物交换中互通有无，彼此受益，而埃及法老怀着中心主义情怀，认为西亚国家与埃及的礼物交换，本质上是西亚国家对埃及的进贡，因此，不情愿给西亚国家回赠礼物。

通过阅读泥板书信可以发现，西亚地区的国王常常主动送礼物给法老，巴比伦王曾经多次主动送给埃及法老礼物，（EA 2: 16-20; 3: 30-34; 5: 18-33; 7: 56-58; 9: 36-38; 10: 43-47; 11: 53-54; 12: 15-16）刚刚踏入大国行列的亚述也主动给埃及送礼物，（EA 15: 12-15; 16: 9-12）米坦尼更是经常给埃及送礼物。（EA 17: 36-45; 18: 10-15; 19: 80-85; 20: 73-74; 21:35-38; 26: 64-66; 27: 110-114; 29: 182-189）这些国王主动给埃及法老送礼物的用意何在呢？难道仅仅因为埃及是一个强大的国家吗？

笔者认为，西亚地区的国王之所以不厌其烦地这么做，主要有两层用意：一方面通过礼物交换，维持与埃及的友好关系；另一方面希望按照对等准则，获得埃及等价值的礼物回报，从而取得本国缺乏的物品。显然，他们的美好愿望并没有实现。在目的没有达到的情况下，西亚的国王们开始对埃及感到不满，在他们看来，埃及的行为是对公认的大国礼物交换惯例的蔑视和践踏。巴比伦王对埃及的不等价交换不满意，他说：“你送给我的这 30 米那黄金，[不对应]每年我[送给你]的问候礼物。”（EA 3: 21-22）同时，西亚国家不断提出互通和往来的要求，要求法老按照国际惯例进行礼物交换，“愿我的兄弟送给我大量上乘黄金”，“请送给我大量的黄金吧”。（EA 7: 64-65; 11: 61）由于埃赫那吞没有送纯金雕像而只是送了镀金雕像，米坦尼王图什拉塔对埃及的友好产生怀疑：

① Mario Liverani, *International Relations in the Ancient Near East, 1600-1100 BC*, p. 146.

“这样是友爱吗？”（EA 26: 36-45）亚述王的话清楚地表明了西亚国家礼物交换的等价性要求，“而你送给我□□黄金！我的使节往返的费用盘缠，它（黄金）都不够支付”。（EA 16: 27-31）这一切表明了西亚地区的国王对礼物交换的态度和观念，在他们看来大国之间往来应该放弃中心－边缘模式，遵从对等准则。

但是，在古埃及人的观念中，外交礼物可能有着不一样的含义。在埃及语中，称呼外来物品的词主要有：*b3kw*（）、*inw*（）与 *bi3 (y)t*（）。按照利韦拉尼的观点，*b3kw* 指的是埃及行政势力所及的国外地区所提供的物品，*inw* 指的是一些自主性较强的王国和当时西亚大国送来的物品，*bi3(y)t* 指的是埃及势力难以达到的地方送来的物品。[①] 从这个角度而言，埃及语的 *inw* 事实上就是泥板书信中所提到的大国之间所交换的礼物（*šulmānu*）。在西亚人看来，礼物就是大国君主之间出于政治、经济目的所交换的产品。在政治层面，礼物代表国家间的友好关系；在经济方面，则体现了各国相互平等的原则。但是在埃及人的眼中，特别是在新王国时代，*inw* 被视为王权威严的重要象征，[②] 也就是说，国王有责任为埃及的神祇获得 *inw*。埃及法老显然不认为进献 *inw* 者的地位与自己是平等的，浮雕中刻画的进献者常常低垂着头，明显在等级上低于法老。从理论上说，进献 *inw* 者都要成为 *nḏt*（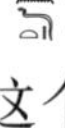或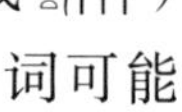），尽管 *nḏt*[③] 一词的确切意义至今还没有弄清楚，但是，这个词可能指的是一种关系或者身份，很可能指的是依附于

① Mario Liverani, *International Relations in the Ancient Near East, 1600-1100 BC*, p. 177.

② Edward Bleiberg, *The Official Gift in Ancient Egypt*, Norman and London: University of Oklahoma Press, 1996, p. 90.

③ 《埃及语言词典》将这个词翻译为“顺从、捆绑”（Untertänen, Hörige），巴克尔翻译为“奴隶”，洛顿认为应该翻译为“下属、臣子”。参见 Adolf Ernan und Hermaan Grapow, *Wörterbuch der Aegyptischen Sprache*, Bd. II, p. 369; ‘Abd-al-Muhsin Bakīr, *Slavery in Pharaonic Egypt*, Le Caire: Institute Français d’Archéologie Orientale, 1952, pp. 38-41; David Lorton, *The Juridical Terminology of International Relations in Egyptian Texts through Dyn. XVIII*, pp. 115-117。

埃及的身份和地位。古埃及人认为外国人是低级的，应该从属于埃及人，应为埃及提供物品。相比之下，西亚地区的国家则更倾向于通过礼物交换的形式来实现商品交易。埃及人的意识中没有对等共赢的交易思想，只有他国服从与进贡的观念，退一步讲，即使埃及与他国存在贸易关系，但是由于中心－边缘观念作祟，埃及人也不愿意承认这个事实，这正如一位学者所言，“根据埃及人的世界观，即使存在贸易与交换，也不必强调，而是将外国商业代表团刻画成进贡者的形象”。①

在王室联姻上，巴比伦与埃及之间存在矛盾与斗争，而其他国家似乎与埃及没有矛盾和斗争。在古代世界，女子是和平时期国家之间交往的工具，是战争期间的战利品。正如前面所言，王室联姻是大国外交的主要方式之一，是密切大国关系和进行大规模礼物交换的媒介。但是，巴比伦与埃及之间王室联姻的个案引出了一个无法回避的问题：为什么埃及不愿意将公主嫁给巴比伦王？为什么西亚地区的国王没有采取类似的举动呢？

在埃及看来，将外国公主迎娶到埃及不仅可以获得大量的嫁妆，更为重要的是，它还可以树立法老的地位和形象。在古代世界，掠夺女人可以为国王带来无上的荣誉，而外族进献女人在某种程度上可以视为对方臣服的表现和证据。《图特摩斯三世年代记》中有这样的表述：“列藤努众王公的贡品（*ỉnw*）：一位王公的女儿，这个国家的黄金、天青石饰品，以及她的 30 名仆人。”② 显然，图特摩斯三世将列藤努统治者进献的女子定义为贡品，这意味着对方对埃及的臣服。埃及文献记载了米坦尼公主凯鲁希帕出嫁到埃及的情况，然后，该文献把米坦尼公主定位为物品 *bjꜣ(y)t*，即一种外国送来的贡品。拉美西斯二世的一份铭文也把赫梯公主称为 *bjꜣ(y)t*，“这是一件神秘

① David A. Warburton, *State and Economy in Ancient Egypt*, Vandenhoeck and Ruprecht Göttingen: University Press Fribourg Switzerland, 1997, p. 141.

② James Henry Breasted, *Ancient Records of Egypt*, Vol. 2, p. 191.

的 *bjꜣ (y)t*（ *bjꜣyt sṯꜣ bw*）”。[①]

从以上分析可知，埃及人是将公主当作战利品或者贡品来对待的，迎娶外国公主体现了埃及的权威。在拉美西斯二世与赫梯王哈图什里三世的联姻中，古埃及文献首先描述了赫梯王的屈服，接着叙述赫梯王把女儿献给了埃及法老，“我（普塔神）已为你把赫梯国变成了你宫廷的臣仆，我已在他们的心上种下了对你（拉美西斯二世）的卡（古埃及灵魂的一种）的畏惧，他们背着被你俘虏的王公们的贡物以及他们所有的东西，把这些东西作为贡物来彰显陛下的名声。他的长女在（进贡队伍）的前面，她来侍奉两土地之主、上下埃及之王、拉神所选中的乌塞尔玛阿特拉，拉之子、阿蒙神所喜爱的拉美西斯，愿他永生！”[②] 在这种观念的主导下，当巴比伦王提出迎娶埃及公主的时候，法老自然千方百计推辞，因为如果答应了巴比伦王的要求，法老就会颜面尽失，“自贬身份”。[③] 一位学者对埃及愿意迎娶外国公主而不愿出嫁本国公主的观念做出这样的评论：“如果埃及国王的女儿嫁给一个外国统治者的话，这不仅意味着埃及声誉的丧失，而且也将外国统治者提升到和法老一样的地位。”[④] 因此，埃及法老认为，如果埃及外嫁公主，埃及就会受制于他人，自己的至尊地位便受到了威胁。

相反，古代西亚人似乎没有埃及这种把联姻公主视为战利品的观念。在西亚国家看来，外嫁公主不仅会密切国家间的关系，而且还能培育出未来的王位继承人。这意味着公主所生的儿子将有机会继承王位，为国家间的友好关系播下美好的种子。在乌尔第三王朝时期，国王舒尔吉与马里国的公主塔兰乌兰喜结连理，王铭如此

---

① K. A. Kitchen, *Ramesside Inscriptions*, Vol. 2, pp. 274-275； 英文翻译见 J. H. Breasted, *Ancient Records of Egypt*, Vol. 3, p.180。

② K. A. Kitchen, *Ramesside Inscriptions*, Vol. 2, pp. 274-275; 英文翻译见 J. H. Breasted, *Ancient Records of Egypt*, Vol. 3, p.180。

③ Sam A. Meier, “Diplomacy and International Marriages,” in Raymond Cohen and Raymond Westbrook, eds., *Amarna Diplomacy: The Beginning of International Relations*, p. 171.

④ Alan R. Schulman, “Diplomatic Marriage in the Egyptian New Kingdom,” *Journal of Near Eastern Studies*, Vol. 38, No. 3, Jul. 1979, p. 191.

记载道，“马里王阿皮尔金的女儿塔兰乌兰，乌尔王乌尔那木的儿媳”，[①] 后来，他们的儿子阿马尔辛继承了王位。[②] 舒尔吉的年名记载了他的女儿当上了埃兰地区的马尔哈希国的王后，“国王的女儿李薇尔米塔苏升任王后”。[③] 中亚述王阿淑尔乌巴里特一世把女儿穆巴里塔特－赛茹阿嫁给了巴比伦王，他的外孙卡达什曼哈尔贝一世继承了巴比伦的王位。[④] 赫梯与哈尼加尔巴特签订的条约明确约定相关事宜：“米提瓦扎将来做米坦尼国的王，赫梯王的女儿做米坦尼国的王后。（我）允许米提瓦扎纳妃嫔，但是，任何女子的地位都不及我的女儿。你不能允许其他女子与她的地位一样，不能允许任何女子与她平起平坐。你不能把我的女儿的地位降低。在米坦尼国，她将行使王后权。”[⑤] 赫梯与阿穆鲁签订的条约明确规定赫梯公主所生后裔继承阿穆鲁的王位，“将来我女儿的儿子、孙子在阿穆鲁国掌握王权”。[⑥] 在赫梯王图德哈里四世的一个条约中，赫梯曾对其附属国提出这样的要求：让即将出嫁的赫梯公主将来所生的儿子继承王位。[⑦] 对米坦尼来说，公主也是一种珍贵的外交资源，图什拉塔在与阿蒙霍特普三世的联姻中，一直强调他的女儿是埃及的女主人，（EA 19: 19; 20: 9, 16）显然，他希望他的女儿成为埃及的王后。在这一点上米坦尼与赫梯有相似之处，但是由于资料缺乏，不能做更多的分析和评述。

值得注意的是，埃及王宣称让巴比伦公主当了王后，“我让你

① Douglas R. Frayne, *The Royal Inscriptions of Mesopotamia, Early Periods 3/2, Ur III Period (2112-2004)*, p. 86.

② J. Boese & W. Sallaberger, “Apil-Kin von Mari und die Könige der III. Dynastie von Ur,” *Altorientalische Forschungen*, Vol. 23, No. 1, 1996, pp. 24-39.

③ Douglas R. Frayne, *The Royal Inscriptions of Mesopotamia, Early Periods 3/2, Ur III Period (2112-2004)*, p. 100.

④ Jean-Jacques Glassner, *Mesopotamian Chronicles*, pp. 178, 179, 278, 279.

⑤ Gary M. Beckman, *Hittite Diplomatic Texts*, pp. 40-41; 参见李政《赫梯条约研究》，第 306 页。

⑥ Gary M. Beckman, *Hittite Diplomatic Texts*, p. 96; 参见李政《赫梯条约研究》，第 378 页。

⑦ Gary M. Beckman, *Hittite Diplomatic Texts*, p. 113; 参见李政《赫梯条约研究》，第 404 页。

的姐姐做了王后，作为我的宫殿的女主人□□□（她是）□□□、一个超过我所有妻子们的新娘”，（EA 1: 47-50）但是，在埃及文献记载中，没有巴比伦公主当上王后的记录，因此，笔者认为这可能是外交辞令。从其他泥板书信可知，西亚国家已经注意到第 18 王朝以来埃及王室内部通婚的传统，可能也对埃及有关外交联姻的观念有所了解，在这种情势下，西亚国家似乎放弃了固有的传统做法，对埃及做出了一定的让步。从泥板书信来看，似乎巴比伦王放弃了公主子嗣的王位继承权，“现在，至于我正要送给你的我的女儿，你也许不接受她的子嗣（的王位继承权）”，（EA 4: 33-34）显然，这是巴比伦与埃及联姻的特殊约定。在赫梯与埃及的外交联姻中，赫梯王后对拉美西斯二世（见图 3-5）说：“我将送给你一个女儿。”[①] 虽然如此，但赫梯也提出了条件：“我将要送给我兄弟的那个天地的女儿（可能指赫梯公主高贵）应该与他人的女儿相比吗？我应该将她与巴比伦、祖拉比或者亚述的女儿相比吗？我不能将她与她们放在平等的位置上，直到她……”[②] 显然，赫梯按照既有的观念与逻辑要求自己女儿的地位高于其他外国公主，但这里仅仅要求赫梯公主的地位高于其他国家的公主，没有提到赫梯公主成为埃及王后的问题。这是赫梯对埃及王室兄妹通婚传统以及不立外国公主为王后的习俗的让步。当然，赫梯还是希望自己的公主拥有较高的政治地位，以密切两国的关系。

在公主所生儿子继承王位无望的情况下，西亚国家转而追求联姻带来的经济利益。米坦尼王在写给埃及法老的一封书信中说：“我向我的兄弟要的黄金有两处需求：一是用于祭庙，二是做（我女儿的）聘礼。”（EA 19: 56-58）这里米坦尼王的话语传递了一个信息：米坦尼通过外交联姻来取得埃及的黄金。从这个材料可以

① Gary M. Beckman, *Hittite Diplomatic Texts*, p. 126; Kenneth A. Kitchen, *Pharaoh Triumphant: The Life and Times of Ramesses II, King of Egypt*, Warminster: Aris & Phillips, Mississauga: Benben Publications, 1982, p. 84.

② Gary M. Beckman, *Hittite Diplomatic Texts*, pp. 126-127.

图 3-5　拉美西斯二世雕像

资料来源：Philippus Mille, "A Statue of Ramesses II in the University Museum, Philadelphia," *The Journal of Egyptian Archaeology*, Vol. 25, No. 1, Jun., 1939, pl. I.

看出，米坦尼的联姻不仅仅是出于政治和战略上的考虑，还包含了经济层面的用意。如果说米坦尼的联姻观念透露出一些经济上的因素，那么，巴比伦与埃及的联姻则反映了外交联姻背后赤裸裸的物品交易。两河流域历来重视嫁妆与聘礼，甚至很多法典对之做出了规定。著名的女权主义先驱波伏娃说过："在巴比伦，汉谟拉比法承认女人有一席之地。她可以得到父亲的部分财产，若结婚，父亲要给她提供嫁妆。"①

总而言之，埃及认为获得外国女子凸显了法老的至高无上的地位，标志着外国对埃及的臣服；赫梯则把出嫁公主看作一种重要的外交手段，希望通过这种方式为赫梯对其他国家的控制提供便利；

① 西蒙娜·德·波伏娃:《第二性》，陶铁柱译，中国书籍出版社 1998 年版，第 97 页。

尽管米坦尼可能有与赫梯相同的思想倾向，但与此同时，它也关注外交联姻所带来的经济利益；相较而言，巴比伦更为注重物质利益，出嫁公主的主要目的往往是获得物质财富。各大国之间的观念的差异，恰恰成全了大国之间的王室联姻。埃及需要通过迎娶公主来满足其彰显大国权威和地位的心理需求，而其他大国则借此机会加强与埃及的关系，以争取更有利的外部环境。这样，几个地区大国之间就形成了外交观念和政治态势的一种契合，从而为阿马尔那时代外交的繁荣创造了条件。

在这里，不能不提到巴比伦与埃及在外交联姻方面的另一个案例。巴比伦王曾抱怨说，他的使节在埃及并未见到他的姐妹，并宣称法老派来与巴比伦使节会面的女子并非巴比伦公主。这引发了一个更为重要的问题：外国公主在埃及宫廷中的地位和作用，以及她们是否通过影响法老来影响埃及的对外政策。然而，嫁到埃及的外国公主在埃及文献中缺乏记载，仿佛她们一进入法老的宫殿就突然消失了一般。这意味着她们在个人层面上并没有发挥出自己的作用。对于埃及人来说，外国公主与其他战利品没有区别，一旦进入王宫，她们的使命便被认为已经完成了。因此，埃及对待外国公主的态度，极大压缩了她们发挥作用的空间。

但是，随着埃及逐渐参与西亚事务，笔者发现，埃及的这种观念也在逐渐松动。阿布·辛拜勒神庙记载了嫁入埃及的赫梯公主的埃及语名字，“赫梯大公的女儿玛阿特晗尔涅斐茹拉（ *ḥmt nswt wr.t M3ᶜ-ḥr-nfr.w-rᶜ z3.t p3 wr ᶜ3 n Ḫt3*）”，卡那克神庙同样也记载了公主的名字，与她头衔相关的文字已破损，无法识别。[①] 在塔尼斯的拉美西斯二世一尊破损的雕像上，玛阿特晗尔涅斐茹拉的一只手搭在拉美西斯二世的左腿上，她的身旁写着她的头衔、尊号，“王后、两土地的女主人，玛阿特晗尔涅

① K. A. Kitchen, *Ramesside Inscriptions*, Vol. 2, p. 234；英文译文见 James Henry Breasted, *Ancient Records of Egypt*, Vol. 3, p.182。

斐茹拉，赫梯大公之女”（ *ḥmt nswt wr.t nb.t Mꜣꜥ-ḥr-nfr.w-rꜥ zꜣ.t pꜣ wr ꜥꜣ n H̱tꜣ*）。[①] 法尤姆入口处的古罗布城（Medinet el-Gurob）出土的一份纸草，记载了玛阿特晗尔涅斐茹拉所需物品的供应情况，其头衔为“国王之妻玛阿特晗尔涅斐茹拉，愿她永生，赫梯大公［之女］”（  *tn ḥmt Mꜣꜥ-ḥr-nfr.w-rꜥ tj ꜥnḫ pꜣ wr ꜥꜣ H̱tꜣ*）。[②] 大英博物馆收藏的一块费恩斯牌子上写着“国王之妻玛阿特晗尔涅斐茹拉，赫梯大公［之女］”（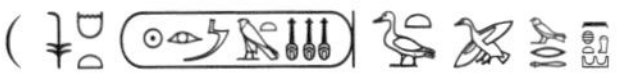 *ḥmt nswt Mꜣꜥ-ḥr-nfr.w-rꜥ zꜣ.t pꜣ wr ꜥꜣ n H̱tꜣ*），[③] 但是，这个牌子可能是伪造的。由此可见，哈图什里三世的女儿不仅当上了埃及的王后（*ḥmt nswt wr.t*），而且还以埃及语名字留下自己的“历史”。[④]

使节往来在某种程度上也具有物资交流的内涵，因为在外交往来中，使节到他国必须携带礼物，如果没有携带礼物，出使国会认为派出国有意忽视，从而造成友邦之间的矛盾甚至争吵。在埃及人的意识中，物资的流动是单向的，只能从边缘地区向文明中心流动。然而，西亚的游戏规则要求埃及也向外国赠送礼物，这让埃及感到不适应。作为西亚北非的一个大国，埃及既不能放弃与西亚地区的大国的交往，作为一个中心－边缘观念浓厚的国家，也不能放弃自身的物资交流观念。于是，埃及选择了扣留使节这个策略，这样既可以减轻使节频繁往来带来的巨大经济压力，也可以减少意识形态方面的摩擦。泥板书信中关于西亚地区的大国扣留埃及使节的描述随处可见。巴比伦王形象地描述了埃及扣留使节的情况：“以

---

① 英文译文见 J. H. Breasted, *Ancient Records of Egypt*, Vol. 3, p.184。

② https://www.ucl.ac.uk/museums-static/digitalegypt//gurob/papyri/maathorneferu.html，2021 年 4 月 25 日。

③ https://www.ucl.ac.uk/museums-static/digitalegypt//gurob/papyri/queenmaathor.html，2021 年 3 月 12 日。

④ Kenneth A. Kitchen, *Pharaoh Triumphant: The Life and Times of Ramesses II, King of Egypt*, p. 88.

前，我父亲向你派遣了一个使节，你没有扣留他很长时间，很快，你送走了他。……现在，当我向你派遣了一个使节，你已经扣留他 6 年了。”（EA 3: 9-14）由于埃及在扣留使节方面声名狼藉，西亚各国对此保持着高度警惕，所以，他们一再告诫埃及说：“至于我派遣去你处参观的［使节］，请不要扣留他！”（EA 15: 16-18）“现在，我的宰相凯利亚与图尼皮布里，我已经把他们派到你那里去了。愿我的兄弟尽快放他们回来！”（EA 17: 46-48）“现在，我派我的使节凯利亚到我的兄弟处。愿我的兄弟不要耽搁他！”（EA 19:71-72）“愿我的兄弟别扣留他们，愿他立即放他们走！”（EA 27: 91）对埃及扣留使节反应最强烈的是米坦尼，米坦尼王图什拉塔在内忧外患的形势下，更希望得到埃及的支持，但是埃及对使节的扣留打乱了图什拉塔的计划，因此，图什拉塔严厉谴责埃及并采取了外交报复行为：“我将扣留我兄弟的使节马奈，直到我兄弟放我的使节离开并且他们到达我这里。”（EA 28: 17-19）“我将立即派出我的兄弟的使节到你处，当我的兄弟滞留我的使节［返回］，我也会把他们滞留在这里。”（EA 29: 149-150）“我的兄弟滞留了我的使节，就如忘记（他们）一样，我将会做我所打算的事情（扣留使节）。现在，我的兄弟的所作所为已经变成了应受谴责的事情。”（EA 29: 152-153）“（若）我的兄弟不放我的使节，而且长期扣留他们（使得他们不能）回我处，我谴责他的行为。”（EA 29: 155-156）

小　结

由于历史境遇不同，埃及与西亚国家在神圣王权和宇宙观上存在显著差异。埃及的王权神化程度最高，加上埃及周边地区缺乏有竞争力的国家，因此，埃及形成了中心主义的观念，这种观念认为世界上只有埃及的法老是国王，其他国家的君主不能与埃及相提并论。西亚地区王权神化程度相对较低，加上族群交往频繁，这促使西亚国家形成了等级制王权观念，即国王之间存在势力大小之别。这样，西亚各国的王权观念不会阻碍彼此之间的友好往来。在宇宙观上，多数西亚北非国家都把和平视为敌人的屈服，但是，西亚地区发达的外交惯例，尤其是条约约束机制，可以保证当事方合法的权益，而埃及的极端战和观念，在实践中并不会保证其他当事方的利益。因此，在阿马尔那时代西亚北非的和平往来上，埃及的解读与西亚各国的存在差异。

在中心－边缘观念上，埃及与西亚国家保持了同步，都认为边缘存在的价值仅在于能为中心服务，同时从观念上把边缘区别为低于中心的存在。但是，西亚经历过多元政治格局文化的洗礼，更容易接受各地区对等交往的现实，而埃及缺乏这种历练，所以，对中心－边缘观念保持得较为持久。这样，就造成埃及与西亚国家在礼物交换方面的困难与摩擦。外交联姻在西亚有着悠久的历史，显然西亚国家不会把联姻的女子视为某种物品，但是，埃及往往把联姻的公主视为战利品，在这种观念下，埃及极力从西亚各国迎娶公主，而拒绝把埃及公主嫁给西亚国王。

尽管埃及与西亚大国之间，在文化观念上存在诸多差异，但是，各国为了外交的顺畅，都做出了积极努力。埃及采取了内外有别的表述方式，把国内宣传与国际交往区分开来，而西亚各国出于迁就埃及王室内部联姻的传统，放弃了西亚公主执掌王后权柄的要求，也放弃了公主子嗣继承王位的惯常做法。从泥板书信中看到文化调适的证据不是特别多，但是，埃及积极融入西亚外交体系的努力是清晰可见的，西亚国家对埃及做出妥协也是有目共睹的。

第四章

阿马尔那时代西亚北非大国外交的战略与策略

不论是现代外交还是古代外交，作为公认的国际交往和处理国际关系的方法或技巧，外交活动往往具有很强的战略性和策略性。换句话说，外交是实现对外政策的目标、战略和广泛策略的主要手段。[①] 按照我国学者张季良所言，外交战略“是指一国对较长一个时期整个国际格局、本国的国际地位、国家利益和目标以及相应的外交和军事政策等总的认识和谋划”。[②] 外交战略具有全局性、顶层性、谋略性、整体性的特征。根据《辞海》的定义，策略为实现战略任务而采取的手段。[③] 按照这个逻辑，可以将外交策略定义为：为实现外交战略任务而采取的手段、方法、技巧。现代外交学认为，外交策略就是一个外交实体尤其是主权国家为了实施自己的外交战略，在兼顾局势发展变化的前提下，在外交活动中所采用的具体行动方案。[④]

---

① 徐慰曾等编:《不列颠百科词典》(国际中文版)第5卷，中国大百科全书出版社1999年版，第319页。

② 张季良:《国际关系学概论》，世界知识出版社1989年版，第73页。

③ 辞海编辑委员会编纂:《辞海》，上海辞书出版社1999年版，第3836页。

④ 金正昆:《现代外交学概论》，第102—103页。

在阿马尔那时代，尽管西亚北非各国还没有所谓的外交战略和策略的概念，但各国在外交中自觉或不自觉地采取了某种类似于外交战略、策略的政策。此时的外交战略具有全局性的特征，主要体现在改变政治格局的战争中各方所谋划并采取的对策，而外交策略则更多体现出谋略性、技巧性，即在日常的对外交往中采取一定技巧来获得最大的收益。不管是外交战略还是外交策略，在某种程度上都具有对策的性质，即针对一定外部环境、态势，一个国家在权衡利弊、兼顾长期与短期利益的基础上所做出的应对。那么，这些大国的对策是如何做出的，是否符合工具理性呢？在外交决策方面，一个重要的分析工具就是博弈论。博弈论被誉为社会科学中的数学，广泛运用于各门社会科学中，在外交决策学中被广泛使用。本章拟运用博弈学的相关理论，对此时的外交战略和策略进行分析与研究。

第一节　西亚北非大国外交的战略

外交战略具有“先谋于局，后谋于略”的特征。外交战略是应对国际格局根本性变化、国家间力量对比发生显著变化的一种谋划战略格局的方略。也就是说，“从客观的国际战略格局和力量对比的基本结构出发，在最基本的战略力量布局基础上，选择对外战略的基本内容”。[①]

阿马尔那时代西亚北非大国的外交战略主要是指在国际格局转换的过程中，各国制定的外交政策以及为实现外交政策而采取的方略。阿马尔那时代的西亚北非外交格局，最初为埃及、米坦尼、巴比伦的三极格局，这是一个相对稳定的政治格局。但是，赫梯的兴起以及随之亚述的崛起打破了原有政治格局的平

① 赵可金:《外交学原理》，上海教育出版社 2011 年版，第 139 页。

衡，在国际格局转变的关头，各国纷纷采取了具有全局性的外交战略。

一　斗鸡博弈：赫梯与米坦尼对抗

在博弈论中，有一个著名的模型叫斗鸡博弈（Chicken Game）。两只实力相当的斗鸡狭路相逢，每只斗鸡都有两个行动选择：一是退下来，一是去进攻。如果斗鸡甲退下来，而斗鸡乙去进攻，那么斗鸡乙胜利，斗鸡甲失败；如果斗鸡乙同样撤退下来，两只斗鸡则不分输赢；如果斗鸡甲去进攻，而斗鸡乙退下来，斗鸡甲胜利，斗鸡乙失败；如果两只斗鸡都前进，则两败俱伤。斗鸡博弈有两个纯策略纳什均衡：一方进攻，另一方后退；一方后退，另一方进攻。但关键是谁进攻谁撤退呢？究竟是哪一只斗鸡前进，哪一只斗鸡后退，主要取决于双方的实力对比，谁的实力强大一些，谁就有可能得到更多的进攻机会，但前进的代价依旧是"两败俱伤"的结局。一旦进入骑虎难下的博弈境地，尽早退出是明智之举。有时候，双方都明白二虎相争必有损伤，但往往觉得自己会取得胜利，这就是所谓"当局者迷，旁观者清"。

赫梯与米坦尼在历史上一直争夺北叙利亚地区。北叙利亚地区对于赫梯来说至关重要，只有夺取了此地区才能享受国际商贸之利。而且此地区在历史上曾经属于赫梯，因此对于赫梯人来说具有特殊的意义。而对于米坦尼人而言，该地区是他们通向地中海获取资源的必由之地，因此也非常重要。这就决定了两国在北叙利亚地区的激烈争斗。为了准备战争，赫梯通过战争巩固小亚西南部，开展围堵米坦尼的外交活动，尤其是得到了埃及的承认，而米坦尼也意识到了赫梯的意图，竭力与埃及建立同盟关系来对抗赫梯。米坦尼历经几世的经营，国力强盛，疆土辽阔。而赫梯的国力日渐强盛，尤其是平定了小亚西南部后，国力大增。因此，从总体上来看，两国实力相当。赫梯兴起之前，西亚北非政治秩序已经确定下来了，后起之秀的赫梯，要么乖乖接受既有的政治秩序，接受米坦尼占领北叙利亚的事实，要么去挑战现有的政治秩序。

对于赫梯而言，崛起就需要打破体系，建立以自己为主导的新秩序。而这必然会损害米坦尼的利益，作为老牌大国的米坦尼必然不会容忍这种情况的发生。于是，两国剑拔弩张，战争一触即发。此时的赫梯与米坦尼，就如斗鸡博弈中的两只斗鸡，虎视眈眈，誓死一搏。按照斗鸡博弈模型，赫梯与米坦尼两国最好的策略选择，就是一方进攻，另一方撤退。但是赫梯与米坦尼的冲突战争，是一场事关国家核心利益的战争，这就决定了彼此谁都不会撤退，对于两国而言，进攻是最有利的策略。

如果赫梯进攻、米坦尼后退，意味着米坦尼必须将幼发拉底河以西的北叙利亚地区让给赫梯。米坦尼一旦这么做，不但会丢掉战略要地北叙利亚，而且会丧失在西亚北非大国外交中的优势地位，甚至沦为二流国家。此处将米坦尼后退的收益记作 -10。而赫梯通过进攻不但获得了北叙利亚地区，而且还可乘势成为大国俱乐部中举足轻重的力量，那么，赫梯进攻的收益记为 10。如果米坦尼进攻、赫梯后退，那么，米坦尼会轻而易举化解赫梯带来的危机，而且可能还会获得额外的利益，那么，米坦尼的收益记为 5，而赫梯不但未能实现崛起的战略目标，而且还会遭受一些损失，那么，赫梯的收益记为 -5。倘若两国谁都不进攻，维持现状，那么，两国收益均为 0。如果两国均选择进攻，可能两国实力大损，两国的收益均记为 -8。从下面的矩阵（见图 4-1）可以看出，两国最优化的策略为②与③，就是一方进攻而另一方退却。

然而，历史却并非如此，赫梯与米坦尼都选择了进攻。赫梯发动了第一次叙利亚战争，米坦尼王派兵应对，成功收复了赫梯侵占的领土，正如前文所言，很多北叙利亚国家再次向米坦尼臣服。大约过了 13 年，赫梯再次发动战争，兵分两路，这次战争灭亡了米坦尼王国。从两国都选择战争的事实来看，是否可以认为斗鸡博弈模型不适合分析这两国的对抗与战争？斗鸡博弈中出现了两个均衡

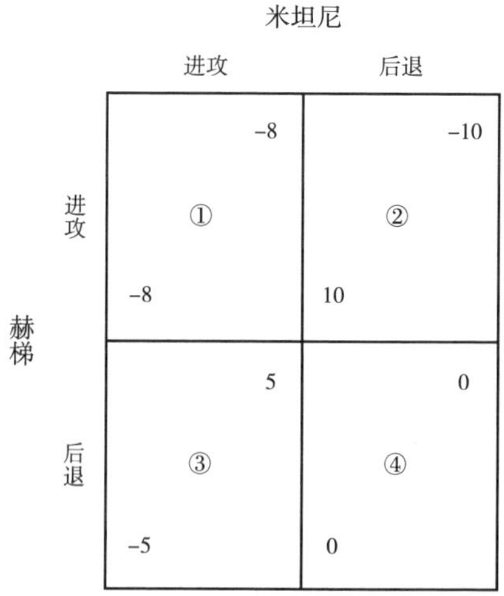

图 4-1　赫梯与米坦尼战争博弈的矩阵表示

点：赫梯进攻，米坦尼退却；米坦尼进攻，赫梯退却。最终两国选择哪个均衡点，应该还存在博弈。就策略②与③而言，对赫梯而言，进攻的收益要大于退却，所以，赫梯会选择进攻，以强大兵力吓阻米坦尼，或以武力威慑而迫使米坦尼签订条约，从而实现其战略目标；对于米坦尼而言也一样，进攻的收益要大于退却，米坦尼也希望赫梯能够畏惧强大的米坦尼而退却。

然而，必须认识到斗鸡博弈模型是一个理想化的模型，现实情况往往比纸上推演的要复杂得多。通常情况下，两国会派遣使节和情报人员来刺探对方的底线，然后在讨价还价的基础上，最终达成和解或使某一方退让，以避免双方蒙受不可承受的损失。在阿马尔那时代，使节往来相当不容易，正如前文所言，自然条件恶劣，加上半游牧部落拦截，因此，很可能因为某种偶发的情况，两国都不能充分进行讨价还价的协商，不能实现斗鸡博弈的结果。另外，正确的情报信息对外交决策至关重要。当时也存在情报信息错位的情况，这种情况也会造成相反的博弈结局。假设赫梯与米坦尼由于种种条件所限，没有充分了解对方的底细，也未能进行有效的接触，在信息不通畅的情况下，米坦尼的最好选择就是进攻，而赫梯的最优策略也是进攻，这样两国最终兵戎相见。

二　智猪博弈：亚述的扩张战争

智猪博弈（Pigs' payoffs）也是博弈论中广为人知的模型。猪圈里有一头大猪、一头小猪，它们在同一个猪食槽里进食。猪食槽安放在猪圈的一头，而控制猪食供应的按钮安装在猪圈的另一头，按一下控制按钮会有 10 个单位的猪食进槽，但按压控制按钮的猪就会首先付出 2 个单位的成本。若大猪先到槽边，大、小猪吃到食物的收益比是 9∶1；大、小猪同时到槽边，大、小猪的收益比是 7∶3；小猪先到槽边，大、小猪收益比是 6∶4。那么，假设两头猪都有智慧并都会进行理性选择，则最终结果是小猪选择等待，大猪去按控制按钮。原因很简单：在大猪选择行动的前提下，小猪也行动的话，小猪可得到 1 个单位的纯收益（吃到 3 个单位食品的同时也耗费 2 个单位的成本）。而小猪等待的话，则可以获得 4 个单位的纯收益，等待优于行动。在大猪选择等待的前提下，小猪如果行动的话，小猪的收入将不抵成本，纯收益为 -1 个单位。如果小猪也选择等待的话，那么小猪的收益为 0，成本也为 0，等待还是要优于行动。智猪博弈，本质上属于一种搭便车理论，其基本含义是不付成本而坐享他人之利。

在阿马尔那时代，米坦尼除了面对赫梯的战争威胁外，还要应对亚述的威胁。正如前文所分析的，自从埃卡拉图王朝崩溃后，亚述就臣服于强大的王朝，到了公元前 2 千纪后半期，亚述既臣服于米坦尼，也臣服于巴比伦。在赫梯威胁米坦尼之际，亚述开始谋求独立。亚述的国力与赫梯不可同日而语，尽管之前赫梯国力衰弱，但是赫梯一直处于独立状态，而亚述则不然。如果将赫梯比作大猪的话，那么亚述是不折不扣的小猪。在西亚北非政治格局大变动的前夜，亚述就开始了外交活动，获得了埃及的承认。做好一切准备后，亚述就开始等待赫梯与米坦尼大战的到来。在赫梯与米坦尼大战期间，亚述搭上了赫梯的顺风战车，乘机占领了米坦尼在幼发拉底河以东的大片土地，还攻占了米坦尼的首都。

亚述之所以选择搭便车的战略，主要在于国力弱小。亚述单单依靠自己的力量去对抗米坦尼而实现崛起，是非常不现实的。因此，亚述需要做的就是借力。弱小的亚述，懂得借势策略的重要作用，采取了智猪博弈的策略。

三　埃及承认亚述的战略博弈

在巴比伦与埃及的外交中，亚述的兴起是影响两国关系的重要事件。在亚述谋求独立的问题上，巴比伦与埃及展开了一轮外交较量。在赫梯威胁米坦尼之际，亚述开始谋求独立。在当时的国际秩序下，得不到埃及支持，亚述独立就不容易实现，于是亚述王阿淑尔乌巴里特一世派遣使节到埃及，希望得到埃及的支持。巴比伦对于亚述的行为非常警觉，也派遣使节到埃及，要求埃及拒绝承认亚述。对于埃及而言，面临着是否承认亚述的选择。最终的结果是，亚述成功地获得了埃及承认。在另外一封书信中，亚述王与埃及法老称兄道弟，显然两国建立了友好关系，而巴比伦不得不接受亚述兴起的事实。

如上所述，在亚述兴起的背景下，埃及面临两个选择，同意或拒绝承认亚述的独立地位；而巴比伦也有两个策略选择，向埃及提出或不提出拒绝亚述独立的请求。这样，会形成四个策略组合：策略①，巴比伦提出请求，埃及拒绝了巴比伦的请求而承认了亚述的独立地位；策略②，巴比伦提出请求，埃及答应了巴比伦的请求而拒绝承认亚述的独立地位；策略③，巴比伦没有提出要求，埃及承认了亚述的独立地位；策略④，巴比伦没有提出要求，埃及拒绝承认亚述的独立地位。

此处使用矩阵对双方的收益（也叫支付）进行表示（见图4-2）。倘若巴比伦王向埃及提出拒绝承认亚述独立地位的外交照会，埃及拒绝了巴比伦王的请求，对于巴比伦而言没有达到其外交目的，但是探明了埃及的态度，因此可以确立未来对亚述的外交战略与策略，巴比伦的收益为 1，而埃及承认了亚述的独立地位，在未来的外交中可以借助亚述牵制巴比伦，但是得罪了巴比伦，因此，其收益也是 1。如果埃及应巴比伦的要求拒绝承认亚述的独立地位，对于巴比伦而言，完全实现了其外交意图，其收益为 2，而埃及维持了与巴比伦的友好关系，但是得罪了亚述，其外交收益是下降了，为 -1。倘若巴比伦放弃提出外交照会而埃及承认了亚述的独立地位，巴比伦的外交目的没有实现，也没能探明埃及的外交态度，因此其外交收益最低，为 -2，而埃及因为承认了亚述，创造出一个牵制巴比伦的大国，其外交收益为 1。倘若巴比伦放弃外交照会，埃及也拒绝承认亚述的独立地位，那么，巴比伦的外交目的以消极的方式实现了，因此，其外交收益为 -1，而埃及不但没有让巴比伦感觉到埃及的友好，而且还得罪了亚述，这样埃及的外交收益为 -2。

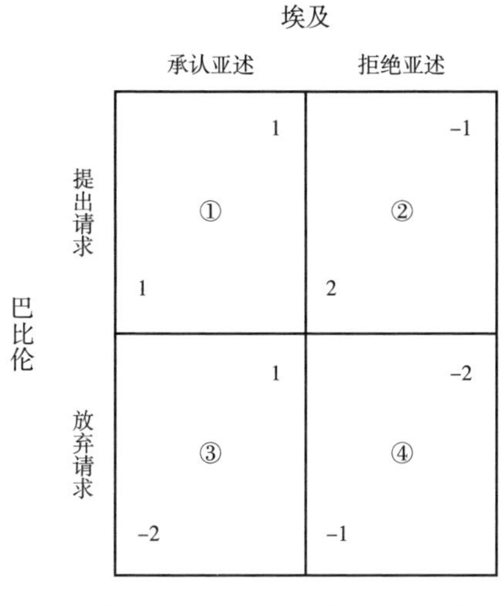

图 4-2　埃及承认亚述独立博弈的矩阵表示

从策略优势来看，巴比伦提出外交照会，总体上要优于放弃外交照会，因此，提出请求是巴比伦的全面的严格的优势策略，而埃及承认亚述的策略要明显优于拒绝承认的策略，显然承认亚述是其全面的严格的优势策略。采取劣势策略消去法，将埃及、巴比伦的劣势策略消掉，剩下的就是双方采取的最优策略组合，即巴比伦提出外交照会，埃及拒绝巴比伦的要求而承认亚述的独立地位。

四　猎鹿博弈：埃及与亚述联合制衡赫梯

博弈论主要研究非合作博弈，但是在现实生活中，合作博弈是普遍存在的，在国际关系领域也是如此。正因为如此，使用博弈论研究国际关系的学者，从 20 世纪 80 年代起就注重合作博弈的研究。合作博弈，也称正和博弈，是指博弈双方的利益都有所增加，或者至少是一方的利益增加，而另一方的利益不受损害，因而整体利益有所增加。合作博弈采取的是一种合作的方式，或者说是一种妥协。妥协之所以能够增进妥协双方的利益以及整体的利益，就是因为合作博弈能够产生一种合作剩余，而这种剩余就是从这种关系和方式中产生出来的。

合作博弈中有个著名的模型叫猎鹿博弈（Stag Hunt Model）。古代的一个村庄有两个猎人。当地的猎物主要有两种：鹿和兔子。如果一个猎人单兵作战，一天最多只能打到 4 只兔子。只有两个人一起去才能猎获一只鹿。从填饱肚子的角度来说，4 只兔子能保证一个人 4 天不挨饿，而一只鹿却能让两个人吃上 10 天。这样两个人的行为决策可以形成两个博弈结局：分别打兔子，每人得 4；合作，每人得 10。这样猎鹿博弈有两个纳什均衡点：要么分别打兔子，每人吃饱 4 天；要么合作，每人吃饱 10 天。

在赫梯灭亡了米坦尼后，亚述坐着赫梯的顺风战车，夺取了米坦尼在幼发拉底河东岸的土地，使得赫梯与亚述的矛盾激化。在第一次叙利亚战争中保持克制的赫梯，在灭亡米坦尼后，却被胜利冲昏了头脑，派军队进入了埃及的势力范围之内，从而造成埃及与赫梯关系的紧张。在这种情况下，埃及与亚述面临的策略选择为：策略①，埃及、亚述选择各自为战，分别对赫梯作战；策略②，埃及选择进攻赫梯，亚述选择不进攻；策略③，埃及选择不进攻，亚述选择进攻；策略④，埃及、亚述都不进攻（见图 4-3）。而选择什么样的策略，是由国家实力与国际格局决定的。通过灭亡米坦尼的战争，赫梯不仅获得了大量的财富，国力大为增强，而且在米坦尼的大战中锤炼出一支强大的军队。毫无疑问，能与赫梯抗衡的只有埃及，而埃及自从与米坦尼议和以来，一直没有经历过大的战争，因此，军队的实战能力显然不如赫梯。当时，埃及法老埃赫那吞正在进行宗教改革，国内矛盾激化，内耗严重。而埃及控制的叙巴地区附属国，尤其是一些位于或靠近北叙利亚的附属国早有异心。因此，埃及直接抗衡赫梯并无绝对胜算。而亚述的崛起是借赫梯之势实现的，因此它更不具备对抗赫梯的实力。

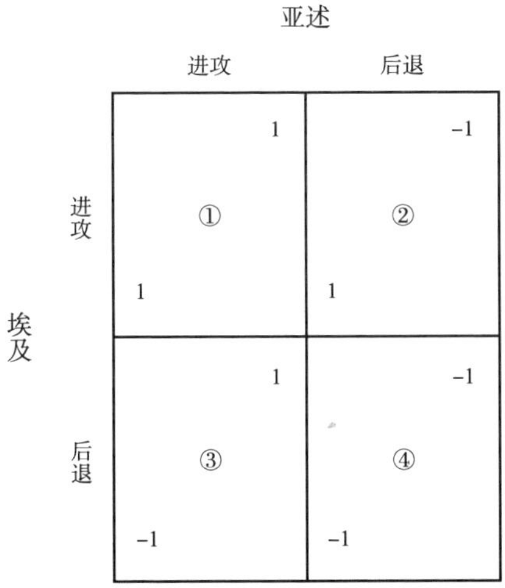

图 4-3　埃及与亚述联合对抗赫梯博弈的矩阵表示

不管是埃及，还是亚述，策略④都是最差的选择，对埃及而言，等于拱手将自己的部分属地让给赫梯，对亚述而言，日后赫梯的报复性进攻会使亚述丧失新获得的原米坦尼幼发拉底河以东的土地，因此，选择这个策略两国的收益都为 -1。就策略②、策略③而言，选择不发动战争的一方的收益为 -1，发动战争的一方收益可能会为 1，因为最起码可以趁赫梯立足未稳夺回部分土地。而策略①，两国选择进攻，都能得到 1 的收益。对于两国来说，选择进攻的收益都大于选择不进攻的收益。

对于埃及、亚述两国来说，由于建交不久，彼此之间没有太多的矛盾与利益冲突。相反在面对赫梯的问题上，两国存在共同的利益，这就为两国联合进攻赫梯提供了可能性。两国都明白 1+1 绝对大于 2，最终采取了合作博弈策略，联合对赫梯作战。

第二节　西亚北非大国外交的策略

在任何外交活动中，都讲究“谋定而后动”，也就是说，在外交活动中各国都要采取一定的谋略。不但现代外交重视运用外交策略，古代外交也是如此。古印度的《摩奴法典》认为，外交策略“要使友邦、中立国王和敌人都不能取得对自己的优势”，[①]也就是说，外交策略是为外交利益最大化服务的。在阿马尔那时代，西亚北非各国采取的外交策略，有的是出于密切关系，有的则是为了获取经济利益。而在阿马尔那时代，西北北非大国间的礼物贸易非常重要，这使得各大国的外交策略围绕礼物贸易展开。

金正昆认为，现代的外交策略具有“计谋性、相沿性、机密性、随机性、互动性、交融性、功利性”等几个特征，[②]而古代西亚北非外交策略肯定不会具备现代外交的全部特征，笔者认为具有

---

① 迭朗善译，马香雪转译:《摩奴法典》，第 162 页。

② 金正昆:《现代外交学概论》，第 104—109 页。

技巧性、相沿性、随机性、功利性四个特征。在阿马尔那时代，西亚北非大国采取了礼物贸易的外交方式，通过向友邦赠送对方短缺的物品来获取自己短缺的物品。各国期望在礼物贸易中实现自身利益最大化，不拘时空地采用世代相袭的某种策略，当然，也会根据情势，采取一些随机性的策略。

一　礼物交换策略

（一）五种策略

拖欠策略

与现代外交一样，阿马尔那时代西亚北非各国的外交，除了要实现政治目标外，还要实现经济上的诉求。在阿马尔那时代，西亚北非的大国通过礼物交换和王室联姻来实现各国物品的交易和流通。这些礼物交换和王室联姻不仅仅是为了表达友好关系，更是为了获取自己所需的资源和商品。各大国的国王都希望获得本国短缺的物资，尤其是奢侈品，以便能在国内塑造一个无所不能的国王的形象，并维持一个与普通百姓相区别的贵族阶层。这样，这种特殊的"礼物贸易"就成了国家间贸易的主导形式。

既然阿马尔那时代西亚北非大国间的礼物交换，本质上属于商品交换，那么，这种交换就涉及成本与收益的问题。亚述王抱怨说埃及赠送的黄金不够支付使节往返的花销，（EA 16: 29-31）由此可见大国对礼物交换成本的考虑。与现代社会一样，低成本、高收益是阿马尔那时代西亚北非大国追求的目标。在礼物交换的情势下，各大国都有一个普遍的诉求：自己少赠送，友邦多赠予，以此来实现经济利益最大化。但礼物交换的互惠原则在大国外交中早已确立起来，不等价交换会受到谴责，巴比伦王曾对埃及的不等价礼物交换提出了外交抗议。（EA 3: 21-22）

在这种情况下，各国采取了一种外交策略：拖欠。正如利韦拉尼所言，"在前货币经济社会，礼物回赠上的拖延实现了类似于经济术语所表达的资本上的收益”。[①] 在礼物交换中所采用的拖欠策略，最直接的方式就是拖欠礼物。各大国常常拖欠日常问候礼物，埃及法老阿蒙霍特普三世曾经许诺向米坦尼赠送礼物，但是，直到其去世也没有兑现，新登基的埃及法老埃赫那吞则一再拖延，最终没有送去礼物。（EA 27）巴比伦王拖欠礼物不像埃及法老那样简单、直接，而是以天气炎热、旅途艰难为借口，延缓礼物赠送，他对埃及法老直言，“没能给你送去太多的上好礼品”。（EA 7: 53-55）对于使节的礼物，大国也采用拖欠的策略，巴比伦的使节曾就此事向巴比伦王报告说：“他（埃及王）没给我们这些去埃及的人任何东西！”（EA 1:68）而埃及王对巴比伦使节的说辞不认同，指责巴比伦使节撒谎，并以此为借口，表示“不论我给了他们东西，还是我没给他们东西，他们还会同样地说谎。我放下了他们，不再给他们（任何东西）”。（EA 1:75-77）在外交联姻中，拖欠聘礼的情况也时有发生，正如前文所言，鉴于埃及的拖欠行为，巴比伦王才会对埃及下达了支付聘礼的最后通牒。

在阿马尔那时代，各国间的礼物贸易依赖使节来完成。速度最快的使节，一天最多行走 30 公里或 35 公里，从埃及首都埃赫塔吞到米坦尼首都瓦舒卡尼至少需要一个月，到赫梯首都哈图萨或加喜特王朝首都巴比伦至少需要一个半月。[②] 使节的出行须避开冬天的雨季，也须躲避出使途中半游牧部落以及不怀好意的敌对国家的劫掠，这些都会导致使节出使周期变长，而运送礼物的使节，在路上花费的时间会更长。使节除了运送礼物外，还担负着与出使国协商的任务，这样就会在受访国逗留一段时间，例如协商外交联姻的埃及使节要在米坦尼停留 6 个月的时间。（EA 20: 23-24）考虑种种

① Mario Liverani, “The Great Power’s Club,” in Raymond Cohen and Raymond Westbrook, eds., *Amarna Diplomacy: The Beginning of International Relations*, p. 25.

② Marc Van De Mieroop, *The Eastern Mediterranean in the Age of Ramesses II*, Malden, Oxford and Carlton: Blackwell Publishing, 2007, p. 108.

因素，使节出使一次可能需要花费 1 年的时间。[①] 在这种情况下，各国都希望友邦不要随意滞留使节，都在呼吁友邦能够急速派出使节。例如，米坦尼王多次呼吁埃及放行使节，“愿我兄不要扣留我的使节”。

一般而言，随着使节的到来，友邦赠送的礼物也就运来了。关于使节与礼物的关系，米坦尼王说得最为直白，“愿我的兄弟放他立即回这里！让他带来我的兄弟的问候礼物！”（EA 18: 16-17）从某种程度上说，派出的使节批次越多、节奏越快，那么获得的礼物越多、收益越大。在阿马尔那时代，一些国家拖欠礼物交换的另外一个做法，就是故意放慢使节往返的节奏。按照阿马尔那时代的观念，只有经过受访国的同意，出访国的使节才能离开。米坦尼王对此进行了形象的比喻：“使节是什么？他们不是能飞走飞回的鸟啊！”（EA 28:22-23）这样，有的国家就找各种理由，不肯放友邦使者离境，有的甚至将使节滞留了很多年，如在一封信函中，巴比伦王提及埃及王扣留巴比伦使节长达 2 年，“你两年来一直把我的使节扣留着”。（EA 7:49-50）而另外一封信函中，巴比伦王提到埃及把巴比伦的使节扣留了 6 年之久。（EA 3:13-14）米坦尼写给埃及的泥板书信也描述了使节滞留的情况，“至于我的使节，自从 4 年前，就被滞留了”。（EA 29: 113）各国对于滞留使节的拖延策略心知肚明，因此在信中都要求对方及时放行本国使节并派出友邦使节。当然，有的国家也会采取反制措施。倘若此国滞留彼国的使节，那么，彼国为了在礼物贸易中不吃亏，也会滞留此国的使节，例如，埃及滞留了米坦尼的使节，米坦尼也向埃及发出了滞留使节的威胁，（EA 28: 17-19）最终两国采取了滞留彼此使节的恶性做法。（EA 29: 149-153）

从短期来看，采取滞留使节措施的国家会获得额外收益，但是

---

① Mario Liverani, “The Great Power’s Club,” in Raymond Cohen and Raymond Westbrook, eds., *Amarna Diplomacy: The Beginning of International Relations*, pp. 21-22.

被滞留使节的国家肯定会采取反制措施，这样从长期来看，彼此之间通过滞留使节获得的收益会抵消，最终达到一个常态的平衡。因此，从某种程度上说，拖延策略仅仅是权宜之计，不能对各国之间的外交产生重大影响。

迂回策略

前述的拖延策略，可以看作一种消极外交策略。在阿马尔那时代，各国也采取了积极的外交策略，这就是迂回策略。迂回策略的一个典型特征是“从相反中求相成”，也就是说，掩盖其真实的动机，就如《孙子兵法》所言，“能而示之不能，用而示之不用，近而示之远，远而示之近”，最终达到“先给后取”的目的。阿马尔那时代，为了获得友邦的礼物，此国摆出要送给彼国礼物的架势，让彼国误以为在礼物交换中有利可图，因此，为了放长线钓大鱼，彼国会送出此国期望的礼物，从而实现其礼物贸易的真实目的。

在阿马尔那时代，引诱是这个策略的一个特征。米坦尼王为了从埃及获得黄金，摆出一副慷慨的姿态，对埃及法老说道：“至于我的兄弟因其房所需要的任何东西，请他（埃及法老）写信告诉我！让他（埃及法老）得到它们！我一定会给予十倍于我的兄弟所要求的东西！”（EA 19: 68-69）米坦尼本来想获得埃及的黄金，倘若直接提出要求的话，就会暴露自己的真实意图，这会让米坦尼在外交中陷入不利境地。倘若采取“给予”的策略，就会让埃及对西亚的白银有所贪恋，进而引诱埃及法老贪图这些物资而向西亚大国输出黄金。

迂回策略，还有一个特征是具有很强的道德性。在古代西亚北非礼物贸易中，慷慨会被赞扬，相反，吝啬会为人所不齿。因此，米坦尼王、巴比伦王故意摆出慷慨姿态的时候，就在外交舆论中获得了主动，占据了外交上的道德制高点。巴比伦王为了获得埃及法老的门厅礼，指责埃及法老举办节日的时候没有邀请他，也没有送来节日的礼物，接着巴比伦王话锋一转，说巴比伦已经建造了宫殿，即将举办落成典礼，邀请法老参加典礼。（EA 3: 18-20，23-

28）通过这种对比，巴比伦既谴责了埃及的吝啬，也树立了自己慷慨的形象，更为重要的是，当他要求埃及赠送黄金的时候，就显得“有理、有节”，从而在外交中“有利”。

夸耀策略

在阿马尔那时代，各国在外交辞令上使用了夸耀策略。这种外交辞令分为自夸策略和赞扬策略两种。前者是为了掩盖其对礼物的急切渴望心理，以虚掩实，因为“谋莫善于不识”。外交策略的精髓，在于虚虚实实，实实虚虚，不能让对方摸到自己的底牌。后者通过赞扬友邦，将对方高高抬起，培养起其大国的优越心理，进而使得友邦为了维护徒有的虚名和展示其国家的富足，而向自己赠送礼物，这样就实现了获得友邦礼物的目的。

在自夸策略方面，巴比伦表现得最为突出。巴比伦王在信中对埃及法老说：“在我的兄弟的国家里，什么东西都有，（因此）我的兄弟什么也不需要。在我的国家里，也是什么东西都有，（因此）我什么也不需要。”（EA 7: 33-36）在说完这番话后，巴比伦王话锋一转，“我们应该彼此互致问候”。（EA 7: 38）正如前文所言，问候平安就意味着使节往来，而使节往来则意味着礼物贸易的有效运转。因此，巴比伦王的言外之意是巴比伦国富民强，对埃及的礼物没有需求，之所以要进行礼物交换，是为了延续两国先王缔造的友好关系。这种自我夸耀的目的，在另外一封泥板书信中显露无遗，巴比伦王先是抱怨埃及使节只来过巴比伦3次，然后就说：“就我来说，任何东西不缺；就你而言，任何东西也不缺。”（EA 10: 16-17）从这封泥板书信可以看出，一方面巴比伦王抱怨埃及使节来的次数太少，另一方面他则表示双方都对友邦的物品没有需求。显然，巴比伦王的真实用意是通过夸耀富裕的手段来吸引友邦进行礼物贸易。

西亚北非大国为了获取更多礼物，往往会采取赞扬友邦的策略，通过赞扬将友邦捧高，倘若友邦在礼物贸易中吝啬，就等于向其他友邦表明其不友好，从而给其他国家提供外交口实。在古代西亚北非，埃及是最为重要的黄金产地，因此，西亚各国都希望通过礼物贸易获得埃及的黄金。米坦尼王抗议埃及的礼物价值太低的时候，夸赞“在埃及（米西尔），黄金比沙土还多……在埃及（米西尔），人们所渴望的任何东西比沙土都要多”，（EA 20: 52-55）这样，米坦尼王成功把埃及法老塑造成一个富裕而吝啬的人，获得了道义上的优势，为以后争取更多的礼物提供了借口。如果说在这封信里米坦尼王的表述比较含蓄，而在另外两封泥板书信（EA 27, 28）中，米坦尼王就直接谴责埃及的吝啬行为了。这种赞扬策略，在亚述王的书信中也可以看到。亚述王在信中对埃及法老说，“你的国家里的黄金（多）如沙土”，他接着要求法老送给他装修宫殿所需要的黄金。（EA 16: 14-17）

在礼物贸易中，也经常使用夸耀策略。在巴比伦给埃及的一份联姻礼单（EA 13）中，巴比伦送给埃及黄金、乌木，而这两种物品的产地主要是埃及以及非洲其他地区。米坦尼送给埃及法老的礼物中也包括黄金、乌木，（EA 17: 42-43；19: 80-83；20: 81-82, 22，23）米坦尼同样也不是这两种物品的产地。埃及送给巴比伦的礼品（EA 14）有白银、铜、天青石，而米坦尼与赫梯则向埃及国王要求赠送天青石，（EA 26: 39；27: 22；41: 27）这些物品的产地在西亚地区而非埃及。米坦尼与巴比伦本来不产黄金，黄金对于两国来说是异常稀缺之物，但是在这种情势下，它们却向埃及赠送黄金，埃及本来不产白银和天青石，但是却向这些资源丰富的西亚友邦出口这些物品，而西亚大国明知埃及不出产白银与天青石，却向埃及要求赠送这两种物品。利韦拉尼对这种礼物交换的非理性的倒流现象（从消费国流向出产国）进行了研究，他认为不能简单地从经济角度考量这个问题，而应该从经济与非经济两个维度去考察。[①]之所以出现这种非理性的礼物反向交换现象，可以从这些国家追求声誉方面去考虑，即西亚北非国家向友邦表明自己国家的富

---

① Mario Liverani, *Three Amarna Essays*, Malibu: Undena Publications, 1979, pp. 21-22.

足，从而引起友邦与之交换礼物的心理渴求。

贬低策略

利韦拉尼认为，从泥板书信中可以发现一种特殊的时间观：过去最美好，现在不太好，将来更美好。换句话说，过去为黄金时代，国家间关系最为友好；现在为倒退阶段，国家间关系不太和谐；将来为提升阶段，国家间关系的不和谐不但会消除，而且彼此关系会超越过去而达到更理想的境界。① 从某种程度上而言，推崇过去、贬低现在是一种外交策略，旨在暗示友邦应该效法先王，以史为鉴，来加强彼此的友好关系。

为了获取更多的礼物，一些国家会贬低友邦礼物的价值，以礼物贸易的不等价为借口，要求友邦赠送更多的礼物进行弥补。西亚大国一般会指责埃及送的黄金及黄金制品在质量上、数量上都与所许诺的不符，例如，巴比伦王多次抱怨埃及送去的黄金纯度不够，经过提纯处理、损耗后重量减少很多，（EA 3: 15-17，21-22；7: 71-72；10: 18-22）同样，米坦尼王也抱怨埃及的黄金质量差。（EA 20: 46-51）西亚大国将现在埃及送的黄金与过去埃及送的黄金进行对比，指出埃及的黄金不及过去，例如，米坦尼描述了埃及先王意欲赠送的纯金雕像，然后指出现在埃及赠送的是镀金木雕像，指责埃及的偷梁换柱行为。（EA 26: 34-41；27: 20-34）巴比伦王说埃及送来的黄金不及送给其先祖的一半，（EA 9: 7-15）巴比伦王赞扬埃及先王送给巴比伦先王的黄金数量多，并且反问“有什么东西能够超过库里加尔祖的礼物呢？”（EA 11: 19-20）亚述王也抱怨埃及送的黄金没有送给其先祖的多。（EA 16: 19-29）赫梯国王在信中指责埃及法老扣下了要赠送给赫梯的礼物，尤其提及埃及先王慷慨地满足赫梯王的要求并及时赠送礼物。（EA 41: 10-15）

西亚北非大国不仅在礼物贸易上使用贬低策略，而且在使节往

---

① Mario Liverani, “The Great Power’s Club,” in Raymond Cohen and Raymond Westbrook, eds., *Amarna Diplomacy: The Beginning of International Relations*, pp. 19-20.

来方面也运用了这一策略。巴比伦王对埃及法老说，在阿蒙霍特普三世的父亲统治时代，埃及短期扣押巴比伦的使节，现在阿蒙霍特普三世则长期扣留巴比伦的使节。（EA 3: 12-14）

掩盖策略

在多数情况下西亚大国赤裸裸向埃及提出赠送黄金的要求，甚至有的国王采用了要挟的做法，如巴比伦王设置了埃及赠送黄金的期限，超过期限就不会把公主嫁到埃及。（EA 4: 41-50）但是，在一些泥板书信中，西亚大国君主采用了委婉的方式，向埃及法老传递这样一种信息：因为特殊工程建设需要，希望埃及能够赠送黄金。这种寻找借口索取黄金的做法，在某种程度上掩盖了这些国王迫不及待地获取埃及黄金的心理，当然这种说辞似乎更能为埃及所接受。

泥板书信中有很多运用掩盖策略获取黄金的例子。巴比伦王宣称正在建设一项工程，需要大量黄金，希望埃及能够赠送黄金。（EA 4: 36-40；7: 63-65；9: 15-16；11: 28-30）亚述王写信对埃及法老说："我正在建设一座新宫殿。请送给我装饰（新宫殿）所用的和（其他）所需的所有黄金。"（EA 16: 16-18）米坦尼王也以同样理由提出让埃及赠送黄金，不同的是米坦尼王宣称所要求黄金，一部分将用于工程建设，另外一部分抵偿联姻聘礼。（EA 19: 56-58）

（二）礼物交换策略的博弈论分析

西亚北非大国在礼物交换中，采用的拖延策略、贬低策略，从博弈论的角度而言可能并不可取。这些国家只要保持友好关系，就要去维持这种关系，不是派使节携带礼物问候，就是缔结王朝联姻，因此，从某种程度上而言，礼物的交换会一直持续下去。只要西亚北非资源分布不均、大国势力范围造成物品流通存在边界、大国君王掌控社会财富的状况不变，西亚北非大国就不能够轻易获取某些稀缺品、奢侈品。西亚北非大国对这些物品的需求，会促使它们不断派出使节，开展以礼物交换为形式的商品贸易。商品贸易从来都不是一次性的行为，因而西亚北非大国的礼物交换必然是一场多次重复的博弈。

对于不同类型的博弈，参与方的策略是完全不同的。在单次博弈中，按照利益最大化的原则，参与方会采取对自己最有利的策略。在多次重复博弈中，参与方之间存在一个长期利益，一次的策略选择会影响到后续的策略选择，换句话说，单次策略造成的未来预期（预期收益、预期风险），会影响博弈方的未来策略选择。因此各博弈方在当前阶段的博弈中，要思考其行为是否会引发其他博弈方在后面阶段的对抗、报复或恶性竞争，需要顾及其他博弈方的利益。根据这个理论，在西亚北非大国间礼物交换中，各大国都要考虑的一个问题是：自己采取的态度、策略，会引起友邦的什么反应？按照常理，为了获得稀缺品、奢侈品，西亚北非大国会采取合作的态度，不做引发友邦对抗、报复的事情。但是，正如前文所分析的，阿马尔那时代西亚北非大国在礼物交换、使节往来中，往往采取了拖欠礼物、滞留使节的策略，那么，这是否违背了多次重复博弈的规则呢？

美国博弈论专家罗伯特·爱克斯罗德对多次重复博弈进行了专门研究，其研究结果是这样的：博弈参与方采取的是“一报还一报”的策略，即一方采取合作策略，那么，另外一方也采取合作策略，反之亦然。爱克斯罗德认为，这种策略有几个特征，其中两个为：善良，开始表达善意，开始时总是选择合作；可激怒，一旦对方出现背叛行动，就会及时采取报复措施。鉴于埃及滞留巴比伦使节长达两年，巴比伦王采取了“以牙还牙”的策略予以应对。起初，巴比伦王的反应比较温和，在面对埃及滞留巴比伦使节的行为时，仍然向埃及示好，表达了友好交往的善意。虽然他允许埃及使节离开巴比伦，但鉴于埃及滞留使节的行径，减少了赠送给埃及的礼物数量：“我给我的兄弟送上 4 米那上乘的天青石作为小小的问候礼品。我给我的兄弟送上 5 套马。”（EA 7: 56-58）与此同时，巴比伦王采取了暂缓派出使节的反制措施，但仍然为埃及留下了外交空间，其表示“当天气变好的时候，我的下批使节将会出行”。（EA 7: 59）但是，埃及继续采取拖延策略，促使巴比伦走上彻底反制的道路，采取了报复性的反制措施：“你的使节们到我这里3次了，你没送给我任何美好的问候礼物，我也（同样）没给你送任何美好的问候礼品。”（EA 10: 12-15）笔者再以米坦尼对埃及滞留使节的反应过程为例进一步阐释。面对埃及滞留其使节的行径，起初米坦尼王仍然向埃及释放善意，仅以滞留埃及使节进行威胁：“我将扣留我兄弟的使节马奈，直到我兄弟放我的使节离开并且他们到达我这里。”（EA 28: 17-19）米坦尼的威胁并未奏效：“我的兄弟根本不放他们走，他严重地扣留了他们。”（EA 28: 20-21）米坦尼随之采取了反制措施进行报复，滞留了埃及使节。

既然在多次重复博弈中，奉行“一报还一报”的原则，那么，阿马尔那时代大国拖欠礼物、滞留使节的行为，是否会终结大国间的礼物交换呢？是否会让礼物交换陷入死局？爱克斯罗德总结的“一报还一报”策略另外一个特征为宽容，不会因为对方一次偶然背叛就没完没了报复，一旦对方悔过自新，就恢复合作。对此，笔者仍以巴比伦与埃及的礼物交换博弈为例说明。尽管巴比伦采取了反制措施，不再向埃及赠送礼物，但是，从后来的信函可知，巴比伦不但继续向埃及索要礼物，而且也向埃及赠送了礼物，此外，巴比伦与埃及就联姻进行了嫁妆、聘礼的交换。显然，巴比伦与埃及在礼物贸易、王朝联姻上的摩擦与斗争，并没有影响两国礼物交换的大局。尽管泥板书信对此没有给出解释，但按照“一报还一报”的原则，情况可能是这样的：巴比伦反制埃及的措施见效，埃及回到了礼物交换的轨道上来，随之巴比伦原谅了埃及，两国间礼物交换再次启动。

在阿马尔那时代的西亚北非大国礼物交换中，每个国家都会考虑自己所采取的策略会不会招致对方的报复，因此，为了将来预期的收益，一般都会选择合作，也就是说，每个大国都会按时派遣使节，赠送合格的礼物。在大国礼物交换中，不可避免出现拖延礼物甚至赠送劣质礼物的情况，这相应就会招致报复。一旦参与方修正了不友好的做法，那么，另外的参与方就会相应地采取友好态度。对于大国之间礼物交换，倘若两国赠送的礼物价值相等，从长期来看，“一报还一报”策略会使不遵守规则的参与方回到轨道上来；倘若双方礼物价值不对等，那么这个策略还起作用吗？试想，倘若一国进行不等价交换，按照“一报还一报”的策略，那么，友邦自然在下次的礼物交换中予以报复，所以长期来看，这种策略都会迫使双方的礼物交换走向对等。从这个意义上讲，在大国礼物交换中出现的拖延、扣留、贬低等策略，只是长期友好等价交换中的插曲而已，礼物交换的主流还是等价、有序的礼物贸易。

二 王朝联姻策略

（一）探视公主的外交策略博弈

居内尔、德吕克曼对第 1 号泥板书信进行了研究，笔者这里主要参考他们的研究成果进行论述。

第 1 号泥板书信为埃及法老阿蒙霍特普三世给巴比伦王卡达什曼恩利尔一世的回信，在书信中阿蒙霍特普三世几次引述了之前卡达什曼恩利尔一世写给他的书信内容，尽管现存的书信中没有发现这封书信，但是，根据第 1 号泥板书信的内容可以推测有这封书信存在。显然，该信件所涉及之争端在两国君主之间经历了数次交锋，由此可见这是一起典型的国际争端的博弈案例。

从第 1 号泥板书信的内容来看，主要涉及巴比伦公主的现状、使节问题、外交礼物的礼仪问题。笔者关注的是有关巴比伦公主现状的外交争论问题。事情的原委如下：阿蒙霍特普三世提出要迎娶巴比伦的公主，卡达什曼恩利尔一世则提出已经嫁到法老宫廷的姐妹的现状问题，他说：“不知她是活着呢，还是死了呢？”（EA 1:13-14）阿蒙霍特普三世对此进行回复，抱怨卡达什曼恩利尔一世派遣到埃及拜见公主的人都是一些此前从未见过公主的人，要求卡达什曼恩利尔一世派遣能够认识公主的使节到埃及。最终巴比伦王卡达什曼恩利尔一世派出了使节前往埃及，阿蒙霍特普三世把宫廷中的嫔妃带到了使节面前，告诉巴比伦使节说，这就是巴比伦的公主。卡达什曼恩利尔一世写信对阿蒙霍特普三世说，他派去埃及的使节没有看到公主，阿蒙霍特普三世带到使节面前的女子，可能是其他国家嫁到埃及的公主，言外之意，阿蒙霍特普三世刻意不让使节见到巴比伦公主。而阿蒙霍特普三世反击道："为什么不派一个能告诉你真话——你姐姐在这里平安生活——的可靠的人呢？"（EA 1: 32-35）

按照博弈论的理论，外交活动中的任何参与方，对彼此的情况都不是很清楚，这称为不完全信息下的博弈。外交活动中最重要的原则就是保密性，在外交活动中不能让对手知道自己的底细，否则就很难进行外交策略选择。在不完全信息之下，任何参与方都不了解其他参与方的策略与对策，因此，参与方会在众多策略中选择一个对自己最有利的策略。在探视公主的问题上，卡达什曼恩利尔一世有两个策略选择：派遣认识公主的使节，或派遣不认识公主的使节。卡达什曼恩利尔一世的主要目的，是拒绝把巴比伦公主嫁到埃及，因此，其一切策略都是围绕这个目的进行的。嫁到埃及的巴比伦公主的情况，卡达什曼恩利尔一世是否知晓，不会影响卡达什曼恩利尔一世的策略选择。而对于阿蒙霍特普三世而言，也有两个策略选择：让公主会见使节，或者不让公主会见使节（见图 4-4）。阿蒙霍特普三世的主要目的是迎娶巴比伦新公主，因此，其策略选择也会围绕这个目的来进行。

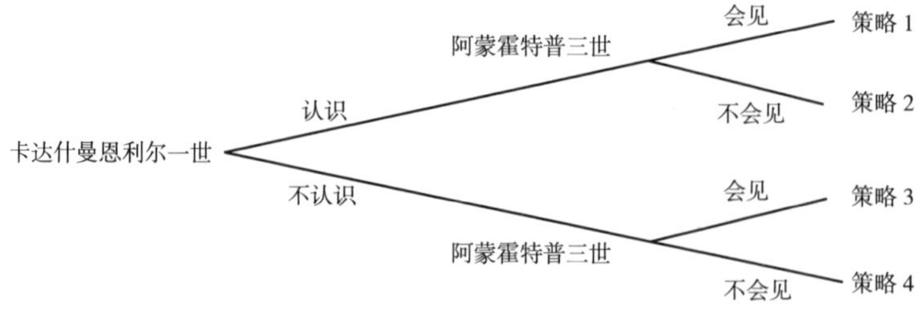

图 4-4 巴比伦与埃及的探视公主博弈的展开表示

在不完全信息状态下，博弈的任何一方，都不知道对方的策略，双方采取的策略的效果如何，都取决于对方的策略。卡达什曼恩利尔一世不知道阿蒙霍特普三世是否会让公主接见使节，阿蒙霍特普三世不知道卡达什曼恩利尔一世是否会派遣认识公主的使节。这个外交博弈的起点是卡达什曼恩利尔一世派出使节，不管卡达什曼恩利尔一世是否派出了认识公主的使节，阿蒙霍特普三世都有两种策略选择。根据图4-4，倘若卡达什曼恩利尔一世派出认识公主的使节，阿蒙霍特普三世安排公主会见使节，那么产生策略1，使节认出了公主，假若阿蒙霍特普三世拒绝安排公主会见使节，产生策略2，阿蒙霍特普三世的谎言被拆穿，两国关系就会大幅滑坡；倘若卡达什曼恩利尔一世没有派出认识公主的使节，假如阿蒙霍特普三世安排公主会见，那就形成策略3，使节没有认出公主，阿蒙霍特普三世乘机谴责卡达什曼恩利尔一世，假如阿蒙霍特普三世拒绝安排公主会见，那么产生策略4，埃及会招致卡达什曼恩利尔一世的强烈谴责。

对于卡达什曼恩利尔一世来说，其主要目的是通过探视公主这个问题，制造一个埃及失道的外交事端，以此作为拒绝将公主嫁到埃及的理由。因此，卡达什曼恩利尔一世最优的策略为策略2，巴比伦派出了认识公主的使节，这样埃及就没有了口实，而埃及不允许使节拜见公主，巴比伦有了充分的理由拒绝埃及联姻要求。卡达什曼恩利尔一世次优策略是策略4，巴比伦派遣了不认识公主的使节，阿蒙霍特普三世拒绝让公主会见使节，巴比伦在外交上获得了主动，巴比伦有了较为充分的理由拒绝埃及的联姻要求。而策略3是更次的策略，尽管埃及允许使节拜见公主，巴比伦仍然以埃及让别的女子冒充公主为借口进行刁难，而策略1是最差的策略，巴比伦会失去拒绝埃及的理由。因此，卡达什曼恩利尔一世的策略，从最优到最差依次为2、4、3、1。

对于阿蒙霍特普三世而言，其主要目的是迎娶巴比伦新公主，因此，埃及法老的策略选择服务于这个外交目标。阿蒙霍特普三世最优策略为策略1，巴比伦的使节认出了公主，巴比伦没有了外交借口，答应了埃及的联姻要求。次优策略为策略3，巴比伦派遣了不认识公主的使节，埃及让公主会见了使节，巴比伦失去了埃及不让会见公主的借口，尽管使节没有认出公主来。策略4是更次的策略，因为巴比伦派出了不认识公主的使节，埃及以此为借口不允许使节拜见公主，但是这会给巴比伦留下口实。最差的策略为策略2，巴比伦派出了认识公主的使节而埃及不允许公主接见，这样就为巴比伦拒绝联姻提供了充足的理由。因此，阿蒙霍特普三世的策略等级由优到劣依次为1、3、4、2。

从以上分析可以看出，对于法老阿蒙霍特普三世而言，他的最优、次优策略都是允许使节拜见公主，而最差、次差策略都是不允许公主接见使节，因此，在策略选择中，阿蒙霍特普三世总是会选择对自己最有利的策略，即允许公主会见使节。卡达什曼恩利尔一世在派出使节之前，就能够想到阿蒙霍特普三世最优的策略是什么，因此，他需要根据埃及的策略选择最有利的策略。巴比伦此时只能从策略1和策略3中选择最好的策略，那么，巴比伦王自然会选择策略3。

（二）交换公主的外交策略博弈

在巴比伦与埃及的外交联姻博弈中，除了以嫁到埃及的公主情况不明为由进行拒绝外，卡达什曼恩利尔一世还以请求埃及公主嫁到巴比伦为由头与埃及进行了一次外交交锋。这次交锋被记载在第2、4号泥板书信中。这次外交交锋的简要过程为：埃及法老阿蒙霍特普三世对巴比伦王卡达什曼恩利尔一世提出了联姻要求："[我想要你的女儿]。"（EA 2: 7）卡达什曼恩利尔一世为了拒绝埃及的要求，提出要求埃及送一个公主到巴比伦，埃及法老阿蒙霍特普三世以自古埃及公主不外嫁为由回绝了他。当使节把法老的话告诉卡达什曼恩利尔一世后，卡达什曼恩利尔一世要求埃及把一名贵族的女儿嫁到巴比伦，权当是埃及法老的公主。最后，卡达什曼恩利尔一世威胁法老："也许，你不会送给我一名女子，而我因为你的

这个做法，将扣留（本来打算送给）你的一名女子，将不再把她送走。”（EA 4: 20-22）

巴比伦国王并不是不愿意将公主嫁到埃及，也不是希望进行对等的外交联姻。在这场斗争中，巴比伦国王采用了僵局策略。僵局策略，又称策略性僵局或人为僵局，是指利用主观行为刻意制造僵持局面。在阿马尔那时代，一些国家通过触及友邦最为敏感的议题，从而制造出一个外交的僵持局面。随后，他们提出化解僵局的方法，以谋取最大的外交利益。巴比伦王“以牙还牙”，拒绝将巴比伦公主嫁到埃及，这样，外交就陷入了僵局。这个僵局的出现，应该说是巴比伦王人为制造的。在制造僵局后，巴比伦王紧接着提出了对埃及的黄金要求，并且设定了赠送的日期。将巴比伦制造的僵局与赠送黄金的要求联系起来，就可以看出巴比伦制造外交困境的真实目的是获得埃及的黄金。

在这场外交交锋中，每方都有两个选择，巴比伦可以选择同意埃及的联姻要求，或拒绝埃及的联姻要求，而埃及可以选择对等交换公主，或拒绝对等交换公主。这场联姻博弈的起点是埃及答应或拒绝外嫁埃及女子，而不管埃及是否同意对等联姻，巴比伦总会有两个策略——联姻或不联姻。这样就形成了四个策略：策略①，阿蒙霍特普三世同意外嫁埃及女子，卡达什曼恩利尔一世没有了外交借口，乖乖地把女儿嫁给埃及法老；策略②，阿蒙霍特普三世同意外嫁埃及女子，卡达什曼恩利尔一世找到其他借口，仍然拒绝联姻；策略③，阿蒙霍特普三世不同意外嫁埃及女子，卡达什曼恩利尔一世在获得了某种补偿之后，把女儿嫁给了法老；策略④，阿蒙霍特普三世拒绝外嫁埃及女子，卡达什曼恩利尔一世以牙还牙，也拒绝将女儿嫁给法老。

笔者引入矩阵对此博弈进行分析（见图 4-5）。如果埃及、巴比伦都嫁出公主，埃及本来不想出嫁公主，因此嫁出公主其收益为负，记作 -5，写在左上方框的左下角；巴比伦因为没有获得制造僵局的机会，没有机会与埃及讨价还价，其收益没有达到最理想的状态，这里计为3，写在这个方框的右上角。如果埃及嫁出公主而巴比伦不嫁出，埃及不但没有娶到公主，而且还违背了其观念与原则，所以其收益最低，记作-6，写在右上方框的左下角；对于巴比伦而言不但没有获得讨价还价的资格，而且还得向埃及支付聘礼，巴比伦的收益降到-6，写在这个方框右上角。倘若埃及不嫁出公主而巴比伦嫁出，尽管埃及维护了其传统观念，但是需要支付更多的聘礼，其收益记为3，写在左下方框的左下角；而巴比伦获得了讨价还价的资格，因此，其收益就会达到预期的5，写在这个方框的右上角。如果埃及、巴比伦均不嫁公主，埃及没有获得巴比伦的公主，对于其树立君临万邦的形象大打折扣，其收益记为-5，而巴比伦也没有实现获取埃及黄金的目的，其收益也记为-5，分别写在右下方框的相应位置。

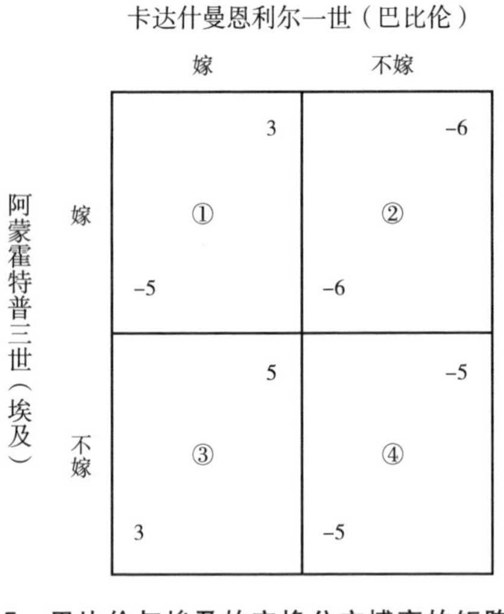

图 4-5　巴比伦与埃及的交换公主博弈的矩阵表示

从策略优势来看，埃及采取不外嫁公主的策略的收益总体上要优于外嫁公主，不外嫁公主是埃及的全面的严格的优势策略。对于巴比伦来说，嫁出公主的收益要大于不嫁出公主的收益，外嫁公主是其全面的严格的优势策略。采取劣势策略消去法，将埃及、巴比伦的劣势策略消掉（见图 4-6），剩下的就是双方采取的最优策略组合，即巴比伦同意埃及的联姻请求，而埃及拒绝了巴比伦迎娶埃及女子的请求。

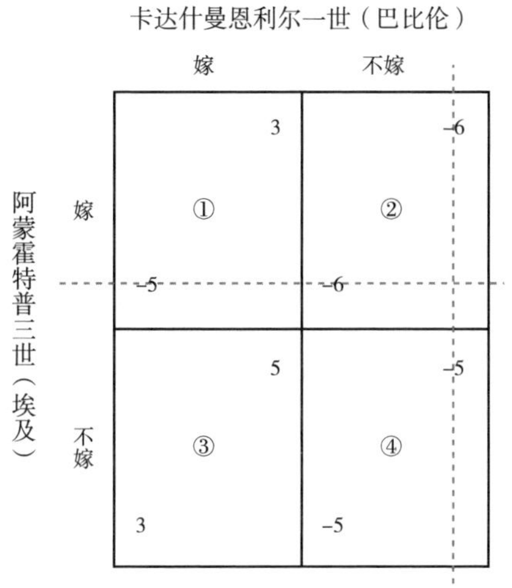

图 4-6　巴比伦与埃及的交换公主博弈的劣势策略消去法的矩阵表示

根据后来的泥板书信，经过一番讨价还价，巴比伦与埃及最终达成了联姻协议。在一封泥板书信中，阿蒙霍特普三世写道："我把所有东西送到来带走你女儿的你的使节们面前。"从这句话可以看出，可能两国达成了妥协，巴比伦国王同意将公主嫁给埃及法老。卡达什曼恩利尔一世的继任者写给阿蒙霍特普三世的继任者的信，叙述了巴比伦公主去世的事宜，这里提到的去世的公主为阿蒙霍特普三世的妻子，巴比伦新王许诺再送另外的公主到埃及，由此可见这里去世的女子为来自巴比伦的公主，可能这位公主是卡达什曼恩利尔一世嫁给阿蒙霍特普三世的公主。

（三）外交联姻的博弈分析

巴比伦在外交联姻中采取的种种策略，不管是以巴比伦公主的现状不明为由拒绝联姻，还是以国际交流中的对等原则进行要挟，都给人们留下了一幅繁复的博弈画面。在米坦尼与埃及的外交联姻中，虽然米坦尼王没有像巴比伦王这样玩弄各种策略，但是在王室联姻的聘礼、嫁妆上的博弈也非常激烈。这不禁让人思考，大国之间的讨价还价究竟是否能促进友好关系，实现预期收益？这种行为是否具有合理性呢？

在上文中，笔者探讨了礼物贸易中各国采取的拖延、滞留和贬低等各种外交策略。然而，经过分析，我们可以得出结论：从长远来看，各国仍将回归正常的礼物交换轨道。那么，在外交联姻方面的策略，会不会与礼物贸易的情况相似呢？王朝联姻也是一种重复博弈，但是这是一种有限重复博弈，因为联姻不可能无限次进行。从米坦尼、巴比伦与埃及联姻来看，通常情况下，一代国王只会进行一次联姻；在特殊情况下，可能会进行多次联姻。然而，不论如何，这种联姻都可以被视为一种有限重复博弈。

而在有限重复博弈中，假定重复有限的n次，这意味着所有参与人都能预测到最后一次（第n次）的收益。在第n次博弈中，各参与者都明白对方会采取“以牙还牙”策略，但是他也知道如果在这次博弈中自己选择低价的上策，将使自己受益而其他参与人受损，且也不会留给对方报复的机会（博弈到第n次结束）。所有参与人都明白这一点，因此在最后一次博弈中都将采取低价策略，这与一次博弈的上策均衡结果相同。由于可以预见到在最后一局博弈中参与方无法达成合作，那么在倒数第二局中也不会出现合作的情况。以此类推，可以得出这样的结论：参与者在每一局都会选择背信。这是因为，参与人之所以要合作，是因为他们希望合作会引致将来的进一步合作，如果根本不存在将来博弈的可能性，没有人愿意采取合作的战略。

现在可以解释为什么在王朝联姻中，相关参与方会进行激烈的讨价还价。这是因为有限重复博弈在某种程度上与单次博弈相似，因此各方都会努力争取自己的最大利益。总体来看，联姻时出嫁公主的国家，收益会更大一些，因此，收益大的一方自然承担的风险较大，出嫁公主的国家就会要求在公主出嫁前得到聘礼，这一点在巴比伦威胁埃及的话语中可见一斑："如果在这个收获季节，在 4 月（塔穆孜月）或者在 5 月（阿布月），你送来了我写信所提及的黄金，我就会把我的女儿给你……如果在 4 月（塔穆孜月）或者 5 月（阿布月），你没有送来黄金……我也不把我的女儿嫁给（你）！"（EA 4: 38-50）

三　其他外交策略

按照现代外交学的理解，外交本应该是一种理性的社会交往活动，在外交活动中坚定不移地实现既定的外交方略。在古代社会，外交作为处理国家间关系的活动，同样也是一种理性的活动，比如，在赫梯与米坦尼大战期间，埃及采取了坐山观虎斗的理性外交政策。但是，从事外交活动的主体是有感情的人，因此，不可避免地受到情感的影响。正是因为如此，阿马尔那时代西亚北非各国，在外交活动中采取了感化策略，以期实现特定的外交目标。

在重要的历史选择关头，西亚大国就会祭出传统友谊大旗，大打外交感情牌，期望以此改变盟友的外交选择。在亚述派遣使节出使埃及之际，巴比伦意识到埃及承认亚述会直接影响到巴比伦的核心利益，在写给埃及法老的书信中，巴比伦王首先回顾了巴比伦与埃及间同甘共苦的兄弟情谊：在迦南人反叛埃及的时候，其先祖库里加尔祖一世拒绝了迦南人邀其加盟的要求，保持了中立，回顾这段历史后，巴比伦王要求埃及王拒绝承认亚述，像其先祖一样保持中立。（EA 9: 19-35）在面对赫梯威胁的关键时刻，米坦尼为了获得埃及的支持并挽救两国关系逐渐恶化的局面，米坦尼王向埃及法老强调了两国之间的深厚友谊，为此他回顾了两国历史上的多次联姻以及米坦尼王与埃及先王之间的兄弟情谊。（EA 29: 16-60）

在日常的外交活动中，一些国家会通过强调两国的传统友谊来打外交感情牌，以实现自己的外交目标。例如，赫梯国王与埃及法老在书信中就签名顺序问题发生争执时，赫梯王为了达到自己的目的，回顾了两国先祖之间的友好关系。（EA 42: 8-20）同样的，米坦尼为了得到埃及的黄金礼物，也打出了感情牌，强调其与埃及先王之间的友好关系。

小　结

美国学者艾里森提出了决策的三种模式，其中之一为理性决策模式。他认为“国家外交决策者是一个高度统一、一致的个体，参与决策的所有个人、机构，无论职位高低、权力大小，都从理性出发，依据同样的国家利益、目标、价值观等因素来决策，他们或它们之间虽然有矛盾，有分歧，有竞争，但出发点和目标是一致的，即都从国家利益最大化出发去思考、制定国家的对外战略和政策”。[①] 艾里森把“理性决策模式”认定为外交决策的基本模式，认为它是世界各国外交中普遍使用的模式。艾里森的观点适用于阿马尔那时代的西亚北非大国外交，前文的分析表明，理性决策是阿马尔那时代西亚北非大国外交的战略和策略的一个鲜明的特征。

不管是牵涉生死存亡大计的外交战略，还是涉及鸡毛蒜皮小事的外交策略，无不体现出各个参与方的外交理性。政治学与国际关系学认为“政治过程包含着重要的理性成分，因为个人能够清楚地确定目标的优先顺序，并设计出各种方法来达到目的”，[②] 显然，阿马尔那时代西亚北非的大国外交决策与这些学者的观点是吻合的。

外交战略是对全局的规划与指导，因此，决策者在做出决策之前，需要了解、认识形势，只有认清形势，方能做出正确的外交战略决策。同时，还要求决策者对于国家所追求的外交目标有清楚的认知和明确的定位。就阿马尔那时代西亚北非大国的外交战略而言，在面对牵涉参与方核心利益的时候，各方总会审时度势，采取

① 楚树龙:《国际关系基本理论》，清华大学出版社 2003 年版，第 137 页。

② 詹姆斯・多尔蒂、小罗伯特・普法尔茨格拉夫:《争论中的国际关系理论》，第 602 页。

最符合自身利益的对策。由于信息的不对称，参与方对对方的想法并不知晓，因此，往往按照利益最大化的原则，采取最优对策。不管是米坦尼与赫梯的战争，还是埃及与亚述联合对抗赫梯，抑或是埃及承认亚述独立，都体现了各国的理性决策。

在外交策略方面，各国的斗争主要集中在礼物贸易和外交联姻上。从泥板书信中可以看出，尽管各国发生了各种外交摩擦，但礼物交换并未停止。无论各国采取何种策略，其目的都是实现利益最大化。而巴比伦与埃及的联姻博弈表明，为了获取更多的联姻聘礼，巴比伦有意制造事端，这貌似是一种非理性的行为，但实际上体现了巴比伦对埃及外交的理性特征。总体来看，在外交活动中，各国都秉承理性的态度来权衡利弊，最终做出了理性的选择。

总之，阿马尔那时代的西亚北非大国外交决策过程表现出明显的理性决策特征。各国君主不会以个人喜好来做出决策，而是在综合考虑自身实力和国际环境的基础上，做出保证利益最大化的理性决策。

代 结 语

阿马尔那时代西亚北非大国外交的历史地位

阿马尔那时代无疑是古代西亚北非外交史上一个重要的发展阶段。对阿马尔那时代大国外交进行总结、评述，如果按照前面的章节顺序逐条进行概括，很难准确概括出这个时代外交的整体特征。因此，有必要将阿马尔那时代的外交放在整个古代西亚北非外交的历史演变长河中考察，以弥补只见树木不见森林、一叶障目不见泰山的不足。国际关系学界和外交学界往往使用国际体系的理论进行分析，笔者拟引入这种分析方法对阿马尔那时代外交的整体特征和历史地位进行研究。

一　承前启后的国际体系

在阿马尔那时代，西亚北非的大国外交不仅形成了一整套完整的外交规则，还开创了一个独特的外交新时代。因此，本书将之称为阿马尔那体系。阿马尔那体系的出现是古代西亚北非历史发展的必然结果。从历史来看，“当各城邦体系以及稍后出现的帝国在文明的核心区域成长起来时，它们就形成了局部的国际体系。随着文明核心本身的扩张，这些局部的国际体系又逐渐演变为地区规模体系”，[①] 显然，埃及与西亚属于这种“地区规模体系”。而阿马尔那体系是古代西亚贸易体系逐渐对接的自然结果，也是古代埃及与西亚体系碰撞的产物。

自从欧贝德文化以来，两河流域南部文化逐渐发展起来，到了乌鲁克文化时代，已经形成了一个以奢侈品贸易为特征的所谓“乌鲁克世界体系”，[②] 此时苏美尔地区的城邦在周边一些地区，如伊朗高原、北叙利亚、小亚等地逐渐建立了贸易殖民点。从此以后，两河流域南部地区就成为古代西亚北非重要的中心之一。在一些能够发展小规模水利灌溉的地方，以及能够充当两河流域稀缺资源贸易中介的地方，也发展起了地区性的交往体系。在哈布尔河流域上游的三角洲以及哈布尔河以北的巴里赫河流域，依靠幼发拉底河的支流进行农业灌溉，成为两河流域北部重要的农业区。该地区是连接两河流域平原地带与小亚、亚美尼亚山区的重要地区，是底格里斯河通往叙利亚的走廊。公元前 4 千纪在哈布尔河流域兴起了乌尔凯什、那伽尔、塞赫那等城市，这些城市与两河流域南部的基什、乌鲁克以及后来的阿卡德王国保持着密切的关系。叙利亚西部地区也形成了独立于两河流域南部的地区性体系。这个体系是以埃博拉为中心，联结了周围一些国家而形成的。这个体系与两河流域南部的基什、地中海滨的比布鲁斯保持了贸易关系。

这样，在公元前 3 千纪前后，西亚地区形成了两河流域南部、哈布尔河流域、西叙利亚三个地区体系。尽管这三个体系在很早之前就已经形成，并在体系内部和体系之间开展了一系列外交活动，然而，关于这些活动的资料大多只能追溯到公元前 3 千纪中期。在两河流域南部城邦的争霸战争中，各国之间也开展了丰富多彩的外交活动，这可以从拉伽什与温马之间的冲突和外交中窥见一二，从

① 巴里·布赞、理查德·利特尔:《世界历史中的国际体系——国际关系研究的再构建》，第 201 页。

② Guillermo Algaze, *The Uruk World System: The Dynamics of Expansion of Early Mesopotamian Civilization*, Chicago and London: The University of Chicago Press, 1993.

鹫碑上的铭文可以知道两国通过签订条约来解决战后遗留问题。埃博拉留下的文献最为丰富，这个西叙利亚的体系依托贸易开展外交活动，埃博拉控制了幼发拉底河到地中海沿岸的商贸，向两河流域出口白银、木材，向埃及出口木材，同时从阿富汗获取天青石，从埃及获取黄金，俨然缔造起以埃博拉为中心的地区性外交—商业体系。埃博拉与其他国家开展外交联姻，埃博拉国王迎娶了其他王国的公主，与此同时，埃博拉除了将公主凯什杜特嫁给基什王子外，还曾将公主嫁给那伽尔的国王。① 此外，埃博拉通过条约，与盟邦建立友好关系。由于埃博拉留下的材料最为丰富，也最具代表性，学界将这个外交体系称为“埃博拉体系”。哈布尔河流域的乌尔凯什，也留下了开展外交活动的证据，它与阿卡德王国建立了外交联姻关系，可能至少有两位阿卡德的公主嫁入乌尔凯什。② 尽管留下的材料支离破碎，但是从中仍然可以看到地区性体系内部的互动与交往，而哈布尔河流域与西叙利亚的地区性体系，都与两河流域南部的体系有交往，这就为日后体系扩大与合并奠定了基础。

随着阿卡德王国的建立，两河流域南部走上了扩张道路，先后征服了底格里斯河地区的小国家，也向哈布尔河流域进军，征服了那伽尔，这个城市成为阿卡德王国在哈布尔河流域的统治中心。而埃博拉遭受的第一次毁灭，很可能与阿卡德王国的扩张有关。两河流域南部的扩张，触及哈布尔河流域、西叙利亚的地区性体系，这是西亚历史上第一次地区性体系的碰撞。两河流域南部的乌尔第三王朝建立后，虽然也对底格里斯河流域用兵，但是无可争辩的是，底格里斯河流域的亚述逐渐发展起来了，从公元前 19 世纪早期到公

① Amanda H. Podany, *Brotherhood of Kings: How International Relations Shaped the Ancient Near East*, p. 34.

② Giorgio Buccellati and Marilyn Kelly-Buccellati, “Tar’am-Agade, Daughter of Naram-Sin, at Urkesh,” in Lamia Al-Gailani Werr, *et. al.*, eds., *Of Pots and Plans: Papers on the Archaeology and History of Mesopotamia and Syria Presented to David Oates in Honour of His 75th Birthday*, pp. 13-14.

元前 18 世纪上半期，亚述在小亚地区建立贸易点（如文前图 19），开展远距离贸易。而在哈布尔河流域地区，乌尔凯什继续保持优势。乌尔第三王朝似乎对哈布尔河流域的胡里人不感兴趣，没有对这里进行过征伐。乌尔凯什与乌尔第三王朝建立起了外交关系。埃博拉浴火重生，第二埃博拉王国与乌尔第三王朝保持了友好关系，但是它再也不能恢复往日的雄风，并且还要面对叙利亚地区逐渐发展起来的延哈德的威胁。公元前 3 千纪就存在的马里，则有了再次兴盛的征兆。与此同时，在小亚地区的各个城邦也逐渐发展起来，各个小城邦之间混战不休。

随着乌尔第三王朝的崩溃和阿摩利人的大规模迁徙，西亚地区的政治格局发生了重大变化。两河流域陷入了旷日持久的争斗中，形成了伊辛、拉尔萨、埃什嫩那、巴比伦等城邦。埃卡拉图王朝一度征服了马里，建立了横跨整个上两河流域的大帝国。叙利亚地区的延哈德，取代了昔日的埃博拉，成为重要的地区性大国。在历史上与两河流域南部纠缠不休的埃兰，也参与到两河流域南部的争斗中来了。这样，此时形成了两河流域南部国家、埃卡拉图王朝、幼发拉底河中游的马里、叙利亚的延哈德与卡特那、伊朗胡泽斯坦地区的埃兰这样几个重要的中心，而两河流域是这些中心的中心，各国都围绕两河流域南部的政治态势而翩翩起舞。西亚地区的各大国，身后都有一批小国追随，从而形成了以某个大国为首的集团。正如当时文献所言，“没有一个国王是靠自己而强大的。10 个或 15 个王追随着巴比伦的汉谟拉比，同样数目的王追随着拉尔萨的利姆辛，同样数目的王跟随着埃什嫩那的伊巴尔皮埃尔，同样数目的王跟随着卡特那的阿穆特皮埃尔，但有 20 个王跟随着延哈德的雅瑞林”。① 而为首的大国之间也是合纵连横不断，大国之间时而结盟，时而战争。从此时开始，各个地区性体系已经完全融合成一个以西

① Georges Dossin, “Les Archives Épistolaires du Palais de Mari,” *Syria*, T. 19, Fasc. 2, 1938, p. 117; William L. Moran, “Akkadian Letters,” in James B. Pritchard, ed., *Ancient Near Eastern Texts Relating to the Old Testament*, 3rd Edition with Supplement, p. 628.

亚为地理单位的大体系，学界将之称为“马里体系”（公元前 20—前 18 世纪）。

随着巴比伦王汉谟拉比胜出，两河流域统一在巴比伦的麾下，埃卡拉图王朝消失，马里灭亡，埃兰一蹶不振，两河流域地区首次实现了南北统一。只有叙利亚的延哈德保持着强大国力。而小亚地区的赫梯开始兴起，完成了国家的统一，强大起来的赫梯，进军叙利亚灭亡延哈德，顺流而下进入巴比伦城，古巴比伦王国灭亡。节节胜利的赫梯却陷入内乱而一蹶不振。在巴比伦尼亚，加喜特人建立起了统治，胡里人在两河流域北部建起了王朝，这样在整个西亚地区，就形成了加喜特巴比伦、米坦尼、赫梯这三大国家。

在遥远的尼罗河流域，很早就出现文明。进入文明的埃及人，为了获取稀缺的资源，从前王朝末期开始就进入了努比亚，从此之后，努比亚地区成为埃及重要的原料供应地。埃及另外一个交往方向在东北，在前王朝阶段进入了巴勒斯坦南部地区，开展广泛的贸易活动。及至古王国时代，除了经营努比亚地区外，埃及开始与黎巴嫩地区的比布鲁斯开展贸易活动，与埃博拉开展间接贸易。从此以后，埃及基本上保持了南北并进这样一种姿态。到了新王国时代，随着好战法老的上台，埃及开始发动大规模征服战争，埃及进入北叙利亚，与米坦尼发生了冲突，这样埃及在历史上第一次闯入了西亚的地区性体系之中。经过反反复复的冲突，最终埃及与米坦尼实现了和平，伴随而来的是巴比伦与埃及建立外交关系。这样，马里时代的西亚体系扩展成为西亚北非体系，建立起了跨地区、跨文明的外交大格局，这就是“阿马尔那体系”。

阿马尔那体系植根于古代西亚深厚的历史土壤，继承了两千多年西亚体系演化的成果，是整个西亚北非地区性体系发展的一座高峰。赫梯兴起后，虽然改变了体系内政治格局，但是整个体系没有改变。在阿马尔那体系中，埃及实力最强，而在哈图萨体系中，赫梯实力最强，两者的区别在于体系内力量对比的变化，而整个体系没有发生根本的变化。因此，从这个意义上说，阿马尔那体系具有承前启后的作用，为后来赫梯主导的外交体系提供了范本。这个体系存在了二百多年，及至海上民族入侵之后，随着西亚北非各大国的衰落或消亡，这个体系最终走向崩溃。

二　礼物贸易的国际体系

在阿马尔那时代，西亚北非地区由几个大国主宰国际事务，很多学者将之称为“列强俱乐部”。在这个俱乐部中，大国之间地位平等，尽管在阿马尔那时代埃及的实力更强一点，但是这不影响大国地位平等的事实。相互依赖论认为，国际体系中各国之间存在很强的相互依赖性，尽管此理论阐述的对象是现代国际体系，但是这个理论也适用于古老的阿马尔那时代。一般而言，相互依赖的国际体系必然是以相互依赖的经济体系为前提，阿马尔那时代存在一个相互依赖的经济体系吗？

在古代西亚北非，资源分布的不均贯穿历史的始终。在青铜时代，最珍贵的两种物资为铜（如文前图 20）与锡。不管是对于两河流域南部而言，还是对于埃及而言，这两种物资都在这两个文明政治控制范围地区之外，埃及和两河流域本身并不生产这些东西。但是这些物资又是冶炼青铜不可或缺的原材料，因此，这些国家需要从其他地区获得这些物品。同样，西亚地区执行货币功能的白银，埃及和两河流域南部都不生产，因此，如果这两个文明中心在国际市场进行交易，就必须获得白银。黄金是另外一种贵金属，对两个文明来说也同样缺乏。除了金属外，其他资源也分布不均。不管是两河流域南部地区，还是尼罗河流域的埃及，都不生产优质木材。以上提到的这些资源，主要在两大文明的周边地区出产。铜矿位于伊朗高原、阿曼、小亚、塞浦路斯、西奈半岛，锡的产地可能在阿富汗地区，白银产地在小亚、伊朗、阿曼，黄金的产地在尼罗河东岸的东沙漠和努比亚地区以及伊朗高原，优质的木材产地主要在黎巴嫩山区。对于两河流域南部而言，石材也异常缺乏，需要从外地进口建筑石材。除了这些生产、生活必需的资源外，一些能够提升统治阶层声望的奢侈品，也需要从外地进口，比如天青石（见图 5-1）需要从阿富汗获得。

图 5-1 埃博拉出土的毛坯天青石

资料来源：Joan Aruz and Ronald Wallenfels, eds., *Art of the First Cities: the Third Millennium B.C. from the Mediterranean to the Indus*, p. 178.

总体来看，埃及和两河流域南部属于资源短缺的地区，但是这里的最大优势在于农业发达。因此，这些国家获取这些资源只有两个途径：一是依靠贸易，一是依靠劫掠。从历史上来看，乌鲁克文化时期两河流域各城邦纷纷在小亚、叙利亚、伊朗高原建立贸易点，其目的就是通过贸易获取这些资源，前王朝时代的埃及在巴勒斯坦南部广建贸易点，也是为了得到这些资源。从前王朝末期起，埃及就对努比亚地区进行武力征服，主要目的是开采这个地区的黄金与铜，而阿卡德王国不断远征，则是为了获得白银、雪松以及石材。从远征的路线来看，不管是两河流域的国王，还是埃及的法老，都是沿着贸易路线进行的。

古代西亚北非帝国的崛起，很大程度上是由于获取物资的驱动。在某种程度上，帝国疆域越大，资源越丰富，越靠近原材料产地。因此，埃及的法老和西亚的国王都不遗余力地扩展帝国的疆域。到了阿马尔那时代，随着埃及与米坦尼划定了疆界并实现和平，西亚北非进入了和平时代。对于各国而言，疆界或势力范围也是商品流通的边界。这就意味着，如果要进行商品交换，除了依靠民间商旅外，各国宫廷扮演着重要角色。当时西亚北非大国都行王政，以国王为代表的宫廷掌握着大量的财富，宫廷理所当然也是这些原材料、奢侈品的最大拥有者。因此，各国所需要的资源要通过交换的手段来获取。在阿马尔那时代，西亚北非的地区性贸易体系直接衔接起来，各国之间政治友好关系的建立，加速了西亚北非相互依赖的经济体系的建立。

在阿马尔那体系中，大国之间开展礼物贸易，以此来获得稀缺资源。可以毫不夸张地说，礼物贸易是阿马尔那体系的支柱，扎卡尼尼指出，在古代西亚北非的大国中，君主之间的兄弟关系是建立在互相交换问候礼物的基础上的。① 从泥板书信来看，几乎每封书信都牵扯到礼物交换，“大国间的书信往来主要处理的是商业问题，偶尔会处理彼此争端”。② 由于西亚大国缺乏黄金，各国希望通过礼物贸易来获取这种重要物资。因此，在各国写给埃及的泥板书信中，主要议题就是希望从埃及国王那里获赠黄金。那么，埃及需要西亚大国的什么东西呢？赫梯掌握了小亚的白银资源，巴比伦与亚述控制着从阿富汗来的天青石，米坦尼能生产精美的珠宝，米坦尼、亚述、巴比伦都出产良马（如文前图 21）与战车（见文前图 22），显然这些资源是埃及所需要的，也是这些大国送给埃及的主要礼物。此外，巴比伦向埃及赠送木制品，米坦尼向埃及赠送弓箭、香油，巴比伦、米坦尼赠送给埃及纺织品。有的时候，西亚大国也向埃及赠送男女奴隶。阿拉什亚作为古代铜的主要供应地，

① Carlo Zaccagnini, “The Interdependence of the Great Powers,” in Raymond Cohen and Raymond Westbrook, eds., *Amarna Diplomacy: The Beginning of International Relations*, pp. 144-145.

② Gary M. Beckman, “International Law in the Second Millennium: Late Bronze Age,” Raymond Westbrook, ed., *A History of Ancient Near Eastern Law*, Vol. 1. p. 765.

曾出土了大量的铜矿渣、各式各样的铜制品以及青铜制品（如文前图 23）。因此，凭借其丰富的资源优势，该国在阿马尔那体系中占据了举足轻重的地位。埃及为了获取阿拉什亚的铜，不惜与这个独立国家称兄道弟，遗留下来的埃及与阿拉什亚的 8 封泥板书信，全部是商业信函，主要内容就是关于铜的获取。在某种程度上，阿拉什亚因为占有铜矿资源，尽管算不上一个大国，但其国王破例被埃及称为“大王”，可见资源在阿马尔那体系中的重要地位。

大国国王之间互赠礼物，开创了一个繁盛的礼物贸易时代。研究阿马尔那外交的许多学者认为，阿马尔那时代大国关系的黏合剂是物品交换、文化交流、王朝联姻。在这个体系中，一切都可以用来交换，物品可以用来交换，联姻伴随着聘礼与嫁妆交换，医生、占卜师等掌握技能的人也是彼此交换的对象。各国开展外交关系的主要目的，是获得本国短缺的物品。在阿马尔那体系中，各国认为顺畅的礼物贸易表明彼此关系友好，反之亦然。因此，在某种程度上，这种外交具有很强的功利性。在西亚北非大国看来，友好关系意味着礼物贸易的开始，甚至友好关系等同于礼物贸易。这一点可以从大国间的泥板书信看出来。巴比伦王曾经对埃及法老说：“自从我的父亲与你的父亲彼此称朋友之后，他们互送上好的问候礼品，他们从没有扣留彼此需要的好东西。”（EA 9: 7-10）亚述王提到先祖与埃及交好的情形，“当我的先祖阿淑尔那丁阿赫派人去埃及（米西尔）的时候，他们给了他 20 塔兰特黄金”。（EA 16: 19-21）这些大国不仅将礼物贸易与邦交友好捆绑在一起，而且将增进友情的途径定位为多送礼物，米坦尼王提到两国的友情将提升 9 倍，那么，两国的礼物贸易的数量也要提升 9 倍，（EA 19: 12-13, 32-33, 40-41, 63-64, 69）亚述王、巴比伦王也进行过相似的表述，即增进友好关系就要多送礼物。

三 和平交往的国际体系

正如前文所述，在西亚地区两千多年的地区性外交体系的基础上，随着埃及加入该体系，阿马尔那体系逐步形成。依托着这样深厚的历史底蕴，阿马尔那体系显示出了很强的生命力，即使经历了政治格局转变的重大事件，这个体系仍然继续发挥作用。尽管在政治格局转变的过程中爆发了战争，但这并没有影响阿马尔那体系的和平性质。之所以这么说，是因为：首先，阿马尔那体系的出现，直接得益于埃及与米坦尼间实现了和平，可以说阿马尔那体系是大国和平的产物；其次，阿马尔那体系的存在，不依赖于各国间的战争，也不服务于各国间的战争；最后，在赫梯与米坦尼的战争、埃及和亚述联合对赫梯战争的考验中，阿马尔那体系展现出了强大的韧性和稳定性。

为了说明这一点，需要把阿马尔那体系与之前的外交体系进行比较。同样为多元体系的马里体系，本质上属于战争体系。正如有的学者所言，马里体系“以持续的战争为特征，外交是帝国创建过程中一个特别的工具”。[①] 马里体系的出现，源于两河流域乌尔第三王朝的崩溃，强大的核心地区政权崩溃后，整个西亚地区陷入了群龙无首的状态，这为各种势力的登场准备了条件；马里体系的存在，是以各国之间的争霸战争为条件的，“为了军事胜利国王们需要赢得外交胜利”；[②] 马里体系不可延续，因为一旦势力均衡态势发生变化，强大国家必然会重新统一两河流域，多元化格局随之消失。

那么，阿马尔那体系与后世的西亚北非体系相比，在西亚北非外交史上具有怎样的历史地位呢？正如前文所言，赫梯主导下的哈图萨体系，是与埃及主导下的阿马尔那体系一脉相承的，是在后者的基础上演化而来的，都属于和平交往的体系。因此，如果找个比较对象的话，那么只能到黑铁时代的亚述体系去寻找了。亚述成

---

① Raymond Cohen and Raymond Westbrook, “Introduction: The Amarna System,” in Raymond Cohen and Raymond Westbrook, eds., *Amarna Diplomacy: The Beginning of International Relations*, p. 11.

② William J. Hamblin, *Warfare in the Ancient Near East to 1600 BC*, p. 210.

功地将众多国家纳入其势力范围，将这些国家变成附属国，与这些附属国签订一系列条约，从而创造出了一个国际体系。此时西亚北非的政治格局是这样的：两河流域南部地区、尼罗河流域，都被纳入亚述帝国的疆界之内，伊朗的埃兰被从地图上抹去，叙巴地区的小国都臣服于亚述，亚美尼亚地区的乌拉尔图都遭受了毁灭性打击，毫不夸张地说，亚述征服了几乎整个西亚北非地区。所谓亚述的和平，是以附属国的无条件臣服为代价的，是战胜国对战败国的和平，是战败国对战胜国的胜利的承认。因此，从这个意义上说，亚述体系本质上属于帝国体系。在帝国体系内，整个体系的运作是以超经济掠夺为基础的，是以政治压迫和服从为特征的。通过比较可以发现，亚述主导时代的西亚北非体系与阿马尔那体系有着本质区别。

那么，同样属于西亚北非地区的外交体系，为什么阿马尔那体系是和平体系，马里体系是战争体系，而亚述体系则演化成帝国体系呢？

考虑这个问题的时候，还要回到获取资源这个根本问题来。正如前文所分析的那样，古代西亚北非的核心文明区，尤其是两河流域南部和埃及，因资源短缺而产生了获取资源的无限动力，而获取的途径不外乎商贸和掠夺。当然，商贸在任何情况下，都是人类获取资源的主要途径。但是，武力掠夺在人类历史上更是屡见不鲜。而依靠战争获取资源的范围，与生产力的发展成正比例关系。对于埃博拉时代的西亚地区，生产力发展水平所能支撑的战争有限，战争半径并不是很大，因此，在战争半径覆盖之外的地方，就会形成若干个地区性体系。而到马里时代，之所以各国之间开展密切的外交，是因为生产力进步后，各国政治统治半径、军事战争半径扩大了，各国的利益所及区域产生了重叠，那么，过去的多个地区性体系逐渐向更大地理范围的地区性体系过渡。

及至阿马尔那时代，随着生产力的提升，各国的影响半径进一步延伸，尤其是埃及的行动半径的延伸，为涵盖西亚和北非地区的阿马尔那体系的形成准备了条件。尽管好战的法老图特摩斯三世对西亚地区发动17次远征，但是埃及的行动半径最远也只抵达北叙利亚地区，而其能深入北叙利亚地区的次数更是寥寥可数。相应的，米坦尼的行动半径向南最远延伸到巴勒斯坦最北部地区，没有能力深入到巴勒斯坦南部地区，完全依靠战争获取资源的想法肯定是不现实的。在这种情势下，埃及与米坦尼实现了和平，从而得以产生一个依靠和平手段获取资源的体系。到了赫梯主导的时代，赫梯与埃及进行了多年战争，最后还是握手言和，这不是因为赫梯与埃及爱好和平，而是因为赫梯和埃及的军事扩张半径只有那么远，不论是赫梯，还是埃及，都不能深入到对方的势力范围之内。随着人类进入黑铁时代，生产力获得了质的飞跃，铁器相比青铜工具，极大地提升了生产力。相应的，国家的行动半径获得大幅延伸，在这种情势下，亚述的扩张半径就超过了青铜时代的赫梯、埃及、米坦尼，最终缔造了一个庞大的横跨亚非的大帝国。

因此，阿马尔那时代的和平外交体系的出现，是由当时西亚北非地区的生产力水平决定的。事实上，每个国家的扩张半径的大小，取决于扩张获取的收益与成本的比例，一旦收益与成本持平，那么扩张半径也到了极限。在阿马尔那时代，埃及与米坦尼、埃及与赫梯之间的地理距离，大致相当于各国扩张半径的两倍。在这种情势下，各国只能通过和平外交来获取彼此所需的物资，从而维持一个和平交往的外交体系。

四　多元交融的国际体系

从纵向来看，西亚北非的外交体系的演进，从苏美尔城邦时代到阿马尔那时代，经历两千多年的时间。在这个历史发展过程中，不断有新的因素加入进来，有最初的苏美尔文化因素，也有后来的阿卡德文化因素，还有后来的阿摩利人的游牧文化因素，既有塞姆人的文化因子，也有印欧语系民族的文化基因，还有胡里人的文化因素。正是这些传统各异的文明，共同推动着古代西亚北非的外交体系不断演化。在这个过程中，各种文化因素相互融合，最终形成了西亚北非独特的外交文化。这种融合是如此得彻底，以致很难区分哪些是苏美尔人的传统，哪些是塞姆人的习惯，哪些又是印欧人的风俗。

从横向来说，阿马尔那体系覆盖了西亚北非大部分地区，囊括了西亚北非地区几乎所有的文明。在这个体系中，有两河流域南部的加喜特王朝，有上两河流域的米坦尼王国，有安纳托利亚高原的赫梯王国，有底格里斯河与幼发拉底河之间的亚述王国，还有遥远的尼罗河畔的埃及。尽管这些西亚国家，都受到了苏美尔－阿卡德文化的强烈影响，具有同质化的文化特征，但是这些国家也将自己的文化传统带到阿马尔那体系之中。对于国际关系中最基本的战争与合作概念，各国都会从自己传统文化出发去理解。两河流域的传统文化认为战争的胜负是神祇所决定的，周边民族对两河流域地区政权的覆灭，也是神祇的意旨，和平的到来与战争紧密相连，和平意味着敌人的屈服。米坦尼王国的胡里文化认为争权夺利是战争的本质和目的，而和平则被理解为大国之间的和谐相处。在赫梯人看来，战争是一场司法诉讼，是争论双方解决问题的终极方式。战争结束后争端双方订立条约并以神的名义起誓，双方的敌对关系结束。在赫梯人看来，单单消灭反叛者是不能带来和平的，只有通过条约规范双方的行为、明确彼此的地位、规定彼此的权利和义务，和平才能随之形成。[①] 而北非的埃及，则保留着最为极端的战和观念。在埃及人看来，“战争是单向的行为，是消灭反叛者，是掠夺，是屠杀，是毁坏”。[②] 对于战争的结果，埃及人认为是可以预定的，即埃及人胜利，反叛者逃逸，然后埃及军队追击和屠杀反叛者。[③] 对于埃及的敌人来说，和平乃是投降的同义语，实现和平就是向埃

① Mario Liverani, *International Relations in the Ancient Near East 1600-1100 BC*, p. 20.

② Mario Liverani, *International Relations in the Ancient Near East 1600-1100 BC*, p. 89.

③ Mario Liverani, *International Relations in the Ancient Near East 1600-1100 BC*, p. 101.

及无条件投降和臣服。因此，投降者需要对埃及法老宣誓效忠，表示再也不会反叛埃及，“在有生之年，我们（投降埃及的人）再也不会对我们的主人蒙凯帕拉（图特摩斯三世）做邪恶的事情了，因为我们看到了他的力量，他给了我们所希冀的呼吸”。[①]

在整个阿马尔那体系中，埃及引入了最为极端的文化传统，这与当时各国平等的外交现实不相容。埃及为了解决这种外交上的困境，采取国内与国外相区别的处理方式。在国内的宣传中，埃及仍然将友好的亚洲大国视为臣服于法老的外邦，但是在国际交往中，埃及放下了这种自我中心主义，将埃及法老视为与其他国家君主平等的统治者。埃及适应了西亚的外交体系，采用了西亚惯用的外交惯例，甚至使用阿卡德语写作外交书信，这对于埃及而言已经做出了重大妥协和让步。埃及人把古埃及语言视为人类的语言，鄙视其他族群的语言。《阿尼教谕》曾经提到埃及人向外国人教授埃及语，[②] 另外一份文献提到埃及法老要求定居埃及的利比亚人放弃母语改学埃及语。[③] 就是这样一个自我中心意识强烈的埃及，在国际交往中也放低身段，以包容的态度来适应阿马尔那体系。

不单埃及具有自我中心主义意识，其他国家也或多或少有这种观念。在长期的历史发展中，西亚北非各国普遍形成了中心－边缘的观念，将自己的国家、文明视为中心，而将其他国家、文明视为边缘，从而确立自我中心主义的理念。例如，两河流域人，以两河流域为中心，将地中海称为“上海”（*tâmtu elīti*），将波斯湾称为“下海”（*tâmtu šaplīti*），这同样体现了他们的本土中心意识。同样，他们以两河流域为中心来确定方位，就逐渐形成了“四方”（*kibrātum arba'um*）的概念。在两河流域人的意识中，周边地区是文明不发展的边缘地区，其生活方式不同于他们自己，文献《萨

① Barbara Cumming, *Egyptian Historical Records of the Later Eighteenth Dynasty*, Fascicle I, p. 4.

② Miriam Lichtheim, *Ancient Egyptian Literature: A Book of Reading*, Vol. 2. Berkeley, Los Angeles and London: University of California Press, 1976, p. 144.

③ Mario Liverani, *International Relations in the Ancient Near East 1600-1100 BC*, p. 129.

尔贡的地理》中有这样的话："……阿卡里图、阿穆鲁，南方的人，鲁鲁布，北方的人，他们不懂得建筑……他们不懂得埋葬。"[①] 在《阿卡德的诅咒》中也有过类似的描述："山区的阿摩利人，那些不知道谷物的人，为她送来了上等的牛和上等的羊。"[②] 但从此种理念来推演，埃及法老不会将西亚大国视为平起平坐的伙伴，巴比伦国王不会将米坦尼国王视为兄弟。尽管这种自我中心主义的观念根深蒂固，但是多元化的西亚北非是谁都无法回避的现实。各国纷纷放弃了自我中心主义观念，自视为神的法老，与西亚大国互称兄弟，将周围国家、民族贬为"禽兽"的巴比伦尼亚的加喜特王朝，也会为了礼物贸易而奴颜婢膝，而米坦尼国王不断地向埃及请求获赠更多的黄金。这些国王就如一个村庄中的村民一样，彼此称兄道弟，为了物质利益而争吵不休。在阿马尔那体系中，看不到神王法老，也看不到马尔杜克选中的国王，也看不到台舒巴神喜爱的君主，在这里任何国王都是平等的，都是相互依赖的，都是阿马尔那大村庄中的一员。阿马尔那体系，使得各个自以为是的古代文明，认识到自己的文明并不是唯一的，在某种程度上培养出了各个文明兼容并包的心态。

---

① Wayne Horowitz, *Mesopotamian Cosmic Geography*, pp. 73-75.

② Thorkild Jacobsen, *The Harps That Once...: Sumerian Poetry in Translation*, p. 363.

参考文献

一　外文参考文献

A. Bernard Knapp, "KBo I 26: Alašiya and Uatti," *Journal of Cuneiform Studies*, Vol. 32, No. 1, Jan. 1980, pp. 43-47.

A. D. Crown, "Messengers and Scribes: The ספר and מלאך in the Old Testament," *Vetus Testamentum*, Vol. 24, Fasc. 3, Jul. 1974, pp. 366-370.

A. de Buck, *Egyptian Readingbook,* Vol. 1, Leiden: Nederlands Instituut Voor Het Nabije Osten, 1948.

A. H. Sayce, "The Cuneiform Tablets of Tel El-Amarna, Now Preserved in the Boulaq Museum," *Proceedings of the Society of Biblical Archaeology*, Vol. 11, 1889, pp. 326-413.

A. H. Sayce, "The Language of Mitanni," *Zeitschrift für Assyriologie und vorderasiatische Archäologie*, Vol. 5, 1890, pp. 260-275.

A. H. Sayce, "The Language of Mitanni," *Proceedings of the Society of Biblical Archaeology*, Vol. 22, 1899, pp. 171-220.

A. J. Delattre, "Trois Lettres de Tell El-Amarna," *Proceedings of the Society of Biblical Archaeology*, Vol. 13, 1891, pp. 127-132.

A. J. Delattre, "Lettres de Tell El-Amarna 4," *Proceedings of the Society of Biblical Archaeology*, Vol. 13, 1891, pp. 539-561.

A. J. Delattre, "Lettres de Tell el-Amarna 5," *Proceedings of the*

Society of Biblical Archaeology, Vol. 15, 1893, pp. 16-30.

A. J. Delattre, "Lettres de Tell el-Amarna 6," *Proceedings of the Society of Biblical Archaeology,* Vol. 15, 1893, pp. 115-134.

A. Leo Oppenheim, *et. al.*, eds., *The Chicago Assyrian Dictionary of the Oriental Institute of the University of Chicago*, Vol. 6, Chicago: The Oriental Institute, Glückstadt: J. J. Augustin Verlagsbuchhandlung, 1956.

A. Leo Oppenheim, *et. al.*, eds., *The Chicago Assyrian Dictionary of the Oriental Institute of the University of Chicago*, Vol. 4, Chicago: The Oriental Institute, 1958.

A. Leo Oppenheim, *et. al.*, eds., *The Chicago Assyrian Dictionary of the Oriental Institute of the University of Chicago*, Vol. 3, Chicago: The Oriental Institute, 1959.

A. Leo Oppenheim, *et. al.*, eds., *The Chicago Assyrian Dictionary of the Oriental Institute of the University of Chicago*, Vol. 7, Chicago: The Oriental Institute, 1960.

A. Leo Oppenheim, *et. al.*, eds., *The Chicago Assyrian Dictionary of the Oriental Institute of the University of Chicago*, Vol. 16, Chicago: The Oriental Institute, Glückstadt: J. J. Augustin Verlagsbuchhandlung, 1962.

A. Leo Oppenheim, *et. al.*, eds., *The Chicago Assyrian Dictionary of the Oriental Institute of the University of Chicago*, Vol. 1, Part 1, Chicago: The Oriental Institute, 1964.

A. Leo Oppenheim, *et. al.*, eds., *The Chicago Assyrian Dictionary of the Oriental Institute of the University of Chicago*, Vol. 2, Chicago: The Oriental Institute, Glückstadt: J. J. Augustin Verlagsbuchhandlung, 1965.

A. Leo Oppenheim, *Letter from Mesopotamia: Official, Business, and Private Letter on Clay Tablets from Two Millennia*, Chicago and London: The University of Chicago Press, 1967.

A. Leo Oppenheim, *et. al.*, eds., *The Chicago Assyrian Dictionary of the Oriental Institute of the University of Chicago*, Vol. 1, Part 2, Chicago:

The Oriental Institute, 1968.

A. Leo Oppenheim, "Babylonian and Assyrian Historical Texts," in James B. Pritchard, ed., *Ancient Near Eastern Texts Relating to the Old Testament*, 3rd Edition with Supplement, Princeton: Princeton University Press, 1969, pp. 265-317.

A. Leo Oppenheim, "Glasses in Mesopotamian Sources," in A. Leo Oppenheim, *et. al.*, eds., *Glass and Glassmaking in Ancient Mesopotamia*, New York: The Corning Museum of Glass Press, 1970, pp. 9-21.

A. Leo Oppenheim, *et. al.*, eds., *The Chicago Assyrian Dictionary of the Oriental Institute of the University of Chicago*, Vol. 8, Chicago: The Oriental Institute, Glückstadt: J. J. Augustin Verlagsbuchhandlung, 1971.

A. Leo Oppenheim, *et. al.*, eds., *The Chicago Assyrian Dictionary of the Oriental Institute of the University of Chicago*, Vol. 9, Chicago: The Oriental Institute, Glückstadt: J. J. Augustin Verlagsbuchhandlung, 1973.

A. Leo Oppenheim and Erica Reiner, *et. al.*, eds., *The Chicago Assyrian Dictionary of the Oriental Institute of the University of Chicago*, Vol. 10, Part 1, Chicago: The Oriental Institute, 1977.

A. Leo Oppenheim and Erica Reiner, *et. al.*, eds., *The Chicago Assyrian Dictionary of the Oriental Institute of the University of Chicago*, Vol. 10, Part 2, Chicago: The Oriental Institute, Glückstadt: J. J. Augustin Verlagsbuchhandlung, 1977.

A. T. Olmstead, "Kashshites, Assyrians, and the Balance of Power," *The American Journal of Semitic Languages and Literatures*, Vol. 36, No. 2, Jan. 1920, pp. 120-153.

A. T. Olmstead, *History of Assyria*, Chicago and London: The University of Chicago Press, 1951.

'Abd-al-Muḥsin Bakīr, *Slavery in Pharaonic Egypt*, Le Caire: Institute Français d'Archéologie Orientale, 1952.

Abraham Malamat, "Mari," *The Biblical Archaeologist*, Vol. 34, No.

1, Feb. 1971, pp. 1-22.

Adolf Ernan und Hermaan Grapow, *Wörterbuch der Aegyptischen Sprache*, Bd. I, II, III, V, Berlin: Akadmie Verlag, 1971.

Aksel Volten, *Zwei Altägyptische Politische Schriften: Die Lehre für König Merikarê (Pap. Carlsberg VI) und die Lehre des Königs Amenemhat*, København: Einar Munksgaard, 1945.

Alan H. Gardiner, *Ancient Egyptian Onomastica*, Vol. I and II, London: Oxford University Press, 1947.

Alan H. Gardiner, "The Defeat of the Hyksos by Kamōse: The Carnarvon Tablet, No. I," *The Journal of Egyptian Archaeology*, Vol. 3, No. 2/3, Apr. -Jul. 1916, pp. 95-110.

Alan R. Schulman, "Aspects of Ramesside Diplomacy: The Treaty of Year 21," *Journal of the Society for the Study of Egyptian Antiquities*, Vol. 8, 1977/78, pp. 112-130.

Alan R. Schulman, "ʿAnkhesenamūn, Nofretity, and the Amka Affair," *Journal of the American Research Center in Egypt*, Vol. 15, 1978, pp. 43-48.

Alan R. Schulman, "Diplomatic Marriage in the Egyptian New Kingdom," *Journal of Near Eastern Studies*, Vol. 38, No. 3, Jul. 1979, pp. 177-193.

Alan W. Shorter, "Historical Scarabs of Tuthmosis IV and Amenophis III," *Journal of Egyptian Archaeology*, Vol. 17, No. 1/2, May 1931, pp. 23-25.

Albert Kirk Grayson, *Assyrian Royal Inscriptions*, Vol. 1, Wiesbaden: Otto Harrassowitz, 1972.

Albert Kirk Grayson, *Assyrian and Babylonian Chronicles*, New York: J. J. Augustin Publisher, 1975.

Albert Kirk Grayson, *The Royal Inscriptions of Mesopotamia, Assyrian Periods 1: Assyrian Rulers of the Third and Second Millennia (to*

1115 BC), Toronto, Buffalo and London: University of Toronto Press, 1987.

Albrecht Goetze, "Review of Istanbul Arkeoloji Müzelerinde Bulunan Boğazköy Tableterinden Seçme Metinler," *Journal of Cuneiform Studies*, Vol. 1, No. 1, 1947, pp. 87-92.

Albrecht Goetze, "Cilicians," *Journal of Cuneiform Studies*, Vol. 16, No. 2, 1962, pp. 48-58.

Albrecht Goetze, "Warfare in Asia Minor," *Iraq*, Vol. 25, No. 2, Autumn 1963, pp. 124-130.

Albrecht Goetze, *Die Annalen des Muršiliš*, Darmstadt: Wissenschaftliche Buchgesellschaft, 1967.

Albrecht Goetze, "Hittite Rituals, Incantations, and Description of Festivals," in James B. Pritchard, ed., *Ancient Near Eastern Texts Relating to the Old Testament*, 3rd Edition with Supplement, Princeton: Princeton University Press, 1969, pp. 346-361.

Albrecht Goetze, "Hittite Prayers," in James B. Pritchard, ed., *Ancient Near Eastern Texts Relating to the Old Testament*, 3rd Ed. with Supplement, Princeton: Princeton University Press, 1969, pp. 393-401.

Albrecht Goetze, "The Sruggle for the Domination of Syria," in I. E. S. Edwards, *et. al.*, eds., *The Cambridge Ancient History*, 3rd Edition, Vol. II, pt. 2, London: Cambridge University Press, 1976, pp.1-20.

Alexander H. Joffe, "Early Bronze I and the Evolution of Social Complexity in the Southern Levant," *Journal of Mediterranean Archaeology*, Vol. 4, No. 1, 1991, pp. 3-58.

Alessandro Roccati, "Dugurasu = *rw-ḥ3wt*," in Alfonso Archi ed., *Tradition and Innovation in the Ancient Near East: Proceedings of the 57th Rencontre Assyriologique International at Rome, 4-8 July 2011*, Winona Lake: Eisenbrauns, 2015, pp. 155-159.

Alexandra von Lieven, "The Movement of Time. News from the 'Clockmaker' Amenemhet," in Renata Landgráfová and Jana Mynářová, eds., *Rich and Great: Studies in Honour of Anthony J. Spalinger on the Occasion of His 70th Feast of Thoth*, Prague: Charles University in Prague, 2016, pp. 207-231.

Alfonso Archi, *Ebla and Its Archives: Texts, History, and Society*, Boston and Berlin: Walter de Gruyter, 2015.

Alfonso Archi, "Egypt or Iran in the Ebla Texts?," *Orientalia*, Nova Series, Vol. 85, No. 1, 2016, pp. 1-49.

Alfonso Archi and Maria Giovanna Biga, "A Victory over Mari and the Fall of Ebla," *Journal of Cuneiform Studies*, 2003, Vol. 55, 2003, pp. 1-44.

Amanda H. Podany, *Brotherhood of Kings: How International Relations Shaped the Ancient Near East*, Oxford: Oxford University Press, 2010.

Amir Harrak, *Assyria and Hanigalbat: A Historical Reconstruction of Bilateral Relations from the Middle of the Fourteenth to the End of the Twelfth Centuries B. C.*, Hildesheim, Zurich and New York: Georg Olms Verlag, 1987.

Amnon Altman, "Rethinking the Hittite System of Subordinate Countries from the Legal Point of View," *Journal of the American Oriental Society*, Vol. 123, No. 4, Oct. - Dec. 2003, pp. 741-756.

Amnon Altman, "Who Took the Oath on the Vassal Treaty: Only the Vassal King or also the Suzerain? – The Hittite Evidence," *Zeitschrift für Altorientalische und Biblische Rechtsgeschichte*, Vol. 9, 2003, pp. 178-184.

Amnon Altman, "What Kind of Treaty Tradition do the Sefire Inscriptions Represent?," in Mordechai Cogan and Dan'el Kahn, eds., *Treasures on Camels' Humps: Historical and Literary Studies from the Ancient Near East Presented to Israel Ephal*, Jerusalem: The Hebrew University Magnes Press, 2008, pp. 26-40.

Amnon Altman, *Tracing the Earliest Recorded Concepts of*

International Law: The Ancient Near East (2500-330 BCE), Leiden: Brill, 2012.

Amnon Ben-Tor, "The Relations between Egypt and the Land of Canaan during the Third Millennium B. C.," *American Journal of Archaeology*, Vol. 85, No. 4, Oct. 1981, pp. 449-452.

Ancient Egypt and the Near East: an Illustrated History, New York: Marshall Cavendish Reference, 2011.

Andrew Wolpert, "The Genealogy of Diplomacy in Classical Greece," *Diplomacy & Statecraft*, Vol. 12, No.1, Mar. 2001, pp. 71-88.

Anson F. Rainey, *El-Amarna Tablets 359-379*, Kevelaer: Butzon und Bercker, 1970.

Anson F. Rainey, *El-Amarna Tablets 359-379*, 2nd and Revised Edition, Kevelaer: Butzon und Bercker, 1978.

Anson F. Rainey, "A New English Translation of the Amarna Letters," *Archiv für Orientforschung*, Bd. 42/43, 1995/1996, pp. 109-121.

Anson F. Rainey, *Canaanite in the Amarna Tablets: A Linguistic Analysis of the Mixed Dialect Used by the Scribes from Canaan*, 4 Vols., Leiden: E. J. Brill, 1996.

Anson F. Rainey, *The El-Amarna Correspondence: A New Edition of the Cuneiform Letters from the Site of El-Amarna Based on Collations of All Extant Tablets*, 2 Vols., Leiden and Boston: Brill, 2015.

Anthony Spalinger, "A New Reference to an Egyptian Campaign of Thutmose III in Asia," *Journal of Near Eastern Studies*, Vol. 37, No. 1, Jan. 1978, pp. 35-41.

Anthony Spalinger, "Considerations on the Hittite Treaty between Egypt and Hatti," *Studien zur Altägyptischen Kultur*, Bd. 9, 1981, pp. 299-358.

Aristide Théodorides, "The Concept of Law in Ancient Egypt," in J. R. Harris, ed., *The Legacy of Egypt*, 2nd Edition, Oxford: Oxford University

Press, 1971, pp. 291-322.

Arthur Ungnad, "Knudtzon, J. A.: Die El-Amarna-Tafeln," *Orientalistische Literaturzeitung*, Vol. 19, No. 6, Jun. 1916, pp. 180-186.

Auguste Mariette, *Les Papyrus Égyptiens du Musée de Boulaq*, Bd. 1, Paris: Librairie A. Franck, 1871.

BarBara A. Somervill, *Empires of Ancient Mesopotamia*, New York: Chelsea House, 2010.

Barbara Cumming, *Egyptian Historical Records of the Later Eighteenth Dynasty*, Fascicle I, Warminster: Aris and Phillips, 1982.

Bedřich Hrozný, *Ancient History of Western Asia, India and Greece,* trans. J. Prochazka, Prague: Artia, 1953.

Benno Landsberger, "Assyrische Königsliste und 'Dunkles Zeitalter' ," *Journal of Cuneiform Studies*, Vol. 8, No. 1, 1954, pp. 31-45.

Behzad Mofidi-Nasrabadi, "Elam in the Late Bronze Age," in Karen Radner, Nadine Moeller and D. T. Potts, eds., *The Oxford History of the Ancient Near East, Volume III: From the Hyksos to the Late Second Millennium BC*, Oxford: Oxford University Press, 2022, pp. 869-941.

Bertrand Lafont, "International Relations in the Ancient Near East: The Birth of a Complete Diplomatic System," *Diplomacy & Statecraft*, Vol. 12, Iss. 1, 2001, pp. 39-60.

Bertrand Lafont, "The Women of the Palace at Mari," in Jean Bottero, ed., *Everyday Life in Ancient Mesopotamia*, trans. Antonia Nevill, Baltimore: Johns Hopkins University Press, 2001, pp.127-140.

Bertrand Lafont, "Relations Internationales, Alliances et Diplomatie au Temps des Royaumes Amorritesmore," in Jean-Marie Durand and Dominque Charpin, eds., *Amurru 2: Mari, Ebla et les Hourrites: Dix ans de Travaux, Deuxieme Partie*, Paris: Editions Recherche sur les Civilisations, 2001, pp. 213-328.

Bertrand Lafont and Raymond Westbrook, "Neo-Sumerian Period (Ur

III)," in Raymond Westbrook, ed., *A History of Ancient Near Eastern Law*, Vol. 1, Leiden and Boston: Brill, 2003, pp. 184-226.

Betsy M. Bryan, *The Reign of Thutmose IV*, Baltimore and London: The Johns Hopkins University Press, 1991.

Betsy M. Bryan, "The Egyptian Perspective on Mittani," in Raymond Cohen and Raymond Westbrook, eds., *Amarna Diplomacy: The Beginning of International Relations*, Baltimore and London: The Johns Hopkins University Press, 2000, pp. 71-84.

Betsy M. Bryan, "The 18th Dynasty before the Amarna Period," in Ian Shaw, ed., *The Oxford History of Ancient Egypt*, Oxford: Oxford University Press, 2002, pp. 207-264.

Boaz Stavi, *The Reign of Tudhaliya II and Suppiluliuma I: The Contribution of the Hittite Documentation to a Reconstruction of the Amarna Age*, Heidelberg: Universitätsverlag Winter, 2015.

Brian Brown, *The Wisdom of the Egyptians*, New York: Brentano's, 1923.

C. F. Lehmann, "Aus dem Funde von Tell el Amarna," *Zeitschrift für Assyriologie und Vorderasiatische Archäologie*, Vol. 3, 1888, pp. 372-406.

C. J. Gadd, "Hammurabi and the End of His Dynasty," in I. E. S. Edwards, *et. al.* eds., *The Cambridge Ancient History*, Vol. II, Part 1, Cambridge: Cambridge University Press, 1973, pp. 176-227.

Carl Bezold, *Oriental Diplomacy*, London: Luzac and Co., 1893.

Carl Bezold and E. A. Wallis Budge, *The Tell El-Amarna Tablets in the British Museum with Autotype*, London: Longmans, 1892.

Carl Niebuhr, *The Tell El Amarna Period*, trans. J. Hutchison, London: David Nutt, 1903.

Carlo Zaccagnini, "The Interdependence of the Great Powers," in Raymond Cohen and Raymond Westbrook, eds., *Amarna Diplomacy: The Beginning of International Relations*, Baltimore and London: The Johns

Hopkins University Press, 2000, pp. 141-153.

Charles de Martens, *Le Guide Diplomatique*, Tome 1, Leipzig: F. A. Brockaus, 1866.

Charles-F. Jean, *Archives Royales de Mari 2: Lettres Diverses*, Paris: Imprimerie Nationale, 1941.

Claudio Cioffi-Revilla, "Origins and Evolution of War and Politics," *International Studies Quarterly*, Vol. 40, No. 1, Mar. 1996, pp. 1-22.

Claus Wilcke, "Early Dynastic and Sargonic Periods," in Raymond Westbrook, ed., *A History of Ancient Near Eastern Law*, Vol. 1, Leiden and Boston: Brill, 2003, pp. 141-181.

Cord Kühne, *Die Chronologie der internationalen Korrespondenz von el-Amarna*, Neukirchen-Vluyn: Neukirchener Verlag, Kevelaer: Butzon and Bercker, 1973.

Cyril Aldred, "The End of the El-ʿAmārna Period," *Journal of Egyptian Archaeology*, Vol. 43, Dec. 1957, pp. 30-41.

Cyril Aldred, "The Beginning of the El-ʿAmārna Period," *Journal of Egyptian Archaeology*, Vol. 45, Dec. 1959, pp. 19-33.

Cyril Aldred, *Akhenaten: King of Egypt,* London: Thames and Hudson, 1988.

D. D. Luckenbill & T. G. Allen, "The Murch Fragment of an El-Amarna Letter," *The American Journal of Semitic Languages and Literatures*, Vol. 33, No. 1, 1916, pp. 1-8.

D. J. Wiseman, *The Alalakh Tablets*, London: The British Institute of Archaeology at Ankara, 1953.

D. J. Wiseman, "'Is It Peace?' : Covenant and Diplomacy," *Vetus Testamentum*, Vol. 32, Fasc. 3, Jul. 1982, pp. 311-326.

Daniel David Luckenbill, *The Annals of Sennacherib*, Chicago: University of Chicago Press, 1924.

Daniel David Luckenbill, *Ancient Records of Assyria and Babylonia*,

Vol. I and II, New York: Greenwood Press, 1968.

Daniel Druckman and Serdar Güner, "A Social-Psychological Analysis of Amarna Diplomacy," in Raymond Cohen and Raymond Westbrook, eds., *Amarna Diplomacy*, Baltimore and London: The Johns Hopkins University Press, 2000, pp. 174-188.

David A. Warburton, *State and Economy in Ancient Egypt*, Vandenhoeck and Ruprecht Göttingen: University Press Fribourg Switzerland, 1997.

David A. Warburton, *Egypt and the Near East: Politics in the Bronze Age*, Paris: Recherches et Publications, 2001.

David J. Bederman, *International Law in Antiquity*, Cambridge: Cambridge University Press, 2004.

David Lorton, *The Juridical Terminology of International Relations in Egyptian Texts through Dyn. XVIII*, Baltimore: Johns of Hopkins University Press, 1974.

David Noel Freedman, "The Real Story of the Ebla Tablets: Ebla and the Cities of the Plain," *The Biblical Archaeologist*, Vol. 41, No. 4, Dec. 1978, pp. 143-164.

David O'Conner and Eric H. Cline, eds., *Amenhotep III: Perspectives on His Reign,* Michigan: The University of Michigan Press, 1998.

Delbert R. Hillers, "A Note on Some Treaty Terminology in the Old Testament," Bulletin of the American Schools of Oriental Research, No. 176, Dec. 1964, pp. 46-47.

Dietz Otto Edzard, *The Royal Inscriptions of Mesopotamia, Early Periods 3/1: Gudea and His Dynasty*, Toronto, Buffalo & London: University of Toronto Press, 1997.

Dominique Charpin, *Writing, Law, and Kingship in Old Babylonian Mesopotamia*, trans. J. M. Todd, Chicago: the University of Chicago Press, 2010.

Dominique Charpin, *Hammurabi of Babylon*, Lodon and New York: I. B. Tauris & Co. Ltd., 2012.

Dominique Charpin, *et. al.*, *Archives Royales de Mari 26: Archives Épistolaires de Mari I/2*, Paris: Éditions Recherche sur les Civilisations, 1988.

Donald B. Redford, "The Hyksos Invasion in History and Tradition," *Orientalia*, Nova Series, Vol. 39, No. 1, 1970, pp. 1-51.

Donald B. Redford, *Akhenaten, the Heretic King*, Princeton: Princeton University Press, 1984.

Donald B. Redford, *Egypt, Canaan, and Israel in Ancient Times*, Princeton: Princeton University Press, 1992.

Donald B. Redford, "The Concept of Kingship during the Eighteenth Dynasty," in David B O'Connor and David P. Silverman, eds., *Ancient Egyptian Kingship*, Leiden, New York and Köln: E. J. Brill, 1995, pp. 157-184.

Donald B. Redford, *The Oxford Encyclopedia of Ancient Egypt*, 3 Vols., Oxford: Oxford University Press, 2001.

Donald B. Redford, *The Wars in Syria and Palestine of Thutmose III*, London and New York: Brill, 2003.

Donald J. Wiseman, "Abban and Alalaḫ," *Journal of Cuneiform Studies*, Vol. 12, No. 4, 1958, pp. 124-129.

Douglas R. Frayne, *The Royal Inscriptions of Mesopotamia, Early Period 4: Old Babylonian Period (2003-1595 BC)*, Toronto, Buffalo and London: University of Toronto Press, 1990.

Douglas R. Frayne, *Royal Inscriptions of Mesopotamia, Early Periods 2: Sargonic and Gutian Period (2334-2113 BC)*, Toronto: University of Toronto Press, 1993.

Douglas R. Frayne, *Royal Inscriptions of Mesopotamia, Early Periods 3.2: Ur III Period (2112-2004 BC),* Toronto: University of Toronto Press,

1997.

Douglas R. Frayne, *Royal Inscriptions of Mesopotamia, Early Periods 1: Presargonic Period (2700-2350 BC),* Toronto: University of Toronto Press, 2008.

E. A. Wallis Budge, "On Cuneiform Despatches from Tûshratta, King of Mitanni, Burraburiyasch, the Son of Kuri-Galzu, and the King of Alashiya, to Amenophis III., King of Egypt, and on the Cuneiform Tablets from Tell el-Amarna," *Proceedings of the Society of Biblical Archaeology*, Vol. 10, 1888, pp. 540-569.

E. A. Wallis Budge & Leonard William King, *A Guide to the Babylonian and Assyrian Antiquities*, London: Harrison and Sons, 1900.

E. A. Wallis Budge, *Facsimiles of Egyptian Hieratic Papyri in the British Museum,* 2nd Series, London: British Museum, 1923.

E. Lipi ń ski, "An Ugaritic Letter to Amenophis III Concerning Trade with Alašiya," *Iraq*, Vol. 39, No. 2, Autumn, 1977, pp. 213-217.

Edward Bleiberg, *The Official Gift in Ancient Egypt*, Norman and London: University of Oklahoma Press, 1996.

Edward F. Campbell, "The Amarna Letters and the Amarna Period," *The Biblical Archaeologist*, Vol. 23, No. 1, Feb. 1960, pp. 1-22.

Edward L. Greenstein and David Marcus, "The Akkadian Inscription of Idrimi," *Journal of the Ancient Eastern Society*, Vol. 8, Issue 1, 1976, pp. 59-96.

Elmar Edel, *Die Ägyptische-hethitische Korrespondenz aus Boghazköi*, Vol. 1, Opladen: Westdeutscher Verlag, 1994.

Elmar Edel, *Die Ägyptische-hethitische Korrespondenz aus Boghazköi in Babylonischer und Hethitischer Sprache*, Bd. 1, Opladen: Westdeutscher Verlag, 1994.

Emanuel Pfoh, *Syria-Palestine in the Late Bronze Age: An Anthropology of Politics and Power*, London and New York: Routledge,

2016.

Eric Ebeling and Bruno Meissner, *Reallexikon der Assyriologie und Vorderasiatischen Archaologie*, Bd. 2, Berlin und Leipzig: Walter de Gruypter and Co., 1938.

Eric H. Cline, *Jerusalem Besieged: From Ancient Canaan to Modern Israel*, Ann Arbor: The University of Michigan Press, 2004.

Erik Hornung, "Chaotische Bereiche in der Geordneten Welt," *Zeitschrift für Ägyptische Sprache und Altertumskunde*, Vol. 81, Iss. 1-2, 1956, pp. 28-32.

Erica Reiner, *et. al.*, eds., *The Chicago Assyrian Dictionary of the Oriental Institute of the University of Chicago*, Vol. 11, Part 1, Chicago: The Oriental Institute, Glückstadt: J. J. Augustin Verlagsbuchhandlung, 1980.

Erica Reiner, *et. al.*, eds., *The Chicago Assyrian Dictionary of the Oriental Institute of the University of Chicago*, Vol. 13, Chicago: The Oriental Institute, Glückstadt: J. J. Augustin Verlagsbuchhandlung, 1982.

Erica Reiner, *et. al.*, eds., *The Chicago Assyrian Dictionary of the Oriental Institute of the University of Chicago*, Vol. 15, Chicago: The Oriental Institute, Glückstadt: J. J. Augustin Verlagsbuchhandlung, 1984.

Erica Reiner, *et. al.*, eds., *The Chicago Assyrian Dictionary of the Oriental Institute of the University of Chicago*, Vol. 17, Part 1, Chicago: The Oriental Institute, 1989.

Erica Reiner, *et. al.*, eds., *The Chicago Assyrian Dictionary of the Oriental Institute of the University of Chicago*, Vol. 17, Part 3, Chicago: The Oriental Institute, 1992.

Erica Reiner, *et. al.*, eds., *The Chicago Assyrian Dictionary of the Oriental Institute of the University of Chicago*, Vol. 18, Chicago: The Oriental Institute, 2006.

Erica Reiner and Martha T. Roth, *et. al.*, eds., *The Chicago Assyrian*

Dictionary of the Oriental Institute of the University of Chicago, Vol. 14, Chicago: The Oriental Institute, 1999.

Eugenio Bergmann, *Codex Ḫammurabi: Textus Primigenius*, Roma: Pontificium Institutum Biblicum, 1953.

E. V. KhanzadIan and B. B. Piotrovskii, "A Cylinder Seal with Ancient Egyptian Hieroglyphic Inscription from the Metsamor Gravesite," *Soviet Anthropology and Archeology*, Vol. 30, No. 4, 1992, pp.67-74.

Eva von Dassow, "Mittani and Its Empire," in Karen Radner, Nadine Moeller and D. T. Potts, eds., *The Oxford History of the Ancient Near East, Volume III: From the Hyksos to the Late Second Millennium BC*, Oxford: Oxford University Press, 2022, pp. 455-528.

F. Charles Fensham, "Father and Son as Terminology for Treaty and Covenant," in Hans Goedicke, ed., *Near Eastern Studies in Honor of William Foxwell Albright*, Baltimore and London: The Johns Hopkins Press, 1971, pp. 121-135.

Friedrich Engels, *The Origin of the Family, Private Property and the State*, Moscow: Foreign Languages Publishing House, 1948.

Friedrich Engels, "The Origin of the Family, Private Property and the State," in Karl Marx and Frederick Engels, *Selected Works*, Vol. II, Moscow: Foreign Languages Publishing House, 1958.

Gary Howard Oller, *The Autobiography of Idrimi: A New Text Edition with Philological and Historical Commentary*, Ph. D. Dissertation, University of Pennsylvania, 1977.

Gary Howard Oller, "Messengers and Ambassadors in Ancient Western Asia," in Jack M. Sasson, ed., *Civilizations of the Ancient Near East*, Vol. III and IV, Massachusetts: Hendrickson Publishers, 2000, pp. 1465-1473.

Gary M. Beckman, "Inheritance and Royal Succession among the Hittites," in H. A. Hoffner and G. M. Beckman, eds., *Kaniššuwar: A*

Tribute to Hans G. Güterbock on His Seventy-Fifth Birthday May 27, 1983, Chicago: The Oriental Institute of the University of Chicago,1986, pp.13-31.

Gary M. Beckman, *Hittite Diplomatic Texts*, Atlanta: Society of Biblical Literature, 1996.

Gary M. Beckman, "New Joins to Hittite Treaties," *Zeitschrift für Assyriologie und Vorderasiatische Archäologie*, Vol. 87, Iss. 1, 1997, pp. 96-100.

Gary M. Beckman, "Royal Ideology and State Administration in Hittite Anatolia," in J. M. Sasson, ed., *Civilizations of the Ancient Near East*, Vol. I and II, Massachusetts: Hendrickson Publishers, 2000, pp. 529-543.

Gary M. Beckman, "Review of International Relations in the Ancient Near East, 1600-1100 B.C.," *Journal of the American Oriental Society*, Vol. 122, No. 4, Oct. - Dec. 2002, pp. 873-74.

Gary M. Beckman, "International Law in the Second Millennium: Late Bronze Age," Raymond Westbrook, ed., *A History of Ancient Near Eastern Law*, Vol. 1. Leiden and Boston: Brill, 2003, pp. 753-774.

Garry M. Beckman, "Primordial Obstetrics. 'The Song of Emergence' (CTH 344)," in Manfred Hutter und Sylvia Hutter-Braunsar, eds., *Hethitische Literatur: Überlieferungsprozesse, Textstrukturen, Ausdrucksformen und Nachwirken*, Münster: Ugarit-Verlag, 2011, pp. 25-33.

Gene M. Tucker, "Covenant Forms and Contract Forms," *Vetus Testamentum*, Vol. 15, Fasc. 4, Oct. 1965, pp. 487-503.

Geoffrey Berridge, "Amarna Diplomacy: A Full-fledged Diplomacy System?," in Raymond Cohen and Raymond Westbrook, eds., *Amarna Diplomacy: The Beginning of International Relations*, Baltimore and London: The Johns Hopkins University Press, 2000, pp. 212-224.

Georg Steindorff, "The Statuette of an Egyptian Commissioner in Syria," *Journal of Egyptian Archaeology*, Vol. 25, No. 1, Jun. 1939, pp. 30-33.

George E. Mendenhall, "Covenant Forms in Israelite Tradition," *The Biblical Archaeologist*, Vol. 17, No. 3, Sep. 1954, pp. 49-76.

George E. Mendenhall, *Law and Covenant in Israel and the Ancient Near East*, Pittsburg: Biblical Colloquium, 1955.

Georges Dossin, "Les Archives Épistolaires du Palais de Mari," *Syria*, T. 19, Fasc. 2, 1938, pp. 105-126.

Georges Dossin, "Les Archives Économiques du Palais de Mari," *Syria*, T. 20, Fasc. 2, 1939, pp. 97-113.

Georges Dossin, *Archives Royales de Mari 1: Correspondance de Šamši-Addu et de Ses Fils*, Paris: Imprimerie Nationale, 1950.

Georges Dossin, *Archives Royales de Mari 4: Correspondance de Šamši-Addu et de Ses Fils,* Paris: Paul Geuthner, 1951.

Georges Posener, *Littérature et Politique dans I'Égyte de XIIe Dynastie*, Paris: Champion, 1956.

Gernot Wilhelm, *The Hurrians*, Warminster: Aris and Phillips Ltd., 1989.

Gernot Wilhelm, "The Kingdom of Mitanni in Second-Millennium," in Jack M. Sasson, ed., *Civilizations of the Ancient Near East*, Vol. I and II, Massachusetts: Hendrickson Publishers, 1995, pp. 1243-1254.

Giorgio Buccellati and Marilyn Kelly-Buccellati, "In Search of Hurrian Urkesh," *Archaeology Odyssey*, Vol. 4, No. 3, May/Jun. 2001, pp. 16-27.

Giorgio Buccellati and Marilyn Kelly-Buccellati, "Tar'am-Agade, Daughter of Naram-Sin, at Urkesh," in Lamia Al-Gailani Werr, *et. al.*, eds., *Of Pots and Plans: Papers on the Archaeology and History of Mesopotamia and Syria Presented to David Oates in Honour of His 75th*

Birthday, London: Nabu Publications, 2002, pp. 11-31.

Giovanni Pettinato, *The Archives of Ebla: An Empire Inscribed in Clay*, Garden City, New York: Doubleday and Company, Inc., 1981.

Giuseppina Lenzo, *The Greenfield Papyrus: Funerary Papyrus of a Priestess at Karnak Temple (c. 950 BCE)*, Leuven – Paris – Bristol: Peeters, 2023.

Glenn Magid, "Sumerian Early Dynastic Royal Inscripiton," in Mark W. Chavalas, ed., *The Ancient Near East: Historical Sources in Translation*, Malden, Oxford and Carlton: Blackwell Publishing, 2006, pp. 4-16.

Guillermo Algaze, *The Uruk World System: The Dynamics of Expansion of Early Mesopotamian Civilization*, Chicago and London: The University of Chicago Press, 1993.

Guy Bar-Oz1, Pirhiya Nahshoni, Hadas Motro and Eliezer D. Oren, "Symbolic Metal Bit and Saddlebag Fastenings in a Middle Bronze Age Donkey Burial," *PLoS One*, vol. 3, No. 3, 2013, pp. 1-7.

H. F. Lutz, "Kingship in Babylonia, Assyria, and Egypt," *American Anthropologist*, New Series, Vol. 26, No. 4, Oct. - Dec. 1924, pp. 435-453.

H. W. F. Saggs, *Babylonians*, London: British Museum Press, 1995.

H. Zimmern, "Briefe aus dem Funde in El Amarna in Transcription und Uebersetzung," *Zeitschrift für Assyriologie und Vorderasiatische Archäologie*, Vol. 5, 1890, pp. 137-165.

Hans Goedicke, "'The Canaanite Illness' ," *Studien zur Altägyptischen Kultur*, Bd. 11, 1984, pp. 91-105.

Hans Gustav Güterbock, "The Deeds of Suppiluliuma as Told by His Son, Mursili II," *Journal of Cuneiform Studies*, Vol. 10, No. 2, 1956, pp. 41-68, 75-98, 107-130.

Hans-Peter Adler, *Das Akkadische des Königs Tušratta von Mitanni*, Kevelaer: Butzon and Bercker, 1976.

Harry A. Hoffner, *An English-Hittite Glossary*, Paris: Librairie C. Klincksieck, 1967, pp. 7-99.

Harry A. Hoffner, *Hittite Myths*, 2nd Edition, Atlanta: Scholars Press, 1998.

Harry A. Hoffner and Irving L. Diamond, eds., *Perspectives on Hittite Civilization: Selected Writings of Hans Gustav Güterbock*, Chicago: The Oriental Institute of the University of Chicago, 1999.

Harold George Nicolson, *Diplomacy*, Washington: Institute for the Study of Diplomacy, 1988.

Hendrik Hameeuw, "Mesopotamian Clay Cones in the ancient Near East Collections of the Royal Museums of Art and History," *Bulletin des Musées Royaux d'Art et d'Histoire*, Bruxelles, Tome 84, 2013, pp. 5-48.

Henri Frankfort, *Kingship and the Gods*, Phoenix Edition, Chicago and London: The University of Chicago Press, 1978.

Henri Limet, *Archives Royales de Mari 25: Textes Administratifs Relatifs aux Métaux*, Paris: Editions Recherche sur les civilisations, 1986.

Herman Vanstiphout, *Epics of Sumerian Kings: The Matter of Aratta*, Atlanta: Society of Biblical Literature, 2003.

Hervé Reculeau, "Assyria in the Late Bronze Age," in Karen Radner, Nadine Moeller and D. T. Potts, eds., *The Oxford History of the Ancient Near East, Volume III: From the Hyksos to the Late Second Millennium BC*, Oxford: Oxford University Press, 2022, pp. 707-800.

Horst Klengel, *Syria, 3000 to 300 B.C.*, Berlin: Akademie Verlag, 1992.

Hugo Gressmann, *Altorientalische Texte zum Alten Testament*, 2 Vols., Tübingen: Verlag von J. C. B. Mohr, 1909.

Hugo Winckler & T. Schrader, "Bericht über die Thontafeln von Tell-el-Amarna im Königlichen Museum zu Berlin Museum und im Museum von Bulaq," *Sitzungsberichte der Königlich Preussischen Akademie der*

Wissenschaften zu Berlin, Vol. 51, 1888, pp. 1341-1357.

Hugo Winckler and Ludwig Abel, *Der Thontafelfund von El-Amarna*, Heft 1, Berlin: W. Spemann, 1889.

Hugo Winckler and Ludwig Abel, *Der Thontafelfund von El-Amarna*, Heft 2, Berlin: W. Spemann, 1890.

Hugo Winckler, "Vorarbeiten zu Einer Gesammtbearbeitung der El-Amarna-texte," *Zeitschrift für Assyriologie und Vorderasiatische Archäologie*, Vol. 6, 1891, pp. 141-148.

Hugo Winckler, *Die Thontafeln von Tell-el-Amarna*, Berlin: Verlag on Reuther & Reichard, 1896.

Ignace J. Gelb, *Hurrians and Subarians*, Chicago: The University of Chicago Press, 1944.

Itamar Singer, *Hittite Prayers*, Atlanta: Society of Biblical Literature, 2002.

Itamar Singer, "The Urḫi-Teššub Affair in the Hittite-Egyptian Correspondence," in Th. P. J. van den Hout, ed., *The Life and Times of Ḫattušili III and Tutḫaliya IV: Proceedings of a Symposium Held in Honour of J. De Roos, 12-13 December 2003, Leiden*, Leiden: Nederlands Instituut Voor Het Nabije Osten, 2006, pp. 27-38.

J. A. Brinkman, "Foreign Relations of Babylonian from 1600 to 625 B. C.: The Documentary Evidence," *American Journal of Archaeology*, Vol. 76, No. 3, Jul. 1972, pp. 271-281.

J. A. Knudtzon, *Die El-Amarna-Tafeln*, Vol. I and II, Leipzig: J. C. Hinrichs'sche Buchhandlung, 1915.

J. D. S. Pendlebury, *Tell el-Amarna,* London: Lovat Dickson and Thompson Ltd. Publishers, 1935.

J. D. S. Pendlebury, *The City of Akhenaten, Part III: The Central City and the Official Quarters, The Excavations at Tell el-Amarna during the Seasons 1926-1927 and 1931-1936*, Vol. 2, London: The Offices of the

Egypt Exploration Society, 1951.

J. G. Macqueen, *The Hittites and Their Contemporaries in Asia Minor,* Revised and Enlarged Edition, London: Thames and Hudson, 1986.

J. Halévy, *La correspondance d'Aménophis III et d'Aménophis IV: Lettres Babyloniennes Trouvées à El-Amarna*, Paris: Ernest Leroux, 1899.

J. M. Munn-Rankin, "Diplomacy in Western Asia in the Early Second Millennium B. C.," *Iraq*, Vol. 18, No. 1, Spring, 1956, pp. 68-110.

J. R. Kupper, *Archives Royales de Mari 3: Correspondance de Kibri-Dagan, Gouverneur de Terqa*, Paris: Imprimerie Nationale, 1950.

J.-R. Kupper, "Northern Mesopotamia and Syria," in I. E. Edwards, *et. al.*, eds., *The Cambridge Ancient History*, Vol. II. pt. 1, Cambridge: Cambridge University Press, 1971, pp. 1-39.

J.-R. Kupper, "Une Lettre du Général Yassi-Dagan," *Mari. Annales de Recherches Interdisciplinaires*, Vol. 6, 1990, pp. 337-347.

J. Boese & W. Sallaberger, "Apil-Kin von Mari und die Könige der III. Dynastie von Ur," *Altorientalische Forschungen*, Vol. 23, No. 1,1996, pp. 24-39.

Jaan Puhvel, *Hittite Etymological Dictionary*, Vol. 3, Berlin and New York: Mouton de Gruyter, 1991.

Jack M. Sasson, *The Military Establishments at Mari*, Rome: Pontifical Biblical Institute, 1969.

Jack M. Sasson, "Yarim-Lim's War Declaration," in J.-M. Durand et J.-R. Kupper, eds., *Miscellanea Babylonica. Mélanges Offerts à Maurice Birot*, Paris: Éditions Recherche sur les civilisations, 1985, pp. 237-255.

Jack M. Sasson, "*Casus belli* in the Mari Archives," in Hans Neumann, Reinhard Dittmann, Susanne Paulus, Georg Neumann and Anais Schuster-Brandis, eds., *Krieg und Frieden im Alten Vorderasien: 52e Rencontre Assyriologique Internationale International Congress of Assyriology and Near Eastern Archaeology*, Münster: Ugarit-Verlag, 2014, pp. 673-690.

James Henry Breasted, *Ancient Records of Egypt*, Vol. 2, Chicago: University of Chicago, 1906.

James Henry Breasted, *Ancient Records of Egypt*, Vol. 3, Chicago: University of Chicago, 1906.

Jared L. Miller, "Political Interactions between Kassite Babylonia and Assyria, Egypt and Ḫatti during the Amarna Age," in Alexa Bartelmus and Katja Sternitzke, eds., *Karduniaš. Babylonia Under the Kassites*, Vol. 1, Berlin / Boston: De Gruyter, 2017, pp. 93-111.

Jean-Claude Margueron, *Mari: Capital of Northern Mesopotamia in the third Millennium BC: the Archaeology of Tell Hariri on the Euphrates*, Oxford & Philadelphia: Oxbow Books, 2014.

Jean-Jacques Glassner, *Mesopotamian Chronicles*, Atlanta: Society of Biblical Literature, 2004.

Jean-Marie Durand, *Archives Royales de Mari 26: Archives Épistolaires de Mari I/1*, Paris: Éditions Recherche sur les Civilisations, 1988.

Jean-Marie Durand, *Archives Royales de Mari 30: La Nomenclature des Habits et des Textiles dans les Textes de Mari*, Paris, CNRS Éditions, 2009.

Jean Revez, "The Metaphorical Use of the Kinship Term *sn* 'Brother'," *Journal of the American Research Center in Egypt*, Vol. 40, 2003, pp. 123-131.

Jeremy Black, *et. al.*, eds., *A Concise Dictionary of Akkadian*, 2nd (corrected) Printing, Wiesbaden: Harrassowitz Verlag, 2000.

Jerrold Cooper, "International Law in the Third Millennium," in Raymond Westbrook, ed., *A History of Ancient Near Eastern Law*, Vol. 1, Leiden and Boston: Brill, 2003, pp. 241-251.

Jesper Eidem, "An Old Assyrian Treaty from Tell Leilan," in

Dominique Charpin and Francis Joannès, eds., *Marchands, Diplomates et Empereurs: Études Sur la Civilisation Mésopotamienne Offertes à Paul Garelli*, Paris: Recherche sur les Civilisations, 1991, pp. 185-207.

Jesper Eidem, "International Law in the Second Millennium: Middle Bronze Age," in Raymond Westbrook, ed., *A History of Ancient Near Eastern Law*, Vol. 1, Leiden and Boston: Brill, 2003, pp. 745-752.

Jesper Eidem and Jørgen Læssøe, *The Shemshara Archives 1: The Letters*, Copenhagen: Royal Danish Academy of Sciences and Letters, 2001.

Joan Aruz and Ronald Wallenfels, eds., *Art of the First Cities: the Third Millennium B.C. from the Mediterranean to the Indus*, New York: Metropolitan Museum of Art, 2003.

Joan Aruz, Kim Benzel and Jean M. Evans, *Beyond Babylon: Art, Trade, and Diplomacy in the Second Millennium B.C.*, New York: Metropolitan Museum of Art, 2008.

Joan Oates, *Babylon*, Revised Edition, London: Thames and Hudson, 1986.

John A. Halloran, ed., *Sumerian Lexicon: A Dictionary Guide to the Ancient Sumerian Language*, Los Angeles: Logogram Publishing, 2006.

John A. Wilson, "Egyptian Hymns and Prayers," in James B. Pritchard, *Ancient Near Eastern Texts Relating to the Old Testament*, 3rd Edition with Supplement, Princetion: Princeton University Press, 1969, pp. 365-381.

John T. Greene, *The Role of the Messenger and Message in the Ancient Near East*, Atlanta: Scholars Press, 1989.

Johann Tischler, *Hethitisches Etymologisches Glossar*, Teil I, Innsbruck: Institut für Sprachwissenschaft der Universität Innsbruck, 1983.

Johannes Friedrich, *Kleinasiatische Sprachdenkmäler*, Berlin: Walter de Gruyter, 1932.

Johannes Lehmann, *The Hittites, Nation of a Thousand Gods*, London: Collins, 1977.

Jørgen Laessøe and Thorkild Jacobsen, "Šikšabbum Again," *Journal of Cuneiform Studies*, Vol. 42, No. 2, Autumn, 1990, pp. 127-178.

José M. Galán, *Victory and Border: Terminology Related to Egyptian Imperialism in the XVIIIth Dynasty*, Hildesheim: Gerstenberg Verlag, 1995.

Joyce A. Tyldesley, *Nefertiti, Egypt's Sun Queen*, Revised Edition, London and New York: Penguim, 2005.

Joyce Tyldesley, *Chronicle of the Queens of Egypt: from Early Dynastic Times to the Death of Cleopatra*, London: Thames & Hudson, 2006.

K. S. B. Ryholt, *The Political Situation during the Second Intermediate Period, ca. 1800–1550 B.C.*, Copenhagen: Museum Tusculanum Press, 1997.

Karin N. Sowada, *Egypt in the Eastern Mediterranean during the Old Kingdom: An Archaeological Perspective*, Vandenhoeck & Ruprecht Göttingen: Academic Press Fribourg, 2009.

Keith C. Seele "King Ay and the Close of the Amarna Age," *Journal of Near Eastern Studies*, Vol. 14, No. 3, Jul. 1955, pp. 168-180.

Keith Hamilton and Richard Langhorne, *The Practice of Diplomacy: Its Evolution, Theory and Administration,* London and New York: Routledge, 1995.

Kenneth A. Kitchen, *Ramesside Inscriptions*, Vol. 2, Oxford: Blackwell, 1979.

Kenneth A. Kitchen, *Pharaoh Triumphant: The Life and Times of Ramesses II, King of Egypt*, Warminster: Aris & Phillips, Mississauga: Benben Publications, 1982.

Kenneth A. Kitchen and Paul J. N. Lawrence, *Treaty, Law and Covenant in the Ancient Near East, Part 1: Texts*, Wiesbaden: Harrassowitz

Verlag, 2012.

Kim Benzel, Sarah B. Graff, Yelena Rakic and Edith W. Watts, *Art of the Ancient Near East: A Source for Educators*, New York: The Metropolitan Museum of Art, 2010.

Krzysztof J. Baranowski, *The Verb in the Amarna Letters from Canaan*, Winona Lake: Eisenbrauns, 2016.

Kurt Seth, *Urkunden der 18. Dynastie,* Band 1, Heft 2, Leipzig: J. C. Hinrichs'sche Buchhandlung, 1906.

Kurt Seth, *Urkunden der 18. Dynastie*, Band 3, Heft 9/10, Leipzig: J. C. Hinrichs'sche Buchhandlung, 1907.

Leonard Woolley, "North Syria as a Cultural Link in the Ancient World," *The Journal of the Royal Anthropological Institute of Great Britain and Ireland*, Vol. 72, No. 1/2, 1942, pp. 9-18.

Li Zheng, *Hittite Treaties*, Ph.D. Dissertation, Northeast Normal University, 1993.

Lindsay Jones, ed., *Encyclopedia of Religion*, Vol. 3, 2nd Edition, Farmington: Thomson Gale, 2005.

Lucio Milano, "Ebla: A Third-Millennium City-State in Ancient Syria," in Jack M. Sasson, ed., *Civilizations of the Ancient Near East*, Vol. I and II, New York: Charles Scribner's Sons, 1995, pp. 1219-1230.

Ludwig Abel, "Stück einer Tafel aus dem Fund von El-Amarna," *Zeitschrift für Assyriologie und Vorderasiatische Archäologie*, Vol. 7, 1892, pp. 117-124.

M. Weinfeld, "Covenant Terminology in the Ancient Near East and Its Influence on the West," *Journal of the American Oriental Society*, Vol. 93, No. 2, Apr. - Jun. 1973, pp. 190-199.

Maciej Popko, *Religion of Asia Minor*, Warsaw: Academic Publications Dialog, 1995.

Marc Van De Mieroop, *King Hammurabi of Babylon: A Biography*,

Malden, Oxford and Carlton: Blackwell Publishing, 2005.

Marc Van De Mieroop, *The Eastern Mediterranean in the Age of Ramesses II*, Malden, Oxford and Carlton: Blackwell Publishing, 2007.

Maria G. Biga, "Inherited Space – Third Millennium Political and Cultural Landscape" , in Eva Cancik-Kirschbaum, Nicole Brisch, and Jesper Eidem, eds., *Constituent, Confederate, and Conquered Space in Upper Mesopotamia: The Emergence of the Mitanni State,* Berlin/Boston: De Gruyter, 2014, pp. 93-110.

Margaret S. Drower, "Syria *c.* 1550-1400 B. C.," in I. E. S. Edwards, *et. al.*, eds., *The Cambridge Ancient History*, 3rd Edition, Vol. II, pt. 1, London: Cambridge University Press, 1976, pp. 417-525.

Maria Giovanna Biga, "I Rapporti Diplomatici nel Periodo Protosiriano," in Paolo Matthiae, *et. al.*, eds., *Ebla: alle Origini della Civiltà Urbana*, Milan: Electa, 1995, pp. 140-147.

Marilyn Kelly-Buccellati, "Trade in Metals in the Third Millennium: Northeastern Syria and Eastern Anatolia," in Paolo Matthiae, Maurits Van Loon and Harvey Weiss, eds., *Resurrecting the Past: A Joint Tribute to Adnan Bounni*, Te Istanbul: Nederlands Historisch-Archaeologisch Instituut, 1990, pp. 117-131.

Marilyn Kelly-Buccellati, "Urkesh and the North: Recent Discoveries," in David I. Owen and Gernot Wilhelm, eds., *General Studies and Excavations at Nuzi 11/1*, Bethesda: CDL Press, 2005, pp. 29-40.

Mario Liverani, *Three Amarna Essays*, Malibu: Undena Publications, 1979.

Mario Liverani, "Political Lexicon and Political Ideologies in the Amarna Letters," *Berytus: Archaeological Studies*, Número 31, 1983, pp. 41-56.

Mario Liverani, *Prestige and Interest: International Relations in the Ancient Near East, ca. 1600-1100 B. C.*, Paduva: Sargon srl, 1990.

Mario Liverani, "How to Kill Abdi-Ashirta: EA 101, Once Again," *Israel Oriental Studies,* Vol. 18, 1998, pp. 387-394.

Mario Liverani, *Le Lettere di el-Amarna 1: Le Lettere dei 'Piccoli Re*, Brescia: Paideia, 1998.

Mario Liverani, *Le Lettere di el-Amarna 2: Le Lettere dei 'Grandi Re*, Brescia: Paideia, 1999.

Mario Liverani, "The Great Power's Club," in Raymond Cohen and Raymond Westbrook, eds., *Amarna Diplomacy: The Beginning of International Relations*, Baltimore and London: The Johns Hopkins University Press, 2000, pp. 15-27.

Mario Liverani, *International Relations in the Ancient Near East, 1600-1100 BC*, New York: Palgrave, 2001.

Mario Liverani, *The Ancient Near East*, trans. S. Tabatabai, Abingdon: Routledge, 2014.

Martha T. Roth, *Law Collections from Mesopotamia and Asia Minor*, 2nd Edition, Atlanta: Scholars Press, 1997.

Martha T. Roth, *et. al.*, eds., *The Chicago Assyrian Dictionary of the Oriental Institute of the University of Chicago*, Vol. 12, Chicago: The Oriental Institute, 2005.

Martha T. Roth, *et. al.*, eds., *The Chicago Assyrian Dictionary of the Oriental Institute of the University of Chicago*, Vol. 20, Chicago: The Oriental Institute, 2010.

Martti Nissinen, *Prophets and Prophecy in the Ancient Near East*, Atlanta: Society of Biblical Literature, 2003.

Meir Malul, *Studies in Mesopotamia Legal Symbolism*, Kevelaer: Verlag Butzon & Bercker Kevelaer, Neukirchen-Vluyn: Neukirchener Verlag Neukirchen-Vluyn, 1988.

Michael C. Astour, "The Partition of the Conferderacy of Mukiš-Nuhašše-Nii by Suppiluliuma: A Study in Political Geography of the

Amarna Age," *Orientalia*, Nova Series, Vol. 38, No. 3, 1969, pp. 381-414.

Michael C. Astour, "Ugarit and the Powers," in G. D. Young, ed., *Ugarit in Retropect: Fifty Years of Ugarit and Ugaritic*, Winana Lake: Eisenbrauns, 1981, pp. 3-29.

Michael Roaf, *Cultural Atlas of Mesopotamia and the Ancient Near East*, Oxford: Equinox, 1990.

Michael Roaf, "Kassite and Elamite Kings," in Alexa Bartelmus and Katja Sternitzke, eds., *Karduniaš. Babylonia Under the Kassites*, Vol. 1, Berlin / Boston: De Gruyter, 2017, pp. 166-195.

Michael Rowlands, "Centre and Periphery: A Review of a Concept," in Michael Rowlands, Mogens Larsen And Kristian Kristiansen, eds., *Centre and Periphery in the Ancient World*, Cambridge, London New York, New Rochelle, Melbourne and Sydney: Cambridge University Press, 1987, pp. 1-11.

Miriam Lichtheim, *Ancient Egyptian Literature: A Book of Reading*, Vol. I, Berkeley, Los Angeles and London: University of Californian Press, 1973.

Miriam Lichtheim, *Ancient Egyptian Literature: A Book of Reading*, Vol. II, Berkeley, Los Angeles and London: University of California Press, 1976.

Mu-chou Poo, *Enemies of Civilization: Attitudes toward Foreigners in Ancient Mesopotamia, Egypt, and China*, Albany: State University of New York Press, 2005.

Nadav Na'aman, "The Historical Introduction of the Aleppo Treaty Reconsidered," *Journal of Cuneiform Studies*, Vol. 32, No. 1, Jan. 1980, pp. 34-42.

Nicholas Postgate, "Royal Ideology and State Administration in Sumer and Akkad," in Jack M. Sasson, ed., *Civilizations of the Ancient Near East*, Vol. I and II, Massachusetts: Hendrickson Publishers, 2000, pp.

395-411.

Niels Peter Lemche, "The History of Ancient Syria and Palestine: An Overview," in Jack M. Sasson, ed., *Civilizations of the Ancient Near East*, Vol. I and II, Massachusetts: Hendrickson Publishers, 2000, pp. 1195-1218.

Noel Weeks, *Admonition and Curse: The Ancient Near Eastern Treaty/Covenant Form as a Problem in Inter-cultural Relationships*, London and New York: T & T Clark International, 2004.

Nora Griffith, "Akhenaten and Hittites," *Journal of Egyptian Archaeology*, Vol. 9, No. 1/2, Apr. 1923, pp. 77-78.

O. R. Gurney, *The Hittites*, Melbourne, London and Baltimore: Penguin Books, 1952.

O. R. Gurney, "Anatolia c. 1750-1600 B. C.," in I. E. Edwards, *et. al.*, eds., *The Cambridge Ancient History*, Vol. II, pt. 1, Cambridge: Cambridge University Press, 1971, pp. 228-255.

O. R. Gurney, "Anatolia c. 1600-1380 B. C.," in I. E. S. Edwards, *et. al.*, eds., *The Cambridge Ancient History*, 3rd Edition, Vol. II, pt. 1, London: Cambridge University Press, 1976, pp. 659-683.

Otto Schroeder, *Die Tontafelin von El-Amarna, Texte Nr 1-189,* Leipzig: J. C. Hinrichs'sche Buchhandlung, 1915.

Otto Schroeder, *Die Tontafelin von El-Amarna, Texte Nr 190-202,* Leipzig: J. C. Hinrichs'sche Buchhandlung, 1915.

Otto Schroeder, "Zu Berliner Amarnatexten," *Orientalistische Literaturzeitung*, Vol. 20, No. 4, Apr. 1917, pp. 105-106.

P. van der Meer, *The Chronology of Ancient Western Asia and Egypt: With a Synchronistic Table in Four Sheets*, 2nd and Revised Edition, Leiden: E. J. Brill, 1955.

Paul Thieme, "The 'Aryan' Gods of the Mitanni Treaties," *Journal of the American Oriental Society*, Vol. 80, No. 4, Oct. - Dec. 1960, pp. 301-317.

Peter Bruce Machinist, *The Epic of Tukulti-Ninurta I: A Study in Middle Assyrian Literature*, Ph. D. Dissertation, Yale University, 1978.

Peter Der Manuelian, *Studies in the Reign of Amenophis II*, Hildesheim: Gerstenberg Verlag, 1987.

Peter Raulwing, "Manfred Mayrhofer's Studies on Indo-Aryan and the Indo-Aryans in the Ancient Near East: A Retrospective and Outlook on Future Research," in Thomas Schneider and Peter Raulwing, eds., *Egyptology from the First World War to the Third Reich: Ideology, Scholarship, and Individual Biographies*, Leiden and Boston: Brill, 2013, pp. 248-285.

Pierre Tallet, "Egypt's Old Kingdom in Contact with the World," in Karen Radner, Nadine Moeller and D. T. Potts, eds., *The Oxford History of the Ancient Near East, Volume 1: From the Beginnings to Old Kingdom Egypt and the Dynasty of Akkad*, Oxford: Oxford University Press, 2020, pp. 397-458.

Pierre Grandet, "Egypt's New Kingdom in Contact with the World," in Karen Radner, Nadine Moeller and D. T. Potts, eds., *The Oxford History of the Ancient Near East, Volume III: From the Hyksos to the Late Second Millennium BC*, Oxford: Oxford University Press, 2022, pp. 367-454.

Philip K. Hitti, *History of Syria*, 2nd Edition, New York: ST Martin's Press, 1957.

Philippus Mille, "A Statue of Ramesses II in the University Museum, Philadelphia," The *Journal of Egyptian Archaeology*, Vol. 25, No. 1, Jun., 1939, pp. 1-7.

Pinhas Artzi, "The Rise of the Middle-Assyrian Kingdom According to El-Amarna Letters 15 and 16," in Pinhas Artzi, ed., *Bar-Ilan Studies in History*, Vol. 1, Ramat Gan: Bar-Ilan University Press, 1978, pp. 25-44.

Pinhas Artzi, "The Diplomatic Service in Action: The Mitanni File," in Raymond Cohen and Raymond Westbrook, eds., *Amarna Diplomacy:*

The Beginning of International Relations, Baltimore and London: The Johns Hopkins University Press, 2000, pp. 205-211.

Pinhas Artzi, "EA 42, The Earliest Known Case of Parṣu, 'Correct International Custom' ," in Yitschak Sefati, *et. al.*, eds., *An Experienced Scribe Who Neglects Nothing: Ancient Near Eastern Studies in Honor of Jacob Klein*, Bethesda：CDL Press, 2005, pp. 462-479.

Piotr Michalowshi, *Letters from Early Mesopotamia*, Atlanta: Scholars Press, 1993.

R. E. Brünnow, "Die Mîtâni-Sprache," *Zeitschrift für Assyriologie und vorderasiatische Archäologie*, Vol. 5, 1890, pp. 209-259.

Randall L. Schweller, "Tripolority and the Second World War," *International Studies Quarterly*, Vol. 37, No. 1, Mar. 1993, pp. 73-103.

Raphael Giveon, "Thutmosis IV and Asia," *Journal of Near Eastern Studies*, Vol. 28, No. 1, Jan. 1969. pp. 54-59.

Raymond Cohen, "On Diplomacy in the Ancient Near East: The Amarna Letters," *Diplomacy & Statecraft*, Vol. 7, No. 2, Jul. 1996, pp. 245-270.

Raymond Cohen, "Intelligence in the Amarna Letters," in Raymond Cohen and Raymond Westbrook, eds., *Amarna Diplomacy: The Beginning of International Relations*, Baltimore and London: The Johns Hopkins University Press, 2000, pp. 85-100.

Raymond Cohen, "The Great Tradition: The Spread of Diplomacy in Ancient World," *Diplomacy & Statecraft*, Vol. 12, Iss. 1, Mar. 2001, pp. 23-38.

Raymond Cohen and Raymond Westbrook, "Introduction: The Amarna System," in Raymond Cohen and Raymond Westbrook, eds., *Amarna Diplomacy: The Beginning of International Relations*, Baltimore and London: The Johns Hopkins University Press, 2000, pp. 1-12.

Raymond O. Faulkner, *A Concise Dictionary of Middle Egyptian*,

Oxford: Griffith Institute Ashmolean Museum, 1981.

Raymond Westbrook, "Babylonian Diplomacy in the Amarna Letters," *Journal of the American Oriental Society*, Vol. 120, No. 3, Jul. - Sep. 2000, pp. 377-382.

Raymond Westbrook, "International Law in the Amarna Age," in Raymond Cohen and Raymond Westbrook, eds., *Amarna Diplomacy: The Beginning of International Relations*, Baltimore and London: The Johns Hopkins University Press, 2000, pp. 28-41.

Raymond Westbrook, "Old Babylonian Period," in Raymond Westbrook, ed., *A History of Ancient Near Eastern Law*, Vol. 1, Leiden and Boston: Brill, 2003, pp. 361-430.

René Lebrun, *Hymnes et Prières Hittites*, Lou-vain-la-Neuve: Centre d'Histoire des Religions, 1980.

Richard A. Martin, *Ancient Seals of the Near East*, Chicago: Field Museum of Natural History, 1940.

Richard H. Wilkinson and Noreen Doyle, "Between Brothers: Diplomatic Interactions," in Pearce Paul Creasman and Richard H. Wilkinson, eds., *Pharaoh's Land and Beyond: Ancient Egypt and Its Neighbors*, Oxford: Oxford University Press, 2017, pp. 79-92.

Richard S. Hess, *Amarna Personal Names*, Winona Lake: Eisenbrauns, 1993.

Ricardo A. Caminos, *Late-Egyptian Miscellanies*, London: Oxford University Press, 1954.

Robert Gilpin, *War and Change in World Politics*, Cambridge: Cambridge University Press, 1981.

Robert M. Whiting, *Old Babylonian Letters from Tell Asmar*, Chicago: The Oriental Institute of the University of Chicago, 1987.

Robert S. Hardy, "The Old Hittite Kingdom: A Political History," *The American Journal of Semitic Languages and Literatures*, Vol. 58, No. 2,

Apr. 1941, pp. 177-216.

Robert W. Fisher, "The Mubbssirū Messengers at Mari," in Gordon D. Young, ed., *Mari in Retrospect: Fifty Years of Mari and Mari Studies*, Winona Lake: Eisenbrauns, 1992, pp. 113-120.

Rodolfo Ragionieri, "The Amarna Age: An International Society in the Making," in Raymond Cohen and Raymond Westbrook, eds., *Amarna Diplomacy: The Beginning of International Relations*, Baltimore and London: The Johns Hopkins University Press, 2000, pp. 42-53.

Ronald J. Leprohon, "Royal Ideology and State Administration in Pharaonic Egypt," in Jack M. Sasson, ed., *Civilizations of the Ancient Near East*, Vol. I and II, Massachusetts: Hendrickson Publishers, 2000, pp. 273-287.

S. Langdon and Alan H. Gardiner, "The Treaty of Alliance between Ḫattušili, King of the Hittite, and the Pharaoh Ramesses II of Egypt," *Journal of Egyptian Archaeology*, Vol. 6, No. 3, Jul. 1920, pp. 179-205.

S. N. Kramer, "Sumerian Lamentations," in James B. Pritchard, *Ancient Near Eastern Texts Relating to the Old Testament*, 3rd Edition with Supplement, Princetion: Princeton University Press, 1969, pp. 455-463, 611-619.

Sabatino Moscati, *The Face of the Ancient Orient: A Panorama of Near Eastern Civilizations in Pre-Classical Times,* New York: Doubleday and Company, Inc., 1962.

Sam A. Meier, "Review of the Role of Messenger and Message in the Ancient Near East," *Journal of the American Oriental Society*, Vol. 110, No. 4, Oct. - Dec. 1990, pp. 752-753.

Sam A. Meier, "Diplomacy and International Marriages," in Raymond Cohen and Raymond Westbrook, eds., *Amarna Diplomacy: The Beginning of International Relations*, Baltimore and London: The Johns Hopkins University Press, 2000, pp. 165-173.

Samuel A. Meier, *The Messenger in the Ancient Semitic World*, Atlanta: Scholar's Press, 1988.

Serdar Güner and Daniel Druckman, "Identification of a Princess Under Incomplete Information: An Amarna Story," *Theory and Decision*, Vol. 48, No. 4, 2000, pp. 383-407.

Shlomo Izre'el, *Amurru Akkadian: A Linguistic Study*, 2 Vols., Atlanta: Scholars Press, 1991.

Siim Mõttus, *The Edict of Telepinu and Hittite Royal Succession*, M. A. Dissertation, University of Tartu, 2018.

Simo Parpola, *Assyrian Prophecies*, Helsinki: Helsinki University Press, 1997.

Simo Parpola and Kazuko Watanabe, *Neo-Assyrian Treaties and Loyalty Oaths*, Helsinki: The Helsinki University Press, 1988.

Stephen E. Thompson, "The Anointing of Officials in Ancient Egypt," *Journal of Near Eastern Studies*, Vol. 53, No. 1, Jan. 1994, pp. 15-25.

Steven R. David, "Realism, Constructivism, and the Amarna Letters," in Raymond Cohen and Raymond Westbrook, eds., *Amarna Diplomacy: The Beginning of International Relations*, Baltimore and London: The Johns Hopkins University Press, 2000, pp. 54-67.

Steven N. Durlauf and Lawrence E. Blume, eds., *The New Palgrave Dictionary of Economics*, Vol. 3, 2nd Edition, New York: Palgrave MacMillan, 2008.

Susanne Paulus, "Kassite Babylonia," in Karen Radner, Nadine Moeller and D. T. Potts, eds., *The Oxford History of the Ancient Near East, Volume III: From the Hyksos to the Late Second Millennium BC*, Oxford: Oxford University Press, 2022, pp. 808-868.

Steven Snape, *The Complete Cities of Ancient Egypt*, London: Thames & Hudson, 2014.

Tayfun Bilgin, *Officials and Administration in the Hittite World*, Berlin and Boston: Walter de Gruyter, 2018.

The Electronic Pennsylvania Sumerian Dictionary (ePSD), http://psd.museum.upenn.edu/nepsd-frame.html.

Thorkild Jacobsen, "Early Political Development in Mesopotamia," *Zeitschrift für Assyriologie und Vorderasiatische Archäologie*, Vol. 52, 1957, pp. 91-140.

Thorkild Jacobsen, *The Harps That Once...: Sumerian Poetry in Translation*, New Haven and London: Yale University Press, 1987.

Trevor Bryce, *Letters of the Great Kings of the Ancient Near East*, London and New York: Routleege, 2003.

Trevor Bryce, *The Kingdom of the Hittites*, New Edition, Oxford: Oxford University Press, 2005.

Trevor Bryce, *Atlas of the Ancient Near East: From Prehistoric Times to the Roman Imperial Period*, New York and London: Routledge, 2016.

Trevor R. Bryce, "The Death of Niphururiya and Its Aftermath," *Journal of Egyptian Archaeology*, Vol. 76, 1990, pp.97-105.

Trevor R. Bryce, "Some Observations on the Chronology of Šuppiluliuma's Reign," *Anatolian Studies*, Vol. 39, 1989, pp. 19-30.

V. Korošec, "Warfare of the Hittites: From the Legal Point of View," *Iraq*, Vol. 25, No. 2, Autumn 1963, pp. 159-166.

V. Scheil, "Deux Nouvelles Lettres d'el Amarna," *Bulletin de l'Institut Français d'Archéologie Orientale du Caire*, Vol. 2, 1902, pp. 113-118.

V. Scheil, "Tablettes d'El-Amarna de la Collection Rostovicz," in *Mémoires Publiés par les Memebres de la Misssion Archéologique Française au Cáire*, Vol. 6, 1892, pp. 298-309.

Vanessa Davies, *The Dynamics of Hetep in Ancient Egypt*, Ph. D. Dissertation, The University of Chicago, 2010.

Violetta Cordani, "One-year or Five-year War? A Reappraisal of

Suppiluliuma's First Syrian Campaign," *Altorientalische Forschungen*, Vol. 38, Iss. 2, 2011, pp. 240-253.

W. F. Albright, "The Egyptian Correspondence of Abimilki, Prince of Tyre," *Journal of Egyptian Archaeology*, Vol. 23, No. 2, Dec., 1937, pp. 190-203.

W. M. Flinders Petrie, *Tell El Amarna*, London: Methuen & Co., 1894.

W. M. Flinders Petrie, *Six Temples at Thebes*, London: Bernard Quaritch, 1897.

W. Raymond Johnson, "Amenhotep III and Amarna: Some New Considerations," *Journal of Egyptian Archaeology*, Vol. 82, 1996, pp. 65-82.

Walter Summerfield, "The Kassites of Ancient Mesopotamia: Origins, Politics, and Culture," in Jack M. Sasson, ed., Civilizations *of the Ancient Near East*, Vol. I and II, Massachusetts: Hendrickson Publishers, 2000, pp. 917-930.

Walther Hinz, "Elams Vertrag mit Narām-Sîn von Akkade," *Zeitschrift für Assyriologie und Vorderasiatische Archäologie*, Vol. 58, Iss. 1, 1967, pp. 66-96.

Warren C. Benedict, "Urartians and Hurrians," *Journal of the American Oriental Society*, Vol. 80, No. 2, Apr. - Jun. 1960, pp. 100-104.

Wayne Horowitz, *Mesopotamian Cosmic Geography*, Indiana: Eisenbrauns, 1998.

William J. Hamblin, Warfare in the Ancient Near East to 1600 BC, London and New York: Routledge, 2006.

William J. Murnane, *The Road to Kadesh*, Chicago: The University of Chicago, 1985.

William J. Murnane, "Imperial Egypt and the Limits of Power," in Raymond Cohen and Raymond Westbrook, eds., *Amarna Diplomacy: The*

Beginning of International Relations, Baltimore and London: The Johns Hopkins University Press, 2000, pp. 101-111.

William L. Moran, "A Note on the Treaty Terminology of the Sefîre Stelas," *Journal of Near Eastern Studies,* Vol. 22, No. 3, Jul. 1963, pp. 173-176.

William L. Moran, "Akkadian Letters," in James B. Pritchard, ed., *Ancient Near Eastern Texts Relating to the Old Testament*, 3rd Edition with Supplement, Princeton: Princeton University Press, 1969, pp. 623-632.

William L. Moran, "Amarna Glosses," *Revue d'Assyriologie et D'archéologie Orientale*, Vol. 69, No. 2, 1975, pp. 147-158.

William L. Moran, *Les Lettres d'el-Amarna: Correspondance Diplomatique du Pharaon*, Paris: Les Éditions du Cerf, 1987.

William L. Moran, "Amarna Texts (Nos. 102, 103)," in I. Spar, ed., *Cuneiform Texts in the Metropolitan Museum of Art*, Vol. 1, New York: The Metropolitan Museum of Art, 1988, pp. 149-151.

William L. Moran, *The Amarna Letters*, Baltimore and London: The Johns Hopkins University Press, 1992.

William Stevenson Smith, *Interconnections in the Ancient Near East: A Study of the Relationships between the Arts of Egypt, the Aegean and Western Asia*, London: Yale University Press, 1965.

William Stevenson Smith, "Influence of the Middle Kingdom of Egypt in Western Asia, Especially in Byblos," *American Journal of Archaeology*, Vol. 73, No. 3, Jul. 1969, pp. 277-281.

William W. Hallo, *Early Mesopotamian Royal Titles*, New Haven: American Oriental Society, 1957.

William W. Hallo, "Royal Titles from the Mesopotamian Periphery," *Anatolian Studies*, Vol. 30, 1980, pp.189-195.

William W. Hallo, *The Context of Scripture*, Vol. 1, Leiden and Boston: Brill, 2003.

William W. Hallo and William Kelly Simpson, *The Ancient Near East: A History*, New York, Chicago, San Francisco and Atlanta: Harcourt Brace Jovanovich, Inc., 1971.

Wolfgang Heimpel, *Letters to the King of Mari: A New Translation, with Historical Introduction, Notes, and Commentary*, Winona Lake: Eisenbrauns, 2003.

Wolfgang Helck, *Urkunden der 18. Dynastie,* Band 5, Heft 17, Berlin: Akademie Verlag, 1955.

Wolfgang Helck, *Urkunden der 18. Dynastie*, Band 6, Heft 20, Berlin: Akademie Verlag, 1957.

Wolfgang Helck, *Urkunden der 18. Dynastie: Übersetzung zu den Heften 17-22*, Berlin: Akademie Verlag, 1961.

Wolfgang Helck, "Zur Staatlichen Organisation Syriens im Beginn der 18. Dynstie," *Archiv für Orientforschung*, Bd. 22, 1968/69, pp. 27-29.

Wolfram Von Soden, "Zu den Amarnabriefen aus Babylon und Assur," *Orientalia*, Nova Series, Vol. 21, 1952, pp. 426-434.

Wolfram Von Soden, *Akkadisches Handwörterbuch*, 3Vols., Wiesbaden: Harrassowitz, 1965-1981.

Wolfram Von Soden, *The Ancient Orient: An Introduction to the Study of the Ancient Near East*, trans. D. G. Schley, Michigan: William B. Eerdmans Publishing Company, 1994.

Wu Yuhong, "The Treaty between Shadlash and Neribtum," *Journal of Ancient Civilizations*, Vol. 9, 1994, pp. 124-136.

Wu Yuhong, *A Political History of Eshnunna, Mari and Assyria*, Changchun: Institute of History of Ancient Civilizations, 1994.

Y. Lynn Holmes, "The Messengers of the Amarna Letters," *Journal of the American Oriental Society*, Vol. 95, No. 3, Jul. - Sep. 1975, pp. 376-381.

Yuan Zhihui, "Amurru's Expansion and Egypt's Response in the

Amarna Age," *Journal of Ancient Civilizations*, Vol. 19, 2004, pp. 21-31.

Yuval Goren, Israel Finkelstein and Nadav Na'aman, *et. al.*, *Inscribed in Clay: Provenance Study of the Amarna Letters and Other Ancient Near Eastern Texts*, Tel Aviv: Emery and Claire Yass Publications in Archaeology, 2004.

Zainab Bahrani, *Mesopotamia: Ancient Art and Architecture*, London: Thames & Hudson, 2017.

Zipora Cochavi-Rainey, "Some Grammatical Notes on EA 14," *Israel Oriental Studies*, Vol. 18, 1998, pp. 207-228.

Zipora Cochavi-Rainey, *Royal Gifts in the Late Bronze Age*, Beer-sheva: Ben-Gurion University of the Negev Press, 1999.

吉川守、NHK 取材班責任編集『NHK 大英博物館 1：メソポタミア・文明の誕生』日本放送出版協会、1990 年。

二　中文参考文献

B. 森：《外交人员国际法与实践指南》，周晓林等译，中国对外翻译出版公司 1987 年版。

巴里・K. 吉尔斯、安德烈・冈德・弗兰克：《积累之积累》，安德烈・冈德・弗兰克、巴里・K. 吉尔斯主编：《世界体系：500 年还是 5000 年？》，郝名玮译，社会科学文献出版社 2004 版。

巴里・布赞、理查德・利特尔：《世界历史中的国际体系——国际关系研究的再构建》，刘德斌主译，高等教育出版社 2004 年版。

巴里・布赞、琳娜・汉森：《国际安全研究的演化》，余潇枫译，浙江大学出版社 2011 年版。

B. Π. 波将金主编：《外交史》上册，史源译，刘丕坤校，三联书店 1979 年版。

楚树龙：《国际关系基本理论》，清华大学出版社 2003 年版。

迭朗善译，马香雪转译：《摩奴法典》，商务印书馆 1982 年版。

戴尔·布朗:《苏美尔：伊甸园的城市》，王淑芳译，广西人民出版社 2002 年版。

戴尔·布朗编:《安纳托利亚：文化繁盛之地》，王淑芳等译，广西人民出版社 2002 年版。

戴维·M. 沃克:《牛津法律大辞典》，李双元等译，法律出版社 2003 年版。

E. A. 韦斯特马克:《人类婚姻史》第 2 卷，李彬译，李毅夫校，商务印书馆 2002 年版。

恩格斯:《家庭、私有制和国家的起源》,《马克思恩格斯选集》第 4 卷，人民出版社 1972 年版。

恩格斯:《家庭、私有制和国家的起源》,《马克思恩格斯选集》第 4 卷，人民出版社 1995 年版。

戈尔－布思主编:《萨道义外交实践指南》，杨立义等译，上海译文出版社 1984 年版。

拱玉书:《升起来吧！像太阳一样——解析苏美尔史诗〈恩美卡与阿拉塔之王〉》，昆仑出版社 2006 年版。

郭丹彤:《略论埃及希克索斯王朝》,《东北师大学报》1997 年第 3 期。

郭丹彤:《第十八王朝时期埃及在叙利亚和巴勒斯坦地区的统治》,《东北师大学报》2002 年第 2 期。

郭丹彤:《史前文化时期埃及和巴勒斯坦的关系》,《史学集刊》2002 年第 4 期。

郭丹彤:《古代埃及对外关系研究》，黑龙江人民出版社 2005 年版。

郭丹彤译著:《古代埃及象形文字文献译注》上卷，东北师范大学出版社 2015 年版。

《国语》上册，上海师范大学古籍整理组校点，上海古籍出版社 1978 年版。

聂科逊:《外交学》，郭节述译，商务印书馆 1943 年版。

H 和 H.A. 法兰克弗特、约翰·A. 威尔森、陶克尔德·雅克布森:

《人类思想发展史——关于古代近东思辨思想的讨论》，郭丹彤译，黑龙江人民出版社 2005 年版。

胡宗山:《博弈论与国际关系研究：历程、成就与限度》,《世界经济与政治》2006 年第 6 期。

蒋忠新译:《摩奴法论》，中国社会科学出版社 2007 年版。

金应忠、倪世雄:《国际关系理论比较研究》，中国社会科学出版社 1992 年版。

金正昆:《现代外交学概论》，中国人民大学出版社 1999 年版。

K. 埃克霍尔姆、J. 弗里德曼:《古代世界体系中的“资本”帝国主义与剥削》，安德烈·冈德·弗兰克、巴里·K. 吉尔斯主编:《世界体系：500 年还是 5000 年？》，郝名玮译，社会科学文献出版社 2004 年版。

莫顿·卡普兰:《国际政治的系统和过程》，薄智跃译，上海人民出版社 2008 年版。

克劳塞维茨:《战争论》，中国人民解放军军事科学院译，商务印书馆 1982 年版。

拉沙·法朗西斯·劳伦斯·奥本海:《奥本海国际法下：争端法、战争法、中立法》第 1 分册，王铁崖、陈体强译，商务印书馆 1972 年版。

拉沙·法朗西斯·劳伦斯·奥本海:《奥本海国际法上：平时法》第 1 分册，王铁崖、陈体强译，商务印书馆 1989 年版。

李政:《赫梯条约研究》，昆仑出版社 2006 年版，

李忠芳:《两性法律的源与流》，群众出版社 2002 年版。

李学勤主编:《春秋左传正义》，十三经注疏标点本，北京大学出版社 1999 年版。

刘昌玉:《政治婚姻与两河流域乌尔第三王朝的治理》,《社会科学》2018 年第 8 期。

刘昌玉:《历史上最早的国际条约〈埃卜拉—阿巴尔萨条约〉译注》,《世界历史评论》2022 年第 3 期。

刘健:《“世界体系理论”与古代两河流域早期文明研究》,《史学理论研究》2006 年第 2 期。

刘文鹏主编:《古代西亚北非文明》，中国社会科学出版社 1999 年版。

刘文鹏、吴宇虹、李铁匠:《古代西亚北非文明》，福建教育出版社 2008 年版。

刘文鹏:《古代埃及史》，商务印书馆 2000 年版。

罗曼・赫尔佐克:《古代的国家——起源和统治形式》，赵蓉恒译，北京大学出版社 1998 年版。

马克思:《〈政治经济学批判〉导言》,《马克思恩格斯选集》第 2 卷，人民出版社 1972 年版。

马克思:《〈政治经济学批判〉导言》,《马克思恩格斯选集》第 2 卷，人民出版社 1995 年版。

马赛尔・莫斯:《礼物》，汲喆译，上海人民出版社 2002 年版。

美国不列颠百科公司编著:《不列颠简明百科全书》(精粹本)，中国大百科全书出版社编译，中国大百科全书出版社 2014 年版。

门洪华:《博弈论与国际机制理论：方法论上的启示》,《国际观察》2000 年第 3 期。

倪世雄:《博弈论：游戏规则与策略选择——西方国际关系理论简介之七》,《国际展望》1987 年第 7 期。

倪世雄等:《当代西方国际关系理论》，复旦大学出版社 2001 年版。

尼扎姆・莫尔克:《治国策》，蓝琪、许序雅译，云南人民出版社 2002 年版。

裴默农:《春秋战国外交群星》，重庆出版社 1994 年版。

浦野起央:《国际关系理论导论》，刘甦朝译，中国社会科学出版社 2000 年版。

乔治・巴塔耶:《色情史》，刘晖译，商务印书馆 2003 年版。

日本国际法学会编:《国际法词典》，外交学院国际法教研室校订，世界知识出版社 1985 年版。

斯特凡诺·祖菲主编，恩里科·阿斯卡洛内等：《史前到古埃及时期的艺术》，周婷译，上海三联书店 2023 年版。

托马斯·谢林：《冲突的战略》，赵华等译，华夏出版社 2006 年版。

王铁崖主编：《国际法》，法律出版社 1981 年版。

王海利：《古埃及“只娶不嫁”的外交婚姻》，《历史研究》2002 年第 6 期。

王鸣鸣：《外交决策研究中的理性选择模式》，《世界经济与政治》2003 年第 11 期。

王圣诵主编：《国际关系学》，中国法制出版社 2003 年版。

王献华：《两河流域早王朝时期作为地理概念的“苏美尔”》，《四川大学学报》（哲学社会科学版）2015 年第 4 期。

王志民、申晓若、魏范强：《国际政治学导论》，对外经济贸易大学出版社 2010 年版。

温静：《〈阿玛尔纳书信〉中的埃及与巴比伦》，《外国问题研究》2020 年第 3 期。

吴宇虹：《亚述和埃兰的战争》，《外国问题研究》1994 年第 2 期。

吴宇虹、曲天夫：《古代中国和两河流域的“刑牲而盟”》，《东北师大学报》1997 年第 4 期。

吴宇虹：《记述争夺文明命脉——水利资源的远古篇章：对苏美尔史诗〈吉勒旮美什和阿旮〉的最新解释》，《东北师大学报》2003 年第 5 期。

吴宇虹：《南方塞姆文明和北方印欧文明五千年的冲突与交融》，《东北师大学报》2004 年第 2 期。

吴宇虹等：《古代两河流域楔形文字经典举要》，黑龙江人民出版社 2006 年版。

吴宇虹等：《古代西亚塞姆语和印欧语楔形文字和语言》，东北师范大学出版社 2009 年版。

西蒙娜·德·波伏娃：《第二性》，陶铁柱译，中国书籍出版社 1998 年版。

辞海编辑委员会编纂:《辞海》，上海辞书出版社 1999 年版。

熊义杰编著:《现代博弈论基础》，国防工业出版社 2010 年版。

徐杰:《论条约的概念及其法律特征》,《外交学院学报》1996 年第 4 期。

徐慰曾等编:《不列颠百科词典》(国际中文版)第 5 卷，中国大百科全书出版社 1999 年版。

阎学通、阎梁:《国际关系分析》，北京大学出版社 2008 年版。

伊曼纽尔·沃勒斯坦:《现代世界体系》第 1 卷《16 世纪的资本主义农业与欧洲世界经济体的起源》，罗荣渠等译，高等教育出版社 1998 年版。

俞正梁等:《全球化时代的国际关系》，复旦大学出版社 2000 年版。

易建平:《赫梯王权与法》,《世界历史》1997 年第 3 期。

袁指挥:《论阿玛尔纳时代埃及与米坦尼的关系》,《安徽史学》2005 年第 5 期。

袁指挥:《古埃及人的民族意识和观念》,《世界民族》2006 年第 1 期。

袁指挥、刘凤华:《阿玛尔纳时代埃及与巴比伦的关系》,《内蒙古民族大学学报》2004 年第 3 期。

袁指挥:《阿马尔那泥板书信中所见的古代近东大国外交方式》,《古代文明》2008 年第 3 期。

袁指挥:《阿马尔那时代的近东使节》,《历史教学》2008 年 第 12 期下半月刊。

袁指挥:《阿马尔那时代近东外交体系的特征》,《东北师大学报》2018 年第 1 期。

袁指挥:《阿马尔那时代近东大国的礼物交换》,《东北师大学报》2019 年第 2 期。

袁指挥:《古代近东处置战败者的惯用手段》,《中国社会科学报》2019 年 3 月 11 日，第 5 版。

詹姆斯·多尔蒂、小罗伯特·普法尔茨格拉夫:《争论中的国际关系理论》，阎学通等译，世界知识出版社 2003 年版。

张康之、张桐:《世界的中心—边缘结构》，中国社会科学出版社 2016 年版。

张季良:《国际关系学概论》，世界知识出版社 1989 年版。

赵可金:《外交学原理》，上海教育出版社 2011 年版。

赵晔:《吴越春秋》，江苏古籍出版社 1999 年版。

中国大百科全书总编辑委员会《政治学》编辑委员会编:《中国大百科全书（政治学）》，中国大百科全书出版社 1992 年版。

周启朋等编译:《国外外交学》，中国人民公安大学出版社 1990 年版。

附录一　阿马尔那泥板书信译注

在阿马尔那时代，西亚北非的大国外交活跃，各国之间友好往来，互派使节，缔结联姻，盛况空前。而研究大国外交最重要的史料，主要是在埃及阿马尔那发现的埃及与西亚国家之间的泥板书信，以及在赫梯首都哈图萨发现的赫梯外交文书（条约、书信）。对于古代西亚北非的大国外交研究而言，泥板书信具有不可取代的地位，是首屈一指的重要资料，正如有学者所言，尽管在哈图萨、乌加里特和其他一些遗址中发掘出了一些信件，对于研究阿马尔那时代之后的时代具有意义，但是，这些资料无法与阿马尔那泥板书信相提并论。①

这些外交信函写在泥板上，用的是西亚通行的楔形文字，多数是用阿卡德语写成的，但是，也有个别泥板书信采用了其他语言，如胡里语、赫梯语，甚至埃及与附属国的泥板书信是用阿卡德—迦南语写成的。

笔者对泥板书信的翻译，尽可能体现原文的语法特征，尽管有点啰唆，但是，通过译文能够看出原文表述的特征，这就使得译文呈现口语化的特征，事实上，这是尊重原文的表述的必然结果。另，泥板书信文字破损处较多，译文文意有时采用直译，上下文的衔接也受一定影响。

阿马尔那泥板书信，破损之处很多，而且在书写过程中因为各

① Jared L. Miller, "Political Interactions between Kassite Babylonia and Assyria, Egypt and Ḫatti during the Amarna Age," in Alexa Bartelmus and Katja Sternitzke, eds., *Karduniaš. Babylonia Under the Kassites*, Vol. 1, p. 94.

种因素出现了多字和漏字的现象，在拉丁化转写的过程中，学界一般都采用一些符号进行处理，具体如下。

x	一个未知的破损字符
[ ]	楔形文字字符全部残缺
⌜ ⌝	楔形文字字符部分残缺
< >	书吏疏忽遗漏的楔形文字字符
{ }	书吏错误增加的楔形文字字符

在中文译文中，对原文的字符破损、书吏疏漏之处，采用一些符号进行表示，具体如下。

□	阙文
⊠	数目不详的阙文
[ ]	原文残缺拟补的字词
〈 〉	书吏漏掉的字
( )	在翻译过程中增加的有助于理解原文的内容
{ }	书吏多写的字

一　埃及与巴比伦间的泥板书信

埃及与巴比伦之间的泥板，共有 14 块，其中巴比伦王写给埃及的有 10 封泥板书信，埃及法老写给巴比伦王的有 3 封泥板书信，巴比伦公主写给埃及法老的有 1 封泥板书信。巴比伦王卡达什曼恩利尔一世与埃及法老阿蒙霍特普三世之间有 5 封泥板书信，巴比伦王布尔那布亚什二世与埃及法老阿蒙霍特普三世之间的通信有 1 封，巴比伦王布尔那布亚什二世与埃及法老埃赫那吞之间的通信有 7 封。

在翻译这些泥板书信时，因为第 13、第 14 号泥板是礼物清单，与我们所分析的大国外交的关系不大，这里省去对这两封书信的翻译。

（一）第 1 号泥板书信

第 1 号泥板书信为埃及农夫在 1887 年挖掘所得，可能出土于埃及的阿马尔那，最晚到 1888 年 10 月 13 日，为大英博物馆所收藏。目前藏于大英博物馆，编号为 BM 029784，泥板尺寸为 177.8 毫米×101.6 毫米，中间断裂，共 99 行文字。对该泥板的岩相学分析表明，此泥板是用上埃及的艾斯纳的泥土（古新世）制成的。①

1892 年，贝措尔德、巴奇编写的《大英博物馆所藏阿马尔那泥板》出版了该泥板的拓本，并且对书信内容进行了简要介绍。1893 年，德拉特在论文《阿马尔那书信之五》中将其进行拉丁化转写并进行了法文翻译。同年，贝措尔德在其《东方外交》中也对其进行了拉丁化转写。1896 年，温克勒在《阿马尔那泥板》一书中，对该泥板进行了拉丁化转写以及德文翻译。1899 年，阿莱维在其《阿蒙霍特普三世和阿蒙霍特普四世的书信》一书中，对泥板进行拉丁化转写，并将之翻译成了法文。1907 年、1915 年，克努松在《阿马尔那泥板》一书中对该泥板进行了拉丁化转写，并将之译为德文。1992 年，莫兰出版的《阿马尔那书信》，将该泥板翻译为英文并详细地进行注解。2015 年，雷尼的遗作《阿马尔那书信》对该书信进行拉丁化转写以及英文翻译，并做了一些注解。

本译文的原始文献来自贝措尔德、巴奇的拓本，② 同时参考了克努松、雷尼的拉丁化转写 ③ 以及莫兰的英文译本。④

题解

第 1 号泥板书信的写信人为埃及法老阿蒙霍特普三世，收信人

---

① Yuval Goren, Israel Finkelstein and Nadav Na'aman, *et. al.*, *Inscribed in Clay: Provenance Study of the Amarna Letters and Other Ancient Near Eastern Texts*, Tel Aviv: Emery and Claire Yass Publications in Archaeology, 2004, pp. 24-25.

② Carl Bezold and E. A. Wallis Budge, *The Tell El-Amarna Tablets in the British Museum with Autotype*, London: Longmans, 1892, No. 1.

③ J. A. Knudtzon, *Die El-Amarna-Tafeln*, Vol. 1, pp. 60, 62, 64, 66; Anson F. Rainey, *The El-Amarna Correspondence: A New Edition of the Cuneiform Letters from the Site of El-Amarna Based on Collations of All Extant Tablets*, Vol. 1, pp. 58, 60, 62, 64.

④ William L. Moran, *Les Lettres d'el-Amarna: Correspondance Diplomatique du Pharaon*, pp.59-62; William L. Moran, *The Amarna Letters*, pp. 1-3.

为巴比伦王卡达什曼恩利尔一世。在该书信中，对于卡达什曼恩利尔一世对他的指责，阿蒙霍特普三世逐一进行驳斥，可以说这是一封驳论性质的外交信函。其主要内容如下。第 10—61 行，主要争执巴比伦公主在埃及的境况。可能在之前的书信中，埃及法老提出联姻要求，而巴比伦王则以嫁入埃及的姐妹生死不明为借口拒绝，因此，在泥板书信中，埃及法老对巴比伦王的指责进行逐项反驳：派遣到埃及的巴比伦使节地位低微，在巴比伦的时候就没有机会见公主，因此，到了埃及后根本认不出哪位是公主；（第 15—25 行）派遣到埃及的巴比伦使节不诚实，欺骗了巴比伦王；（第 26—36 行）针对巴比伦王指责法老瞒天过海，法老则宣称其对巴比伦公主优待有加；（第 36—52 行）针对巴比伦王对埃及没有赠送礼物的指责，法老则挖苦巴比伦王将女儿当成摇钱树。（第 52—61 行）第 62—77 行，法老进一步向巴比伦王解释没有赠送其礼物的原因，指责巴比伦使节不诚实。第 78—88 行，主要争执关于派遣士兵的问题，可能是关于联姻的护卫队的问题，法老再次指责巴比伦使节不诚实。第 88—95 行，针对巴比伦王对其送给法老的战车的礼遇问题进行抗议，法老以战车需要马匹为由进行辩解。

泥板译注

【拉丁化转写】

(1) [*a-n*]*a* ^{m}*Ka-dá-aš-ma-an-Enlil*(En.líl) *šar*(lugal) ^{kur}*Ka-ra-an-du-n*[*i*]*-še*[1] (2) *u* ⸢*aḫi* (šeš)⸣*-ia qí-bí-ma um-ma* ^{m}*Ni-ib-mu-a-re-*

① 戈登读为 ^{kur}*Ka-ra-an-*^{d}*Du-n*[*i*]*-še*，莫兰赞同戈登的读法，莫兰在 1987 年的法文书中读作 ^{kur}*Ka-ra-* ^{d}*Du-n*[*i*]*-še*，但是在 1992 年英文本中读作 ^{kur}*Ka-ra-an-du-n*[*i*]*-še*，前者将符号 𒀭 理解为限定符，后者则理解为音节 *an*，雷尼重修校对泥板，肯定了戈登的读法，读作 ^{kur}*Ka-ra-an-du-n*[*i*]*-še*，参见 William L. Moran, *Les Lettres d'el-Amarna: Correspondance Diplomatique du Pharaon*, p. 62; William L. Moran, *The Amarna Letters*, p. 1; Anson F. Rainey, *The El-Amarna Correspondence: A New Edition of the Cuneiform Letters from the Site of El-Amarna Based on Collations of All Extant Tablets*, Vol. 2, p. 1323。

a[1] *šarru* (lugal) *rabû*(gal) (3) *šar*(lugal) ^{kur}*Mi-iṣ-ri-i*^{ki} *aḫu* (šeš)*-ka-ma a-na maḫ-ri-ia šul-mu* (4) *a-na maḫ-ri-ka* ⌜*lu*⌝*-ú šul-mu a-na bīti*(é)*-ka a-na aššāti*(dam^{meš})*-ka* (5) a-*na mārī*(dumu^{meš})*-ka a-na* $^{\text{lú.meš}}$*rabûtī*(gal.gal^{meš})*-ka sīsī*(anše.kur.ra^{meš})*-ka* (6) ^{giš}*narkabātī*(gigir^{meš})*-ka a-na lìb-bi mātāti*(kur.kur)*-ka da-an-ni-iš lu-ú šul-mu* (7) *a-na ia-a-ši šul-mu a-na bīti*(é)*-ia a-na aššāti*(dam^{meš})*-ia a-na mārī*(dumu^{meš})*-ia* (8) *a-na* $^{\text{lú.meš}}$*rabûti*(gal.gal^{meš})*-ia sīsī*(anše.kur.ra^{meš})*-ia* ^{giš}*narkabātī*(gigir^{meš})*-ia* (9) *ṣābē*(érin^{meš})-‹*ia*› *ma-ad šul-mu ù* ‹*a-na*› *lìb-bi mātāti*(kur.kur)*-ia ma-gal šul-mu*

【中文译文】

（1）你（使节）对巴比伦（卡尔杜尼阿什[2]）王、（2）我的兄弟卡达什曼恩利尔[3]说："下面是大王[4]、（3）埃及（米西尔）王、你的兄弟尼卜穆阿瑞亚的话。"祝愿平安在我面前！（4）祝愿平安在你面前！真诚祝愿平安与你的宫廷、你的妻子们、（5）你的儿子们、你的官员们[5]、你的马匹、（6）你的战车以及你的国家同在！（7）祝愿平安与我同在！祝愿平安与我的宫廷、我的妻子们、我的儿子们、（8）我的官员们、我的马匹、我的战车（9）和我的大军

① 阿蒙霍特普三世王位名阿卡德对译词 *Ni-ib-mu-a-ri-a* 的变体写法。尼卜穆阿瑞亚为古埃及第 18 王朝法老阿蒙霍特普三世的王位名，在埃及语中写作，读作 *nb-m*ꜣꜥ*t-r*ꜥ，意思是"拉神的马阿特的拥有者"。

② 卡尔杜尼阿什是加喜特人对其在巴比伦尼亚建立的王国的称呼。在加喜特国王与埃及法老的通信中，该词指的是加喜特王朝，在中亚述、新亚述的文书中指的是巴比伦尼亚。

③ 卡达什曼恩利尔一世，古代两河流域加喜特王朝的国王。他的名字为 *Kadašman-Enlil*，由 *kadašman*（信任）与 Enlil（加喜特神祇哈伯的表意符，哈伯等同于两河流域的恩利勒神），意思是"恩利尔神或哈伯神所信任的"，参见 Richard S. Hess, *Amarna Personal Names*, Winona Lake: Eisenbrauns, 1993, p. 95。

④ 这里埃及法老自称"大王"，却将巴比伦国王仅仅称呼为"巴比伦王""我的兄弟"，显示了埃及法老以自我为中心的意识形态。"大王"一词，最早出现在古巴比伦时代，指的是实力强大国家的国王，后来赫梯在公元前 14、前 13 世纪用来称呼赫梯王。

⑤ 这里指的是国家里的高级官员，而非普通官员，参见 William L. Moran, *The Amarna Letters*, p. 3; Anson F. Rainey, *The El-Amarna Correspondence: A New Edition of the Cuneiform Letters from the Site of El-Amarna Based on Collations of All Extant Tablets*, Vol. 2, p. 1324。

同在！祝愿平安与我国里的一切同在！

【拉丁化转写】

(10) *a-nu-um-ma aš-te-me a-wa-ta*$_5$ *ša ta-aš-pu-ra muḫḫi*(ugu)-*še a-na ia-ši* (11) *um-ma-a-mi a-nu-um-ma tu-ba-a mārat*(dumu.munus)-*ia a-na aššūti*(*dam*)$^{ut\text{-}ti}$-*ka* (12) *ù a-ḫa-ti-ia ša id-di-na-ku a-bi-ia aš-ra-nu it-ti-ka* (13) *ù ma-am-ma ú-ul i-mu-ur-ši i-na-an-na šum-ma ba-a*[*l*]-*ṭá*-[*a*]*t* (14) *šum-ma mi-ta-at ša ta-aš-pu-ra-an-ni i-na lìb-bi tuppi*(dub)-*ka*

【中文译文】

（10）与此同时，我已经听到你（巴比伦王）写给我关于她（你的女儿）的话，（11）你说道："现在，你（埃及王）寻求我的女儿作为你的妻子。（12）但是我父亲（巴比伦先王）送给你的我姐姐已经在那里与你在一起了。①（13）没人（在埃及）看见过她。现在，不知她是活着呢，还是死了呢？"（14）这是你在你的泥板中写给我（埃及王）的话。

【拉丁化转写】

(15) *an-nu-tu*$_4$ *a-wa-tí-ka ù im-ma-ti ta-aš-pu-ra amīl*(lú)-*ka kabta*(dugud)② (16) *ša i-de*$_4$ *a-ḫa-at-*⸢*ka*⸣ *ša i-dáb-bu-ub it-ti-še* (17) *ù*

① 这里指的是先前巴比伦与埃及的联姻。

② 本处以及第33行的符号，克努松读为 [lú]*ka-mi-rum*，《芝加哥大学东方研究所的亚述语词典》接受了克努松的读法，但平托雷、戈登读为 *amīla*(lú)-*ka kabta*(dugud)，莫兰对泥板重新检查，肯定了后者的读法，学界基本上接受了 *amīla*(lú)-*ka kabta*(dugud) 的读法，雷尼也接受了这种读法，本书采用学界普遍接受的读法。参见 A. Leo Oppenheim, *et. al.*, eds., *The Chicago Assyrian Dictionary of the Oriental Institute of the University of Chicago*, Vol. 8, Chicago: The Oriental Institute, Glückstadt: J. J. Augustin Verlagsbuchhandlung, 1971, p. 121；J. A. Knudtzon, *Die El-Amarna-Tafeln*, Vol. 1, p. 60; William L. Moran, *The Amarna Letters*, p. 3; William L. Moran, "Amarna Glosses," *Revue d'Assyriologie et D'archéologie Orientale*, Vol. 69, No. 2, 1975, p. 156; Anson F. Rainey, *The El-Amarna Correspondence: A New Edition of the Cuneiform Letters from the Site of El-Amarna Based on Collations of All Extant Tablets*, Vol. 1, p. 58; Anson F. Rainey, *The El-Amarna Correspondence: A New Edition of the Cuneiform Letters from the Site of El-Amarna Based on Collations of All Extant Tablets*, Vol. 2, p. 1324。

*ú-ma-an-di-še*① ⸢*ù*⸣ *li-id-bu-ub*② *it-ti-še* (18) *amīlūtu*(lú^{meš}) *ša ta-ša-ap-pa-ra ri-i-qa*③ ⸢^{lú}⸣[*x x x*] (19) *ša* ^{m}*Za-qa-ra* 1^{en} *rē'û*(lú.sipa) *imērē*(anše.ḫi.a) [*š*]*a* ⸢^{kur}⸣[*x x x x ša-n*]*u-ú* (20) *i-ia-nu* 1^{en} *lìb-bi-šu-*[*nu š*]*a* [*i-de*$_4$*-še š*]*a qé-ri-ib* (21) *a-na a-bi-ka ù š*[*a ú-ma-an-de-še*] *ap-pu-na-ma* (22) $^{\text{lú.meš}}$*mār*(dumu) *šipri*(kin) ⸢*ša*⸣ ⸢*i*⸣[*-de*$_4$*-še i*]*t-ti-ka ù* [*li-qa*]*-bi-ši-i* ④ (23) [*la-a*] ⸢*a*⸣*-ḫa-at-k*[*a i-ia-nu*] *lìb-bi-š*[*i-na ša i-de*$_4$]*-a-ši* (24) [*ù i-qa-ba-ak-ku a*]*p-pu*[*-na-ma šal-ma-at*]*-ma ù balaṭa*(ti) *na-din*⑤ (25) [*mi-ma*]⑥

---

① 莫兰读作 *ú-ma-an-di-še*，雷尼读作 *ú-ma-an-de-še*，本书采用莫兰的读法。*ú-ma-an-di-še* 是动词 *idû* 的 D 词干 *uddu* / *wuddu* / *uddi* / *uweddi* / *uwaddi*，在这里，*uwaddi* > *umaddi* > *umandi*。参见 William L. Moran, *The Amarna Letters*, p. 3; Anson F. Rainey, *The El-Amarna Correspondence: A New Edition of the Cuneiform Letters from the Site of El-Amarna Based on Collations of All Extant Tablets*, Vol. 1, p. 58。

② 雷尼认为，⸢*ù*⸣ *li-id-bu-ub* 构成了一个目的或结果从句，与前面的句子构成了因果关系，因此翻译为“让他与她说话”，而莫兰将这句话与前面的句子断开，翻译为“如果是这样的话，他一定会与她说话”，但是，从语法结构来看，雷尼的看法可能更合理。参见 Anson F. Rainey, *The El-Amarna Correspondence: A New Edition of the Cuneiform Letters from the Site of El-Amarna Based on Collations of All Extant Tablets*, Vol. 1, p. 59; Anson F. Rainey, *The El-Amarna Correspondence: A New Edition of the Cuneiform Letters from the Site of El-Amarna Based on Collations of All Extant Tablets*, Vol. 2, p. 1324; William L. Moran, *The Amarna Letters*, p. 1。

③ *rīqa* 意思为“空”，联系上文的 *kabta*（重要的），其引申意为“不重要的人”，参见 William L. Moran, *The Amarna Letters*, p. 3。

④ 克努松拟补为 [*li-q*] *a-bi*，戈登认为 *qa* 是一个较长的符号的末尾部分，言外之意就是 *qa* 之前还有其他字符，雷尼拟补为 [*iq-ta*]*-bi*，参见 J. A. Knudtzon, *Die El-Amarna-Tafeln*, Vol. 1, p. 60; William L. Moran, *The Amarna Letters*, p. 3; Anson F. Rainey, *The El-Amarna Correspondence: A New Edition of the Cuneiform Letters from the Site of El-Amarna Based on Collations of All Extant Tablets*, Vol. 1, p. 58。

⑤ 莫兰认为 *ti-na-din* 的读法有点问题，因此建议采用 *balaṭa*(ti) *na-din*，雷尼接受了莫兰的读法，本书采用了莫兰的读法。参见 William L. Moran, *The Amarna Letters*, p. 3; Anson F. Rainey, *The El-Amarna Correspondence: A New Edition of the Cuneiform Letters from the Site of El-Amarna Based on Collations of All Extant Tablets*, Vol. 1, p. 58。

⑥ 根据雷尼拟补，参见 Anson F. Rainey, *The El-Amarna Correspondence: A New Edition of the Cuneiform Letters from the Site of El-Amarna Based on Collations of All Extant Tablets*, Vol. 1, p. 58。

a[*-n*]*a qāti*(šu) $^{⸢ti⸣}$-[*šu a*]*-na la-q*[*í-šu*] ⸢*a*⸣*-na um-mi-še*①

【中文译文】

（15）你何时派过一个知道你姐姐、（16）和她说过话并且能（17）认出她来的可靠的人呢？（如果有），让他与她说话！（18）你派来的这些人都是不太可靠的。（18）一个是（19）扎卡拉的□□□人，另一个是来自□□□国的牧驴人。（20）他们中间没有一个是认识她的，（没有一个）是接近过（21）你父亲并能够认出来她的人。② 此外，（22）你那里一定有认识她的使节，让他与她说话。（23）不是你的姐姐吗？他们中就没有认识她（24）并告诉你（实情）的人！此外，她很好，身体安泰。（25）有什么东西要交给他（使节），然后由他转交给她母亲吗？③

【拉丁化转写】

(26) *ù i-nu-ma ta-aš-pu-ra um-ma-*⸢*a*⸣*-mi ta-aq-ta-bi-mi* (27) *a-na* $^{lú.meš}$*mār*(dumu) [*šipri*(kin)]*-ia ù aššāt*(dam^{meš})*-ka pu-ḫu-rù iz-za-a-zu* (28) *i-na pa-ni-ka um-ma-a a-mur be-el-ti-ku-nu ša iz-za-az* (29) *i-na pa-ni-ku-nu ù* $^{lú.meš}$*mār*(dumu) *šipri*(kin)*-ia ú-ul i-de*$_4$*-ši* (30) *ši-i a-ḫa-ti-ia ša ki-ka-ša*④ *a-nu-um-ma at-ta-ma* (31) *ta-aš-pu-ra um-ma-a ú-ul i-du-*

① 莫兰认为 *ummu* 不是母亲的意思，根据上下文可能是保姆的意思，但是笔者并不赞同莫兰的猜测。参见 William L. Moran, *The Amarna Letters*, p. 3。

② 此处的“接近过你父亲”，指的是派来的使节是地位低的人，巴比伦王先王从未召见过他，因此，这个使节从未见过巴比伦公主。

③ 这句话很突兀，但是，联系到巴比伦对埃及的经济外交的话，就不难理解埃及法老的意思：巴比伦派使节见嫁到埃及的公主，是为了得到公主赠予巴比伦太后的礼物，讽刺之意一目了然。

④ 本处以及第 41、第 56、第 91 行处 *ki-ka-ša* 中的 *ki* 如何理解，莫兰将之视为表意符 ki，其对应的阿卡德语为 *itti*（和），读为 *itti*(ki)*-ka ša*，但是克努松、雷尼读为 *ki-ka-ša*，本书采纳了克努松等人的意见。参见 William L. Moran, *The Amarna Letters*, p. 4; J. A. Knudtzon, *Die El-Amarna-Tafeln*, Vol. 1, p. 62; Anson F. Rainey, *The El-Amarna Correspondence: A New Edition of the Cuneiform Letters from the Site of El-Amarna Based on Collations of All Extant Tablets*, Vol. 1, p. 60; A. Leo Oppenheim, *et. al.*, eds., *The Chicago Assyrian Dictionary of the Oriental Institute of the University of Chicago*, Vol. 8, p. 351。

ši [lú.meš]*mār*(dumu) *šipri*(kin)*-ia* (32) *ù ma-an-nu* [*l*]*u-mé-di-ši-ma*[①] *ta-qa-ab-bi am-mi-n*[*i*] (33) *la ta-šap-pa-ra amīl*(lú)*-ka kabta*(dugud) *ša i-qáb-ba-ku a-wa-at ki-ti* (34) *šu-ul-ma-ni*[②] *ša a-ḫa-ti-ka ša an-ni-ka-a* (35) *ù ta-qa-ap ša ir-ru-ub a-na na-ma-ra*[③] *bīt*(é)*-še* (36) *ù ṭe*$_4$*-em-še it-ti šarri*(lugal) *ù i-nu-ma ta-aš-pu-ra*

【中文译文】

（26）另外，当你（巴比伦王）给我写信时，你说道："你（埃及王）（27）对我（巴比伦王）的使节们——当你的妻子们都站在（28）你面前时——说：'站在你们（使节们）面前的这些人中，找出你们的（29）女主人！'但是我（巴比伦王）的使节没有认出她（我姐姐）。（30）谁是长得像我姐姐的人呢？"现在，你（巴比伦王）（31）写信给我，说："（如果）我的使节们不认识她，"（32）你（又）说道，"谁是认识她的人？"为什么（33）不派一个能告诉你真话（34）——你姐姐在这里平安生活——的可靠的人呢？（35）于是，你能信任那个进入（宫殿）看到她的房子（36）以及她与国王关系[④]的人吗！

【拉丁化转写】

(36)[⑤] *ù i-nu-ma ta-aš-pu-ra* (37) *um-ma-a-mi mi-in*$_4$*-de*

---

① 克努松将首字符拟补为 *lu*，但是雷尼拟补为 *ú*，参见 J. A. Knudtzon, *Die El-Amarna-Tafeln*, Vol. 1, p. 62; Anson F. Rainey, *The El-Amarna Correspondence: A New Edition of the Cuneiform Letters from the Site of El-Amarna Based on Collations of All Extant Tablets*, Vol. 1, p. 60。

② *šulmānu* 本义为问候礼，但是在阿马尔那泥板、乌加里特文献中，引申为健康、安乐的意思，这里就是引申义。

③ 雷尼认为这里读为 *a-na-›na‹-ma-ri*!(ra)，确定书吏重复书写了 *na*，但笔者认为可以将 *a-na* 理解为介词，*namaru* 本来应该是动词原形 *āmaru* 构成目的状语，词首字母 *a* 被前面 *ana* 中的 *na* 所影响，错为 *na*。也可能是 N 词干 *numaru* > *namaru*。参见 Anson F. Rainey, *The El-Amarna Correspondence: A New Edition of the Cuneiform Letters from the Site of El-Amarna Based on Collations of All Extant Tablets*, Vol. 1, p. 60。

④ 此处指的是巴比伦公主与埃及法老关系良好。

⑤ 本行与上段最后一行为同一行，出于需要而分别放在不同的段落。

mārat(dumu.munus) 1^{en} *mu-uš-ke-nu* (38) *ù šum-ma* 1^{en} ^{kur}*Ga-‹aš›-ga-ia šum-ma mārat*(dumu.munus) ^{kur}*Ḫa-ni-gal*$_9$*-bat-i‹a›* (39) *ù mi-in*$_4$*-de ša* ^{kur}*Ú-ga-ri-it*$^{⌜ki⌝}$ *ša i-mu-rù* (40) $^{lú.meš}$*mārī*(dumu^{meš}) *šipri*(kin)*-ia ù ma-an-nu i-qa-ap-šu-nu* (41) *ša ki-ka-ša a*[*n-ni-*]*‹tu›*①*ú-ul ip-t*[*e*$_9$] *pí-še* (42) *ù mi-im-ma ú-ul i-qa-ap-šu*[*-nu ù*] *an-nu-tu*$_4$ (43) *a-wa-tí-ka ù šum-ma mi-ta-a*[*t a-ḫa-at*]*-⌜ka⌝* (44) *ù ma-mi-nu ú-ka-ta-mu m*[*u-ta-še ù ma-mi-nu ul*] (45) *nu-še-zi-iz ša-ni-*[*ta a-na bīti-še*] (46) [*x x x*] ^{d}*A-ma-nu-um a-*[*ḫa-at-ka bal-ṭá-at*] ② (47)③ [*a*]*-ḫa-at‹-ka› aššati*(dam)^{ti} ra[*-bi-ti aš-ku-un-še*] (48) [*a-n*]*a be-el-ti bīti*(é)^{ti}[*-ia x x x x x x*] (49) [1] *kál-la-ti ša i*[*-ti-ru*] [*x x x*] (50)④ *muḫḫi*(ugu) *ka-li aššāti*(dam$^{⌜meš⌝}$)-[*ia ma-ar-ra-at*] (51) *ša šarrāni* (lugal^{meš}) *ša* ^{kur}*Mi-iṣ-r*[*i-i x x x*] (52) *i-na* ^{kur}*Mi-*[*iṣ-ri-i*]

【中文译文】

（36）当你（巴比伦王）给我写信时，（37）你（还）说道："我的使节所看到的（女子），也许是（巴比伦的）一个穆什钦努⑤的女儿，（38）或者是一个卡什卡国的女子，或者是哈尼加尔

---

① 克努松读作 *a*[*n-ni*]，在克努松的基础上，雷尼补上了书吏漏写的 *tu*，这样将这个词拟补成 *annītum*（*annû* 的阴性单数），意思是"这个（女子）"，这样与后面"没有张口（说话）"就在逻辑上更加匹配了，参见 J. A. Knudtzon, *Die El-Amarna-Tafeln*, Vol. 1, p. 62; Anson F. Rainey, *The El-Amarna Correspondence: A New Edition of the Cuneiform Letters from the Site of El-Amarna Based on Collations of All Extant Tablets*, Vol. 1, p. 61。

② 莫兰、雷尼将第45行末、第46行拟补为*ša-ni-*[*ta x x x lu i-de*$_4$] [*x x x*]^{d}*A-ma-nu-um a-*[*ḫa-at-ka bal-ṭá-at*]，意思为"阿蒙神知道你姐姐还活着"，笔者认为这样的拟补有待商榷。参见 William L. Moran, *The Amarna Letters*, p. 4; Anson F. Rainey, *The El-Amarna Correspondence: A New Edition of the Cuneiform Letters from the Site of El-Amarna Based on Collations of All Extant Tablets*, Vol. 1, p. 61。

③ 从第 47 行开始为泥板正面的下边角处。

④ 从第 50 行开始进入泥板的背面，该行实为泥板背面第 1 行，以后以此类推。

⑤ 古巴比伦时代的半自由民等级，这里指的是低等级的人或穷人。

巴特国①的女儿，（39）抑或是乌加里特人的女儿。②（40）谁能相信她们是（41）长得像我姐姐的人呢？这个（女子）没有张开她的口（说话）。（42）任何人都不会相信她们。”这些（43）就是你（说）的话。如果你姐姐已经死了，（44）为什么要隐瞒她的死亡呢？为什么我没有（45）把另一个女人安置在她的宫殿中呢？（46）□□□（我以）阿蒙神③的（名义起誓），你的姐姐还活着。（47）我让你的姐姐做了王后④，（48）作为我的宫殿的女主人□□□（她是）（49）□□□、一个（50）超过我所有妻子们的新娘，（51）□□□埃及诸王公□□□（52）在埃及的土地上的□□□

【拉丁化转写】

(52)⑤ *ù i-nu-ma* ˹*ta*˺-˹*aš*˺-˹*pu*˺-˹*ra*˺ *um*-˹*ma*˺-*a* (53) *mārāti*(dumu.munus^{meš})-*i*[*a š*]*a i-na aššūti* (dam)$^{\textit{ut-ti}}$ *it-ti šarrāni*(lugal^{meš}) *ša l*[*i*]-*m*[*i*]-˹*ti*˺-[*ia*]⑥ (54) *ù šum-ma* [*i-ba-šu*]⑦ $^{\text{lú.meš}}$*mār*(dumu) *sipri*(kin)-*ia aš-ra-nu ù i-dáb-bu-bu* (55) *it-ti-ši-*[*na ù ú-š*]*e-bé-lu-ni-in*$_4$*-ni šu-ul-ma-na* (56) *ša ki-ka* [*x x x an-n*]*u-tu*$_4$

① 米坦尼的另外一个名称。

② 通过巴比伦王的话语，可以看出新王国时代埃及国力强大，法老的后宫有来自各地的女子。

③ 古埃及的神祇，最早出现在古王国时代，在中王国时代取代孟图神成为底比斯的保护神，第18王朝开始成为国家主神。

④ 直译为“大老婆”。在古代西亚北非，没有王后的专用词，通常把王后称为“大妻”，如在古埃及语中写作，读作 *ḥmt nswt wrt*（国王的大老婆）。

⑤ 本行与上段最后一行为同一行，出于需要而分别放在不同的段落。

⑥ 根据第57行的 *li-mi*[*-ti-ka*]、第62行的 *li-mi-ti-ka*、第11号泥板第21行的 *šarrāni*(lugal^{meš}) *ša li-mi-ti-ia*，可以将之拟补为 *limītu*，意思为“邻居”，另参见 A. Leo Oppenheim, *et. al.*, eds., *The Chicago Assyrian Dictionary of the Oriental Institute of the University of Chicago*, Vol. 9, p. 193。

⑦ 克努松拟补为 [*i-ba-šu*]，*bašû* 的意思为“在……地方”，而雷尼拟补为 [*i-la-ku*]，*lekû* 的意思为“去”，这两种拟补都不会影响句子的意思，但本书采纳克努松的拟补。参见 J. A. Knudtzon, *Die El-Amarna-Tafeln*, Vol. 1, p. 64; Anson F. Rainey, *The El-Amarna Correspondence: A New Edition of the Cuneiform Letters from the Site of El-Amarna Based on Collations of All Extant Tablets*, Vol. 1, p. 62。

a-wa-te-ka mi-in$_4$*-de*$_9$ *šarrāni*(lugal^{meš}) (57) *ša li-mi*[*-ti-ka š*]*a-ru-ti ra-bu-ti mārāti*(dumu.munus^{meš})*-ka* (58) *i-ra-aš-šu-*⌜*ú*⌝ ⌜*mi*⌝-⌜*im*⌝*-ma it-ti-šu-nu ù ú-še-bé-lu-ni-ku*$_{10}$ (59) *ù mi-ni it-ti-še a-ḫa-at-ka ša it-ti-ia ù* (60) ⌜*ta*⌝*-ka-ša-ad mi-im-ma ù ú-še-bé-la-ak-ku* (61) *dumqa*(sig$_5$) *ki-i ta-na-an-*⌜*din*⌝ *mārāti*(dumu.munus^{meš})*-ka a-na ra-ši ṣabata*(túg)^{ta}① (62) *ša li-mi-ti-ka*

【中文译文】

（52）当你（巴比伦王）给我写信时，你（还）说道：（53）“（至于）我的那些给周边的诸王当妻子的女儿们，（54）如果我的使节在那里的话，她们（女儿们）会与他们（使节）（55）说话，她们（女儿们）会送给我问候礼。（56）像□□□的□□□。”这些就是你的话。也许，你周边的（57）诸王是富裕的和强大的。你的女儿们（58）从他们（周边的诸王）那里得到东西，并且她们会把这些东西送给你。（59）这与在我身边的你姐姐有什么关系呀？（60）（如果）她得到了什么东西，她也会把这些东西送给你的。（61）你把你的女儿送出去以便从你周边的诸王处获得一件衣服，这合适吗？

【拉丁化转写】

(62)② *ù i-nu-ma ta-aš-pu-ra a-wa-te*^{meš} (63) *ša a-bi-ia e-zi-ib la ta-qáb-bi a-wa-te-šu* (64) ⌜*a*⌝*-pu-na-ma šu-ku-un at-ḫu-ut-ti ṭābti*(dug.ga)^{ti} *i-na bi-ri-*⌜*ni!*⌝③ (65) ⌜*ša*⌝ *ta-aš-pu-ra an-nu-tu*$_4$ *a-wa-tí-ka a-*⌜*nu*⌝-⌜*um*⌝-

---

① 第 61 行末，学界有着各种读法。莫兰支持阿茨的读法，读作 *a-na ra-ši liq*(ur)*-ta*，意为“为了获得礼物”；克努松支持戈登的读法，读作 *a-na ra-ši ṭàb*(lu)*-ta*，意为“为了获得物品”；雷尼重新检查泥板，读作 *a-na ra-ši ṣubata*(túg)^{ta}。参见 William L. Moran, *The Amarna Letters*, pp. 4-5; Anson F. Rainey, *The El-Amarna Correspondence: A New Edition of the Cuneiform Letters from the Site of El-Amarna Based on Collations of All Extant Tablets*, Vol. 2, p. 1324。

② 本行与上段最后一行为同一行，出于需要而分别放在不同的段落。

③ 克努松读作 *i-na bi-ri-nu*，其中 *nu* 为西塞姆语第一人称复数后缀，而雷尼检查泥板发现，最后一个字符不是 *nu* 而是 *ni*，而 *ni* 为标准的阿卡德语第一人称复数后缀，参见 Anson F. Rainey, *The El-Amarna Correspondence: A New Edition of the Cuneiform Letters from the Site of El-Amarna Based on Collations of All Extant Tablets*, Vol. 2, p. 1324。

ma at-ḫa-nu (66) ˹*a*˺-˹*na*˺-˹*ku*˺ *ù at*-˹*ta*˺ *ki-la-li-nu ù aṣ-ṣé-el muḫḫi*(ugu) (67) $^{lú.meš}$*mār*(dumu) *šipri*(kin)-*ka ki-i i-qa-ab-bu-ú* ‹*i-na*› *pa-ni-ka um-ma-a mi-im-ma* (68) ˹*ú*˺-*ul i-na-an-di*-˹*nu*˺-*na-ši ša i-la-ku i-na* ^{kur}*Mi-iṣ-ri-i* (69) [*š*]*a* il_5-*la-ku*-ni_7 *mu-ḫi-ia ù i-la-ak* 1^{en} *lìb-bi ši-na*① (70) [*ù la*] il_5-*te-qé kaspā*(kù.babbar.ḫi.a) *hurāṣā* (kù.gi^{meš}) *šamnā*(ì.ḫa.a) *nalbašā*(^{túg}me.ḫi.a) *ka-li mi-ma damqi*(sig_5) (71) [*muḫḫi*(ugu) *ša i-na*] ˹*māti*(kur)˺ *ša-ni-ti ù i-qa-ab-bi la ki-ti* (72) *a-na ša* [*i-š*]*ap-pár-šu* $1^{en-nu-tu4}$ *it-ta-at-la-ku* (73) $^{lú.meš}$*mār*(dumu) *šipri*(kin) *a-na* ˹*a*˺-[*bi*]-˹*ka*˺ *ù pí-šu-nu sà-ru-ti i-dáb-bu-bu* (74) *ša-nu-ti it-tal-ku* [*ù*] *sà-ru-ti i-dáb-bu-bu-ni-ik-ku* (75) *ù aq-bi a-na-ku šum*-˹*ma*˺ [*a-na-an*]-˹*di*˺-*na-aš-šu-nu-ti mi-im-ma* (76) *šum-ma ú-ul a-na-an-din-šu-nu* ˹*šu*˺-[*ru*]-˹*ti*˺ ˹*i*˺-‹*dáb*›-*bu-bu ka-na-ma* (77) *ù aš-ku-un-šu-nu-ti ú-ul ad*-˹*di*˺[-*in a-na m*]*u*[-*ḫ*]*i-šu-nu ap-pu-na-ma*

【中文译文】

（62）你写信给我提及我父亲的（63）话，（但）你并没有说他的原话（64）："此外，让我们之间建立起友好的兄弟之谊吧！"（65）这就是你写信所说的，这些就是你的话。现在，我们两人是兄弟，（66）你和我。我与你的使节（67）有吵架，因为他们（使节）会在你面前说：（68）"他（埃及王）没给我们这些去埃及的人任何东西！"（69）那些来到我面前的人，他们两人中任何一个人离开（埃及）的时候，（70）难道没有拿走（数量）超过了其他国家的白银、黄金、油膏、衣服和（71）所有的好东西吗？他（巴比伦使节）对派遣他的人（巴比伦王）（72）没有讲实话。第一次，（73）当使节回见你父亲时，他们的嘴说了谎。（74）第二次，他们离开后，他们正在对你说谎话。（75）因此，我对我自己说道：

---

① 本行以及第 85 行中 *ši-na*，克努松、莫兰视为阴性复数后缀，因此，翻译为"他们中的任何一个"，但雷尼认为这是数词 *šina*，因为派遣外交使节的惯例是每次两人，参见 J. A. Knudtzon, *Die El-Amarna-Tafeln*, Vol. 1, p. 64; William L. Moran, *The Amarna Letters*, p. 2; Anson F. Rainey, *The El-Amarna Correspondence: A New Edition of the Cuneiform Letters from the Site of El-Amarna Based on Collations of All Extant Tablets*, Vol. 2, p. 1325。

“不论我给了他们东西，（76）还是我没给他们东西，他们还会同样地说谎。”（77）我放下了他们，不再给他们（任何东西）。

【拉丁化转写】

(78) *ù i-nu-ma ta-aš-pu-ra um-ma-a ta-aq*[*-bi-*]⸢*ma*⸣ (79) *a-na* lú.meš*mār*(dumu) *šipri*(kin)*-ia um-ma-a i-ia-nu ṣābē*(érinmeš) *a-na be-l*[*i-ku-ni*]① (80) *ù ú-ul ba-na-at ṣú-ḫa-ar-ti id-di-nu-ni*② (81) *an-nu-tu_4 a-wa-tu-ka i-ia-nu la ki-ti i-dáb-bu-bu-ka* (82) lú.meš*mār*(dumu) *šipri*(kin)*-ka ka-an-na-ma šum-ma i-ba-aš-ši ṣābē*(érinmeš) *ḫu-r*[*a-d*]*ì*③ (83) *šum-ma la i-ba-aš-ši ud-dú-ni mi-nu-ni aš-ša-a-li-*⸢*šu*⸣ (84) *šum-ma ṣābē*(érinmeš) *i-ba-aš-ši at-tu-ka šum-ma i-ba-aš-ši* (85) *sīsī*(anše.kur.rameš) *at-tu-ka-ma e la te-še-me ši-na* (86) lú.meš*mār*(dumu) *šipri*(kin)*-ka ša pí-šu-ni šà-a-ru* ⸢*ša*⸣ *ta-šap-pár* (87) *an-ni-ka-a šum-ma pal-ḫu-ni-ik-ku ù i-‹dáb›-bu-bu šà-ra-ti* (88) *aš-šum a-ṣé-e i-na qāti*(šu)*ti-ka*

① 克努松拟补为 *a-na be-l*[*i-ku-nu*]，雷尼拟补为 *a-na be-l*[*i-ku-ni*]，不管怎么样，这两位学者都拟补成了双数，这与雷尼关于两名使节出使的观点相合。参见 J. A. Knudtzon, *Die El-Amarna-Tafeln*, Vol. 1, p. 66; Anson F. Rainey, *The El-Amarna Correspondence: A New Edition of the Cuneiform Letters from the Site of El-Amarna Based on Collations of All Extant Tablets*, Vol. 1, p. 62; Anson F. Rainey, *The El-Amarna Correspondence: A New Edition of the Cuneiform Letters from the Site of El-Amarna Based on Collations of All Extant Tablets*, Vol. 2, p. 1325。

② 对于 *id-di-nu-ni* 翻译有不同的意见，莫兰翻译为“他们给我的”，在注释中莫兰建议或许可以翻译成被动语态“被给我的”，而雷尼翻译为“他给我的”，在注释中雷尼认为也可能指的是“他们给我的”，笔者赞同雷尼的观点。参见 William L. Moran, *The Amarna Letters*, pp. 2, 5; Anson F. Rainey, *The El-Amarna Correspondence: A New Edition of the Cuneiform Letters from the Site of El-Amarna Based on Collations of All Extant Tablets*, Vol. 1, p. 62。

③ *ṣābu* 意为“军队、士兵”，在其后面可以加上各种单词构成词组，如 *ṣābu qašti* 为弓箭兵，*narkabti* 为战车兵。而 *ḫurādu* 为士兵的一种，类似于武士，因此，*ṣābē*(érinmeš) *ḫu-r*[*a-d*]*ì* 应为一种武士类型的士兵。此外，尽管末尾的字符受到正面第 14 行字符 *ka* 的影响，雷尼检查认为更像 *ti*，可以读为 *dì*，参见 Anson F. Rainey, *The El-Amarna Correspondence: A New Edition of the Cuneiform Letters from the Site of El-Amarna Based on Collations of All Extant Tablets*, Vol. 2, p. 1325。

【中文译文】

（78）此外，当你（巴比伦王）给我写信时，你说道："你对（79）我的使节们说：'难道你们的主人没有军队吗？（80）他给我的女子不漂亮。'"（81）这些就是你的话，难道不是吗？你的使节同样地（82）没讲实话。不论我们有武士兵，（83）还是没有武士兵，① 为什么要问他（84）你是否有军队（85）或马匹呢？② 别听你派遣到这里的（86）那两个嘴不诚实（87）使节（的话），因为他们怕你（发现真相），所以不讲实话，（88）以便能从你的手中逃脱。③

【拉丁化转写】

(88)④ *i-nu-ma táq-ba-a* (89) *um-ma-a it-ta-din* ^{giš}*narkabātī*(gigir^{meš})-*ia i-na lìb-bi* ^{giš}⌜*narkabātī*(gigir^{meš})⌝ (90) $^{\text{lú.meš}}$*ḫa-za-nu-ti ú-ul ta-mu-ur-šu-nu a-ḫi-ta*$_5$ (91) *tu-ṭe*$_4$*-pí-il*$_5$*-šu-nu a-na pa-ni ma-a-ti ša ki-ka ù* (92) *ú-ul ta-mu-‹ur›-šu-nu a-ḫi-ta*$_5$ *lu-ú an-ni-ka* (93) ^{giš}*narkabātī*(gigir^{meš}) *lu-ú an-ni-ka-a sīsū*(anše.kur.ra^{meš}) (94) [*m*]*a-ti-ia e-ri-šu gáb-ba sīsī*(anše.kur.ra^{meš})-*ia* (95) ^{giš}*narkabātī*(gigir^{meš}) *i-nu-ma ta-aš-pu-ra a-na*

【中文译文】

（88）此外，当你（巴比伦王）给我写信时，（89）说道："他（埃及王的官员）把我的战车放在（埃及）市长⑤们的战车中间。（90）你没有单独地会见它们。⑥（91）你在你的国家面前羞辱了它们。（92）你没有单独地会见它们。"战车（93）在这里，我国的马匹在（94）这里！战车需要我的全部（95）马匹！

---

① 直译为：无论有武士兵还是没有武士兵属于我们。

② 直译为：为什么要问他，是否有军队属于你，或是否有马匹属于你呢？

③ 此处指的是巴比伦使节畏罪而撒谎。

④ 本行与上段最后一行为同一行，出于需要而分别放在不同的段落。

⑤ 这里将 *ḫazannu*（*ḫa-za-nu-ti*）译为"市长"，事实上这个词有"镇长、大城市的区长、村长"等意思。

⑥ 这里指的是埃及法老没有特殊对待巴比伦王的礼物。

【拉丁化转写】

(95)① *i-nu-ma ta-aš-pu-ra a-na* (96)② ⸢*qa*⸣*-ti-ia*(!) *ri-qà a-na ša-ka-an šamnē*(ì.ḫa.a) ⸢*a*⸣-⸢*na*⸣ [*r*]*ē*[*š*](sag) (97) *ṣú-ḫa-ar-ti at-ta ta-aš-pu-r*[*a-*]*ni* (98) 1 *qīšat*(níg.ba) *šamnē*(ì) *ṣa-aḫ*

【中文译文】

（95）此外，当你（巴比伦王）写信给（我时），（96）我的手用一个器皿将油倒在一个女子的头上，（97）你送给我的一个上好的（98）油类礼物。

（二）第 2 号泥板书信

第 2 号泥板书信可能出土于埃及的阿马尔那，目前藏于德国柏林的近东博物馆，编号为 VAT 00148 + VAT 02706，其中 VAT 00148 的尺寸为 50 毫米×75 毫米，破损严重，泥板中间缺损，大约为整块泥板的 1/2。泥板正面至少分为 3 栏，背面至少为 1 栏。对该泥板的岩相学分析表明，此泥板是用幼发拉底河的细河泥制成的。③

1889—1890 年，德国学者温克勒、阿贝尔编撰的《阿马尔那泥板》，出版了该泥板的拓本。1915 年，施罗德出版的《阿马尔那泥板》一书，把两块残片合在一起拓下来。1896 年，温克勒写作的《阿马尔那泥板》一书，对该泥板进行了拉丁化转写、德文翻译以及较为简单的注释。1899 年，阿莱维在其《阿蒙霍特普三世和阿蒙霍特普四世的书信》一书中，对泥板进行拉丁化转写，并将之翻译成了法文。1907 年、1915 年，克努松在《阿马尔那泥板》一书中对该泥板进行了拉丁化转写，并将之译为德文。1992 年，莫兰出版的《阿马尔那书信》，将该泥板翻译为英文并详细地进行注解。2015 年，雷尼的遗作《阿马尔那书信》对该书信进行拉丁化转写以及英文翻译，并做了一些注解。

---

① 本行与上段最后一行为同一行，出于需要而分别放在不同的段落。

② 从本行开始是上边角处的铭文。

③ Yuval Goren, Israel Finkelstein and Nadav Na᾽aman, *et. al.*, *Inscribed in Clay: Provenance Study of the Amarna Letters and Other Ancient Near Eastern Texts*, p. 34.

本译文的原始文献来自温克勒、阿贝尔以及施罗德的拓本，① 同时参考了克努松、雷尼的拉丁化转写②以及莫兰的法文、英文译本。③

题解

第 2 号泥板书信的写信人为巴比伦王卡达什曼恩利尔一世，收信人为埃及法老阿蒙霍特普三世。由于泥板破损严重，所以还不能准确理解书信的主要内容。根据现有的文字来看，这封信是以巴比伦与埃及联姻事宜为主题的。第 6—12 行，埃及对巴比伦拒绝联姻提出了外交抗议，巴比伦王向埃及法老说明了公主嫁人的标准，要求按照对等原则，迎娶一名埃及公主，以此来反击埃及的外交抗议。从第 13 行开始，泥板破损。泥板背面破坏严重，其中主要是送给埃及法老以及已经嫁入法老后宫中的巴比伦公主的礼物。

泥板译注

【拉丁化转写】

(1) ⸢*a*⸣-*na* ^{m}*Ni-mu-wa-ri-ia*④ *šar*(lugal) ^{kur}⸢*Mi*⸣-⸢*iṣ*⸣-*ri-i* ⸢*aḫi*(šeš)⸣ [-*ia qí-bi-ma*] (2) *um-ma* ^{m}⸢*Ka*⸣-⸢*da*⸣-aš-⸢*ma*⸣-[*an-Enlil*]([En].líl) *šar*(lugal) ^{kur}*Ka-ra*[-*du-ni-ia-aš*] (3) *a-na ia-ši ù ma*-⸢*ti*⸣-[*ia*] *da-an-ni-iš* [*šu-ul-mu*] (4) *a-na ka-a-ša aššāti*(⸢dam⸣$^{\text{[meš]}}$)-[*k*]*a a-na mārī*(dumu^{meš})-*ka a*[-*na* ^{lú}*rabûtī*(gal.gal^{meš})-*ka*] (5) ⸢*sīsī*(anše⸣.kur.ra^{meš}-*ka* [^{giš}*narkabātī*(gigir^{meš})-*ka*]

---

① Hugo Winckler and Ludwig Abel, *Der Thontafelfund von El-Amarna*, Heft 1, Berlin: W. Spemann, 1889, No. 2, 5; Otto Schroeder, *Die Tontafelin von El-Amarna, Texte Nr 1-189,* Leipzig: J. C. Hinrichs' sche Buchhandlung, 1915, No. 1.

② J. A. Knudtzon, *Die El-Amarna-Tafeln*, Vol. 1, pp. 66, 68; Anson F. Rainey, *The El-Amarna Correspondence: A New Edition of the Cuneiform Letters from the Site of El-Amarna Based on Collations of All Extant Tablets*, Vol. 1, p. 66.

③ William L. Moran, *Les Lettres d'el-Amarna: Correspondance Diplomatique du Pharaon*, p. 65; William L. Moran, *The Amarna Letters*, p. 6.

④ 阿蒙霍特普三世王位名 *Ni-ib-mu-a-ri-a* 的变体写法。

ù ma-ti-ka ga-ab-bi-ša da-an-ni-iš lu šu-[*ul-mu*]

【中文译文】

（1）你（使节）对埃及（米西尔）王、我的兄弟尼穆瓦瑞亚①说：（2）"下面是巴比伦（卡尔杜尼阿什）王卡达什曼恩利尔的话。"（3）真诚地祝愿平安与我和我的国家同在！（4）真诚祝愿平安与你本人、你的妻子们、你的儿子们、你的官员们、（5）你的马匹、你的战车以及你的整个国家同在！②

【拉丁化转写】

(6) ⸢*aš*⸣-⸢*šum*⸣ *aḫi*(šeš)-*ia a*[*-na a-ḫu-za-ti*]③ *iš-pu-ra* (7) ⸢*um*⸣*-ma-a* [*mārat*(dumu.munus)*-ka a-ḫa-aš-še-e*]*ḫ am-mi-ni la ta-aḫ-ḫa-az* (8) [*x x x x x x x x x k*]*a māratú*(dumu.munus[meš])[ú]*-a i-*⸢*ba*⸣*-aš-ša-a* (9) [*mu-tu-ši-na lu-ú šarru*(lugal) *ù l*]*u-*⸢*ú*⸣ *ze-er šarri*(⸢lugal⸣) *šu-nu* (10) [*šu-nu-ma ša a-na mārati̅*(dumu.munus[meš])*-ia e-le-eq-qa-a*]*š-šu-nu-ti* (11) [*šarru*(lugal) *ma-am-ma a-na la ze-er šarri*(lugal) *mārat*(dumu.munus[meš])*-šu ul i*]*d-di-in-ši-na-t*[*i*] (12) *mārat* (dumu.munus[meš])*-ka i-ba-aš-ša am-mi-ni la ta-a*]*d-di-na*④ (13) [*x x x x x x x x x x x x x x x x x x x*[m]][eš]⑤

【中文译文】

（6）至于我的兄弟给我写来的信中所涉及的婚姻关系，（7）你（埃及王）说道："[我想要你的女儿]，为什么你不嫁（她）？"（8）□□□□□□我的女儿有的是，（9）她们的丈夫应该是国王

---

① 这是古埃及第18王朝法老阿蒙霍特普三世的王位名的阿卡德语音译的另外一种形式。

② 这里的问候语比较简单，属于阿马尔那泥板中简略问候语的形式。

③ 克努松拟补为 *a*[*-na ia-ši*]，但是莫兰、雷尼拟补为 *a*[*-na a-ḫu-za-ti*]，参见 J. A. Knudtzon, *Die El-Amarna-Tafeln*, Vol. 1, p. 68; William L. Moran, *The Amarna Letters*, p. 6; Anson F. Rainey, *The El-Amarna Correspondence: A New Edition of the Cuneiform Letters from the Site of El-Amarna Based on Collations of All Extant Tablets*, Vol. 1, p. 66。

④ 根据雷尼的拟补，参见 Anson F. Rainey, *The El-Amarna Correspondence: A New Edition of the Cuneiform Letters from the Site of El-Amarna Based on Collations of All Extant Tablets*, Vol. 1, p. 66。

⑤ 之后至少有4行文字损毁。

或有王室血统（的人）。（10）这些人是我愿意为我的女儿接受的人们。（11）任何国王都不会把他的女儿们嫁给没有王室血统的人！（12）你的女儿也有的是，你为什么不给我（一个）呢？□□□□□□□□□□□□

【拉丁化转写】

(x+1)[1] [*x x x x x x x x x x x x x*] (x+2) [*x x x x x x x x x x x x x*] (x+3) [*x x x x x x x x x sīsī*(anše.kur].⸢ra⸣^{meš}) *damqi*(⸢sig$_5$⸣) (x+4) [*x x x x x x x x x x x x x*] (x+5) 20 ^{giš}[*x x x x ha-ra-ga-b*]*a-aš*[2] *hurāṣi*(kù.gi) (x+6) 120 *šiqlu*(gín) [*x x x x x x x*] (x+7) *a-na šu-ul-*⸢*ma*⸣[*-ni-ka ul-te-bi-la-a*]*k-ku* (x+8) 1 šu gín[3] $^{\text{na4}}$*uqnē*(za. [gìn^{meš}) *a-na ḫu-ul-ma-an a-ḫ*]*a-*⸢*ti*⸣*-ia* (x+9) [*aš*]-⸢*šum*⸣ *aššāt*(dam)-*ka š*[*i-i ul-te-bil*]

【中文译文】

（x+1）□□□□□□（x+2）□□□□□□（x+3）□□□□□□良驹（x+4）□□□□□□□□□（x+5）20根□□□木头，□□件黄金器皿，（x+6）120谢克尔［黄金］□□□□（x+7）——我送给你作为你的问候礼。（x+8）我把一件天青石（首饰送给你）作为我姐姐的问候礼，（x+9）因为她是你的妻子。

（三）第3号泥板书信

第3号泥板书信可能出土于埃及的阿马尔那，为开罗博物馆从文物贩子手中购得，目前藏于埃及开罗博物馆，编号为C 4743，泥板尺寸为90毫米×60毫米，泥板的边缘有破损。泥板正面分为4栏，背面分成2栏。迄今尚未对此泥板泥土来源进行岩相学检验。

1889—1890年，德国学者温克勒、阿贝尔编撰的《阿马尔那

① 从本行开始为泥板背面，由于不知道正面缺少了多少行文字，因此，用x+1的方式表示泥板背面第1行，以此类推。

② *ha-ra-ga-ba-aš*，外来词，是一种器皿。

③ 克努松将[*š*]*u-gín*读为[*š*]*u-ur*，莫兰追随戈登将之解释为60谢克尔，但是，60 *šiqil* = 1 *mina*，这里可能不是*šu-gín*，可能是一种首饰。参见J. A. Knudtzon, *Die El-Amarna-Tafeln*, Vol. 1, p. 68; William L. Moran, *The Amarna Letters*, p. 6。

泥板》，出版了该泥板的拓本。1889 年，塞斯在《现藏于布拉格博物馆的阿马尔那的楔形文字泥板》一文中，对该泥板进行了拉丁化转写、英文翻译以及注释。1891 年，温克勒在《阿马尔那文献的准备性研究》一文中，发表了该泥板的拉丁化转写与德文译文。同年，德拉特在《阿马尔那的三封信》一文中，对该泥板进行了拉丁化转写、法文翻译和注释。1896 年，温克勒写作的《阿马尔那泥板》一书，对该泥板进行了拉丁化转写、德文翻译以及较为简单的注释。1899 年，阿莱维在其《阿蒙霍特普三世和阿蒙霍特普四世的书信》一书中，对泥板进行拉丁化转写，并将之翻译成了法文。1907 年、1915 年，克努松在《阿马尔那泥板》一书中对该泥板进行了拉丁化转写，并将之译为德文。1992 年，莫兰出版的《阿马尔那书信》，将该泥板翻译为英文并详细地进行注解。2015 年，雷尼的遗作《阿马尔那书信》对该书信进行拉丁化转写以及英文翻译，并做了一些注解。

本译文的原始文献来自温克勒、阿贝尔的拓本，① 同时参考了克努松、雷尼的拉丁化转写 ② 以及莫兰的法文、英文译本。③

题解

第 3 号泥板书信的写信人为巴比伦王卡达什曼恩利尔一世，收信人为埃及法老阿蒙霍特普三世。其主要内容为：第 7—8 行，巴比伦王答应了埃及法老的联姻要求，让埃及法老派人来迎娶他的女儿；第 9—17 行，谴责埃及滞留巴比伦使节，抱怨埃及送来的黄金成色低劣；第 18—29 行，对埃及法老没有邀请巴比伦王参加新房落成典礼进行

① Hugo Winckler and Ludwig Abel, *Der Thontafelfund von El-Amarna*, Heft 1, No. 1.

② J. A. Knudtzon, *Die El-Amarna-Tafeln*, Vol. 1, pp. 68, 70; Anson F. Rainey, *The El-Amarna Correspondence: A New Edition of the Cuneiform Letters from the Site of El-Amarna Based on Collations of All Extant Tablets*, Vol. 1, pp. 68, 70.

③ William L. Moran, *Les Lettres d'el-Amarna: Correspondance Diplomatique du Pharaon*, pp. 66-67; William L. Moran, *The Amarna Letters*, p. 7.

抗议，摆出新房落成邀请埃及法老参加典礼的姿态，以此来增强抗议的力度。

泥板译注

【拉丁化转写】

(1) [*a-na* ^{m}*Ni-ib-m*]*u-'-wa-re-ia*① *šar*(lugal) ^{kur}*Mi-iṣ-r*[*i-i aḫi*(šeš)-*i*]*a* (2) [*qí-*]*bi-ma* (3) [*um-ma* ^{m}*Ka-d*]*a-aš-ma-an-*^{d}*Enlíl*(En.líl) *šar*(lugal) ^{kur}*Ka-ra-an-du-n*[*i-*]*-ia-aš aḫu*(šeš)-*ka-ma* (4) [*a-na ia-ši lu š*]*u-ul-mu a-na ka-a-ša bīti*(é)-*ka aššāti*(dam)^{meš}-*ka* (5) [*a-na mārī*(dumu^{meš})②-*k*]*a māti*(kur)-*ka* ^{giš}*narkabātī*(gigir^{meš})-*ka sīsī*(anše.kur.a^{meš})-*ka* (6) [^{lú}] *rabûtī*([ga]l.gal^{meš})-*ka da-an-ni-iš lu šu-ul-mu*

【中文译文】

（1）你（使节）对埃及（米西尔）王、我的兄弟尼卜穆阿瓦瑞亚③（2）说：（3）“下面是巴比伦（卡尔杜尼阿什）王、你的兄弟卡达什曼恩利尔的话。”（4）祝愿平安与我同在！真诚祝愿平安与你本人、你的宫廷、你的妻子们、（5）你的儿子们、你的国家、你的战车、你的马匹（6）和你的官员们同在！

【拉丁化转写】

(7) *aš-šum* ^{f}*ṣu-ḫa-ar-ti mārti*(dumu.munus.a.ni)-*ia*④ *ša a-na a-ḫu-*

---

① 阿蒙霍特普三世王位名 *Ni-ib-mu-a-ri-a* 的变体写法。

② 克努松拟补为 [*gab-p*]*a*，冯佐登最早提议拟补为 *mārī*(dumu^{meš})，戈登、莫兰、雷尼都表示赞同，笔者认为，克努松之所以拟补为 [*gab-p*]*a*，是因为后面的 *māti*(kur)-*ka*，在阿马尔那泥板中一些问候语往往把这两个词放在一起，如第 2 号泥板的第 5 行的 *ma-ti-ka ga-ab-bi-ša*，但是从泥板书信的问候语惯例来看，问候完妻子们后，紧接着是儿子们，因此，拟补为 [*mārī*(dumu^{meš}) -*k*] 较为合理。参见 J. A. Knudtzon, *Die El-Amarna-Tafeln*, Vol. 1, p. 70; Anson F. Rainey, *The El-Amarna Correspondence: A New Edition of the Cuneiform Letters from the Site of El-Amarna Based on Collations of All Extant Tablets*, Vol. 2, p. 1327。

③ 这是古埃及第 18 王朝法老阿蒙霍特普三世的王位名的阿卡德语音译的另外一种形式。

④ *mārti*(dumu^{meš})-a-ni-*ia* 中的 -a-ni 是苏美尔语“他的”，书吏误用为“我的”。

za-ti ta-aš-pu-ra (8) *amīltu*(munus) *ir-ta-bi ša zi-ka-ri ši-i šu-up-ra-am-ma li-il-qu-ú*

【中文译文】

（7）至于你写信给我所提到的要娶的姑娘，即我（巴比伦王）的女儿，（8）这个女人已经长大了，她可以属于一个男人了。① 请派（人）来，他们可以带走她！

【拉丁化转写】

(9) *i-na pa-na mār*(dumu) *ši-ip-ri a-bu-ú-a i-ša-ap-pa-ra-*[k]*u*[-u]*m-ma* (10) *ūmē*(ud[meš]) *ma-ʾa-du-ti ul ta-ka-al-la-šu ḫa-m*[*u-u*]*t-*[*t*]*a* (11) *tu-ka-ša-da-aš-šu ù šu-ul-ma-na ba-na-a* (12) *a-na a-bi-ia tu-še-eb-bé-la-am* (13) *i-na-na a-na-ku mār*(dumu) *ši-ip-ri ki aš-pu-ra-ak-ku* (14) *šatta*(mu) *šešša*(6-kam) *ta-ak-ta-la-šu ù ša-a šatti*(mu) *šešši*(6-[k]am) (15) 30 *manâ*(ma.na) *ḫurāṣa*(kù.gi) *ša ki kaspi*(kù.babbar) *ep-šu a-na šu-ul-ma-ni-ia tu-ul-te-bi-la* (16) *ḫurāṣu*(kù.gi) *ša-a-šu a-na pa-an* [m]*Ka-si-i mār*(dumu) *ši-ip-ri-ka* (17) *uṣ-ṣi-id-du-ma i-ta-ma-ar*

【中文译文】

（9）以前，我父亲向你派遣了一个使节，（10）你没有扣留他很长时间，很快，（11）你送走了他。你把精美的问候礼（12）送给了我父亲。（13）现在，当我向你派遣了一个使节，（14）你已经扣留他 6 年了。在这 6 年里，（15）你送给像用白银铸成的 30 米那黄金作为我的问候礼。（16）当着你的使节卡希② 的面，黄金被熔化了，（17）他看到了（它）。

【拉丁化转写】

(18) *i-si-in-na ra-ba-a ki ta-aš-ku-nu mār*(dumu) *ši-ip-ri-ka* (19) *ul ta-aš-pu-ra um-ma a-al-ka-am-m*[*a a-ku-ul*] ˹*ù*˺ ˹*ši*˺*-ti* (20) *ù šul-ma-ni*

① 此处指的是巴比伦公主到了婚配的年龄。

② 卡希为埃及派往巴比伦的使节，其名字来自西塞姆语，可能是从 *ksy*（马夫）一词演化而来的，在奴兹的文献中，这个名字写作 *qa-si* 或 *qa-si-e*，参见 Richard S. Hess, *Amarna Personal Names*, p. 97。

ša-a i-si-in-ni u[*l tu-še-bi-la*] (21) [*a*]*n-nu-ú* 30 *manā*(ma.na) *ḫurāṣa*(kù.gi) *ša tu*[*-še-bi-la*] (22) *šul-ma-ni ša-a e-em šatta*(mu) *ištēna*(1-[kam]) [*ú-še-bi-la-ak-ku ul ma-ṣi-*]*i* (23) *bīta*([é) *eš-š*]*a e-te-pu-uš i-na li*[*-ib-bi bīti*(é)*-ia* (24) [*dalta*(gišgi.ig) *r*]*a-bi-ta e-te-pu-uš* [*bīta*(é)*-ia eš-ša*] (25)① *mārē* ([dumume]š) *ši-pi-ri-ka i-ta-am*[*-ru ù*] (26) [*i-na-an-n*]*a te-ru-ba-at bīti*(é) *a-ša-ka-an* (27) [*ù at-ta*] *al-ka-am-ma it-ti-ia* (28) [*a-ku-ul*] ⸢*ù*⸣ *ši-i-ti* (29)② [*ul ep-pu-uš š*]*a at-ta te-pu-šu*

【中文译文】

（18）当你举行一个盛大的节日的时候，你没有派（19）你的使节来到这里，说道：“来吧！吃吧！喝吧！”（20）你也没有送来节日的礼物。（21）你送给我的这30米那黄金，（22）［不对应］每年我［送给你］的问候礼物。③（23）我已建造了一间新房子。在我的房子里，（24）我已建造了一个大门。你的使节（25）已经看到了［我的新房子］。（26）现在，我将为房子安装门庭，（27）你来这里和我在一起（欢庆）吧！（28）吃吧！喝吧！（29）我不会做你做过的事情。

【拉丁化转写】

(30) [25 *amēlūta*(lúmeš) *ù*] 25 *amēlāti*(munusmeš) *napḫar*(šu+nígin) 50 *a-m*[*i-lu-ta a-na*] (31) [*šu-ul-ma-ni-ka*] *ul-te-bi-la*[*-ak-ku*] (32) [*x x x x x š*]*a* 10 giš*narkabātī*(gigirmeš) *iṣē*(gišmeš) [*ù*] (33) [10 *ṣimitta*(níg.lal) *ša*] *sisī* ([anš]e.⸢kur⸣.ra) *a-na šu-ul-ma-ni-ka* (34) *ul-te-bi-la-ak-ku*

【中文译文】

（30）我送给你25个男子与25个女子总共50人（31）作为你的问候礼。（32）我还送给你10辆木头战车④的□□□（33）以及10套马作为你的（34）问候礼。

① 从第25行开始为泥板正面的下边角处。

② 从第29行开始为泥板背面。

③ 此处指的是埃及赠礼的价值低于巴比伦的赠礼。

④ 可能为一种轻型战车。

（四）第 4 号泥板书信

第 4 号泥板书信可能出土于埃及的阿马尔那，目前藏于德国柏林的近东博物馆，编号为 VAT 01657，泥板尺寸为 120 毫米×110 毫米，泥板的左上角、右下角缺失，右上部文字破损。泥板正面分为 3 栏，背面分为 2 栏。对该泥板的岩相学分析表明，此泥板的制作材料与第 2 号泥板类似，即用幼发拉底河的细泥制成。①

1889—1890 年，德国学者温克勒、阿贝尔编撰的《阿马尔那泥板》，出版了该泥板的拓本。1891 年，温克勒在《阿马尔那文献的准备性研究》一文中，发表了该泥板的拉丁化转写与德文译文。同年，德拉特在《阿马尔那的三封信》一文中，对该泥板进行了拉丁化转写、法文翻译和注释。1896 年，温克勒写作的《阿马尔那泥板》一书，对该泥板进行了拉丁化转写、德文翻译以及较为简单的注释。1899 年，阿莱维在其《阿蒙霍特普三世和阿蒙霍特普四世的书信》一书中，对泥板进行拉丁化转写，并将之翻译成了法文。1915 年，施罗德出版的《阿马尔那泥板》一书，重新抄录并出版该泥板。1907 年、1915 年，克努松在《阿马尔那泥板》一书中对该泥板进行了拉丁化转写，并将之译为德文。1992 年，莫兰出版的《阿马尔那书信》，将该泥板翻译为英文并详细地进行注解。2015 年，雷尼的遗作《阿马尔那书信》对该书信进行拉丁化转写以及英文翻译，并做了一些注解。

本译文的原始文献来自温克勒、阿贝尔以及施罗德的拓本，② 同时参考了克努松、雷尼的拉丁化转写③ 以及莫兰的法文、英文译本。④

---

① Yuval Goren, Israel Finkelstein and Nadav Na'aman, *et. al.*, *Inscribed in Clay: Provenance Study of the Amarna Letters and Other Ancient Near Eastern Texts*, pp. 34-35.

② Hugo Winckler and Ludwig Abel, *Der Thontafelfund von El-Amarna*, Heft 1, No. 3; Otto Schroeder, *Die Tontafelin von El-Amarna, Texte Nr 1-189,* No. 2.

③ J. A. Knudtzon, *Die El-Amarna-Tafeln*, Vol. 1, pp. 72, 74; Anson F. Rainey, *The El-Amarna Correspondence: A New Edition of the Cuneiform Letters from the Site of El-Amarna Based on Collations of All Extant Tablets*, Vol. 1, pp. 72, 74.

④ William L. Moran, *Les Lettres d'el-Amarna: Correspondance Diplomatique du Pharaon*, pp. 68-69; William L. Moran, *The Amarna Letters*, pp. 8-9.

题解

第 4 号泥板书信的开头部分缺失，因此，泥板的收发者还不确定，但是，学界根据内容认为可能属于埃及与巴比伦间的泥板，写信人可能是巴比伦王卡达什曼恩利尔一世，收信人也许是埃及法老阿蒙霍特普三世。其主要内容为：第 4—22 行，对于埃及法老再三拒绝将埃及女子外嫁巴比伦，巴比伦王逐条进行了反驳，表示不会针锋相对地对待埃及，而是高风亮节般地把巴比伦公主嫁到埃及；第 23—35 行，巴比伦王向埃及法老索要一种动物，并承诺未来巴比伦公主的子嗣放弃埃及王位继承权；第 36—50 行，巴比伦王以最后通牒的方式向埃及法老索要黄金。

泥板译注

【拉丁化转写】

(1)① [*x x x x x x*] ⸢*it*-⸣-*ti-ia mār*(dumu⸢meš⸣) [*ši-ip-ri x x x x x x x*] (2) [*x x x x*]-⸢*i*⸣ *ki-i a*[*x x x x x x*] (3) [*ù* lú.]meš*rabûtī*(galmeš) *ša i-ša-ap-pa-ru-ni* [*x x x x*]

【中文译文】

☒（1）□□□□□□与我，使节们□□□□□□□（2）□□□□当□□□□□□（3）与你派遣到我这里的官员们□□□□

① 从此处的行文来看，在此行之前还有文字。由于泥板上部缺失，所以无法推断到底有多少行，但是可以肯定的一点是，应该为礼貌性的问候语句。

【拉丁化转写】

(4) [*ap-pu-na-m*]*a*① *at-ta aḫi*(šeš)*-ia* ⸢*ki*⸣*-i la na-d*[*a-ni-im-ma*] (5) {[*a-*]*na*}② *mārti*(dumu.munus)*-ka a-na a-ḫa-zi ki-i áš-pu-ra*[*-ak-ku*③ *tal-ta-ap-ra*] (6) *um-ma-a ul-tu*$_4$ *pa-na mārti*(⸢dumu⸣.⸢munus⸣) *šarri*(lugal) *ša* kur*Mi-iṣ*[*-ri-i*] (7) *a-na ma-am-ma ul in-na-ad-di-in am-mi-ni l*[*a in-na-ad-di-in*]④ (8) *šarru*(lugal) *at-ta ki-i libbi*(šà)*-ka te-ep*[*-pu-uš*] (9) *šum-ma* ⸢*ta*⸣*-at-ta-di-in ma-an-nu mi-na-a* ⸢*i*⸣[*-qa-ab-bi*] (10) *ki-i an-ni-ta a-ma-ta iq-bu-ni a-na-ku* ⸢*a*⸣[*-na aḫi*(šeš)*-ia*] (11) *a-ka-an-na al-ta-*⸢*ap*⸣*-ra um-ma-a mārātu*(dumu.munus^{meš}) *rabātu*(gal$^{[meš]}$)⑤ [*ša ma-am-ma*⑥] (12) *amēlātu*(munus^{meš}) *ba-*

---

① 克努松拟补为 [*an-nu-um-m*]*a*，莫兰指出中巴比伦语中不使用 *anumma*，笔者认为，在其他泥板书信中，能看到 *anumma* 的使用，如第 1 号泥板的第 65 行，第 27 号泥板的第 29 行，第 69 号泥板的第 12 行，第 74 号泥板的第 49 与 51 行，第 119 号泥板的第 45 行，第 142 号泥板的第 25 行，第 228 号泥板的第 13 行，等等。但是，如果从表述的转折语气来看，*appūna* 可能更为合适。参见 J. A. Knudtzon, *Die El-Amarna-Tafeln*, Vol. 1, p. 72; William L. Moran, *The Amarna Letters*, p. 8, 9。

② *mārti*(dumu.munus)*-ka* 作宾语，因此，*ana* 没有存在的必要，系书吏的失误。

③ 克努松读作 *táš-pu-ra*[*-ak-ku x x x*]，温格纳德读作 *áš-pu-ra*[*-ak-ku x x x*]，笔者认为，这里是第一人称而非第二人称，因此后者的读法更为合适，参见 J. A. Knudtzon, *Die El-Amarna-Tafeln*, Vol. 1, p. 72; William L. Moran, *The Amarna Letters*, p. 9; Anson F. Rainey, *The El-Amarna Correspondence: A New Edition of the Cuneiform Letters from the Site of El-Amarna Based on Collations of All Extant Tablets*, Vol. 1, pp. 72; Anson F. Rainey, *The El-Amarna Correspondence: A New Edition of the Cuneiform Letters from the Site of El-Amarna Based on Collations of All Extant Tablets*, Vol. 2, p. 1328。

④ 克努松拟补为 *k*[*a-an-na ta-qa-ab-bi*]，但是莫兰、雷尼拟补为 *l*[*a in-na-ad-di-in*]，笔者认为，联系前面的句子，可能莫兰等人的拟补更加符合逻辑。参见 J. A. Knudtzon, *Die El-Amarna-Tafeln*, Vol. 1, p. 72; William L. Moran, *The Amarna Letters*, p. 10; Anson F. Rainey, *The El-Amarna Correspondence: A New Edition of the Cuneiform Letters from the Site of El-Amarna Based on Collations of All Extant Tablets*, Vol. 1, p. 72。

⑤ 虽然莫兰拟补为 gal$^{m[eš]}$，但是他并没有看到字符 meš，雷尼重新检验泥板肯定了莫兰的拟补，参见 Anson F. Rainey, *The El-Amarna Correspondence: A New Edition of the Cuneiform Letters from the Site of El-Amarna Based on Collations of All Extant Tablets*, Vol. 1, p. 72; Anson F. Rainey, *The El-Amarna Correspondence: A New Edition of the Cuneiform Letters from the Site of El-Amarna Based on Collations of All Extant Tablets*, Vol. 2, p. 1328。

⑥ 根据莫兰拟补为 *mamman*，参见 William L. Moran, *The Amarna Letters*, p. 10。

na-tu$_4$ *i-ba-aš-ša-a* 1 *amīlta* (munus) *ba-ni-ta ki-*⸢*i*⸣ *mārat*([dumu.munus)-*k*]*a* ⸢*ši*⸣*-i šu-bi-la*① (13) *ma-an-nu i-qa-ab-bi um-ma-a ul mārat*(dumu.munus) *šarri*(lugal) ⸢*ši*⸣-⸢*i*⸣ (14) *at-ta ki-i la šu-bu-li-im-ma ul tu-še-bi-la* (15) *at-ta ul aḫ-ḫu-ta-a ù ṭa-bu-ta tu-bé-ʾi-i-ma* (16) *ki-i a-na a-ḫa-mi-iš qé-re-bi-ni a-na a-ḫu-za-ti ta-aš-pu-ra* (17) *ù a-na-ku aš-šum an-ni-ti-im-ma a-na aḫ-ḫu-ti ù* ⸢*ṭa*⸣*-bu-ti* (18) *aš-šum a-na a-ḫa-mi-iš qé-re-bi-ni a-na a-ḫu-za-ti aš-pu-ra-ak-ku* (19) *aḫi*(šeš)*-ia* 1 *amēlta*(munus) *am-mi-ni la ú-še-bi-la* (20) *mi-in-de at-ta* 1 *amēlta*(munus) *ul tu-še-bi-la* (21) *a-na-ku ki-i ka-ša-ma-a amēlta*(munus) *lu-uk-la-ak-ku-um-ma l*[*a-a ú-še-bi-il-ši*]② (22) *mārātu*(dumu.munus^{meš})^{ú}*-a i-ba-aš-ša-a ul a-ka-al-la-a*[*k-ku-uš-ši*]

【中文译文】

（4）此外，当我给你写信要求迎娶你的一个女儿的时候，（5）你，我的兄弟，关于［你］不允许（我）娶你的女儿，你给我写信（6）说道：“自从较早的时候起，埃及（米西尔）王的女儿（7）从不给任何人。”你为什么不给呢？（8）你是国王，你可以做你想做的任何事情。（9）如果你愿意给，谁会说什么呢？

① 莫兰认为根据冯佐登的建议拟补，但是他认可 [*mārat*([dumu.munus)-*k*]*a*，对于之后的文字不认可，因为他认为在 *-ka* 之后已经没有写字的地方了，但雷尼检查后发现，后面的文字写在泥板背面了，即 ⸢*ši*⸣*-i šu-bi-la*，参见 William L. Moran, *The Amarna Letters*, p. 10; Anson F. Rainey, *The El-Amarna Correspondence: A New Edition of the Cuneiform Letters from the Site of El-Amarna Based on Collations of All Extant Tablets*, Vol. 1, p. 72; Anson F. Rainey, *The El-Amarna Correspondence: A New Edition of the Cuneiform Letters from the Site of El-Amarna Based on Collations of All Extant Tablets*, Vol. 2, p. 1328。

② 克努松拟补为 *l*[*a-a*]，显然对于 *la* 后面的词语没有拟补，从泥板来看，后边还应该有字符，雷尼追随冯佐登拟补为 *l*[*a-a ú-še-bi-il-ši*]，参见 J. A. Knudtzon, *Die El-Amarna-Tafeln*, Vol. 1, p. 72; Anson F. Rainey, *The El-Amarna Correspondence: A New Edition of the Cuneiform Letters from the Site of El-Amarna Based on Collations of All Extant Tablets*, Vol. 1, p. 72; Anson F. Rainey, *The El-Amarna Correspondence: A New Edition of the Cuneiform Letters from the Site of El-Amarna Based on Collations of All Extant Tablets*, Vol. 2, p. 1328。

（10）当他们（使节们）告诉我了这些话，我给我兄弟（11）写信说道："（埃及）总有人家有长大的女儿、（12）美丽的女子吧？送给我一个漂亮的女子，权当是你的女儿。（13）有谁会说'她不是国王之女呢'？"（14）因为不能送女儿的（风俗），你没有送给我（女子）。（15）难道你不是想寻求兄弟友情与友善吗？（16）（要不然）你也不会写信给我，（要求）建立姻亲关系以密切我们之间的关系。（17）而我因为兄弟友情和友善的这些事情，（18）以及使我们之间关系更紧密的目的，我才给你写了信。（19）我的兄弟为什么不送给我一名女子呢？（20）也许，你不会送给我一名女子，（21）而我因为你的这个做法，将扣留（本来打算送给）你的一名女子，将不再把她送走。（22）我有女儿，有必要扣住（不给）你吗？

【拉丁化转写】

(23) *mi-in-de-e-ma a-na a-ḫu-za-ti ki-i aš-*[*pu-ra-ak-ku ù*] (24) ⸢*a*⸣-[*na*] ⸢*ú*⸣-*ma-mi ki-i aš-pu-ra-ak-ku* [*at-ta ta-aq-ta-bi*] (25) [*it-ti*① ^{lú}]*rabûti*(gal^{meš})-*ka* ⸢*ki*⸣-*i ḫ*[*a-mu-ut-ta x x x x x*] (26-30) [*x x x x x x x x x x x x x x*] (31)② [*x x x x x x x x x x x x x x x x x x x x*] (32) *i*[*t-ti* ^{lú}] *rabûtī*([ga]l^{meš}) -*ka iq-bu-*⸢*ni*⸣[*x x x x x x x x x*] (33) *i-na-an-na ša mārti* (dumu.munus)-*ia ša ú-*⸢*še*⸣[*-bal-la-ak-ku*] (34) *at-ta ze-ra-ša ul ta-ṣa-*⸢*ab*⸣[*-ba-at ù*] (35) *ša ú-ma-mi mi-nu-um-ma e-ri-iš-ka š*[*u-bi-la*]

【中文译文】

（23）也许，当我写信提出联姻③，（24）以及当我写信向

---

① 克努松、雷尼拟补为 *it-ti*，但是，笔者认为拟补为 *a-na* 更为合适，国王应该对官员下命令，而非与官员们商量着办事。参见 J. A. Knudtzon, *Die El-Amarna-Tafeln*, Vol. 1, p. 72; Anson F. Rainey, *The El-Amarna Correspondence: A New Edition of the Cuneiform Letters from the Site of El-Amarna Based on Collations of All Extant Tablets*, Vol. 1, p. 72。

② 从第 31 行开始为泥板背面。

③ 直译为：寻求婚姻。

你要动物[①]的时候，你告诉了（25）你的官员们，以便他们能火速□□□□□□（26—30）⊠（31）⊠（32）他们（巴比伦使节们）告诉了你的官员们□□□□□□□□□（33）现在，至于我正要送给你的我的女儿，（34）你也许不接受她的子嗣（的王位继承权），[②]（35）但是你应该送来我向你要求的动物。

【拉丁化转写】

(36) *ù aš-šum ḫurāṣi*(kù.gi) *ša aš-pu-ra-ak-ku ḫurāṣa*(kù.gi.diri[③])-*k*[*a*][④] (37) *ma-ʾa-da la-am mār*(dumu) *ši-ip-ri-ka a-na mu-uḫ-ḫi-ia* ⸢*i*⸣[-*la-kam*] (38) *i-na-an-na ḫa-mu-ut-ta i-na libbi*(šà) *ebūri*(buru$_{14}$) *an-ni-i* (39) *lu-ú i-na arḫi*(iti) *du'ûzi*(šu.numun.na) *lu-ú i-na arḫi*(iti) *abi*(ne.ne.gar) (40) *šu-bi-la-am-ma du-ul-la ša ṣa-ab-ta-ku lu-*⸢*pu*⸣*-*⸢*uš*⸣ (41) *šum-ma i-na ebūri*(buru$_{14}$) *an-ni-i i-na arḫi*(iti) *du'ûzi*(šu.numun.na) *ù arḫi*(⸢iti⸣) *abi*([ne.ne.]gar) (42) *ḫurāṣa*(kù.gi) *ša aš-pu-ra-ak-ku tu-ul-te-bi-la-a*[*m*] (43) *mārti*(dumu.munus)^{ti} *a-na-di-na-ak-ku ù at-ta i-na ṭú-bi ḫurāṣa*(kù.gi.[diri])-*ka šu-bi-la* (44) *ù šum-ma i-na arḫi*(iti) *du'ûzi*(šu.numun.na) *ù arḫi*(⸢iti⸣) *abi*(ne.[ne. gar]) (45) *ḫurāṣa*(kù.gi) *la tu-ul-te-bi-la-am-ma du-ul-la ša ṣa-ab-ta-ku la e-te-pu-uš* (46) *ù i-na ṭú-bi a-na mi-ni-i tu-še-bé-la-am* (47) *ul-tu*$_4$ *du-ul-la ša ṣa-ab-ta-ku e-te-ep-šu* (48) *ḫurāṣa*(kù.gi) *a-na mi-ni-i lu-uḫ-ši-iḫ* (49) *lu-ú* 3 *lim bilti*(gun) *ša ḫurāṣi*(kù.gi) *šu-bi-la ul a-ma-aḫ-ḫa-a*[*r*] (50) *ú-ta-ar-*⸢*ra*⸣*-ak-ku ù mārti*(dumu.munus)^{ti} *a-na a-ḫu-za-ti ul a-na-*⸢*di*⸣[*-in*]

---

① 此处动物，指的是真正的动物，还是动物标本或模型，不得而知。

② 这里的意思是说，将来公主的子嗣可以不是埃及王位的继承人。在古代两河流域，联姻往往要求未来公主的子嗣继承王位，因此笔者在后边补充了“的王位继承权”以示此意。

③ *ḫurāṣa*(kù.gi.diri) 中的 diri（阿卡德语 *atāru*）为“数量多、质量好”的意思，因此，可以翻译为上好黄金，可能是黄金的一个种类。

④ 雷尼认为末尾的符号为 *ka* 而非 *ba*，参见 Anson F. Rainey, *The El-Amarna Correspondence: A New Edition of the Cuneiform Letters from the Site of El-Amarna Based on Collations of All Extant Tablets*, Vol. 2, p. 1328。

【中文译文】

（36）至于我写给你的信中所谈的你的上好的、大量的（37）黄金，在你的使节来到面前之前，（38）现在，尽快地，在收获季节，（39）或者在4月（塔穆孜月）[①]，或者在5月（阿布月）[②]，（40）送给我，以便我能（继续）做我所从事的工程。（41）如果在这个收获季节，在4月（塔穆孜月）或者在5月（阿布月），（42）你送来了我写信所提及的黄金，（43）我就会把我的女儿给你。请你愉快地送给我上好的黄金。（44）如果在4月（塔穆孜月）或者5月（阿布月），（45）你没有送来黄金，导致我不能做完我所从事的工程的话，（46）你愉快地送我（黄金）有什么用呢？（47）在我完成了我所从事的工程后，（48）我还要黄金干什么呢？（49）即使你送我3000塔兰特黄金，我也不会接受，（50）将退还给你，我也不把我的女儿嫁给（你）！

（五）第5号泥板书信

第5号泥板书信可能出土于埃及的阿马尔那，由两块泥板残片组合而成，其中一块残片藏于英国大英博物馆，编号为BM 029787，另外一块藏于埃及开罗博物馆，编号为C 4744 (12195)，前者最晚到1888年10月13日，为大英博物馆所收藏，其尺寸为90毫米×140毫米×20毫米。泥板的四角缺失，正面最后两行文字缺失，背面除了4行文字（其中最后2行缺失严重）、一个圣甲虫封印之外，几乎全部空白，形状像一个三角形。现存的泥板正面分2栏，背面为1栏。后者为角形残片，是整块泥板的最下角部分。正面残留的文字共有11行（全部不完整），背面残留文字2行。迄今尚未对此泥板泥土来源充分地研究。

1889—1890年，德国学者温克勒、阿贝尔编撰的《阿马尔那

① 相当于公历的6月、7月。

② 相当于公历的7月、8月。

泥板》，出版了该泥板开罗残片的拓本。1892年，贝措尔德、巴奇编写的《大英博物馆所藏阿马尔那泥板》出版了该泥板的大英残片的拓本，并且对书信内容进行了简要介绍。1893年，贝措尔德的《东方外交》一书，对大英残片进行了拉丁化转写，也做了一些注解。1896年，温克勒写作的《阿马尔那泥板》一书，对整块泥板（两块残片组合）进行了拉丁化转写、德文翻译以及较为简单的注释。1899年，阿莱维在其《阿蒙霍特普三世和阿蒙霍特普四世的书信》一书中，对大英残片进行拉丁化转写，并将之翻译成了法文。1907年、1915年，克努松在《阿马尔那泥板》一书中对该泥板进行了拉丁化转写，并将之译为德文。1992年，莫兰出版的《阿马尔那书信》，将该泥板翻译为英文并详细地进行注解。2015年，雷尼的遗作《阿马尔那书信》对该书信进行拉丁化转写以及英文翻译，并做了一些注解。

本译文的原始文献来自温克勒、阿贝尔以及贝措尔德、巴奇的拓本，[①] 同时参考了克努松、雷尼的拉丁化转写 [②] 以及莫兰的法文、英文译本。[③]

题解

第5号泥板书信的写信人可能为埃及法老阿蒙霍特普三世，收信人为巴比伦王卡达什曼恩利尔一世。其主要内容为：第13—17行，埃及法老送给巴比伦王的礼物，可能是对巴比伦答应埃及的联

① Hugo Winckler and Ludwig Abel, *Der Thontafelfund von El-Amarna*, Heft 1, No. 17; Carl Bezold and E. A. Wallis Budge, *The Tell El-Amarna Tablets in the British Museum with Autotype*, No. 4.

② J. A. Knudtzon, *Die El-Amarna-Tafeln*, Vol. 1, pp. 74, 76, 78; Anson F. Rainey, *The El-Amarna Correspondence: A New Edition of the Cuneiform Letters from the Site of El-Amarna Based on Collations of All Extant Tablets*, Vol. 1, pp. 76, 78.

③ William L. Moran, *Les Lettres d'el-Amarna: Correspondance Diplomatique du Pharaon*, p. 71; William L. Moran, *The Amarna Letters*, pp. 10-11.

姻要求的报答；第 18—32 行，埃及法老送给巴比伦王新宫殿的礼物清单。

泥板译注

【拉丁化转写】

(1)① [um-ma ^{m}Ni-ib-mu-a-re②]-i[a] šarru ([lugal]) rabû ([gal]) (2) [šar(lugal) ^{kur}Mi-iṣ-ri-i a-na ^{m}]Ka[-da-aš-ma-an-Enlíl(En.líl)] (3) [šarri(lugal) rabî (gal) šar(lugal) ^{kur}Ka-ra-^{d}Du-]ni-ia[-aš aḫi(šeš)-ia] (4) [qí-bí-ma a-na maḫ-ri-i]a šul‹-mu› a[-na maḫ-ri-ka] (5) [lu-ú šul-mu a-na bītāti(é.ḫi.a)-k]a aššāti(dam^{m}[^{eš}-ka] (6) [mārē(dumu^{meš})-ka $^{lú.meš}$rabûti(gal.gal)-k]a ṣābē(érin^{meš})-k[a] (7) [sīsī(anše.kur.ra^{meš})-k]a $^{gi[š]}$narkabātī[(gigir^{meš})-]ka ù i-n[a lìb-bi] (8) [mātāti(kur^{meš})-ka lu-ú šu]l-⌜mu⌝ (9) [a-na ia-ši š]ul-mu ⌜a⌝-⌜na⌝ bītāti(é.ḫi.a)-ia aššāti(dam$^{⌜meš⌝}$)-[ia] (10) [mārē(dumu^{meš})-ia $^{lú.}$]^{meš}rabûtī(gal.gal)-ia ṣābē(érin^{meš})-ia ma-[a-ad] (11) [sīsī(anše.kur.ra)-i]a ^{giš}narkabāti[(gigir^{meš})-ia ù i-na lìb-b[i] (12) [mātāti(kur^{meš})-i]a ma-gal ma-gal③ lu-ú šul-mu

【中文译文】

（1）“下面是大王、埃及（米西尔）王（2）尼卜穆阿瑞亚的话。”你（使节）对大王、（3）巴比伦（卡尔杜尼阿什）王、我的兄弟卡达什曼恩利尔（4）说。祝愿平安在我面前！祝愿平安也在你（5）面前！祝愿平安与你的宫廷、你的妻子们、（6）你的儿子们、你的官员们、你的军队、（7）你的马匹、你的战车以及你国家（8）的一切同在！（9）祝愿平安与我同在！十分真诚地祝愿平安

---

① 由于这封信信头缺损，学界根据残留的字符以及泥板书信问候语的套路进行了拟补。拟补后的书信，信的一开头即为发信人的信息 *um-ma*……，紧接着才是收信人的信息 *a-na*……，正好与书信的收发信人的表述顺序相反。

② 阿蒙霍特普三世王位名 *Ni-ib-mu-a-ri-a* 的变体写法。

③ 这里使用了两个 *ma-gal* 来增加对自己的祝福，而对巴比伦王祝福却没有用这样的副词，某种程度上暗示了法老以自我为中心的意识。

与我的宫廷、我的妻子们、（10）我的儿子们、我的官员们、我的众多的军队、（11）我的马匹、我的战车以及我国家（12）的一切同在！

【拉丁化转写】

(13) [*a-nu-um-ma*][1] *aš-me um-ma-a tá-te-pu-uš bītāti*(é.ḫi.a) *eššūti* (gi[bil$^{\text{meš?}}$]) (14) ⌜*a*⌝-⌜*nu*⌝-⌜*um*⌝-⌜*ma*⌝ *mi-im-*⌜*ma*⌝ ⌜*uš*⌝-⌜*te*⌝*-bi-la-ak-ku* (15) *te*$_9$*-er-sí-ti*[2] *ša bīti*(é)-⌜*ka*⌝ ⌜*ù*⌝ *a-nu-um-ma* (16) *ú-še-eš-šar mi-im-ma ma-a-ad a-na pa-ni* (17) ^{lú}*mār*(dumu) *širpi*(kin)*-ka ša i-le-qē mārta*(dumu.munus)*-ka ù šum-ma* ^{lú}*mār*(dumu) *širpi*(kin)*-ka is-sà-ḫur ù ú-še-bé-la-*⌜*ku*⌝

【中文译文】

（13）现在我听说你已经建造了一处新宫室。（14）与此同时，我给你送去一些东西——（15）你房子的用具。现在，（16）我把大量的东西送到（17）即将带来你女儿的你的使节们面前。当你的使节回去的时候，我会把它们送给你的。

【拉丁化转写】

(18) *a-nu-um-ma uš-te-bi-la-ak-ku šu-ul-ma-na* (19) ⌜*ša*⌝ *bīti*(é) *ešši*(⌜gibil⌝) *a-na qa-ti* ^{m}*Šu-ut-ti* (20) [1] *erša*(giš.ná)[3] *ša* ^{giš}*ušî*(esi) *šin*(zu$_9$/ka × ud) *pí-ri*[4] *ḫurāṣa*(kù.gi) *uḫḫuza*(gar.ra) (21) 3 *erša*(giš.⌜n⌝á) *ša* ^{giš}*ušî*(esi) *ḫurāṣa*(kù.gi) *uḫḫuza*(gar.ra) (22) 1 ^{giš}*ú-*⌜*ru*⌝-[*u*]*š-ša*[5] *ša*

---

① 克努松、雷尼拟补为 [*a-nu-um-ma*]，莫兰认为可以拟补为 [*a-nu-um-ma*] 或 [*i-na-an-na*]，参见 J. A. Knudtzon, *Die El-Amarna-Tafeln*, Vol. 1, p. 76; Anson F. Rainey, *The El-Amarna Correspondence: A New Edition of the Cuneiform Letters from the Site of El-Amarna Based on Collations of All Extant Tablets*, Vol. 1, p. 76; William L. Moran, *The Amarna Letters*, p. 11。

② *te*$_9$*-er-sí-ti* 的标准写法为 *tērsītu*（准备、装具、用具），联系第 14 行的 *mimma*，这里是对 *mimma* 的补充性说明。

③ 此处为开罗残片与大英残片的结合处。

④ *šin*(zu$_9$/ka × ud) *pí-ri*，前者为 *šinnu*（牙齿），后者为 *pīru*（大象），因此其意思为“象牙”。

⑤ *uruššu* 为埃及词的阿卡德语音译，在古埃及语中写作 ，读作 *wrš*，参见 Martha T. Roth, *et. al.*, eds., *The Chicago Assyrian Dictionary of the Oriental Institute of the University of Chicago*, Vol. 20, Chicago: The Oriental Institute, 2010, p. 272; Zipora Cochavi-Rainey, *Royal Gifts in the Late Bronze Age*, Beer-sheva: Ben-Gurion University of the Negev Press, 1999, pp. 223-224。

^{giš}*ušî*(esi) *ḫurāṣa*(kù.gi) *uḫḫuza*(gar.ra) (23) 1 ^{giš}*kuššâ*(gu.za) *rabîta*(ga[l]) [*š*]*a* ^{giš}*ušî*(esi) *ḫurāṣa*(kù.gi) *uḫḫuza*(gar.ra) (24) 5 ^{giš}*kuššâ*(gu.za) *ša* ^{giš}*ušî*(esi) *ḫurāṣa*(kù.gi) *uḫḫuza*(gar.ra) (25) 4 ^{giš}*kuššâ*(gu.za) *ša* ^{giš}*ušî*(e[si]) *ḫurāṣa*(kù.gi) *uḫḫuza*(gar.ra) (26) *an-nu-ut-ti gáb-bu ḫurāṣa*(k[ù.g]i) *šuqultu*(ki.lá)-*šu*$_{13}$ 7 *manû*(ma.na) 9 *šiqlē*(gín.gín) *ḫurāṣi*(kù.gi) (27) *šuqultu*(ki.lá.bi) *ša kaspi*(kù.babbar) *x manû*([m]a.na) 8 *šiqlē*(gín.gín) *kaspi*(⸢kù⸣.[babbar]) (28) ù 1/2 *šiqlē*(gín.gín) *kaspi*(kù.babbar) 10 *gištappa*(giš.gìr.gub) *ša* ^{giš}*ušî*(esi) (29) [*x x x*] 1 murub$_4$ *ša* ^{giš}*ušî*(esi) *ḫurāṣa*(kù.gi) *uḫḫuz*(gar.ra) (30) [*x*] *gištappa*([giš].gìr.gub) *ša* ^{giš}*ušî*(esi) *ḫurāṣa*(kù.[g]i) *uḫḫuz*(gar.ra) (31)① [*an-nu-*]*t*[*ù š*]*a* ⸢*ṭup*⸣*-pí š*[*a*] *ḫurāṣi*(kù.gi) (32) [*ištēniš*(šu.nígin) *x*] *manû*(ma.na) *ù* 10 *šiqlē*(gin.⸢gin⸣) *ù* 7 *šiqlē*(gin.[gin]) *ḫurāṣi*(kù.gi)

【中文译文】

（18）与此同时，我将通过苏提②（19）给你送新房的礼物：（20）1张镶象牙和黄金的乌木床，（21）3张镶金乌木床，（22）1只镶金乌木靠头，（23）1把镶金大乌木椅子，（24）5把镶金乌木椅子，（25）4把镶金乌木椅子，（26）所有这些物品，其所有的黄金重量为：7米那9谢克尔黄金。（27）白银的重量为：□米那8.5谢克尔（28）白银。10只□□□□（29）乌木脚凳，1个镶金乌木的murub$_4$③，（30）□个镶金乌木脚凳，（31）这些是黄金板④。（32）总共：□米那17谢克尔黄金⑤。

（六）第6号泥板书信

第6号泥板书信可能出土于埃及的阿马尔那，目前藏于德国柏

① 从本行开始为泥板背面。

② 苏提为埃及派往巴比伦的使节，其名字属于埃及语，取自埃及神名塞提，笔者认为可能与古埃及第19王朝法老塞提的名字相似，写作，读作 *Stḫy*。参见 Richard S. Hess, *Amarna Personal Names*, p. 150。

③ 不知名的物品。

④ 此处指的是类似金砖的金子。

⑤ 直译为：10谢克尔又7谢克尔黄金。

林的近东博物馆，编号为 VAT 00149，泥板尺寸为 90 毫米×60 毫米，泥板背面文字缺损严重。泥板正面分为 3 栏，背面分为 2 栏。对该泥板的岩相学分析表明，此泥板的制作材料与第 1 号泥板类似，即用幼发拉底河的细河泥制成。①

1888 年，温克勒、施拉德的《皇家柏林博物馆和布拉格博物馆中的阿马尔那泥板的报告》一文，对该泥板进行了拉丁化转写。1889—1890 年，德国学者温克勒、阿贝尔编撰的《阿马尔那泥板》，出版了该泥板的拓本。1896 年，温克勒写作的《阿马尔那泥板》一书，对该泥板进行了拉丁化转写、德文翻译以及较为简单的注释。1899 年，阿莱维在其《阿蒙霍特普三世和阿蒙霍特普四世的书信》一书中，对该泥板进行拉丁化转写，并将之翻译成了法文。1915 年，施罗德出版的《阿马尔那泥板》一书，也把该泥板抄录出版。1907 年、1915 年，克努松在《阿马尔那泥板》一书中对该泥板进行了拉丁化转写，并将之译为德文。1992 年，莫兰出版的《阿马尔那书信》，将该泥板翻译为英文并详细地进行注解。2015 年，雷尼的遗作《阿马尔那书信》对该书信进行拉丁化转写以及英文翻译，并做了一些注解。

本译文的原始文献来自温克勒、阿贝尔以及施罗德的拓本，②同时参考了克努松、雷尼的拉丁化转写③以及莫兰的法文、英文译本。④

---

① Yuval Goren, Israel Finkelstein and Nadav Na'aman, *et. al.*, *Inscribed in Clay: Provenance Study of the Amarna Letters and Other Ancient Near Eastern Texts*, p. 35.

② Hugo Winckler and Ludwig Abel, *Der Thontafelfund von El-Amarna*, Heft 1, No. 4; Otto Schroeder, *Die Tontafelin von El-Amarna, Texte Nr 1-189,* No. 3.

③ J. A. Knudtzon, *Die El-Amarna-Tafeln*, Vol. 1, p. 78; Anson F. Rainey, *The El-Amarna Correspondence: A New Edition of the Cuneiform Letters from the Site of El-Amarna Based on Collations of All Extant Tablets*, Vol. 1, p. 80.

④ William L. Moran, *Les Lettres d'el-Amarna: Correspondance Diplomatique du Pharaon*, pp. 72-73; William L. Moran, *The Amarna Letters*, p. 12.

题解

第 6 号泥板书信的写信人为巴比伦王布尔那布亚什二世，收信人为埃及法老阿蒙霍特普三世。其主要内容为：巴比伦新王表达与埃及法老友好的意愿，继承两国间的友好传统。

泥板译注

【拉丁化转写】

(1) [*a*-]⸢*na*⸣ ^{m}*Ni*-⸢*mu*⸣-⸢*a*⸣-⸢*re*⸣-⸢*a*⸣① *šar*(l[ugal]) ^{kur}*Mi-iṣ-ri-i*] (2) *aḫi*(šeš)-*ia qí-b*[*í-ma*] (3) *um-ma Bur-ra-bu-ri-ia-aš šar*(lugal) $^{\text{⸢kur⸣}}$[*Ka-ra-du-ni-ia-aš*] (4) *aḫu*(šeš)-*ka-ma a-na ia-ši šu-ul-m*[*u*] (5) *a-na ka-ša bīti*(é)-*ka aššāti*(dam^{meš})-*ka mārī*(dumu^{meš})[-*ka*] (6) *māti*(kur)-*ka* ^{lú}*rabûti*(gal^{meš})-*ka sīsī*(anše.kur.ra$^{\text{m[eš]}}$)-[*ka*] (7) ^{giš}*narkabātī*(gigir^{meš})-*ka lu šu-ul*[-*mu*]

【中文译文】

（1）你（使节）对埃及（米西尔）王、（2）我兄尼穆阿瑞亚说：（3）“下面是巴比伦（卡尔杜尼阿什）王、你的兄弟布尔拉布里亚什②的话。”（4）祝愿平安与我同在！（5）祝愿平安与你本人、你的宫廷、你的妻子们、你的儿子们、（6）你的国家、你的官员们、你的马匹以及你的战车同在！

---

① 阿蒙霍特普三世王位名 *Ni-ib-mu-a-ri-a* 的变体写法。

② 布尔那布亚什二世，古代两河流域加喜特王朝的国王，其名字为 *Burra-Buriaš*，属于加喜特语，由三个部分组成：*burra* 也写作 *purna*（神圣的保护），*buri* 也写作 *puri*（神、主），*iaš*（土地、国家），其整个名字的意思为“国家之神的神圣保护”，但是也有另外一个解释，其名字由两部分组成，*burra* 也写作 *purna*（神圣的保护），*Buriaš* 为加喜特的风暴神（等同于印欧人的 *Pūrvyáḥ*），这样其整个名字的意思为“布瑞亚什神的神圣保护”。参见 Richard S. Hess, *Amarna Personal Names*, pp. 63-64。

【拉丁化转写】

(8) *ki ša pa-na at-ta ù a-bu-ú*[*-a*] (9) *it-ti a-ḫa-mi-iš ṭa-ba-t*[*u-nu*] (10) *i-na-an-na a-na-ku ù ka-ša*① *i*[*t-ti a-ḫa-mi-iš lu ṭa-ba-nu*] (11) *i-na bi-ru-un-ni a-ma-tu*[*-um-ma*] (12) *ša-ni-tum-ma la iq*[*-qa-ab-bi*] (13) *ša ḫa-aš-ḫa-ta i-na māti*(kur)*-ia šu-u*[*p-ra-am-ma*] (14) *li-il-qu-ni-ik-ku* (15) *ù ša a-na-ku ḫa-aš-ḫa-ku i-na māti*(kur)*-ka* (16) ˹*lu*˺*-uš-pu-ra-am-ma li-il-qu*[*-ni*]

【中文译文】

（8）就如以前你和［我的］父亲（9）彼此友［好］，（10）现在，愿我和你彼此［友好］！（11）在我们之间，别的（12）（客气）话不用多说。（13）请［写信告诉］我你所需要的我国的东西，（14）让人（把它们）带给你！（15）我同样也会写信告诉你，我所需要的你国的东西，（16）让人（把它们）送给［我］。

【拉丁化转写】

(17) [*x x x x x x x x x*] (18) ˹*a*˺*-qì-ip-pá-a*[*k-ku-ma*] (19) *šu-up-ra-am-ma li-*[*il-qu-ni-ik-ku*] (20) *ù a-na šu-ul-ma-n*[*i-ka x x x x*] (21) *ù* 1 [*x x x x x x x x x*] (22) [*x x x x*] *u*[*l-t*]*e-*˹*bi*˺*-l*[*a-ak-ku*]

【中文译文】

（17）□□□□□□□□□（18）对你而言，他可以信赖。②（19）给我写信，以便让人把它们带给你。（20）至于你的问候礼，□□□□（21）我送给你 1 个□□□□□□□□□（22）□□□□

（七）第 7 号泥板书信

第 7 号泥板书信可能出土于埃及的阿马尔那，后收藏于德国柏林的近东博物馆，编号为 VAT 00150，但在 1945 年盟军对柏林

① *a-na-ku ù ka-ša*，这里用 *kâša* 代替了 *atta*，这里的 *kâša* 与 *anāku* 充当并列主语，起到某种强调性的语法作用，参见 A. Leo Oppenheim, *et. al.*, eds., *The Chicago Assyrian Dictionary of the Oriental Institute of the University of Chicago*, Vol. 8, pp. 288-289。

② 从残留文字来看，似乎指的是使节可靠。

的狂轰滥炸引发的大火中被毁掉。根据记载来看，泥板尺寸为160毫米×850毫米，泥板较为完整。泥板正面上半部分左右边缘以及左上角文字破损，泥板下边缘缺失（至少两行文字），泥板背面上部（至少三行文字）、下部左右边缘文字破损。泥板正面分为4栏，背面为1栏。由于泥板被毁，故不能对泥板的泥土来源做岩相学检验。

1888年，莱曼的《阿马尔那的发现》一文，抄录发表了该泥板，并对其进行了拉丁化转写。同年，温克勒、施拉德的《皇家柏林博物馆和布拉格博物馆中的阿马尔那泥板的报告》一文，把该泥板抄录发表。紧接着，1889—1890年，德国学者温克勒、阿贝尔编撰的《阿马尔那泥板》，出版了该泥板的拓本。1890年，齐默恩在《对阿马尔那发现的书信的拉丁化转写与翻译》一文中，对该泥板进行了拉丁化转写以及德文翻译。1896年，温克勒写作的《阿马尔那泥板》一书，对该泥板进行了拉丁化转写、德文翻译以及较为简单的注释。1899年，阿莱维在其《阿蒙霍特普三世和阿蒙霍特普四世的书信》一书中，对该泥板进行拉丁化转写，并将之翻译成了法文。1915年，施罗德出版的《阿马尔那泥板》一书，也把该泥板抄录出版。1907年、1915年，克努松在《阿马尔那泥板》一书中对该泥板进行了拉丁化转写，并将之译为德文。1967年，奥本海姆在《美索不达米亚书信》一书中，把该泥板译成了英文。1992年，莫兰出版的《阿马尔那书信》，将该泥板翻译为英文并详细地进行注解。2015年，雷尼的遗作《阿马尔那书信》对该书信进行拉丁化转写以及英文翻译，并做了一些注解。

本译文的原始文献来自温克勒、阿贝尔以及温克勒、施拉德的拓本，①

---

① Hugo Winckler and Ludwig Abel, *Der Thontafelfund von El-Amarna*, Heft 1, No. 7; Hugo Winckler and T. Schrader, “Bericht über die Thontafeln von Tell-el-Amarna im Königlichen Museum zu Berlin Museum und im Museum von Bulaq,” *Sitzungsberichte der Königlich Preussischen Akademie der Wissenschaften zu Berlin*, Vol. 51, 1888, pp. 1341-1357.

同时参考了克努松、雷尼的拉丁化转写[①]以及莫兰的法文、英文译本。[②]

题解

第 7 号泥板书信的写信人为巴比伦王布尔那布亚什二世，收信人可能为埃及法老埃赫那吞。其主要内容如下。第 8—32 行，巴比伦王叙述了其与埃及的外交纠纷的来龙去脉：巴比伦王对埃及法老没有问候他的疾病进行外交抗议，埃及使节以法老因两国路途遥远不能及时送达问候进行辩解，巴比伦王在询问本国的使节后证实了埃及使节的话，巴比伦王最终原谅了埃及法老。第 33—48 行，巴比伦王对埃及、巴比伦的富裕进行夸耀，表示要继承先王遗志，继续维持两国友好关系。第 48—62 行，巴比伦王抗议埃及法老滞留巴比伦使节，并以两国往来交通不便为由，送给埃及法老少量的问候礼品。第 68—72 行，巴比伦王以工程建设为由要求法老赠送黄金，鉴于之前埃及使节送来的黄金质量有问题，要求埃及法老确保将来送来黄金的质量。第 73—82 行，巴比伦王陈述了巴比伦的两批使节被抢劫的情况，要求埃及法老做出交代。

泥板译注

【拉丁化转写】

(1) [*a-na Na-ap-ḫu-*]*ru-re-ia*[③] *šarri*(lugal) *rabî*(gal) *šar*(lugal)

---

① J. A. Knudtzon, *Die El-Amarna-Tafeln*, Vol. 1, pp. 78, 80, 82, 84; Anson F. Rainey, *The El-Amarna Correspondence: A New Edition of the Cuneiform Letters from the Site of El-Amarna Based on Collations of All Extant Tablets*, Vol. 1, pp. 82, 84, 86.

② William L. Moran, *Les Lettres d'el-Amarna: Correspondance Diplomatique du Pharaon*, pp. 73-76; William L. Moran, *The Amarna Letters*, pp. 12-14.

③ 埃赫那吞的王位名 *Na-ap-ḫur-ri-ia* 的变体写法。那坡胡瑞亚为古埃及第 18 王朝法老埃赫那吞的王位名，在埃及语中写作，读作 *nfr-ḫprw-r*ᶜ *w*ᶜ*-n-r*ᶜ，意思是“拉神的完美化身，拉神的唯一”。

kur*Mi-i*[*ṣ-ri-i*] (2) [*aḫi*(šeš)*-ia qí-bí-*]*ma*① *um-ma Bur-ra-bu-ri-ia-*[*aš*] (3) [*šarru*(lugal) *rabû*(gal)] *šar*([lu]gal) kur*Ka-ra-*d*Du -ni-ia-aš a-ḫ*[*u-ka-ma*] (4) [*a-na i*]*a-ši ù bīti*(é)*-ia a-na sīsī*(anše.kur.ra)*-ia ù* g[iš]*narkabātī*([gigir meš])[*-ia*] (5) [*a-na r*]*a-ab-bu-ti-ia ù ma-ti-ia da-an-ni*[*-iš šu-ul-mu*] (6) *a-na a-ḫi-ia ù bīti*(é)*-šu a-na sīsī* (anše.kur.ra)*-šu ù* g[iš]*narkabātī*([gigir meš)*-šu*] (7) *a-na ra-ab-bu-ti-šu ù ma-ti-šu da-an-ni-iš l*[*u šu-ul-mu*]

【中文译文】

（1）你（使节）对大王、埃及（米西尔）王、我的兄弟（2）那坡胡瑞亚说:“下面是大王、（3）巴比伦（卡尔杜尼阿什）王、你的兄弟布尔拉布里亚什的话。”（4）真诚祝愿平安与我本人、我的宫廷、我的马匹、我的战车、（5）我的官员们以及我的国家同在！（6）真诚祝愿平安与我的兄弟本人、他的宫廷、他的马匹、他的战车、（7）他的官员们以及他的国家同在！

【拉丁化转写】

(8) *ul-tu ūmi*(u_4)*mi* *ša mār*(dumu) *ši-ip-ri ša a-ḫi-ia ik*[*-šu-da-an-ni*]②

---

① 克努松拟补为 [*qí-bí-*]*ma*，但是莫兰、雷尼拟补为 [*aḫi*(šeš)*-ia qí-bí-*]*ma*，笔者认为莫兰等人的拟补更妥当，因为在第三行末尾有 *a-ḫ*[*u-ka-ma*]，这是布尔那布亚什二世的自称，因此，与此相呼应，他应该称呼埃及法老为“我的兄弟”。参见 J. A. Knudtzon, *Die El-Amarna-Tafeln*, Vol. 1, p. 78; William L. Moran, *The Amarna Letters*, p. 14; Anson F. Rainey, *The El-Amarna Correspondence: A New Edition of the Cuneiform Letters from the Site of El-Amarna Based on Collations of All Extant Tablets*, Vol. 1, p. 82。

② 克努松拟补为 *ik*[*-šu-da-an-ni*]，但莫兰认为拟补为 *ik*[*-šu-da*] 更为合适，因为没有太多的空间写下后面的与格字符 *-an-ni*，尽管雷尼赞成莫兰的看法，但认为这里仍然具有与格的意味，所以按照克努松的建议进行了拟补，参见 J. A. Knudtzon, *Die El-Amarna-Tafeln*, Vol. 1, p. 78; William L. Moran, *The Amarna Letters*, p. 14; Anson F. Rainey, *The El-Amarna Correspondence: A New Edition of the Cuneiform Letters from the Site of El-Amarna Based on Collations of All Extant Tablets*, Vol. 1, p. 82; Anson F. Rainey, *The El-Amarna Correspondence: A New Edition of the Cuneiform Letters from the Site of El-Amarna Based on Collations of All Extant Tablets*, Vol. 2, p. 1331。

(9) ⸢*ši*⸣-[*i*]-*ri ul ṭa-ba-an-ni-ma mār*(dumu) *ši-ip-ri-šu a-a-i*[*-ka-am-ma*][①] (10) [*i-na p*]*a-ni-ia a-ka-la ul i-*⸢*ku*⸣*-ul ù ši-ka-ra* [*ul iš-ti*] (11) [*i-nu-*]*ú mār*(dumu) *ši-ip-ri-ka ta-ša-ʾa-al-ma i-q*[*á-ab-bi-ka*] (12) [*ki-i ši*]*-i-ri la ṭa-ba-an-ni-ma a-na na-a*[*b-la-ṭi-ia*] (13) [*ši-ri*[②] *mi-i*]*m-ma-ma la uš*[*-ta-ba-an-ni*] (14) [*ù*] *ki-i ši-i-ri la ṭa-ba-an-ni-ma a-ḫu-ú-a re-e*[*-ši la iš-šu*][③] (15) *a-na-ku* ⸢*li*⸣*-ib-ba-ti ša a-ḫi-ia am*[*-ta-la*][④] (16) *um-ma-a* ⸢*ki*⸣*-i*

---

① 莫兰、雷尼按照冯佐登的建议拟补为 *a-a-i*[*-ka-am-ma*]，而奥本海姆在英文翻译的时候，显然将这个词理解为否定词 *aj*，译为“没有任何（外国）的使节”，笔者赞同莫兰等人的意见，认为拟补为副词 *ajakamma*（任何地方）更为妥当，这个词用到这里有某种强调的意味。参见 William L. Moran, *The Amarna Letters*, p. 14; Anson F. Rainey, *The El-Amarna Correspondence: A New Edition of the Cuneiform Letters from the Site of El-Amarna Based on Collations of All Extant Tablets*, Vol. 1, p. 82; Anson F. Rainey, *The El-Amarna Correspondence: A New Edition of the Cuneiform Letters from the Site of El-Amarna Based on Collations of All Extant Tablets*, Vol. 2, p. 1331; A. Leo Oppenheim, *Letter from Mesopotamia: Official, Business, and Private Letter on Clay Tablets from Two Millennia*, p. 113。

② 莫兰、雷尼拟补为 [*a-di-ni*]，笔者认为莫兰等人之所以如此拟补，是因为在本行还有一个词语 *la*，*adīni* 与 *la* 可以构成一个词组，意思为“尚未”，但是，同样，*mimma la* 可以构成一个词组，意思为“根本不，一点也不”，笔者认为，应该充分考虑 *mimma la* 的作用，拟补为 [*ši-ri*] 可能更为妥当。参见 Anson F. Rainey, *The El-Amarna Correspondence: A New Edition of the Cuneiform Letters from the Site of El-Amarna Based on Collations of All Extant Tablets*, Vol. 1, p. 82; Anson F. Rainey, *The El-Amarna Correspondence: A New Edition of the Cuneiform Letters from the Site of El-Amarna Based on Collations of All Extant Tablets*, Vol. 2, p. 1332。

③ 莫兰、雷尼认为，前面的动词是以 *-ma* 结尾的，由此判定后面的句子与前面的句子是并列关系，所以拟补为 *re-e*[*-ši la iš-šu*] 而非 *re-e*[*-ši ul iš-šu*]，此处，词组 *reši našu* 本义为“抬起头”，引申为“关心、关注、尊重”。参见 William L. Moran, *The Amarna Letters*, p. 14; Anson F. Rainey, *The El-Amarna Correspondence: A New Edition of the Cuneiform Letters from the Site of El-Amarna Based on Collations of All Extant Tablets*, Vol. 1, p. 82; Anson F. Rainey, *The El-Amarna Correspondence: A New Edition of the Cuneiform Letters from the Site of El-Amarna Based on Collations of All Extant Tablets*, Vol. 2, p. 1332; Jeremy Black, *et. al.*, eds., *A Concise Dictionary of Akkadian*, 2nd (Corrected) Printing, pp. 246, 302。

④ 因为有 ⸢*li*⸣*-ib-ba-ti*，根据 *libbātu malû*（对……愤怒，被惹怒）的词组搭配，缺损部分拟补为 *malû*。

ma-ar-ṣa-ku a-ḫu-ú-a ul iš[*-me-e*] (17) *am-mi-ni re-e-ši la iš*[*-ši*] (18) *mār*(dumu) *ši-ip-ri-šu am-mi-ni la iš-pu-ra-am-ma la i-mu*[*-ra-an-ni*] (19) *mār*(dumu) *ši-ip-ri ša a-ḫi-ia an-ni-ta iq-ta-ba-a* (20) *u*[*m-m*]*a-a ul qá-aq-qá-ru qé-er-bu-um-ma* (21) *a-ḫu-ka i-še-em-me-ma šu-ul-ma i-ša-ap-pa-ra-ak-ku* (22) *ma-tu*$_4$ *ru-qá-at a-na a-ḫi-ka ma-an-nu i-qá-ab-ba-aš-šu-um-ma* (23) *šu-ul-ma ḫa-mu-ut-ta i-ša-ap-pa-ra-ak-ku* (24) *ki-i ma-ar-ṣa-ta-a a-ḫu-ka i-še-em-me-e-ma* (25) *ù mār*(dumu) *ši-ip-ri-*⸢*šu*⸣ *ul i-ša-ap-pa-ra-ak-ku* (26) *a-na-ku a-ka-an-na aq-ta-ba-aš-šu um-ma-a a-na a-ḫi-ia* (27) *šarri*(lugal) *rabî*(gal) *ma-tu*$_4$ *ru-uq-tu-ú i-ba-aš-ši ù qé-ru-ub-tu*$_4$ *i-ba-aš-ši* (28) *šu-*⸢*ú*⸣ [*a-k*]*a-an-na iq-ta-ba-a um-ma-a mār*(dumu) *ši-ip-ri-ka* ⸢*ša*⸣*-a-al* (29) *ki-i ma-tu*$_4$ *ru-qá-tu-ma aš-šu-mi-ka a-ḫu-ka la iš-mu-ú-ma* (30) ⸢*a*⸣-⸢*na*⸣ [*šu-*]*ul-mi-ka la iš-pu-ra* (31) *i-na-an-na ki-i mār*(dumu) *ši-ip-ri-ka a-ša-lu-ma iq-*⸢*ba*⸣*-a* (32) *ki-i ge-er-ru ru-qá-a-tu*$_4$ *li-ib-ba-at a-ḫi-ia ul am-la as-s*[*a-k*]*u-*[*ut*]

【中文译文】

（8）自从我的兄弟的使节到我这里后，（9）我的身体就不好。在我面前的（10）他的使节们①，既没有吃食物，也没有喝饮品。（11）当你（就这件事）问你的使节，他会告诉你（12）我的健康是不好的。至于康复，（13）我根本不能使我自己恢复到（从前的）健康了。（14）当我的身体不好的时候，而我的兄弟没有关心我。（15）我对我的兄弟很生气，（16）说道："我的兄弟怎么会没听说我病了呢？（17）为什么他不关心我呢？（18）为什么他不派他的使节来这里看望我呢？"（19）我兄弟的使节就这件事情对我（20）说道："（两国的）的领土相距不近，（21）若你的兄弟听说此事，他一定会送问候给你的。（22）（我们的）国家是遥远的，谁能将此事告诉你的兄弟（23）以便他及时送问候给你呢？（24）当你的兄弟听到你病了时，（25）他能不向你派遣他的使节吗？"（26）于是，我就

① 此处指的是埃及的使节。

对他说道："对我的兄弟、（27）伟大的王来说，这是一个遥远的国家，还是一个近的国家呢？"（28）于是，他对我说道："请问问你的使节！（29）因为这个国家遥远，所以你的兄弟没听到（你的情况），（30）也没送来对你的问候。"（31）现在，当我（就此）询问了我的使节，他告诉（32）我路途是远的，因此，我就不再对我的兄弟生气了。我不再说话了。①

【拉丁化转写】

(33) *ù* ⸢*ki*⸣*-i iq-bu-ni i-na ma-ti ša a-ḫi-ia* (34) *ga-ab-bu i-ba-aš-ši ù a-ḫu-ú-a mi-im-ma-ma ul ḫa-ši-*⸢*iḫ*⸣ (35) *ù i-na ma-ti-ia ga-ab-bu-um-ma i-ba-aš-ši* (36) *ù a-na-ku mi-im-ma-ma ul ḫa-aš-ḫa-*[*ku*] (37) *a-ma-ta ba-ni-ta ša ul-tu pa-na i-na qá-at šar-ra-ni* (38) *ma-aḫ-ra-nu-ma*② *šu-ul-ma a-na a-ḫa-mi-iš ni-ša-ap-pa-*[*ra*] (39) *ši-i-ma a-ma-tu*$_4$ *i-na bi-ri-ni lu ka-a-a-na-a*[*t*] (40) [*šu*]*-*⸢*ul*⸣*-mi a-na mu-*⸢*uḫ*⸣*-*⸢*ḫi*⸣*-*⸢*ka*⸣ [*a-ša-ap-pa-ra ù*] (41) [*at-ta šu-ul-ma-ka a-na mu-uḫ-ḫi-ia ta-ša-ap-pa-ra*] (42)③ [*x x x x x x x x x x x x x x x x x x x x x x*] (43) [*x x x x x x x x x x x x x x x x x x x x x x*] (44)④ [*x x x x x x x x x x x x x x x x x x x x x*] (45) [*x x x x x x x x x x x x x x x x x x x x x x*] (46) [*x x x x x x x x x x x x x x x x x x x x x*] (47) ⸢*ša*⸣ [*x x x x x x x x x x*] ⸢*ša*⸣ *na-*⸢*ad*⸣*-n*[*u x x x x x x x*] (48) *šu-*⸢*ul*⸣*-m*[*i aq-bi*] *ù šu-lum-ka i-q*[*á-ab-bi*]

---

① 此处指的是巴比伦王不再抱怨。

② 对于第 37、第 38 行的 *a-ma-ta ba-ni-ta ša ul-tu pa-na i-na qá-at šar-ra-ni ma-aḫ-ra-nu-ma* 这句话的翻译，莫兰翻译为"我们从诸先王那里继承了长期保持的友好关系"。雷尼翻译为"我们从诸先王手中接受过去（的关系）是一件美好的事情"。笔者认为，从这句话来看，似乎应该翻译为：太古以来我们的诸先王有着友好关系。参见 William L. Moran, *The Amarna Letters*, p. 13; Anson F. Rainey, *The El-Amarna Correspondence: A New Edition of the Cuneiform Letters from the Site of El-Amarna Based on Collations of All Extant Tablets*, Vol. 1, p. 85。

③ 此行开始为泥板正面下边缘。

④ 此行开始为泥板背面。

【中文译文】

（33）（另外），当他（使节）告诉我：在我的兄弟的国家里，（34）什么东西都有，（因此）我的兄弟什么也不需要。（35）在我的国家里，（也是）什么东西都有，（36）（因此）我什么也不需要。（37）太古以来我们的诸先王有着（38）友好关系，（因此）我们应该彼此互致问候。（39）愿这种关系将在我们之间持续下去。（41）我将给你送去我的问候，（42）你也将给我送来你的问候。（43—46）☒（47）□□□□□□□□□□□□被送□□□□□□（48）我说了我的问候，他（使节）将告诉我你的平安情况。

【拉丁化转写】

(49) *at-ta i-na-an-[na la-am t]e-re-ed-du-ú ši-it-ta šanāti*([mu^{meš}])① (50) *ma-ar ši-ip-ri-ia ta-ak-ta-[la]* (51) *mār*(dumu) *ši-ip-ri-ka ṭe-e-ma al-ta-ka-an-ma al-ta-ap-[ra-ak-ku]* (52) *mār*(dumu) *ši-ip-ri-ia ḫa-mu-ut-ta ṭe-e-ma šu-ku-un-ma li-i[l-li-ka]*② (53) *ù ki-i iq-bu-ni-im-ma ge-er-ru da-an-n[a-at]* (54) *mu-ú ba-at-qu ù ūmu*(u_4)^{mu} *em[-mu]* (55) *šu-ul-ma-na ma-ʾa-da ba-na-a ul ú-še-bi-la-ak[-ku]* (56) 4 *manâ*(ma.na) ^{na4}*uqnâ*(za.gìn) *ba-na-a ki-i šu-ul-ma-an ša qá-ti*③ (57) *a-na a-ḫi-ia ul-te-bi-la* (58) *ù* 5 *ṣi-mi-it-ta ša si-si-i a-na a-ḫi-ia ul-te-bi-la* (59) *ki-i ūmu*(u_4)^{mu} *iṭ-ṭi-bu mār*(dumu) *ši-ip-ri-ia ar-ku-ú ša il-la-ka* (60) *šu-ul-ma-na ba-na-a ma-ʾa-da a-na a-ḫi-ia ú-še-bé-la* (61) *ù mi-nu-ú ša a-ḫu-ú-a ḫa-aš-ḫu a-ḫu-ú-a*

---

① 莫兰、雷尼按照冯佐登的建议拟补，参见 William L. Moran, *The Amarna Letters*, p. 15; Anson F. Rainey, *The El-Amarna Correspondence: A New Edition of the Cuneiform Letters from the Site of El-Amarna Based on Collations of All Extant Tablets*, Vol. 2, p. 1332。

② 莫兰、雷尼按照冯佐登的建议拟补，参见 William L. Moran, *The Amarna Letters*, p. 15; Anson F. Rainey, *The El-Amarna Correspondence: A New Edition of the Cuneiform Letters from the Site of El-Amarna Based on Collations of All Extant Tablets*, Vol. 2, p. 1332。

③ *ša qāti* 在古亚述语中为"正常的质量"意思，这里是与 *banû*（上好的）对比而言的，但是雷尼的拉丁化转写中删除了 *ša*。参见 William L. Moran, p. 15; Anson F. Rainey, *The El-Amarna Correspondence: A New Edition of the Cuneiform Letters from the Site of El-Amarna Based on Collations of All Extant Tablets*, Vol. 1, p. 84。

li-iš-pu-ra-am-ma (62) *ul-tu bi-ti-šu-nu li-il-qu-ni-iš-šu*

【中文译文】

（49）现在，你还没有派人送走（我的使节），你两年来（50）一直把我的使节扣留着。（51）我已经向你的使节交代了情况，我已经派走了他。（52）请尽快地向我的使节们交代情况，让他们回来。（53）他们告诉我说“旅途艰难，（54）江河阻隔，天气炎热”，（55）（因此）我没能给你送去太多上好礼品。（56）我给我的兄弟送上4米那上乘的天青石作为（57）小小的问候礼品。（58）我给我的兄弟送上5套马。（59）当天气变好的时候，我的下批使节将会出行，（60）给我的兄弟带去更多的上好礼品。（61）我的兄弟需要什么东西的话，请我的兄弟写信告诉我（62）以便（这里的）人们从他们的仓房中把它们取出来。

【拉丁化转写】

(63) *du-ul-la ṣa-ab-ta-ku-ma a-na a-ḫi-ia aš-pu-ra* (64) *a-ḫu-ú-a ḫurāṣa*(kù.gi) *ba-na-a ma-ʾa-da li-še-bi-la-am-ma* (65) *a-na du-ul-li-ia lu-uš-ku-un* (66) *ù ḫurāṣa*(kù.gi) *ša a-ḫu-ú-a ú-še-eb-bé-la* (67) *a-ḫu-ú-a a-na pa-an qá-a-ya-pa-ni*① *ma-am-ma la ú-ma-ša-ar* (68) *īnā*([igi.igi]) ⸢*ša*⸣ *a-ḫi-ia li-mu-ra-ma a-ḫu-ú-a li-ik-nu-uk-ma li-še-bi-la* (69) *ḫurāṣa*(⸢kù.gi⸣) *ma-aḫ-ra-a ša a-ḫu-ú-a ú-še-bi-la ki-ša a-ḫu-ú-a ul i-mu-ur* (70) *qá-*[*a*]*-a-pa-nu-um-ma ša a-ḫi-ia ik-nu-uk-ma ú-še-bi-la* (71) 40 *manâ*(ma.na) *ḫurāṣa*(kù.gi) *ša na-šu-ni a-na ú-tu-ni ki-i aš-k*[*u-nu*] (72) [*x manâ*(ma.na) *š*]*a-ar-ru-um-ma ul i-la*[*-a*]②

---

① *qajipānu* 的意思为“债权人、代理人”，这里的意思为“代理人”，参见 Erica Reiner, *et. al.*, eds., *The Chicago Assyrian Dictionary of the Oriental Institute of the University of Chicago*, Vol. 13, p. 54。

② [*x manâ*(ma.na) *š*]*a-ar-ru-um-ma ul i-la*[*-a*]，莫兰将之翻译为“我发誓不足10米那”，其中[*š*]*a-ar-ru-um-ma*翻译为以国王名义起誓，但是根据《芝加哥大学东方研究所的亚述语词典》，*šarrumma/ šurrumma*的意思为“立即、事实上”，另见第19号泥板第27行以及注释。参见 William L. Moran, *The Amarna Letters*, p. 15; Erica Reiner, *et. al.*, eds., *The Chicago Assyrian Dictionary of the Oriental Institute of the University of Chicago*, Vol. 17, Part 3, pp. 361-362。

【中文译文】

（63）我已经开始一项工程建设，我已经写信给我的兄弟，（64）愿我的兄弟送给我大量上乘黄金，（65）这样我可以使用在我的工程上了！（66）至于我兄弟要送给我的黄金，（67）我的兄弟不要信任任何代理者！（68）愿我的兄弟用眼睛看着它（黄金），请我的兄弟把它封好寄给我。（69）我兄弟以前送来的黄金，由于我的兄弟没有看着，（70）我的兄弟的一个代理者封好了它寄给了我。（71）至于他们送来的40米那黄金，当我放在烧窑里（提炼）后，（72）事实上没有出现□米那（黄金）。[1]

【拉丁化转写】

(73) [*ù*] ^{m}*Ṣa-al-mu mār*(dumu) *ši-ip-ri-ia ša aš-pu-ra-a*[*k-ku*] (74) [*ši*]-*ni-šu ge-er-ra-šu ḫa-ab-t*[*a-at*] (75) [*i*]*l-te-et* ^{m}*Bi-ri-ia-ma-za iḫ-ta-ba-*[*at*] (76) [*ù š*]*a-ni-ta ge-er-ra-šu* ^{m}*Pa-ma-ḫu-*[*u*] (77) [*ša-ki-*]⸢*in*⸣ *ma-ti-ka ša ma-at ki-iṣ-ri*[2] *iḫ-ta-ba-*[*at*] (78) [*ma-ti*] *di-na ša-a-šu a-ḫu-ú-a* ⸢*i*⸣[*-da-an*] (79) [*ki-i*] *mār*(dumu) *ši-ip-ri-ia a-na pa-an a-ḫi-ia it*[*-bu-ú*] (80) [*a-ka*]*-an-n* ^{m}*Ṣa-al-mu a-na pa-an a-ḫi-ia li-id-b*[*u-ub*] (81) [*ú-*]⸢*de*⸣*-e-šu li-te-er-ru-ni-i*[*š-šu*] (82) [*ù*] *ḫi-bi-il-ta-šu li-ša-al-li-mu*

【中文译文】

（73）我向你派去的使节萨尔穆[3]，（74）在他的旅程中，他被

---

① 此处指的是黄金成色不足，由于文字破损，无法得知回炉后的重量，从上下文来看，重量要远远少于40米那。

② 莫兰怀疑 *ki-iṣ-ri* 可能应为 *Mi-iṣ-ri*，但符号 *ki* 与 *mi* 相去甚远，很难说是书吏书写错了，雷尼视之为地名 *Ki-iṣ-ri*，具体在哪里还不清楚，但是属于埃及司法管辖范围，笔者认为 *ki-iṣ-ri* 可能是 *kiṣru*（所有、占有），此处充当形容词，而 *ša ma-at ki-iṣ-ri* 意思可能是“（你）的疆土”。参见 William L. Moran, *The Amarna Letters*, p. 16; Anson F. Rainey, *The El-Amarna Correspondence: A New Edition of the Cuneiform Letters from the Site of El-Amarna Based on Collations of All Extant Tablets*, Vol. 1, p. 86; Anson F. Rainey, *The El-Amarna Correspondence: A New Edition of the Cuneiform Letters from the Site of El-Amarna Based on Collations of All Extant Tablets*, Vol. 2, p. 1333。

③ 萨尔穆为巴比伦派往埃及的使节，其名字来自阿卡德语，可能取自从 *ṣalmu*（黑色、深色）一词，参见 Richard S. Hess, *Amarna Personal Names*, p. 137。

抢劫了两次。(75)第一次比尔亚马扎[①]抢劫了他，(76)在他的第二次旅程中，帕马胡[②]——(77)你的疆土内的一个总督——抢劫了他。(78)我的兄弟什么时候审理这个案子啊？(79)当我的使节到我的兄弟面前的时候，(80)一定要让萨尔穆在我的兄弟的面前陈述（此事）！(81)要把他的装备还给他，(82)并对他的全部损失予以补偿。

（八）第 8 号泥板书信

第 8 号泥板书信可能出土于埃及的阿马尔那，目前藏于德国柏林的近东博物馆，编号为 VAT 00152，泥板尺寸为 105 毫米×70 毫米，泥板较为完整，泥板的四个边角都有不同程度缺失。泥板正面分为 2 栏，背面为 1 栏。对该泥板的岩相学分析表明，此泥板是用幼发拉底河的细河泥制成。[③]

1889—1890 年，德国学者温克勒、阿贝尔编撰的《阿马尔那泥板》，出版了该泥板的拓本。1890 年，齐默恩在《对阿马尔那发现的书信的拉丁化转写与翻译》一文中，对该泥板进行了拉丁化转写以及德文翻译。1896 年，温克勒写作的《阿马尔那泥板》一书，对该泥板进行了拉丁化转写、德文翻译以及较为简单的注释。

---

① 比尔亚马扎为大马士革的统治者，也可能是埃及在叙利亚地区的官员，或者他具有大马士革统治者、埃及官员的双重身份。其名字来自印欧语，*Biriamaza* 由两部分组成：*biria* 对应于梵语中的 *priyáḥ*，意思为“钟爱的”；*w/maza* 对应于梵语 *vájaḥ*，意思为“力量、勇气”。参见 Richard S. Hess, *Amarna Personal Names*, p. 61。

② 帕马胡，可能是与埃及有关的官员，其名字来自埃及语，可能为 *pꜣ-mḥw*（），意思为“下埃及王冠”，或 *pꜣ-mḥw*（），意思为“一个下埃及人”，或 *pꜣ-mḥyt*（），意思为“麦希特女神”。奥尔布赖特认为，这可能是古埃及的官职名而非人名，雷尼认为它更可能是人名而非官职名。参见 W. F. Albright, “The Egyptian Correspondence of Abimilki, Prince of Tyre,” *Journal of Egyptian Archaeology*, Vol. 23, No. 2, 1937, p. 200, n. 4; Anson F. Rainey, *The El-Amarna Correspondence: A New Edition of the Cuneiform Letters from the Site of El-Amarna Based on Collations of All Extant Tablets*, Vol. 2, p. 1333。

③ Yuval Goren, Israel Finkelstein and Nadav Naʾaman, *et. al.*, *Inscribed in Clay: Provenance Study of the Amarna Letters and Other Ancient Near Eastern Texts*, p. 35.

1899年，阿莱维在其《阿蒙霍特普三世和阿蒙霍特普四世的书信》一书中，对该泥板进行拉丁化转写，并将之翻译成了法文。1909年，格雷斯曼编撰的《与旧约圣经相关的东方文本》一书，对该泥板进行德文翻译。1915年，施罗德出版的《阿马尔那泥板》一书，也把该泥板抄录出版。1907年、1915年，克努松在《阿马尔那泥板》一书中对该泥板进行了拉丁化转写，并将之译为德文。1967年，奥本海姆在《美索不达米亚书信》一书中，把该泥板译成了英文。1992年，莫兰出版的《阿马尔那书信》，将该泥板翻译为英文并详细地进行注解。2015年，雷尼的遗作《阿马尔那书信》对该书信进行拉丁化转写以及英文翻译，并做了一些注解。

本译文的原始文献来自温克勒、阿贝尔以及施罗德的拓本，[①] 同时参考了克努松、雷尼的拉丁化转写[②]以及莫兰的法文、英文译本。[③]

题解

第8号泥板书信的写信人为巴比伦王布尔那布亚什二世，收信人为埃及法老埃赫那吞。其主要内容为：巴比伦王派往埃及的商人被叙巴地区的城市统治者所扣留、杀害，巴比伦王要求埃及法老审理这个案子，还巴比伦商人一个公道，并且一再告诫法老，要主持公道。

---

① Hugo Winckler and Ludwig Abel, *Der Thontafelfund von El-Amarna*, Heft 1, No. 8; Otto Schroeder, *Die Tontafelin von El-Amarna, Texte Nr 1-189,* No. 5.

② J. A. Knudtzon, *Die El-Amarna-Tafeln*, Vol. 1, pp. 84, 86, 88; Anson F. Rainey, *The El-Amarna Correspondence: A New Edition of the Cuneiform Letters from the Site of El-Amarna Based on Collations of All Extant Tablets*, Vol. 1, pp. 88, 90.

③ William L. Moran, *Les Lettres d'el-Amarna: Correspondance Diplomatique du Pharaon*, pp. 78-79; William L. Moran, *The Amarna Letters*, pp. 16-17.

泥板译注

【拉丁化转写】

(1) [*a-na*] *Na-ap-ḫu-*ʾ*-ru-re-*[*ia*]① (2) *šar*([lug]al) ^{kur}*Mi-iṣ-ri-i aḫi*(šeš)*-ia q*[*í-bí-ma*] (3) *um-ma Bur-ra-bu-ri-ia-aš šar*(lugal) ^{kur}*Ka-ra*[*-du-ni-aš*] (4) *aḫu*(šeš)*-ka-ma a-na ia-a-ši šu-ul-mu* (5) *a-na ka-ša māti*(kur)*-ka*② *bīti*(é)*-ka aššāti*(dam^{meš})*-ka mārī*(dumu^{meš})[*-ka*] (6) ^{lú}*rabûtī*(⸢gal⸣^{meš})*-ka sīsī*(anše.kur.ra^{meš})*-ka* ^{giš}*narkabātī*(gigir^{meš})*-ka* (7) *da-an-ni-iš lu šu-ul-mu*

【中文译文】

（1）你（使节），对埃及（米西尔）王、（2）我的兄弟那坡胡瑞亚说：（3）"下面是巴［比伦（卡尔杜尼阿什）］王、你的兄弟（4）布尔拉布里亚什的话。"真诚祝愿平安与我本人同在！（5）祝愿平安与你本人、你的国家、你的宫廷、你的妻子们、你的儿子们、（6）你的官员们、你的马匹、（7）你的战车同在！

【拉丁化转写】

(8) *a-na-ku ù aḫi*(šeš)*-ia it-ti a-ḫa-mi-iš* (9) ⸢*ṭa*⸣*-bu-ta ni-id-da-bu-ub* (10) *ù an-ni-ta ni-iq-ta-bi* (11) *um-ma-a ki-i ab-bu-ni it-ti a-ḫa-mi-iš ṭa-a-bu*③ (12) *ni-i-nu lu ṭa-ba-nu* (13) *i-na-an-na tamkārū*(dam.gàr^{meš})$^{\acute{u}}$*-a* (14) *ša it-ti Aḫu*(šeš)*-ṭa-a-bu te-bu-ú* (15) *i-na* ^{kur}*Ki-na-aḫ-ḫi a-na ši-ma-a-ti*④ *it-*⸢*ta*⸣*-ak-lu-ú* (16) *ul-tu Aḫu*(šeš)*-ṭa-a-bu a-na mu-uḫ-ḫi aḫi*(šeš)*-ia i-ti-qu* (17) *i-na alu*(uru)^{ki} *Ḫi-*⸢*in*⸣*-*⸢*na*⸣*-*⸢*tu*⸣*-ni ša* ^{kur}*Ki-*

---

① 埃赫那吞的王位名 *Na-ap-ḫur-ri-ia* 的变体写法。

② 一般而言，在问候语中，首先问候宫廷、妻子、儿子等，最后是国家，但是这里比较特殊，将国家放在问候语中问候对象的第一位。

③ 克努松、温克勒没有注意到 *ṭa-a-bu* 写在了泥板背面，而施罗德、冯佐登则注意到了这个词，参见 Anson F. Rainey, *The El-Amarna Correspondence: A New Edition of the Cuneiform Letters from the Site of El-Amarna Based on Collations of All Extant Tablets*, Vol. 2, p. 1334。

④ *ana šīmu* 的意思为"买"，而 *šīmu* 的名词 *šīmūtu* 的意思为"买卖"，*ana šīmūtu* 译为"为做生意"。

na-aḫ-ḫi (18) ^{m}*Šu-um-ad-da mār*(dumu) ^{m}*Ba-lum-me-e* (19) ^{m}*Šu-ta-at-na mār*(dumu) ^{m}*Ša-ra-a-tu*$_{4}$ *ša alu*(⸢uru⸣) ⸢*Ak*⸣-⸢*ka*⸣ (20) *amīlī*(lú^{meš})-*šu*-⸢*nu*⸣ *ki iš-pu-ru* ^{lú}*tamkārē*(dam.gàr^{meš})-*ia* (21) *id-du-ku ù kaspa*(⸢kù⸣.babbar)-⸢*šu*⸣-*nu it-tab-lu* (22) [*x x x*]① *a-na pa*-[*ni-k*]*a ki-i* [*ka-al-le-e*] (23)② [*a*]*l-ta-ap-ra*-⸢*ak*⸣-⸢*ku*⸣ *ši-ta*-[*al-šu-ma*] (24) ⸢*li*⸣-*iq-ba-ak*-[*ku*]

【中文译文】

（8）我和我的兄弟，我们一起（9）宣布了朋友关系，（10）我们说了这样的话：（11）"像我们的父辈彼此友好一样，（12）让我们也友好吧！"（13）现在，我的商人（14）与阿胡塔布③一起出发，（15）在迦南④做买卖被扣留了。（16）当阿胡塔布向我的兄弟行进的时候，（17）在迦南的欣那图那城⑤，（18）巴隆美⑥之子顺

---

① 克努松拟补为 [^{m}*az*]-[*z*]*u*，施罗德根据自己的校对将之拟补为 [*x x x*]-⸢*ḫu*⸣，但是莫兰对施罗德的拟补表示质疑，雷尼似乎肯定了施罗德的读法，将之拟补为 [*i x x x*]-⸢*ḫu*⸣。参见 J. A. Knudtzon, *Die El-Amarna-Tafeln*, Vol. 1, p. 86; Arthur Ungnad, "Knudtzon, J. A.: *Die El-Amarna-Tafeln*," *Orientalistische Literaturzeitung*, Vol, 19, No. 6, Jun. 1916, p. 182; William L. Moran, *The Amarna Letters*, p. 17; Anson F. Rainey, *The El-Amarna Correspondence: A New Edition of the Cuneiform Letters from the Site of El-Amarna Based on Collations of All Extant Tablets*, Vol. 1, p. 88。

② 本行开始为泥板正面下边角。

③ 阿胡塔布为巴比伦人，其名字属于阿卡德语，其名字由 *aḫu*(šeš) 与 *ṭābu* 组成，意思为"兄弟是好的"，参见 Richard S. Hess, *Amarna Personal Names*, p. 23。

④ 迦南为古代西亚北非对叙巴地区的称呼。在泥板书信中，其通常写作，读作 ^{kur}*Ki-na-aḫ-ḫi*。该词到底是什么意思，现在还不清楚。

⑤ 欣那图尼（*Ḫinnatuna*），也写作 *Ḫinnatōna*，在希伯来语中写作 *Ḥannāṯôn*，可能是贝斯尼陀法山谷（Beth Netophah Valley）的巴达维丘（Tell el-Bedeiwiyeh），参见 Anson F. Rainey, *The El-Amarna Correspondence: A New Edition of the Cuneiform Letters from the Site of El-Amarna Based on Collations of All Extant Tablets*, Vol. 1, p. 86; Anson F. Rainey, *The El-Amarna Correspondence: A New Edition of the Cuneiform Letters from the Site of El-Amarna Based on Collations of All Extant Tablets*, Vol. 2, p. 1334。

⑥ 巴隆美，与第 224 号泥板的写信人为同一人，以色列的北部耶斯列谷（Jezreel Valley）的一个城市的人，其名字属于西塞姆语，由词根 *Bal*（巴尔神）与后缀 *me*（*ma* 的变体）组成，其名字的意思为"这就是巴尔神"，参见 Richard S. Hess, *Amarna Personal Names*, p. 52。

阿达①（19）与阿克城②的萨拉图③之子苏塔特那④，（20）派遣他们的人，（21）杀了我的商人，并夺走了他们的银子。（22）我火速派遣□□□到你面前，（23）请询问他，（24）让他告诉你（情况）。

【拉丁化转写】

(25)⑤ [^{kur}*K*]*i-na-aḫ-ḫi māt*(kur)-⸢*ka*⸣ ⸢*ù*⸣ *šarrānu*(lugal$^{\text{⸢meš⸣}}$)[-*ša*] *ardā* ([ìr^{meš}]) -[*ka*] (26) [*i-n*]*a māti*(kur)-*ka ḫu-um-mu-ṣa-ku su-ni-iq*[-*šu-nu-ti*] (27) *kaspa*(kù.babbar) *ša it-ba-lu šu-ul-l*[*i-im-šu*] (28) *ù amīlā*(lú^{meš}) *ša ardā* (ìr^{meš})-*ia i*[-*du-ú-*]⸢*ku*⸣ (29) *du-uk-šu-nu-ti-ma da-mi-*⸢*šu*⸣-⸢*nu*⸣ *te-e-er* (30) *ù šum-ma amīlā*(lú^{meš}) *an-nu-ti ul ta-ad-du-*⸢*uk*⸣ (31) *i-tu-ur-ru-ma lu-ú gerra*(kaskal) *at-tu-ú-a*⑥ (32) *ù lu* $^{\text{lú.meš}}$*mārē*(dumu^{meš}) *ši-ip-ri-ka i-du-ku-ú-ma* (33) *i-na bi-ri-ni mār*(dumu) *ši-ip-ri ip-pa-ar-ra-as* (34) *ù šum-*⸢*ma*⸣ *i-na-ak-ki-ru-ka* (35) 1 *amīla*(lú) *at-tu-ú-a* ^{m}*Šu-um-ad-da* (36) *šēpē* (gìr^{meš}) -*šu ki-i ú-na-ak-ki-su*⑦ (37) *i-tu-šu ik-ta-la-šu* (38) *ù amīla*(lú) *ša-*

---

① 顺阿达，也叫顺哈达，以色列的北部耶斯列谷（Jezreel Valley）的一个城市的人，其名字属于西塞姆语，其名字由 *śm*（名字、儿子、后裔）与神名 *Haddu* 组成，其名字的意思为“哈杜神的后裔”，参见 Richard S. Hess, *Amarna Personal Names*, p. 146。

② 阿克，即以色列的海法湾的阿克城。

③ 萨拉图，即苏拉图、苏拉塔，阿克城的统治者，^{m}*Ša-ra-a-tu*$_4$ 为 ^{m}*Sú-ra-a-tu*$_4$ 的变体，这个名字属于印欧语，*sú* 对应于梵语的 *sú*（好），*ratu* 对应于梵语的 *ráthaḥ*（战车、两轮战车），这个名字的意思可能为“战车是好的”，参见 Richard S. Hess, *Amarna Personal Names*, p. 136。

④ 苏塔特那即沙塔特那、斯塔特那，阿克城的统治者。^{m}*Šu-ta-at-na* 为 ^{m}*Sa-ta-at-na* 的变体，这个名字可能属于印欧语，其中 *šata* 可能对应于梵语 *sūtáḥ*（战车兵），*tna* 可能对应于梵语 *tánaḥ*（后裔），这个名字的意思可能为“战车兵的后裔”，参见 Richard S. Hess, *Amarna Personal Names*, p. 135。

⑤ 本行开始为泥板背面。

⑥ *at-tu-ú-a* 为 *attū+ia*，翻译为“属于我的”。

⑦ *šēpē*(gìr^{meš})-*šu ki-i ú-na-ak-ki-su*，其中 *šēpa nakāsu* 的意思是“砍下脚”，但是莫兰认为这么详细叙述是一种极大的不尊重，所以不赞同直译，认为这是一种比喻，用砍下脚比喻不让使节上路，显然雷尼接受了莫兰的建议，翻译为“限制了我的一个人”。参见 William L. Moran, *The Amarna Letters*, pp. 16, 17; Anson F. Rainey, *The El-Amarna Correspondence: A New Edition of the Cuneiform Letters from the Site of El-Amarna Based on Collations of All Extant Tablets*, Vol. 1, p. 91。

na-a $^{m⌜}$*Šu*⌝*-ta-at-na Ak-ka-aya-ú* (39) *i-na re-ši ki-i ul-zi-zu-šu* (40) *a-na pa-ni-šu iz-za-az amīlūti*(lú^{meš}) *ša-šu-nu* (41) ⌜*li*⌝-⌜*il*⌝-⌜*ku*⌝*-ni-ik-ku-um-ma a-mu-ur-ma* (42) *k*[*i-i mi-*]*tu ša-al-ma lu ti-i-de*

【中文译文】

（25）迦南是你的国家，它（迦南）的国王是你的仆人。（26）在你的国家里，我遭到了抢劫，请审讯他们，（27）请补偿他们夺走的全部银子。（28）至于那些杀死我的仆人的人，（29）请杀掉他们，请偿还他们的血债！（30）如果你不杀掉这些人，（31）他们会再次做（这样的事），他们将会杀掉我的商队（的人）（32）或者你的使节，（33）（这样），在我们之间的（往来的）使节将会被取消。（34）如果他们对你矢口否认（35）顺阿达切断我的（36）一个人的脚，（37）并将他扣留在他处的情况，（38）以及阿克城的苏塔特那把另外一个（商）人（39）变成了服侍他的奴隶（40）并且现在他仍在服侍着他的事实，让人把这两个人（41）带给你，你看一下他们是否（42）死了，这样以便你能知道真实的情况。

【拉丁化转写】

(43) [*a-na šu-ul*]-⌜*ma*⌝*-ni* 1 *manâ*(*ma.na*) ^{na4}*uqnâ*(za.gìn) ⌜*uš*⌝-⌜*te*⌝-⌜*bi*⌝-⌜*la*⌝*-ak-ku* (44) [*mār*(dumu) *ši-ip-*]*ri-ia ḫa-mu-ut-ta* ⌜*ku*⌝[*-uš-ši-da-š*]*u*[①] (45) [*ṭe-e*]*-ma ša aḫi*(šeš)*-ia lu i-d*[*e-ma*] (46) [*mār*(dumu) *ši-*]*ip-ri-ia la ta-ka-*⌜*al*⌝[*-la-šu*] (47) [*ḫa-*]⌜*mu*⌝*-ut-ta li-*⌜*it*⌝-⌜*ta*⌝-⌜*al*⌝ [*-la-ak*]

【中文译文】

（43）我给你送出1米那天青石作为问候礼。（44）请尽快送

① 根据第3号泥板的第10、第11行的 *ḫa-m*[*u-u*]*t-*[*t*]*a tu-ka-ša-da-aš-šu*、第9号泥板的第35行的 *ku-uš-ši-da-šu-nu-ti*，可以拟补为 ⌜*ku*⌝[*-uš-ši-da-š*]*u*，该词的动词原形为 *kašādu*，其变形 *kuššudu* 的意思为“送”，莫兰与笔者持同样的看法，但是雷尼拟补为 ⌜*ku*⌝[*-ši-da-š*]*u*，参见 William L. Moran, *The Amarna Letters*, p. 17; Anson F. Rainey, *The El-Amarna Correspondence: A New Edition of the Cuneiform Letters from the Site of El-Amarna Based on Collations of All Extant Tablets*, Vol. 1, p. 90; A. Leo Oppenheim, *et. al.*, eds., *The Chicago Assyrian Dictionary of the Oriental Institute of the University of Chicago*, Vol. 8, p. 281。

走我的使节，（45）这样我就知道我的兄弟的决定了。（46）不要扣留我的［使］节，（47）让他们尽快到［我］这里。

（九）第 9 号泥板书信

第 9 号泥板书信可能出土于埃及的阿马尔那，最晚到 1888 年 10 月 13 日，为大英博物馆所收藏，目前藏于大英博物馆，编号为 BM 029785，泥板尺寸为 114.3 毫米×73 毫米，泥板非常完好。泥板正面分为 3 栏，背面为 1 栏（最后 3 行与前面有一段大约 5 行的空白），共有文字 38 行。迄今尚未对此泥板的泥土来源进行岩相学检验。

1888 年，巴奇的论文《论米坦尼王图什拉塔、库里加尔祖的儿子布尔布里亚什、阿拉什亚国王发给埃及王阿蒙霍特普三世的楔形文字公文以及出自阿马尔那的楔形文字泥板》，对该泥板进行了抄录，并且进行了拉丁化转写。1890 年，齐默恩在《对阿马尔那发现的书信的拉丁化转写与翻译》一文中，对该泥板进行了拉丁化转写以及德文翻译。1891 年，德拉特在论文《阿马尔那书信之四》中将其进行拉丁化转写并进行了法文翻译。1892 年，贝措尔德、巴奇编写的《大英博物馆所藏阿马尔那泥板》出版了该泥板的拓本，并且对书信内容进行了简要介绍。1893 年，贝措尔德在《东方外交》一书中也对其进行了拉丁化转写。1896 年，温克勒在《阿马尔那泥板》一书中，对该泥板进行了拉丁化转写以及德文翻译。1899 年，阿莱维在其《阿蒙霍特普三世和阿蒙霍特普四世的书信》一书中，对泥板进行拉丁化转写，并将之翻译成了法文。1900 年，巴奇、金编写的《巴比伦、亚述古物指南》中，翻译了该泥板。1907 年、1915 年，克努松在《阿马尔那泥板》一书中对该泥板进行了拉丁化转写，并将之译为德文。1967 年，奥本海姆在《美索不达米亚书信》一书中，把该泥板译成了英文。1992 年，莫兰出版的《阿马尔那书信》，将该泥板翻译为英文并详细地进行注解。2015 年，雷尼的遗作《阿马尔那书信》对该书信进行拉丁化转写以及英文翻译，并做了一些注解。

本译文的原始文献来自巴奇以及贝措尔德、巴奇的拓本，① 同时参考了克努松、雷尼的拉丁化转写 ② 以及莫兰的法文、英文译本。③

题解

第 9 号泥板书信的写信人为巴比伦王布尔那布亚什二世，收信人为埃及法老阿蒙霍特普三世或埃赫那吞。其主要内容为：第 7—18 行，巴比伦王抱怨埃及送的黄金少，把两国的黄金赠礼现状与过去进行对比，以此来劝说法老维护两国友好传统，此外，还以所建设的工程规模较大、花费较多为由头，要求埃及法老赠送大量黄金；第 19—35 行，巴比伦王为了说服埃及法老拒绝承认巴比伦的附属国亚述，追溯了巴比伦先王库里加尔祖拒绝参与埃及的迦南附属国联合反叛埃及的历史，希望现任埃及法老效法巴比伦先王。

泥板译注

【拉丁化转写】

(1) *a-na Ni-ib-ḫu-ur-re-ia*④ *šar*(lugal) ^{kur}*M*[*i-iṣ-ri-i*

---

① E. W. Budge, "On Cuneiform Despatches from Tûshratta, King of Mitanni, Burraburiyasch, the Son of Kuri-Galzu, and the King of Alashiya, to Amenophis III, King of Egypt, and on the Cuneiform Tablets from Tell el-Amarna," *Proceedings of the Society of Biblical Archaeology*, Vol. 10, 1888, pp. 540-569; Carl Bezold and E. A. Wallis Budge, *The Tell El-Amarna Tablets in the British Museum with Autotype*, No. 2.

② J. A. Knudtzon, *Die El-Amarna-Tafeln*, Vol. 1, pp. 88, 90; Anson F. Rainey, *The El-Amarna Correspondence: A New Edition of the Cuneiform Letters from the Site of El-Amarna Based on Collations of All Extant Tablets*, Vol. 1, pp. 92, 94.

③ William L. Moran, *Les Lettres d'el-Amarna: Correspondance Diplomatique du Pharaon*, pp. 80-81; William L. Moran, *The Amarna Letters*, p. 18.

④ 可能是阿蒙霍特普三世的王位名 *Ni-ib-mu-a-ri-a* 的变体写法，也可能是埃赫那吞的王位名 *Na-ap-ḫur-ri-ia* 的变体写法，因为其中的 *Ni-ib* 很像阿蒙霍特普三世的王位名，而 *ḫu-ur* 又与埃赫那吞的王位名相似。根据克努松的排序法，姑且视之为埃赫那吞。

aḫi(šeš)-*i*]*a*① (2) *qí-bí-m*[*a*] (3) *um-ma Bur-ra-bu-ri-ia-aš šar*(lugal) kur*Ka-ra-d*[*u-n*]*i-ia-aš* (4) *aḫu*(šeš)-*ka-ma a-na ia-a-ši šu-ul-mu* (5) *a-na ka-a-ša bīti*(é)-*ka aššāti*(dammeš)-*ka mārī*(dumumeš)-*ka māti*(kur)-*ka* (6) lú*rabûtī*(⸢gal⸣meš)-*ka sīsī*(anše.kur.rameš)-*ka* giš*narkabātī*(gigirmeš)-*ka da-an-*[*ni-i*]*š lu šu-ul-mu*

【中文译文】

（1）你（使节）对埃及（米西尔）王、我的兄弟尼卜胡瑞亚（2）说：（3）“下面是巴比伦（卡尔杜尼阿什）王、你的兄弟布尔拉布里亚什（4）的话。”祝愿平安与我本人同在！（5）真诚祝愿平安与你本人、你的宫廷、你的妻子们、你的儿子们、你的国家、（6）你的官员们、你的马匹、你的战车同在！

【拉丁化转写】

(7) *ul-tu ab-bu-ú-a-a ù ab-bu-ka it-ti a-ḫa-mi*[*-iš*] (8) *ṭa-bu-ta id-bu-bu* (9) *šu-ul-ma-na ba-na-a a-na a-ḫa-mi-iš ul-te-bi-i-lu* (10) *ù me-re-el-ta ba-ni-ta a-na a-ḫa-mi-iš ul ik-l*[*u-*]*ú* (11) *i-na-an-na a-ḫu-ú-a-a* 2 *manâ*(ma.na) *ḫurāṣa*(kù.gi) *a-na šu-ul-ma-ni-ia ul-te-bi-i-la* (12) *i-na-an-na* ‹*šum*›*-ma*② *ḫurāṣu*(kù.gi) *ma-a-ad ma-la ša ab-bi-ka šu-bi-la* (13) *ù šum-ma mi-i-iṣ mi-ši-il*$_5$ *ša ab-bi-ka šu-bi-i-la* (14) *am-mi-ni* 2 *manâ*(ma.na) *ḫurāṣa*(kù.gi) *tu-še-bé-e-la* (15) *i-na-an-na du-ul-li i-na bīt*(é) *ili*(dingir) *ma-a-ad ù ma-gal*③ (16) *ṣa-ab-ta-ku-ú-ma ep-pu-*

① 克努松拟补为 kur*M*[*i-iṣ-ri-i*]，但是建议可以加上 *aḫi-ia*，雷尼在行末看到了一个竖的楔子状符号，将之拟补为 [*i*]a，笔者认为，根据泥板书信的惯例，在某某王之后，应该为“我的兄弟”这样的词，因此，拟补为 kur*M*[*i-iṣ-ri-i aḫi*(šeš)-*i*]*a* 较为妥当。参见 J. A. Knudtzon, *Die El-Amarna-Tafeln*, Vol. 2, p. 158; Anson F. Rainey, *The El-Amarna Correspondence: A New Edition of the Cuneiform Letters from the Site of El-Amarna Based on Collations of All Extant Tablets*, Vol. 2, p. 1336。

② 莫兰认为增补上 ‹*šum*› 更为妥当，建议读作 ‹*šum*›*-ma*，雷尼认可莫兰的建议，参见 William L. Moran, *The Amarna Letters*, p. 17; Anson F. Rainey, *The El-Amarna Correspondence: A New Edition of the Cuneiform Letters from the Site of El-Amarna Based on Collations of All Extant Tablets*, Vol. 2, p. 1336。

③ *ma-a-ad ù ma-gal* 为词组 *mādu magal*（非常多）的另外一种表示法，参见 A. Leo Oppenheim and Erica Reiner, *et. al.*, eds., *The Chicago Assyrian Dictionary of the Oriental Institute of the University of Chicago*, Vol. 10, Part 1, p. 30。

uš ḫurāṣa(kù.gi) *ma-a-da šu-bi-la* (17) *ù at-ta mi-im-ma ša ḫa-aš-ḫa-a-ta i-na māti*(kur)*-ia* (18) *šu-up-ra-am-ma li-il$_5$-qu-ni-ik-ku*①

【中文译文】

（7）自从我的父亲与你的父亲彼此（8）称朋友之后，（9）他们互送上好的问候礼品，（10）他们从没有扣留彼此需要的好东西。（11）现在，我的兄弟送我2米那黄金作为我的问候礼。（12）现在，若黄金多的话，请送给我像你父亲送的那样多的黄金！（13）若（黄金）稀少的话，请送给我你父亲送的（黄金）一半。（14）为什么你送我2米那黄金呢？（15）现在，我在神庙中的工程是浩大的，（16）我正在努力做这个工程。请送给我多一些黄金！（17）（若）你需要我国的任何东西，（18）你写信告诉我，我会让他们带给你。

【拉丁化转写】

(19) *i-na Ku-ri-gal-zu a-bi-ia Ki-na-ḫa-a-a-ú ga-ab-bi-šu-nu* (20) *a-na mu-uḫ-ḫi-šu il$_5$-ta-ap-ru-ni um-ma-a a-na qa-an-ni māti*(kur) (21) *k*[*u-uš*]*-da-am-ma i ni-ba-al-ki-ta-am-ma* (22)② [*it*]*-⸢ti⸣-ka i ni-ša-ki-in*③ *a-⸢bu⸣-ú-a-a* (23) *⸢an⸣-ni-ta il$_5$-ta-ap-ra-šu-nu-ti* (24) *um-ma-a* (25)④ *mu-uš-še-er it-ti-ia a-na na-aš-ku-ú-ni* (26) *šum-ma it-ti šarri*(lugal) *ša Mi-iṣ-ri-i a-ḫi-ia ta-at-⸢ta⸣-ak-ra-ma* (27) *it-ti ša-ni-im-ma ta-at-ta-aš-ka-na* (28) *a-na-ku ul al-la-ka-am-ma ul a-ḫa-ba-at-ku-nu-ši-i* (29) *ki-i it-ti-ia na-aš-ku-nu a-bu-ú-a-a* (30) *aš-šum a-bi-ka ul iš-mé-šu-nu-ti* (31) *i-na-an-na Aš-šur-ra-a-a-ú da-gi-⸢il⸣ pa-ni-ia*⑤ (32) *a-na-*

---

① *li-il$_5$-qu-ni-ik-ku*，雷尼校对泥板确认了 *qu*，参见 Anson F. Rainey, *The El-Amarna Correspondence: A New Edition of the Cuneiform Letters from the Site of El-Amarna Based on Collations of All Extant Tablets*, Vol. 2, p. 1336。

② 本行开始为泥板正面下边缘。

③ *šakānu* 与 *itti* 搭配，直译为“站在……一边”，意译为“与……结盟”。

④ 本行开始为泥板背面。

⑤ *da-gi-⸢il⸣ pa-ni-ia*，直译为“看着我的脸”，意译为“臣服于我”，在第100号泥板第34行有 *u līrub ana maḫrīti šarri... ana da-ga-li panīšu damqūta*（愿我能进到国王面前……以便能看到他的美好的脸），此外，词组 *pānu dagālu* 的意思为“服侍、服从某人”，因此，有理由认为这里为一种不标准的语法顺序。

ku ul aš-pu-ra-ak-ku ki-i ṭe-mi-šu-nu (33) *a-na māti*(kur)*-ka am-mi-ni il$_5$-li-ku-ú-ni* (34) *šum-ma ta-ra-á-ma-an-ni ši-ma-a-ti mi-im-ma* (35) *la ip-pu-ú-šu ri-qu-ti-šu-nu*① *ku-uš-ši-da-šu-nu-ti*

【中文译文】

（19）在我的先祖库里加尔祖②（的时代），所有的迦南人（20）写信给他，说道："请到国家的边界（21）上吧，让我们反叛（埃及）吧，（22）让我们与你结盟！"我的先祖（23）就此写信给他们，（24）说道：（25）"请放弃与我结盟吧！（26）如果你们反对我的兄弟埃及（米西尔）王的话，（27）你们同其他人结盟吧！（28）我不会去（反叛），我也不会劫掠你们，（29）你们怎么能与我结盟呢？"③我的先祖（30），为了你的先祖，而没有听从他们。（31）现在，亚述人正看着我的脸（臣服），（32）我没有写信给你。我听说了他们（到了埃及），（33）为什么他们到了你的国家？（34）如果你爱我，任何商业活动，（35）他们都将做不成，让他们两手空空地返回到（他们的国家）！

【拉丁化转写】

(36) *a-na šu-ul-ma-ni-ka* 3 *manâ*(ma.na) ^{na4}*uqnā*(za.gìn) *šadâ*(kur)④

---

① *rīqu*，意思为"空"，词组 *qātu rīqu*，意思为"两手空空"。此处 *rīqu* 很可能就是两手空空的意思，尽管缺乏 *qātu*。

② 库里加尔祖为巴比伦国王库里加尔祖一世，是卡达什曼恩利尔一世之前的前任国王，其名字属于加喜特语，由 *kuri*（牧羊人）与 *galzu*（加喜特人）组成，意思为"加喜特人的牧羊人"，参见 Richard S. Hess, *Amarna Personal Names*, p. 102。

③ 此处提及库里加尔祖一世既不参与叙巴地区的埃及的附属国反叛，也不攻击反叛者，可能指的是巴比伦采取了中立的立场。显然，巴比伦王要求埃及也像巴比伦先王一样，在亚述与巴比伦之间采取中立立场。

④ ^{na4}*uqnā*(za.gìn) *šadâ*(kur)，直译为"山天青石"，意译为"真天青石"。奥本海姆认为，天青石分为两种：一种为天然的，称为 *uqnū šadî*（山天青石）；一种为人工仿制的玻璃制作的天青石，称为 *uqnū kūri*（烧窑中的天青石）。大约从公元前 2 千纪中期开始，阿卡德语中出现了这两种天青石的称呼，参见 A. Leo Oppenheim, "Glasses in Mesopotamian Sources," in A. Leo Oppenheim, *et. al.*, eds., *Glass and Glassmaking in Ancient Mesopotamia*, New York: The Corning Museum of Glass Press, 1970, pp. 10ff。

(37) *u* 5 *ṣimitta*(lá) *ša sisē*(anše.kur.ra^{meš}) *ša* 5 ^{giš}*narkabāt*(gigir) *isē*(giš^{meš})
(38) *ul-te-bi-la-ak-ku*

【中文译文】

（36）我送给你 3 米那真天青石、（37）5 辆木头战车[①]上的 5 套马作为你的（38）问候礼。

（十）第 10 号泥板书信

第 10 号泥板书信可能出土于埃及的阿马尔那，最晚到 1888 年 10 月 13 日，为大英博物馆所收藏，目前藏于大英博物馆，编号为 BM 029786，泥板尺寸为 135 毫米×70 毫米×30 毫米，重 370 克。泥板比较完整，边角有所缺失，泥板下边缘缺损（大约 2 行文字）。泥板正面分为 2 栏，背面为 1 栏，共有文字 49 行（其中 5 行缺损）。迄今尚未对此泥板的泥土来源进行岩相学检验。

1892 年，贝措尔德、巴奇编写的《大英博物馆所藏阿马尔那泥板》出版了该泥板的拓本，并且对书信内容进行了简要介绍。1893 年，贝措尔德在其《东方外交》中也对其进行了拉丁化转写。同年，德拉特在论文《阿马尔那书信之六》中将其进行拉丁化转写并进行了法文翻译。1896 年，温克勒在《阿马尔那泥板》一书中，对该泥板进行了拉丁化转写以及德文翻译。1899 年，阿莱维在其《阿蒙霍特普三世和阿蒙霍特普四世的书信》一书中，对泥板进行拉丁化转写，并将之翻译成了法文。1907 年、1915 年，克努松在《阿马尔那泥板》一书中对该泥板进行了拉丁化转写，并将之译为德文。1992 年，莫兰出版的《阿马尔那书信》，将该泥板翻译为英文并详细地进行注解。2015 年，雷尼的遗作《阿马尔那书信》对该书信进行拉丁化转写以及英文翻译，并做了一些注解。

本译文的原始文献来自贝措尔德、巴奇的拓本，[②]同时参考了

① 可能是一种轻型战车。

② Carl Bezold and E. A. Wallis Budge, *The Tell El-Amarna Tablets in the British Museum with Autotype*, No. 3.

克努松、雷尼的拉丁化转写[①]以及莫兰的法文、英文译本。[②]

题解

第 10 号泥板书信的写信人为巴比伦王布尔那布亚什二世，收信人为埃及法老埃赫那吞。其主要内容为：第 8—28 行，巴比伦王首先追溯两国友谊由来，然后话锋一转抗议埃及法老 3 次未回赠礼物，特别抱怨埃及赠送的黄金成色不足；第 29—42 行，巴比伦王要求埃及法老赠送野牛雕像（或标本），巴比伦王似乎对这种礼物的需求非常迫切，表示如果有做好的旧的雕像（或标本），就立马送到巴比伦以解燃眉之急；第 43—49 行，巴比伦王送给法老的问候礼，以及法老女儿马亚提的问候礼。

泥板译注

【拉丁化转写】

(1) [*a-na Na-a*]*p-*˹*ḫur*˺*-ra-r*[*e-i*]*a*[③] *šar*(lugal) ^{kur}*M*[*i-iṣ-ri-i qí-bí-ma*] (2) [*u*]*m-ma Bur-ra-bu-ri-ia-aš šar*(lugal) ^{kur}*Ka-ra-*˹*du*˺*-n*[*i-ia-aš*] (3) *a-na ia-a-ši šu-ul-m*[*u*] (4) *a-na ka-a-ša a-na bi-ti-ka a-na aš-ša-ti-ka a-n*[*a mārī*(dumu^{meš})*-ka*][④] (5) *a-na ra-ab-*˹*bu*˺*-ti-ka a-na ṣa-bi-ka* (6) *a-na*

---

① J. A. Knudtzon, *Die El-Amarna-Tafeln*, Vol. 1, pp. 90, 92, 94; Anson F. Rainey, *The El-Amarna Correspondence: A New Edition of the Cuneiform Letters from the Site of El-Amarna Based on Collations of All Extant Tablets*, Vol. 1, pp. 96, 98.

② William L. Moran, *Les Lettres d'el-Amarna: Correspondance Diplomatique du Pharaon*, pp. 82-83; William L. Moran, *The Amarna Letters*, pp. 19-20.

③ 埃赫那吞的王位名 *Na-ap-ḫur-ri-ia* 的变体写法。

④ 克努松没有拟补，莫兰、雷尼拟补为 *mārî*(dumu^{meš})，参见 J. A. Knudtzon, *Die El-Amarna-Tafeln*, Vol. 1, p. 90; William L. Moran, *The Amarna Letters*, p. 19; Anson F. Rainey, *The El-Amarna Correspondence: A New Edition of the Cuneiform Letters from the Site of El-Amarna Based on Collations of All Extant Tablets*, Vol. 1, p. 96。

^{giš}*narkabātī*(gigir.ḫi.a)*-ka a-na si-si-ka ù a-na ma-ti-ka* (7) *da-an-ni-iš lu šu-ul-mu*

【中文译文】

（1）你（使节）对埃及（米西尔）王那坡胡腊瑞亚说：（2）“下面是巴比伦（卡尔杜尼阿什）王布尔拉布里亚什的话。”（3）愿平安与我本人同在！（4）真诚地祝愿平安与你本人、你的宫廷、你的妻子们、你的儿子们、（5）你的官员们、你的军队、（6）你的战车、你的马匹以及你的国家（7）同在！

【拉丁化转写】

(8) *iš-tu Ka-ra-in-da-aš*① *iš-tu mārē*(dumu^{meš}) *ši-ip-ri* (9) *ša ab-bi-ka a-na mu-uḫ-ḫi ab-bi-ia it-ta-al-la-ku-ni* (10) *a-di i-na-an-na ṭa-bu-tu šu-nu* (11) *i-na-an-na a-na-ku ù ka-ša ṭa-bu-tu ni-nu* (12) *mārē*(dumu^{meš}) *ši-ip-ri-ka a-di* 3*-šu it-ta-al-ku-ni* (13) *ù šu-ul-ma-na ba-na-a mi-im-ma ul tu-še-bi-lam* (14) *ù a-na-ku-ma šu-ul-ma-na ba-na-a* (15) *mi-im-ma ul ú-še-bi-la-ku* (16) *a-na ia-a-ši-ma mi-im-ma ul aq-ra* (17) *ù a-na ka-ša-ma mi-im-ma ul a-qar-ku*② (18) *mār*(dumu) *ši-ip-ri-ka ša ta-aš-pu-ra* (19) 20 *manâ*(ma.na) *ḫurāṣu*(kù.gi) *ša na-ša-a ul ma-li*③ (20) ⸢*ù*⸣ *a-na ú-tu-ni ki-i iš-ku-nu* 5 *manâ*(ma.na) *ḫurāṣu*(kù.gi) *ul i-la-a* (21) [*ḫurāṣu*(kù.gi)]④ ⸢*ša*⸣

---

① *iš-tu Ka-ra-in-da-aš* 构成词组，*ištu* PN 意思为“在某某人之后”，而词组 *ištu pāni* PN 的意思为“自从某某人时代以来”。因此，这里的大致意思就是“自从卡拉尹达什（统治）时代以来 ”或“卡拉尹达什之后”。

② 本行以及上行的 *mimma ul aqra...mimma ul aqarku*，意思为“对于某人而言，某种东西不缺”，这里的动词 (*w*)*aqāru* 的意思为“缺少”而非“珍贵”，《阿卡德语词典手册》首先提出的这种解释，莫兰、雷尼都接受了这种翻译，参见 Wolfram Von Soden, *Akkadisches Handwörterbuch*, Vol. 3, Wiesbaden: Harrassowitz, 1974, p. 1460; William L. Moran, *The Amarna Letters*, p. 20; Anson F. Rainey, *The El-Amarna Correspondence: A New Edition of the Cuneiform Letters from the Site of El-Amarna Based on Collations of All Extant Tablets*, Vol. 2, p. 1337。

③ *malû*，意思为“充足、饱满”，这里指的是黄金的质量。

④ 根据雷尼的拟补，参见 Anson F. Rainey, *The El-Amarna Correspondence: A New Edition of the Cuneiform Letters from the Site of El-Amarna Based on Collations of All Extant Tablets*, Vol. 2, p. 1337。

i-la-a i-na ṣa-la-mi pa-an ṭi-ki-ni ˹*ša*˺-˹*ki*˺-*in* (22) [*ḫurāṣa*(kù.gi) *im-ma-*] ˹*ti*˺-*ma-a u*ʾ-*e-du-*[*ú*]-*š*[*i*] (23) [*ù i-na-an-na ni-n*]*u ṭa-bu-tu it-ti a*[-*ḫa-mi-iš*] (24) [*x x x x x x x x*] ˹*ul*˺ *i-pu-*[*šu?*] (25) [*x x x x x x x x x x x x*] (26) [*x x x x x x x x x x x*][①] (27) [②][*x x x x x x x x x x x x*] (28) [*x x x x x x x x x x x x*]

【中文译文】

（8）自从卡拉尹达什[③]以来，自从你的先祖们的（9）使节们经常去我的先祖们那里以来，（10）直到现在，他们一直是朋友。（11）现在，你和我，我们是朋友。（12）你的使节们到我这里3次了，（13）你没送给我任何美好的问候礼品，（14）我也（同样）没给你送（15）任何美好的问候礼品。（16）就我来说，任何东西不缺；（17）就你而言，任何东西也不缺。[④]（18）（但是），你派到我这的你的使节，（19）他送来的20米那黄金（成色）不足。（20）当他们将它放在烧窑里（提炼）后，（黄金）不足5米那，（21）提炼出来的黄金，上面有一层灰，当它冷却发黑后，（22）能辨认出是黄金吗？（23）但是，现在，至于我们，我们彼此是朋友。（24）他们没有做□□□□□□□□（25—28）⊠

【拉丁化转写】

(29) [*x x*]*e ša ri-mi a-na* ˹KUR˺*M*[*i-iṣ-ri x x x x x*][⑤] (30) [*ša ú-s*]*i-*˹*i*˺-

① 第25、26行完全缺失。

② 本行开始为泥板背面。

③ 卡拉尹达什为巴比伦国王，其名字的语言归属还不能确定，参见 Richard S. Hess, *Amarna Personal Names*, pp. 96-97。

④ 巴比伦王这种强调两国富庶的说辞，在第7号泥板的第33—36行以另外的方式表述："（另外），当他（使节）告诉我：在我的兄弟的国家里，什么东西都有，（因此）我的兄弟什么也不需要。在我的国家里，（也是）什么东西都有，（因此）我什么也不需要。"

⑤ 克努松拟补为 ˹KUR˺*M*[*i-iṣ-ri x x x x x*]，但是雷尼拟补为 ˹KUR˺*M*[*i-iṣ-ri*]。联系下一行的内容，似乎在 *miṣri* 之后还有词语，因此，克努松的拟补更为可靠。参见 J. A. Knudtzon, *Die El-Amarna-Tafeln*, Vol. 1, p. 92; Anson F. Rainey, *The El-Amarna Correspondence: A New Edition of the Cuneiform Letters from the Site of El-Amarna Based on Collations of All Extant Tablets*, Vol. 1, p. 98。

*mu-šu-nu-ti*① *mār*(dumu) *ši-ip-ri-*⌜*ka*⌝ *ki-i il-l*[*a*]*-k*[*a*]② (31) *li il-qa-a* (32) *ù nagārū*(nagar^{meš})③ *le-ú-tu i-tu-ka i-ba-aš-šu-ú* (33) *ú-ma-ma lu ša ta-ba-li lu ša nāri*(íd) (34) *a-na* ⌜*pí*⌝*-i ba-al-ṭi li-ma-aš-ši-lu-ma ma-aš-ku* (35) *ki-i* ⌜*ša*⌝ *ba-al-ṭi-ma lu e-pu-uš mār*(dumu) *ši-ip-ri-ka li-il-qa-a* (36) *ù šum-ma la-bi-ru-tu ep-šu-tu i-ba-aš-šu-ú* (37) *ki-i* ^{m}*Ši-in-di-šu-ga-ab mār*(dumu) *ši-ip-ri-ia ik-ta-al-*⌜*da*⌝*-ku* (38) ^{giš}*narkabātā*(gigir^{meš}) *ki-i ka-al-le-e*④ *ḫa-mu-ut-ta li-iš-ša-am-ma* (39) *a-na mu-*⌜*uḫ*⌝*-ḫi-ia li-ik-šu-da* (40) *ù* ⌜*eš*⌝*-*⌜*šu*⌝*-ti ar-ku-ti li-pu-šu-ma* (41) *ki-i mār*(dumu) *ši-ip-ri-ia ù mār*(dumu) *ši-ip-ri-ka il-la-ka* (42) *it-ti a-ḫa-mi-iš li-il-qú-ni*

【中文译文】

（29）□□□到了埃及的野牛的□□□□□□□，（30）他们已经染红了它们。当你的使节来的时候，（31）愿他能带来（它们）。（32）在你身边有一些能干的木匠吧，（33）不管是陆生的动物还是水生的动物，（34）让他们（木匠）按照活的样子制造

① 冯佐登拟补为 [*ša ir-*]' *í-mu-šu-nu-ti*，该词为 *râmu*（给予、提供）的 G 词干，莫兰的校对否定了冯佐登的拟补，雷尼拟补为 [*ša ú-s*]*í-*⌜*i*⌝*-mu-šu-nu-ti*，为 *sâmu*（变红、染红）的 D 词干，事实上，这两位学者的拟补，不能说哪位更合理，都是一种猜测而已。参见 William L. Moran, *The Amarna Letters*, p. 20; Anson F. Rainey, *The El-Amarna Correspondence: A New Edition of the Cuneiform Letters from the Site of El-Amarna Based on Collations of All Extant Tablets*, Vol. 1, p. 98; Anson F. Rainey, *The El-Amarna Correspondence: A New Edition of the Cuneiform Letters from the Site of El-Amarna Based on Collations of All Extant Tablets*, Vol. 2, p. 1337。

② 克努松拟补为 *il-q*[*u-š*]*i*，戈登拟补为 *il-l*[*a-k*]*a*，莫兰认为这两位学者的拟补都不理想，笔者按照戈登的建议拟补。参见 J. A. Knudtzon, *Die El-Amarna-Tafeln*, Vol. 1, p. 92; William L. Moran, *The Amarna Letters*, p. 20。

③ 莫兰、雷尼都读作 *nagāru*(nagar^{meš})，参见 William L. Moran, *The Amarna Letters*, p. 20; Anson F. Rainey, *The El-Amarna Correspondence: A New Edition of the Cuneiform Letters from the Site of El-Amarna Based on Collations of All Extant Tablets*, Vol. 2, pp. 98, 1337。

④ 词组 *ana/ina/ki kallê*，意思为“立即、马上”，笔者注意到该词与后面的 *ḫamutta*（立即、马上）一起使用，可能起到加强语气的作用，翻译为“火速”。参见 A. Leo Oppenheim, *et. al.*, eds., *The Chicago Assyrian Dictionary of the Oriental Institute of the University of Chicago*, Vol. 8, p. 84。

它，让他们把它的皮（35）做得像活的一样。愿你的使节带给我！（36）如果有一些已经做好的旧的（动物），（37）当我的使节辛迪苏加布①到达你处时，（38）让他火速买一辆战车，（39）愿他能到我这来！（40）让他们制造一些新的（动物），（41）当我的使节与你的使节到我这里来时，（42）让他们把它们一起带给我！

【拉丁化转写】

(43) *a-na šu-ul-ma-ni-ka* 2 *manâ*(ma.na) ^{na4}*uqnā*(za.gìn) *ul-te-bi-la-ku* (44) ⸢*ù*⸣ *aš*-⸢*šu*⸣ *mārti*(dumu.munus)-*ka* ^{f}*Ma-i-ia-ti*② *ki-i eš-mu-ù*③ (45) 1 ^{na4}*kišāda* (gú) *ša ṭi-im-bu-e-ti*④ *ša* ^{na4}*uqnī*(za.gìn) (46) 1 *lim* 40 *ù* 8 *mi-nu-ši-na* (47) *a-na šu-ul-ma-ni-ša ul-te-bi-la-ši* (48) *ù ki-i mār*(dumu) *ši-ip-ri-ka it-ti* ^{m}*Ši-in-di-šu-ga-ab* (49) [*i-la-ka šu-ul*]-*ma*-⸢*na*⸣-⸢*ši*⸣⑤ *e-pu-uš-ma ú-še*-⸢*ba*⸣-⸢*la*⸣-*aš*-⸢*ši*⸣

【中文译文】

（43）我送给你2米那天青石作为你的问候礼品。（44）至于

① 辛迪苏加布为巴比伦使节，其名字属于加喜特语，由 *šimdi*（给）和 *Šugab*（战神）构成，其名字的意思就是“神舒旮卜给予”，参见 Richard S. Hess, *Amarna Personal Names*, p. 142。

② 克努松读为 *mimma*^{ma}，莫兰、雷尼追随冯佐登读为 ^{f}*Ma-i-ia-ti*，参见 J. A. Knudtzon, *Die El-Amarna-Tafeln*, Vol. 1, p. 94; William L. Moran, *The Amarna Letters*, p. 20; Anson F. Rainey, *The El-Amarna Correspondence: A New Edition of the Cuneiform Letters from the Site of El-Amarna Based on Collations of All Extant Tablets*, Vol. 2, p. 1337。

③ 克努松在 *ki* 前面加上了否定词 *i-ia-*[*a-n*]*u*，但是莫兰、雷尼则去掉了这个词，此外，该行的 *eš-mu-ù* 的动词原形为 *šemû*，意思为“听说”。参见 J. A. Knudtzon, *Die El-Amarna-Tafeln*, Vol. 1, p. 94; William L. Moran, *The Amarna Letters*, p. 19; Anson F. Rainey, *The El-Amarna Correspondence: A New Edition of the Cuneiform Letters from the Site of El-Amarna Based on Collations of All Extant Tablets*, Vol. 1, p. 98。

④ *timbuēti* 为 *timbuttu* 的复数，*timbuttu* 指的是珠宝的构件，*timbuttu* 还有竖琴、鼓的意思，因此，可以设想这种珠宝的构件形如竖琴或鼓，参见 Erica Reiner, *et. al.*, eds., *The Chicago Assyrian Dictionary of the Oriental Institute of the University of Chicago*, Vol. 18, Chicago: The Oriental Institute, 2006, pp. 417-418。

⑤ 雷尼在戈登的拟补 [*i-la-ka x x x*] 的基础上，校对泥板后拟补为 [*i-la-ka šu-ul*]-*ma*-⸢*na*⸣-⸢*ši*⸣，参见 Anson F. Rainey, *The El-Amarna Correspondence: A New Edition of the Cuneiform Letters from the Site of El-Amarna Based on Collations of All Extant Tablets*, Vol. 2, p. 1337。

你的女儿马亚提[①]，我已经听说了她，(45)1条鼓形(珠子)的天青石项链，(46)(珠子)数目是1048，(47)我送给她作为她的问候礼品。(48)当你的使节与辛迪苏加布(49)到来时，我将做好并派人送给她。

（十一）第11号泥板书信

第11号泥板书信可能出土于埃及的阿马尔那，目前藏于德国柏林的近东博物馆，编号为VAT 00151+ VAT 01878，残片VAT 00151较大，尺寸为120毫米×60毫米，残片VAT 01878较小，尺寸为70毫米×150毫米，为完整泥板的右下部。泥板破损严重，左边、左下部、右边都有缺失。现有的泥板正面分5栏，背面分3栏。对该泥板的岩相学分析表明，此泥板的制作材料与第2号泥板类似，即用幼发拉底河的细河泥制成。[②]

1889—1890年，德国学者温克勒、阿贝尔编撰的《阿马尔那泥板》，以两块泥板的形式(把两块残片视为两块泥板)出版了该泥板的拓本。1896年，温克勒写作的《阿马尔那泥板》一书，对该泥板的两块残片分别进行了拉丁化转写、德文翻译以及较为简单的注释。1899年，阿莱维在其《阿蒙霍特普三世和阿蒙霍特普四世的书信》一书中，对泥板的两块残片分别进行拉丁化转写，并将之翻译成了法文。1907年、1915年，克努松在《阿马尔那泥板》一书中对该泥板进行了拉丁化转写，并将之译为德文。1915年，施罗德出版的《阿马尔那泥板》一书，把两块残片合在一起拓下来。1992年，莫兰出版的《阿马尔那书信》，将该泥板翻译为英文并详细地进行注解。2015年，雷尼的遗作《阿马尔那书信》对该书信进行拉丁化转写以及英文翻译，并做了一些注解。

---

① 马亚提为埃及公主，学界普遍认为她是美丽塔吞(Meritaten)。这里的*mayati*为埃及语*mryty*的阿卡德语音译，而*mryty*是美丽塔吞的埃及语名字*mryt-jtn*()的昵称。

② Yuval Goren, Israel Finkelstein and Nadav Na'aman, *et. al.*, *Inscribed in Clay: Provenance Study of the Amarna Letters and Other Ancient Near Eastern Texts*, pp. 35-36.

本译文的原始文献来自温克勒、阿贝尔以及施罗德的拓本，① 同时参考了克努松、雷尼的拉丁化转写② 以及莫兰的法文、英文译本。③

题解

第 11 号泥板书信的写信人为巴比伦王布尔那布亚什二世，收信人为埃及法老埃赫那吞。其主要内容是围绕联姻以及礼物展开的：第 5—46 行，主要是关于两国联姻事宜的，巴比伦王叙述了巴比伦公主死后，他主动将女儿嫁给埃及法老，对于埃及法老的迎亲规模不满意，要求埃及派更多的战车与士兵，此外，要求埃及法老赠送一种植物作为礼物。第 47—62 行，回顾了埃及先王与巴比伦先王之间的友好关系（埃及法老赠送给巴比伦王大量黄金），言外之意是要求埃及法老效法先王，赠送给巴比伦王更多的黄金。值得注意的是，巴比伦王提到了埃及公主马亚提，似乎对马亚提没有送礼物很不满意。

泥板译注

【拉丁化转写】

(1) *a-na* ᵐ*Na-ap-ḫu-ru-r*[*e-i*]*a*④ *šar*(lugal) ᵏᵘʳ*Mi-iṣ-ri-i aḫi*(šeš)[*-ia*

---

① Hugo Winckler and Ludwig Abel, *Der Thontafelfund von El-Amarna*, Heft 1, No. 6, 218; Otto Schroeder, *Die Tontafelin von El-Amarna, Texte Nr 1-189,* No. 6.

② J. A. Knudtzon, *Die El-Amarna-Tafeln*, Vol. 1, pp. 94, 96, 98; Anson F. Rainey, *The El-Amarna Correspondence: A New Edition of the Cuneiform Letters from the Site of El-Amarna Based on Collations of All Extant Tablets*, Vol. 1, pp. 100, 102, 104.

③ William L. Moran, *Les Lettres d'el-Amarna: Correspondance Diplomatique du Pharaon*, pp. 84-86; William L. Moran, *The Amarna Letters*, pp. 21-22.

④ 在克努松翻译泥板的时候，整个名字都能看清楚，2003 年雷尼校验泥板的时候，ᵐ*Na-ap-ḫu-ru-r*[*e-i*]*a* 中的后两个字符已经部分看不清楚了，参见 Anson F. Rainey, *The El-Amarna Correspondence: A New Edition of the Cuneiform Letters from the Site of El-Amarna Based on Collations of All Extant Tablets*, Vol. 2, p. 1338。

qí-bí-ma] (2) ⸢*um*⸣-[*ma* ^{m}*Bur*]-*na*-⸢*bu*⸣-[*ri*]-*ia-aš šar*(lugal) ^{kur}*Ka-ra-du-ni-i*[*a-aš aḫu*(šeš)-*ka*]① (3) *a*-[*na ia-a-ši šu-u*]*l-m*[*u*] *a-na ka-a-ša aššāti*(dam^{meš})-*ka bīti*(é)-[*ka mārī*(dumu^{meš})-*ka*] (4) ⸢*a*⸣-[*na sīsī*(anše.kur.ra^{meš})]-⸢*ka*⸣ ^{giš}*narkabātī*(gigir^{meš})-*ka da-an-ni-iš lu* [*šu-ul-mu*]

【中文译文】

（1）你（使节）对埃及（米西尔）王、我的兄弟那坡胡瑞亚说：（2）“下面是巴比伦（卡尔杜尼阿什）王、你的兄弟布尔那布瑞亚什的话。”（3）祝愿平安与我本人同在！真诚地祝愿平安与你本人、你的妻子们、你的宫廷、你的儿子们、（4）你的马匹、你的战车同在！②

【拉丁化转写】

(5) [*ul-tu aš-ša-at a*]-*bi-ka* ⸢*qu*⸣-⸢*ub*⸣-*ba-tu*$_4$ ^{m}*Ḫu-*ʾ*-a mār*(dumu) *š*[*i-ip-ri-ia*] (6) [*ù* ^{m}*Mi-ḫu-ni*③ *ta-ar-g*]*u-ma-*⸢*na*⸣ *al-ta-ap-ra*[*-ak-ku*]④ (7) [*a-nu-um-ma al-t*]*a-ap-ra*⑤ ⸢*um*⸣-

---

① 克努松拟补为 ^{kur}*Ka-ra-du-ni-i*[*a-aš aḫu*(šeš)-*ka-ma*]，莫兰显然赞同克努松的建议，在英文翻译中在“巴比伦王”后面加上“我的兄弟”一词，但是雷尼却拟补为 ^{kur}*Ka-ra-du-ni-i*[*a-aš*]。笔者认为，从泥板损毁处来看，拟补了 *-ia-aš* 之后，还有充足的地方，因此，参照泥板书信的信头惯例，加上“我的兄弟”更为妥帖。参见 J. A. Knudtzon, *Die El-Amarna-Tafeln*, Vol. 1, p. 94; William L. Moran, *The Amarna Letters*, p. 21; Anson F. Rainey, *The El-Amarna Correspondence: A New Edition of the Cuneiform Letters from the Site of El-Amarna Based on Collations of All Extant Tablets*, Vol. 1, p. 100。

② 这里的问候语比较简单，属于泥板书信中简略问候语的形式，与第 2 号泥板书信类似。

③ 根据泥板正面第 16 行拟补为 ^{m}*Mi-ḫu-ni*。

④ 克努松拟补为 *al-ta-ap-*[*ra*]，莫兰拟补为 *al-ta-ap-ra*[*-ak-ku*]，雷尼追随莫兰的拟补法。从泥板损毁处的空间来看，在 *ra* 之后还有充足的地方，因此，可能还有其他字符，而莫兰所拟补的 *-ak-ku*，应该比较妥当。参见 J. A. Knudtzon, *Die El-Amarna-Tafeln*, Vol. 1, p. 94; William L. Moran, *The Amarna Letters*, p. 22; Anson F. Rainey, *The El-Amarna Correspondence: A New Edition of the Cuneiform Letters from the Site of El-Amarna Based on Collations of All Extant Tablets*, Vol. 2, p. 1338。

⑤ 克努松拟补为 [*x x x x x al-t*]*a-ap-ra*，莫兰拟补为 [*a-ka-an-na al-t*]*a-ap-ra*，雷尼追随莫兰的拟补法，笔者认为或许也可以拟补为 [*a-nu-um-ma al-t*]*a-ap-ra*。参见 J. A. Knudtzon, *Die El-Amarna-Tafeln*, Vol. 1, p. 94; William L. Moran, *The Amarna Letters*, p. 22; Anson F. Rainey, *The El-Amarna Correspondence: A New Edition of the Cuneiform Letters from the Site of El-Amarna Based on Collations of All Extant Tablets*, Vol. 2, p. 1338。

ma-a mārat (dumu.munus) *šarri*(lugal) *ša* [kur*Ka-ra-du-ni-ia-aš*]① (8) [*a-na a-bi-ka il-*]*qu-ni* ˹*ša*˺*-ni-ta-am-ma li-*[*il-qu-ni-ku*]② (9) [*ù at-ta* m*Ḫa-a-ma-aš-*]*ši*③ *mār*(˹dumu˺) [*ši*]*-ip-ri-i-ka ù* m[*x x x x*] (10) [*ù* m*Mi-ḫu-ni ta-ar-gu-ma-an-na*] *ta-al-ta-a*[*p-ra*] (11) [*um-ma-a aš-ša-at a-bi-*]*ia*④ *qu-ub-ba-a-tu*$_4$ *a*[*n-na-a-tu*$_4$] (12) [*x x x x x x x x x aš-*]˹*ša*˺*-tu*$_4$⑤ *an-na-a-tu*$_4$ ˹*ša*˺ [*x x x*] (13) [*x x x x x x x x x a*]*-*˹*mi*˺*-il-ta ša-a-ši a*[*-x x x*] (14) [*x x x x x x x x i-n*]*a mu-ta-ni mi-ta-*[*at x x x x*]*-iš-ši* (15) [*a-ka-an-na al-ta-ap-*]

① 此处完全是根据逻辑来拟补的，没有太多的根据。

② 克努松读作 [*x x x x x x il-q*]*u-ú-ni ša-ni-ta-am-ma li-i*[*l-qu-ú-ni*]，莫兰在此基础上进一步拟补为 [*x x x a-na a-bi-ka il-q*]*u-ú-ni ša-ni-ta-am-ma li-i*[*l-qu-ni-ku*]，雷尼则在莫兰的基础上拟补为 [*a-na a-bi-ka il-*]*qu-ni* ˹*ša*˺*-ni-ta-am-ma li-*[*il-qu-ni-ku*]，笔者采用了雷尼的拟补。参见 J. A. Knudtzon, *Die El-Amarna-Tafeln*, Vol. 1, p. 94; William L. Moran, *The Amarna Letters*, p. 22; Anson F. Rainey, *The El-Amarna Correspondence: A New Edition of the Cuneiform Letters from the Site of El-Amarna Based on Collations of All Extant Tablets*, Vol. 2, p. 1338。

③ 克努松没有拟补“我的父亲”之前的字符，莫兰拟补为 [*ù at-ta* m*Ḫa-a-ma-aš-*]*ši*，雷尼采用了莫兰的拟补，参见 J. A. Knudtzon, *Die El-Amarna-Tafeln*, Vol. 1, p. 94; William L. Moran, *The Amarna Letters*, pp. 21, 22; Anson F. Rainey, *The El-Amarna Correspondence: A New Edition of the Cuneiform Letters from the Site of El-Amarna Based on Collations of All Extant Tablets*, Vol. 2, p. 1338。

④ 克努松读作 [*x x x x x x x x x x a*]*-bi-ia*，从莫兰的英文翻译来看，他把缺损的一部分字符拟补为“妻子”一词，雷尼则依据莫兰的英文翻译，拟补为 [*um-ma-a aš-ša-at a-bi-*]*ia*，笔者采用了雷尼的拟补。参见 J. A. Knudtzon, *Die El-Amarna-Tafeln*, Vol. 1, p. 94; William L. Moran, *The Amarna Letters*, p. 21; Anson F. Rainey, *The El-Amarna Correspondence: A New Edition of the Cuneiform Letters from the Site of El-Amarna Based on Collations of All Extant Tablets*, Vol. 1, p. 100; Anson F. Rainey, *The El-Amarna Correspondence: A New Edition of the Cuneiform Letters from the Site of El-Amarna Based on Collations of All Extant Tablets*, Vol. 2, p. 1338。

⑤ 克努松读作 [*x x x x x x x x x a*]*-ma-tum*，从莫兰的英文翻译来看，他将克努松的 *a-ma-tum* 拟补为 *aššatu*，雷尼接受了莫兰的建议，拟补为 [*x x x x x x x x x aš-*]˹*ša*˺*-tu*$_4$，参见 J. A. Knudtzon, *Die El-Amarna-Tafeln*, Vol. 1, p. 94; William L. Moran, *The Amarna Letters*, p. 21; Anson F. Rainey, *The El-Amarna Correspondence: A New Edition of the Cuneiform Letters from the Site of El-Amarna Based on Collations of All Extant Tablets*, Vol. 1, p. 100; Anson F. Rainey, *The El-Amarna Correspondence: A New Edition of the Cuneiform Letters from the Site of El-Amarna Based on Collations of All Extant Tablets*, Vol. 2, p. 1338。

*⸢ra⸣*① *⸢um⸣-ma-a a-⸢mi⸣-il-ta ša-⸢a⸣[-ši li-il-qu-ni-ku]*②

【中文译文】

（5）在你父亲的妻子被哀悼之后，（6）我向你派遣了我的使节胡阿阿③及翻译米胡尼④。（7）与此同时，我写信说道："巴比伦王的女儿（8）被带给了你的父亲。让他们带另外一个给你。"（9）（对此事），你派来你的使节哈马西⑤与□□□□（10）以及翻译米胡尼，（11）（你）说道："你父亲的［妻子］被哀悼，这些（12）□□□□□□□□□□□□的这个妻子（13）□□□□□□□□□那个女人□□□（14）□□□□□□□□□□她死于瘟疫⑥□□□□□。"（15）于是，我写信说道："愿他们把那个女子带给你。"

---

① 克努松读作 [*x x x x x al-ta-ap-*]*ra*，雷尼将破损部分拟补为 [*a-ka-an-na al-ta-ap-*]*⸢ra⸣*，也就是在克努松的基础上加上了 *akanna*，参见 J. A. Knudtzon, *Die El-Amarna-Tafeln*, Vol. 1, p. 94; Anson F. Rainey, *The El-Amarna Correspondence: A New Edition of the Cuneiform Letters from the Site of El-Amarna Based on Collations of All Extant Tablets*, Vol. 1, p. 100; Anson F. Rainey, *The El-Amarna Correspondence: A New Edition of the Cuneiform Letters from the Site of El-Amarna Based on Collations of All Extant Tablets*, Vol. 2, p. 1338。

② 克努松读作 *ša-*[*a-ši x x x*]，莫兰则将缺损部分拟补为 *ša-⸢a⸣*[*-ši li-il-qu-ni-ku*(?)]，雷尼则接受了莫兰的拟补，参见 J. A. Knudtzon, *Die El-Amarna-Tafeln*, Vol. 1, p. 94; William L. Moran, *The Amarna Letters*, p. 22; Anson F. Rainey, *The El-Amarna Correspondence: A New Edition of the Cuneiform Letters from the Site of El-Amarna Based on Collations of All Extant Tablets*, Vol. 1, p. 100; Anson F. Rainey, *The El-Amarna Correspondence: A New Edition of the Cuneiform Letters from the Site of El-Amarna Based on Collations of All Extant Tablets*, Vol. 2, p. 1338。

③ 胡阿阿为巴比伦使节，其名字属于什么语言，还不能确定，学者们猜测书吏写错了字符顺序，可能是 ᵐ*'-Ḫu –a*，参见 Richard S. Hess, *Amarna Personal Names*, p. 78。

④ 米胡尼为埃及派往巴比伦的翻译，其名字可能属于埃及语，但是其对应的埃及语还不清楚。

⑤ 哈马西为埃及使节，其名字属于埃及语，由 *hw*（神圣的话语）与 *msj*（生育）构成，笔者根据埃及语的拉丁化转写，认为埃及语应写作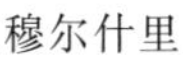，意思为"神圣的话语被说出"，参见 Richard S. Hess, *Amarna Personal Names*, p. 74。

⑥ 这里提及的瘟疫，可能指的是后来赫梯王穆尔什里二世的瘟疫祈祷文中提及的那场瘟疫。

【拉丁化转写】

(16) [^{m}*Ḫa-a-ma-aš-ši mār*(dumu) *ši-i*]*p-ri-i-ka ù* ^{m}*Mi-*⸢*ḫu*⸣*-ni t*[*a-ar-ga-ma-an-n*]*a* (17) [*mārati*(dumu.munus)^{ti} *ki-i*] *ú-ka-li-mu-šu-*⸢*nu*⸣*-*⸢*ti*⸣ *a-na qa-qa-*⸢*ad*⸣ *mārati*(du[mu].mu[nus]) ^{ti}-[*ia*] (18) *šamna*(⸢ì⸣.[giš]) [*it-t*]*a-du-ú*① *ù ša a-na mu-uḫ-ḫi-i-*⸢*ka*⸣ (19) *le-q*[*u-ú-ši*② *ma*]*-an-nu i-le-qa-ak-ku-uš-ši it-ti* $^{[m]}$*Ḫa-a-a* (20) 5 ^{giš}*narkābtu*(gigir) *i-na* ⸢5⸣ ^{giš}*narkābti*(gigir) *i-le-qu-ni-ik-ku-uš-ši i-na-an-na-a-ma* (21) [*i-na bīti*(é)*-i*]*a*③ *lu-še-bi-la-*⸢*ak*⸣*-*⸢*ku*⸣*-uš-ši šarrānu*(lugal^{meš}) *ša li-mi-ti-ia* (22) [*i-qa-ab-bu*④ *u*]*m-*⸢*ma*⸣*-a*

---

① 克努松对 *kullumu*（展示）之前的、*qaqqdu* 之后的、*nâdu*(倒)之前的破损处都没有拟补，莫兰、雷尼采用了兰茨伯格的拟补，读作 [*mārat*(dumu.munus)^{ti} *ki-i*] *ú-ka-li-mu-šu-*⸢*nu*⸣*-*⸢*ti*⸣ *a-na qa-qa-*⸢*ad*⸣ *mārati*(du[mu].mu[nus]) ^{ti}-[*ia*] *šamna*(⸢ì⸣.[giš]) [*it-t*]*a-du-ú*，笔者采用莫兰、雷尼的读法。参见 William L. Moran, *The Amarna Letters*, p. 19; Anson F. Rainey, *The El-Amarna Correspondence: A New Edition of the Cuneiform Letters from the Site of El-Amarna Based on Collations of All Extant Tablets*, Vol. 1, p. 100; Anson F. Rainey, *The El-Amarna Correspondence: A New Edition of the Cuneiform Letters from the Site of El-Amarna Based on Collations of All Extant Tablets*, Vol. 2, p. 1338。

② 克努松拟补为 *li*(!)*-i*[*l-li-ku*]，莫兰拟补为 *le-q*[*u-*(*ú*)*-ši*]，雷尼赞成莫兰的建议，也拟补为 *le-q*[*u-ú-ši*]，这里应该为 *leqû*（带、携带、拿走）的分词形式，笔者遵从雷尼的拟补。参见 J. A. Knudtzon, *Die El-Amarna-Tafeln*, Vol. 1, p. 96; William L. Moran, *The Amarna Letters*, p. 22; Anson F. Rainey, *The El-Amarna Correspondence: A New Edition of the Cuneiform Letters from the Site of El-Amarna Based on Collations of All Extant Tablets*, Vol. 1, p. 100; Anson F. Rainey, *The El-Amarna Correspondence: A New Edition of the Cuneiform Letters from the Site of El-Amarna Based on Collations of All Extant Tablets*, Vol. 2, p. 1338。

③ 克努松对于残留 *-ia* 中 *a* 之前的破损部分没有拟补，莫兰拟补为 [*i-na bīti*(é)*-i*]*a*，雷尼遵从莫兰的建议，参见 J. A. Knudtzon, *Die El-Amarna-Tafeln*, Vol. 1, p. 96; William L. Moran, *The Amarna Letters*, p. 22; Anson F. Rainey, *The El-Amarna Correspondence: A New Edition of the Cuneiform Letters from the Site of El-Amarna Based on Collations of All Extant Tablets*, Vol. 1, p. 100; Anson F. Rainey, *The El-Amarna Correspondence: A New Edition of the Cuneiform Letters from the Site of El-Amarna Based on Collations of All Extant Tablets*, Vol. 2, p. 1339。

④ 根据后面 *umma*，逻辑上可以拟补为 *qabû*，但克努松没有拟补，而莫兰、雷尼则按照逻辑拟补为 *qabû*，参见 J. A. Knudtzon, *Die El-Amarna-Tafeln*, Vol. 1, p. 96; William L. Moran, *The Amarna Letters*, p. 21; Anson F. Rainey, *The El-Amarna Correspondence: A New Edition of the Cuneiform Letters from the Site of El-Amarna Based on Collations of All Extant Tablets*, Vol. 1, p. 100。

mārat(dumu.munus) *šarri*(˹lugal˺) *rabî*(gal) *i-na* 5 ^{giš}*narkābti*(˹gigir˺) [*a-n*]*a* $^{˹kur˺}$*˹Mi˺-˹iṣ˺-˹ri˺-˹i˺ ˹na˺-˹šu˺-˹ú˺-˹ši˺* (23) [*ūmum*(u$_4$)^{um} *a-bu-ú-a-a mārat*(dumu.munus)*-šu il-*]*qu*① *˹a˺-na a-bi-ka ú-š*[*e-bi-*]*˹i˺-lu* (24) [^{lú}*mār*(dumu) *ši-ip-ri-*]*ka* 3 *lim ṣābē*(ér[in^{meš}]) [*it-t*]*i-i-šu* (25) [*it-ta-al-ka x x x x x x x x x*] *˹lu˺-ul l*[*i x x*] *a-bu-ú-a-a* (26) [*x x x x x x x x x x x x x x x x i-ša-ap-*]*˹pa˺-ar* (27) [*x x x x x x x x x x x x x x x x x x x x x x x x x x x*]*˹qi˺* (28) [*x x x x x x x x x x x x x x x x x x x x x x*] *˹šu˺-up-ra-am-ma*

【中文译文】

（16）至于你的使节哈马西与翻译米胡尼，（17）当我把女儿展示给他们时，他们把［油］倒在了（18）我的女儿的头上。② 至于在要把她带到（19）你那里的人中，谁将把她带走给你呢？和哈亚 ③ 在一起的（20）是 5 辆战车。他们是要用这 5 辆战车把她带给你吗？现在，（21）一旦我从我的家里把她送给你。周边地区的国王们（22）会说道："他们（只）用 5 辆战车向埃及运送大王的女儿。"（23）当我的父亲将他的女儿带着并送给你的父亲的时候，（24）你的使节来了，3000 士兵和他在一起（25）□□□□□□□□愿我的父亲□□□（26）□□□□□□□□□□□□□□□□□□他将送来（27）□□□□□□□□□□□□□□□□□□□□□□□□□□□（28）送给我□□□□□□□□□□□□□□□□□□□□□□

---

① 克努松对此没有进行拟补，莫兰拟补为 [*ūmum*(u$_4$)^{um} *a-bu-ú-a-a mārat*(dumu.munus)*-šu*]，雷尼则在莫兰的基础上，增加了 *leqû* 一词，拟补为 [*ūmum*(u$_4$)^{um} *a-bu-ú-a-a mārat*(dumu.munus)*-šu il-*]*qu*，笔者遵从雷尼的拟补。参见 William L. Moran, *The Amarna Letters*, p. 23; Anson F. Rainey, *The El-Amarna Correspondence: A New Edition of the Cuneiform Letters from the Site of El-Amarna Based on Collations of All Extant Tablets*, Vol. 2, p. 1339。

② 古代西亚定亲的一种仪式，参见 Meir Malul, *Studies in Mesopotamia Legal Symbolism*, pp. 161-179。

③ 哈亚，可能是埃及的官员，出现在多封泥板书信中。其名字为埃及语，可能是 *ḫʿy*［写作，意思为升起、出现、照亮］或 *ḥy*［写作，意思为（鹰隼的）尖叫］，参见 Richard S. Hess, *Amarna Personal Names*, pp. 75-76。

【拉丁化转写】

(29)① *[x x x x x x x x x x x x x x x x x x x x x x]*^{meš}*-šu-nu* (30) *[x x x x x x x x x x x x x x x x x x x x]⸢aš⸣-šu* (31) *[x x x x x x x x x x x x x x x x x x x x x li-]il-pu-tu*$_4$ (32) *[x x x x x x x]⸢li⸣-il-qu[-ni x x x x x li-]il-pu-tu*$_4$ (33) *[ša-am-ma a-na ⸢pí⸣-i x* ^{m}*]*^{eš} *ba-al-ṭú-t[i li-ma-aš-ši-lu-ma]*② *⸢li⸣-il-qu-ni* (34) *šum-ma la-bi-ru-tu*$_4$ *ga-mi-ru-tu*$_4$ *i[-ba-aš-š]u ḫ[a-mu-t]a*③ *šu-bi-i-la*! (35) *šum-ma la-bi-ru-tu*$_4$ *ia-⸢a⸣-nu eš-šu-ú-ti ⸢li⸣-il-⸢pu⸣-tu-ú-ma* (36) ^{m}*Ṣa-al-ma tamkāra*(dam.gàr) *šu-bi-i-la šum-ma* ^{m}*Ṣa-al-mu tamkāru*(⸢dam⸣.⸢gàr⸣) *it-ta-at-la-ka* (37) *mār*(dumu) *ši-ip-ri-i-ka ša il-la-ka li-il-qa-a* (38) *iṣē*(giš^{meš}) *⸢ša⸣ ši-in-ni*④ *li-il-pu-tu*$_4$ *ù li-iṣ-ru-ú-pu* (39) *ša-am-mi ša ṣe-e-ri*⑤ *ša a-na a-ḫa-mi-iš ma-aš-lu ša ši-in-ni* (40) *li-il-pu-tu*$_4$ *ù li-iṣ-ru-pu-ú-ma li-il-qu-ni*

---

① 本行开始为泥板背面。

② 克努松只是将能够看到的字符读出来了，莫兰、雷尼追随兰茨伯格拟补为 *[ša a-na x x x* ^{m}*]*^{eš} *ba-al-ṭú-t[i ma-aš-lu]*，笔者认为可以参照泥板第 39 行，猜测这里提及的物品应该是一种植物，然后再参照第 10 号泥板的第 34 行，将缺损处拟补为 *[ša-am-ma a-na ⸢pí⸣-i x* ^{m}*]*^{eš} *ba-al-ṭú-t[i li-ma-aš-ši-lu-ma]*，这里的 *ana pî* 意思为"根据……"，*li-ma-aš-ši-lu-ma* 的动词原形为 *mašalu*，意思为"像、等同"。参见 William L. Moran, *The Amarna Letters*, p. 23; Anson F. Rainey, *The El-Amarna Correspondence: A New Edition of the Cuneiform Letters from the Site of El-Amarna Based on Collations of All Extant Tablets*, Vol. 1, p. 102; Anson F. Rainey, *The El-Amarna Correspondence: A New Edition of the Cuneiform Letters from the Site of El-Amarna Based on Collations of All Extant Tablets*, Vol. 2, p. 1339。

③ 克努松读作 *ḫ[a x x š]a*，莫兰、雷尼追随温格纳德拟补为 *ḫ[a-mu-t]a*，温格纳德的拟补，是根据第 10 号泥板的第 38 行的 *ḫa-mu-ut-ta* 拟补而来，从这一点看，比较妥帖。参见 J. A. Knudtzon, *Die El-Amarna-Tafeln*, Vol. 1, p. 96; William L. Moran, *The Amarna Letters*, p. 23; Anson F. Rainey, *The El-Amarna Correspondence: A New Edition of the Cuneiform Letters from the Site of El-Amarna Based on Collations of All Extant Tablets*, Vol. 1, p. 102; Anson F. Rainey, *The El-Amarna Correspondence: A New Edition of the Cuneiform Letters from the Site of El-Amarna Based on Collations of All Extant Tablets*, Vol. 2, p. 1339。

④ 虽然 *šinnu* 的一般意思为"牙齿"，*šinnu* 与 *pīru*（大象）搭配，意思为"象牙"，但是 *šinnu* 即使不与 *pīru*（大象）搭配，也可以翻译为"象牙"。

⑤ *ša-am-mi ša ṣe-e-ri* 中的 *šammu* 的意思为"植物、花朵"，而 *ṣēru* 本义为"乡野"，这个词的意思为"野生植物"。

【中文译文】

（29）□□□□□□□□□□他们的□□□□□□□□□□（30）□□□□□□□□□□□□□□□□□□□□（31）□□□□□□□□□□□□□□□□□□□□愿他们装点（32）□□□□□□□□愿他们带给我□□□□□□愿他们装点（33）愿他们带给我像活的样子的动物。（34）若（你那）有完工的旧的（动物）的话，请他们火速送它给我。（35）如果（你那）没有旧的，让他们制作一些新的，（36）交给商人萨尔穆！若商人萨尔穆已经离开了，（37）让那些即将到这里来的使节把它们带来！（38）让他们装点并染色象牙树。（39）让他们装点并染色象牙（树），（使其）非常像野生植物！（40）愿他们将它们带给我。

【拉丁化转写】

(41) $^{\ulcorner\text{m}\urcorner}$*Ḫa-a-a ra-ba-a-ka ša ta-aš-pu-ra* ^{giš}*narkābtu*(gigir) *ù ṣābē*(érin^{meš}) *ša*① *it-ti-i-šu mi-i-ṣu* (42) $^{\ulcorner\text{giš}\urcorner}$*narkābta*([gi]gir) *ù ṣābē*(érin^{meš}) *ma-ʾa-da šu-up-ra-am-ma* ^{m}*Ḫa-a-a-ma marāt*(dumu.munus) *šarri*(luga[l]) [*li-il-q*]*a-ak-ku*② (43) [*ra-b*]*a-a ša-na-am-ma la ta-ša-ap-pa-ra marāt*(dumu.munus) *šarri*(lugal) *ša šamni*(ì.giš) [*a-na qa-q*]*a-di-ša* (44) [*na-du-*]⸢*ú*⸣③ *i-tu-ú-a-a la uḫ-ḫa-ar šu-up-ra-am-ma ḫa-mu-*

---

① 克努松的拉丁化转写缺少 *ša*，显然克努松在检验泥板的时候漏掉了这个字符，而雷尼则补上了这个字符，参见 J. A. Knudtzon, *Die El-Amarna-Tafeln*, Vol. 1, p. 96; Anson F. Rainey, *The El-Amarna Correspondence: A New Edition of the Cuneiform Letters from the Site of El-Amarna Based on Collations of All Extant Tablets*, Vol. 1, p. 102。

② 克努松拟补为 [*i-il-q*]*a-ak-ku*，莫兰拟补为 [*li-il-q*]*a-ak-ku*，雷尼追随莫兰，参见 J. A. Knudtzon, *Die El-Amarna-Tafeln*, Vol. 1, p. 96; William L. Moran, *The Amarna Letters*, p. 23; Anson F. Rainey, *The El-Amarna Correspondence: A New Edition of the Cuneiform Letters from the Site of El-Amarna Based on Collations of All Extant Tablets*, Vol. 2, p. 1339。

③ 克努松读作 [*ša lu*]-⸢*ú*⸣，莫兰读作 [*id-du-*]*ú*，雷尼读作 [*na-du-*]⸢*ú*⸣，雷尼认为这里不应该是莫兰拟补的过去时，而应该是 *nâdu*（倒）的 G 词干状态式，笔者采用了雷尼的读法。参见 J. A. Knudtzon, *Die El-Amarna-Tafeln*, Vol. 1, p. 98; William L. Moran, *The Amarna Letters*, p. 23; Anson F. Rainey, *The El-Amarna Correspondence: A New Edition of the Cuneiform Letters from the Site of El-Amarna Based on Collations of All Extant Tablets*, Vol. 1, p. 102; Anson F. Rainey, *The El-Amarna Correspondence: A New Edition of the Cuneiform Letters from the Site of El-Amarna Based on Collations of All Extant Tablets*, Vol. 2, p. 1339。

ut-t[a li-ilq] u-⌜ú⌝[-ni-ši] (45) *[ù šum-m]a i-na libbi*(šà) *ša-at-ti an-ni-ti* ^{giš}*narkābta*(gigir) *ù ṣābē*(érin^{meš}) *ta-ša-ap-pa-[ra]* (46) *mār*([dumu]) *šipri*([ki]n) *ki-i ka-al-le-e li-ṣa-am-ma ṭe-e-ma li-iq-b[a-a]*

【中文译文】

（41）至于你派遣来的你的官员哈亚，与他在一起的战车和士兵太少了。（42）请派来更多的战车与士兵，以便哈亚把国王的女儿带给你！（43）不要派其他官员来！但愿他不会耽搁了已经把油倒在头上的（44）我的王女①（的行程）。请尽快派人来安排，让他们带走她！（45）如果在这年，你能派遣来战车和士兵（来接新娘）的话，（46）请火速派遣一个使节来，以便告诉我情况！

【拉丁化转写】

(47) *[ki-i a-]bu-ka a-na Ku-ri-gal-zu ḫurāṣa*(kù.gi) *ma-ʾa-da ú-še-bi-i-lu* (48) *[šu-ul-ma-na]ša Ku-ri-gal-zu mi-nu-ú i-ta-ti-ir-ma i-na ēkalli*(é.gal) *[a-bi-ia]* (49) *[mi-nu-ú i]n-da-ṭi aš-⌜šum⌝ šarrāni*(lugal^{meš}) *ša li-mi-ti še-mé-e um-ma-a ḫurāṣu*(kù.[gi]) *[ma-ʾa-du i-na]* (50) *[bi-ri]*② *šarrāni*(lugal^{meš}) *aḫ-ḫu-tu$_4$ ṭa-bu-tu$_4$ sa-li-mu ù a-ma-tu$_4$ [ba-ni-tu$_4$]* (51) *[šu-ú-ma k]a-bi-it abnātu*(na$_4^{\text{meš}}$) *ka-bi-it kaspu*(kù.babbar) *ka-bi-it ḫurāṣu*([kù.gi])

【中文译文】

（47）在你的父亲送给库里加尔祖③大量黄金后，（48）有什么东西能够超过库里加尔祖的礼物呢？在我父亲的宫殿里，（49）还缺少什么东西呢？周边地区的国王们听闻后说道："黄金真多啊。在（50）（这两个）国王之间，有兄弟之情、友谊、和平与其他美好的

---

① 直译为"国王之女"。

② 冯佐登拟补为 *[bi-ri-it]*，但是莫兰、雷尼认为没有足够的空间，建议拟补为 *[bi-ri]*，词组 *ina biri* 的意思为"在……之间"。参见 William L. Moran, *The Amarna Letters*, p. 23; Anson F. Rainey, *The El-Amarna Correspondence: A New Edition of the Cuneiform Letters from the Site of El-Amarna Based on Collations of All Extant Tablets*, Vol. 2, p. 1339。

③ 应该指的还是巴比伦王库里加尔祖一世。

事情。（51）他在（宝）石、白银和黄金上是富裕的。”

【拉丁化转写】

(52) 10 ⸢*ku*⸣*-ur-ba-né-e ša* [n]a4*uqnê*(za.gìn) *šadâ*(kur) *a-na šu-ul-ma-ni-ka ul*[*-te-bi-la-ak-ku*] (53) *a-na be-el-ti bīti*(é)*-ka* 20 *ti-im-bu-e-ti ša* na4*uqnê*(za.gìn) *šadâ*(kur) [*ul-te-bi-la-aš-ši*] (54) *ki-i* f*Ma-ia-tu-ma*① *la*② *i-pu-ša-an-ni ša a-na-ku šu-u*[*l-lu-ma-ku*]③ (55) *ù ši-i re-e-ši la iš-šu-ú ki-i du-lu-uḫ-t*[*i-iš*]④ (56) *ḫurāṣa*(kù.gi) *ma-ʾa-da at-tu-ka-a-ma*⑤ *li-il-*

---

① 雷尼认为 f*Ma-ia-tu-ma* 中的 *ma*，可能是起到强调谓语的作用，参见 Anson F. Rainey, *The El-Amarna Correspondence: A New Edition of the Cuneiform Letters from the Site of El-Amarna Based on Collations of All Extant Tablets*, Vol. 2, p. 1339。

② 克努松在拉丁化的时候，在 f*Ma-ia-tu-ma* 与 *la* 之间加上了 *ia-tu-ma*（第一人称代词），*yâtu*（也读作 *jâtu*）在这里充当宾语，但是雷尼的拉丁化转写的文字中缺少这个词，参见 J. A. Knudtzon, *Die El-Amarna-Tafeln*, Vol. 1, p. 98; Anson F. Rainey, *The El-Amarna Correspondence: A New Edition of the Cuneiform Letters from the Site of El-Amarna Based on Collations of All Extant Tablets*, Vol. 1, p. 104。

③ 动词原形为 *šalāmu*，其衍生形式为 *šullumu*，意思为“处于好的状态、健康”，参见 Erica Reiner, *et. al.*, eds., *The Chicago Assyrian Dictionary of the Oriental Institute of the University of Chicago*, Vol. 17, Part 1, pp. 219-221。

④ *duluḫtu* 的意思为“赶紧、快、关心、忧虑”，常与 *ki* 搭配成 *ki duluhtiš*，意思为“迅速地、匆忙地、赶紧”，但是，《芝加哥大学东方研究所的亚述语词典》认为此处的 *ki duluhtiš* 可以理解为“忧虑”而非“迅速地、匆忙地、赶紧”，莫兰、雷尼将 *ki duluhtiš* 理解为“迅速地、匆忙地、赶紧”的意思，参见 A. Leo Oppenheim, *et. al.*, eds., *The Chicago Assyrian Dictionary of the Oriental Institute of the University of Chicago*, Vol. 3, Chicago: The Oriental Institute, 1959, pp. 219-221; William L. Moran, *The Amarna Letters*, p. 22; Anson F. Rainey, *The El-Amarna Correspondence: A New Edition of the Cuneiform Letters from the Site of El-Amarna Based on Collations of All Extant Tablets*, Vol. 1, p. 105。

⑤ 莫兰、雷尼认为，此处之所以用 *at-tu-ka-a-ma*（属于你的）这个词，特别使用了后缀 *ma*，强调了礼物的来源，这是为与埃及公主对巴比伦王不关心形成对比，参见 William L. Moran, *The Amarna Letters*, p. 23; Anson F. Rainey, *The El-Amarna Correspondence: A New Edition of the Cuneiform Letters from the Site of El-Amarna Based on Collations of All Extant Tablets*, Vol. 2, p. 1339。

qu-ni [*ḫurāṣa*(kù.gi) *ma-ʾa-da*][①] (57)[②] ⌜*li*⌝*-il-qu-ni a-na ku-ta-al ša-at-ti* [*an-ni-ti-im-ma*][③] (58) *du-ul-li ḫa-mu-ut-ta lu-uk-šu-ud ù* [*aḫu*(šeš)^{ú}*-a-a*][④] (59) *la i-qa-ab-bi um-ma-a šu-ul-ma-na ma-a*[*ʾ-da ba-na-a*] (60) *mār*(dumu) *ši-ip-ri-ka il-te-qe šu-ú a-ḫi*[*-ia la i-ḫa-ša-aḫ*] (61)[⑤] [*x x x x x x x*] *ki-i lu-še-bi-la-ak-*[*ku ḫurāṣa*(kù.gi) *ma-ʾa-da šu-bi-*]*la-am-ma* (62) [*a-na-ku šu-ul-m*]*a-na ma-a-da a-na k*[*a-a-ša lu-še-bi-la-ak-ku*]

【中文译文】

（52）我送给你10大块真天青石作为你的问候礼。（53）我送给你的宫廷的女主人20（粒）鼓形的上好的天青石。（54）马亚图[⑥]对我的健康没做任何事情，（55）她（也）并不关心我，让他们尽快（56）把你的大量的黄金送来给我！愿他们带给我（57）大量黄金！在这年的年末，（58）我想把工程尽快完成。但愿我的兄弟（59）不要说："你的使节已经接受了（60）大量的上乘的礼物。我的兄弟，他不再需要了！"（61）当我送给你□□□□□□□的时候，请送给我大量的黄金吧！（62）（当然），我也会送给你大量的问候礼。

---

① 从莫兰的英文译文可以看出，莫兰拟补为 [*ḫurāṣa*(kù.gi) *ma-ʾa-da*]，而雷尼追随莫兰的拟补，参见 William L. Moran, *The Amarna Letters*, p. 22; Anson F. Rainey, *The El-Amarna Correspondence: A New Edition of the Cuneiform Letters from the Site of El-Amarna Based on Collations of All Extant Tablets*, Vol. 1, p. 105。

② 本行开始为泥板背面上边缘。

③ 克努松拟补为 [*an-ni-ti-im-ma*]，莫兰、雷尼也赞成这样的拟补，参见 J. A. Knudtzon, *Die El-Amarna-Tafeln*, Vol. 1, p. 98; William L. Moran, *The Amarna Letters*, p. 22; Anson F. Rainey, *The El-Amarna Correspondence: A New Edition of the Cuneiform Letters from the Site of El-Amarna Based on Collations of All Extant Tablets*, Vol. 1, p. 104。

④ 雷尼拟补为 [*aḫu*(šeš)^{ú}*-a-a*]，笔者赞同这种拟补。参见 Anson F. Rainey, *The El-Amarna Correspondence: A New Edition of the Cuneiform Letters from the Site of El-Amarna Based on Collations of All Extant Tablets*, Vol. 1, p. 104; Anson F. Rainey, *The El-Amarna Correspondence: A New Edition of the Cuneiform Letters from the Site of El-Amarna Based on Collations of All Extant Tablets*, Vol. 2, p. 1339。

⑤ 本行开始为泥板背面左边缘。

⑥ 即第10号泥板书信中提及的埃及公主马亚提。

（十二）第 12 号泥板书信

第 12 号泥板书信可能出土于埃及的阿马尔那，目前藏于德国柏林的近东博物馆，编号为 VAT 01605，泥板尺寸为 600 毫米×50 毫米，这是一块完整泥板的右下部。泥板破损严重，左边、左下部、右边都有缺失。现有的泥板正面分 5 栏，背面分 3 栏。对该泥板的岩相学分析表明，此泥板的制作材料与第 2 号泥板类似，即用幼发拉底河的细河泥制成。[①]

1889—1890 年，德国学者温克勒、阿贝尔编撰的《阿马尔那泥板》，出版了该泥板的拓本。1896 年，温克勒写作的《阿马尔那泥板》一书，对该泥板进行了拉丁化转写、德文翻译以及较为简单的注释。1899 年，阿莱维在其《阿蒙霍特普三世和阿蒙霍特普四世的书信》一书中，对该泥板进行拉丁化转写，并将之翻译成了法文。1907 年、1915 年，克努松在《阿马尔那泥板》一书中对该泥板进行了拉丁化转写，并将之译为德文。1915 年，施罗德出版的《阿马尔那泥板》一书，重新抄录出版了该泥板。1992 年，莫兰出版的《阿马尔那书信》，将该泥板翻译为英文并详细地进行注解。2015 年，雷尼的遗作《阿马尔那书信》对该书信进行拉丁化转写以及英文翻译，并做了一些注解。

本译文的原始文献来自温克勒、阿贝尔以及施罗德的拓本，[②] 同时参考了克努松、雷尼的拉丁化转写[③] 以及莫兰的法文、英文译本。[④]

---

① Yuval Goren, Israel Finkelstein and Nadav Naʾaman, *et. al.*, *Inscribed in Clay: Provenance Study of the Amarna Letters and Other Ancient Near Eastern Texts*, p. 36.

② Hugo Winckler and Ludwig Abel, *Der Thontafelfund von El-Amarna*, Heft 2, Berlin: W. Spemann, 1890, No. 216; Otto Schroeder, *Die Tontafelin von El-Amarna, Texte Nr 190-202,* Leipzig: J. C. Hinrichs' sche Buchhandlung, 1915, No. 197.

③ J. A. Knudtzon, *Die El-Amarna-Tafeln*, Vol. 1, pp. 98, 100; Anson F. Rainey, *The El-Amarna Correspondence: A New Edition of the Cuneiform Letters from the Site of El-Amarna Based on Collations of All Extant Tablets*, Vol. 1, p. 106.

④ William L. Moran, *Les Lettres d'el-Amarna: Correspondance Diplomatique du Pharaon*, pp. 88-89; William L. Moran, *The Amarna Letters*, p. 24.

题解

第 12 号泥板书信的写信人可能为巴比伦的公主，收信人可能是埃及法老。这封书信为一般的问候书信，没有太多的实质内容。

泥板译注

【拉丁化转写】

(1) *a-na* ^{m}*bé-lí-ia*① (2)*qí-bí-ma um-ma* (3) *mārat*(dumu.munus) *šarri*(lugal)-*ma* (4) *a-na ka-ša* ^{giš}*narkābti*(gig[ir^{me}]^{š})-*ka* (5) [*a*]-⌜*mi*⌝-⌜*lu*⌝-*ti* ⌜*ù*⌝② *bīti*([é])-[*ka*] (6) *lu*-⌜*ú*⌝ ⌜*šu*⌝-⌜*ul*⌝-⌜*mu*⌝ (7) *ilāni*(dingir^{meš}) *ša* ^{m}*Bur-ra*-⌜*bur*⌝-*ia-aš* (8) *it-ti-ka li-li-ku* (9) *šal-mi-iš a-li-ik* (10) *ù i-na ša-la-mì*③ (11) ʾ*i-ir-ma bīta*(é)-*ka a-mur*

【中文译文】

（1）你（使节）对我的主人（2）说：（3）"下面是国王的女儿④的话。"（4）祝愿平安与你本人，你的战车、（5）子民和你的

---

① ^{m}*bé-lí-ia* 中的 bé，克努松在拉丁化转写的时候直接写成 *bi*，参见 Anson F. Rainey, *The El-Amarna Correspondence: A New Edition of the Cuneiform Letters from the Site of El-Amarna Based on Collations of All Extant Tablets*, Vol. 2, p. 1340; J. A. Knudtzon, *Die El-Amarna-Tafeln*, Vol. 1, p. 98。

② 克努松对拟补为 [*ù*] 有所疑虑，雷尼校对泥板看到了 *ù* 的后半部分符号。J. A. Knudtzon, *Die El-Amarna-Tafeln*, Vol. 1, p. 100; Anson F. Rainey, *The El-Amarna Correspondence: A New Edition of the Cuneiform Letters from the Site of El-Amarna Based on Collations of All Extant Tablets*, Vol. 2, p. 1340.

③ 这里的 *šalāmu* 的意思为"平安的过程，平安地完成一段旅程"，加上介词 *ina*，就构成了词组 *ina šalāmi*，其意思为"平安地、安全地"。参见 Erica Reiner, *et. al.*, eds., *The Chicago Assyrian Dictionary of the Oriental Institute of the University of Chicago*, Vol. 17, Part 1, p. 207。

④ 这里的公主，很可能是即将嫁入埃及的巴比伦公主，第 7 行提到了布尔那布亚什二世的众神，由此可以推断这个公主为巴比伦公主。

宫廷（6）同在！（7）愿布尔拉布里亚什的众神（8）走在你的身边！（9）平安地行事！（10）平安地（11）前进！看守你的家业！

【拉丁化转写】

(12) *i-na pa-*[*ni* ^m^*bé-lí-ia*] (13)① *a-ka-an-n*[*a*] ˹*ul*˺-[*ta-ki-in*] (14) *um-ma-a ul-tu*$_4$ *G*[*i-x*] (15) *mār*(dumu) *šip-ri-ia ṣi-ir-pa*② (16) *ú-še-bi-la a-na* (17) *alāni*(uru.didli)-*ka ù bīti*(é)-*ti-ka* (18) *lu-ú* ‹*šu*›-*ul-mu* (19) *it-ti li-bi-ka* (20) ˹*la*˺˹*ta*˺-˹*da*˺-*bu-u*[*b*]③ (21) *ù ia-a-ši et-ku-*˹*la*˺ (22) *te-te-en-da-ni*④ (23) *aradu*(ìr)-*ka* ^m^*Ki-din-*^d^*Adad*(iškur) (24) *i-ša-ak-ni* (25)⑤ *a-na di-na-an* (26) *be-lí-ia lu-ul-lik*⑥

【中文译文】

（12）在我主的面前，（13）于是，我拜倒，（14）说道："自从□□以来（15）我的使节送给你（16）1 条彩色的毛织物。（17）祝愿你的城市和你的宫廷（18）平安！（19）请不要（20）担心，（21）信任（？）我！（22）依靠（？）我！"（23）你的仆人凯丁阿达德⑦（24）与我在一起了，（25）他愿意（26）牺牲他自己！

---

① 本行开始为泥板背面。

② *ṣirpu* 的意思为"染成红色的羊毛或毛织物、彩色织物"。

③ *itti libbi dabābu*，直译为"与某人的心说话"，引申为"自我咕哝、嘀咕、担心"，参见 A. Leo Oppenheim, *et. al.*, eds., *The Chicago Assyrian Dictionary of the Oriental Institute of the University of Chicago*, Vol. 3, p. 149。

④ *ekēlu*，意思为"变黑"，动词原形 *nadānu*，意思为"放置"，*itkulu* 的用法为 *u jāši it-ku-la tētendanni*，翻译为"你已经将沮丧放在我身上"，参见 A. Leo Oppenheim, *et. al.*, eds., *The Chicago Assyrian Dictionary of the Oriental Institute of the University of Chicago*, Vol. 4, Chicago: The Oriental Institute, 1958, p. 64。

⑤ 本行开始为泥板上边缘。

⑥ 在中巴比伦语的书信中，一个惯常的问候语为 *aradka* PN *ana di-na-an bēlija lullik*，直译为"你的仆人某某，愿我成为我主人的替身"，意译为"你的仆人某某，我将牺牲我的生命"，这里的 *dinānu* 意思为"替身、代替"，*alāku* 的意思为"去"，参见 A. Leo Oppenheim, *et. al.*, eds., *The Chicago Assyrian Dictionary of the Oriental Institute of the University of Chicago*, Vol. 3, p. 4。

⑦ 凯丁阿达德，可能是护送公主去埃及的人，有的学者认为这是巴比伦公主的名字。其名字属于阿卡德语，由 *kidinnu*（神圣的保护）与 *Adad*（风暴神）组成，因此其名字的意思为"阿达德神的神圣保护"，参见 Richard S. Hess, *Amarna Personal Names*, p. 100。

二 埃及与亚述间的泥板书信

埃及与亚述间的泥板书信存世两封，都是亚述王阿淑尔乌巴里特一世写给埃及法老的。第 15 号泥板书信是写给一位埃及法老的，书信没有给出收信人的名字，因此不能断定这位法老是谁，但是，学界一般倾向于这位法老为埃赫那吞。第 16 号泥板书信的收信人的确切身份还存在争议，学界没有取得一致意见，笔者翻译的时候暂时认为收信人为埃赫那吞。

（一）第 15 号泥板书信

第 15 号泥板书信为埃及农夫在 1887 年挖掘所得，可能出土于埃及的阿马尔那，1924 年为纽约大都会博物馆所收藏，编号为 MMA 24.2.11，泥板尺寸为长 77 毫米，宽 55 毫米，厚 22 毫米。泥板保存较为完整，正面左下角、右上角以及背面左上角有文字缺损。迄今尚未对此泥板的泥土来源进行岩相学检验。

1902 年，沙伊尔在论文《两封新阿马尔那书信》中，对该泥板进行了抄录，并对之进行了拉丁化转写和法文翻译。1907 年、1915 年，克努松在《阿马尔那泥板》一书中对该泥板进行了拉丁化转写，并将之译为德文。1972 年，格雷森在《亚述王铭》一书中，对该泥板进行了英文翻译。1978 年，阿茨在《中亚述王国的兴起：根据阿马尔那书信第 15、第 16 号》，对该泥板进行了拉丁化转写与英文翻译。1988 年，莫兰在论文《阿马尔那文献（第 102、第 103 号）》，对该泥板进行了拉丁化转写、英文翻译以及较为简明的注释。1992 年，莫兰出版的《阿马尔那书信》，将该泥板翻译为英文并详细地进行注解。2015 年，雷尼的遗作《阿马尔那书信》对该书信进行拉丁化转写以及英文翻译，并做了一些注解。

本译文的原始文献来自沙伊尔以及莫兰的拓本，① 同时参考了

① V. Scheil, “Deux Nouvelles Lettres d’el Amarna,” *Bulletin de l’Institut Français d’Archéologie Orientale du Caire*, Vol. 2, p. 114; William L. Moran, “Amarna Texts (Nos. 102, 103),” in I. Spar, ed., *Cuneiform Texts in the Metropolitan Museum of Art*, Vol. 1, New York: The Metropolitan Museum of Art, 1988, pls. 112-113.

克努松、雷尼的拉丁化转写①以及莫兰的法文、英文译本。②

题解

第 15 号泥板书信的写信人为亚述王阿淑尔乌巴里特，收信人为埃及法老，可能是埃赫那吞。该书信的主要内容为：亚述王派使节到埃及，商讨与埃及建立外交关系，信中提到之前亚述与埃及没有外交关系，亚述王要求埃及法老不要扣留前去埃及的使节。

泥板译注

【拉丁化转写】

(1) *a-na šar*(lugal) ^{kur}*M*[*i-iṣ-*(*ṣa*)*-ri*]③ (2) *qí-bí-*[*ma*] (3) *um-ma* ^{md}*A-šur-uballiṭ*(ti.[la]) [*šar*(lugal) $^{\text{kur d}}$*A*]*-šur-ma* (4) *a-na ka-ša bīti*(é)*-ka a-na māti*([ku]r)*-ka*④ (5) *a-na* ^{giš}*narkabātī*(gigir^{meš})*-ka ù ṣābē*(érin^{meš})*-ka* (6) *lu-ú šul-mu*

---

① J. A. Knudtzon, *Die El-Amarna-Tafeln*, Vol. 1, pp. 124, 126; Anson F. Rainey, *The El-Amarna Correspondence: A New Edition of the Cuneiform Letters from the Site of El-Amarna Based on Collations of All Extant Tablets*, Vol. 1, p. 128.

② William L. Moran, *Les Lettres d'el-Amarna: Correspondance Diplomatique du Pharaon*, p. 105; William L. Moran, *The Amarna Letters*, p. 38.

③ 莫兰、雷尼根据第 16 号泥板拟补为 ^{kur}*M*[*i-iṣ-*(*ṣa*)*-ri*]，参见 William L. Moran, *The Amarna Letters*, p. 38; Anson F. Rainey, *The El-Amarna Correspondence: A New Edition of the Cuneiform Letters from the Site of El-Amarna Based on Collations of All Extant Tablets*, Vol. 2, p. 1347。

④ 克努松拟补为 *aššāti*(dam^{meš})*-ka*，阿茨拟补为 *māti*([ku]r)*-ka*，莫兰、雷尼赞同阿茨的拟补，参见 J. A. Knudtzon, *Die El-Amarna-Tafeln*, Vol. 1, p. 124; Pinhas Artzi, "The Rise of the Middle-Assyrian Kingdom According to El-Amarna Letters 15 and 16," in Pinhas Artzi, ed., *Bar-Ilan Studies in History*, Vol. 1, Ramat Gan: Bar-Ilan University Press, 1978, p. 27; William L. Moran, *The Amarna Letters*, p. 38; Anson F. Rainey, *The El-Amarna Correspondence: A New Edition of the Cuneiform Letters from the Site of El-Amarna Based on Collations of All Extant Tablets*, Vol. 2, p. 1347。

【中文译文】

（1）你（使节）对埃及（米西尔）王（2）说：（3）“下面是亚述（阿淑尔）王阿淑尔乌巴里特①的话。”（4）祝愿平安与你本人、你的宫廷、你的国家、（5）你的战车和你的马匹（6）同在！

【拉丁化转写】

(7) *mār*(dumu) *ši-ip-ri-ia al-tap-ra-ak-ku* (8) *a-na a-ma-ri-ka ù māti*(kur)*-ka a-na a-ma-ri* (9) *a-di an-ni-ša*② *ab-ba-ú-ia* (10) *la iš-pu-ru* (11) *ūma*(u$_4$)^{ma} *a-na-ku al-tap-ra-ak-ku* (12) 1 ^{giš}*narkabta*(gigir) *damiqta*(sig$_5$)^{ta} 2 *sīsī*(anše.kur.ra^{meš}) (13) ˹*ù*˺ 1 $^{\text{na4}}$*ú-ḫi-na ša* $^{\text{na4}}$*uqnī*(za.gìn) *šadê*(kur)^{e} (14) [*a-n*]*a šul-ma-ni-ka* (15) [*ú*]*-še-bi-la-*˹*ku*˺

【中文译文】

（7）我派遣我的使节（8）去看你和你的国家。（9）直到现在，我的先祖们（10）还没有派人（去埃及）。（11）今天，我写信给你，（12）并把一辆精美的战车及两套马、③（13）一（串）上乘椰枣形天青石珠（14）作为你的问候（15）礼送给你。

【拉丁化转写】

(16)④ [*mār*(dumu) *ši*]*-ip-ri ša aš-pu-ra-ku-ni* (17) [*a-*]*na*

---

① 阿淑尔乌巴里特即亚述王阿淑尔乌巴里特一世。其名字属于阿卡德语，由两部分组成：*Aššur*（阿淑尔神），*uballiṭ* 为动词 *balāṭu*（活着）的 D 词干 *bulluṭu*（让活着）的第三人称单数过去时。其名字的意思为“阿淑尔给予生命”，参见 Richard S. Hess, *Amarna Personal Names*, pp. 43-44。

② 克努松读作 *a-di an-ni ša*，冯佐登读作 *a-di-an-ni ša*，莫兰读作 *a-di an-ni-ša*，雷尼认同莫兰的读法，笔者赞同莫兰的意见，*adi* 意为“直到”，*anniša* 意为“这里、此处”，因此其意思就是“直到这里”，这里指的是时间而非地点。参见 J. A. Knudtzon, *Die El-Amarna-Tafeln*, Vol. 1, p. 126; Wolfram Von Soden, “Zu den Amarnabriefen aus Babylon und Assur,” *Orientalia*, Nova Series, Vol. 21, 1952, p. 433; William L. Moran, “Amarna Texts (Nos. 102, 103),” in I. Spar, ed., *Cuneiform Texts in the Metropolitan Museum of Art*, Vol. 1, p. 149; William L. Moran, *The Amarna Letters*, p. 38; Anson F. Rainey, *The El-Amarna Correspondence: A New Edition of the Cuneiform Letters from the Site of El-Amarna Based on Collations of All Extant Tablets*, Vol. 2, p. 1347。

③ 在晚期青铜时代，一般而言，1 辆战车套 2 匹马，显然亚述王赠送的是一辆配套完整的战车。

④ 本行开始为泥板正面下边缘。

a-ma-ri (18)[①] [*l*]*a tu*$_4$*-ka-*˹*as*˺*-sú*(19) [*l*]*i-mu-ur ù li-it-tal-ka* (20) [*ṭ*]*é-em-ka ù ṭé-em* (21) *ma-ti-ka li-mur* (22) *ù li-it-ta-al-ka*

【中文译文】

（16）至于我派遣去你处（17）参观的［使节］，（18）请不要扣留他！（19）让他参观，（然后）让他启程回来！（20）愿他能看到你的情况以及（21）你的国家的情况！（22）（然后，）让他启程回来！

（二）第 16 号泥板书信

第 16 号泥板书信为埃及农夫在 1887 年挖掘所得，可能出土于埃及的阿马尔那，目前藏于开罗博物馆，编号为 C 4746，泥板尺寸为 100 毫米×60 毫米。泥板正面分 7 栏，背面分 5 栏。泥板保存较为完整，正面的左下角、右上角，背面的左上角、右上角、右下角的文字有缺损。迄今尚未对此泥板的泥土来源进行岩相学检验。

1889—1890 年，德国学者温克勒、阿贝尔编撰的《阿马尔那泥板》，出版了该泥板的拓本。1896 年，温克勒写作的《阿马尔那泥板》一书，对该泥板进行了拉丁化转写、德文翻译以及较为简单的注释。1899 年，阿莱维在其《阿蒙霍特普三世和阿蒙霍特普四世的书信》一书中，对该泥板进行拉丁化转写，并将之翻译成了法文。1907 年、1915 年，克努松在《阿马尔那泥板》一书中对该泥板进行了拉丁化转写，并将之译为德文。1972 年，格雷森在《亚述王铭》一书中，对该泥板进行了英文翻译。1992 年，莫兰出版的《阿马尔那书信》，将该泥板翻译为英文并详细地进行注解。2015 年，雷尼的遗作《阿马尔那书信》对该书信进行拉丁化转写以及英文翻译，并做了一些注解。

本译文的原始文献来自温克勒、阿贝尔以及施罗德的拓本，[②] 同

① 本行开始为泥板背面。

② Hugo Winckler and Ludwig Abel, *Der Thontafelfund von El-Amarna*, Heft 1, No. 9.

时参考了克努松、雷尼的拉丁化转写①以及莫兰的法文、英文译本。②

题解

第16号泥板书信的写信人为亚述王阿淑尔乌巴里特一世，收信人可能是埃及法老埃赫那吞。该书信的主要内容为：第6—34行，礼物问题。亚述王以工程建设为由要求埃及赠送黄金，抗议埃及法老在赠送黄金上的吝啬，亚述王追溯了在亚述先王阿淑尔那丁阿赫时代，埃及赠送给亚述的黄金与赠送给米坦尼的一样多，但是现在亚述与米坦尼地位相同，却受到了差别性对待。第35—55行，使节问题。辩解埃及使节的护卫苏图人被杀，导致埃及使节返程延误，抗议埃及法老虐待亚述使节。

泥板译注

【拉丁化转写】

(1) ⸢*a*⸣-⸢*na*⸣ $^{\text{⸢m⸣}}$⸢*Na*⸣-⸢*ap*⸣-⸢*ḫu*⸣-⸢*ri*⸣-*i-ia!*(tu?)③ *šarri*([lugal]) *rabî* ([gal]) (2) *šar*(lugal) ^{kur}*Mi-iṣ-ṣa-ri aḫi* (⸢šeš⸣)-*ia* ⸢*qí*⸣-[*bí-ma*] (3) *um-ma* ^{md}*A-šur-uballiṭ*(ti.la) *šar*(lugal) $^{\text{ku[r]}}$ $^{\text{⸢d⸣}}$⸢*A*⸣-[*šu*]*r* (4) *šarru*(lugal) *rabû*(gal) *aḫu* (šeš)-*ia* (5) *a-na ka-a-ša a-na bīti*(é)-*ka ù māti*(kur)-*ka lu šul-mu*

---

① J. A. Knudtzon, *Die El-Amarna-Tafeln*, Vol. 1, pp. 126, 128, 130; Anson F. Rainey, *The El-Amarna Correspondence: A New Edition of the Cuneiform Letters from the Site of El-Amarna Based on Collations of All Extant Tablets*, Vol. 1, pp. 130, 132.

② William L. Moran, *Les Lettres d'el-Amarna: Correspondance Diplomatique du Pharaon*, pp. 106-107; William L. Moran, *The Amarna Letters*, pp. 38-39.

③ 克努松读作 ^{m}*n*[*a-a*]*p-ḫu*-[*r*]*i-i*-[*x*]，戈登读作 $^{\text{⸢m⸣}}$⸢*ḫu*⸣-[*r*]*u*/[*r*]*a* -*ḫu-ri-i*-[*tu*]-[*x-x*]，正因为读法上存在重大差异，莫兰没有进行拟补，雷尼认为戈登的读法不对，在克努松的基础上读作 $^{\text{⸢m⸣}}$⸢*Na*⸣-⸢*ap*⸣-⸢*ḫu*⸣-⸢*ri*⸣-*i-ia!*(tu?)，笔者采用雷尼的拟补。参见 J. A. Knudtzon, *Die El-Amarna-Tafeln*, Vol. 1, p.126; William L. Moran, *The Amarna Letters*, p. 38; Anson F. Rainey, *The El-Amarna Correspondence: A New Edition of the Cuneiform Letters from the Site of El-Amarna Based on Collations of All Extant Tablets*, Vol. 2, p. 1348。

【中文译文】

（1）你（使节）对大王、（2）埃及（米西尔）王、我的兄弟那坡胡瑞亚说：（3）“下面是亚述（阿淑尔）王、（4）大王、你的兄弟阿淑尔乌巴里特的话。”（5）祝愿平安与你本人、你的宫廷以及你的国家同在！

【拉丁化转写】

(6) *mārē*([d]umu^{meš}) *ši-i[p-r]i-ka ki-i a-mu-ru* (7) *ḫa-da-˹a˺-˹ku˺ da-ni-iš mārē*(dumu^{meš}) *ši-ip-ri-ka* (8) *a-na ˹tek˺-né-e*① *i-na maḫ-ri-ia lu aš-bu* (9) ^{giš}*narkabta*(gigir) *b[a]-ni-ta ša šarri*(lugal)*-ti ša ṣ[a]-˹ma˺-di-ia* (10) *ù* 2 *sīsī*(anše.kur.ra^{meš}) *pe-ṣú-ti š[a] ṣa-ma-di-ia-ma* (11) 1 ^{giš}*narkabta*(gigir) *la ṣa-mu-ut-ta ù* 1 $^{\text{na4}}$*kunuk*(kišib) *uqnā*(za.gìn) *šadê*(kur)^{e} (12) *a-na šul-ma-ni-ka ú-še-bi-la-ak-ku* (13) *ša šarri*(lugal) *rabî* (gal)^{i} *šu-bu-ul-tu ka-an-na-a*

【中文译文】

（6）当我看到使节时，（7）我非常高兴。你的使节（8）以嘉宾身份坐在我身边。（9）把我用的1辆精美的王家战车（10）及2套我用的白马②、（11）1辆没有套用的战车和1枚上乘天青石印章，（12）送给你作为你的问候礼。（13）这样的礼物就是一个大王（应得）的礼物。

【拉丁化转写】

(14) *ḫurāṣu*(kù.gi) *i-na māti*(kur)*-ka e-pe-ru šu-ú* (15) *i-is-si-pu-uš*③ *am-mi-ni-i i-na înā*(igi^{meš})*-ka* (16) *i-sa-aḫ-ḫu-ur ēkalla*(é.gal)^{la}

---

① *ta/eknû* 的意思为“关心”，其与介词 *ana* 搭配构成词组 *ana ta/eknû*，其意思为“以关心的方式、以好招待的方式”，参见 Erica Reiner, *et. al.*, eds., *The Chicago Assyrian Dictionary of the Oriental Institute of the University of Chicago*, Vol. 18, pp. 84-85。

② 白马为非常贵重的礼物，参见 William L. Moran, *The Amarna Letters*, p. 40。

③ 冯佐登认为 *i-is-si-pu-uš* 是动词 *esēpu*（收集、采集、聚集），莫兰、雷尼接受了冯佐登的解释，参见 Wolfram Von Soden, “Zu den Amarnabriefen aus Babylon und Assur,” *Orientalia*, Nova Series, Vol. 21, 1952, p. 434; William L. Moran, *The Amarna Letters*, p. 40; Anson F. Rainey, *The El-Amarna Correspondence: A New Edition of the Cuneiform Letters from the Site of El-Amarna Based on Collations of All Extant Tablets*, Vol. 2, p. 1348。

eššeta(gibil) *ú-ka-al i-ip-pu-uš* (17) *ḫurāṣa*(kù.gi) *ma-la uḫ-ḫu-zi-ša* (18) *ù ḫi-še-eḫ-ti-ša šu-bi-la*

【中文译文】

（14）你的国家里的黄金（多）如沙土。一个人（15）收集它就可以了，为什么要在你的眼皮底下（16）耽搁它呢？①我正在建设一座新宫殿。（17）请送给我装饰（新宫殿）所用的和（其他）所需的（18）所有黄金。

【拉丁化转写】

(19) *un-du* md*A-šur-na-din-aḫḫē*(šešmeš) *a-bi* (20) *a-na* kur*Mi-iṣ-ri iš-pu-ru* (21) 20 *bilat*(gú.un) *ḫurāṣa*(kù.gi) *ul-te-bi-lu-šu* (22) [*u*]*n-du šarru*(lugal) *Ḫa-ni-gal-ba-tu-ú* (23) [*a*]*-na muḫḫi*(ugu) *a-bi-ka a-na* kur*Mi-i*[*ṣ-ri*] (24) [*iš*]-⸢*pu*⸣*-ru* 20 *bilat*(gú.un) *ḫurāṣa*(kù.[gi]) (25) [*u*]*l-te-bi-la-aš-š*[*u*] (26) [*a-na-ku*]② *a-na šarri*(lugal) *Ḫa-*⸢*ni*⸣[*-gal*]-⸢*ba*⸣*-t*[*i-i*] (27) [*me-eḫ-re-*]*ku ù a-na muḫḫi*(ugu)*-ia* (28) [*x x*]③ *ḫurāṣa*([kù].gi) *tu-še-eb-bi-l*[*a-ni*] (29) [*ù š*]*a a-la-ki ù ta-ri-*⸢*im*⸣-⸢*ma*⸣ (30) *a-*[*n*]*a i-di ša mārē*(dumumeš) *ši-ip-ri-ia* (31) *ul i-ma-aṣ-ṣi* (32) *šu*[*m*]-[*m*]*a ṭa-bu-ut-ta*

---

① 直译为："为什么要在你眼皮底下耽搁它呢？"意译为："你为什么要吝啬它呢？"

② 克努松拟补为 [*a-nu-ma*]，尽管莫兰在英文翻译的时候翻译为"现在"（*anumma*），但是他在注释中认为拟补为 [*a-na-ku*] 更为妥帖，虽然雷尼在拉丁化转写的时候拟补为 [*a-na-ku*]，但是在注释中表示更倾向于克努松的拟补，参见 J. A. Knudtzon, *Die El-Amarna-Tafeln*, Vol. 1, p. 128; William L. Moran, *The Amarna Letters*, pp. 39, 40; Anson F. Rainey, *The El-Amarna Correspondence: A New Edition of the Cuneiform Letters from the Site of El-Amarna Based on Collations of All Extant Tablets*, Vol. 1, p. 132; Anson F. Rainey, *The El-Amarna Correspondence: A New Edition of the Cuneiform Letters from the Site of El-Amarna Based on Collations of All Extant Tablets*, Vol. 2, p. 1348。

③ 克努松、莫兰没有拟补，但是雷尼却拟补为 [*x ma-na*]，笔者认为，雷尼之所以如此拟补，是根据亚述王的语气判定这个数字不会太大，于是用了比塔兰特小一点的单位米那，但是对于数目，却再也没有办法拟补了，笔者认为还是不拟补更为妥帖。参见 J. A. Knudtzon, *Die El-Amarna-Tafeln*, Vol. 1, p. 128; William L. Moran, *The Amarna Letters*, p. 39; Anson F. Rainey, *The El-Amarna Correspondence: A New Edition of the Cuneiform Letters from the Site of El-Amarna Based on Collations of All Extant Tablets*, Vol. 1, p. 132。

pa-nu-ka[①] *da-am-qí-iš* (33) *ḫurāṣa*(k[ù.g]i) *ma-da šu-bi-la ù bītu*(é)*-ka šu-ú* (34) *šu-up-ra-am-ma ša ḫa-aš-ḫa-ta li-il-qu-ú*

【中文译文】

（19）当我的先祖阿淑尔那丁阿赫[②]（20）派人去埃及（米西尔）的时候，（21）他们给了他 20 塔兰特黄金。[③]（22）当哈尼加尔巴特[④]的国王（23）派人（使节）去埃及（米西尔）见你的父亲的时候，（24）他们给了他 20 塔兰特（25）黄金。（26）（现在，）我与哈尼加尔巴特的国王（27）地位平等，而你送给我（28）□□□黄金！（29）我的使节往返的（30）费用盘缠，（31）它（黄金）都不够支付。（32）如果你的意图是一种美好的善意的话，[⑤]（33）请送给我大量的黄金。这是你的家。（34）写信告诉我你所需求的（东西），以便他们送给你。

【拉丁化转写】

(35) *ma-ta-tu*$_4$ *ru-qa-tu*$_4$ *ni-i-nu* (36) *mārē*(dumu^{meš}) *ši-ip-ri-ni ka-*

---

① *pa-nu-ka* 直译为“你的脸”，意译为“你的意图”。

② 阿淑尔那丁阿赫可能是亚述王阿淑尔那丁阿赫一世或二世。其名字是一个阿卡德语句子：*Aššur* 是阿淑尔神，充当句子的主语；*nadin* 为 *nadānu*（给予）的状态式；*aḫḫē* 是兄弟一词的亚述语复数形式，充当宾语，其名字的意思为“阿淑尔神是兄弟们的赐予者”。参见 Richard S. Hess, *Amarna Personal Names*, p. 43。

③ 黄金的数量非常多，比泥板书信中的惯常的问候礼要多得多，有的学者猜测，这可能是迎娶亚述公主的聘礼。但是，联系后面米坦尼王也获得了 20 塔兰特黄金，因此，这可能是一种外交辞令，而非历史事实。参见 Cord Kühne, *Die Chronologie der Internationalen Korrespondenz von el-Amarna*, Neukirchen-Vluyn: Neukirchener Verlag, Kevelaer: Butzon and Bercker, 1973, p. 77f, n. 387。

④ 即米坦尼。

⑤ 莫兰翻译为“如果友谊是你的美好的意图之一的话”，雷尼翻译为“如果你的意图是真心的话”，显然莫兰将 *ṭa-bu-ut-ta* 视为名词 *ṭābtu/ṭābtātu*（友好、善行、慷慨、忠诚、友谊、好运），而雷尼视之为形容词 *ṭābu*（善、友好、亲善），笔者认为可能这里为名词 *ṭābūtutu*（善意、友好、亲善），参见 William L. Moran, *The Amarna Letters*, p. 39; Anson F. Rainey, *The El-Amarna Correspondence: A New Edition of the Cuneiform Letters from the Site of El-Amarna Based on Collations of All Extant Tablets*, Vol. 1, p. 133; Jeremy Black, *et. al.*, eds., *A Concise Dictionary of Akkadian*, 2nd (corrected) Printing, p. 412。

am-ma-a li-it-tal-la-ku (37) *ša mārē*(dumu^{meš}) *ši-ip-ri-ka* (38) *ú-uḫ-ḫi-ru-ni-ik-ku* $^{\text{lú.meš}}$*Su-tu*$_4$*-ú* (39) *ra-du-*[*š*]*u-nu*① *mi-tu*$_4$ *a-di áš-pu-ru-ma* (40) $^{\text{lú.meš}}$*Su-ti-i ra-de-e il-qu-ú-ni* (41) ⌜*ak*⌝-[*t*]*a-la-šu-nu mārē*(dumu^{meš}) *ši-ip-ri-ia* (42) *lu la ú-uḫ-ḫa-ru-ni* (43) *mārē*([du]mu^{meš}) *ši-ip-ri i-na ṣe-ti* (44) *am-mi-ni-i ul-ta-na-za-zu-ma* (45) *i-na ṣe-ti i-ma-at-tu*$_4$ (46) ⌜*šum*⌝-*ma i-na ṣe-ti i-zu-uz-zu* (47) *a-na šarri*(lugal) *né-me-lu i-*⌜*ba*⌝*-aš-ši* (48) *ù li-zi-iz-ma i-na* ⌜*ṣe*⌝*-t*[*i-m*]*a* (49) *li-mu-ut a-na šarri*(lugal)*-ma* ⌜*lu*⌝ *né-me-lu* (50) *ù ia-a-nu-*[*um-m*]*a-a am-mi-ni-*[*i*] (51) [*i-na ṣ*]*e-ti* [*i*]*-ma-at-*⌜*tu*⌝ (52) *mārē*(du[mu^{me}]^{š}) *ši-i*[*p-r*]*i ša ni-*⌜*il*⌝-[*ta-na-ap-pa-ru*] (53) ⌜*ù*⌝ ⌜2⌝*-šu mārē*(⌜dumu⌝^{meš}) *ši-ip*[*-r*]*i*② (54) *ú-*⌜*bal*⌝-[*l*]*a-ṭù-ú* [*i-n*]*a ṣ*[*e-ti*] (55) *uš-ma-at-tu*$_4$

【中文译文】

（35）我们是（相距）遥远的两个国家，（36）（因此，应该）让我们的使节们经常如此往来！（37）至于你的使节（38）没有如期返回到你身边一事，（因为）护卫他们的苏图人③死了，（39）直

① 这里的 *radû/redû* 的意思为“陪伴或护卫某人、带走某人、驱逐某动物、交货物或供物、带领军队、占有某物”，因此，不同的意思导致翻译大不相同，再加上后面的 *mītu*（死亡）的主语不确定，从语法上看，可以是埃及使节，也可以是苏图人。莫兰认为此处应该是“追逐”的意思，因此，翻译为“苏图人是他们的追逐者，他们（埃及使节）有死亡的危险”；雷尼认为此处应该是“护卫”的意思，因此，翻译为“他们的护卫者苏图人死了”。参见 William L. Moran, *The Amarna Letters*, p. 39; Anson F. Rainey, *The El-Amarna Correspondence: A New Edition of the Cuneiform Letters from the Site of El-Amarna Based on Collations of All Extant Tablets*, Vol. 1, p. 133; Anson F. Rainey, *The El-Amarna Correspondence: A New Edition of the Cuneiform Letters from the Site of El-Amarna Based on Collations of All Extant Tablets*, Vol. 2, p. 1348。

② 雷尼校对泥板，看到 ⌜*ù*⌝ ⌜2⌝*-šu mārē*(⌜dumu⌝^{meš}) *ši-ip*[*-r*]*i* 这些字符，参见 Anson F. Rainey, *The El-Amarna Correspondence: A New Edition of the Cuneiform Letters from the Site of El-Amarna Based on Collations of All Extant Tablets*, Vol. 2, p. 1349。

③ 苏图人是遍布幼发拉底河到叙巴地区的游牧民族，在第 122、123、169、195、246、297、318 号泥板书信中都提及过。此外，有时候苏图人一词也是对游牧雇佣兵的一个统称。参见 Anson F. Rainey, *The El-Amarna Correspondence: A New Edition of the Cuneiform Letters from the Site of El-Amarna Based on Collations of All Extant Tablets*, Vol. 2, p. 1348。

到我能派人（去护送埃及使节），(40)（直到）他们能够带来（新的）护卫苏图人，（你的使节才能返回埃及）。(41)因此，我耽搁了他们。但愿我的使节(42)不会被耽搁！(43)为什么我的使节(43)要持续地站在户外呢？(45)以致他们差点死在户外。(46)如果他们站在户外，(47)会对国王（指埃及王）有益的话，(48)那么，就让他们站在户外！(49)让他们（因为炎热）死掉吧！不管对国王有益，(50)还是无益，为什么(51)（非要）他们在户外死去呢？(52)至于我们不断派遣的使节，(53)人们再次让使节(54)活着。在户外，(55)这样会导致他们死亡的。①

三 埃及与米坦尼间的泥板书信

米坦尼与埃及之间的通信共有14封。这些书信的发信人都是米坦尼王图什拉塔，收信人为埃及法老阿蒙霍特普三世、埃赫那吞，埃及皇太后泰伊以及埃及所属的迦南地区的统治者。其中图什拉塔写给阿蒙霍特普三世的书信有9封，写给泰伊的有1封，写给埃赫那吞的有3封，写给埃及在迦南的附属国君主的有1封。

第22、第25号泥板书信为礼物清单，笔者没有翻译。

（一）第17号泥板书信

第17号泥板书信为埃及农夫在1887年挖掘所得，可能出土于埃及的阿马尔那，最晚到1888年10月13日，为大英博物馆所收藏，目前藏于大英博物馆，编号为BM 029792，泥板尺寸为123.8毫米×76.2毫米。泥板保存几乎完好，只有泥板正面第28—30行开头文字缺损。泥板正面分为4栏，背面分为6栏，共54行文字。对该泥板的岩相学检验，不能确定制作泥板的泥土来源。②

1892年，贝措尔德、巴奇编写的《大英博物馆所藏阿马尔那泥板》出版了该泥板的拓本，并且对书信内容进行了简要介绍。

---

① 此处提及亚述使节待在户外，可能指的是参加埃及的阿吞崇拜仪式。

② Yuval Goren, Israel Finkelstein and Nadav Na᾽aman, *et. al.*, *Inscribed in Clay: Provenance Study of the Amarna Letters and Other Ancient Near Eastern Texts*, pp. 39-40.

1893 年，德拉特在论文《阿马尔那书信之六》中将其进行拉丁化转写并进行了法文翻译。同年，贝措尔德在其《东方外交》中也对其进行了拉丁化转写。1896 年，温克勒在《阿马尔那泥板》一书中，对该泥板进行了拉丁化转写以及德文翻译。1899 年，阿莱维在其《阿蒙霍特普三世和阿蒙霍特普四世的书信》一书中，对泥板进行拉丁化转写，并将之翻译成了法文。1907 年、1915 年，克努松在《阿马尔那泥板》一书中对该泥板进行了拉丁化转写，并将之译为德文。1976 年，阿德勒出版的《米坦尼国王图什拉塔的阿卡德语》，对该泥板进行了拉丁化转写、德文翻译。1992 年，莫兰出版的《阿马尔那书信》，将该泥板翻译为英文并详细地进行注解。2015 年，雷尼的遗作《阿马尔那书信》对该书信进行拉丁化转写以及英文翻译，并做了一些注解。

本译文的原始文献来自贝措尔德、巴奇的拓本，[①] 同时参考了克努松、阿德勒、雷尼的拉丁化转写 [②] 以及莫兰的法文、英文译本。[③]

题解

第 17 号泥板书信的写信人为米坦尼王图什拉塔，收信人为埃及法老阿蒙霍特普三世。该书信的主要内容为：第 11—29 行，米坦尼王向埃及法老通报了国内的叛乱以及平定叛乱的经过，希望继承两国友好传统，继续与埃及保持友好关系；第 30—38 行，米坦尼王向埃及法老通报了赫梯入侵米坦尼并被米坦尼击溃的事宜，将

---

① Carl Bezold and E. A. Wallis Budge, *The Tell El-Amarna Tablets in the British Museum with Autotype*, No. 9.

② J. A. Knudtzon, *Die El-Amarna-Tafeln*, Vol. 1, pp. 130, 132, 134; Hans-Peter Adler, *Das Akkadische des Königs Tušratta von Mitanni*, pp. 122-125; Anson F. Rainey, *The El-Amarna Correspondence: A New Edition of the Cuneiform Letters from the Site of El-Amarna Based on Collations of All Extant Tablets*, Vol. 1, pp. 134, 136.

③ William L. Moran, *Les Lettres d'el-Amarna: Correspondance Diplomatique du Pharaon*, pp. 110-111; William L. Moran, *The Amarna Letters*, pp. 41-42.

缴获的部分战利品赠送给埃及法老；第39—45行，列举送给埃及法老的以及嫁入埃及的米坦尼公主的礼物；第46—54行，米坦尼向埃及派遣了以宰相为首的高规格的使节团，请求埃及法老及时放行米坦尼使节返回米坦尼，并希望埃及法老也向米坦尼派遣使节。

泥板译注

【拉丁化转写】

(1) *a-na* ^{m}*Ni-ib-mu-a-re-ia šar*(l[ugal]) [^{kur}*Mi-iṣ-ri-i*] (2) *aḫi*(šeš)-*ia qí-b*[*í-ma*] (3) *um-ma* ^{m}*Tu-uš-e-rat-ta šar*(lugal) ^{kur}[*Mi-*]*it-ta-*⌜*an*⌝-[*n*]*i* (4) *aḫu*(šeš)*-ka-ma a-na ia-ši* ⌜*šul*⌝*-mu* (5) *a-na ka-a-ša lu-ú šul-mu a-na* ^{f}*Kè-lu-Ḫé-bá* (6) *a-ḫa-ti-ia lu-ú šul-mu a-na bīti*(é)*-ka* (7) *a-na aššāti*(dam^{meš})*-ka a-na mārī*(dumu^{meš})*-ka a-na* ^{lú}*rabûtī*(gal^{meš})*-ka* (8) *a-na ṣābē*(érin^{meš}) *ḫu-ra-dì-ka*① *a-na sīsī*(anše.kur.ra^{meš})*-ka* (9) *a-na* ^{giš}*narkabātī*(gigir^{meš})*-ka ù a-na lìb-bi mātāti*(kur.kur)*-ka* (10) *dá-an-ni-iš lu-ú šul-mu*

【中文译文】

（1）你（使节）对埃及（米西尔）王、（2）我的兄弟尼卜穆阿瑞亚说：（3）“下面是米坦尼王、你的兄弟图什拉塔②的话。”（4）祝愿平安与我本人同在！（5）祝愿平安与你本人同在！祝愿

① *ṣābē*(érin^{meš}) *ḫu-ra-dì-ka* 中的 *ṣābu* 意为“军队、士兵”，在其后面可以加上各种词，如 *ṣābu qašti* 为弓箭兵，*ṣābu narkabti* 为战车兵。而 *ḫurādu* 为士兵的一种，类似于武士，因此，*ṣābē*(érin^{meš}) *ḫu-r*[*a-d*]*ì* 应为一种武士类型的士兵，参见 A. Leo Oppenheim, *et. al.*, eds., *The Chicago Assyrian Dictionary of the Oriental Institute of the University of Chicago*, Vol. 6, Chicago: The Oriental Institute, Glückstadt: J. J. Augustin Verlagsbuchhandlung, 1956, p. 244。

② 图什拉塔为米坦尼王，其名字属于印欧语，由两部分构成：*tu-uš* 与梵语 *tvéṣati* 有关，意思为“激动、闪光”；*rat-ta* 与梵语 *ráthaḥ* 有关，意思为“战车、两轮战车”。其名字的意思为“他的战车向前冲”，参见 Richard S. Hess, *Amarna Personal Names*, p. 162。

平安与（6）我的姐妹凯鲁希帕[①]同在！真诚地祝愿平安与你的宫廷、（7）你的妻子们、你的儿子们、你的官员们、（8）你的士兵们、你的马匹、（9）你的战车以及你国家中的一切（10）同在！

【拉丁化转写】

(11) *iš-tu i-na* ^giš^*kussî*(gu.za) *ša a-bi-ia ú-ši-bu* (12) *ù ṣe-eḫ-re-ku ù* ^m^*Pir*(ud)-*ḫi a-ma-ta* (13) *la bá-ni-ta*[②] *a-na māti*(kur)^*ti*^-*ia i-te-pu-uš-ma* (14) *ù be-el-šu id-du-uk ù aš-šum an-ni-tì* (15) *ia-ši it-ti ša i-ra-ʾa-ma-an-ni-ni*[③] *ṭa-bu-ú-ta* (16) *la ú-ma-aš-ša-ra-an-ni ù a-na-ku ap-pu-na-ma* (17) *aš-šum a-ma-a-ti an-na-tì la bá-na-a-tì* (18) *ša i-na māti*(kur)^*ti*^-*ia in-né-ep-šu ul em-te-ki* (19) *ù amēlūta*(lú^meš^) *dá-i-ka*$_4$*-ni-*⸢*šu*⸣ *ša* ^m^*Ar-ta-aš-*⸢*šu*⸣*-ma-ra* (20) *aḫi*(šeš)-*ia qa-du mi-im-*⸢*mu*⸣*-šu-nu*[④] *ad-du-uk-šu-nu-ti* (21) *ki-i at-ta it-ti a-bi-ia ṭa-ba-a-ta* (22) *ù aš-šum an-ni-tì al-ta-pár-ma aq-ta-ba-ak-ku* (23) *ki-me-e aḫu*(šeš)-*ia i-še-em-me-šu-nu-ma* (24) *ù i-ḫa-ad-du a-bu-ia i-ra-ʾa-am-ka* (25) *ù at-ta ap-pu-na-ma a-bu-ia* (26) *ta-ra-ʾa-am-šu ù a-bu-ia* (27) ⸢*ki*⸣-⸢*i*⸣ *ra-a-mi a-ḫa-a-ti a-na ka-a-*⸢*ša*⸣ (28) [*it*]-*ta-na-*⸢*ak*⸣*-ku*[⑤] ⸢*ù*⸣ ⸢*ma*⸣-⸢*an*⸣-*nu-um-*

---

① 凯鲁希帕为米坦尼王图什拉塔嫁入埃及宫廷的姐妹。其名字属于胡里语，由一个动词句子构成，动词 *kel* 的意思为“高兴、满足”，*Ḫebat/Ḫeba* 为胡里人的大母女神，其名字的意思为“希巴特神高兴”，参见 Richard S. Hess, *Amarna Personal Names*, p. 99。

② *banû* 意思为“好的、美的”，其衍生而来的名词 *banītu* 的意思为“善、好”。

③ *ša i-ra-ʾa-ma-an-ni-ni* 中结尾 *-ni* 为亚述语中的虚拟语气，*i-ra-ʾa-ma-an-ni-ni* 的动词原形为 *râmu*，意思为“爱”。参见 Anson F. Rainey, *The El-Amarna Correspondence: A New Edition of the Cuneiform Letters from the Site of El-Amarna Based on Collations of All Extant Tablets*, Vol. 2, p. 1349。

④ *qa-du* (*qadu*) 的意思为“连同……，和……”，*mi-im-*⸢*mu*⸣*-šu-nu* 的意思为“他们的任何东西”，莫兰认为这里“他们的任何东西”指的是这些人的家族成员，参见 William L. Moran, *The Amarna Letters*, p. 42。

⑤ 阿德勒、雷尼拟补为 [*it*]-*ta-na-*⸢*ak*⸣*-ku*，认为 *ittannakku* / *ittadnakku* 〈**itnadnakku*，笔者采纳了雷尼的拟补。参见 Hans-Peter Adler, *Das Akkadische des Königs Tušratta von Mitanni*, p. 122; Anson F. Rainey, *The El-Amarna Correspondence: A New Edition of the Cuneiform Letters from the Site of El-Amarna Based on Collations of All Extant Tablets*, Vol. 2, p. 1349。

ma ša-n[u-ú][①] (29) [*ša k*]*i-˹i˺*[②] *ka-a-ša it-˹ti˺ a-bi-ia*

【中文译文】

（11）当我坐在我父亲的王位之上时，（12）我还年幼，皮尔黑[③]（13）对我的国家做了不好的事情，（14）谋杀了他的主君。因为这样，（15）我与任何一个爱我的人友好，（16）他都不允许。我（17）对于在我的国家中发生的（18）不好的事情不能视而不见。（19）因此，杀害我兄长阿尔塔苏马拉[④]的人，（20）以及这些人的家人，我把他们都杀了。（21）因为你与我的父亲友好，（22）所以我派人告诉你这些事情，（23）以便我的兄弟（埃及王）听到这些事情，（24）以便他（埃及王）高兴一下。我的父亲爱你，（25）你也爱我的父亲。（26）（因此），我的父亲（27）为了这份爱把我的姐妹（28）送给了你。但是，有谁会（29）像你这样（对待）我的父亲呢？

---

① 克努松读作 *ša-n[u-ú]*，莫兰、雷尼认可克努松的读法，但是阿德勒仅仅读作 *ša*，笔者采用了克努松等人的拟补法。参见 J. A. Knudtzon, *Die El-Amarna-Tafeln*, Vol. 1, p. 132; William L. Moran, *The Amarna Letters*, p. 42; Anson F. Rainey, *The El-Amarna Correspondence: A New Edition of the Cuneiform Letters from the Site of El-Amarna Based on Collations of All Extant Tablets*, Vol. 2, p. 1349; Hans-Peter Adler, *Das Akkadische des Königs Tušratta von Mitanni*, p. 122。

② 克努松拟补为 [*ak-k*]*i-i*，莫兰、雷尼追随屈内拟补为 [*ša k*]*i-˹i˺*，而阿德勒拟补为 [*k*]*i-i*。参见 J. A. Knudtzon, *Die El-Amarna-Tafeln*, Vol. 1, p. 132; William L. Moran, *The Amarna Letters*, p. 42; Anson F. Rainey, *The El-Amarna Correspondence: A New Edition of the Cuneiform Letters from the Site of El-Amarna Based on Collations of All Extant Tablets*, Vol. 2, p. 1349; Hans-Peter Adler, *Das Akkadische des Königs Tušratta von Mitanni*, p. 122。

③ 皮尔黑为米坦尼的一个篡位者，其名字属于阿卡德语或胡里语。如果是阿卡德语，其名字为 *pirḫu*（后裔）的简称，按照惯例，在 *pirḫu* 后面还应该有个词（一般为神的名字）；如果是胡里语，*pir* 应该读作 *ut*，其名字的意思不太清楚。参见 Richard S. Hess, *Amarna Personal Names*, p. 124。

④ 阿尔塔苏马拉为米坦尼国王图什拉塔的兄长。其名字属于印欧语。*ar-ta-a* 与梵语中的 *ṛtáḥ* 有关，而 *Ṛta* 为神名，这里的意思为“真的、正确的，圣法、真理”；*šu-ma-ra* 与梵语中的 *smárati* 有关，其意思为“想起、记起、渴望”。其名字的意思为“想起圣法”，参见 Richard S. Hess, *Amarna Personal Names*, p. 38。

【拉丁化转写】

(30)① [*i-n*]*a balāṭ*(ti)-*ma*② *ap-pu-na-ma ša aḫi*(šeš)-˹*ia*˺ (31) [*k*]*i*-˹*i*˺ *id-du-ú lìb-bi* ③ kur*Ḫa-at-ti* (32)④ *gáb-bá-am-ma ki-i* lú*nakirūtu*(kúrmeš) *a-na māti*(kur)*ti*-*i*[*a*] (33) *it-ta-al-ka* d*Tešuba*(iškur) *be-li a-na qa-ti-ia* (34) *id-din-šu-ma ù ad-du-uk-šu* (35) *iš-tu lìb-bi-šu*-˹*nu*˺ *ša i-na māti*(kur)*ti*-*šu ša i-tù-ru* ˹*i*˺*a-nu* (36) *a-nu-um-ma* 1 giš*narkabta*(gigir) 2 *sīsī*(anše.kur.rameš) (37) 1 lú*ṣú-ḫa-ru* 1 f*ṣú-ḫa-ar-tu*4 (38) *ša ḫu-ub-ti ša* kur*Ḫa-at-ti ul-te-bi-la-ak-ku*

【中文译文】

（30）此外，在来年我的兄弟定会（31）听说：当来自整个赫梯国（32）的敌人进入了我的国家的时候，（33）我主台舒巴⑤将他（们）（敌人）（34）交给了我，我杀死了他（们）。（35）在他们（赫梯人）中，无人能够回到他的国家（赫梯国）。（36）与此同时，

---

① 从本行开始为泥板正面下边缘。

② 阿德勒拟补为 [*nu*-kùr]-*ti-ma*，但是莫兰认为其拟补有问题，残留的字符痕迹不支持这种拟补，莫兰拟补为 [*i-n*]*a balāṭ*(ti)-*ma*，翻译为“来年”，雷尼赞同莫兰的拟补，但是却将其翻译为“生命”，笔者认为莫兰的翻译更为妥帖，参见 Hans-Peter Adler, *Das Akkadische des Königs Tušratta von Mitanni*, p. 122; William L. Moran, *The Amarna Letters*, p. 42; Anson F. Rainey, *The El-Amarna Correspondence: A New Edition of the Cuneiform Letters from the Site of El-Amarna Based on Collations of All Extant Tablets*, Vol. 2, p. 1349; A. Leo Oppenheim, *et. al.*, eds., *The Chicago Assyrian Dictionary of the Oriental Institute of the University of Chicago*, Vol. 2, Chicago: The Oriental Institute, Glückstadt: J. J. Augustin Verlagsbuchhandlung, 1965, pp. 51-52。

③ 莫兰没有拟补，阿德勒拟补为 [*k*]*i*-˹*i*˺ *id-du-ú lìb-bi*，雷尼拟补为 [*k*]*i*-˹*i*˺ *it-tù-ú*-˹*ra*˺?-˹*am*˺?，意思为“当它返回”，笔者认为，从逻辑上讲，阿德勒的拟补更为妥帖，*lìb-bi* 的意思是“从某某地来”。参见 Hans-Peter Adler, *Das Akkadische des Königs Tušratta von Mitanni*, p. 124; Anson F. Rainey, *The El-Amarna Correspondence: A New Edition of the Cuneiform Letters from the Site of El-Amarna Based on Collations of All Extant Tablets*, Vol. 2, p. 1349。

④ 从本行开始为泥板背面。

⑤ 台舒巴为胡里人的天神、雷暴神，手持雷电和武器（常为斧子或权杖），常常骑着圣牛或乘坐着圣牛拉的战车。

我把 1 辆战车、2 匹马（37）以及男女奴隶各 1 名（38）——赫梯的战利品——送给你。

【拉丁化转写】

(39) *a-na šul-ma-ni ša aḫi*(šeš)*-ia* 5 ^{giš}*narkabāta*(gigir^{meš}) (40) 5 *ṣi-mi-it-tu*$_4$ *sīsī*(anše.kur.ra^{meš}) *ul-te-bi-la-ak-ku* (41) *ù a-na šul-ma-ni ša* ^{f}*Kè-lu-ḫé-bá* (42) *a-ḫa-ti-ia* 1$^{\textit{nu-tu4}}$ *dú-dì-na-tu*$_4$ *ḫurāṣu*(kù.gi) (43) 1$^{\textit{nu-tu4}}$ *an-ṣa-ba-tu*$_4$ *ḫurāṣu*(kù.gi) 1 *ma-áš-ḫu ḫurāṣu*(kù.gi) (44) *ù* 1 $^{\text{na4}}$*ta-pá-tu*$_4$① *ša šamna*(ì) *ṭaba*(dug.ga) *ma-lu-ù* (45) *ul-te-bi-la-aš-ši*

【中文译文】

（39）作为我的兄弟的问候礼品，我将 5 辆战车（40）与 5 套马送给你。（41）另外，作为我的姐妹凯鲁希帕的问候礼品，（42）我把 1 枚黄金胸针、（43）1 副黄金耳环、1 枚黄金 *ma-áš-ḫu*②（44）以及 1 只盛满香油的石制器皿（45）送给她。

【拉丁化转写】

(46) *a-nu-um-ma* ^{m}*Kè-li-ia* ^{lú}*šukkalli*(sukkal)$^{\textit{li}}$*-‹ia›* (47) *ù* ^{m}*Tu*$_4$*-ni-ip-ib-ri al-ta-pár-šu-nu aḫu*(šeš)*-ia ḫa-mu-ut-ta* (48) *li-me-eš-šèr-šu-nu-ma ṭe*$_4$*-e-ma ḫa-mu-ut-ta* (49) *li-te-ru-ni-im-ma ki-me-e šul-ma-an-šu* (50) *ša aḫi*(šeš)*-ia e-še-em-me-ma ù a-ḫa-ad-du* (51) *aḫu*(šeš)*-ia ṭa-bu-ú-ta it-ti-ia li-bé-ʾi-i* (52) *ù aḫu*(šeš)*-ia mārī*(dumu^{meš}) *šipri*(kin)$^{\textit{ri}}$*-šu li-iš-⸢pu⸣-ra-am-ma* (53) *ki-me-e šul-ma-an-šu ša aḫi*(šeš)*-ia* (54) *i-li-ik-ku-ni-im-ma ù e-še-em-me*

---

① $^{\text{na4}}$*ta-pá-tu*$_4$(taptu/tapatu) 是一种放油的石器皿，参见 Jeremy Black, *et. al.*, eds., *A Concise Dictionary of Akkadian*, 2nd (corrected) Printing, p. 398。

② *ma-áš-ḫu* 的意思不太清楚，阿德勒将 *ma-áš-ḫu* 视为一个来自加喜特的外来词，意思为“神”，这里指的是神像，但是莫兰、雷尼反对，参见 Hans-Peter Adler, *Das Akkadische des Königs Tušratta von Mitanni*, p. 125; William L. Moran, *The Amarna Letters*, p. 42; Anson F. Rainey, *The El-Amarna Correspondence: A New Edition of the Cuneiform Letters from the Site of El-Amarna Based on Collations of All Extant Tablets*, Vol. 2, p. 1350。

【中文译文】

（46）现在，（我的）宰相凯利亚[①]（47）与图尼皮布里[②]，我已经把他们派到你那里去了。愿我的兄弟尽快（48）放他们回来！让他们尽快带回消息，（49）以便我听到我的兄弟的（50）问候并且让我欢喜。（51）愿我的兄弟与我寻求友情！（52）愿我的兄弟派遣他的使节到我这里来！（53）以便我的兄弟的问候（54）抵达我这里并且我能听到（这些问候）。

（二）第 18 号泥板书信

第 18 号泥板书信为埃及农夫在 1887 年挖掘所得，可能出土于埃及的阿马尔那，目前藏于德国柏林的近东博物馆，编号为 VAT 01879 + VAT 01880，其中 VAT 01880 的尺寸为 80 毫米×40 毫米。泥板严重破损，其中 VAT 01879 正面残留一些字符痕迹，几乎不能阅读。对该泥板的岩相学检验表明，其泥土成分与第 17 号泥板类似，不能确定制作泥板的泥土来源。[③]

1889—1890 年，德国学者温克勒、阿贝尔编撰的《阿马尔那泥板》，把该泥板的两块残片分别抄录出版。1899 年，阿莱维在其《阿蒙霍特普三世和阿蒙霍特普四世的书信》一书中，对该泥板进行拉丁化转写，并将之翻译成了法文。1907 年、1915 年，克努松在《阿马尔那泥板》一书中对该泥板进行了拉丁化转写，并将之译为德文。1915 年，施罗德出版的《阿马尔那泥板》一书，将该泥板的两块残片放在一起重新出版。1976 年，阿德勒出版的《米

① 凯利亚为米坦尼的官员、派往埃及的使节，其名字属于胡里语，来源于动词 *kel*，意思为“高兴、满足”，在动词后加上了昵称后缀 *-ia*，参见 Richard S. Hess, *Amarna Personal Names*, p. 98。

② 图尼皮布里为米坦尼派往埃及的使节，其名字属于胡里语，尽管其意思还不清楚，但是可以确定的是，其名字由两部分构成：tu_4*-ni-ip* 与胡里词 *tuni*(*b*) 有关，这是一个神祇的修饰语，*ib-ri* 可能读作 *ew-ri*（意思为“主人”），也可能是神祇的另外修饰语 *tabri*，参见 Richard S. Hess, *Amarna Personal Names*, p. 160。

③ Yuval Goren, Israel Finkelstein and Nadav Naʾaman, *et. al.*, *Inscribed in Clay: Provenance Study of the Amarna Letters and Other Ancient Near Eastern Texts*, p. 40.

坦尼国王图什拉塔的阿卡德语》，对该泥板进行了拉丁化转写、德文翻译。1992 年，莫兰出版的《阿马尔那书信》，将该泥板翻译为英文并详细地进行注解。2015 年，雷尼的遗作《阿马尔那书信》对该书信进行拉丁化转写以及英文翻译，并做了一些注解。

本译文的原始文献来自温克勒、阿贝尔以及施罗德的拓本，① 同时参考了克努松、阿德勒、雷尼的拉丁化转写以及现代语言译本。②

题解

第 18 号泥板书信的开头部分缺失，因此，泥板的收、发者还不确定，甚至对于这两块残片是否属于米坦尼与埃及之间的书信都有疑问。按照克努松的排序，一般将之列入米坦尼写给埃及的书信。学界一般认为写信人为米坦尼王图什拉塔，收信人为埃及法老阿蒙霍特普三世。由于书信严重破损，因此，其内容不太明了，似乎主要谈及了赠送的礼物的名称及其数量。

泥板译注

【拉丁化转写】

(1) [*a-na* ^{m}*Ni-im-mu-ri-ia šar*(lugal) ^{kur}*Mi-ṣi-ri-a aḫi*(šeš)*-ia*] *qí-bí-ma* (2) [*um-ma* ^{m}*Tu-uš-rat-ta šar*(lugal) ^{kur}*Mi-it-ta-an-ni aḫu*(*šeš*)*-k*]*a-ma* (3) [*a-na ia-ši šul-mu a-na ka-a-ša lu-ú šul-mu a-na* ^{f}*Kè-lu-Ḫé-bá a-ḫa-ti-ia lu*]*-ú šul-mu* (4) [*a-na bīti*(é)*-ka a-na aššātī*(dam^{meš})*-ka a-na*

---

① Hugo Winckler and Ludwig Abel, *Der Thontafelfund von El-Amarna*, Heft 2, No. 217, 226, 230; Otto Schroeder, *Die Tontafelin von El-Amarna, Texte Nr 1-189,* No. 8.

② J. A. Knudtzon, *Die El-Amarna-Tafeln*, Vol. 1, pp. 134, 136; Hans-Peter Adler, *Das Akkadische des Königs Tušratta von Mitanni*, pp. 126-127; Anson F. Rainey, *The El-Amarna Correspondence: A New Edition of the Cuneiform Letters from the Site of El-Amarna Based on Collations of All Extant Tablets*, Vol. 1, p. 138.

mārī(dumu^{meš})*-ka a-na* ^{lú}*rabûtī*(ga]l^{meš})-⌜*ka*⌝ (5) [*a-na* ^{giš}*narkabāti*(gigir^{meš})-*ka a-na sīsī*(anše.kur.ra^{meš})*-ka*] (6) [*a-na ṣābē* (erín.gal^{meš})*-ka a-na māti*(kur)*-ka ù mim-mu-ka da-an-ni-iš da-an-ni-iš lu-ú šul*]*-mu*[1]

【中文译文】

（1）你（使节）对埃及（米西尔）王尼穆瑞亚说:（2）“下面是米坦尼王、你的兄弟图什拉塔的话。”（3）祝愿平安与我本人同在！祝愿平安与你本人同在！祝愿平安与我的姐妹凯鲁希帕同在！（4）十分真诚地[2]祝愿平安与你的宫廷、你的妻子们、你的儿子们、你的官员们、（5）你的战车、你的马匹、（6）你的士兵、你的国家以及你的一切同在！

【拉丁化转写】

(7) [*x x x x x x x x x x x x x x x x x x x x x x x*]*-i* (8) ^{m}*A*[*r-ta-aš-š*]*u*[*-ma-r*]*a* [*x x x x x x x x x x x x x x x x x x*]^{meš} (9) *ša* ^{k}[^{ur}*Ḫ*]*a-*[*ni-*]⌜*gal*⌝-[*ba*]*t* [*x x x x x x x x x x x x x x x x x x x x x*]*x* (10) ⌜*ú*⌝(?)[*x x x x x x š*]*a tù*[*x x x x x x x x x x x x x x x x x x x x x x x x x*] (11)[3] *ù qabal*(múr)*-šu* [*x x x x x x x x x x x x x x x x x x x x x x x x*] (12) *ù qabal*(múr)*-šu* $^{\text{na4}}$*kunuk*(kišib)[4] [*x x x x x x x x x x x x x x x x x x*] (13) $^{\text{na4}}$*ḫi-li-bá tam-lu-ú*[*x x x x x x x x x x x x x x x x x x x x x x*] (14) ⌜1⌝⌜^{nu}⌝-⌜$^{\text{tu4}}$⌝ *áš-ki-ru-uš-ḫ*[*u x x x x x x x x x x x x x x x x x x*] (15) [*a-nu-um-m*]*a* ^{m}*Pu-u-ḫi* [*x x x x x x x š*]*ul-ma-ni* (16) [*ša aḫi*(šeš)*-i*]*a al-*⌜*ta*⌝*-pár-š*[*u ù aḫu*(šeš)*-ia ḫa-mu-ut-t*]*a li-me-eš-šèr-šu* (17) [*šul-ma*]*-an-šu* [*ša aḫi*(šeš)*-ia lu-*]⌜*ub*⌝*-la*

① 第1—6行损毁严重，每行仅仅保留下几个字符，笔者根据第17、第20号泥板的信头进行拟补。

② 这里用了两个 *danniš* 以加强祝福的程度，翻译为“十分真诚地”。

③ 本行开始为泥板背面。

④ 阿德勒读作 $^{\text{na4}}$*kunuk*(kišib)，雷尼读作 zá.dub，参见 Hans-Peter Adler, *Das Akkadische des Königs Tušratta von Mitanni*, p. 126; Anson F. Rainey, *The El-Amarna Correspondence: A New Edition of the Cuneiform Letters from the Site of El-Amarna Based on Collations of All Extant Tablets*, Vol. 2, p. 1350。

【中文译文】

（7）☒（8）阿尔塔苏马拉☒（9）哈尼加尔巴特☒（10）与☒（11）与在它的中间☒（12）与在它的中间一块石头☒（13）黑里巴石[①]镶嵌☒（14）一套阿什凯鲁什胡[②]☒（15）现在，我派遣普赫希[③]☒（16）送去我兄弟的问候礼。愿我的兄弟放他立即回这里！（17）让他带来我的兄弟的问候礼物！

（三）第 19 号泥板书信

第 19 号泥板书信为埃及农夫在 1887 年挖掘所得，可能出土于埃及的阿马尔那，最晚到 1888 年 10 月 13 日，为大英博物馆所收藏，目前藏于大英博物馆，编号为 BM 029791，泥板尺寸为 222.25 毫米 ×127 毫米。泥板保存完好，正面分为 7 栏，背面分为 6 栏，共 85 行文字。对该泥板的岩相学检验表明，其泥土成分与第 17 号泥板类似，不能确定制作泥板的泥土来源。[④]

1888 年，巴奇在论文《论米坦尼王图什拉塔、库里加尔祖的儿子布尔布里亚什、阿拉什亚国王发给埃及王阿蒙霍特普三世的楔形文字公文以及出自阿马尔那的楔形文字泥板》中，对该泥板进行了抄录，并且进行了拉丁化转写。1890 年，齐默恩在《对阿马尔那发现的书信的拉丁化转写与翻译》一文中，对该泥板进行了拉丁化转写以及德文翻译。1892 年，贝措尔德、巴奇编写的《大英博物馆所藏阿马尔那泥板》出版了该泥板的拓本，并且对书信内容进行了简要介绍。1893 年，贝措尔德在其《东方外交》中也对其进行了拉丁化转写。1896 年，温克勒在《阿马尔那泥板》一书中，对该泥板进行了拉丁化转写以及德文翻译。1976 年，阿德勒出版

---

① 黑里巴石为某种宝石，具体不详。

② 阿什凯鲁什胡可能为一种女性装饰用品。

③ 普赫希是米坦尼使节。他的名字是胡里语，意思是“交换、代替”。参见 Richard S. Hess, *Amarna Personal Names*, pp. 128-129。

④ Yuval Goren, Israel Finkelstein and Nadav Na'aman, *et. al.*, *Inscribed in Clay: Provenance Study of the Amarna Letters and Other Ancient Near Eastern Texts*, p. 40.

的《米坦尼国王图什拉塔的阿卡德语》，对该泥板进行了拉丁化转写、德文翻译。1992 年，莫兰出版的《阿马尔那书信》，将该泥板翻译为英文并详细地进行注解。2015 年，雷尼的遗作《阿马尔那书信》对该书信进行拉丁化转写以及英文翻译，并做了一些注解。

本译文的原始文献来自贝措尔德、巴奇的拓本，①同时参考了克努松、阿德勒、雷尼的拉丁化转写②以及莫兰的法文、英文译本。③

题解

第 19 号泥板书信的写信人为米坦尼王图什拉塔，收信人为埃及法老阿蒙霍特普三世。其主要内容为：第 17—24 行，关于两国联姻事宜。图什拉塔先回顾了法老向他提出了联姻要求，然后叙述了埃及使节面见了米坦尼王，以及米坦尼王答应出嫁公主到埃及。第 34—70 行，关于埃及的黄金赠礼问题。首先回顾了埃及赠送给米坦尼先王的黄金的情况，要求埃及赠送多于赠送给先王数倍的黄金，接着米坦尼王宣称从事祭庙建设，言外之意要求埃及为此赠送黄金，并说明所索要的黄金用作祭庙和聘礼，最后向埃及提出索要黄金的种类——未加工的黄金。第 71—79 行，关于使节问题，请求埃及法老及时放回米坦尼使节。

---

① Carl Bezold and E. A. Wallis Budge, *The Tell El-Amarna Tablets in the British Museum with Autotype*, No. 8.

② J. A. Knudtzon, *Die El-Amarna-Tafeln*, Vol. 1, pp. 136, 138, 140, 142, 144; Hans-Peter Adler, *Das Akkadische des Königs Tušratta von Mitanni*, pp. 127-135; Anson F. Rainey, *The El-Amarna Correspondence: A New Edition of the Cuneiform Letters from the Site of El-Amarna Based on Collations of All Extant Tablets*, Vol. 1, pp. 140, 142, 144, 146.

③ William L. Moran, *Les Lettres d'el-Amarna: Correspondance Diplomatique du Pharaon*, pp. 113-116; William L. Moran, *The Amarna Letters*, pp. 43-45.

泥板译注

【拉丁化转写】

(1) [*a-*]*na* ^{m}*Nì-im-mu-re-ia šarri*(lugal) *rabî*(gal) *šar*(lugal) ^{kur}*Mi-ṣi-ri-i aḫi*(šeš)-[*ia*] (2) [*ḫ*]*a-ta-ni-ia ša i-ra-ʾa-am-an-ni ù ša a-ra-a*[*m-mu-uš*] (3) *qí-bí-ma um-ma* ^{m}*Tu-uš-rat-ta šarru*(lugal) *rabû*(gal) *e-mi-i-*[*ka*] (4) *ša i-ra-ʾa-a-mu-ú-ka šar*(lugal) ^{kur}*Mi-i-it-ta-an-ni aḫu*(šeš)*-ka-ma* (5) *a-na ia-ši šul-mu a-na ka-a-ša lu-ú šul-mu a-na bīti*(⸢é⸣)-⸢*ka*⸣ (6) *a-na a-ḫa-ti-ia ù a-na re-e-ḫé-ti aššāti*(dam^{meš})*-ka a-na mārī*(du[mu^{meš}])-⸢*ka*⸣ (7) *a-na* ^{giš}*narkabātī*(gigir^{meš})*-ka a-na sīsī*(anše.kur.ra^{meš})*-ka a-na ṣāb* (érin)*-rabâ*(gal)*-ka*① (8) *a-na māti*(kur)*-ka ù a-na mim-mu-ka dan-níš dan-níš lu-ú šul-*⸢*mu*⸣

【中文译文】

（1）你（使节）对大王、埃及（米西尔）王、我的兄弟、（2）我的女婿、爱我的人与我爱的人尼穆瑞亚（3）说："下面是大王、你的岳父、（4）爱你的人、米坦尼王、你的兄弟图什拉塔的话。"（5）愿平安与我本人同在！愿平安与你本人同在！十分真诚地祝愿平安与你的宫廷、（6）我的姐妹、你的其余的妻子、你的儿子们、（7）你的战车、你的马匹、你的强大的士兵、（8）你的国家以及你的一切东西同在！

【拉丁化转写】

(9) *a-di abbū*(ab.ba^{meš})*-ka-ma šu-nu it-ti abbī*(ab.ba^{meš})*-ia dan-níš* (10) *ir-ta-ta-ʾa-a-mu at-ta ap-pu-na-ma tutetter*(diri)*-ma it-ti a-bi-ia*

---

① érin.gal-*ka* 中的 érin 的意思为"军队、士兵"，gal 为"大、强"，意思为"你的强大的士兵"，因此，笔者按照顺序读作 *ṣāb* (érin)-*rabâ*(gal)-*ka*。

(11) *ma-a-dì-iš da-an-ni-iš*① *ta-ar-ta-ta-ʾa-a-am* (12) *i-na-an-na at-ta ki-i it-ti-ia a-ḫa-miš ni-ir-ta-na-ʾa-a-mu* (13) *a-na* 10-*šu el a-bi-ia tu-uš-te-em-ʾi-id* (14) *ilānū*(dingir^{meš}) *li-me-eš-še-ru-šu-nu-ti-ma*② *ša ni-ir-ta-ʾa-a-mu an-ni-k*[*a-a*]③ (15) ^{d}*Tešuba*(Iškur) *be-e-li ù* ^{d}*A-ma-nu-um a-na da-ra-a-ti ki-i ša i-*⸢*na*⸣-[*an-na*] (16) *lu-ú li-né-ep-pí-*[*šu*]④

【中文译文】

（9）直到你的父辈们的时代，他们（埃及法老的父辈们）一直非常（10）爱我的父辈们。而你（给予的爱）更多，你和我的父亲（11）彼此非常友爱。（12）现在，因为我们彼此一直友爱，你（13）对我的友爱十倍于你对我父亲的（友爱）。（14）愿众神允许我们有这样的友爱吧！（15）愿我主台舒巴与（你主）阿蒙使（我们彼此之间的友爱）像现在这样（16）天长地久。

【拉丁化转写】

(17) *ù* ^{m}*Ma-né-e mār*(dumu) *šipra*(kin)^{ra}-*šu aḫu*(šeš)-*ia ki-i iš-pu-r*[*u*] (18) *um-ma lu-ú aḫu*(šeš)-*ia-ma mārat*(dumu.munus)-*ka a-na aššuttī*(dam)$^{ut-ti}$-*ia bi-lam-mì*(19) *a-na bēlet*(nin)^{et} ^{kur}*Mi-iṣ-ri-i-im-mì ul ul-*⸢*te*⸣*-em-ri-iṣ*

---

① *madiš*、*danniš* 的意思为“非常、很”，两个副词连用以提高其程度。

② 阿德勒读作 *li-mèš-še-ru-šu-nu-ti-ma*，雷尼读作 *li-me-eš-še-ru-šu-nu-ti-ma*，动词 (*w*)*ašāru* 的意思为“允许”。参见 Hans-Peter Adler, *Das Akkadische des Königs Tušratta von Mitanni*, p. 128; Anson F. Rainey, *The El-Amarna Correspondence: A New Edition of the Cuneiform Letters from the Site of El-Amarna Based on Collations of All Extant Tablets*, Vol. 1, p. 140。

③ *annīkia* 的意思为“这里、此处”，雷尼认为这里的意思引申为“迄今”，参见 Anson F. Rainey, *The El-Amarna Correspondence: A New Edition of the Cuneiform Letters from the Site of El-Amarna Based on Collations of All Extant Tablets*, Vol. 1, p. 141。

④ 克努松读作 *li-né-eb-bi-*[*ú*]，阿德勒接受了克努松的读法，但是莫兰认为应该读作 *li-né-ep-pí-*[*šu*]，并认为其原形为 *nuppušu*（扩大、拓宽），其读法为雷尼所继承，参见 J. A. Knudtzon, *Die El-Amarna-Tafeln*, Vol. 1, p. 136; Hans-Peter Adler, *Das Akkadische des Königs Tušratta von Mitanni*, p. 128; William L. Moran, *The Amarna Letters*, p. 45; Anson F. Rainey, *The El-Amarna Correspondence: A New Edition of the Cuneiform Letters from the Site of El-Amarna Based on Collations of All Extant Tablets*, Vol. 1, p. 140。

libba(šà)-*šu* (20) *ša aḫi*(šeš)-*ia ù i-na bá-na-tim-ma*[1] *a-a-an-ni-ma-*⸢*a*⸣-⸢*ku*⸣ *aq-ta-bi* (21) *ù ša aḫu*(šeš)-*ia i-ri-šu uk-te-el-li-im-ši a-na* ^{m}*Ma-né-e* (22) *ù i-ta-mar-ši ki-i i-mur*(*u*)-*ši ù ut-te-*ʾ*i-is-*[*s*]*í dan-níš* (23) *ù i-na ša-la-a-mi i-na māti*(kur) *ša aḫi*(šeš)-*ia lu-*⸢*ú*⸣ *lu-ú-*[*r*]*u-ši*[2] (24) ^{d}*Šaušga*(Inanna) *ù* ^{d}*A-ma-nu-um ki-i libbī*(šà)-*šu ša aḫi*(šeš)-*ia li-me-eš-še-el-ši*

【中文译文】

（17）当我的兄弟派遣来他的使节马奈[3]，（18）传话道："请我的兄弟送来你的女儿做我妻子，（19）埃及（米西尔）的女主人吧！"我没有让我的兄弟的心难过，（20）我愉快地说道："好啊！"（21）我将我的兄弟所要的人给马奈看，（22）（于是）他看到了

---

① 克努松、莫兰、阿德勒读作 *i-na pa-na-tim-ma*，莫兰解释说这个词组直译为"在最早的事情中"，在英文译文中翻译为"立即"，雷尼认为，米坦尼以及其他胡里 - 阿卡德文献中经常使用 *pa* 来代替 *bá*，因此，他读作 *i-na bá-na-tim-ma*，把 *ina banati*（*banû* 的阴性复数形式）翻译为"愉快地、高兴地"，笔者认为雷尼的读法更为妥帖，因为图什拉塔刚刚亲政，并没有与埃及进行过联姻，所以翻译为"像之前"是不恰当的。参见 J. A. Knudtzon, *Die El-Amarna-Tafeln*, Vol. 1, p. 138; William L. Moran, *The Amarna Letters*, p. 45; Hans-Peter Adler, *Das Akkadische des Königs Tušratta von Mitanni*, p. 128; Anson F. Rainey, *The El-Amarna Correspondence: A New Edition of the Cuneiform Letters from the Site of El-Amarna Based on Collations of All Extant Tablets*, Vol. 2, p. 1351。

② 克努松读作 *lu-ú-* [*b*]*a-ši*，阿德勒读作 *lu-ú iš-lim*，莫兰、雷尼追随戈登读作 *lu-ú-*[*r*]*u-ši*，笔者赞成莫兰等人建议，动词 (*w*)*âru*（去）的衍生形式 (*w*)*u'uru* 的意思为"派遣某人"，笔者认为此处的 *lu-ú-*[*r*]*u-ši* 为 (*w*)*u'uru* 的命令式加上附属代词 *ši*。参见 J. A. Knudtzon, *Die El-Amarna-Tafeln*, Vol. 1, p. 138; Hans-Peter Adler, *Das Akkadische des Königs Tušratta von Mitanni*, p. 130; William L. Moran, *The Amarna Letters*, p. 46; Anson F. Rainey, *The El-Amarna Correspondence: A New Edition of the Cuneiform Letters from the Site of El-Amarna Based on Collations of All Extant Tablets*, Vol. 2, p. 1351; A. Leo Oppenheim, *et. al.*, eds., *The Chicago Assyrian Dictionary of the Oriental Institute of the University of Chicago*, Vol. 1, Part 2, p. 320。

③ 马奈为埃及派往米坦尼的使节，其名字属于埃及语。赫斯认为，该名字为埃及语中的 *mniw*（意思为"牧羊人"），奥尔布赖特、雷德福认为该名字为 *mn*(*y*) 的昵称，而莫兰的看法与赫斯的一样，但是 *mniw* 在古埃及语中写作，而 *mn*(*y*) 在古埃及语中写作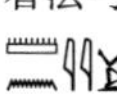，从写法来看两者相去甚远。参见 Richard S. Hess, *Amarna Personal Names*, pp. 109-110; William L. Moran, *The Amarna Letters*, p. 382。

她。当他看到她后，他对她赞不绝口。（23）我会把她安全送到我的兄弟的国家。（24）愿邵什卡[①]、阿蒙使她符合我兄弟的心愿！

【拉丁化转写】

(25) ᵐ*Ké-li-ia mār*(dumu) *šiprū*(kin)*-ia a-ma-te-šu ša aḫi*(šeš)*-ia a-na* ⌜*ia*⌝*-ši it-ta-b*[*í*]*l*[②] (26) *ki-i eš-mu-ú ù ṭá-a-bu dan-níš ù aḫ-tá-du ki-i ma-du-ti*[③] (27) *da-an-níš um-ma lu-ú a-na-ku-ma*[④] *an-nu-ú šu-ú šu-ur-ru-um-ma*[⑤] (28) *ša i-na be-ri-ni ša it-ti a-ḫa-miš ša ni-ir-ta-na-ʾa-a-mu* (29) *a-nu-um-ma i-na am-mu-ti a-ma-a-ti a-na da-ra-tim-ma lu ni-ir-ta-ʾa-am* (30) *a-na aḫi*(šeš)*-ia ki-i aš-pu-ru ù aq-ta-bi um-ma lu-ú a-na-ku-ma* (31) *ki-ma ma-a-du-ti dá-an-ni-iš*$_6$ *lu ni-ir-ta-na-ʾa-am ù i-na be-ri-ni* (32) *lu-ú ṭá-a-bá-nu ù a-na aḫi*(šeš)*-ia aq-ta-bi um-ma-a aḫu*(šeš)*-ia* (33) *el a-bi-ia* 10*-šu lu-ú ú-te-et-te-ra-an-ni*

---

① 邵什卡为胡里人的丰产、战争、医药女神，相当于两河流域的伊斯达尔女神，其形象为站立在狮子背上的长着翅膀的女子。

② 克努松拟补为 *it-ta-š*[*a*]*r*，阿德勒拟补为 *it-ta-š*[*e*]，莫兰拟补为 *it-ta-š*[*e-m*]*a*，雷尼根据第35行的 *ú-še-bíl-an-ni* 拟补为 *it-ta-b*[*í*]*l*，笔者赞同雷尼的建议，这里 *it-ta-b*[*í*]*l* 的动词原形为 *wabālu*（送来、带来），该词在中巴比伦文中常写作 *ubālu*。参见 J. A. Knudtzon, *Die El-Amarna-Tafeln*, Vol. 1, p. 138; Hans-Peter Adler, *Das Akkadische des Königs Tušratta von Mitanni*, p. 130; William L. Moran, *The Amarna Letters*, p. 46; Anson F. Rainey, *The El-Amarna Correspondence: A New Edition of the Cuneiform Letters from the Site of El-Amarna Based on Collations of All Extant Tablets*, Vol. 2, p. 1351。

③ 本行及第31行中的词组 *kī*(*ma*) *mādūti* 的意思为"非常、很"，其中 *mādūti* 为名词 *mādūtu*（众多）的属格，参见 Jeremy Black, *et. al.*, eds., *A Concise Dictionary of Akkadian*, 2nd (corrected) Printing, p. 188。

④ 本行及第30、第40、第45行中的 *lu* 的意思为"事实上、真正地、肯定地"，*a-na-ku-ma* 为 *anāku*（我），充当前面 *umma* 的主语。

⑤ 根据《芝加哥大学东方研究所的亚述语词典》, *šurrumma* / *šarrumma* 的意思为"立即、事实上"，根据《简明阿卡德语词典》, *šurrû* 作为动词、名词的意思为"开始"，笔者认为，从逻辑上讲，按照《简明阿卡德语词典》的意见来处理这个词更为妥帖。另外，该词的用法可参照第7号泥板书信第72行以及注释。参见 Erica Reiner, *et. al.*, eds., *The Chicago Assyrian Dictionary of the Oriental Institute of the University of Chicago*, Vol. 17, Part 3, pp. 361-362; Jeremy Black, *et. al.*, eds., *A Concise Dictionary of Akkadian*, 2nd (corrected) Printing, p. 388。

【中文译文】

（25）我的使节凯利亚把我的兄弟的话带给了我，（26）当我听到后，一切都非常好，我万分高兴，（27）我肯定地说道："就是这些话（代表了）一种开始——（28）这就是我们之间的友爱[1]。"（29）现在，借助这些话，让我们永远彼此友爱。（30）当我给我的兄弟写信的时候，我肯定地说道：（31）"让我们彼此万分友爱，在我们之间，（32）让我们彼此友好。"我还对我的兄弟说道："愿我的兄弟（33）对我的友爱十倍于对我父亲的（友爱）。"

【拉丁化转写】

(34) *ù a-na aḫi*(šeš)*-ia ḫurāṣa*(kù.gi^{meš}) *ma-a-at-ta e-te-ri-iš um-ma-a el ⸢a⸣-bi-ia* (35) *lu ú-še-em-ʾ*[*i-i*]*d-an-ni-ma aḫu*(šeš)*-ia lu-ú ú-še-bíl-an-ni* (36) *ù a-⸢bu⸣-ia*[2] *ḫurāṣa*(kù.gi^{meš}) *ma-a-at-ta tù-ul-te-bi-la-aš-šu* (37) *nam-ḫa-ra*[3] *ḫurāṣi*(kù.gi^{meš}) *rabâtī*(gal^{meš}) *ù* ^{giš}*kirrēt*(kiri$_6$)[4]

① 直译为"这就是我们之间，这就是我们相互间，这就是我们彼此友爱"。

② 阿德勒认为在 *a-⸢bu⸣-ia* 前面书吏遗漏了介词 *ana*，但是克努松、雷尼并不这样认为，参见 Hans-Peter Adler, *Das Akkadische des Königs Tušratta von Mitanni*, p. 130; J. A. Knudtzon, *Die El-Amarna-Tafeln*, Vol. 1, p. 138; Anson F. Rainey, *The El-Amarna Correspondence: A New Edition of the Cuneiform Letters from the Site of El-Amarna Based on Collations of All Extant Tablets*, Vol. 1, p. 142。

③ 克努松读作 *nam-ḫa-ra*，《芝加哥大学东方研究所的亚述语词典》赞同克努松的看法，阿德勒读作 nam.ḫa.ra，雷尼赞同阿德勒的读法，笔者赞同克努松等人的建议，因为最后一个符号 *ra* 显示的是宾格，从这一点上判定应该是阿卡德语符号而非苏美人表意符。*namḫaru* 的意思为"缸"。参见 J. A. Knudtzon, *Die El-Amarna-Tafeln*, Vol. 1, p. 138; Erica Reiner, *et. al.*, eds., *The Chicago Assyrian Dictionary of the Oriental Institute of the University of Chicago*, Vol. 11, Part 1, Chicago: The Oriental Institute, Glückstadt: J. J. Augustin Verlagsbuchhandlung, 1980, pp. 227-228; Hans-Peter Adler, *Das Akkadische des Königs Tušratta von Mitanni*, p. 130; Anson F. Rainey, *The El-Amarna Correspondence: A New Edition of the Cuneiform Letters from the Site of El-Amarna Based on Collations of All Extant Tablets*, Vol. 2, p. 1351。

④ 莫兰赞同《芝加哥大学东方研究所的亚述语词典》和阿德勒的意见，认为 ^{giš}kiri$_6$ 对应的阿卡德语词为 *kirru*（一种陶土或金属或石头制成的大器皿），这个词在阿马尔那泥板中的写法为 *kirrēt*，参见 A. Leo Oppenheim, *et. al.*, eds., *The Chicago Assyrian Dictionary of the Oriental Institute of the University of Chicago*, Vol. 8, pp. 408-410; William L. Moran, *The Amarna Letters*, p. 46; Hans-Peter Adler, *Das Akkadische des Königs Tušratta von Mitanni*, p. 130。

ḫurāṣi(kù.gi^{meš}) *rabâtī*(gal^{meš}) *tul-te-*⸢*bíl*⸣*-aš-šu* (38) *libnāt*(sig$_4$) *ḫurāṣi*(kù.gi^{meš}) *ki-ma ša erê*(urudu^{meš}) *ma-ṣú-ú tù-ul-te-b*[*íl-aš-šu*] (39) *un-dú* ^{m}*Ké-li-ia a-na aḫi*(šeš)*-ia aš-pu-ru ù ḫurāṣa*(⸢kù.gi⸣$^{[meš]}$) (40) *e-te-ri-iš um-ma lu-ú a-na-ku-ma aḫu*(šeš)*-ia el a-bi-ia* [10-*šu*] (41) *lu-ú ú-te-et-te-ra-an-ni ù ḫurāṣa*(kù.gi^{meš}) *ma-a-a*[*t-ta*] (42) *ša ši-ip-ra la ep-šu li-še-e-bi-l*[*a-an-ni*] (43)① *aḫu*(šeš)*-ia el a-bi-ia ma-a-dì-iš li-še-bi-la-an-*[*ni*]

【中文译文】

（34）我向我的兄弟要求更多的黄金，（为此）说道："愿他给我比给我父亲更多的（黄金），（35）愿我的兄弟把（黄金）送给我。"（36）至于我父亲，你给他大量黄金，（37）你（还）给他送来了黄金大缸、黄金大罐。②（38）因为（送来的或他的）铜砖太少了，你送给了他金砖。③（39）当我把凯利亚派遣到我的兄弟那

---

① 本行开始为泥板背面。

② 雷尼将黄金大缸、黄金大罐理解为是对上句话所说的大量黄金的具体解释，但是莫兰认为两者不存在解释关系，笔者赞同莫兰的看法，大量黄金与黄金大缸、黄金大罐有着两个并列的谓语动词 *tù-ul-te-bi-la-aš-šu*、*tul-te-*⸢*bíl*⸣*-aš-šu*，从这一点上可以判定，这里的黄金大缸、黄金大罐与上句话中的大量黄金是并列关系而非解释关系。参见 Anson F. Rainey, *The El-Amarna Correspondence: A New Edition of the Cuneiform Letters from the Site of El-Amarna Based on Collations of All Extant Tablets*, Vol. 1, p. 143; William L. Moran, *The Amarna Letters*, p. 44。

③ 对于这一句的翻译，阿德勒翻译为"虽然（送）铜（砖）就足够了，（但）你给他送了金砖"，莫兰翻译为"你送给他像铜砖一样的金砖"，雷尼翻译为"你送给他的金砖，在尺寸上像铜砖"。阿德勒、莫兰、雷尼等人把 *ma-ṣú-ú* 理解为动词 *mâṣu*，意思为"等于、充足、达到"，笔者认为应该把它理解为 *mâṣu* 〈**wiaṣu*，其意思为"太少了"而非"相等、充足"。至于该词的意思，参见 A. Leo Oppenheim and Erica Reiner, *et. al.*, eds., *The Chicago Assyrian Dictionary of the Oriental Institute of the University of Chicago*, Vol. 10, Part 1, p. 350，*kīma* 充当连词"因为"，这样就翻译为"因为（送来的或他的）铜砖太少了，你送给了他金砖"。参见 Hans-Peter Adler, *Das Akkadische des Königs Tušratta von Mitanni*, p. 131; William L. Moran, *The Amarna Letters*, p. 44; Anson F. Rainey, *The El-Amarna Correspondence: A New Edition of the Cuneiform Letters from the Site of El-Amarna Based on Collations of All Extant Tablets*, Vol. 1, p. 143。

里，当我要黄金的时候，（40）我肯定地说道："愿我的兄弟对我的友爱十倍于（41）对我父亲的（友爱）。愿他把许多非制成品的黄金（42）送给我！（43）愿我的兄弟送给我比送给我父亲更多的（黄金）。"

【拉丁化转写】

(44) *ù a-ka-an-na a-na aḫi*(šeš)*-ia aq-ta-bi um-ma-a ka-ra-aš-k*[*a*]① (45) *ša a-ba a-bi-ia e-ep-pu-uš um-ma lu-ú a-na-ku-ma ki-me-e* (46) *ki-i-ni a-an-ni*② *ú-nu-ú-ta e-ep-pu-uš-ma-a-ku* (47) *ù a-ka-an-na ap-pu-na aq-ta-bi ḫurāṣa*(kù.gi^{meš}) *ša aḫu*(šeš)*-ia ú-*⸢*še*⸣*-bé-lu* (48) *a-na te-er-ḫa-tim-ma li-še-e-bi-il* (49) *i-na-an-na aḫu*(šeš)*-ia ḫurāṣa*(kù.gi^{meš}) *ul-te-bíl a-qáb-bi-i um-ma-a* (50) *mi-i-iṣ-ma-a-ku ù la la mi-i-iṣ ma-a-ad ù a-na ši-ip-ri* (51) ⸢*ep*⸣*-še-et ù šum-ma ap-pu-na a-na ši-ip-ri-im-ma* ‹*la*›③ *ep-še-et* (52) *ù aš-šum an-ni-ti aḫ-da-du dan-níš-ma ù mi-nu-um-me-e* (53) *ša aḫu*(šeš)*-ia ú-še-bé-lu ù am-mi-ti dan-níš ḫa-da-a-ku*

---

① *karašku* 可能来自胡里语，意思为"丧葬仪式或建筑"，参见 A. Leo Oppenheim, *et. al.*, eds., *The Chicago Assyrian Dictionary of the Oriental Institute of the University of Chicago*, Vol. 8, p. 210。

② 阿德勒读作 *a-aš-ni* 的动词原形为 *šanû*（重新做、做第二次），莫兰追随屈内而把该词翻译为"应答"，雷尼赞同屈内等人的建议，*kīnu* 的意思为"永久的、真的"，而 *annû* 的意思为"赞同或同意的话"，这样其意思为"真正赞同的话"，这里可能指的是神谕。参见 Hans-Peter Adler, *Das Akkadische des Königs Tušratta von Mitanni*, p. 132; William L. Moran, *The Amarna Letters*, pp. 44, 46; Anson F. Rainey, *The El-Amarna Correspondence: A New Edition of the Cuneiform Letters from the Site of El-Amarna Based on Collations of All Extant Tablets*, Vol. 2, p. 1351。

③ 笔者认为，从逻辑上看补充上 *la* 更为妥帖，前面一句为"无论（礼）轻还是不（轻），或者（礼）不轻而是重"，后面应该是与之在结构上并列的一句话，在第 50 行末尾、第 51 行开头的文字为 *ù a-na ši-ip-ri* ⸢*ep*⸣*-še-et*，而后面的文字仅仅比前面的多了 *ù šum-ma ap-pu-na*，对应关系非常明显，如果加上 *la*，则与前一句完全对应起来，构成了让步状语从句。笔者的看法与莫兰、雷尼的看法不同，参见 William L. Moran, *The Amarna Letters*, p. 44; Anson F. Rainey, *The El-Amarna Correspondence: A New Edition of the Cuneiform Letters from the Site of El-Amarna Based on Collations of All Extant Tablets*, Vol. 1, p. 143。

【中文译文】

（44）于是，我对我的兄弟说道：“我正在为（45）我祖父修建一座祭庙。”我肯定地说道：“根据（46）神谕，我想制造一些家具。”（47）于是，我还说道：“至于我兄弟正要送来的黄金，（48）也作为他应该送来的聘礼吧！”（49）现在，我的兄弟已经送来了黄金，我说道：（50）“无论（礼）轻还是不（轻），或者（礼）不轻而是重，无论它已经被（51）做成了成品，还是没有被制成成品，（52）我都会为之欣喜不已。无论（53）我的兄弟送来了什么东西，我都会为之高兴不已。”

【拉丁化转写】

(54) *a-⌜nu⌝-um-ma i-na-an-na a-na aḫi*(šeš)*-ia al-ta-pár ù aḫu*(šeš)*-ia* (55) *el ša a-bi-ia re-⌜e᾿⌝-mu-ú-ta li-še-em-᾿i-id-an-ni a-nu-um-ma* (56) *ḫurāṣa*(kù.gi[meš]) *a-na aḫi*(šeš)*-ia e-te-ri-iš ù ḫurāṣu*(kù.gi[meš]) *ša a-na aḫi*(šeš)*-ia* (57) *e-ri-šu a-na* 2*-šu a-na e-re-ši i-il-la-ak*① 1[tu4] (58) *a-na ša ka-ra-aš-ki ù i-na ša-nu-ut-ti-šu a-na te-er-ḫa-ti*

【中文译文】

（54）现在，我已给我的兄弟写去书信，愿我的兄弟（55）加大对我的友爱，甚至超过对我父的友爱！现在，（56）我已向我的兄弟索要黄金，我向我的兄弟要的黄金（57）有两处需求：一是（58）用于祭庙，二是做（我女儿的）聘礼。

【拉丁化转写】

(59) *ù aḫu*(šeš)*-ia ḫarāṣa*(kù.gi[meš]) *ma-᾿a-dì-iš dan-níš*② *ša a-na ši-ip-ri la ep-šu* (60) *aḫu*(šeš)*-ia li-še-bíl-an-ni ù aḫu*(šeš)*-ia el ša a-bi-ia ḫarāṣa*(kù.gi) *li-še-bi-la* (61) *ù i-na lìb-bi māti*(kur) *ša aḫi*(šeš)*-ia*

① *a-na 2-šu a-na e-re-ši i-il-la-ak* 中的 *e-re-ši* 为名词 *eri/eštu*（需要、要求），*i-il-la-ak* 为动词 *alāku*（去），直译为“去两个需求”，意译为“满足两处需求、有两处用处”。

② *madiš*、*danniš* 的意思为“非常、很”，两个副词连用以提高其程度，这里用来修饰前面的“黄金”一词，可以翻译为“无数的”。

ḫarāṣu(kù.gi^{meš}) *ki-i e-pè-ri ma-a-dá-at* (62) *ilānu*(dingir^{meš}) *li-me-eš-še-ru-šu-ma ki-i-me-e ki-i ša i-na-an-na i-na māti*(kur) (63) *ša aḫi*(šeš)*-ia ḫarāṣu*(kù.gi^{meš}) *ma-ʾa-dá-at ù* 10*-šu el ki-i ša i-na-an-na* (64) *ḫarāṣa*(⸢kù.gi⸣^{meš}) *li-še-em-ʾi-id*[①] *ù ḫarāṣa*(kù.gi^{meš}) *ša e-ri-šu i-na libbi*(šà) *aḫi*(šeš)*-ia* (65) *lu-ú la-a im-mar-ra-aṣ ù at-tù-ia lìb-bi aḫi*(šeš)*-ia lu-ú la-a* (66) *ú-ša-am-ra-aṣ*[②] *ù aḫu*(⸢šeš⸣)*-ia ḫarāṣa*(kù.gi^{meš}) *ša a-na ši-ip-ri la ep-šu* (67) *ma-a-dì-iš da-an-ni-iš li-še-e-bi-la-an-ni* (68) *ù mi-nu-um-me-e ša aḫu*(šeš)*-ia ḫa-aš-ḫu a-na bīti*(é)*-šu li-iš-pur-ma* (69) *li-il-qè ù a-na-ku* 10-ta.àm *ša aḫi*(šeš)*-ia i-ri-šu lu-ud-dì-in* (70) *mātu*(kur) *an-ni-tu*$_4$ *ša aḫi*(šeš)*-ia mās* (kur)*-sú ù bītu*(é) *an-ni-tu*$_4$ *ša aḫi*(šeš)*-ia bīs* (é)*-sú*

【中文译文】

（59）我的兄弟呀，愿我的兄弟，（60）送给我无数的未加工的黄金吧！愿我的兄弟送给我比送给我父更多的黄金！（61）在我的兄弟的国家里，黄金多如沙土。（62）愿众神允许它（黄金）就如现在这样：在我的兄弟的国家里（63）黄金很多，愿他（为我）增加十倍于现在的（64）黄金！愿我要求的黄金让我的兄弟（65）不（感觉）痛苦！至于我，我不会让我的兄弟（66）痛苦的。愿我的兄

---

① *li-še-em-ʾi-id* 为动词 *mâdu/ma'ādu*（很多、变得很多）的 Š 词干（使得多、增加），这为第三人称阳性“他”。这个“他”指的是谁，如果是前面的众神，那么应该是复数才对，可能是书吏写错了，应该是复数“他们”。

② 对于 *at-tù-ia lìb-bi* 如何理解，从莫兰、雷尼的英文翻译来看，他们把词语 *attūya*（属于我的）与 *libbu* 联系起来，意思为“属于我的心”，这样整个句子的意思为“愿我的兄弟别伤我的心”，《芝加哥大学东方研究所的亚述语词典》认为，这里的 *attūya* 的意思为“至于我”，而 *libbu* 与后面的 šeš*-ia* 构成名词的结构态，意思为“我兄弟的心”。根据前面的句子“*ù ḫarāṣa*(kù.gi^{meš}) *ša e-ri-šu i-na libbi*(šà) *aḫi*(šeš)*-ia lu-ú la-a im-mar-ra-aṣ*”，笔者赞同《芝加哥大学东方研究所的亚述语词典》的意见，*ú-ša-am-ra-aṣ* 动词 *marāṣu*（生病、变得困难），常与 *libbu* 搭配，意思为“使某人痛苦”。参见 William L. Moran, *The Amarna Letters*, p. 45; Anson F. Rainey, *The El-Amarna Correspondence: A New Edition of the Cuneiform Letters from the Site of El-Amarna Based on Collations of All Extant Tablets*, Vol. 1, p. 145; A. Leo Oppenheim, *et. al.*, eds., *The Chicago Assyrian Dictionary of the Oriental Institute of the University of Chicago*, Vol. 1, Part 2, p. 512。

弟把无数的未加工的（67）黄金送给我吧！（68）至于我的兄弟因其房所需要的任何东西，请他（埃及法老）写信告诉我！（69）让他（埃及法老）得到它们！我一定会给予十倍于我的兄弟所要求的东西！（70）这个国家是我兄弟的国家，这座宫殿是我兄弟的宫殿。①

【拉丁化转写】

(71) *a-nu-um-ma mār*(dumu) *šiprā*(kin)*-ia a-na aḫi*(šeš)*-ia al-ta-pár* ^{m}*Ké-li-ia ù aḫu*(šeš)*-ia* (72) *lu-ú la-a i-kál-la-a-šu* ˹*ḫa*˺*-*˹*mut*˺*-ta li-mèš-šèr-šu-ma li-il-li-ik* (73) *ki-me-e ša aḫi*(šeš)*-ia šul-*˹*ma*˺*-*˹*an*˺*-šu e-še-em-me ma-a-dì-iš dan-níš lu-ḫé-ed-di*$_{12}$ (74) *a-na da-a-ra-tim-ma š[a] aḫi*(˹šeš˺)*-ia šul-ma-an-šu lu-ul-te-em-me* (75) *ù a-ma-a-tu*$_{4}$ *an-na-a-tu*$_{4}$ *ša ni-il-ta-nap-pa-ru* ^{d}*Tešuba*(Iškur) *be-e-li* (76) *ù* ^{d}*A-ma-nu-um li-mèš-šèr-šu-nu-ti-ma ù i-na pa-ṭì-i-šu-nu* (77) *li-ik-šu-du ù ki-i ša i-na-an-na a-di šu-nu-ma*② *lu-ù ma-aš-lu* (78) *ki-i-me-e i-na-an-na ni-ir-ta-na-ʾa-*˹*am*˺ *ù ki-i ša i-na-an-na* (79) *a-na da-a-ra-ti-im-ma lu-ù ni-ir-ta-na-ʾa-am*

【中文译文】

（71）现在，我派我的使节凯利亚到我的兄弟处。愿我的兄弟（72）别耽搁他！愿他（埃及法老）尽快放他走，以便他能出发！（73）当我一听到我的兄弟的问候的时候，我会异常欢喜。（74）愿我总是能听到我的兄弟的问候！（75）至于我们不断写信说这些话，愿我主台舒巴（76）与阿蒙允许（它们实现）吧！愿他们能实现他们的目的！（77）只要他们存在，就让他们如现在一样！（78）就如同我们彼此友爱一样，愿我们像现在一样（79）彼此永远友爱！

【拉丁化转写】

(80) *a-nu-um-ma a-na šul-ma-a-ni-šu ša aḫi*(šeš)*-ia* 1 *kāsu*(gal)

① 这里的“这个国家”“这座宫殿”指的是米坦尼、米坦尼的宫殿，米坦尼王这样的表述是为了表明埃及法老想要米坦尼的任何东西，就如同在自己国家一样轻易就能获得，以此表明米坦尼王的慷慨。

② *adi šunūma* 为独立代词，参见 William L. Moran, *The Amarna Letters*, p. 46。

ḫurāṣu(kù.gi) *tam-lu-ú* ^{na4}*uqnî*(za.gìn) *šadê*(kur) (81) *ša-kàr-ši* 1 *ma-ni-in-nu*① *kab-bu-ut-tu*$_4$② 20 ^{na4}*uqnî*(za.gìn) *šadê*(kur) 19 *ḫurāṣu*(kù.gi) (82) *ša qabal*(murub)-*šu*③ ^{na4}*uqnî*(za.gìn) *šadê*(kur) *ḫurāṣa*(kù.gi) *uḫḫuz*(gar.ra) 1 *ma-ni-in-nu kab-butu*$_4$ 42 ^{na4}*ḫulāl*(nír) *šadê*(kur) (83) 40 *ḫurāṣu*(kù.gi) *ša sú-uḫ-sí* ^{d}*Šaušga*(Inanna)④ *ša qabal*(murub)-*šu* ^{na4}*ḫulāl*(nír) *šadê*(kur) *ḫurāṣa*(kù.gi) *uḫḫuz*(gar.ra) (84) 10 *ṣi-mi-it-tu*$_4$ *sīsī*(anše.kur.ra^{meš}) 10 ^{giš}*narkabāt*(gigir^{meš}) *iṣi*(giš^{meš}) *qa-du mim-mu-šu-nu*⑤ (85) *ù* 30 *sinništātu*(munus) *zikarū*(nita^{meš}) *a-na šul-ma-a-ni ša aḫi*(šeš)-*ia ul-te-*˹*bíl*˺

---

① *maninnu* 为一种项链。

② *kab-bu-ut-tu*$_4$ 的意思为“砝码”，雷尼翻译为“重的”，笔者认为，雷尼之所以如此翻译，是因为 *kabbuttu* 是从 *kabātu*（重的、变得重）演化而来的。参见 Anson F. Rainey, *The El-Amarna Correspondence: A New Edition of the Cuneiform Letters from the Site of El-Amarna Based on Collations of All Extant Tablets*, Vol. 1, p. 147。

③ 莫兰认为 *qabal*(murub)-*šu* 中的 *qablu*（中间）指的是项链的中间部位，即垂在胸部最下边的部分，但是从雷尼的翻译来看，将其后的 ^{na4}*uqnî*(za.gìn) *šadê*(kur) 视为 *qabal*(murub)-*šu* 中 *šu* 的同位语，这样就翻译为“真天青石（珠）的中间”，参见 William L. Moran, *The Amarna Letters*, p. 46; Anson F. Rainey, *The El-Amarna Correspondence: A New Edition of the Cuneiform Letters from the Site of El-Amarna Based on Collations of All Extant Tablets*, Vol. 1, p. 147。

④ *sú-uḫ-sí* ^{d}*Šaušga*(Inanna) 到底是什么东西，现在还有争议，《芝加哥大学东方研究所的亚述语词典》认为这是一种植物，但是在《芝加哥大学东方研究所的亚述语词典》中，这个词等同于阿卡德语中的 *arzallu*，*arzallu* 有“一种植物、一种石头、一种工具（古阿卡德时代）、珠宝的部件（新巴比伦时代）”的意思，雷尼将之翻译为“邵什卡的耻骨”，参见 Erica Reiner, *et. al.*, eds., *The Chicago Assyrian Dictionary of the Oriental Institute of the University of Chicago*, Vol. 15, pp. 349-350; A. Leo Oppenheim, *et. al.*, eds., *The Chicago Assyrian Dictionary of the Oriental Institute of the University of Chicago*, Vol. 1, Part 2, pp. 324-325; Anson F. Rainey, *The El-Amarna Correspondence: A New Edition of the Cuneiform Letters from the Site of El-Amarna Based on Collations of All Extant Tablets*, Vol. 1, p. 147。

⑤ *qa-du* (*qadu*) 的意思为“连同……，和……”，*mim-mu-šu-nu* 的意思为“他们的任何东西”，这里“他们的任何东西”指的是木头战车的配套工具。

【中文译文】

（80）现在，我送去（以下物品）作为我的兄弟的问候礼：1只柄上镶着真天青石的金杯；（81）1条有20颗真天青石（珠）、19颗黄金（珠）的马宁奴重项链，（82）真天青石（珠）的中间镶着金子；1条有42颗真胡拉尔石[①]（珠）、（83）40颗阿尔扎鲁金（珠）的马宁奴重项链，真胡拉尔石（珠）的中间镶着金子；（84）10套马匹；10辆木头战车[②]连同战车的配套车具；（85）30名男女（奴隶）。

（四）第20号泥板书信

第20号泥板书信为埃及农夫在1887年挖掘所得，可能出土于埃及的阿马尔那，目前藏于德国柏林的近东博物馆，编号为VAT 00191，尺寸为180毫米×120毫米。泥板的某些地方破损严重，泥板中间、左右下角均有缺失，第38—45行几乎无法阅读，而另外一些地方根据图什拉塔的其他书信进行复原。泥板正面分为8栏，背面分为6栏。对该泥板的岩相学检验表明，其泥土成分与第17号泥板类似，不能确定制作泥板的泥土来源。[③]

1889—1890年，德国学者温克勒、阿贝尔编撰的《阿马尔那泥板》，把该泥板抄录出版。1891年，德拉特在论文《阿马尔那书信之四》中将其进行拉丁化转写并进行了法文翻译。1896年，温克勒写作的《阿马尔那泥板》一书，对该泥板进行了拉丁化转写、德文翻译以及较为简单的注释。1899年，阿莱维在其《阿蒙霍特普三世和阿蒙霍特普四世的书信》一书中，对该泥板进行拉丁化转写，并将之翻译成了法文。1907年、1915年，克努松在《阿马尔那泥板》一书中对该泥板进行了拉丁化转写，并将之译为德文。1915年，施罗德出版的《阿马尔那泥板》一书，将该泥板重新抄录出版。1976年，阿德勒出版的《米坦尼国王图什拉塔的阿卡德

① 胡拉尔石是一种制作器皿、装饰品的宝石，具体不详。

② 可能为一种轻型战车。

③ Yuval Goren, Israel Finkelstein and Nadav Na'aman, *et. al.*, *Inscribed in Clay: Provenance Study of the Amarna Letters and Other Ancient Near Eastern Texts*, p. 40.

语》，对该泥板进行了拉丁化转写、德文翻译。1992 年，莫兰出版的《阿马尔那书信》，将该泥板翻译为英文并详细地进行注解。2015 年，雷尼的遗作《阿马尔那书信》对该书信进行拉丁化转写以及英文翻译，并做了一些注解。

本译文的原始文献来自温克勒、阿贝尔以及施罗德的拓本，① 同时参考了克努松、阿德勒、雷尼的拉丁化转写 ② 以及莫兰的法文、英文译本。③

题解

第 20 号泥板书信的写信人为米坦尼王图什拉塔，收信人为埃及法老阿蒙霍特普三世。其主要内容为：第 8—32 行，主题为联姻问题。迎娶米坦尼公主的埃及使节抵达了米坦尼，向埃及法老解释耽搁使节迎娶公主的原因，米坦尼王许诺在半年内把公主送到埃及。第 33—45 行，泥板破损而不知确切内容，但是仍能从中获得一点信息，似乎米坦尼王抱怨埃及法老没有善待米坦尼的士兵。第 46—63 行，主题为黄金问题。米坦尼王抱怨埃及法老送来的黄金不符合米坦尼王的心愿。第 64—70 行，主题为使节问题。米坦尼王向埃及法老陈述厚待埃及使节及其随从人员，这似乎是针对法老的指责而做的辩解。第 71—79 行，主题为黄金问题。米坦尼王要求法老赠送黄金，提出的理由为：一旦获得埃及的黄金，米坦尼王就会在国民、外宾面前获得无上荣耀。

---

① Hugo Winckler and Ludwig Abel, *Der Thontafelfund von El-Amarna*, Heft 1, No. 22; Otto Schroeder, *Die Tontafelin von El-Amarna, Texte Nr 1-189,* No. 9.

② J. A. Knudtzon, *Die El-Amarna-Tafeln*, Vol. 1, pp. 144, 146, 148, 150, 152; Hans-Peter Adler, *Das Akkadische des Königs Tušratta von Mitanni*, pp. 135-143; Anson F. Rainey, *The El-Amarna Correspondence: A New Edition of the Cuneiform Letters from the Site of El-Amarna Based on Collations of All Extant Tablets*, Vol. 1, pp. 148, 150, 152, 154.

③ William L. Moran, *Les Lettres d'el-Amarna: Correspondance Diplomatique du Pharaon*, pp. 118-120; William L. Moran, *The Amarna Letters*, pp. 47-48.

泥板译注

【拉丁化转写】

(1) [*a-na* ^{m}*Ni-im*]*-mu-ú-a-re-ia šar*(lugal) ^{kur}[*Mi-ṣi-ri-i*] *aḫi*(šeš)*-ia ḫa-ta-ni-ia* (2) [*ša a-ra*]*-ʾa-a-am ša i-ra-ʾa-a*[*m-an-ni*] *qí-bí-ma* (3) [*um-ma* ^{m}*T*]*ù-uš-rat-ta šar*(lugal) ^{kur}*Mi-i-it-t*[*a-an-ni*] *e-mu-ú-ka* (4) [*ša i-r*]*a-ʾa-a-mu-ú-ka aḫu*(šeš)*-ka-*[*ma a-n*]*a ia-ši šul-mu a-na ka-a-ša* (5) [*lu-ú š*]*ul-mu a-na bīti*(é)*-ka a-na aššāti*(dam^{meš})-[*ka*] *a-na mārī*([du]mu^{meš})-⌜*ka*⌝ *a-na* $^{lú.meš}$*rabûtī*(gal)*-ka* (6) [*a-na* ^{giš}]*narkabātī*(gigir^{meš})*-ka a-na sīsî*(anše.kur.ra^{meš})*-ka a-na ṣāb* (érin)*-rabâ*(gal^{meš})*-ka* (7) [*a-n*]*a māti*(kur)*-ka ù a-na mim-mu-ka da-an-ni-iš da-an-ni-iš lu-ú šul-mu*

【中文译文】

（1）你（使节）对埃及（米西尔）王、我的兄弟、我的女婿、（2）爱我的人和我爱的人尼穆瑞亚说：（3）“下面是米坦尼王、你的岳父、（4）爱你的人、你的兄弟图什拉塔的话。”愿平安［与］我本人同在！祝愿平安（5）与你本人同在！十分真诚地祝愿平安与你的宫廷、你的妻子们、你的儿子们、你的官员们、（6）你的战车、你的马匹、你的强大的士兵、（7）你的国家以及你的一切同在！

【拉丁化转写】

(8) ^{m}*Ma-né-e* ^{lú}*šiprū*(kin)*-šu*① *ša aḫi*(šeš)*-ia it-ta-*[*a*]*l-ka*② *a-*[*n*]*a at-*

---

① ^{lú}*šiprū*(kin)*-šu* 中 ^{lú}*šiprū*(kin) 意思为“使节”，在古巴比伦时代、古阿卡德时代一般都这么写，在泥板书信中一般写作 *mār*(dumu) *šipri*(kin)。

② 克努松、阿德勒读作 *it-ta-*[*l*]*a-ka*，雷尼校对泥板后读作 *it-ta-*[*a*]*l-ka*，参见 J. A. Knudtzon, *Die El-Amarna-Tafeln*, Vol. 1, p. 144; Hans-Peter Adler, *Das Akkadische des Königs Tušratta von Mitanni*, p. 136; Anson F. Rainey, *The El-Amarna Correspondence: A New Edition of the Cuneiform Letters from the Site of El-Amarna Based on Collations of All Extant Tablets*, Vol. 2, p. 1352。

*te-ru-ti*① *a-na aššati*(dam)-*šu* (9) *ša aḫi*(šeš)-*ia a-na be-el-ti* kur*Mi-iṣ-ri-*˹*i*˺ *a-na le-qè-e ú ṭup-pa* (10) *ša il-qà-a al-ta-ta-as-sí-ma* [*ú a*]-*ma-t*[*i-*]*šu el-te-me* (11) *ù* [*ṭ*]*a-a-bá da-a*[*n-n*]*i-iš-ma a-ma-a-ti*[-*š*]*u ša aḫi*(šeš)-*ia ki-i ša aḫi*(šeš)-*ia-ma* (12) *a-mu-ru ù aḫ-ta-du i-na ūmi*(u_4)^{mi} *š*[*a-a*]-*ši ma-*ʾ*a-dá da-an-ni-iš* (13) *ūma*(u_4)^{ma} *ù mu-ša ša-a-ši* [*bá-*]*na-a e-te-pu*[-*uš*]

【中文译文】

（8）我兄弟的使节马奈友好地来了，（这是为了）带走作为我的兄弟的妻子（9）和埃及的女主人（我的女儿）。（10）我反复让人阅读了他带来的泥板，并且倾听了他（马奈）的话语。（11）我的兄弟的话是非常友好的，使我好像见到了我的兄弟一般。（12）在那天，我万分高兴。（13）我把那天和那天晚上变成了做美好的事情（的时候）。②

【拉丁化转写】

(14) *ù ša aḫi*(šeš)-*ia a-ma-a-ti-šu gáb*[-*bá š*]*a* m*Ma-né-e il-qà-*˹*a*˺ (15) *e-ep-pu-uš a-na ša-at-ti a*[*n-ni-t*]*i i-na-an-na ša aḫi*(šeš)-*ia aššas*(dam)-*sú* (16) *ša* kur*Mi-iš-ri-i be-la-as-sú a-n*[*a-an-din*]-*ma ù a-na aḫi*(šeš)-*ia ub-bá-lu*③ (17) [1^{en} *a-mi*]-˹*lu*˺-˹*ú*˺-*t*[*u*]④ *i-na ūmi*(u_4)^{mi}

---

① *a-*[*n*]*a at-te-ru-ti* 中的 *atterūtu* 的意思为“友情、友谊”，与介词 *ana* 搭配的意思为“友好地”，参见 A. Leo Oppenheim, *et. al.*, eds., *The Chicago Assyrian Dictionary of the Oriental Institute of the University of Chicago*, Vol. 1, Part 2, p. 511。

② 这里指的是举办宴会。

③ 克努松读作 *ú-ub-pa-lu*，雷尼读作 *ub-bá-lu*。*ub-bá-lu* 的动词原形为 *wabālu*（送），中巴比伦文中写作 *ubālu*。参见 J. A. Knudtzon, *Die El-Amarna-Tafeln*, Vol. 1, p. 134; Anson F. Rainey, *The El-Amarna Correspondence: A New Edition of the Cuneiform Letters from the Site of El-Amarna Based on Collations of All Extant Tablets*, Vol. 1, p. 148。

④ 阿德勒拟补为 [1^{en} *a-mi*]-˹*lu*˺-˹*ú*˺-*t*[*u*]，莫兰、雷尼采纳阿德勒的拟补，参见 Hans-Peter Adler, *Das Akkadische des Königs Tušratta von Mitanni*, p. 136; William L. Moran, *The Amarna Letters*, p. 49; Anson F. Rainey, *The El-Amarna Correspondence: A New Edition of the Cuneiform Letters from the Site of El-Amarna Based on Collations of All Extant Tablets*, Vol. 2, p. 1352。

š[a-a-ši][①] kur*Ḫa-ni-gal-bat ù* kur*Mi-i-iṣ-ri-i*

【中文译文】

（14）至于马奈告诉我的我兄（说）的每一句话，（15）我都将落实。在这一年，现在，我会把我的兄弟的妻子（16）、埃及的女主人送给你，让人把（她）带给我的兄弟。（17）在那一天，哈尼加尔巴特与埃及（米西尔）将会变成一个人。

【拉丁化转写】

(18) *ù aš-šum an-ni-ti* m*Ma-[n]é-e i[k-ka-la-a] ú-bá-an*[②] *aḫi*(šeš)-*ia* m*Ké-li-ia* (19) *ù* m*Ma-né-e ḫa-mu-ut-*˹*ta*˺ *[ú-ma-aš-š]ar-šu-nu-ti ù la aq-ti-ip!-šu-nu*[③] (20) ˹*a*˺-˹*ka*˺-*an-na aḫu*(šeš)-*ia a-na dú-u[l-li-i]m-ma a-na mu-uš-šu-r[i]* (21) *ù dú-ul-la ul e-pu-uš a-na [e-pé-eš]* 10-*šu a-na aššati*(dam)-*šu ša aḫi*(šeš)-*ia* (22) *ù i-na-an-na dú-ul-la e-ep[pu-uš]*

【中文译文】

（18）因为这件事情，马奈会被耽搁（少许时日）。我的兄弟，

① 克努松、雷尼拟补为 *š[a-a-ši]*，阿德勒拟补为 *š[a-a-šu]*，参见 J. A. Knudtzon, *Die El-Amarna-Tafeln*, Vol. 1, p. 134; Anson F. Rainey, *The El-Amarna Correspondence: A New Edition of the Cuneiform Letters from the Site of El-Amarna Based on Collations of All Extant Tablets*, Vol. 1, p. 148; Hans-Peter Adler, *Das Akkadische des Königs Tušratta von Mitanni*, p. 136。

② *ú-bá-an* 为名词 *ubānu*，意思为“手指、一指（长度单位）”，这里把长度单位用来度量时间，指的是少许时日。

③ 克努松读 *la ak-ti-lu!-šu-nu*，阿德勒拟补为 *la aq-ti-ip!-šu-nu*，莫兰拟补为 *la aq-ti lu qat*(šu)-*nu*，这里的 *aq-ti* 为动词 *qatû*（走向尽头、完成）、*qat*(šu)-*nu* 为 *qatnu*（工艺的精湛），因此莫兰翻译为“但是我没有完成，他们应该有精湛的工艺”，屈内读作 *la aq-ti-ip!-šu-nu*，雷尼接受了屈内的读法，这里的 *aq-ti-ip* 为动词 *qiāpu*（信任、委托），但是雷尼建议将 *qiāpu* 释为“妨碍、强派一个任务”，笔者认为这里的 *qiāpu*（*qâpu*）的意思为“委托给某人一个任务”。参见 J. A. Knudtzon, *Die El-Amarna-Tafeln*, Vol. 1, p. 144; Hans-Peter Adler, *Das Akkadische des Königs Tušratta von Mitanni*, p. 136; William L. Moran, *The Amarna Letters*, pp. 47, 49; Wolfram Von Soden, *Akkadisches Handwörterbuch*, Vol. 2, Wiesbaden: Harrassowitz, 1972, p. 918; Anson F. Rainey, *The El-Amarna Correspondence: A New Edition of the Cuneiform Letters from the Site of El-Amarna Based on Collations of All Extant Tablets*, Vol. 2, p. 1352。

我会尽快给凯利亚（19）与马奈放行！我并没有（把她）委托给他们，（20）于是，我的兄弟（要求的）工作被忽视了，（21）我（之所以）没有完成这件事，是为我的兄弟的妻子完成了10倍的工作，（22）现在，我将完成这项工作。

【拉丁化转写】

(23) *i-na arḫi*(iti) *šešši*(6-kam) [m]*Ké-li-ia* [lú]*šipra*(kin)-*ia ù* [m]*Ma-né-e* [l][[ú]*šipra*(kin)-*šu*] (24) [*š*]*a aḫi*(šeš)-*ia ú-ma-aš-ša-ar-šu-nu ša aḫi*(šeš)-*ia aššas*(dam)-*sú a-n*[*a-an-din*] (25) [*ù*] *a-na aḫi*(šeš)-*ia ú-ub-ba-lu* [d]*Šaušga*(‹Iš$_8$›-t[ár]) *be-el-ti be-le-*[*et mātāti*(kur.kur) *ù*]① (26) [*aḫi*(šeš)-*i*]*a*②

① 克努松拟补为 *be-el-ti be-l*[*a*]*m*，施罗德拟补为 *be-el-ti be-l*[*i-e-ti*]，翁格纳德认为施罗德的拟补比克努松的拟补更为可靠，阿德勒拟补为 *be-el-ti be-le-*[*tu*]，莫兰根据第23号泥板把第13行缺损部分拟补为 *be-el-ti be-le-*[*et mātāti*(kur.kur)]，笔者认可莫兰的拟补。参见 J. A. Knudtzon, *Die El-Amarna-Tafeln*, Vol. 1, p. 146; Otto Schroeder, "Zu Berliner Amarnatexten," Orientalistische Literaturzeitung, Vol. 20, No. 4, 1917, p. 105; Arthur Ungnad, "Knudtzon, J. A.: Die El-Amarna-Tafeln," *Orientalistische Literaturzeitung*, Vol, 19, No. 6, Jun. 1916, p. 183; Hans-Peter Adler, *Das Akkadische des Königs Tušratta von Mitanni*, p. 138; William L. Moran, *The Amarna Letters*, p. 49。而对于 *be-el-ti be-le-*[*et*] 的翻译，有的学者主张翻译为"所有国家的女主人中的女主人"，莫兰、雷尼主张翻译为"我的女主人、所有国家的女主人"，之所以把 *be-el-ti* 与 *be-le-*[*et*] 分开，而不是视为一个常见的头衔，在于第19号泥板书信第15行以及本泥板书信的第61行，都有 [d]*Tešuba*(Iškur) *be-e-li*、[⸢d⸣]*Tešuba*(⸢Iškur⸣) *be-li* 的表述，参见 Arthur Ungnad, "Knudtzon, J. A.: Die El-Amarna-Tafeln," *Orientalistische Literaturzeitung*, Vol, 19, No. 6, 1916, p. 183; Otto Schroeder, "Zu Berliner Amarnatexten," *Orientalistische Literaturzeitung*, Vol. 20, No. 4, 1917, p. 105; Cord Kühne, *Die Chronologie der Internationalen Korrespondenz von el-Amarna*, p. 30, n. 136; William L. Moran, *The Amarna Letters*, p. 49; Anson F. Rainey, *The El-Amarna Correspondence: A New Edition of the Cuneiform Letters from the Site of El-Amarna Based on Collations of All Extant Tablets*, Vol. 2, p. 1352。

② 对于破损部分的拟补，屈内拟补为 [dingir-*i*]*a*，莫兰、雷尼拟补为 [*aḫi*(šeš)-*i*]*a*，主要根据第23号泥板第32行的 *ù a-na* ⸢šeš-*ia la*-a ⸢*il*⸣-*šu* 所做出的拟补，阿德勒拟补为 [kur-*i*]*a*。参见 Hans-Peter Adler, *Das Akkadische des Königs Tušratta von Mitanni*, p. 138; William L. Moran, *The Amarna Letters*, p. 49; Anson F. Rainey, *The El-Amarna Correspondence: A New Edition of the Cuneiform Letters from the Site of El-Amarna Based on Collations of All Extant Tablets*, Vol. 2, p. 1352。

ù ^{d}*A-ma-a-nu il-šu ša aḫi*(šeš)*-ia ki-i* [*libbī*(šà)*-šu ša aḫi*(šeš)*-ia*] (27) [*li*]*-me-eš*$_{15}$*-ši-il*[*-ši*]

【中文译文】

（23）在六个月内，至于我的使节凯利亚与我的兄弟的（24）使节马奈，我会把他们放行，我将送出我的兄弟的妻子，（25）他们将会把（她）带给我的兄弟。愿我的女主人、所有国家及我兄弟的女主人邵什卡，以及（26）我的兄弟的神阿蒙（27）让她符合我的兄弟的心愿。

【拉丁化转写】

(28) [*aššas*(dam)*-s*]*ú a-na aḫi*(šeš)*-ia ú-ub-ba-lu ù aḫu*(šeš)*-ia ki-*⸢*i*⸣ [*ú-kál-la-mu-ši*]① (29) [*ù i-im-*]*ma-ar-šu*② *ir-ta-bi da-an-ni-iš-ma ù i-še*[*-e*ʾ*-i-ši-ma*] (30) [*ši-i*] ⸢*ki*⸣*-*⸢*i*⸣ *lìb-bi ša aḫi*(šeš)*-ia ep-še-et ù* [*ap-pu-na-ma*]③ (31) [*šul-ma-*]*na ša a-na-an-di-nu aḫu*(šeš)*-ia* [*i-im-ma-ar*]④

① 克努松拟补为 [*i-ta-mar-ši*]，莫兰拟补为 [*ú-kál-la-mu-ši*]，其主要是根据第 19 号泥板书信的第 21 行的 *uk-te-el-li-im-ši* 拟补的，雷尼接受了莫兰的拟补，*ú-kál-la-mu-ši* 为动词原形 *kullumu*（展示）加上附属代词 *ši*。参见 J. A. Knudtzon, *Die El-Amarna-Tafeln*, Vol. 1, p. 146; William L. Moran, *The Amarna Letters*, p. 49; Anson F. Rainey, *The El-Amarna Correspondence: A New Edition of the Cuneiform Letters from the Site of El-Amarna Based on Collations of All Extant Tablets*, Vol. 2, p. 1352。

② 克努松拟补为 [*ù na-*]*ma-ar-šu*，莫兰拟补为 [*ù i-im-*]*ma-ar-šu*，其主要是根据第 19 号泥板的第 22 行的 *i-ta-mar-ši* 拟补的，雷尼接受了莫兰的拟补，参见 J. A. Knudtzon, *Die El-Amarna-Tafeln*, Vol. 1, p. 146; William L. Moran, *The Amarna Letters*, p. 49; Anson F. Rainey, *The El-Amarna Correspondence: A New Edition of the Cuneiform Letters from the Site of El-Amarna Based on Collations of All Extant Tablets*, Vol. 2, p. 1352。

③ 莫兰拟补为 [*ap-pu-na-ma*]，雷尼接受了莫兰的拟补，参见 William L. Moran, *The Amarna Letters*, p. 49; Anson F. Rainey, *The El-Amarna Correspondence: A New Edition of the Cuneiform Letters from the Site of El-Amarna Based on Collations of All Extant Tablets*, Vol. 2, p. 1352。

④ 阿德勒拟补为 [*li-iḫ-du da-an-ni-iš*]，莫兰拟补为 [*i-im-ma-ar*]，雷尼接受了莫兰的拟补，参见 Hans-Peter Adler, *Das Akkadische des Königs Tušratta von Mitanni*, p. 138; William L. Moran, *The Amarna Letters*, p. 49; Anson F. Rainey, *The El-Amarna Correspondence: A New Edition of the Cuneiform Letters from the Site of El-Amarna Based on Collations of All Extant Tablets*, Vol. 2, p. 1352。

(32) [*ki-i-me*]-⸢*e*⸣ *el ša pa-na-a-nu* [*ma-a-ad*]①

【中文译文】

（28）他们将会把他（埃及法老）的妻子带给我的兄弟，当他们把她给（他）看时，我的兄弟（29）就会看到她：她已经长得很成熟了，他（埃及法老）将会渴望（得到）她。②（30）依据我的兄弟的心思，她被打扮起来了。此外，（31）至于我给的问候礼，我的兄弟将会看到，（32）它多于之前的礼物。

【拉丁化转写】

(33) [*a-nu-um-m*]*a* ᵐ*Ḫa-a-ra-ma-aš-š*[*i š*]*a aḫu*(šeš)-*ia-a-ma a-na* [*ia-ši iš-pu-ru*] (34) [*al-ta-pár-*]*šu ù ṭup-pa a-na qa-ti-šu at-ta-din ṭ*[*e-e-ma a-na aḫi*(šeš)-*ia*]③ (35) [*lil-ta-a*]*s-si-ma ù a-ma-ti-šu li-iš-me* [*ù a-nu-um-ma*]④ (36) [ᵐ*Ḫa-a-ra-*]*ma-aš-ši a-na aḫi*(šeš)-*ia al-ta-pár a*[*š-šum x x*

① 阿德勒拟补为 [*ma-a-ad*]，莫兰拟补为 [*ra-bi*]，雷尼接受了莫兰的拟补，笔者认为阿德勒的拟补更为妥帖，在泥板书信中，很多地方使用了形容词 *mādu*（多），这里拟补为动词 *mâdu*（变得多）更为符合用词习惯。参见 Hans-Peter Adler, *Das Akkadische des Königs Tušratta von Mitanni*, p. 138; William L. Moran, *The Amarna Letters*, p. 49; Anson F. Rainey, *The El-Amarna Correspondence: A New Edition of the Cuneiform Letters from the Site of El-Amarna Based on Collations of All Extant Tablets*, Vol. 2, p. 1352。

② 此处指的是米坦尼公主到了婚配的年龄，这与第 3 号泥板书信的描述类似。

③ 克努松拟补为 *at-ta-din ṭ*[*e-e-ma aḫi-ia*]，阿德勒拟补为 *at-ta-din-a*[*š-šu ù ṭup-pa* šeš-*ia*]，从莫兰的英文译文来看，似乎他接受了克努松的拟补，拟补为 *at-ta-din ṭ*[*e-e-ma aḫu*(šeš)-*ia*]，雷尼拟补为 *at-ta-din ṭ*[*e-e-ma a-na aḫi*(šeš)-*ia*]，事实上，雷尼与克努松等人拟补上的差异在于：雷尼在“兄弟”一词前加上了介词 *ana*，将这句话理解为使节在埃及法老面前读出泥板的内容，可能雷尼的拟补更为妥帖一些。参见 J. A. Knudtzon, *Die El-Amarna-Tafeln*, Vol. 1, p. 146; Hans-Peter Adler, *Das Akkadische des Königs Tušratta von Mitanni*, p. 138; William L. Moran, *The Amarna Letters*, p. 48; Anson F. Rainey, *The El-Amarna Correspondence: A New Edition of the Cuneiform Letters from the Site of El-Amarna Based on Collations of All Extant Tablets*, Vol. 1, p. 150。

④ 克努松拟补为 [*ù x x x x x*]，阿德勒拟补为 [*ù a-nu-um-ma*]，雷尼接受了阿德勒的拟补，参见 J. A. Knudtzon, *Die El-Amarna-Tafeln*, Vol. 1, p. 146; Hans-Peter Adler, *Das Akkadische des Königs Tušratta von Mitanni*, p. 138; Anson F. Rainey, *The El-Amarna Correspondence: A New Edition of the Cuneiform Letters from the Site of El-Amarna Based on Collations of All Extant Tablets*, Vol. 2, p. 1352。

x x x x x][1] (37) [*ù*] *aḫū*([š]eš)-*ia ṣābī*(érin^{meš})-*šu ú-ul ú-ba-an*[-*ni x x x x x*] (38) [*x x x x x x*] ⸢*i*⸣-*na* [*x x x x x x x x*] (39) [*x x x x x x x x*] *a-na aḫi*(šeš)-*ia* [*x x x x x x x*] (40) [*x x x x x x x x a*]*m-ma* [*x x x x x x x x x x x x x x x x x x*] (41) [*x x x x x x x x x x x x x x x x x x x x x x x x x x x x x x*] (42)[2] [*x x x x x x x x x x x x x x u*]*n-du* [*x x x x x*] ^{m}[*x x x x x*] (43) [*x x x x x x x x x x x x b*]*i a-na* ^{m}*Ma-n*[*é-e* ^{lú}*šipri*(kin)-*šu*] (44) [*ša aḫi*(šeš)-*ia x x x x x x x x x*]^{meš} *gáb-ba-ši-n*[*a x x x*] (45) [*x x x x x x x x x ma*]-*a-at-ta*[3] *i-na pa-ni-i* [*a x x x x*]

【中文译文】

（33）现在，我放我兄派到我这来的（使节）哈拉马西[4]（34）走。我交到他手中一块泥板。愿他为我的兄弟（35）阅读泥板，愿（他）倾听它的内容。现在，（36）我派遣哈拉马西到我的兄弟处，为了□□□（37）并没有善待我兄的士兵□□□□□（38）□□□□□□在□□□□□□□□（39）□□□□□□□□到我的兄弟□□□□□□□（40）⊠（41）⊠（42）□□□□□□□□□□□□□□当□□□□□□□□□□□（43）□□□□□□□□□□□□□我的兄弟的使节（44）马奈□□□□□□□□□他们全部的□□□（45）□□□□□□□□□在我面前众多的□□□□

---

① 克努松读作 *a*[*š-šum x x x x x*]，阿德勒对于 *al-ta-pár* 后面的文字没有进行拟补，雷尼接受了克努松的拟补，参见 J. A. Knudtzon, *Die El-Amarna-Tafeln*, Vol. 1, p. 146; Hans-Peter Adler, *Das Akkadische des Königs Tušratta von Mitanni*, p. 138; Anson F. Rainey, *The El-Amarna Correspondence: A New Edition of the Cuneiform Letters from the Site of El-Amarna Based on Collations of All Extant Tablets*, Vol. 1, p. 150。

② 本行开始为泥板背面。

③ 雷尼将 [*ma*]-*a-at-ta* 视为动词 *mâtu*（死亡），笔者参照第 19 号泥板第 34 行的 *ma-a-at-ta*，认为这里应该是形容词 *mādu*（多）。

④ 哈拉马西为埃及派往米坦尼的使节，其名字属于埃及语，由 *Ḫa-a-ra*（埃及语 *Ḥr*，荷鲁斯神）与 *ma-aš-ši*（埃及语 *msj*，出生）两部分组成。笔者根据埃及语的拉丁化转写，认为这个名字在埃及语中写作，其名字意思为“荷鲁斯出生了”。参见 Richard S. Hess, *Amarna Personal Names*, p. 74。

【拉丁化转写】

(46) [*ù aš-šum ḫurāṣa*(kù.gi)]① *ša aḫu*(šeš)*-ia ú-se-bi-lu* (47) [*ú-ba-ru-t*]*u*$_4$*-ia*② *gáb-bá up-te-eḫ-ḫé-er aḫu*(šeš)[*-ia ḫurāṣa*(kù.gi)]③ (48) [*ša ú-še-bi-lu*]④ *a-na pa-ni gáb-bi-šu-nu-ma a-ni-na is-*⌜*sal*⌝-[*ṭú*]⑤ (49) [*x x x x x x g*]*áb-bi-šu-nu-ma ka-an-ku*$_8$*-tu*$_4$⑥ *ša-šu-nu ù ḫurāṣu*(kù.gi) *l*[*a ep-*

① 莫兰根据逻辑拟补为 [*ù aš-šum ḫurāṣa*(kù.gi)]，雷尼接受了莫兰的拟补，参见 William L. Moran, *The Amarna Letters*, p. 49; Anson F. Rainey, *The El-Amarna Correspondence: A New Edition of the Cuneiform Letters from the Site of El-Amarna Based on Collations of All Extant Tablets*, Vol. 2, p. 1352。

② 阿德勒拟补为 [*a-mi-lu-t*]*u*$_4$*-ia*，莫兰拟补为 [*ú-ba-ru-t*]*u*$_4$*-ia*，雷尼接受了莫兰的拟补，显然，阿德勒认为图什拉塔是在本国臣民面前切开了黄金检验，故拟补为 *amīltu*，而莫兰等人认为是在外宾面前，因此拟补为 *ubāru*（陌生人、外宾、侨民、外国朋友）的复数 *ubārūtū*，莫兰之所以如此拟补，应该是参照了第 73 行的 $^{lú.meš}$*ú-bá-ru-ti-ia*。参见 Hans-Peter Adler, *Das Akkadische des Königs Tušratta von Mitanni*, p. 138; William L. Moran, *The Amarna Letters*, p. 49; Anson F. Rainey, *The El-Amarna Correspondence: A New Edition of the Cuneiform Letters from the Site of El-Amarna Based on Collations of All Extant Tablets*, Vol. 2, p. 1352。

③ 莫兰根据逻辑拟补为 [*ḫurāṣa*(kù.gi)]，雷尼接受了莫兰的拟补，参见 William L. Moran, *The Amarna Letters*, p. 49; Anson F. Rainey, *The El-Amarna Correspondence: A New Edition of the Cuneiform Letters from the Site of El-Amarna Based on Collations of All Extant Tablets*, Vol. 1, p. 152。

④ 莫兰根据逻辑拟补为 [*ša ú-še-bi-lu*]，雷尼接受了莫兰的拟补，参见 William L. Moran, *The Amarna Letters*, p. 49; Anson F. Rainey, *The El-Amarna Correspondence: A New Edition of the Cuneiform Letters from the Site of El-Amarna Based on Collations of All Extant Tablets*, Vol. 2, pp. 1352-1353。

⑤ 阿德勒拟补为 *is-*⌜*sal*⌝-[*lil*]，莫兰拟补为 *is-*⌜*sal*⌝-[*ṭú*]，显然，阿德勒将之视为动词 *salālu*（清除、切开）的 G 词干（切开），而莫兰视之为动词 *salāṭu*（切开），*salālu* 通常指的是切开动物的身体，而 *salāṭu* 通常指的是切开木头、肉、线等。参见 Hans-Peter Adler, *Das Akkadische des Königs Tušratta von Mitanni*, p. 138; William L. Moran, *The Amarna Letters*, p. 49。

⑥ *ka-an-ku*$_8$*-tu*$_4$ 与名词 *kaniktu*/*kanīku*（封闭的档案、封口的袋子）、形容词 *kanku*（封口的）、*kanku*（印章、封闭的档案）有关，这里可能充当动词，意思为“封闭、封口”。

ša] (50) [*li-ib-ba-ta im-ta*]-*lu-ú-me*[①] *ù ib-te-ku*$_8$-*ú ma-ʾa-dá dá-an-n*[*i-iš-ma*][②] (51) [*um-ma-a lu*]-*ú šu-nu-ma-a-me an-nu-tum-me-e gáb-bá-šu-nu-ma-a-me ḫurāṣa*(˹kù.gi˺) ‹*ša*› *la ep-š*[*a-ma-a-me*][③] (52) [*ù*] *iq-ta-bu-ú i-na* kur*Mi-iṣ-ri-im-ma-a-me ḫurāṣu*(kù.gi) *el e-pé-ri ma-a*[-*ad*] (53) [*ù*] *aḫu*(šeš)-*ia*[④] *ap-pu-na i-ra-ʾa-a-am-ka da-an-ni-iš-me a-wi-lu-tu*$_4$-*m*[*a-a-me*][⑤] (54) [*šu-*]*ú ša i-ra-ʾa-a-mu ù a-na ša!*(ás)-*šu*[⑥] *an-na-a-ti*

---

① 克努松拟补为 [*x x x x x ma*]-*lu-ú-me*，雷尼拟补为 [*li-ib-ba-ta im-ta*]-*lu-ú-me*，*libbātu*（愤怒）常常与 *mâlu*（充满）搭配，意思为“充满愤怒”，此外还有固定词组 *malē libbāti*（充满愤怒），参见 J. A. Knudtzon, *Die El-Amarna-Tafeln*, Vol. 1, p. 148; Anson F. Rainey, *The El-Amarna Correspondence: A New Edition of the Cuneiform Letters from the Site of El-Amarna Based on Collations of All Extant Tablets*, Vol. 2, p. 1353; A. Leo Oppenheim, *et. al.*, eds., *The Chicago Assyrian Dictionary of the Oriental Institute of the University of Chicago*, Vol. 9, p. 164。

② *ib-te-ku*$_8$-*ú* 为动词 *bakû*（哭泣），*mādu*（多、重要）、*danniš* 的意思为“非常、很”，这两个词合起来的意思为“万分”，因此翻译为“痛哭”。

③ *šu-nu-ma-a-me an-nu-tum-me-e gáb-bá-šu-nu-ma-a-me ḫurāṣa*(˹kù.gi˺) ‹*ša*› *la ep-š*[*a-ma-a-me*]，*šunu*（他们）与 *annû*（这个、那些）为同位主语，*gabbu*（全部）与 *ḫurāṣa*(˹kù.gi˺) ‹*ša*› *la ep-š*[*a-ma-a-me*]（未加工的黄金）为宾语，因此，可以翻译为“这些就是全部东西吗？这些就是未加工的黄金吗？”但是有的学者持有不同的观点，莫兰将其翻译为“这些全部是黄金吗？他们看起来不像黄金啊！”雷尼翻译为“这些真的全部是黄金吗？它是未加工的啊！”参见 William L. Moran, *The Amarna Letters*, p. 48; Anson F. Rainey, *The El-Amarna Correspondence: A New Edition of the Cuneiform Letters from the Site of El-Amarna Based on Collations of All Extant Tablets*, Vol. 1, p. 153。

④ *aḫu*(šeš)-*ia*，从逻辑上说，这里的附属代词应该为 *ka* 而非 *ia*。莫兰持有同样的看法，但是雷尼似乎不认为如此，参见 William L. Moran, *The Amarna Letters*, p. 49; Anson F. Rainey, *The El-Amarna Correspondence: A New Edition of the Cuneiform Letters from the Site of El-Amarna Based on Collations of All Extant Tablets*, Vol. 1, p. 153。

⑤ 莫兰将 *a-wi-lu-tu*$_4$-*m*[*a-a-me*] 译为“任何人”，雷尼翻译为“人类”，参见 William L. Moran, *The Amarna Letters*, p. 49; Anson F. Rainey, *The El-Amarna Correspondence: A New Edition of the Cuneiform Letters from the Site of El-Amarna Based on Collations of All Extant Tablets*, Vol. 1, p. 153。

⑥ 阿德勒读作 *a-na ḫišeḫti*(ás)-*šu*，译为“为了他的需求”，莫兰认为书吏在写 *a-na ša-šu* 时，误写成 *a-na ás-šu*，雷尼接受了莫兰的看法，参见 Hans-Peter Adler, *Das Akkadische des Königs Tušratta von Mitanni*, p. 140; William L. Moran, *The Amarna Letters*, p. 49; Anson F. Rainey, *The El-Amarna Correspondence: A New Edition of the Cuneiform Letters from the Site of El-Amarna Based on Collations of All Extant Tablets*, Vol. 2, p. 1353。

ú-ul i-na-a[*n-din*] (55) [*ma-a*]*n-ni-ma-a-me ḫa-še-eḫ-ma-a-me el e-pé-ri i-na* kur*Mi-iṣ-ri-i ma-a-ad* (56) [*ù*] *ma-an-nu an-na-ti a-na ma-an-ni i-na-an-din-me ša ma-la an-ni-i ma-ṣ*[*u-ú*]① (57) [*ša p*]*a-na ù ba-a-ba la i-šu-ú*② *um-ma lu-ú a-na-ku-ma ki-i-ma-a-me a-dáb-*[*bu-bu*] (58) [*a-n*]*a pa-ni-ku-nu-me ul a-dáb-bu-ub* ‹*la*›③ *i-ra-ʾa-a-ma-an-ni ma-ʾa-dá dan-niš*[*-ma*] (59) *aḫu*([še]š)*-ia šar*(lugal) kur*Mi-iṣ-ri-im-*[*ma*] (60) *ù aḫu*(šeš)*-ia i-na libbī*(šà)*-šu i-ṣa-ab-*⸢*ba*⸣*-ta-an-ni ki-i lìb-bi im-ra-ṣu*④ *mi-im-ma* (61) *ù la lu-ú pa-aš-ra*⑤ *im-ma-ti-ma* ⸢d⸣*Tešuba*(⸢Iškur⸣) *be-li lu-ú la ú-ma-aš-ša-ra-an-ni-ma* (62) *it-ti aḫi*(šeš)*-ia lu-ú la ut-ta-az-za-am ka-a-am-ma a-na aḫi*(šeš)*-ia aq-ta-*⸢*bi*⸣ (63) *ki-i-me-e aḫu*(šeš)*-ia i-du-ú*

【中文译文】

（46）至于我的兄弟送给我的黄金，（47）我召集了我的所有的外宾，我的兄弟呀，（48）当着所有在场人的面，把我兄弟送来的黄金切开了，（49）他们所有的□□□□□□。这些东西被密封着，是

---

① *ša ma-la an-ni-i ma-ṣ[u-ú]*，*mala* 意为“像……一样多”，*annû* 意为“这个、那些”，*maṣu* 意为“符合、遵照、充分”，词组 *mala...maṣu* 的意思为“像总数一样多、与某人的一样值钱”。

② 阿德勒拟补为 [*ša p*]*a-na ù ba-a-ba la i-šu-ú*，雷尼用 *ù* 代替了阿德勒的 *ša*，联系上句话，笔者认为阿德勒的拟补更符合逻辑。[*p*]*a-na ù ba-a-ba la i-šu-ú* 为词组 *pāna ù bāba la īšu*，直译为“没有头和尾”，意译为“超过统计、脱离控制”。参见 Hans-Peter Adler, *Das Akkadische des Königs Tušratta von Mitanni*, p. 140; Anson F. Rainey, *The El-Amarna Correspondence: A New Edition of the Cuneiform Letters from the Site of El-Amarna Based on Collations of All Extant Tablets*, Vol. 1, p. 152; Jeremy Black, *et. al.*, eds., *A Concise Dictionary of Akkadian*, 2nd (corrected) Printing, p. 35。

③ 根据逻辑，这里应该是否定的意思，因此，笔者增补上了否定词 *la*。

④ *lìb-bi im-ra-ṣu* 为 *libbu* 与 *marāṣu*（不悦、悲伤）搭配，意思为“万分担忧、万分悲伤”。

⑤ 莫兰将 *pa-aš-ra* 视为动词 *napšuru*（原谅），克努松、阿德勒视为动词 *pašāru*（释放、自由），可以翻译为“释怀”，雷尼接受了克努松等人的看法。参见 William L. Moran, *The Amarna Letters*, p. 49; J. A. Knudtzon, *Die El-Amarna-Tafeln*, Vol. 1, p. 149; Hans-Peter Adler, *Das Akkadische des Königs Tušratta von Mitanni*, p. 141; Anson F. Rainey, *The El-Amarna Correspondence: A New Edition of the Cuneiform Letters from the Site of El-Amarna Based on Collations of All Extant Tablets*, Vol. 2, p. 1353。

未加工的黄金。(50)他们怒不可遏，他们都痛哭，(51)说道：“这些就是全部东西吗？这些就是未加工的黄金吗？”(52)并且他们说道：“在埃及(米西尔)，黄金比沙土还多。(53)而且，你的兄弟，他非常爱你，(如果)他(54)爱一个人的话，他能把这样的东西赠送给他吗？(55)在埃及(米西尔)，人们所渴望的任何东西比沙土都要多，①(56)一个人给另一个人的东西多得(57)都没有法子清点。”我肯定地说道：“正如我一贯所言，(58)我不会在你面前说，‘我的兄弟埃及王(59)不是很爱我’。”(60)我的兄弟会想到我是多么伤心！(61)愿他能释怀！我主台舒巴从不允许我这样做②，(62)我不会对我的兄弟愤怒！于是，我对我的兄弟说，(63)以便我的兄弟能知道。

【拉丁化转写】

(64) ^{m}*Ma-né-e* ^{lú}*šipra*(kin)-*šu ša aḫi*(šeš)-*i*[*a ù*] *ṣabā*([er]ín$^{\text{[meš]}}$-[*š*]*u ša aḫi*(šeš)-*ia ša it-ti* ^{m}*Ma-né-e* (65) *il-li-ka uk-te-eb-˹bi˺-i*[*t a-na-k*]*u*③ [*g*]*á*[*b-b*]*i-šu-nu ù uk-te-eb-bi-ir-šu-nu*④ (66) *da-an-ni-iš a-nu-um-ma* ^{m}*Ma-né-e i-il-la-kám-ma ù aḫu*(šeš)-*ia* (67) *˹il˺-ta-na-ʾa-al-šu ki-i-me-e uk-˹te˺-eb-bi-is-sú ma-ʾa-dá dá-an-ni-iš* (68) *a-na aḫi*(šeš)-*ia-ma i-dáb-bu-ub-ma ù aḫu*(šeš)-*ia il-te-nim-me-e-šu-nu-ti ki-i-me-e* (69) *e-te-pu-us-sú-nu ki-i lu-ú ḫa-šiḫ* ^{m}*Ma-né-e ul i-ma-a-˹at˺* (70) *a-di šu-ú-ma šu-ú ù la-a i-ma-ar-ra-aṣ*

---

① 这里的意思为：埃及非常富裕，人们想要的那些好东西在埃及非常多。

② 指的是对法老怨恨。

③ *uk-te-eb-˹bi˺-i*[*t*] 为动词 *kabātu*(变重)的 D 词干，意思为“礼遇”。*uk-te-eb-˹bi˺-i*[*t*] 后的缺损部分，克努松拟补为 [*a-na-k*]*u*，雷尼继承了克努松的拟补，阿德勒拟补为 [*i-na*]，笔者赞同克努松等人的拟补，这里的 *anaku* 为后置主语。参见 J. A. Knudtzon, *Die El-Amarna-Tafeln*, Vol. 1, p. 150; Anson F. Rainey, *The El-Amarna Correspondence: A New Edition of the Cuneiform Letters from the Site of El-Amarna Based on Collations of All Extant Tablets*, Vol. 1, p. 152; Hans-Peter Adler, *Das Akkadische des Königs Tušratta von Mitanni*, p. 140。

④ *uk-te-eb-bi-ir-šu-nu* 为 *kabāru*(变肥、变厚、变实、变重、变强)的 D 词干，意思为“使……重”，引申为“看重、敬重”。

【中文译文】

（64）至于我的兄弟的使节马奈以及陪伴他前来的我的兄弟的士兵，（65）我礼遇他们，至于他们所有的人，我都很敬重他们。（66）现在，马奈在返回你处途中，（到时候）我的兄弟（67）可以询问他关于我对他们礼遇有加的事情。（68）他将（把情况）告诉我的兄弟，我的兄弟会反复从他们那里听到（69）（关于）我是如何应他们的需求对待他们的（事宜）。马奈不会死，（70）他还是他自己，他不会生病。①

【拉丁化转写】

(71) *ù aḫu*(šeš)*-ia ḫurāṣa*(kù.gi) *ma-ʾa-dá ša šipra*(kin) *la ep-ša li-še-e-bi-la ù aq-qa-at*② (72) *a-bi-ia aḫu*(šeš)*-ia li-i-te-er-an-ni ki-i-me aḫu*(šeš)*-ia ra-ʾa-mu-ti ú-kál-lam* (73) *ki-i-me-e aḫu*(šeš)*-ia a-na pa-ni māti*(kur)*-ia ki-i-me-e a-na pa-ni* $^{\text{lú.meš}}$*ú-bá-ru-ti-ia* (74) *aḫu*(šeš)*-ia ma-ʾa-dá ú-šar!*(*BAR*)*-ra-ḫa-an-ni*③ ^{d}*Tešuba*(Iškur) *ù* ⸢^{d}⸣*A-m*[*a-n*]*u li-iddin-ma* (75) *a-na da-ra-tim-ma ša aḫi*(šeš)*-ia ša lìb-bi-šu lu-pu-uš ù aḫu*(šeš)*-ia* (76) *at-tù-ia ša lìb-bi-ia li-pu-uš ki-i-me-e a-mi-lu-ú-tu*$_4$ (77) ^{d}*Šamaš*(utu) *i-ra-ʾa-am-šu ù ki-i* [*i-n*]*a-an-na ni-i-nu ilānu*(dingir.meš)^{ú} (78) [*li-m*]*èš-še-ru-un-na-a-ši-ma a-na da-a-ra-tim-ma* (79) [*i-na lìb-b*]*i-ni i ni-ir-ta-ʾa-a-am*

---

① 莫兰翻译为“他将会告诉我的兄弟，我的兄弟从他们那里听到是否我是应他们的需求对待他们的。马奈不会死。事实上，他还是一样的，他没有生病”。雷尼翻译为“他将会对我的兄弟详细讲述，并且我的兄弟从他们那里听到我是如何对待他们的事情。即使马奈缺少东西，他也不会死。他还是他自己，他没有生病”。参见 William L. Moran, *The Amarna Letters*, p. 42; Anson F. Rainey, *The El-Amarna Correspondence: A New Edition of the Cuneiform Letters from the Site of El-Amarna Based on Collations of All Extant Tablets*, Vol. 1, p. 153。

② *aq-qa-at* 意思为“超过”，*aqqat*〈 *ana qat*，其中 *qat* 为 *qātu*（手）。

③ 克努松读作 *ú-bar-ra-ḫa-an-ni*，莫兰等人认为可能读作 *ú-ša-aš-ra-ḫa-an-ni*，雷尼进一步指出可能读作 *ú-šar!(BAR)-ra-ḫa-an-ni*，这个词为 *šurruḫu*（自豪、荣耀）。参见 J. A. Knudtzon, *Die El-Amarna-Tafeln*, Vol. 1, p. 150; William L. Moran, *The Amarna Letters*, pp. 49-50; Anson F. Rainey, *The El-Amarna Correspondence: A New Edition of the Cuneiform Letters from the Site of El-Amarna Based on Collations of All Extant Tablets*, Vol. 2, p. 1353。

【中文译文】

（71）愿我的兄弟送给我大量未加工、（72）比（送给）我父亲还要多的黄金吧！为了让我的兄弟展示（他的）友情，（73）愿我兄弟使得我在我的国家、我的外宾面前（74）获得无上的荣耀，愿台舒巴、阿蒙保佑（愿望实现）。（75）愿我永远都会做我的兄弟希望的事情，而我的兄弟（76）也将做我希望的事情。像人类（77）爱沙马什①一样，就如现在一样，愿众神（78）允许我们，我们能够永远（79）真心友爱。

【拉丁化转写】

(80) [*ù a-nu-um-m*]*a a-na šul-ma-an-ni ša aḫi*(šeš)*-ia* 1 ^{giš}*ebil-sikkuri*(éš.sag.kul)② (81) [*x x x x x x x*] *ù i-ši-is-sú* $^{\text{na4}}$*ḫi-li-ba ḫurāṣa*(kù.gi) *uḫḫaz*(gar.ra) (82) [*x x x x x x x*] *i-na qa-ti-šu i-ṣa-ab-bá-tu*$_4$ (83) [*x x x x x x x*] *īnātu*(igi^{meš})③ $^{\text{na4}}$*ḫulāl*(nìr) *šadê*(kur) *ḫurāṣa*(kù.gi) *uḫḫaz*(gar) *ša a-na qa-ti* (84) [*x x x x x x x*]*a-si i-il*[*-l*]*a-ku a-na aḫi*(šeš)*-ia ul-te-˹bil˺*

【中文译文】

（80）现在，我送去作为我的兄弟的问候礼的是：1条绳索，（81）□□□□□□□，它的底座是镶嵌着黄金的黑里巴石做成的，（82）它的柄部装有□□□□□□□，（83）□□□□□□□有镶着黄金的真胡拉尔石做成的眼睛形状的珠子，这是作为□□手的。（84）□□□□□他们将要去。

（五）第21号泥板书信

第21号泥板书信为埃及农夫在1887年挖掘所得，可能出土

---

① 沙马什为古代两河流域的太阳神、正义之神。

② 阿德勒把 ^{giš}éš.sag.kul 解释为阿卡德语词 *ebil-sikkuri*，他的解释纠正了《芝加哥大学东方研究所的亚述语词典》的错误，参见 Hans-Peter Adler, *Das Akkadische des Königs Tušratta von Mitanni*, p. 142; William L. Moran, *The Amarna Letters*, p. 50; Anson F. Rainey, *The El-Amarna Correspondence: A New Edition of the Cuneiform Letters from the Site of El-Amarna Based on Collations of All Extant Tablets*, Vol. 2, p. 1353; A. Leo Oppenheim, *et. al.*, eds., *The Chicago Assyrian Dictionary of the Oriental Institute of the University of Chicago*, Vol. 8, p. 56。

③ 莫兰、雷尼将之翻译为“珠子”，但是没有翻译出其确切意思，这里指的是眼睛形状的石头珠子。

于埃及的阿马尔那，目前藏于德国柏林的近东博物馆，编号为 VAT 00190，尺寸为 90 毫米 × 60 毫米。泥板保存得较为完整，正面右下角缺失。泥板正面分为 2 栏，背面分为 3 栏。对该泥板的岩相学检验表明，其泥土成分与第 19 号泥板类似，不能确定制作泥板的泥土来源。①

1888 年，温克勒、施拉德的《皇家柏林博物馆和布拉格博物馆中的阿马尔那泥板的报告》一文中，对该泥板进行了拉丁化转写。1889—1890 年，德国学者温克勒、阿贝尔编撰的《阿马尔那泥板》，对该泥板进行抄录出版。1896 年，温克勒写作的《阿马尔那泥板》一书，对该泥板进行了拉丁化转写、德文翻译以及较为简单的注释。1899 年，阿莱维在其《阿蒙霍特普三世和阿蒙霍特普四世的书信》一书中，对该泥板进行拉丁化转写，并将之翻译成了法文。1907 年、1915 年，克努松在《阿马尔那泥板》一书中对该泥板进行了拉丁化转写，并将之译为德文。1915 年，施罗德出版的《阿马尔那泥板》一书，将该泥板重新抄录出版。1976 年，阿德勒出版的《米坦尼国王图什拉塔的阿卡德语》，对该泥板进行了拉丁化转写、德文翻译。1992 年，莫兰出版的《阿马尔那书信》，将该泥板翻译为英文并详细地进行注解。2015 年，雷尼的遗作《阿马尔那书信》对该书信进行拉丁化转写以及英文翻译，并做了一些注解。

本译文的原始文献来自温克勒、阿贝尔以及施罗德的拓本，②同时参考了克努松、阿德勒、雷尼的拉丁化转写③以及莫兰的法

---

① Yuval Goren, Israel Finkelstein and Nadav Na'aman, *et. al.*, *Inscribed in Clay: Provenance Study of The Amarna Letters and Other Ancient Near Eastern Texts*, p. 41.

② Hugo Winckler and Ludwig Abel, *Der Thontafelfund von El-Amarna*, Heft 1, No. 21; Otto Schroeder, *Die Tontafelin von El-Amarna, Texte Nr 1-189,* No. 10.

③ J. A. Knudtzon, *Die El-Amarna-Tafeln*, Vol. 1, pp. 152, 154; Hans-Peter Adler, *Das Akkadische des Königs Tušratta von Mitanni*, pp. 144-147; Anson F. Rainey, *The El-Amarna Correspondence: A New Edition of the Cuneiform Letters from the Site of El-Amarna Based on Collations of All Extant Tablets*, Vol. 1, pp. 156, 158.

文、英文译本。[①]

题解

第 21 号泥板书信的写信人为米坦尼王图什拉塔，收信人为埃及法老阿蒙霍特普三世。其主要内容为：第 13—22 行，联姻问题。米坦尼王告诉埃及法老，他已经派人护送女儿前往埃及了。第 24—32 行，使节问题。米坦尼王叙述其善待埃及使节的情况。

泥板译注

【拉丁化转写】

(1) *a-na* ^{m}*Ni-im-˹mu˺-re-ia šarri*(lugal) *rabî*(gal) (2) *šar*(lugal) ^{kur}*Mi-ṣi-ri-i aḫi*(šeš)*-ia* (3) *ḫa-ta-ni-ia ša a-ra-am-mu-uš* (4) *ù ša i-ra-ʾa-a-ma-an-ni qí-bí-ma* (5) *um-ma* ^{m}*Tù-uš-rat-ta šarru*(lugal) *rabû*(gal) (6) *šar*(lugal) ^{kur}*Mi-i-it-ta-an-ni aḫu*(šeš)*-ka e-mu-ka* (7) *ù ša i-ra-ʾa-a-mu-ka-ma* (8) *a-na ia-ši šul-mu a-na aḫi*(šeš)*-ia ù a-na ḫa-ta-ni-ia* (9) *lu-ú šul-mu a-na bītātī*(é^{meš})*-ka a-na aššāti*(dam$^{˹meš˺}$)*-ka* (10) *a-na mārī*(dumu^{meš})*-ka a-na amēlūti*(lú^{meš})*-ka a-na* ^{giš}*narkabātī*(gigir^{meš})*-ka* (11) *a-na sīsī*(anše.kur.ra^{meš})*-ka a-na māti*(kur)*-ka* (12) *ù a-na mim-mu-ka dan-niš lu-ú šul-mu*

【中文译文】

（1）你（使节）对大王、（2）埃及（米西尔）王、我的兄弟、（3）我的女婿、我爱的人（4）与爱我的人尼穆瑞亚说：（5）“下面是大王、（6）米坦尼王、你的兄弟、你的岳父、（7）爱你的人图什拉塔的话。”（8）祝愿平安与我本人同在！祝愿平安与我的兄弟、我的女婿（9）同在！真诚地祝愿平安与你的宫廷、你的妻子们、（10）你的儿子们、你的人们、你的战车、（11）你的马匹、你的国

① William L. Moran, *Les Lettres d'el-Amarna: Correspondance Diplomatique du Pharaon*, pp. 122-123; William L. Moran, *The Amarna Letters*, p. 50.

土（12）以及你的一切同在！

【拉丁化转写】

(13) *ša aḫi*(šeš)-*ia ša a-ra-am-mu-uš* (14) *aššas*(dam)-*sú mārtī*(dumu.munus)*ti* *at-*⸢*ta*⸣*-an-na-aš-*⸢*šu*⸣ (15) dŠamaš(Utu) *ù* dŠaušga(Inanna) *a-na* ⸢*pa*⸣*-*⸢*ni*⸣*-ša l*[*i-i*]*l-lik* (16) ⸢*ki*⸣*-i lìb-bi ša aḫi*(šeš)-*ia li-me-*⸢*eš*15⸣?-[*ši-l*]*u-*⸢*uš*⸣ (17) ⸢*ù*⸣ *aḫu*(šeš)-*ia i-na ūmi*(u4)*mi* *š*[*a-a-š*]*i* (18) *l*[*i-*]*iḫ-du* dŠamaš(Utu) *ù* dŠaušga(I[nanna]) [*a-na*] (19) *aḫi*(šeš)-*ia ka-ra-ba ra-*[*ba-a*]① (20)② ⸢*ḫi*⸣*-du-ú-*⸢*ta*⸣ ⸢*ba*⸣*-ni-*⸢*i*⸣[*-ta*]③ (21) *li-id-din-ú-níš-šu li*[*k-ru-bu-šu*] (22) *ù aḫu*(šeš)-*ia lu-ú bal-ṭ*[*á-ta*]④ (23)⑤ *a-na da-a-ra-a-tim-*[*ma*]

【中文译文】

（13）我已经把我的女儿，（14）给了我所爱的我的兄弟，当了他的妻子。（15）愿沙马什、邵什卡来到她面前！（16）愿他们使她能符合我的兄弟的心愿！（17）愿我的兄弟在那一天（18）会高兴！愿沙马什、邵什卡（19）赐给我的兄弟无上的恩典（20）与美好的欢乐吧！（21）愿他们（沙马什、邵什卡）保佑他（埃及王）！（22）愿我的兄弟（埃及王）永远（23）健康！

【拉丁化转写】

(24) m*Ma-né-e* lú*mār*(dumu) *šipra*(kin)-*šu š*[*a aḫi*(šeš)-*ia*] (25) *ù* m*Ḫa-né-e tar-gu-ma-an*[*-na-šu*] (26) *ša aḫi*(šeš)-*ia ki-i i-li ur-te-e*[*b-bi-ma*]⑥ (27) *qīšāti*(níg.⸢ba⸣meš) *ma-*ʾ*a-dá at-ta-ta-ad-din-š*[*u-ni-ma*] (28) ⸢*ub*⸣*-*⸢*te*⸣*-en-ni-šu-nu*⑦ *dan-níš* (29) *ki-i ṭe*4*-em-šu-nu ba-nu-ú aš-šum kal-li-šu-*

① 在 *ka-ra-ba ra-*[*ba-a*] 中，*ka-ra-ba* 为名词 *karābu*（保佑、赐福、恩典），*ra-*[*ba-a*] 为 *rabû*（大）。

② 本行开始为泥板正面右边缘。

③ 在 ⸢*ḫi*⸣*-du-ú-*⸢*ta*⸣ ⸢*ba*⸣*-ni-*⸢*i*⸣[*-ta*] 中，*ḫi*⸣*-du-ú-*⸢*ta*⸣ 为 *ḫa/i/edûtu*（欢喜、快乐），⸢*ba*⸣*-ni-*⸢*i*⸣[*-ta*] 为 *banītu/banû*（美好）。

④ 根据莫兰的拟补，参见 William L. Moran, *The Amarna Letters,* p. 50。

⑤ 本行开始为泥板背面。

⑥ *ur-te-e*[*b-bi-ma*] 为动词 *rabû*（变大、长大）的 Dt 词干，意思为“使得变大、赞美、尊崇”。

⑦ ⸢*ub*⸣*-*⸢*te*⸣*-en-ni-šu-nu* 中的 ⸢*ub*⸣*-*⸢*te*⸣*-en-ni* 为动词 *banû*（变好）的 Dt 词干，意思为“友善地照顾某人、友好地接待某人”。

˹*nu*˺ (30) *a-mi-lu-ú-ta ša ka-an-na ep-šu* (31) *im-ma-ti-ma ú-ul a-mur ilānū*(dinger^{meš})*-ia* (32) *ù ilānū*(dinger^{meš}) *ša aḫi*(šeš)*-ia li-iṣ-ṣú-ru-šu-nu*

【中文译文】

（24）至于我的兄弟（埃及王）的使节马奈（25）与我的兄弟的翻译哈奈，（26）我像对神一样地尊崇他们。（27）我（米坦尼王）赐予了他们（马奈与哈奈）很多礼物，（28）我非常友好地接待他们（马奈与哈奈），（29）（这是）因为他们的汇报是很友好的。至于他们的全部行为，（30）这样有教养的人，（31）我从未见到过。愿我的诸神（32）与我的兄弟的诸神庇佑他们！

【拉丁化转写】

(33) *a-nu-um-ma* 1 *na-aḫ-ra ma-*˹*aš*˺*-ši*① (34) *ša ta-am-ra‹-ta›*(?)② *a-na e-pé-ši a-na aḫi*(šeš)*-ia* (35) *al-ta-pár-šu ù* 1^{en} *ma-ni-in-nu* (36) *ša* $^{\text{na4}}$*uqnî*(za.gìn) *šadê*(kur) $^{\text{na4}}$*uqnî*(za.gìn) *šadê*(˹kur˺) ③ (37) *ù ša ḫurāṣi*(kù.gi) *a-na šul-ma-ni* (38) *ša aḫi*(šeš)*-ia ul-te-bíl* (39) *ù a-na* 1 *me-at li-im šanāti*(mu^{meš})^{ti} (40) *a-na ti-ik-ki ša aḫi*(šeš)*-ia* (41) *lu-ú na-dì*

【中文译文】

（33）现在，一个磨光的那赫腊④，（34）这是用来做镜子的，我把它（35）送给我的兄弟；1条马宁奴项链，（36）是用品相非常好的真

---

① 莫兰将之理解为人名 ^{m}*Na-aḫ-ra-ma-*˹*aš*˺*-ši*，雷尼理解为 1 *na-aḫ-ra ma-*˹*aš*˺*-ši*，笔者接受了雷尼的看法，其中 *na-aḫ-ra* 为尚不清楚的东西，*ma-*˹*aš*˺*-ši* 为 *maššu* ‹ *mašāšu*，意思为“磨光的、闪闪的”。参见 William L. Moran, *The Amarna Letters*, p. 50; Anson F. Rainey, *The El-Amarna Correspondence: A New Edition of the Cuneiform Letters from the Site of El-Amarna Based on Collations of All Extant Tablets*, Vol. 1, p. 158。

② *ša ta-am-ra‹-ta›*(?) 中的 *tāmartu* 的意思为“注视、检查”，与 *ša* 连用可能是“镜子”的意思，参见 Jeremy Black, *et. al.*, eds., *A Concise Dictionary of Akkadian*, 2nd (corrected) Printing, p. 396。

③ $^{\text{na4}}$*uqnî*(za.gìn) *šadê*(kur) 在这里出现了两次，有这样几种可能：一是书吏写错了；二是第二个 $^{\text{na4}}$*uqnî*(za.gìn) *šadê*(kur) 是与后面的 *ù ša ḫurāṣi*(kù.gi) 连在一起的，可能指的是镶金的天青石，但是 *ù ša* 表明这与第一个 $^{\text{na4}}$*uqnî*(za.gìn) *šadê*(kur) 前面的 *ša* 是并列关系，因此，这种可能性比较低；三是可能用两个 $^{\text{na4}}$*uqnî*(za.gìn) *šadê*(kur) 表明其天青石的品相非常好。

④ 具体不详。

天青石（37）与黄金做成的，作为我兄弟的问候礼，（38）我把它送出了，（39）愿它能在（40）我兄弟的脖子上（41）挂上10万年！

（六）第23号泥板书信

第23号泥板书信为埃及农夫在1887年挖掘所得，可能出土于埃及的阿马尔那，最晚到1888年10月13日，为大英博物馆所收藏，目前藏于大英博物馆，编号为BM 029793，泥板尺寸为90毫米×50毫米。泥板相对保存较好，背面的文字有所磨损，但尚能辨认。泥板共有5栏：正面2栏，正面底部与背面顶部合起来为1栏，背面2栏，共32行文字。对该泥板的岩相学检验表明，其泥土成分与第17号泥板类似，不能确定制作泥板的泥土来源。[①]

1892年，贝措尔德、巴奇编写的《大英博物馆所藏阿马尔那泥板》出版了该泥板的拓本，并且对书信内容进行了简要介绍。1893年，德拉特在论文《阿马尔那书信之六》中将其进行拉丁化转写并进行了法文翻译。同年，贝措尔德在其《东方外交》中也对其进行了拉丁化转写。1896年，温克勒在《阿马尔那泥板》一书中，对该泥板进行了拉丁化转写以及德文翻译。1899年，阿莱维在其《阿蒙霍特普三世和阿蒙霍特普四世的书信》一书中，对泥板进行拉丁化转写，并将之翻译成了法文。1900年，巴奇、金编写《巴比伦、亚述古物指南》，翻译了该泥板。1907年、1915年，克努松在《阿马尔那泥板》一书中对该泥板进行了拉丁化转写，并将之译为德文。1909年，格雷斯曼编撰的《与旧约圣经相关的东方文本》一书对该泥板进行了德文翻译。1976年，阿德勒出版的《米坦尼国王图什拉塔的阿卡德语》，对该泥板进行了拉丁化转写、德文翻译。1992年，莫兰出版的《阿马尔那书信》，将该泥板翻译为英文并详细地进行注解。2015年，雷尼的遗作《阿马尔那书信》对该书信进行拉丁化转写以及英文翻译，并做了一些注解。

① Yuval Goren, Israel Finkelstein and Nadav Na'aman, *et. al.*, *Inscribed in Clay: Provenance Study of the Amarna Letters and Other Ancient Near Eastern Texts*, p. 41.

本译文的原始文献来自贝措尔德、巴奇的拓本，① 同时参考了克努松、阿德勒、雷尼的拉丁化转写 ② 以及莫兰的法文、英文译本。③

题解

第 23 号泥板书信的写信人为米坦尼王图什拉塔，收信人为埃及法老阿蒙霍特普三世。其主要内容是关于米坦尼的邵什卡神像送往埃及的事宜，米坦尼王告诉埃及法老他已经派人护送神像前往埃及，接着要求埃及法老尊崇神像，最后祈求女神保佑两位国王。

泥板译注

【拉丁化转写】

(1) *[a-n]a* ^{m}*Ni-im-mu-re-ia šar*(lugal) ^{kur}*Mi-ṣi-ri-*⸢*i*⸣ (2) *aḫi*(šeš)*-ia ḫa-ta-ni-ia ša a-ra-ʾa-a-mu* (3) *ù ša i-ra-ʾa-a-ma-an-ni qí-bí-ma* (4) *um-ma* ^{m}*Tù-uš-rat-ta šar*(lugal) *Mi-i-ta-an-ni* (5) *ša i-ra-ʾa-a-mu-ka-ma e-mu-ka-ma* (6) *a-na ia-ši šul-mu a-na ka-a-ša lu-ú šul-mu* (7) *a-na bīti*(é)*-ka a-na* ^{f}*Ta-a-du*$_4$*-Ḫé-bá mārti*(dumu.munus)*-ia* (8) *a-na aššati*(dam)*-ka ša ta-ra-ʾa-a-mu lu-ú šul-mu* (9) *a-na aššāti*(dam^{meš})*-ka a-na mārī*(dumu^{meš})*-ka a-na* $^{lú.meš}$*rabûtī*(gal)*-ka* (10) *a-na* ^{giš}*narkabātī*(gigir^{meš})*-ka a-na sīsī*(anše.kur.ra^{meš})*-ka* (11) *a-na ṣābī*(érin^{meš}) *a-na māti*(kur)*-ka ù a-na* (12) *mim-mu-ka dan-niš dan-niš dan-niš lu-ú šul-mu*

---

① Carl Bezold and E. A. Wallis Budge, *The Tell El-Amarna Tablets in the British Museum with Autotype*, No. 10.

② J. A. Knudtzon, *Die El-Amarna-Tafeln*, Vol. 1, pp. 178, 180; Hans-Peter Adler, *Das Akkadische des Königs Tušratta von Mitanni*, pp. 170-173; Anson F. Rainey, *The El-Amarna Correspondence: A New Edition of the Cuneiform Letters from the Site of El-Amarna Based on Collations of All Extant Tablets*, Vol. 1, pp. 184, 186.

③ William L. Moran, *Les Lettres d'el-Amarna: Correspondance Diplomatique du Pharaon*, pp. 137-138; William L. Moran, *The Amarna Letters*, pp. 61-62.

【中文译文】

（1）你（使节）对埃及（米西尔）王、（2）我的兄弟、我的女婿、我爱的人（3）与爱我的人尼穆瑞亚说：（4）“下面是米坦尼王、（5）爱你的人、你的岳父、图什拉塔的话。”（6）祝愿平安与我本人同在！祝愿平安与你本人同在！（7）祝愿平安与你的宫廷、我的女儿塔杜希帕①（8）——你所喜爱的你的妻子同在！（9）万分真诚地②祝愿平安与你的妻子们、你的儿子们、你的官员们、（10）你的战车、你的马匹、（11）你的士兵、你的国土以及（12）你的所有的东西同在！

【拉丁化转写】

(13) *um-ma* ^{d}*Šaušga*(Inanna) *ša* ^{uru}*Ni-i-na-a belet*(nin) *mātāti*(kur.kur) (14) *gáb-bi-i-ši-na-ma a-na* ^{kur}*Mi-iṣ-ri-i* (15) *i-na māti*(kur) *ša a-ra-ʾa-a-mu lu-ul-lik-ma-mì* (16) *lu-us-sà-ḫé-er-mì a-nu-um-ma i-na-an-na* (17) *ul-te-e-bíl-ma it-tal-ka*

【中文译文】

（13）所有国家的女主、尼尼微的邵什卡发话说：（14）“到埃及，（15）我要到那个我爱的国家里，（16）（然后）返回来。”现在，（17）我已经送走了她（神像），她已出行了。

【拉丁化转写】

(18) ⸢*a*⸣*-nu-um-ma i-na tir-ṣi a-bi-ia-ma* (19) ⸢d⸣?*Šaušga*(⸢Inanna⸣?) *bel-tu*$_4$③ *i-na māti*(kur) *ša-a-ši it-tal-ka* (20)④ ⸢*ù*⸣ *ki-i-me-e i-na pa-na-a-*

---

① 塔杜希帕，为米坦尼王图什拉塔嫁给埃及法老的公主。这位公主的名字为胡里语，由动词 *tad*（意为“爱”）和神的名字 *Ḫebat* 构成，因此，其名字的意思为“荷巴特喜欢”或“荷巴特是受爱戴的”，参见 Richard S. Hess, *Amarna Personal Names*, p. 153。

② 这里用了 3 个 *manniš* 以表达祝愿的程度，翻译为“万分真诚地”。

③ 克努松读作 *x bel-tum*，阿德勒读作 1$^{en\text{-}nu\text{-}tu4}$，莫兰校验泥板后认为阿德勒的读法有问题，他与戈登读作 x-y-BE/nu，其中 x 可能是 *dingir*，y 可能 *iš*，雷尼根据第 26 行的 ^{d}Inanna nin 读作 ⸢d⸣?⸢Inanna⸣ ? bad-*tu*$_4$，泥板照片支持了克努松的建议 *be-tu*$_4$。参见 J. A. Knudtzon, *Die El-Amarna-Tafeln*, Vol. 1, p. 180; William L. Moran, *The Amarna Letters*, p. 62; Hans-Peter Adler, *Das Akkadische des Königs Tušratta von Mitanni*, p. 170; Anson F. Rainey, *The El-Amarna Correspondence: A New Edition of the Cuneiform Letters from the Site of El-Amarna Based on Collations of All Extant Tablets*, Vol. 2, p. 1358。

④ 从本行开始为泥板正面下边缘。

nu-um-⸢*ma*⸣ (21) ⸢*it*⸣*-ta-šab-ma uk-te-eb-bi-du-ši* (22)① [*ù*] ⸢*i*⸣-⸢*na*⸣*-an-*⸢*na*⸣ *aḫu*(šeš)*-ia* ⸢*a*⸣-⸢*na*⸣ 10-⸢*šu*⸣ (23) *eli*(ugu) *ša pa-na-*⸢*a*⸣*-nu* ⸢*li*⸣*-kè-eb-bi-is-si* (24) *aḫu*(šeš)*-ia li-kè-eb-bi-is-sú*② *i-na ḫa-de-e* (25) *li-mèš-šèr-šu-ma li-tù-u-ra*

【中文译文】

（18）在我的父亲的时代，（19）邵什卡女士来到了那个国家（埃及），（20）如同以前（21）她住在那里受到尊崇一样，（22）现在，愿我的兄弟十倍（23）于以前尊崇她！（24）愿我的兄弟尊崇她，愿他（埃及法老）使她高兴，（25）愿她能返回（米坦尼）！

【拉丁化转写】

(26) ᵈ*Šaušga*(Inanna) *belet*(nin) *ša-me-e aḫa*(šeš)*-ia ù ia-ši* (27) *li-iṣ-ṣur-an-na-ši* 1 *me li-im šanāti*(mu^{meš}) (28) *ù ḫé-du-ta ra-bi-ta belet*(nin)*-ni*$_5$ (29) *a-na ki-la-*⸢*a*⸣*-al-li-ni li-id-din-an-*⸢*na*⸣-⸢*ši*⸣*-ma* (30) *ù ki-i ṭá-a-bi i ni-pu-uš* (31) ᵈ*Šaušga*(Inanna) *a-na ia-ši-ma-a i-*⸢*li*⸣ (32)③ *ù a-na aḫi*(⸢šeš⸣)*-ia la-a* ⸢*il*⸣*-šu*

【中文译文】

（26）愿天之女神邵什卡庇护我们——我的兄弟和我——（27）长达10万年！（28）愿我们的女神赐予（29）我们巨大的欢乐！（30）让我们做朋友吧！（31）邵什卡是我的神，她难道不是我的兄弟的神吗？

（七）第24号泥板书信

第24号泥板书信为埃及农夫在1887年挖掘所得，可能出土于埃及的阿马尔那，目前藏于德国柏林的近东博物馆，编号为VAT 00422，尺寸为430毫米×250毫米。泥板保存较好，但是有多处

---

① 本行开始为泥板背面。

② 第23行及第24行的⸢*li*⸣*-kè-eb-bi-is-si*、*li-kè-eb-bi-is-sú* 为动词 *kabād/tu*（变重），意思为“受到礼遇”，其中倒数第二个符号本来为 *it*，但是因为后面 *si*、*sú*，使得其音节同化为 *is*。

③ 第32行下面有3行古埃及祭司体文字，其中较为清楚的第1、第2行为 [*ḥ3.*]*t-sp* 36 4 *3bd p*[*rt*] 1 *jw.tw m p3* ⸢*b*⸣*ḫn rsy pr-ḥᶜ*，意思为“统治第36年冬季第4月第1天。他（国王）在南部宅邸——欢乐之屋——之中”。

缺损。对该泥板的岩相学检验表明，其泥土成分与第 17 号泥板类似，不能确定制作泥板的泥土来源。①

1889—1890 年，德国学者温克勒、阿贝尔编撰的《阿马尔那泥板》，对该泥板进行抄录出版。1890 年，延森在《破解米坦尼语的初步研究》一文中，对该泥板第 85—107 行进行了拉丁化转写、德文翻译以及注解。同年，布吕诺在《米坦尼语言》一文中，几乎对全部泥板进行了拉丁化转写。同年，塞斯在《米坦尼语言》一文中，对该泥板第 91—117 行进行了拉丁化转写。1899 年，塞斯在同名论文中，对部分泥板进行了拉丁化转写、英文翻译以及注解。1907 年、1915 年，克努松在《阿马尔那泥板》一书中对该泥板做了注解。1915 年，施罗德出版的《阿马尔那泥板》一书，将该泥板重新抄录出版。1932 年，弗里德里希在《小亚的文献》一书中，对全部泥板做了拉丁化转写以及注解。1971 年，奥滕对泥板做了拉丁化转写，极大提升了弗里德里希的拉丁化转写水平。1992 年，莫兰出版的《阿马尔那书信》，将该泥板翻译为英文并详细地进行注解。2015 年，雷尼的遗作《阿马尔那书信》对该书信进行拉丁化转写以及英文翻译，并做了一些注解。

由于笔者不懂胡里语，故本译文采用雷尼著述中的拉丁化转写②以及莫兰的法文、英文译本。③

题解

第 24 号泥板书信的写信人为米坦尼王图什拉塔，收信人为埃

① Yuval Goren, Israel Finkelstein and Nadav Na᾿aman, *et. al.*, *Inscribed in Clay: Provenance Study of the Amarna Letters and Other Ancient Near Eastern Texts*, p. 40.

② Anson F. Rainey, *The El-Amarna Correspondence: A New Edition of the Cuneiform Letters from the Site of El-Amarna Based on Collations of All Extant Tablets*, Vol. 1, pp. 188, 190, 192, 194, 196, 198, 200, 202, 204, 206, 208, 210, 212, 214, 216, 218, 220, 222, 224, 226, 228, 230, 232, 234, 236, 238, 240.

③ William L. Moran, *Les Lettres d'el-Amarna: Correspondance Diplomatique du Pharaon*, pp. 139-250; William L. Moran, *The Amarna Letters*, pp. 63-71.

及法老阿蒙霍特普三世。该泥板书信开头部分的问候语是用阿卡德文写成的，而之后的正文是用胡里文写成的。由于泥板非常长，且破损之处太多，内容非常庞杂，似乎是对两国关系的历史做了个完整的梳理，尤其是与当时埃及与米坦尼关系的不如意进行了对比。

泥板译注

【拉丁化转写】

§ 1 (1)① [*a-na*^{m}*Ni-im-*]*m*[*u*]*-u-ri-*[ia *šar*(lugal) ^{kur}*Mi-ṣi-ri-i aḫi*(šeš)-*ia*]② (2) [*ḫa-ta-ni-i*]*a* [*ša a-ra-ʾa-a-mu ù ša i-ra-ʾa-a-ma-an-ni qí-bí-ma*]③ (3) [*um-ma* ^{m}*Tù-uš-rat-ta šar*(lugal) *Mi-i-ta-an-ni*]④ (4) [*e-mu-ka-ma ša i-ra-ʾa-a-mu-ka-ma aḫu*(*šeš*)*-ka-ma a-na i*]⑤*a-ši šul-*[*m*]*u* (5) [*a-na ka-a-ša lu-ú*] *š*[*u*]*l-m*[*u a-na ḫa*]*-ta-n*[*i-i*]*a a-na aššāti*(dam^{meš})- [*k*]*a* (6) [*a-na mārī*(dumu^{meš})*-k*]*a*⑥ [*a-na*] $^{\text{lú.meš}}$*rabûtī*(gal.gal^{meš})-[*k*]*a* [*a-na*] *sīsī*(anše.kur.ra^{meš})*-ka a-na* ^{giš}*narkabātī*(gigir^{meš})*-ka* (7) [*a-na ṣābē*(érin^{meš})*-k*]*a a-na māti*(kur)*-ka ù a-na* [*mim*]*-mu-ka dan-níš lu-ú šul-mu*

【中文译文】

§ 1（1—7）你（使节）对埃及（米西尔）王、我的兄弟、我的女婿、我爱的人与爱我的人尼穆瑞亚说："下面是米坦尼王、你的岳父、爱你的人、你的兄弟图什拉塔的话。"祝愿平安与我本人同在！真诚地祝愿平安与你本人同在！祝愿我的女婿、你的妻子们、你的儿子们、你的官员们、你的马匹、你的战车、你的士兵、

---

① 此处开始为第一部分。

② 根据米坦尼王其他书信内容进行拟补。

③ 根据米坦尼王其他书信内容进行拟补。

④ 根据米坦尼王其他书信内容进行拟补。

⑤ 根据米坦尼王其他书信内容进行拟补。

⑥ 根据米坦尼王其他书信内容进行拟补。

你的国土以及你所有的东西同在！①

【拉丁化转写】

§ 2 (8) [a-ti-i-ni-i]-⸢in⸣ ⸢ma-a-an-na-al⸣-[la-m]a-an at-⸢ta-a⸣-ar-ti-íw-wa-aš^{meš}(9) [šu$^{?}$-u$^{?}$-we$^{?}$-na$^{?}$-m]a-⸢a-an⸣ še-⸢e-ni-íw-wu-ú-e⸣ [-na-a-a]n ta-a-du-⸢ka!⸣-a-ru-ši-il-la-a-an (10) [*x x* (.)] šu-ú-⸢al⸣-la-ma-an ⸢ka⸣ [-..]-ša KUR ma-a-áš-ri-a-an-né-e-en (11) [KUR u-u-mi-i-in]-n[é-e]-en K[UR] ⸢ḫa⸣-a[d-d]u-u-ḫé-[m]a-a-an ḫur-wu-u-ḫé-⸢né⸣-e-we-na! (12) [KUR u-u-mi-i-in-né-e-we-na] ḫé$^{?}$-ri-.-(.-)[i]n ⸢ma⸣-a-an-ni (13) [*x x x x x x x x x x x x x x x*]-*⸢an⸣ ⸢te-a$^{?}$-a$^{?}$-al⸣*(over erasure)-la-a-an i-nu-‹ú-›me-eni-i-in (14) [*x x x x x x x x* KUR ḫa-ad-d]u-u-⸢ḫé⸣-ma-⸢a⸣-an KUR ḫur-ru-u-ḫé-né-e-wa (15) [ew-re-en?-né-e-wa *x x x x x*] ma-x-du-ru-bi-i-in-ni

【中文译文】

§ 2（8—15）事实上，我们的先祖，我自己的先祖和我的兄弟的先祖，彼此友好。来自埃及国土的所有的□□□，赫梯人是胡里的 ḫéri □□□，数量众多，像□□□。赫梯是胡里国的敌人。②

【拉丁化转写】

§ 3 (16) [*x x x x x x x x x x x*]a-ti-i-ni-i-i[n] ma-a-an-ni-i-im-ma-ma-an (17) [*x x x x x x x x x x*]-an du-ru-bi-i-in-nu-uk-ku (18) [*x x x x x x x x x x*] še-e-ni-íw-we an-za-a-an-nu-u-ḫu-ši tiš-ša-an (19) [wa-aḫ-ru-uš-til-la-a-an t]a-a-⸢du⸣-ka-a-r[i]-iš KUR ḫur-⸢wu-u⸣-ḫé-e-e[n] (20) [KUR u-u-mi-i-ni KUR ma-a-áš-ri-a-a-ni]-ma-a-an KUR u-u-mi-i-né-e-em-ma-m[a]-an (21) [*x x x x x x x x x*] u$^{?}$-k[u$^{?}$]-la-an [bi]-id-du-ka-a-ra-a-l[a-a]n (22) [*x x x x x x x x x x*-l]a$^{?}$-an šu-e-né-e-[ta]n$^{?}$ (23) [*x x x x x x x x x x x x x x*] ša-a-a[t-t]i iš-ta-ni-íw-w[a-š]a (24) [*x x x x x x x x x x*-a]n ^{d}Te-e-eš-šu-pa-a[š] (25) [^{d}A-ma-a-nu-(?)*x x x x x x x x x x* u]l-lu-ú-un-za-a-til-la-

① 问候语部分是用阿卡德文写作的。

② 似乎在讲述胡里人与赫梯人的历史恩怨。在赫梯古王国时代，胡里人就开始与赫梯人作战，因此，两国恩怨甚重。

⟨a-⟩a[n?] (26) [*x x x x x x x x x*] tiš-˹ša˺-an tiš-š[a-an] (27) [*x x x x x x x x x x x x x x x x x x x x x x x x x x x x x x x*]-at?-[*x x x x x x x x x x x x x x x*] (28-40)① [*x x x x x x x x x x x x x x x x x x x x x x x x x x x x x x*]

【中文译文】

§3（16—40）□□□因此，它是□□□，它不是敌人□□□，我的兄弟已经□□□，我们彼此都对对方好，我们爱着彼此。胡里国和埃及国□□□台舒巴与阿蒙□□□我们□□□☒

【拉丁化转写】

§4 (41) [*x x x x x x x*]-˹a-an˺ a[r?-]x[(42) [*x x x x*(.)]-ta-la-an ú-ru-u[k?-ku? (43) [*x x x x x x x*]-un-na-a-an ˹šu-ra˺-a-[m?- (44) [*x x x x*(.)]x ta-a-na-aš-ta-a-ú[*x x x x*(.)]-˹re-e˺-ta-un-na-a-a[n] (45) x-˹en˺?-˹na˺?-a-an du-um-ni/né-en a- [_ _(_)-a]n gu-ru-u-u-[ša?] (46) x-˹bi?˺-[i?-r] i-en-na-a-an a-ru-u-u-ša

【中文译文】

§4（41—46）□□□他们不存在□□□我正在做□□□，我将□□□它□□□四□□□他已经给了□□□②

【拉丁化转写】

§5 (47) [*x x x x x*(.)-i]n g[u?-ru? a]t-[ta-í]w-wu-ú-e mŠu-ut-tar-na-a-we ša-a-la (48) [*x x x x*(.)]-˹a˺-ni [*x x x*]-mu-u-ša-ma-a-an am-ma-ti-íw-wu-˹ú˺-e-né-tan (49) [(.)]x[*x x x x x x*-m]a-a-an ši-ni še-e-ni-íw-we (50) [*x x x x x x x x x*(.)-ni]-i-in šu-˹ú˺-ta-ma-an pa-aš-šu-ši (51) [*x x x x x x*]-˹a-an˺ ša-a-la-pa-an ˹aš˺?-ti-íw-wu-ú-un-na a-ri (52) [*x x x x x*]-˹ta?-ma?˺-an mAš-šu-˹te-mi˺-wa u-ia ḫi-il-lu-ši-ik-kat-ta-a-an (53) [*x x x x x*]-un mMa-né-e-ta pa-[aš]-˹ši˺-i-it-ḫi-wu-ú-ta (54) [*x x x x x* š]e-e-ni-íw-wu-ú-e-na-a-še-e-e[n]? ši-i-!i-e-e (55) [*x x x x x*]-˹še˺?-e ni-i-ru-ša-e a-la-še-[e?-me?]-˹e˺?-ni-i-in (56) [*x x x x x*]*x-˹ša˺ ma*-a-na-at-ta-a-an šu-e-ni

---

① 彻底损毁。

② 文字破损严重，无法确定确切意义。

[tiš-š]a-an tiš-ša-an (57) [*x x x x x x x*]x-x-ta šu-e-e-en an-˹ti˺ (58) [*x x x*-]˹ma-a-an˺ [n]i-i-ru-ša-e ta-a-nu-ša-a-ú

【中文译文】

§ 5（47—58）□□□再次，我父亲苏塔尔那①的女儿□□□□□□在第十次（请求）时，他才送给你的祖父。□□□□□□两□□□我的兄弟□□□。当他送来了（这些话）：□□□“把你的女儿送给我当老婆。”□□□我对阿苏泰米②和你的使节马奈说“不行”□□□我的兄弟□□□□□□仁慈地□□□任何事情都很好□□□所有这些□□□我仁慈地做□□□

【拉丁化转写】

§ 6 (59) [*x x*-a]n šu-ug-g[e?-*x x*] ˹u˺-ul-le-en ᵐMa-né-en pa-˹aš-ši˺-i-it-ḫi-ip (60) [ke-ba-nu] ˹šu-a-an˺ ḫa-a-aš-[ra] pa-a-ḫi-i-i-wa wa-aḫ-˹ru-ša˺ né-eš-ši (61) [*x x x x*]-˹e?-ta˺ g[e]-u-šu-a-an ḫa-a-aš-ra pa-a-ḫi-i-ta še-e-ni-íw-wu-ú-e (62) [aš-ti-i-in-na] K[UR] ˹Mi˺-zi-ir-re-e-we KUR u-u-mi-i-in-né-e-we al-la-i (63) *x* [*x x*(.)-e]n-˹na-a-an˺ šu-ú-an-na-ma-an (64) [*x x x*(.)-we?-]néš? né-eš-ši-iš ša-˹ad˺-du-u-ša

【中文译文】

§ 6（59—64）□□□马奈，你的使节，□□□你已经送来了礼物：供浇在她头上的上好的油，□□□你已经用油浇在了她的头上，我的兄弟的妻子是埃及国的夫人，所有的□□□都被带走了□□□

【拉丁化转写】

§ 7 (65) [*x x x x*] ḫ[é?]-˹en-né-e-en˺ še-˹e˺-ni-íw-we pa-aš-šu-ši ú-˹a˺-du-ra-a-an-ni-ma-a-an (66) [*x x x x*](-)˹še-el-li˺-íw-we-en-na-a-

---

① 苏塔尔那是米坦尼国王苏塔尔那二世，当政的米坦尼国王图什拉塔的父亲。这个名字属于什么语言，目前还不清楚，参见 Richard S. Hess, *Amarna Personal Names*, p. 135。

② 阿苏泰米可能是米坦尼的使节。其名字为胡里语名词，*Aš-šu-te-mi* 可能与梵语的 *ásvaḥ* 有关，也可能与 *aššuššani*（驯马师）有关，参见 Richard S. Hess, *Amarna Personal Names*, p. 42。

an šu-ú-an-⌜na⌝-ma-an (67) [*x x*] *x*-⌜e⌝ še-e-ni-íw-wu-uš šu-u-u-ša tiš-⌜ša⌝-an tiš-ša-an (68) [*x x x* ma-a-na š]u-e-ni ⌜KUR u-u⌝-mi-i-ni-íw-we šu-ú-⌜an-na⌝-ma-an tiš-[š]a-an tiš-ša-an (69) [*x x x x*] i-ša-aš-ša-a-an ma-a-na šu-e-ni šu-e an-ti (70) [*x x x x x*] ni-i-ru-ša-e tiš-ša-an tiš-ša-an (..) [ta]-a-⌜nu⌝-u-⌜ša⌝-a-ú (71) [*x x x x*]-ti-íw-wu-ra ta-a-ta-uš-še-na-a-šu-ra [m]Ma-né-e-⌜el⌝-la-ma-an (72) ⌜pa-aš-ši-i-it-ḫi⌝-wu-uš wu-ru-u-ša-a-al-la-a-an (73) ma-⌜a⌝-na šu-e-ni ⌜ti⌝-we-e-e-na ta-⌜a-nu⌝-ša-⌜a⌝-uš-še-na

【中文译文】

§7（65—73）□□□现在，我的兄弟已经送来了。聘礼□□□和我的整个□□□□□□□我的兄弟很□□□□□□□我全部的土地□□□我做了所有的□□□□□□非常慷慨地□□与所有的□□□与我所爱的人。① 你的使节马奈，已经看到了一切，看到了我所做的一切。

【拉丁化转写】

§8 (74) ⌜i⌝-n[u-ú]-ut-ta-a-ni-i-in [ḫ]é-en-ni še-e-ni-íw-wu-uš ta-a-ti-a (75) [i-n]u-⌜ú⌝-me-e-ni-i-in [ḫ]é-en-ni še-e-ni-íw-we i-ša-aš ta-a-ta-ú (76) ⌜a-nam⌝-mi-til-la-a-an [⌜d⌝][T]e-e-eš-šu-pa-aš [d]Ša-uš-kaš [d]A-ma-a-nu-ú-ti-la-an (77) [d][Š]i-⌜mi⌝-i-ge-né-⌜e⌝-[t]i-la-an [d]E-a-a-šar-ri-né-e-ti-la-an ma-a[n-š]u-u-til-la-a-an (78) DIN[GIR.ME]Š ⌜e⌝-e-⌜en-na⌝-[š]u-uš ti-ši-a-ša-an tiš-ša-an tiš-ša-an ta-⌜a⌝-ta-aš-ti-te-en (79) g[e]-⌜ra-aš⌝-še-n[a-ša-til-l]a-a-an ša-wa-al-la-ša bi-su-un-né-en tiš-ša-an tiš-ša-an (80) b[i]-su-u[š]-⌜ta-iš⌝ ú-ú-ra-ú-ša-a-aš-še-na-a-ma-a-an ti-we-e-e[meš] (81) wa-aḫ-r[u]-un-né-en iš-ta-ni-íw-wa-ša ag-gu-uš a-gu-ú-a (82) e-ti-i-⌜i⌝-ta ta-a-na-aš-ti-en ni-i-ru-ša-e tiš-ša-an

【中文译文】

§8（74—82）现在，我的兄弟爱我，现在，我爱我的兄弟，

① 因为泥板残缺，不能准确理解其意思，但是，可以推断，这里指的是埃及国王送去了聘礼，米坦尼王当着宾客的面进行了展示。

因此，愿台舒巴、邵什卡、阿蒙、什米格①、埃阿萨里②以及所有的神祇，从心底深爱我们，以至于我们能长时间快乐。愿我们想要的东西，我们彼此之间慷慨地赠送。

【拉丁化转写】

§ 9 (83) ^{m}Ge-l[i]-⸢i⸣-aš-ša-a-an pa-aš-ši-i-it-ḫi-‹íw-›wu-uš ti-wi an-ti gu-lu-u-u-ša (84) ma-a-an-⸢na⸣-a-an ḫi-il-li še-e-na-wu-ša-an ^{m}Ni-im-mu-u-ri-i-aš (85) KUR Mi-zi-ir-re-e-we-né-eš éw-ri-iš ta-še ap-li ta-a-a-nu-u-ša (86) URU I-u-be(nu$^{!?}$)-né URU Ši-mi-i-ge-né-e-we-né-e-ma-a-an ú-nu-u-u-ša (87) ^{d}Ši-mi-i-ge-né-e-wa-ma-a-an e-e-ni-i-wa at-ta-⸢i-i⸣-wa a-ku-u-ša (88) at-ta-a-ar-ti-i-we-na-a-ma-a-an šu-ú-al-la-ma-an ta-⸢še⸣-e-e-na^{meš} (89) tiš-ša-an tiš-⸢ša-an⸣ ge-lu-u-šu-a za-ar-ra-ma-a-an še-e-na-a-ab-be (90) KUR u-u-mi-i-ni ši-u-u-ši a-ti-i-ni-i-in ta-še-e-en id-du-u-uš-ta (91) še-e-na-pa-an e-ti-i-e-e-em-ma-ma-an ta-še-e-né-e-wa wu-ri-i-ta (92) ši-ia ir-ka-a-mu-u-ša-ma-a-an tiš-ša-an ^{m}Ge-li-i-aš ta-še-e-né-e-we (93) id-du-um-mi ma-a-na-an ḫi-il-li nu-be-e-né-na-an ḫa-a-ar-re-en (94) na-a-zu-u-ša a-ti-i-ni-‹i›-in ^{d}Ši-mi-i-ge-né-e-we-⸢né-e⸣-em-ma-ma-an (95) am-mu-u-u-ša ša-pu-ú-ḫa-a-at-⸢ta⸣-a-an tiš-ša-an ⸢a-ti⸣ i-ni-i-in (96) ta-a-an-ki-⸢i⸣-[i]n ka-du-u-ša ⸢i⸣-i-al-la-a-ni-i-in (97) še-e-ni-í[w-wu]-ú-e-né-e-we KUR u-u-[m]i-i-ni-i-we e-ru-uš-ki-i-in-na (98) e-ti-i-⸢i⸣-[e]-⸢e⸣ ta-a-na-aš-še-na i-i-al-le-e-ni-i-in (99) še-e-ni-íw-[wu-u]š ta-še-e-né-e-wa e-ti-⸢i⸣-ta ti-we-e-na^{meš} (100) e-ru-u-u[š]-⸢ki⸣-[n]a ta-a-nu-u-ša-a-aš-še-na ⸢an⸣-til-l[a]-⸢a⸣-⸢a-⸣an (101) ^{d}Ši-mi-i-g[e-néš] ^{d}A-ma-a-nu-ú-la-an ^{d}E-a-a-šar-ri-né-e-el-la-a-an (102) še-e-ni-íw-wu-[ú]-⸢a⸣ KUR u-u-mi-i-ni-i-wa-al-la-a-an e-ti-i-ta ḫu-tan-na (103) be-en-ti-tén$^{!}$ ⸢*x*⸣-⸢*x*(-*x*)⸣-[i]r$^{?}$-ša-a-al-la-a-an še-ḫur-na-a-al-la-

---

① 什米格为胡里人的太阳神，在神话描述以及现实崇拜中，什米格站立在台舒巴神的身旁，成为台舒巴重要的支持者。米坦尼王此处提及此神，显然认为该神对应于埃及的太阳神拉。

② 埃阿萨里为米坦尼王国崇拜的神祇。此神本为两河流域的甜水、智慧之神埃阿，可能在阿卡德时代传入了胡里人之中，到了米坦尼王国时代，在埃阿神的名字后面加上萨拉（国王的意思）一词，以彰显其王权特色。

a-an (104) i-i-al-la-⸢a-ni-i-in še⸣-e-ni-íw-⸢wu⸣-uš ta-še-e-né-e-wa e-ti-i-ta (105) ti-we-e-na^{m}[^{eš}] t[a]-a-⸢nu⸣-u-ša-a-aš-še-na ^{d}Ši-mi-i-ge-né-e-wa e-ni-i-wa (106) at-ta-i-i-⸢wa e⸣-ti-⸢i⸣-ta an-til-la-⸢a-an⸣ ^{d}Ši-mi-i-ge-néš a-re-e-ta (107) še-e-ni-íw-wu-⸢ú⸣-a še-e-ni-⸢íw⸣-[w]u-ú-u[l]-la-a-an ti-ša-a-an-na (108) ú-ú-ri-a-a-aš-še-na ti-⸢we⸣-e-na^{meš} ⸢šu⸣-ú-al-la-ma-an^{meš} (109) ta-a-ni-il-le-⸢e⸣-ta-a-al-la-a-an a-ti-i-ni-i-in ma-a-an-na-al-la-ma-an

§ 9（83—109）我的使节凯利亚说了下面的话，他的话如下："你的兄弟、埃及国王尼穆瑞亚已经制作了abli礼物①，他把它送到了什米格的城市Ionu②。他已经把它护送到了他的神、他的父亲什米格处。对于他的祖辈的所有礼物，他都很愉快地送来了。"对于所有的战利品，我的兄弟的国家会惊奇的。因此礼物被送走了，你的兄弟因看到礼物而高兴。凯利亚已经看到了礼物被运走了，他说如下的话："他已经通过 1 万 ḫari □□□因此，他让它抵达了什米格的城市，我很□□□。"这就是他说的话。至于来自我兄弟国家的东西，他正把它制作成 eroški，这是我兄弟已经制作他的礼物，愿什米格、阿蒙、埃阿萨里为我的兄弟及其国家慷慨地送出在□□□，和在生命中。至于我兄弟为他的神、他的父亲什米格制作成礼物的东西，什米格神将会送给我的兄弟。所有的东西，只要是我的兄弟心底想要的，他都会去制作。就是这样。

【拉丁化转写】

§ 10 (110) a-nu-ú-a-⸢ma-a⸣-an ⸢ti-we-e⸣-né-⸢e⸣-wa še-e-ni-íw-we ḫi-

---

① 莫兰的译本中对礼物的名称并没有翻译；雷尼的译本中直接把这个不明礼物的拉丁化名称写上了。尽管，莫兰对 1992 年的译本做了一些修正，但仍然不能确定这个礼物到底是什么。参见 William L. Moran, *The Amarna Letters*, p. 64; Anson F. Rainey, *The El-Amarna Correspondence: A New Edition of the Cuneiform Letters from the Site of El-Amarna Based on Collations of All Extant Tablets*, Vol. 1, p. 197。

② 这个地名在莫兰的译本中拉丁化为 Iḫbi；在雷尼的译本中拉丁化为 I-u-be(nu!?)。参见 William L. Moran, *The Amarna Letters*, p. 64; Anson F. Rainey, *The El-Amarna Correspondence: A New Edition of the Cuneiform Letters from the Site of El-Amarna Based on Collations of All Extant Tablets*, Vol. 1, p. 196。

su-ú-ḫu-˹lu-ú-en˺ (111) ˹i-ia$^{?}$-al-le-e˺-[ni-i-in] ˹še-e˺-ni-˹íw-wu˺-ú-e-na pa-aš-ši-i-˹it˺-ḫi^{m}[^{eš}] (112) *x*[-(*x*-)]*x*-a-ú[*x x* š]a-ú ˹a˺-ni-il-l[a-a-a]n be-kán kàr-ḫu-ša-[a$^{??}$]-˹ú˺$^{??}$ (113) [a$^{?}$-ni]-i-la-˹an˺ ˹še-e˺-ni-íw-wu-ú-u[l]-l[a-a]-an ḫa-ši-en WA-ḫa-x-[*x x*] (114) [^{m}G]e-li-i-˹an˺ [pa-a]š-˹ši˺-i-it-ḫi-íw-˹we ^{m}˺M[a-né]-en-na-a-an pa-aš-ši-i-it-˹ḫi˺-ip (115) [na-a]k-ku-ša-a-ú ú-ú-na-a-al-la-a-an še-e-ni-íw-wu-ta (1)① [*x x x x x x x x x x x x x x*] (2) ② [*x x x x x x x x x x x x x x x*] (3) [*x x x*-]*x x x*[*x*] ˹iš˺$^{?}$ ˹*x x x x x x x x x x x x*˺[*x*(.)] (4) *x*[*x x*] *x*-˹u-ša-a-al-la-a-˹an še-e-ni˺-íw-wu-uš šu-ra-a-ma-a-al˺-l[a-a-a]n (5) ˹tiš-ša-an be-en-ta i-ia-at-ta-ma-an ta-a-nu-ši-ik$^{!}$-kat-ta-a-an˺ (6) še-e-ni-íw-˹wu˺-ú-˹e-né˺-e-wa aš-˹ti-i-i-wa in-na-ma-a-ni-i˺-[in] (7) ˹^{m}˺Ge-li-i-an ^{m}Ma-né-en-na-a-an ˹ḫa-šu-u-ša-ú˺ ˹it-ta˺-aš-[š]a (8) ma-az-za-ḫa-a-at-ta-a-an ˹ḫa-a-rat-ta-ma-an še-e-ni-íw-wu-ú-e-né-e-wa˺-[a$^{?}$-tan$^{?}$] (9) aš-ti-i-i-we ni-ḫa-a-ri-i-ta ˹ta-a-kat$^{?}$ ú-ru˺-u-muš-˹te-e-wa-a-tan˺ (10) tiš-ša-an tiš-ša-an ˹še-e-ni˺-íw-˹wu-ú-e-né-e-en-nu-uḫ˺-ḫa ti-˹ša-a-an-nu-uḫ˺-ḫa (11) u-u-lu-u-˹ḫé˺-e-wa-a-ti-la-an zu-˹kán˺ e-˹e-ši-íw-wa-a˺-aš-tan a-a-wa˹-ad-du-tan˺

【中文译文】

§ 10（110—115）但愿我的兄弟不要对这件事情失望。我的兄弟的使节，我□□□并且□□□我绝没有延误，③ 愿我的兄弟听说他们，愿他□□□我的使节凯利亚和你的使节马奈，我已经准许他们离开了，他们正在前往我的兄弟处。（1—11）□□□我的兄弟已经□□□他们□□□愿他们能快速返回。至于我为我的兄弟的妻子还没有做的事情，当我听到了凯利亚和马奈的话，当他们离开，我做□□□和□□□对我的兄弟的妻子的嫁妆，我是□□□我会非常符合我的兄弟的心意的，且□□□我可能□□□从我们的

① 此处开始为第二部分，此行保留了若干符号痕迹，不可识读。

② 此行保留了若干符号痕迹，不可识读。

③ 强调没有延误使节，这是阿马尔那书信中一贯的说辞。

□□□土壤。

【拉丁化转写】

§ 11 (12) še-e-ni-⸢íw⸣-wu-ta-a-ma-a-an ti-wi šu-uk-ku kul-le še-e-ni-íw-wu-⸢uš-ša⸣-[a-a]n (13) ḫa-ši-en a-ti-i-⸢ni-i-in⸣ ^{m}⸢Ma-né⸣-e-na-⸢an še⸣-e-ni-íw-⸢wu-ú⸣-[e] (14) pa-aš-ši-⸢i-it-ḫi⸣ ú-ú-na ⸢in-na⸣-ma-a-ni-i-⸢in ni-ḫa⸣-a-ri a-k[u$^{?}$]-⸢-u-u-li$^{?}$⸣ (15) ú-a-du-ra-a-an-ni-ma-a-an še-e-ni-íw-wu-uš ma-⸢ka⸣-a-an-ni-íw-wu-⸢ú$^{?}$⸣-[un$^{?}$-na]$^{?}$ (16) ge-pa-a-nu-u-ša-a-aš-še in-na-ma-a-ni-i-in ^{m}Ma-né-eš a-⸢ru$^{!??}$-u$^{?}$⸣-x-[ša$^{?}$-an$^{?}$] (17) pu-uk-lu-ša-a-un-na-a-an KUR u-u-mi-i-ni-íw-we ⸢šu-ú⸣-an-⸢na-ma-an⸣ [^{me}]^{š} (18) wi-i-ra-tar-ti-íw-we-la-an tup-pa-aš-še-na tub-be ḫi-⸢il-lu⸣-ši-⸢i-it⸣-[ta]-⸢a⸣-[a]n (19) ^{m}Ma-né-e-ta i-i-al-le-e-ni-i-in še-e-ni-íw-wu-⸢uš du-be⸣-[e$^{?}$-na$^{?meš?}$] (20) šu-ú-al-la-ma-an ge-pa-a-⸢nu⸣-u-š[a]-⸢a⸣-aš-še-na i-i-al-le-⸢e-ni⸣-[i-in] (21) tup-pa-ku-u-uš-ḫé-na^{meš} šu-ú-al-la-ma-an ⸢še-e-ni⸣-[íw-wu-*x x x*(..)] (22) [g]e-pa-a-nu-u-ša-a-aš-še-na ḫu-up-⸢pu-ta⸣-aš-ša-⸢a-al-la-a-an⸣ [*x x x x x*(.)] (23) [*x*]-šu-u-u-li-u-u-mu ⸢ḫu-up-lu-lu-uš-te-la-an šu-ú⸣-a[l-la-ma-an] (24) *x*[*x x*](-)na-a-ku-lu-uš-te-la-an be-te-eš-te-el-la-a-an za-a-⸢ar⸣$^{??}$-[*x x x*(.)]

【中文译文】

§ 11（12—24）我对我的兄弟说其他事情，但愿我的兄弟听到它。（现在），马奈，我的兄弟的使节正在来的路上。当嫁妆被带来的时候，我的兄弟作为礼物的聘礼已经送来了，马奈移交了它，我集合了我的全部国家①、我的外宾们以及在这里的尽可能多的人，我对马奈说道："所有的器皿，我的兄弟送来的，所有的泥板柜子，我兄弟送来的，它们全是完好无损的吗？未启封的柜子应该全被破坏了，他们能算作礼物吗？"②

【拉丁化转写】

§ 12 (25) [ta$^{?}$-a$^{?}$-n]u-u-ša-a-al-la-a-an tiš-ša-an ⸢ka-dup⸣$^{?}$-pu-ú-⸢uš-

---

① 此处指的是米坦尼的附属国。

② 此处似乎指责埃及送的聘礼存在质量问题。

šu⸣-uḫ-ḫa *x*[*x x*] (26) [*x x x*]*x* ḫi-il-lu-ši-i-it-ta-a-an KUR u-u-mi-⸢i⸣-ni-íw-w[u-uš] (27) [*x x*(.)]*x*-e-ta-at-ta-ma-an wi-i-ra-ta-ar-ti-íw-wu-u[š$^{?}$] (28) *x*[*x x x*-e]-⸢ta-at⸣-ta-ma-an a-a-el-le-e-ni-i-in ⸢an⸣$^{?}$-[*x*(.)] (29) ⸢tup-pa-ku-u⸣-[u]š-⸢ḫé-na⸣^{meš} du-be-na-a-ma-a-an šu-⸢ú⸣-[a]l-la-ma-an du-u-pu-š[i$^{?}$-na$^{??}$] (30) *x x* [*x x x*]*x*-e-la-an ⸢šu-ú-al-la-ma-an⸣ *x x x x*-ú-an-na-a-an[(..)] (31) [*x x x x x*(.)]*x* KUR u-u-mi-i-ni-íw-⸢wu-ú-a wi-i-ra⸣-tar-ti-íw-wu-⸢ú⸣$^{?}$-[a$^{?}$] (32) [*x x x x x x x x*(.)]-⸢u-ša-ú⸣ ⸢i-nu-ú⸣-u[l]$^{?}$-l[e$^{?}$-e-ni-i-in]$^{?}$ (33) [*x x x x x x x x*]*x x* ⸢tiš-ša⸣-a[n *x x x x*(..)]

【中文译文】

§ 12（25—33）他以上面提到的方式做了，□□□我说道，"我的国家会□□□我，我的（外）宾在□□□我，如果所有的这些□□□，泥板柜子和所有的器皿，□□□我全有的□□□因为我的手和我的尊贵的（外）宾，他们□□□很□□□"。①

【拉丁化转写】

§ 13 (34) [*x x x x*(.)]*x x x x*(*x x*)[*x* š]a-⸢un⸣? *x x* ⸢un⸣ ⸢i⸣[*x x x x x*] (35) [*x x x x*(.)]*x*-⸢ka⸣-*x*[*x x*(.)]-u$^{?}$-ša *x*[*x*]*x*[*x x x*]*x*[*x*(.)] (36) [*x x x x*(.)] *x x x x x x x x x x x* (*x x*)[*x x x x*(.)] (37) [*x x x x x x x x x x*(..)] *x x* (38-47)② [*x x x x x x x x x x x x x x x x x x x x x x x*] (48) [*x x x x x x*(.)] *x x x x* ⸢a⸣$^{?}$-ri ⸢še⸣-[e]-⸢ni⸣-[íw-WA(-)*x x x x x*(..)] (49) [*x x*(.)] *x*-la-a-ú a-i-⸢tan⸣ te-u-u-na-e tiš-ša-an tiš-š[a-an *x x x x*(..)] (50) [*x x x*]-a še-⸢e-ni-íw-wu-ú-ut-ta⸣-a-an ka-til-le-e-t[a *x x x x x*(..)] (51) [*x*]-⸢i⸣-aš-⸢ša⸣-a-at-ta-ma-an pa-ta-a-⸢ra⸣-a-al-[l]a-a-an i[n$^{?}$-*x x x x*(.)] (52) DINGER.MEŠ e-e-en-⸢na-šu-uš⸣ na-ak-ki-du-u-we-en ḫi-su-ú-ḫu-uš-*x*[*x x*] (53) a-i-i-in ur-⸢du-le⸣-e-wa ge-ep-še-ma-a-an KÚ.SIG$_{17}$ še-e-ni-íw-[wu-uš] (54) ma-ka-a-an-ni-íw-wu-ú-⸢un-na⸣ ge-pa-a-né-e-ta an-du-ú-a-at-ta-a-[an] (55) te-u-u-na-e tiš-ša-an⸢ tiš-ša-an⸣ bi-su-uš-te-e-wa ti-ši-íw-wa-an ma-⸢a⸣-[na] (56) šu-⸢e⸣-ni a-nam-mil-la-a-an

---

① 因泥板破损，不能够准确理解其意思。

② 全部损毁。

un-du še-e-ni-íw-wu-ta gu-lu-ša-ú pa-li-i-[en$^{?}$]

【中文译文】

§13（34—56）□□□我有它□□□☒□□□我的兄弟□□□□□□如果我非常□□□□□□□我的兄弟要及时告知我□□□□□□至于不好的事情□□□愿诸神不允许，我□□□冒犯□□□倘若它出现了，那么就是我的兄弟送来黄金作为我的礼物，我内心高兴不已，非常地、全身心地！因此，现在我对我的兄弟说了（这些话），愿我的兄弟听到它。

【拉丁化转写】

§14 (57) un-du-ma-a-an ^{m}Ma-né-en-na-ma-an še-e-ni-íw-wu-ú-e pa-aš-ši-i-it-[ḫi] (58) še-e-ni-íw-wu-uš-ša-ma-an a-gu-ka-ra-aš-ti-en a-i-la-an [d]u-⸢be⸣-n[a^{meš}] (59) du-um-ni i-i-ši-iḫ-ḫé-na ši-in ši-ni-be-e-ru-uḫ-ḫé-⸢na⸣ *x*[*x x x x*] (60) KÚ.SIG$_{17}$ šu-aš-še-na an-zu-gal-la a-ku-u-ša-a-an-ni i-nu-ú-ut-[ta-a]-⸢ni$^{?}$-i⸣$^{?}$-[in] (61) ag-gu-tan ni-ḫa-a-ar-re-e-tan ta-la-me-né-e-tan an-[š]u$^{?}$-u-a-[*x x x x x x*] (62) bi-su-uš-ta te-u-na-⸢e⸣ tiš-ša-an i-i-e-me-e-ni-[i-i]n (63) še-e-ni-íw-wu-uš ge-pa-a-né-e-ta-a-am-ma-ma-an an-du-⸢ú-e-né⸣-[e-]a-⸢an⸣ (64) [e]-ti-i-e-e te-u-na-e tiš-ša-an[(.)*x*] *x*

【中文译文】

§14（57—64）现在，愿我的兄弟让他的使节马奈快走！如果他带到这里的器皿中，4个是乌木的，2个是象牙的，□个是黄金的，① 全部□□□因此，我会对这么多的嫁妆兴奋不已的，（想到）我的兄弟将来要送的东西，我高兴不已。

【拉丁化转写】

§15 (65) ⸢ti⸣-[we]-e-na-a-an iš-ta-ni-íw-wa-ša ^{d}Te-e-eš-šu-pa-aš ^{d}A-ma-a-⸢nu⸣-[ú]-⸢ul⸣-[la-a-an] (66) [t]a-⸢a⸣-[n]u-u-ša-a-aš-še-na an-za-a-an-ni ú-nu-ú-me-e-ni-i-in za-a[l$^{??}$-p]u$^{?}$-u$^{?}$-[u]n$^{?}$-[*x x*(.)-n]a$^{?}$ (67) t[a]-a-du-ka-

① 这些器皿的材料（乌木、象牙、黄金），在埃及最为丰富，因此，图什拉塔希望埃及法老送这些礼物。

a-ri a-nam-mi-til-la-a-an ša-a-at-⌜ti⌝ iš-ta-ni-íw-⌜wa-ša⌝-ti[l]-⌜la-a$^{?}$-an$^{?}$⌝ (68) [iš]-ta-ni-íw-wa-[š]a?-til-la-a-an šu-uk-ku-u-ut-ti [ḫu]r-wu-u-⌜ḫé⌝-e-⌜en⌝ [K]UR u-[u-mi-i-n]i (69) [KUR] ma-a-áš-ri-a-a-ni-ma-a-an KUR u-u-mi-i-ni a-nu-ú-ta-ni-i[l-l]a-[a-an *x x*] *x* (70) [iš]-ta-ni-a-ša šu-ka šug-gu-ú-ud-du-u-⌜u-ḫa⌝ bi-[id]-⌜du⌝-[ka-ra]-⌜a⌝-an (71) [i]š-⌜te⌝-e-⌜en⌝ [KUR] ma-a-áš-ri-a-an-né-e-we K[UR u-u]-mi-i-in-né-e-we é[w-ri-in-n]i (72) še-e-ni-íw-we-en-na-a-an ḫur-wu-u-ḫé-né-e-we [K]UR u-u-‹mi›-i-in-⌜né-e⌝-we ⌜éw-ri⌝-[in]-⌜ni⌝ (73) ia-a-la-an ú-ú-rík-ki KUR u-u-mi-i-in-n[a] an-ni š[i]-⌜né-e⌝-[el$^{?}$ šu$^{?}$-e$^{?}$] -na-a-an (74) ia-ti-la-⌜a-⌝an ú-ú-rík-ki ša-a-at-ti-[la-a]n éw-⌜ra$^{?}$-ar⌝$^{?}$-⌜ti⌝$^{?}$-[ia]-aš (75) a-i-[l]a-an ti-we-e-na an-ni ta-la-me-na [*x x*-z]u$^{?}$-u-u-un-na š[a-a]-ša (76) aš-du-ka-a-ri-íw-wa-ša DINGIR.MEŠ e-e-ni-íw-wa-šu-uš(erasure) u[š]-t[a-a]-⌜nu-u⌝-[u]š-ta (77) DINGIR e-⌜en-ni⌝-íw-wa-⌜a⌝-še-⌜e⌝-en ⌜^{d}Te⌝-e-eš-šu-u-ub-be ^{d}A-m[a]-⌜a-nu-ú-e⌝ *x*[*x x*]-⌜i-in⌝-ni (78) be-en-⌜ti⌝-úw-wu-⌜ša⌝ a-we-en-⌜na⌝-ma-an at-ta-a-ar-ti-⌜íw⌝-w[u-ú-un-na] ⌜šu⌝-u-un-na (79) ta-a-du-ka-a-ru-ši-ik-ki i-i-e-e-en u-u-⌜li ti-wi en⌝$^{?}$-za-[*x x*]-⌜aš⌝$^{??}$-še$^{??}$-e-na-a-an (80) ti-we-e-na^{meš} šu-ú-al-la-ma-an e-ti-⌜íw-wa-ša⌝ *x x x x x x x x* -[al]-la-a-an (81) a-⌜ti⌝-i-ni-i-in ma-a-an-na-⌜al⌝-l[a]-ma-an KUR u-‹u›-mi-⌜i⌝-[*x x x x x x* x]-la-a-*x*-*x*[*x x*]-⌜it⌝-ta (82) e-ti-íw-wa-[š]al-la-a-an i-[*x x*(.)]-e-wa ia-a-⌜la-an ta-a⌝-[.-i]n [u-u-u]l-la (83) KUR u-u-mi-i-in-na šu-ú-al-l[a-m]a-an ⌜še-e-ni-íw-wu-ú⌝-[a-al-la-a-]$^{?}$-an (84) šuk-kán-né-e-wa-an ti-wi-i-wa-an e-ti-⌜i⌝-tan ⌜še-e⌝-[ni-í]w-w[u]-⌜ú⌝$^{?}$-[ra-m]a-an (85) ta-a-du-ka-a-ar-re-e‹-wa› a-ti-i-ni-⌜i⌝-[i]n [m]a-a-an-⌜na⌝-at-ta-ma-an

【中文译文】

§15（65—85）至于台舒巴和阿蒙在我们之间所做的事情，应该□□□就如□□□彼此爱着，因此，我们彼此应该如此，在我们之间，我们是一个人。因此，胡里国和埃及国在他们之间成为一个（国家），彼此支持。我就如埃及国的主人，我的兄弟就如胡里国的主人。① 因此，这两个国家，以及他们的主人我们，如果伟大事情□□□在我们的等级，我们的神祇实现了，我们不要送□□□我们的神祇台舒巴和阿蒙的□□□没有人像我们的先辈和我那样，去培育那么深的感情。另外一件事情为：这□□□因我们□□□真的□□□国家□□□对我们而言，愿他们□□□所有的□□□其他国家，我的兄弟□□□关于的他话，我会培育对我的兄弟的深厚的感情。愿它会如此！

【拉丁化转写】

§ 16 (86) ^{m}Ma-né-en-na-ma-an še-e-ni-íw-wu-uš a-⸢gu⸣-ú-⸢ka-ra⸣-aš-⸢ti-en⸣ ⸢a⸣-i-i-in (87) tup-pu-u-un-ni ki-im-ra-a-at-ta-a-an be-en-du-u[n]$^{?}$-⸢na⸣$^{?}$ ⸢a-ru-u-ši⸣ u-u-ul-la-a-an (88) KUR u-u-mi-i-in-na pa-aš-ši-i-it-ḫé-na šu-ú-al-la-ma-an ⸢tub⸣-be ⸢a⸣-⸢lu⸣$^{??}$-en-na-a-an (89) u-u-ul-la KUR u-u-mi-i-in-na šu-ú-al-la-ma-an [p]u-ú-⸢ra⸣-mar-ti-íw-we tub-be (90) [a-i-tan a-ú-ú-rat-ta-ma-an a-a-al-šu-li pa-a-ḫi-⸢íw-wu⸣-ú-a-at-ta-ma-an a-i-i-⸢in⸣ (91) ^{m}Ma-né-en-na-ma-an ma-a-an-nu-uk-ku a-a-lum-pu-ú-uš-še ⸢bi-i⸣-il-la-aš-ša-a-am-ma-ma-an (92) ia-a-la-an ta-a-na-ú u-u-ul-la a-⸢we⸣-e-eš-ši-⸢il⸣-la-ma-an a-⸢ti-i-ni-i-in⸣ (93) ⸢še⸣-e-ni-íw-we-e-en ta-a-du-ka-a-ri-⸢iš⸣ šu-ú-ú-ra ḫi-⸢na⸣-ši [K]UR u-u-⸢mi-i-in⸣-na-⸢a⸣-an (94) ⸢šu-ú⸣-al-la-ma-an $x^{?}$ i-i-u-ta-a-al-la-ma-an wu-ri-⸢íw-WA⸣

【中文译文】

§ 16（86—94）愿我的兄弟派走马奈。当他到来的时候，我会办一个体面的招待会，其他国家与所有的外宾都会到场，他会发言，所有的其他国家和我的附庸② 都会到场。当我□□□我的头□□□，当马奈不在那里，□□□所有的其他事情，都是我做的。因此，愿我的兄弟，培育深厚的感情□□□和所有的国家。

① 陈述了两国联姻后的紧密关系：两国将变成一个国家，埃及王是胡里国的国王，米坦尼王是埃及的国王。

② 由此可以看出，米坦尼也是一个帝国，除了直接统治的地区外，还有一些附属国。

【拉丁化转写】

§ 17 (95) ^{m}Ma-né-en-na-ma-an pa-aš-ši-i-it-ḫi-ip ni-i-ri tiš-ša-an-˹na-ma-an˺ ú-ru-uk-˹ku˺-[u-u]n (96) ˹tar˺-šu-a-a-ni ˹KUR˺u-u-mi-i-in-na-ša šu-˹ú˺-a-ni-a-ša-a-˹am-ma-ma-an˺ a-nam š[i$^{?}$-ra$^{?}$-aš-š]e (97) a-˹ti˺-i-ni-i-in KUR u-u-mi-i-ni-íw-wa-a-an še-e-ni-íw-wu-uš ˹pa˺$^{??}$-aš-˹ša˺$^{??}$-˹a˺$^{??}$-˹ri˺$^{??}$-˹en˺$^{??}$ (98) ˹pa˺-zi-i-ma-a-an i-i-im-ma-ma-an wu-ru-u-ša-˹uš-še˺ ˹*x-x*-du-um-mi˺ (99) i-i-um-mi-˹i-im˺-ma-ma-an KUR u-u-mi-i-ni-íw-wa ta-a-nu-u-ša-a-aš-˹še˺ ˹ú-ru-uk-ku˺ (100) še-e-ni-íw-wu-uš-ša-ma-an ^{m}Ma-né-en te-ḫu-u-˹u˺-ša an-˹du˺-ú-˹e-ma-a-an˺[*x x*]-˹ri˺ (101) pa-zi-i-ma-a-an i-i-im-ma-ma-an ú-ru-uk-ku ˹i-i-e˺-ma-a-ni-i-[i]n ˹ti-wi˺ (102) ^{m}Ma-né-eš še-e-ni-íw-wu-ta ka-til-le-e-t[a]-˹a˺-[am]-ma-ma-an wa-aḫ-˹ru˺-*x x x x* (103) ur-ḫi-ma-a-an še-e-ni-íw-wu-uš-ša-a-an ki-i-pu-˹u˺$^{?}$-[ḫa$^{??}$]-˹a˺-la-a-˹en˺ šur-˹wu-uš-ti-ik-ki-i-in˺ (104) ul-lu-˹ḫu˺-ug-gu-ú-un še-e-ni-íw-wu-ú-an t[i]-˹wi-i-tan˺ u[l]-˹lu˺-ḫu-˹ug-gu˺-[ú-u]n (105) ˹šu˺-u-wa-an ti-wi-íw-wa-an gu-li-a-˹a˺-[ma-a]-˹an˺ ḫa-š[a-]˹ú˺$^{?}$ ˹ti˺$^{?}$-˹wi˺$^{?}$ (106) ur-ḫé-e-en pa-a-la ˹gu-li˺-a-a-ma pa-a-˹li-ma-a-an˺ ˹ur-ḫa˺ g[u]-˹li-a-a˺-[m]a

【中文译文】

§ 17（95—106）我的使节马奈很好，在整个国家找不出像他这么好的人，因此，愿我的兄弟再次派他到我的国家，□□□我看到的□□□他在我国家做的事情，并不存在，我的兄弟对马奈做了很多。其中□□□不存在，马奈对我的兄弟说的话是友好的，是真的，我的兄弟必须□□□他没有做坏事，他的话没有污蔑我的兄弟，他说话，我听到了他的话。他没有把虚假的东西说成真的，也没有把真的东西说成假的。①

【拉丁化转写】

§ 18 (107) un-du-ma-a-an še-e-ni-í[w-w]e-˹e-en pa-aš˺-š[u-ši ^{m}Ma]-˹né-en-na-a-an˺ š[e-e]-˹ni˺-[íw-wu-u]š (108) pa-aš-šu-u-u-ša ḫu-ra-˹a-til-

① 强调使节马奈品德高尚，希望埃及国王让马奈出使。

la-aˈ-an še-e-[n]i-í[w-wu-uš ᵐma-*n]é?-e-r[a] ˹šu?-u?-wa?˺* (109) pa-aš-šu-u-u-ša ú-*a-˹du˺?-[ra-a-an-ni-ma-a-an(?) še-e-ni(?)-í]w-w[u-u]š a-[k]u??-˹u˺? [-u??-ša?]* (110) ú-ú-nu-u-˹uš˺-ta-˹ma-a˺-[a]n[(......) še-e]-˹ni-íw˺-w[u-u]š-ša-˹a˺?[-an?_]*x* (111) ᵐMa-né-˹en-na-a˺-an še-˹e˺-[ni-í]w-w[u-ú-e p]a-˹aš˺-š[i]-˹i˺-[-i]t-˹ḫi˺ **x x x x x*[*x x x*] *x* (112) te-u-u-na-e tiš-ša-an tiš-š[a]-˹an-na˺?-[m]a?-a[n? (.)] **x*-˹ḫu-uḫ˺-ḫa-˹a˺*-˹an˺* ˹wi-i-ra-ti??˺-*x** (113) ta-a-nu-ši-úw-wu ˹ú-nu-ú-ul˺-[le-*e-ni-i-in K]UR ˹u-u˺-m[i]-˹i˺-[n]i-˹íw˺-[wu]-ú-˹e-na˺ (114) ki-i-pa-aš-ši-[í]w-wa *˹ta-a-nu-˹ub˺?-˹be˺??-e-n[a]?-ma˺-[a-an**x x x x x x x x x*] (115) ḫi-ši-im-du-˹ḫa˺-ú-ú-un ˹ḫi-iš-ma˺-aš-ši-˹íw˺-[wa *x x x x x x*–m]a?-an? [*x x x*-]˹ma˺-a-˹pa˺?

【中文译文】

§ 18（107—115）现在，然而，倘若我的兄弟要派出（使节）的话，当然要派出马奈了，要与马奈一道派出武士兵①。同时，我的兄弟要送出聘礼。发生了□□□和我的兄弟□□□与我的兄弟的使节马奈□□□非常地□□□宾客□□□我没有做。因为□□□我的□□□我的国家□□□我□□□我的□□□

【拉丁化转写】

§ 19 (116) ᵐMa-né-e-ra-˹la-an˺ ú-˹na-aš-še-na še-e-ni-íw-wu-ú-e-na˺ *x*-˹ta-a˺-[*x x*]*x x x* (117) *ḫi-[i]š-˹mi-i-x-x*-a˺?-ul-la-ma-an tiš-ša-an za-a-zu-lu-u-ša[-ú] *x x*[*x x x*] (118) še-e-ni-[í]w-wu-ú-e-en ḫu-ra-[a?-a?]-ti šu-ú-x-ši [*x x x x x x*(..)] (119) ˹ni-i-ru-ša˺-e še-e-du-˹u-ḫu-ša-a˺-[u]l-la-a-an bi-*x-x-x-x-x*-˹a-an˺[*x x*]-a-an (120) a-nam-m[i-i]l-[l]a-ma-an za-˹a˺-z[u]-˹ul˺-[lu]?-[ša]?-[u]l?-l[a]?-˹a˺?-a[n?-a-ti-i-ni-i]?-˹in˺ (121) ma-˹a-an˺-na-al-la-ma-an ˹a˺-ti-i-ni-˹i˺-[in ma-a-an-na-al-la-m]a?-an (122) an-ti-il-la-ma-an ma-a-an-nu-˹le˺-e-wa-˹a-al˺-[l]a-a-an[(.-)] ˹ú˺?-*x x x x x* (123) i-nu-ú-mi-e-ni-i-i[n] še-e-ni-íw-[wu-ú-e-en] (124) ḫu-ra-a-a-˹ti˺ [(...)] za-a-zu-lu-u-š[a-a-ú]? (125) i-nu-ú-me-e-ni-i-in še-e-du-u-ḫu-˹ša˺-[a-ú]?

---

① 武士兵似乎在米坦尼地位很高。

【中文译文】

§ 19（116—125）□□□我的兄弟，与马奈同行的，我高兴不已，我招待□□□我的兄弟的士兵□□□我以合适的方式让他们吃喝好，因此，我招待他们。因此，这是真的，因此，这是真的，这些能□□□就如我招待我的兄弟的部队一样，我会让他们吃喝好。①

【拉丁化转写】

§ 19a (1)② še-e-ni-íw-wu-uš-ša-a-an aš-ti ša-a-ru-u-ša *KUR Mi!*-zìr-re-e-[we] a[l?-la-i] (2) un-du-ma-a-an a-ru-u-ša-ú-ú-un id-du-u-uš-ta-ma-⸢a⸣-an še-e-n[i-í]w-[wu-ta] (3) i-nu-ú-un ḫé-ri an-ti šu-e ši-ra a-we-eš-še-e-ni-i-in wu-ur-⸢ra-a-an-ni⸣ (4) šu-e an-ti bi-su-u-u-ni-i-in ta-la-mi ta-duḫ-ḫu-li-ik-ki-⸢in-na-a-an⸣ (5) a-ti-i-ni-i-in ma-a-an-ni-i-im-ma-ma-‹an› ia-a-an ú-ú-rík-ki ma-a-na šu-⸢e⸣-ni (6) ḫur-ru-u-ḫé KUR u-u-mi-i-ni ia-a-an ú-ú-rík-ki ma-a-na šu-e-ni (7) KUR Ma-a-áš-ri-a-a-‹an-›ni KUR u-u-mi-i-ni še-e-ni-íw-wu-ú-e-néš aš-ti-iš (8) še!-e-ni-íw-wu-ta ti-i-ḫa-nu-u-lu-ma-a-aš-še-ni šu-e-ni na-wu-⸢ug⸣-gu-ú-un (9) an-du-ú-e-e šu-e-né-e-e wu-ri-ik-ku-u-un-ni a-ti-i-ni-i-in (10) ma-a-an-ni-⸢i⸣-im-ma-ma-an ma-ra-a-du-ur-ku-na-a-an a-ti-i-ni-‹i›-in ma-a-an-ni-i-im-ma-ma-an

【中文译文】

§ 19a（1—10）我的兄弟需要一个妻子，一个埃及的公主，我已经给了一个了，她已经去了我的兄弟那里了。如他□□□所有的都可测量③，毕竟每个人都能看到！这些是大大的喜悦啊，和□□□事实上！以及关于胡里国的每个方面，也同样是埃及国的每一个方面，我的兄弟妻子不是让我的兄弟看了吗，与此相关的所有□□□不会受限，真的，真的！

【拉丁化转写】

§ 20 (11) un-du-ma-a-an še-e!(Text:en)-ni-íw-wu-ú-e-en aš-ti a-ru-

① 叙述招待使节的问题。

② 此处开始为泥板背面，也是第三部分的开始。

③ 指的是什么不太清楚，可能指的是送给埃及的女子的美丽。

u-ša-ú id-du-u-uš-ta-ma-a-an (12) še-e-ni-íw-wu-ta in-na-a-ma-a-ni-i-in(erasure) ú-ú-‹né›-e-et-ta (13) še-e-ni-íw-wu-uš-ša-a-an wu-re-e-ta ⸢a-ru-u-ma-a⸣-aš-šu-uḫ-ḫa ú-na-a-an (14) še-e-ni-íw-wu-ú-a ši-ra-a-an še-e-ni-íw-⸢wu-ú-e⸣-né-e-en-na ti-ša-a-an-na (15) ni-ḫa-a-ri-ma-a-an gu-ru še-e-ni-íw-wu-uš wu-re-e-e-ta (16) a-ru-u-ši-im-pu-ú-uš-ḫa u-u-lu-u-ḫa-a-ti-la-an zu$^{!}$(SU)-kán e-ši-íw-wa-a-aš-tan (17) ma-a-an-nu-uk-ka-ti-la-an a-a-wa-ad-duḫ-ḫa še-e-ni-íw-wu-ú-a-al-la-a-an (18) ge-pa-a-nu-ša-a-uš-še-na ge-pa-a-nu-ša-a-ul-la-ma-an wu-re-e-ta-a-al-la-a-an (19) še-e-ni-íw-wu-uš(erasure) ú-na-a-la-an (20) še-e-ni-íw-wu-ú-a ti-i-ḫa-^{ni}níš-ḫa-la-an ip-šu-ši-i-la-an

【中文译文】

§20（11—20）现在，我已经给我兄弟一个妻子了，她已经去了我的兄弟那里了。当她到了的时候，我的兄弟会看到她，她将会被赐予。他到了我的兄弟处，她会符合我的兄弟的期望的，①当她被赐予，我的兄弟将会看到嫁妆，它会被赐予。与我们□□□从我们的□□□我打算他给我的兄弟的东西，我已经送出了，我的兄弟会看到的，它们会到我的兄弟那里的，且他们□□□他们□□□。

【拉丁化转写】

§21 (21) un-du-ma-a-an in-na-me-e-ni-i-in še-e-ni-íw-wu-ú-e aš-ti ú-né-e-et-ta (22) in-na-ma-a-ni-i-in še-e-ni-íw-wu-ta ti-i-ḫa-nu-u-ul-le-e-et-ta (23) ú-ši-íw-wu-ú-un-na-ma-a-an šu-u-we-né-e-en-na it-ti-ten ú-ši-íw-wu-un-na-a-an (24) ti-i-ḫa-ni-ten še-e-ni-íw-wu-uš-ša-a-an KUR u-‹u-›mi-i-ni šu-ú-an-na-ma-an (25) pu-uk-lu-uš-ti-en u-u-ul-la-a-an KUR u-u-mi-i-in-na šu-ú-al-la-ma-an (26) wi-i-ra-te-e-na-a-an pa-aš-ši-i-it-ḫé-na^{meš} šu-ú-al-la-ma-an tup-pu-la-in (27) ti-i-ḫa-ni-i-ten-na-a-an še-e-ni-íw-wu-ta ni-ḫa-a-ri-i-in (28) še-e-ni-íw-wu-ú-e-né-e a-a-i-e-e be-te-eš-ti-ten šu-ú-

① 直译为“她会符合我的兄弟的心”。

an-na-ma-an (29) in-na-ma-a-ni-i-in še-e-ni-íw-wu-ú-e-né-e a-a-i-e-e be-te-eš-te-e-et-ta (30) ta-ri-i-te-na-an šuk-kán-ni e-e-še-ni ḫa-i-e-ni-la-an še-e-ni-íw-wu-uš (31) wi-i-ra-te-e-na šu-ú-al-la-ma-an pa-aš-ši-i-it-ḫé-na-a-an šu-ú-al-la-ma-an (32) u-u-ul-la-a-an KUR u-u-mi-i-in-na šu-ú-al-la-ma-an ma-ri-a-an-na-ar-ti-la-an (33) še-e-ni-íw-wu-uš ú-ú-ri-a-a-aš-še-na wa-ša-i-na-an še-e-ni-íw-we (34) be-te-eš-ti-e-na-an ni-ḫa-a-a-ri ši-RI-en-na-a-an

【中文译文】

§21（21—34）现在，当我的兄弟的妻子到了的时候，当她被带到我的兄弟面前的时候，愿她代表我，就如她展现我的一样。① 愿我的兄弟召集整个国家和所有其他国家、尊贵的宾客和所有的使节到场。愿他们向我的兄弟展示她的嫁妆，愿他们在我的兄弟的眼前打开所有的东西。当它被在我的兄弟的眼前打开的时候，愿他们□□□在一个地方。愿我的兄弟带着所有的贵宾、所有的使节、所有的其他国家和我的兄弟想要的战车武士，愿我的兄弟进入，愿他们打开嫁妆，愿他们符合我的兄弟的心意。

【拉丁化转写】

§22 (35) un-du-ma-a-an at-ta-íw-wu-ú-e-en ša-a-la e-e-li-íw-we ma-a-né-e-em-ma-ma-an (36) tub-be tub-bi(over erasure)-ma-a-an ni-ḫa-a-ri-i-we ma-a-né-e-em-ma-ma-an tub-be (37) am-ma-t[i-í]w-wu-ú-e-e-en ša-a-la at-ta-íw-wu-ú-e-e-⸢e⸣-la (38) ma-a-né-e-em-ma-ma-an tub-be tub-bi-ma-a-an ni-ḫa-a-ri-i-we ma-a-né-e-em-ma-ma-an (39) gu-ru tub-be a-ra-an-ni-e-ni-la-an še-e-ni-íw-wu-uš tub-bi-aš (40) ši-ni-a-še-na-a-am-ma-ma-an ḫa-ši-e-ni-il-la-a-an šu-u-we-ma-a-an tub-be (41) ni-ḫa-a-ar-re-e-we a-ru-u-ša-uš-še-né-e-we a-ra-an-ni-en-na-ma-an (42) še-e-ni-íw-wu-uš ḫa-ši-en-na-an a-la-a-še-me-e-ni-i-in ni-ḫa-a-ri te-⸢a⸣ (43) a-la-a-še-me-e-ni-i-in ni-i-ri a-la-a-še-me-e-ni-i-in še-e-ni-íw-wu-ú-uz-zi

① 直译为“愿她穿上我的肉体，就如展现了我的肉体一样”。

【中文译文】

§22（35—43）现在，我的父亲的女儿即我的姐妹，在那里了，她的嫁妆的泥板清单也在那里了；我的祖父的女儿即我的父亲的姐妹，在那里了。愿我的兄弟保有她们给你的那两块泥板，愿他听到她们的话。① 至于我要给的嫁妆的泥板清单②，愿她也能给他，愿我的兄弟能听到它（并且知道）嫁妆丰富，嫁妆精良，它符合我的兄弟的心意。

【拉丁化转写】

§23 (44) a-i-i-in ul-lu-i e-e-la-ar-ti-íw-wu-ú-e-na-a-še-e-em-ma-ma-an (45) ni-ḫa-a-ri-a-a-še tub-bi-aš tup-pu-uk-ku še-e-ni-íw-we-en-na-a-an (46) e-ti-i-tan-na-ma-an ši-mi!(LUM)-i-ki pa-li-a-ma-a-aš-še-ma-a-an ú-ru-uk-ku (47) pa-li-a-al-la-a-an e-ti-i-ta-ni-il-la-ma-an še-e-ni-íw-wu-⸢uš⸣ (48) tup-pu-pa-a-ta-a-al-la-ma-an i-i-in éw-re-en-na-šu-uš pal-du-pa-a-te

【中文译文】

§23（44—48）如果，另一方面，我的姐妹和我的父亲的姐妹的嫁妆泥板没有了的话，我的兄弟不能□□□，没有人知道它，我的兄弟知道有关诸王的泥板不在了，他不知道。③

【拉丁化转写】

§24 (49) še-e-ni-íw-wu-ta-a-ma-‹a-›an ti-wi šuk-ku kul-le še-e-ni-íw-wu-uš-⸢ša⸣-a-an ḫa-ši-en (50) še-e-ni-íw-we-e-en at-ta-ar-ti-íw-wu-tan tiš-ša-an-na-ma-an an-za-an-nu-u-ḫu-ša-ú (51) ta-a-ta-ra-aš-ka-e a-nam-ma-a-an an-za-a-an-nu-u-ḫu-ša-a-ú kul-li-ma-a-an (52) i-i-al-le-e-ni-i-in mAr-ta-ta-a-maš am-ma-ti-íw-wu-uš at-ta-i-ip-pa (53) ⸢e-ti⸣-i-i-ta ti-we-e-

① 回顾了图什拉塔的父亲、祖父与埃及的联姻。

② 嫁妆泥板清单，已经为埃及与米坦尼之间的嫁妆清单泥板所证实。

③ 似乎还是在说嫁妆泥板的事情，似乎米坦尼王想让埃及国王查看之前联姻的嫁妆泥板，言外之意，通过查阅来比较一下，当下联姻的嫁妆与之前的差别。下段开头就提及送给埃及的东西要比先辈多得多，由此可以证实笔者的理解是正确的。

na^{meš} ta-a-nu-u-ša-a-aš-še-na *x* *x*-a-ru-ša-a-an-na-al-la-ma-an (54) i-šal-la-a-an šuk-kán-né-e-el-la-ma-an pa-aš-ši-ḫ̮i-íw-we e-e-ma-na-a-mu-ša-a-ú (55) i-i-al-la-a-ni-i-in gu-ru at-ta-íw-wu-uš we-e-wa e-ti-i-da$^{!}$(WA) (56) ti-we-e-na^{meš} ta-a-nu-u-ša-a-aš-še-na an-til-la-a-an šuk-kán-né-e-el-la-ma-an (57) pa-aš-ši-ḫ̮i-íw-we i-ša-aš e-e-ma-na-a-mu-ša-a-ú i-i-al-la-a-ni-i-in (58) am-ma-ti-íw-wu-uš at-ta-íw-wu-uš at-ta-i-ip-pa we-e-wa ma-*ka-a*(overerasure)-an-na (59) ge-pa-a-nu-lu-u-uš-ta-a-aš-še-na a-ti-i-ni-i-in še-eḫ̮-ra-a-al-la-ma-an (60) pu-ud-du-ú-uk-ki-a-šu-u-un-na-a-al-la-a-an šu-u-we-na-a-šu-u-un-na ir-nu-uk-ku (61) wu-re-e-ta-a-la-an un-du še-e-ni-íw-wu-ú-ul-la-ma-an ge-pa-a-nu-ša-uš-še-na (62) še-e-ni-íw-wu-ú-a a-nam-mi-it-ta-ma-an še-e-ni-íw-wu-ú-a (63) ge-pa-a-nu-ul-›ul‹-le-e-wa-a-at-ta-a-an a-ti-i-ni-i-in ma-a-an-na-at-ta-ma-an (64) a-nam-mi-it-ta-ma-an še-e-ni-íw-wu-ra ur-ḫ̮u-up-du-ši-le-wa a-nam-mi-it-ta-ma-an (65) ta-a-du-ka-a-ar-re-e-wa a-ti-i-ni-i-in ma-a-an-na-at-‹ta-›ma-an

【中文译文】

§ 24（49—65）对我的兄弟，我将会只说（一件事情），愿我的兄弟听听它。我已经给了比我的先辈多得多的东西，这是以一种令人愉悦的方式□□□我已经用一艘船运送了 10 倍的东西。我的祖父和我的父亲送给你的父亲和你的礼物，现在，它们是多的，但是，它们不能与我的船上的东西的价值相提并论。现在，我的兄弟将会亲眼看到我送去的东西。因此，我将会送给我的兄弟礼物的！我将会真心对待我的兄弟的。因此，我自然会展示相互之间的爱的。①

【拉丁化转写】

§ 25 (66) iš-ši-na-a-an še-e-ni-íw-wu-uš at-ta-a-ar-ti-íw-wu-ú-un-na ḫ̮i-i‹a›-ru-uḫ̮-ḫ̮a-e (67) ir-n[u]-⌜u⌝ ḫ̮u-ši-a-a-ma še-e-er-re-e-we-‹ni-›⌜i⌝-in

① 米坦尼国王的逻辑为，两国关系现在要比过去好，两国赠送的礼物的价值现在要比过去高。这是一种非常实际的思维方式。

KÚ.SIG$_{17}$ at-ta-i-wu-uš am-ma-ti-íw-wu-ú-a (68) ú-⌜a⌝-du-ra-a-an-na ge-pa-a-nu-u-ša-a-aš-še we-e-eš-ša-a-an at-ta-íw-wu-ú-a (69) ú-⌜a⌝-[d]u-ra-a-an-na ge-pa-a-nu-u-šu-u-uš-še te-a at-ta-i-ib-be-né-e-tan (70) t[iš-š]a-an-na-ma-an šu-u-wa-ma-a-an še-e-ni-íw-wu-uš ir-nu-u-ḫu-ši-a-a-ma (71) ⌜at⌝-ta-íw-wu-ú-e-né-e-en-na ge-pa-a-nu-u-ša-a-aš-še še-e-ni-íw-wu-ú-ut-ta-a-an (72) ⌜su⌝-bi-a-a-maš-ti-en éw-re-en-na-a-ša i-ri-i-in-na-ar-ti-íw-wu-ú-a (73) u-u-ul-la-a-ša KUR u-u-mi-i-in-na-a-ša wu-ri-a-ša ḫi-ia-ru-uḫ-ḫa-a-at-ta-a-an (74) t[e]-u-u-na‹-e› še-e-ni-íw-wu-uš ge-pa-a-nu-en wu-ur-te-ni-it-ta-a-an še-e-ni-íw-‹wu-›uš-ša-a-an (75) ul-⌜lu⌝-i ti-wi-íw-we šuk-ku ta-a-na-aš-ti-en ti-ši-íw-we-en-na-a-an (76) ḫi-[su-ú-ḫ]i-wa-a-en ša-a-li-íw-wu-ú-e-en še-e-ni-íw-wu-ú-e-né-e-we aš-ti-i-we (77) ⌜š[e-e-ni-íw-w]u-uš⌝ za-lam-ši ḫi-ia-ru-uḫ-ḫé na-⌜ak⌝-k[a-a]š-[š]a ku-*x*[(.)]*x* (78) [še-e-ni-íw-wu-u]š ta-a-na-aš-ti-en ma-a-nu-ú-⌜un⌝-na-a-a[l-la-a-a]n [*x x x x*] (79) [*x x x x x x x x*(…)-]⌜ši$^{?}$-ru⌝-[*x*]-in-[n]a-a-an u-lu-*x x x x x*-en(-) [(…)] (80) [*x x x x x x x*(..)]*x x*[*x x x* a$^{?}$-nam$^{?}$]-⌜mil$^{?}$-la-ma⌝-an ut-ta-aš-ti-te-e[n] (81) [*x x x x x*(..)-n]i-⌜i⌝-in še-[e-ni-í]w-⌜wu⌝-[u]š ⌜be⌝ ti-ša-a-tan ta-a-ni-⌜a⌝ (82) [*x x x x*(.)]-⌜un⌝-na-a-ma-a-an e-t[i]-⌜i⌝-tan-*x*-[*x*] *x*-an e-el-mi-i-ḫi ú-ru-uḫ-l[i] (83) [*x x x x*-t]a-ma-a-an e-ti-i-ta[n-n]a-ma-an [*x* (.)-g]u-ú-un-na [...]-a-an (84) u-u-[ul$^{?}$] -lu-⌜ḫi-duk⌝-ku-u-un i-⌜i-duk⌝-[ku]-un-na-ma-an še-e-ni-íw-wu-ú-an [*x x x x x x*] (85) ḫi-i-*x x* ⌜ti-ši-íw-we-en-na⌝-a-an ḫi-su-ú-ḫi-wa-⌜a-en⌝ a-ri-en-na-a-an še-e-⌜ni-íw⌝-w[u-uš] (86) ša-a-ru-ši-⌜im⌝-p[u]-⌜ú⌝$^{?}$-[u]š-[šu]-uḫ-ḫa ti-ši-íw-wu-ú-un-nu-uḫ-ḫa ši-ra-[aš-še] (87) an-za-a-an-nu-u-[ḫi-e-ni-tan] še-e-ni-íw-wu-uš at-ta-a-ar-ti-íw-wu-tan tiš-ša-ni-it-[ta-a]-⌜an⌝ (88) ti[š]-š[a-na-an]$^{?}$ su-bi-a-maš-ti-e-⌜ni-tan⌝ še-e-ni-íw-wu-uš KUR u-‹u-›mi-i-ni-íw-wu-ú-a wu-ri-[i]-ta (89) t[i-ši-í]w-we-en-⌜na-a-an⌝ še-e-ni-íw-[wu]-uš ḫi-su-ú-ḫi-wa-a-en an-du-ú-a-na-an [šuk$^{?}$-k]án (90) še-e-ni-íw-wu-tan za-lam-ši ^{f}ša-a-⌜li⌝-íw-wu-ú-e ḫi-ia-ru-uḫ-ḫa na-⌜ak-ka-aš⌝-ša (91) ša-a-ru-ša-a-ú ia-me-e-ni-i-in⌜-in⌝ e-ti-íw-we pa-la-a-ú še-e-ni-⌜íw-wu-uš⌝ (92) te-u-u-na-e tiš-ša-an tiš-⌜ša⌝-

an ta-a-ti-a-˹a-aš˺-š[a] ˹ti-ša˺-a-tan še-e-[ni-í]w-˹wu-ú-a˺-m[a]-˹a˺-[an] (93) gu-ru KUR u-u-mi-i-ni-i-ta ḫi-ia-ru-uḫ-˹ḫé˺ pa-la-a-ú ˹a-i-i-in˺ [*x x x x x x* (.)] (94) te-a še-e-˹ni-íw˺-wu-ú-a-ma-a-an wu-ri-i-ta i-i-uk-ku-un-na-ma-an še-˹e-ni-íw-wu-uš˺-[ša-a-an] (95) ul-li-wa-a-en ˹ti˺-ši-íw-˹we-e-en˺ ḫi-su-ú-ḫ[i-w]a-a-en ú-ri-im-pu-ú-˹uš-šu-uḫ-ḫa-ma-a-an˺ (96) na-ḫu-ul-li-im-pu-ú-uš-šu-‹uḫ-›[?]ḫa ši-ra-aš-[še š]e-e-ni-íw-wu-uš a-ri-en ši-˹in-nu-ma-a-an˺ (97) za-lam-ši ši-in-ni-be-e-ru-uḫ-˹ḫé še-e-ni˺-íw-wu-uš a-ri-en i-nu-ú-me-e-ni-i-˹in˺ (98) URU Ni-i-nu-a-a-we [d]Ša-uš-k[a]-˹a˺-wa DINGIR e-e-ni-íw-wu-ú-a a-˹a-i-i-ta˺ (99) ka-te-e-ta-ú ḫi-ia-ru-uḫ-ḫé-ma-a-an za-lam-ši šu-u-WA še-[*x x*(.)]-íw-WA (100) tup-pu-le-e-wa a-ti-i-ni-i-in ma-a-an-ni-i-im-ma-ma-an e-e-še-né-e-ra (101) ˹ḫa˺-a-wu-ru-[u]n-né-e-ra te-e-e-na ka-ti-i-˹in˺-na i-˹nu-ul-le-e-ni-i˺-[i]n (102) ḫ[i-i]l-[lu-l]e-e-wa a-ti-i-ni-i-in ma-a-an-na-al-la-ma-an ˹an-ni-i˺-in-˹za-lam-ši˺ (103) ḫ[i-ia-ru-u]ḫ-ḫé na-ak-ka-‹aš-›še [f]Ta-a-du-ḫé-e-pa-an ma-a-an-ni˹[m]Du-uš-rat-ta-a-we˺ (104) KUR M[i]-˹i˺-it-ta-a-*˹an-né˺*-e-we éw-ri-i-we ša-a-la [m]Im-mu-u-˹ri-ia-we˺ (105) KUR M[i]-zi-ir-re-e-˹we-né˺-e-we éw-ri-˹i˺-we aš-ti-i-in-na a-ru-u-ša-a-aš-še (106) [m]I[m]-mu-u-ri-aš-ša-a-an za[!]-lam-ši ta-˹a-nu-u˺-ša ḫi-ia-ru-uḫ-ḫa na-ak-˹ka-aš-ša˺ (107) [m]˹Du˺-uš-rat-ta-a-wa-ma-a-an ge-pa-a-nu-u-ša ta-a-ta-ra-aš-ka-e

【中文译文】

§ 25（66—91）至于马①，我的兄弟没有像我的先辈那样镀金。你的父亲送给我的祖父作为聘礼的□□□的金子，你送给我的父亲作为聘礼的金子，要比你的父亲送出的多。愿我的兄弟对我不要做同样的事情，不要（送）他送给我的父亲作为聘礼的东西。愿我的兄弟让我在诸王、我的同僚和其他国家面前得以荣耀。愿我的兄弟看到我提供的大量的黄金，他们可能看到了我。愿我的兄弟看到

① 可能是马雕像。

我的对外关系[①]，愿他不要伤我的心。愿我的兄弟，根据我的心意，以我喜欢的方式，给我符合我的心意的东西。愿我的兄弟给我比给我的先辈的东西更多的东西，愿我的兄弟让我在我的国家的眼里得以荣耀，愿我的兄弟不要伤我的心！此外，我曾经希望要一座我的女儿的铸金像。[②]

（92—107）我知道，我的兄弟非常爱我，我也知道，对于我的兄弟而言，黄金，若在他的国家□□□，是多的，在我的兄弟的眼中，它是便宜的，因此，愿我的兄弟不要扣留它，愿他补上我的心，若（它）很多的话，愿我的兄弟给我想要的数量。此外，愿我的兄弟给我一尊象牙像。我将会对我的神尼尼微的邵什卡说：“为我制造的一尊金像，是有的吧！”因此，它会有的。在天、地面前，我说了这些话，因为我说了，所以，他就会变成真的。“这尊铸金像是图什拉塔送给埃及国王伊姆里亚[③]作为妻子的、米坦尼王图什拉塔的女儿塔杜希帕。伊姆里亚制造了一尊铸金像，他赶快地送给了图什拉塔。”

【拉丁化转写】

§ 26 (108) ⸢ša⸣-a-at-ti-la-an an-nu-tan ⸢šu-e-né-e-tan⸣ iš-ta-ni-íw-wa-ša šug-gu-ú-ud-du-u-ḫa (109) ⸢ta⸣-a-du-ka-a-ri-i-til-la-a-an ⸢te-u-u-na-e⸣ tiš-ša-an tiš-ša-an KUR u-u-mi-i-ni-íw-wa-aš-ša-a-an (110) ⸢iš⸣-ta-ni-a-ša bi-id-du-ka-a-ra in-na-a-am-ma-ma-an še-e-ni-íw-wu-ú-e (111) ⸢du⸣-ru-bi ú-ru-u-we-en a-i-ma-a-ni-i-in šuk-ku-u-um-ma-ma-an du-ru-be (112) ⸢še⸣-e-ni-⸢íw-wu⸣-ú-a KUR u-u-mi-i-ni-i-ta wa-še-e-wa pa-aš-ši-na-an še-e-ni-íw-we (113) šu-ú-ú-ta ḫur-wu-u-ḫé-ma-a-an KUR u-u-mi-i-ni^{meš} kar$_{4}$-kar$_{4}$-ni^{meš} nu-ú-ú-li^{meš} (114) šuk-kán-ni-ma-a-an šu-e-ni še-e-ni-íw-wu-ú-e-né-e-wa du-ru-bi-i-i-wa (115) e-ti-i-ta [tub$^{?}$-b]i-in ú-ru-le-e-wa-ma-a-ni-i-in gu-ru šu-u-u-⸢we⸣ (116) du-u-ru-b[i] ⸢du-ru⸣-bi-íw-⸢we⸣ in-na-a-am-ma-ma-an ú-ru-u-we-en pa-aš-še-ti-i-tan (117) še-e-ni-í[w-wu]-⸢ta⸣ [g]e-

---

① 指的是米坦尼与埃及的关系。

② 一再要求埃及送出大量的黄金等礼物。

③ 即尼穆瑞亚，埃及国王阿蒙霍特普三世的王位名。

pa-a-né-e-ta-ma-a-an še-e-ni-íw-wu-uš KUR ma-a-áš-ri-a-a-an-ni (118) KUR u-u-mi-i-⸢ni⸣^{meš} kar$_4$-kar$_4$-ni^{meš} nu-ú-ú-li^{meš} šuk-kán-ni-ma-a-an šu-e-ni du-ru-bi-íw-wu-‹ú-›a (119) e-ti-i-⸢ta⸣ ú-be-e-ti(erasure) i-i-ma-a-an gu-ru ḫa-a-ra-a-am-ma-ma-an dur-bi-íw-‹wa›-aš (120) ši-né-e-W[A *x x*]-⸢i⸣-in ew-re-en-na ta-li-im-te-na KUR u-u-mi-i-⸢ni⸣[^{me}]^{š} (121) ta-li-im-te-na du-ru-pa ti-i-ti a-ú-un-ni-ma-a-an an-ni du-ru-bi (122) e-ti-iš ta-a-ar-ra-ša ḫu-ši-a-a-aš-še du-ru-bi-íw-w[e *x x x x x x x x x x x x x*] (123) ú-ru-uk-ku(erasure) i-i-ri-i-in-‹ni-›íw-wa-aš-ša-⸢a⸣-[an] (124) ú-ru-uk-ku-un-na-ma-an an-nu-tan šu-e-né-e-t[an]

【中文译文】

§ 26（108—124）因为这个，我们彼此同心，我们两人很爱对方。我们的国家彼此帮助。但愿我的兄弟的敌人一个都没有了！一旦我的兄弟的敌人侵略他的国家，那么，请我的兄弟写信给我，胡里国家、甲胄、武器和所有能够打击我的兄弟敌人的东西，都任他使用。但是，另外若我有敌人——但愿没有——的话，我将写信给我的兄弟，我的兄弟会派出埃及国、甲胄、武器和所有能打击我的敌人的东西，□□□我们的敌人□□□伟大诸王，伟大国家□□□敌人□□□那个敌人，我们的敌人不存在，尽管如此，没有与我们匹敌的。①

【拉丁化转写】

§ 27 (1)② ti-we-e-ma-a-an šuk-ku ⸢še-e⸣-n[i-í]w-⸢wu-ta⸣ kul-le še-e-ni-íw-wu-⸢ú-a-an⸣ (2) a-a-i-⸢i⸣-ta ti-wi šur-wi te-a ka-ti-ik-ku-u-un-ni ma-a-an-nu-⸢uk-kal-la⸣-a-an (3) an-ti ú$^{!}$-ú-nu-uk-ka-la-an ta-la-me-né-e-wa a-a-i-⸢i⸣-ta éw-⸢re⸣-e[n-né$^{?}$-e$^{?}$-wa$^{?}$-a]n$^{?}$ (4) šur-wi ti-wi ka-t[i-i]š$^{?}$ ḫi-il-lu-ši-i-in ḫi-il-lu-ši-ik-⸢ku-u⸣-[un-n]i (5) še-e-ni-íw-wu-ta e-ti-íw-wu-ú-e ni-i-ru-pa-a-ta-e gu-lu-u-ša-a-at-ta-a-an (6) ni-i-ru-pa-a-ta-e ḫa-šu-u-ša-un-na-a-an gu-ru še-e-ni-íw-wu-uš ti-wi-i te$^{?}$-na (7) ta-a-nu-u-ša-a-aš-ša na-wa-a-an ta-la-ma še-e-ni-íw-wu-uš ni-i-nu-šu-ú-a (8) a-ú-a-a-ar-ḫé-na-a-ša-ma-

① “但愿我的兄弟的敌人一个都……”，其表述与条约中的条款非常相似。

② 此处开始为第四部分。

a-an ge-u-u-ša a-a-ad-du-u-uš-ta-ma-a-an (9) ḫa-šu-u-ša$^{?}$-ú-ú-un bi-sa-an-du-ši-i-it-ta-a-an a-i-ma-a-ni-i-in (10) še-e-ni-íw-wu-uš a-nam ta-a-nu-ši-i-wa-al-la-a-an-ni ḫi-su-ú-ḫul-le-e-et-ta-a-an (11) tiš-ša-an ḫé-en-ni-ma-a-an gu-ru ḫi-il-lu-ši-ik-ku-u-un-ni ḫi-il-lu-ši (12) ^{m}Pár-ad-du i-i-ra-a-an-na-la$^{!}$-an ka-ti-a-ma-a-an še-e-ni-íw-we še-e-na-a-an-na-e (13) ma-a-an-ni-i-ni-i-in ti-wi an-ti ú-na-a-ni-i-in pa-ḫé an-ti a-nam (14) ḫi-il-lu-ši-iš ka-tup-pa-a-ni-i-in ti-wi an-ti za-a-lu-ša-e še-e-ni-íw-wu-ša-an (15) KUR u-u-mi-i-ni-wa a-a-i-i-ta na-wa ta-la-ma e-ti-i-ta ta-a-na-aš-du-‹wa›-en (16) pa-nu-ú-ul-le-e-ni-i-in i-i-iš-ḫé-e-wa ti-w[a]-a-al-la-a-an šur-WA še-e-ni-íw-wu-ta (17) ka-ti-ik-ki še-e-ni-íw-wu-ta-a-ma-a-an a-we-en-né-e-ni-i-in ti-wi šur-WA (18) i-ia-am-ma-ma-an ka-ti-le-e-wa šu-u-we-né-e e-ti-íw-wu-ú-e (19) KUR u-u-mi-i-ni-íw-wu-ú-e-né-e e-ti-i-e-e še-e-ni-íw-wu-ú-ul-la-a-an-ti-we (20) a-né-e-na-a-am-ma-ma-an ḫa-ša-a-ši-wa-a-en a-i-la-an ^{m}Ma-né-eš ^{m}Ge-li-ia-al-la-a-an (21) gu-li-a-a-ma i-i-e-na-a-ma-a-ni-i-in ^{m}Ma-né-eš ^{m}Ge-‹li›-ia-al-la-a-an ka-til-le-ta (22) šu-u-we-né-e e-ti-íw-wu-ú-e-e KUR u-u-mi-i-ni-íw-wu-ú-e-né-e e-ti-i-e (23) ur-ḫal-la-a-an pal-ta-a-la-an ḫa-ša-a-ši-il-la-a-i-ni-il-la-a-an še-e-ni-íw-wu-uš (24) a-we-en-na-a-ni-i-in gu-ru šu-ú-ú-ta i-ia-am-ma-ma-an ḫi-il-lu-le-e-wa (25) še-e-ni-íw-wu-ú-e-né-e e-ti-i-e-e KUR u-u-mi-i-ni-i-we-né-e e-ti-i-e-e (26) ḫa-ša-a-ši-wa-al-li-i-il-la-a-an a-i-la-an ^{m}Ge-li-i-⸢aš⸣ ^{m}Ma-né-e-el-la-a-an (27) gu-li-a-a-ma i-i-e-ma-a-ni-i-in ^{m}Ge-li-i-aš ^{m}Ma-né-eš-ša-a-an gu-le-e-ta (28) še-e-ni-íw-‹wu›-ú-e-né-e e-ti-i-e-e KUR u-u-mi-i-ni-i-we-né-e e-ti-i-e-e (29) ur-ḫa-al-la-a-an pa-al-ta-a-la-an ḫa-ša-a-ši-il-li-i-il-la-a-an

【中文译文】

§27（1—29）我想对我的兄弟再说一件事情：在我的兄弟面前，邪恶的话数不胜数，（若对他）说话的人可能不在跟前，那些（邪恶的话）就会到了伟大者的面前了。（现在，然后）有一句邪恶的话说给了国王，多嘴者以不友好的方式，对我的兄弟说了关于我个人的话，他诋毁我。另外，我听说，我的兄弟做了一件□□□事情，一个大的□□□我的兄弟□□□为阿瓦里①的人提供给养，我听说这件事了，我高兴啊！如果我的兄弟不如此行事，我会很哀伤的。不要再有多嘴者了，帕拉图伊拉那②说了它：我的兄弟有兄弟之心。有相关的话在手头，相关的话以□□□方式说出来，愿我的兄弟□□□在他的手中的它，关于伟大者□□□他们，例如，一个不对我的兄弟说坏话。任何人所说的关于我或我的国家的话，如果马奈和凯利亚所说的话不是那样，愿我的兄弟别信那些话。但是，马奈和凯利亚说的有关我或我的国家的话，他们是对的，愿我的兄弟听他们的话。任何人向我说的关于我的兄弟或他的国家的话，如果凯利亚与马奈不那样说，我就不会听信。但是，凯利亚与马奈说的关于我的兄弟或他的国家的话是对的，我会听信这些话！③

【拉丁化转写】

§ 28 (30) un-du-ma-a-an i-i-al-le-e-ni-i-in ti-we-e-na^{meš} šu-ú-al-la-ma-an (31) še-e-ni-íw-wu-uš ka-⸢du-u-ša⸣-a-aš-še-na ú-ú-ri-a-a-aš-še-na an-til-la-a-an (32) e-e-ma-na-a-am-ḫa ⸢ta-a-nu⸣-ša-a-ú ti-ša-a-ma-a-an še-e-ni-íw-wu-ú-e šuk-kán-né-en (33) pa-ti ti-[w]e-e-né-en ḫi-su-ú-ḫu-ši-úw-wu aš-ti-i-in še-e-ni-íw-wu-ú-e (34) a-ru-u-ša-ú še-e-ni-íw-wu-ú-e-né-e-en ti-ša-a-an-na ši-ra-aš-še (35) un-du-u-un ^{m}Ma-né-e-na-an še-e-ni-íw-wu-ú-e pa-aš-ši-i-it-ḫi un-du-u-un (36) ^{m}Ge-li-ia-na-an ^{m}Ar-te-e-eš-šu-pa-na-an ^{m}A-sa-a-li-in-na-a-an pa-aš-ši-i-it-ḫi-íw-we (37) ^{m}Ge-li-ia-na-an ta-la-mi ^{m}A-sa-a-li-in-na-a-an tup-šar-ri-íw-wu-ú-un-ni (38) ki-i-pu-šu-ú-uš-ši še-e-ni-íw-wu-ta-al-la-a-an ni-i-ru-ša-e tiš-ša-an (39) pa-aš-šu-ša-a-ú še-e-ni-íw-wu-ú-ul-la-a-an wu-re-e-e-ta

【中文译文】

§ 28（30—39）现在，对于我的兄弟要求的和希望的事情，

① 阿瓦里，地点不明，且该词在其他楔形文字材料中从未出现过，参见 William L. Moran, *The Amarna Letters*, p. 393。

② 帕拉图伊拉那，身份不明，其名字含义不明，参见 William L. Moran, *The Amarna Letters*, p. 383。

③ 图什拉塔要求两国国王只听使节马奈、凯利亚传递的两国国王的话，其他的一律不能采纳。显然，图什拉塔的目的是建立起两国可靠的对话机制。

我都十倍努力去做①。我没有说过一句伤我的兄弟心的话。我给了我的兄弟妻子，她符合我的兄弟的心意。现在，我派出了我的兄弟的最高贵的使节马奈。现在，我已经派遣凯利亚、阿尔台舒巴②、阿萨里③（凯利亚是高官，阿萨里是我的泥板书吏）去我的兄弟那里，我的兄弟将会看到他们。④

【拉丁化转写】

§ 29 (40) še-e-ni-íw-wu-ú-ul-˹la-a˺-an pa-aš-ši-i-it-ḫi-íw-we ku-su-uš-ti-wa-a-en kar-ḫaš-ti-wa-a-en (41) še-e-ni-íw-wu-ú-ut-ta-˹a˺-an ši-la-a-ḫu-šu-uš-ti-wa-a-en pa-aš-ši-i-it-ḫi-íw-WA-la-an (42) še-e-ni-íw-wu-uš šu-ra-a-maš-ti-en na-ak-ki-en ti-wa-a-at-ta-a-an gu-ru-ú-wa (43) še-e-ni-íw-wu-ú-e-ma-a-an ge-e-el-ti ni-i-ri-še ḫa-ši-i-i-le (44) bi-sa-an-ti-iš-tin-na-a-an tiš-ša-an še-e-ni-íw-wu-ú-e-né-e-wa ge-el-ti-i-wa

【中文译文】

§ 29（40—44）但愿我的兄弟不要扣留我的使节，愿他不要□□□，愿我的兄弟不要□□□我。愿我的兄弟急速放走他们，一句话□□□我。⑤至于我的兄弟的福祉和好事，愿我能听闻，那样，我就会为我的兄弟的福祉而高兴不已。

【拉丁化转写】

§ 30 (45) še-e-ni-íw-we-en-na-a-an ḫi-il-lu-˹le˺-e-wa e-ta-la-an pa-aš-ši-i-it-ḫi-íw-we ku-˹su˺[?]-u-šu (46) u-ia-ma-a-an ku-su[!](Text:zu)-u-ši-úw-wu-la-an še-e-ni-íw-wu-ú-e-né-e-wa-a-tan aš-ti-i-i-we (47) ni-ḫa-a-ri-

① 直译为“我都会做十倍”。

② 阿尔台舒巴为米坦尼人，除了本泥板书信外，第 29 号泥板书信也提及了这个人。其名字 *Ar-te-eš-šu-bá* 是胡里语，是一个两个词构成的动词句子，前一部分为胡里语动词 *ar*（意思为“给”），后一部分为神名 *Teššub*，这样，其意思为“台舒巴给予”，参见 Richard S. Hess, *Amarna Personal Names*, pp. 39-40。

③ 阿萨里为来自米坦尼的书吏，除了本泥板书信外，第 29 号泥板书信也提及了这个人。其名字所属语系并不清楚。参见 Richard S. Hess, *Amarna Personal Names*, p. 42。

④ 强调没有延误使节，这是阿马尔那书信中一贯的说辞。

⑤ 此处主要请求埃及国王不要滞留使节。

i-ta ú-ru-u-mu wu-re-e-ta-a-an še-e-ni-íw-wu-uš-ša-ma-an (48) še-e-ni-íw-wu-ú-e-né-e-we aš-ti-i-we ni-ḫa-a-ri a-ru-u-ša-uš-še (49) ip-šu-ši-i-in ti-i-ḫa-níš-ḫi-i-in ú-ú-na-a-an še-e-ni-íw-wu-‹ú›-e-né-e (50) a-a-i-i-e-e be-te-eš-ta-iš

【中文译文】

§ 30（45—50）我的兄弟可能会说，“你不也扣留了我的诸位使节吗！”不，我没有扣留它们。① 我全身心投入到准备我兄弟妻子的嫁妆事情之中，我的兄弟会亲自看到我送给我的兄弟的妻子的嫁妆，它正在运送的路上，到时候会在我的兄弟的眼前打开的。

【拉丁化转写】

§ 31 (51) še-e-ni-íw-wu-ú-ul-la-a-an pa-aš-ši-i-it-ḫi-íw-we šu-ra-a-maš-ti-en na-ak-ki-en (52) it-ta-i-šal-la-a-an ^{m}Ma-né-en-na-a-an še-e-ni-íw-wu-uš šu-ka pa-aš-ši-en (53) it-ta-in-na-a-an pa-aš-ši-i-it-ḫi-íw-wu-ra šu-ka u-u-le-e-en še-e-ni-íw-wu-uš (54) pa-aš-ši-i-it-ḫé pa-aš-ša-ri-i-wa-a-en ^{m}Ma-né-en-na-ma-an pa-aš-ši-en a-i-ma-a-ni-i-in (55) ^{m}Ma-né-en še-e-ni-íw-wu-uš pa-aš-ši-a-a-ma u-u-li-ma-a-an pa-aš-še-e-e-ta (56) ú-ú-ri-úw-wu-un-na-a-an še-e-ni-íw-wu-uš-ša-a-an pal-la-a-en (57) u-ia-ma-a-an še-e-ni-íw-wu-ša-an ^{m}Ma-né-en-na-ma-an pa-aš-ši-en

【中文译文】

§ 31（51—57）但愿我的兄弟尽快放走我的使节，这样他们就能离开了。愿我的兄弟只派遣马奈来，这样他就可以与我的使节同行了。愿我的兄弟不要派遣其他使节，愿他只派遣马奈。如果我的兄弟不派遣马奈，而派遣其他人，我不接纳他啊！愿我的兄弟知道这一点！不，愿我的兄弟只派遣马奈来。②

【拉丁化转写】

§ 32 (58) še-e-ni-íw-wu-ú-e-ma-a-an aš-ti an-ni a-ru-u-ša-uš-še ta-

① 这里体现了大国君王彼此扣留对方使节的常态。

② 图什拉塔指名要埃及国王派遣马奈，到底是因为马奈素质高，还是因为马奈熟悉埃及与米坦尼的事务，还是因为马奈有亲米坦尼倾向呢？由于没有资料，还不是很清楚。

a-ki-˹ma-a˺-an an-ti (59) ma-a-an-ni še-e-ni-íw-wu-uš-ša-a-an pal-la-en ˹a-i˺-ma-˹a-ni-i˺-in ma-a-an-nu-pa-a-ta-e (60) u-u-˹lu-u˺-[ḫ]é-e-et-ta gu-le-e-˹et˺-ta ta-a-an-ki-ma-a-an an-ti ma-a-an-ni (61) me-˹e-na-a˺-an ma-a-an-na-a-an še-wa-a-an-˹ši-íw-wu˺-ú-un-na-al-la-a-an zu-tar-ḫi-íw-wa-al-la-ma-an (62) ši-né-e-el-la-ma-an ša-ta-a-al-la-a-an ^{f}né-e-ri-íw-wu-ú-la-an e-ti-i-ta (63) ap-su-u-ša i-šal-la-a-an ap-su-ša-a-ul-la-ma-an me-e-na-ma-a-an ki-ka-e (64) wa-a-aš-na-e ma-a-nu-tan ta-al-la DINGIR.MEŠ e-e-ni-íw-wa-al-la-a-an pal-la-in (65) DINGIR.MEŠ e-e-ni-il-la-a-an še-e-ni-íw-wu-ú-e-na pal-la-i-šal-la-ma-an a-i-i-in (66) me-e-na ak-ki ma-a-nu-ú-un-na ši-la-a-ḫu-uš-ḫa ir-ni a-i-i-in ni-i-ir-ša-e (67) ˹^{f}Ta-a˺-[d]u-˹ḫé-e-pa˺-a-an-na a-za-al-ta zu-kán pa-ti a-i-i-in (68) ˹^{f}WA-du-ú-uk˺-ki-i-ta zu-kán pa-ti ú-ú-ul-ša

【中文译文】

§32（58—68）至于我已经送给我的兄弟的妻子，这个（女子）纯洁。愿我的兄弟知道这一点。如果□□□她□□□，她会说的。关系到□□□，她也有一个双胞胎，就如我的□□□我的□□□她们两个□□□我的母亲已经□□□她们，我已经□□□她们。双胞胎□□□三个□□□这样我的神会知道的，这样我的兄弟的神会知道的，以好的方式，塔杜希帕是□□□，她是□□□对她。①

【拉丁化转写】

§33 (69) [*x x*(.)-i]t-ti-a-a-˹an-né˺-e-we-e-en šu-uk-ku u-u-li tub-be zu-ku-u-u-un (70) [*x*]-uk-ku-un-˹nam˺-ma-a-an ˹gu-ru˺ ak-kíl-la-a-an *x x x*-˹aš˺-š[e]-n[é]-˹e˺-w[e]${}^{\text{meš}}$ (71) [šu]-˹ú˺-al-la-ma-˹an˺ zu-ge-et-ta-al-[l]a-a-a-n a-*x*[*x x x x*(..) g]u-ru (72) [*x*]-ú-ul-šu-˹ú˺${}^{?}$-˹a˺${}^{?}$ zu-kán pa-˹ti˺ aš-ti-*x*[*x x x x x x x x*(..)]*x* (73) *x x x x*-aš-ti-en-na-a-an *x*[*x x x x x x x x x x x x x x x x x x x x x x x x x x x x x x x x x x x x x x x x*] (74) [šu]-˹ú-al˺-l[a-m]a-˹an˺ ti-W[A-*x x x x x x x x x x x x x x x x x x x x x x x x x*]

① 这段似乎在说明塔杜希帕的处子之身的问题。

【中文译文】

§ 33（69—74）□□□另外一件事□□□在手头，□□□再次。一个，从□□□所有的□□□再次□□□妻子□□□愿□□□所有的。①

【拉丁化转写】

§ 34 (75) [še-e-ni-í]w-˹wu-ú-e-né-e˺-we/a-ma-a-an aš-t[i-i-we/a*x x x x x x x x x x x*] (76) [*x x x* š]e-˹e˺-ni-íw-wu-ta-a-ma-a-an *x*[*x x x x x*] (77) [še-e-ni]-íw-wu-[t]a-a-ma-a-an u-u-la-e-˹e˺[-em-*x x x x x x x x x x x x x x x x x*] (78) [an-ti]-˹ma˺-a-an ˹ma˺-a-an-ni ta-a-an-ki ˹a˺-[*x x x x x x x x x x x x x x*] (79) [*x x*-]ma-a-an ˹ša-a˺-ru-ši-˹i˺-in-ni [ki?] (80) [*x x*-]˹e˺-el-la-˹a-an u-u-ul˺-la *x*[ ] (81) [*x x x*]*x x*[ ] (82-84) destroyed (85) [m]˹Ma-né-eš˺ (86) [ ]-i-in (87) [-k]u-u-ni-i-in (88) [*x x x x x x x x x x x*(-r)e-e]-˹en˺ u[r-*x x*-n]a-˹ma˺-an t[a?-a?]-na-a-an (89) [*x x x x x x x x x x*(-a-ni-i)]-in ˹ḫa˺-[š]u-˹u˺-ša fTa-a-˹du-ḫé-e˺-[pa-na?-an?] (90) [*x x x x x x x x*(*x*-a-an-nu)]-˹u-*ḫu˺-u*-ša-˹a˺-[u]š-ša i-šu-ú-ḫu-ši-i-in (91) [*x x x x x x x x*(-an)] ˹a-a-i˺-i-t[a] uš-ta-a-an ši-ia-ma-a-an (92) [*x x x x x x x x* a-(˹a˺-i-i-tan).ḫ]a-šu-u-˹ša˺-ú-un i-šu-ú-˹ḫu˺-ši-ik-ku-u-un-na (93) [*x x x x x x x x x* š(i-i-it-ta)-*x x* (.)]-˹e˺-ta-ma-an i-ši ša-a-la-pa-an (94) [*x x x x x x x x x*-(du-ú)-*x x* (.)]-˹e˺-wa-a-ni-i-in KUR u-u-˹mi-i-in˺-n[i-*x x*] (95) [*x x x x x x* (..) (e-ni)-*x x*] ˹a-ru˺-la-ú KUR Ša-an-ḫar-ra-ša-˹ni˺-‹i-›[i]n (96) [*x x x x x x x x*(...)] ˹ta-a-du-ka-a˺-ri-im-pu-ú-uš-še-né-e-˹ra-a˺-an (97) [*x x x x x x x* (...)-n]i pa-li-u-mu-u-li-i-in KUR Ma-a-[áš-ri-a-a]n-na (98) [*x x x x x x x* (...)]-an at-ta-˹a-ar-ti˺-[íw-w]u-ra[meš] (99) [*x x x x* t(a)*x x x x* (.)pa]-li-u-mu-u-li-i-in at-ta-[a-ar-t]i-íw-wu-uš (100) [*x x x x* (a?-al)*x x x x* z]u-ge-et-ta-ar-ti-aš [...]-˹ta˺-a-aš-še-na (101) [*x x x x*(.-ša) *x x x*-]*x*-ta-a-aš-ša ḫé-en-né-˹e˺-ma-a-ni-i-in (102) [*x x x x*(.)-(íw-we)*x x x*-i]l-ta ḫu-ši ḫa-šu-u-[ši?]-a?-ma-a-al-la-a-an (103) [*x x x* (.ma-a-an-na-a)-an] ḫi-il-li ú-pu-u-šu-u-

① 因为语法等问题，此段意思不太清楚。

⸢ti⸣-[i]-in an-til-la-a-an (104) [*x x x* (ma-⸢a⸣-an-nu-uk-ku)(-)*x x* (.)]-i-in ki-nam-ri-na-⸢an⸣ i[t]-ti-i-wa-an tap-pu-šu-ú (105) [*x x x* -m(a-a-ni-i-in KU)R ma]-⸢a⸣-áš-ri-a-an-na-ša [z]a?-ru-u-⸢a⸣? ⸢za-ru-a⸣-ma-a-la-an (106) [*x x* -í(w-we i-ši-i-ma-a-)an?] ḫi-i-šu-ša-a-un-na-a-an ⸢e⸣?-mi-i-wa-an e-ti-i-tan (107) [še-e-ni-(íw-wu-ú-an-na-ma)-a]n be-kán an-ti-ma-a-an [m]a-a-an-ni ti-we (108) [ša-a-ru-š(i-im-pu-ú-uš-še še)-e-n]i-íw-wu-uš-ša-a-an [pa]l-la-en i-nu-ú-ma-a-ni-i-in (109) [(.) *x x* (⸢ú-a⸣)*x x x* (⸢ri-i⸣?)-i]t? ka-til-le-e-et-t[a-a]-⸢am⸣-ma-ma-an u-u-la-e (110) *x*-*x*-[u]k-⸢ku⸣-[u]n-⸢na-a-an še-e⸣-[ni-íw-w]u-ú-ul-la-a-an ḫa-ša-a-ši-wa-a-en

【中文译文】

§34（75—110）我的兄弟的妻子□□□对我的兄弟□□□对我的兄弟，另外一个□□□这是□□□他要求的□□□另外一个□□□马奈□□□他已经□□□听到。塔杜希帕以□□□方式，我给了她□□□之前，在他的面前，她被展示出来□□□我已经听闻了它□□□你的女儿□□□也许。对于诸国□□□我应该的。□□□巴比伦人□□□对于以共同的心意加盟的人□□□埃及人□□□与我的祖先□□□我的祖先□□□你的□□□他□□□将□□□他□□□将，现在我的□□□没有听到它□□□他说道：□□□这些□□□不是□□□对于埃及人而言，□□□他们□□□他，我对于他有了他□□□我的兄弟绝不□□□这是一件被要求的事情，愿我的兄弟知道它。同样□□□一个告密者以另外的方式说，愿我的兄弟不要听信。①

【拉丁化转写】

§35 (111) [še-(⸢e⸣)-n]i-íw-wu-ra-a-ma-a-an ti-ši-íw-wa-an [t]e-u-u-na-e tiš-ša-an wa-aḫ-ru-um-me (112) [ta-a-d]u-ka-a-ru-um-me ú-ú-[r]a-ú še-e-ni-í[w-w]e-en-na-a-an ur-ḫu-up-ti-in (113) [te-u-u]-na-e tiš-ša-[a]n wa-aḫ-ru-uš-til-la-a-an ta-[a]-du-ka-a-‹ri›-iš ti-ši-íw-wa-ša-an (114)

---

① 因为泥板残破，以及对胡里语了解不够，还不知道这里所说的准确意思。

[ ]-x-ti-l[a?-]-⸢zu⸣-uš KUR [u]-⸢u-mi-i-ni-íw-wu⸣-‹ú-›[d]il-la-a-an ka-šu-u-ul-la-in (115) [*x x* -š]a-a aš-d[u-*x*]-ip-ri-íw-wa-š[a i-nu-ú-me]-⸢e⸣-ni-i-in še-e-er-re-e-tan (116) [DINGIR.MEŠ] e-e-en-ni-ip-tan še-ḫur-ni-í[w-w]a-aš ḫu-tan-ni-íw-wa-aš ša-a-ri-il-le-et-ta (117) [ša]-a-a[t]-til-la-a-an ši-né-e-til-la-ma-an [DINGIR].MEŠ e-e-en-na-šu-uš na-ak-ki-te-en (118) dTe-e-eš-šu-pa-aš ‹d›A-ma-a-nu-ú-til-la-a-an éw-ri-íw-wa-šu-uš at-ta-íw-wa-šu-uš (119) še-eḫ-ru-uš-til-la-a-an a-ti-i-ni-i-in [m]a-a-an-na-til-la-ma-an u-ru-uḫ-ḫi-iš-til-la-a-an (120) kàr-ḫas-tiš-⸢til⸣-la-a-an a-ti-i-ma-ni-i-in k[ar]?-ra-a-ti-la-an (121) še-e-en-nu-uḫ-ḫa ḫé-šal-lu-uḫ-ḫa-a-til-la-a-an ta-a-du-ka-a-ri-iš i-nu-ú-me-e-ni-i-in (122) dŠi-mi-ge tar-šu-an-néš wu-ri-i-ma-in ta-a-ti-a a-nam-mi-til-la-a-an iš-ta-ni-íw-wa-ša (123) ta-a-du-ka-a-ar-re-e-wa ag-gu-uš-ša-a-an a-gu-ú-e iš-⸢ta⸣-ni-íw-wa-ša-an (124) [ḫ]u-tan?-[n]i? ša-a-ri-il-le-e-ta i-i-al-la-a-ni-i-in KUR u-u-mi-i-in-na^meš (125) [šu-ú]-al-la-ma-an e-e-še-ni tup-pa-aš-še-na dŠi-mi-i-ge-néš ḫ[u?-š]u-[u]d-du-u-la-a-aš-še-na (126) [an-ti-il-la]-a-an šu-ú-a[l]-la-ma-an e-ti-íw-wa-ša i-i-il-le-e-wa a-nam-mil-la-a-an (127) []-e-wa [ú]-ú-rík-ki dDu-uš-rat-[ta-an] KUR ḫur-wu-u-ḫé e-we-er-ni (128) [-i]š mIm-mu-u-ri-i-an KUR ma-a-áš-ri-[a-a(n)]-ni e-we-er-ni a-i-la-a[n] (129) [-n]i? iš-ta-ni-a-ša an-za-a-an-nu-uḫ-ḫa-[ša] in-na-al-la-ma-a[n] (130) [-p]a-a-duḫ-ḫa ta-a-du-ka-a-ri t[e]-u-u-la-e tiš-ša-an

【中文译文】

§35（111—130）我从心底喜欢与我的兄弟结好同盟，我们彼此相爱。愿我的兄弟好好守信。我喜欢彼此友好，我们彼此相爱，在我们的心里，□□□与我的国家□□□我们□□□在我们的□□□从□□□从你的神祇那里，我希望获得我的生命和我的荣耀，愿神祇——我们的主人、我们的父亲台舒巴和阿蒙——让我们两个活着。我们会活着。愿我们□□□愿我们□□□！因此，我们，在我们之间，我们以兄弟和同僚的方式彼此友爱，在我们之间，我们希望另外一个人荣耀。存在的所有国家，太阳（将它们）连接在了一起，[①] 愿他们服务于我们□□□这个□□□愿他们□□□胡里国王图什拉塔、埃及王伊姆里亚，如果他们□□□在他们之间□□□只要他们□□□彼此友爱着。

（八）第 26 号泥板书信

第 26 号泥板书信为埃及农夫在 1887 年挖掘所得，可能出土于埃及的阿马尔那。目前该泥板分为两块。最晚到 1888 年 10 月 13 日，较大的一块为大英博物馆所收藏，编号为 BM 029794；较小的一块（泥板的左下角）为美国芝加哥大学的东方研究所收藏，编号为 A 09356，从第 21 行开始与大残片吻合起来，一直到第 51 行。泥板尺寸为 147 毫米 × 95 毫米 × 24 毫米，泥板保存较好，但是左下角损毁，正反面共分为 7 栏，共有 66 行文字，另外有 3 行埃及祭司体文字 [大残片上字迹不清，小残片上写着"两土地的女主人，国王的妻子（ [*nbt tꜣwy*] (*ḥmt nswt*) ）"]。对该泥板的岩相学检验表明，其泥土成分与第 17 号泥板类似，不能确定制作泥板的泥土来源。[②]

1889 年，塞斯在《现藏于布拉格博物馆的阿马尔那的楔形文字泥板》一文中，对小残片进行了拉丁化转写、英文翻译以及注释。1892 年，阿贝尔在论文《在阿马尔那发现的一块泥板残片》中对小残片进行了抄录，同年，沙伊尔的论文《罗斯托夫兹收藏的阿马尔那泥板》对小残片进行抄录、转写、法文翻译。1893 年，德拉特在论文《阿马尔那书信之六》对大残片进行拉丁化转写、德文翻译与注释；同年，贝措尔德在其《东方外交》中对大残片进行了拉丁化转写。1896 年，温克勒的《阿马尔那泥板》一书，对该大小残片进行了拉丁化转写和德文翻译。1899 年，阿莱维的《阿蒙霍特普三世和阿蒙霍特普四世的书信》，对大残片进行拉丁化

---

① 似乎讲述了两国的紧密关系，太阳将两国联系到了一起。

② Yuval Goren, Israel Finkelstein and Nadav Naʾaman, *et. al.*, *Inscribed in Clay: Provenance Study of the Amarna Letters and Other Ancient Near Eastern Texts*, p. 42.

转写，并将之翻译成了法文。1907 年、1915 年，克努松在《阿马尔那泥板》一书中对该泥板进行了拉丁化转写，并将之译为德文。1916 年，卢肯比尔、艾伦的论文《一封阿马尔那书信的莫奇残片》对该泥板小残片进行了抄录，将小残片与大残片相应部分结合起来，进行了拉丁化转写、英文翻译和注释，1976 年，阿德勒出版的《米坦尼国王图什拉塔的阿卡德语》，对该泥板进行了拉丁化转写、德文翻译。1992 年，莫兰出版的《阿马尔那书信》，将该泥板翻译为英文并详细地进行注解。2015 年，雷尼的遗作《阿马尔那书信》对该书信进行拉丁化转写以及英文翻译，并做了一些注解。

本译文的原始文献来自温克勒的拓本，① 同时参考了克努松、阿德勒、雷尼的拉丁化转写 ② 以及莫兰的法文、英文译本。③

题解

第 26 号泥板书信的写信人为米坦尼王图什拉塔，收信人为埃及太后泰伊。其主要内容如下：第 7—29 行，主要陈述埃及太后泰伊是米坦尼与埃及友好的见证人，并且强调了埃及太后对推动两国友好所做的承诺；第 30—57 行，陈述埃及先王阿蒙霍特普三世承诺赠送纯金雕像的事宜，以及当政的埃及国王埃赫那吞以镀金雕像调包的事情，请求埃及太后泰伊能够劝服埃及法老履行埃及先王的承诺；第 58—62 行，提及两国王后的使节往来。

---

① Hugo Winckler, *Die Thontafeln von Tell-el-Amarna*, Berlin: Verlag on Reuther & Reichard, 1896, No. 22.

② J. A. Knudtzon, *Die El-Amarna-Tafeln*, Vol. 1, pp. 222, 226; Hans-Peter Adler, *Das Akkadische des Königs Tušratta von Mitanni*, pp. 206-211; Anson F. Rainey, *The El-Amarna Correspondence: A New Edition of the Cuneiform Letters from the Site of El-Amarna Based on Collations of All Extant Tablets*, Vol. 1, pp. 276, 278, 280.

③ William L. Moran, *Les Lettres d'el-Amarna: Correspondance Diplomatique du Pharaon*, pp. 168-170; William L. Moran, *The Amarna Letters*, pp. 84-85.

泥板译注

【拉丁化转写】

(1)① ⸢*a*⸣-*n*[*a x x x* ^{f}*Te-i-e*] *bēlet*(nin) ^{kur}*Mi-i*[*ṣ-ri-i qí-bi-ma*] (2) *u*[*m-ma* ^{m}*Tù-uš*]-*rat-ta šar* ⸢^{k}⸣[^{ur}*Mi-ta-an-ni a-na ia-ši*] (3) *š*[*ul-mu*] ⸢*a*⸣-*na ka-a-ši lu-ú* ⸢*šul*⸣[-*mu a-na bīti*(é)-*ka a-na*] (4) ⸢*māri*(dumu)⸣-⸢*ka*⸣ *lu-ú šul-mu a-na* ^{f}*Ta-a-du*$_{4}$-*Ḫé-bá* (5) *kallāti*(é.gi$_{14}$.a)-*ka lu-ú šul-mu a-na* ⸢*mātāti*(kur^{meš})⸣-*ka a*[-*na ṣābē*(érin^{meš})-*ka*] (6) *ù mim-mu-ka dan-*⸢*níš*⸣ *dan-*⸢*níš*⸣ *lu-*⸢*ú*⸣ [*šul-mu*]

【中文译文】

（1）你（使节）对埃及（米西尔）的女主人泰伊②说，（2）“下面是米坦尼王图什拉塔的话”。祝愿平安与我本人（3）同在！祝愿平安与你本人同在！祝愿平安与你的宫廷、（4）你的儿子们同在！祝愿平安与你的儿媳（5）塔杜希帕同在！十分真诚地祝愿平安与你的国土、你的士兵（6）以及你所有的东西同在！

【拉丁化转写】

(7) *at-ti-i-ma ti-i-dá-an-ni ki-i-me-*⸢*e*⸣ [*a-na-ku it-ti*] (8) ^{m}*Mi-im-mu-re-ia mu-ti-i-ka ar*[-*ta-na-ʾa-a-mu*] (9) *ù* ^{m}*Mi-im-mu-re-ia ap-pu-na mu-u*[*t-ka*] (10) *ki-i-me-e it-ti-ia ir-ta-na-ʾa-am* [*ú a-na-ku*]③ (11) ⸢*a*⸣-⸢*na*⸣ ^{m}*Mi-im-mu-re-ia mu-ti-i-ki ša a-š*[*a-ap-pa-ru*] (12) ⸢*ù*⸣ ⸢*ša*⸣ *a-dáb-bu-bu ù* ^{m}*Mi-im-mu-*

① 此行开始为泥板正面。

② 泰伊，为埃及法老阿蒙霍特普三世的王后、法老埃赫那吞的母亲。此处拼写为 *Te-i-e*，是泰伊的埃及语名字 *Tiy*（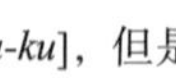）的塞姆语对译。

③ 克努松拟补为 [*ú a-na-ku*]，但是阿德勒拟补为 [*ù a-ma-te*^{meš}]。雷尼认为，尽管克努松的拟补可能还是有问题，但是，要比阿德勒的更合适一些，参见 J. A. Knudtzon, *Die El-Amarna-Tafeln*, Vol. 1, p. 222; Hans-Peter Adler, *Das Akkadische des Königs Tušratta von Mitanni*, p. 206; Anson F. Rainey, *The El-Amarna Correspondence: A New Edition of the Cuneiform Letters from the Site of El-Amarna Based on Collations of All Extant Tablets*, Vol. 2, p. 1363。

˹re˺[-ia] (13) *[ap-pu]-˹na˺ mu-ti-i-ki a-ma-te*^{meš} *a-na ia-š[i ša]* (14) *[il-ta-n]a-ap-pa-ru ù ša i-dáb-bu-bu at-ti-[i]* (15) [^{m}*Ké-li*]*-ia ù* ^{m}*Ma-né-e i-de*$_4$ *ù at-ti-i-m[a]* (16) *[ap-pu-n]a el gáb-bi-šu-nu-ma ti-i-de*$_4$ *a-ma-te*^{meš} (17) *[ša it-t]i ḫa-mi-iš ni-id-bu-bu ma-am-ma* (18) *[ša-nu-u]m-ma la i-de*$_4$*-šu-nu*

【中文译文】

（7）你的确是知道我（如下事实）的：我如何与（8）你的丈夫尼穆瑞亚友爱，（9）你的丈夫尼穆瑞亚（10）是如何与我友爱的。对于我（11）写信和传话给你的丈夫尼穆瑞亚（12）（所涉及）的（事情），以及你丈夫尼穆瑞亚（13）写信和传话给我（所涉及）（14）的事，你、（15）凯利亚与马奈都是知晓的，但你（16）知道的（事）超过他们俩。我们彼此所说（17）的事情，（18）其他任何人都不知道。

【拉丁化转写】

(19) *[ù a-nu]-um-ma at-ti-i-ma a-na* ^{m}*Ké-˹li˺-ia* (20) *[ta-aq-]ta-bi a-na be-li-i-ka qí-bi-i-m[ì]* (21) ^{m}*M[i-im-]mu-re-ia mu-ti it-ti a-bi-i-k[a]* (22) *ir[-t]a-na-ʾa-am-mì ù ak-ka-a-ša it-ta-ṣa-ar-k[a]*① (23) *ù it-ti a-bi-i-ka ra-ʾa-mu-ut-ta-šu la im-š[e?]* (24) *ù ḫar-ra-na ša il-ta-na-ap-pa-ru la ip-r[u-us]*② (25) *ù i-n[a-]an-na at-ta it-ti* ^{m}*Mi-im-mu[-re-ia]* (26) *aḫi*(šeš)*-ka [r]i-ʾi-mu-ut-ka la ta-ma-aš-ši i[t-ti]* (27) ^{m}*Na-ap-ḫur-˹re˺-[i]a ru-ub-bi ù ú-ṣú-ur-š[u]* (28) *ù ḫar-˹ra˺-na ˹ša˺ [i-na?] ḫi-du-ti ta-al-ta-na-a[p-pa-ru]*

---

① 克努松拟补为 *it-ta-ṣa-ar-k[a]*，阿德勒拟补为 *it-ta-ṣa-ar-k[u]*，而莫兰、雷尼认为克努松的拟补更为妥当，参见 J. A. Knudtzon, *Die El-Amarna-Tafeln*, Vol. 1, p. 224; Hans-Peter Adler, *Das Akkadische des Königs Tušratta von Mitanni*, p. 206; William L. Moran, *The Amarna Letters*, p. 85; Anson F. Rainey, *The El-Amarna Correspondence: A New Edition of the Cuneiform Letters from the Site of El-Amarna Based on Collations of All Extant Tablets*, Vol. 2, p. 1363。

② 克努松、莫兰、雷尼、阿德勒读作 *ip-r[u-us]*，参见 J. A. Knudtzon, *Die El-Amarna-Tafeln*, Vol. 1, p. 224; William L. Moran, *The Amarna Letters*, p. 85; Anson F. Rainey, *The El-Amarna Correspondence: A New Edition of the Cuneiform Letters from the Site of El-Amarna Based on Collations of All Extant Tablets*, Vol. 2, p. 1363; Hans-Peter Adler, *Das Akkadische des Königs Tušratta von Mitanni*, p. 142。

(29) *la ta-pa-⌜ar⌝-ra-as*

【中文译文】

（19）与信同时，你对凯利亚（20）说道：“请告诉你的主人，（21）我的丈夫尼穆瑞亚一直与你的父亲（22）友爱着，并且一直为他而保持着它①。（23）他没有忽视他与你的父亲的友爱，（24）他并没有停止派遣（过去）一直派遣的商旅。（25）现在，你同样不要忽视与你的兄弟（26）尼穆瑞亚的友爱。（27）请加深并保持与那坡胡瑞亚的友爱！（28）愿你不断地派遣令人愉悦的商旅，（29）请不要中断！’”

【拉丁化转写】

(30) *it-ti* ^{m}*Mi-im-mu-re-ia mu-ti-i-ki ra-ʾa-mu-ut-t*[*a la*]② (31) *a-⌜ma⌝-⌜aš⌝-ši el ša pa-n*[*a-n*]*a-nu i-na-an-na-a-m*[*a*] (32) *it-ti* ^{m}*Na-ap-ḫur-re-i*[*a*] *⌜māri*(dumu)*⌝-ka a-na* 10-*š*[*u*] (33) *dan-níš dan-níš ar-ta*[*-na-ʾa*]*-⌜am⌝ ù a-ma-⌜a⌝-te*$^{m[eš]}$ (34) ^{m}*Mi-im-mu-re-ia m*[*u-ti-i-ki at-ti-i-ma ti-i-de*$_4$ *ù*] (35) *šul-ma-a-ni ša a-na* [*šu-bu-li mu-ut-ki iq-bu-ú*] (36)③ *mi-it-ḫa-ri-iš la tu-š*[*e-e-bi-li ù ṣalmāni*(alam^{meš}) *ša ḫurāṣi*(kù.gi^{meš})] (37) *ša-ap-ku*$_8$*-ú-ti ub-⌜bu⌝-*[*qú-ú-ti ša a-na mu-ti-i-ki*] (38) *e-te-ri!*(ti)*-iš um-ma aḫū*(š[eš])*-*[*ia ṣalmāni*(alam^{meš}) *ša ḫurāṣi*(kù.gi^{meš})] (39) *ù ša* ^{na4}*uqnī*(za.gìn) *šadê*(kur) *a-n*[*a ia-ši li-še-bi-la-ma*]④ (40)⑤ *ù i-⌜na⌝-an-na* ^{m}*Na-ap*[*-ḫur-re-ia mār*(dumu)*-ka ṣalmāni*(alam^{meš})] (41) *ša iṣi*(giš) *ù-te-eḫ-ḫi-iz-ma*

① 指的是友爱。

② 克努松、阿德勒拟补为 *ra-ʾa-mu-ut-t*[*a*]，但是莫兰、雷尼加上了 *la*，拟补为 *ra-ʾa-mu-ut-t*[*a la*]，参见 J. A. Knudtzon, *Die El-Amarna-Tafeln*, Vol. 1, p. 224; *Das Akkadische des Königs Tušratta von Mitanni*, p. 208; William L. Moran, *The Amarna Letters*, p. 86; Anson F. Rainey, *The El-Amarna Correspondence: A New Edition of the Cuneiform Letters from the Site of El-Amarna Based on Collations of All Extant Tablets*, Vol. 2, p. 1363。

③ 从此行开始为泥板正面下边缘。

④ 莫兰根据逻辑拟补，雷尼接受了这种拟补，参见 William L. Moran, *The Amarna Letters*, p. 86; Anson F. Rainey, *The El-Amarna Correspondence: A New Edition of the Cuneiform Letters from the Site of El-Amarna Based on Collations of All Extant Tablets*, Vol. 2, p. 1364。

⑤ 从此行开始为泥板背面。

[*uš-te-bi-il ù i-na māti*(kur) *ša māri*(dumu)*-ka*] (42) *ḫurāṣu*(kù.gi^{meš}) *e-pé-ru šu-ú* [*am-*]*mi-i-ni i-na libbi*(š[à])-[*šu*] (43) *ša mār*(dumu)*-ka im-tar-*˹*ṣú*˺*-ma* [*l*]*a id-dì-na ù an-ni-t*[*a-ma*] (44) *ap-pu-na a-na* ˹*ia*˺-[*š*]*i* ˹*a*˺[-*n*]*a na-dá-a-ni i-te*[*-pu-uš*][①] (45) *ra-a-ʾa-mu-tu*$_4$ *an-nu-*˹*ú* ˺ *šu-ú um-ma a-n*[*a-ku-ma*] (46) *el a-bi-i-šu a-na* 10-*šu* ^{m}*Na-ap-ḫur-re*[*-ia mār*(dumu)*-ka*] (47) *ù-ut-ta-ra-an-ni-*˹*mì*˺ *ù a-nu-um-ma i-na*[*-an-na-a-ma*] (48) *ša a-bu-ú-šu-ú-ma i-na-an-dì-nu la* [*id-dì-na*]

【中文译文】

（30）我从未忽视对你的丈夫尼穆瑞亚的（31）友爱，现在，（32）我将持续与你的儿子那坡胡瑞亚友爱，会十倍于（33）过去（对他父亲的友爱）。[②] 至于你的丈夫（34）尼穆瑞亚的话，你是知道的。（35）但是，你的丈夫尼穆瑞亚所许诺的问候礼品，（36）你没有给我送来。至于纯金雕像，（37）我曾向你的丈夫要过的，（38）说道："愿我的兄弟，送给我纯金雕像，（39）（送给我）真天青石雕像！（40）但是，现在你的儿子那坡胡瑞亚，送来了（41）镀金木头雕像。在你儿子的国家里，（42）黄金就如那些沙土！为什么你儿子（为此）（43）心痛而不给我呢？他要送给我的这些东西（44），他制作了吗？（45）这样是友爱吗？我说过：（46）"你的儿子那坡胡瑞亚将会对待我十倍于他的父亲。"（47）但是，现在（48）他没有给我送来他父（曾经）要送的东西。

【拉丁化转写】

(49) *a-ma-a-te*^{meš} *š*[*a at-ti*]*-i-ma i-na pí-i-ki a-*[*na ia-ši*] (50) *ta-aq-ta-*˹*bi*˺ *ù a-na pa-ni* ^{m}*Na-ap-*[*ḫur-re-ia*] (51) *am-mi-*˹*ni*˺ [*la-*]*a ta-at-ru-uṣ šum-ma* [*at-ti-i*] (52) *a-na* ˹*pa*˺-[*ni-š*]*u la ta-tar-ra-aṣ ù m*[*a-an-nu*] (53)

---

① *a-na* ˹*ia*˺-[*š*]*i* ˹*a*˺[-*n*]*a na-dá-a-ni i-te*[*-pu-uš*]，根据雷尼的拟补而成，参见 Anson F. Rainey, *The El-Amarna Correspondence: A New Edition of the Cuneiform Letters from the Site of El-Amarna Based on Collations of All Extant Tablets*, Vol. 2, p. 1364。

② 直译为："我从未忽视对你的丈夫尼穆瑞亚的友爱，现在，超过以往，我将持续与你的儿子那坡胡瑞亚友爱，十倍地，非常地，非常地。"

ša[*-nu-ú*] *i-de*$_4$ *ṣalmāni*(alam^{meš}) *ša ḫurāṣi*(kù.gi^{meš}) *up-pu*[*-qú-ú-ti*] (54) [^{m}*Na-a*]*p-ḫur-re-ia li-id-dì-na la mi-im-ma* [*x x x*] (55) [*lìb-*]*bi lu-ú la-a ú-ša-am-ra-aṣ-ma la-a*[*x x x*] (56) ⸢*el*⸣ *a-bi-šu* 10*-šu li-i-it-te-er-an*[*-ni-ma*] (57) [*i-n*]*a ra-a-ʾa-mu-ti ù i-na ku*$_8$*-ub-bu*[*-ti*]

【中文译文】

（49）你亲口对我说的话，（50）你为什么不向那坡胡瑞亚（51）交代呢？如果你（52）不直接向他交代的话，那么其他人（53）怎么能知道呢？对于纯金浇铸的雕像，（54）愿那坡胡瑞亚送给我吧！无论如何，（55）愿他别让我伤心！愿他别□□□（56）愿他对我超过他父亲对我十倍（好），（57）带着友爱，带着尊敬。

【拉丁化转写】

(58) [*ù*] *at-tù-ki* ^{lú}*mār*(dumu.meš) *šipri*(kin)*-ki it-ti* ^{lú}[*mārī*(dumu^{meš}) *šipri*(kin)*-šu*] (59) [*š*]⸢*a*⸣ ^{m}*Na-ap-ḫur-re-ia it-ti qīšti*(ní[g.ba])① (60) [*a-n*]*a* ^{f}*I-ú-ni aššati*(dam)*-ia li-i*[*l-li-ku*] (61) [*a-n*]*a ma-al-dá-ri-iš-ma ù* ^{lú}*mārī*(dumu.$^{\text{[meš]}}$)-[*ša*] (62) [*š*]*a* ^{f}*I-ú-ni aššati*(dam)*-ia a-na* [*ka-a-ši*] (63) [*li*]*-il-*⸢*li*⸣*-*⸢*ku*⸣*a-na ma-al-dá-*[*ri-iš*]

【中文译文】

（58）现在，愿属于你的使节，与那坡胡瑞亚的（59）使节，愿送给（60）我妻子约尼②的礼物，都能（61）不断定期到来！愿我妻子（62）约尼的使节③也（63）不断地定期到你那里！

【拉丁化转写】

(64) [*a-*]*nu-um-ma a-na šul-ma-ni-i-ka* [*uš-te-bi-la*] (65) ⸢1⸣ $^{\text{na4}}$*ta-pa-*

---

① 雷尼检验泥板发现了 níg 部分字符，因此，拟补为 *qīšti*(ní[g.ba])，参见 Anson F. Rainey, *The El-Amarna Correspondence: A New Edition of the Cuneiform Letters from the Site of El-Amarna Based on Collations of All Extant Tablets*, Vol. 2, p. 1364。

② 约尼，为米坦尼王图什拉塔的妻子。

③ 此处提及图什拉塔的妻子约尼有使节派往埃及太后泰伊处，这在某种程度上表明，阿马尔那时代西亚北非王后外交的发达。

tu$_4$ *ša šmna*(ì) *ṭá-a-bá* [*ma-lu-ú*] (66) ⌜1⌝*nu-tu4* *abnāta*(na$_4$^{meš}) [*ḫurāṣi*(kù.gi^{meš}) *uḫḫuzā*(gar.ra)]

【中文译文】

（64）与此信同时，我送去给你（以下东西）作为你的问候礼：（65）1 只盛满香油的石制器皿，（66）1 套镶金的石制器皿。

（九）第 27 号泥板书信

第 27 号泥板书信可能出土于埃及的阿马尔那，目前藏于德国柏林的近东博物馆，编号为 VAT 00233+VAT 02197，其中 VAT 00233 的尺寸为 210 毫米 × 120 毫米。VAT 00233 的正面有两处缺损，背面缺损较为严重。泥板共有 114 行文字。泥板背面左下角有 2 行埃及语祭司体文字：*ḥꜣt sp* 2 *ꜣbd* 1 *prt* [*sw* 9](?) *ỉw.tw m nwt rsyt m pꜣ bḫn n Ḥ*ᶜ*-m-ꜣḫwt mỉtt n š*ᶜ*t N-h-*[*r*]*-n ỉn.n. wpwty Pỉ-rỉ-sỉ wp*[*wpty Trbr*]，意思为“统治的第 2 年，冬季的 1 月第 9 日，当在南城的 *Ḥ*ʿ*-m-ꜣḫwt* 的要塞中的时候，复制了使节皮里西、图鲁布里带来的那哈林的书信”。对该泥板的岩相学检验表明，泥土成分与其他米坦尼的书信类似，不能确定制作泥板的泥土来源。①

1889—1890 年，德国学者温克勒、阿贝尔编撰的《阿马尔那泥板》，出版了该泥板的 VAT 00233 残片的拓本。1891 年，德拉特在论文《阿马尔那书信之四》对泥板进行了拉丁化转写、德文翻译与注释。1896 年，温克勒的《阿马尔那泥板》一书，对 VAT 00233 残片进行了拉丁化转写和德文翻译。1899 年，阿莱维在其《阿蒙霍特普三世和阿蒙霍特普四世的书信》一书中，对整个泥板进行拉丁化转写，并将之翻译成了法文。1907 年、1915 年，克努松在《阿马尔那泥板》一书中对该泥板进行了拉丁化转写，并将之译为德文。1915 年，施罗德出版的《阿马尔那泥板》一书，把两块残片合在一起拓下来。1976 年，阿德勒出版的《米坦尼国王图什拉塔的阿卡德语》，对该泥板进行了拉丁化转写、德文翻译。

① Yuval Goren, Israel Finkelstein and Nadav Naʾaman, *et. al.*, *Inscribed in Clay: Provenance Study of the Amarna Letters and Other Ancient Near Eastern Texts*, p. 42.

1992 年，莫兰出版的《阿马尔那书信》，将该泥板翻译为英文并详细地进行注解。2015 年，雷尼的遗作《阿马尔那书信》对该书信进行拉丁化转写以及英文翻译，并做了一些注解。

本译文的原始文献来自温克勒、阿贝尔以及施罗德的拓本，[①] 同时参考了克努松、阿德勒、雷尼的拉丁化转写[②] 以及莫兰的法文、英文译本。[③]

题解

第 27 号泥板书信的写信人为米坦尼王图什拉塔，收信人为埃及法老埃赫那吞。其主要内容为：第 7—12 行，讲述埃及使节抵达米坦尼的事情；第 13—51 行，陈述埃及先王对米坦尼的礼物许诺，谴责当政的埃及法老没有履行埃及先王的诺言；第 52—101 行，主要陈述双方使节往来的问题，要求埃及不扣留使节，并且以此为由要求埃及赠送黄金及物品。

泥板译注

【拉丁化转写】

(1)[④] [*a-na* ^{m}*Na-ap-ḫur-re-ia šarri* (lugal) *rabî* (gal) *šar* ^{kur}*Mi-*

---

① Hugo Winckler and Ludwig Abel, *Der Thontafelfund von El-Amarna*, Heft 1, No. 23; Otto Schroeder, *Die Tontafelin von El-Amarna, Texte Nr 1-189,* No. 11.

② J. A. Knudtzon, *Die El-Amarna-Tafeln*, Vol. 1, pp. 228, 230, 232, 234, 236, 238, 240; Hans-Peter Adler, *Das Akkadische des Königs Tušratta von Mitanni*, pp. 212-225; Anson F. Rainey, *The El-Amarna Correspondence: A New Edition of the Cuneiform Letters from the Site of El-Amarna Based on Collations of All Extant Tablets*, Vol. 1, pp. 282, 284, 286, 288, 290, 292, 294.

③ William L. Moran, *Les Lettres d'el-Amarna: Correspondance Diplomatique du Pharaon*, pp. 171-175; William L. Moran, *The Amarna Letters*, pp. 86-89.

④ 此行开始为泥板正面。

iṣ-][①] ⌜*ri*⌝-*i* ⌜*aḫi*(šeš) ⌝-*ia ḫa-ta-ni-ia ša* [*a-ra-ʾa-a-mu*] (2) [*ša i-ra-ʾa-a-ma-an-ni qí-bí-ma um-ma* ᵐ*T*]*ù-uš-*⌜*rat*⌝*-ta šarru*(lugal) *rabû* (gal) *šar*(lugal) ᵏᵘʳ*Mi-*[*i-ta-an-ni*] (3) [*e-mu-ka ša i-ra-ʾa-a-mu-ka aḫu*(šeš)-*ka-*]*ma a-na ia-*⌜*ši*⌝ *šul-mu a-na ka-a-ša l*[*u-ú šul-mu*] (4) [*a-na* ᶠ*Te-i-e ummi*(ama)-*ka a-na*] ⌜*bīti*(é)⌝-*ka lu-ú šul-*[*mu a-n*]*a* ᶠ*Ta-a-du-Ḫé-bá mārti* (dum[u.munus])-[*ia*] (5) *aššati*([dam])-[*ka a-na ri-ḫu-ú-ti*] *aššāti*([dam.meš])-[*ka*] *a-na mārī*(dumu.meš)[-*ka a-na* ˡᵘ́*rabûtī*(gal]ᵐᵉš) -*ka a-na* ᵍⁱš*narkabātī*(⌜gigir⌝)-*ka* (6) [*a-na*] *sīsī* ([anše.kur].⌜ra⌝) *a*[-*na ṣābē*(érinᵐᵉš) -*ka a-na māti*(kur)] ⌜*ù*⌝ *a-na* [*mim-mu-k*]*a dan-níš lu-ú šul-mu*

【中文译文】

（1）你（使节）对埃及（米西尔）王、我的兄弟、我的女婿、我爱的人（2）与爱我的人那坡胡瑞亚说，“下面是大王、米坦尼王、（3）你的岳父、爱你的人与你的兄弟图什拉塔的话”。祝愿平安与我本人同在！祝愿平安与你本人同在！（4）祝愿平安与你的母亲泰伊、你的宫廷同在！祝愿平安与你的儿子们同在！真诚地祝愿平安与我的女儿、（5）你的妻子塔杜希帕，你的其余的妻子们，你的儿子们，你的官员们，你的战车，（6）你的马匹，你的士兵，你的国家，以及你所有的东西同在！

---

① 对于埃赫那吞的头衔，学界的拟补还没有取得一致意见。克努松建议直接拟补为 [*šar* ᵏᵘʳ*Mi-iṣ*]-⌜*ri*⌝-*i*，莫兰从空缺文字的空间大小考虑，同意克努松的意见，但是阿德勒从称号对等的角度，建议拟补为 [lugal gal lugal ᵏᵘʳ*Mi-iṣ*]-⌜*ri*⌝-i，雷尼在 2004 年重新检验泥板，建议遵照克努松与莫兰的建议拟补。笔者认为，从外交对等原则的角度而言，阿德勒的意见是可取的，鉴于该泥板末尾埃及语祭司体文字所言，这块泥板是埃及人复制的，不排除漏掉文字的可能性，因此，笔者建议按照阿德勒的拟补进行补充。参见 J. A. Knudtzon, *Die El-Amarna-Tafeln*, Vol. 1, p. 228; William L. Moran, *The Amarna Letters*, p. 89; Hans-Peter Adler, *Das Akkadische des Königs Tušratta von Mitanni*, p. 212; Anson F. Rainey, *The El-Amarna Correspondence: A New Edition of the Cuneiform Letters from the Site of El-Amarna Based on Collations of All Extant Tablets*, Vol. 2, p. 1365。

【拉丁化转写】

(7) [^{m}*Ma-*]⸢*né*⸣*-e* ^{lú}*mār*(dumu) *šipru*(kin)*-šu ša aḫi*(šéš)*-ia* [*it-tal-ka*① *ù šu*]*l-ma-a-na š*[*a aḫi*(šéš)*-ia*] *el-te-me-ma* (8) [*a*]*ḫ-tá-du dan-níš ù-nu-ta ša aḫu*(šeš)*-*⸢*ia*⸣ [*ú-še-e-*]⸢*bi*⸣*-*⸢*lu*⸣ *a-ta-mar-ma a*[*ḫ*]*-*⸢*tá*⸣*-du dan-níš*] (9) *aḫu*(šeš)*-ia a-ma-ta an-ni-ta iq-ta-bi* ⸢*ki*⸣*-*⸢*i*⸣*-me-e it-ti a-bi-i*[*a* ^{m}]*Mi-im-mu-re-ia*② (10) *ta-ar-ta-na-ʾa-a-mu-ú-mi ù a-ka-an-na i-na-an-na ri-ta-ʾa-*[*ma-an-ni*]③ ⸢*ul*⸣*-tu*$_4$ *aḫu*(šeš)*-ia* (11) ⸢*it*⸣*-ti-ia ra-a-mu-ú-ta ḫaš-*⸢*ḫu*⸣ ⸢*ù*⸣ *a-na-ku it-ti aḫi*(šéš)*-ia*] *ra-a-m*[*u-ú-ta*] *ul ḫaš-ḫa-ku* (12) *eli*(ugu) *a-bi-ka i-na-an-na-ma* ⸢*it*⸣*-*⸢*ti*⸣*-*⸢*ka*⸣ *dan-níš a-na* 10*-šu ar-t*[*a-na*ʾ*a-*]*am*

【中文译文】

（7）我的兄弟的使节马奈已经到了，我听说了我的兄弟的问候，（8）对此，我十分高兴。我看到了我兄弟送来的物品，我高兴极了。（9）我的兄弟说了这样的话："正如你与我的父亲尼穆瑞亚（10）保持友爱，现在，请（与）我保持友爱吧！"既然我的兄弟（11）需要我的友爱，难道我不需要我的兄弟的友爱吗？（12）现在，我对你的友爱十倍于对你的父亲啊！

【拉丁化转写】

(13) *ù a-bu-ka* ^{m}*Mi-im-mu-re-*[*i*]*a a-ma-ta an-ni-ta i-na ṭup-pí-šu i*[*q-ta-bi-mì u*]*n-tum* ^{m}⸢*Ma*⸣*-né-e* (14) *ter-ḫa-ta ub-lu ù a-*⸢*ka*⸣*-*⸢*an*⸣*-na*

---

① 莫兰、雷尼拟补为 [*it-tal-ka*]，笔者采用这个拟补。参见 William L. Moran, *The Amarna Letters*, p. 89; Anson F. Rainey, *The El-Amarna Correspondence: A New Edition of the Cuneiform Letters from the Site of El-Amarna Based on Collations of All Extant Tablets*, Vol. 2, p. 1365。

② 此处以及其他各处把阿蒙霍特普三世的王位名对译为 *Mi-im-mu-re-ia*，参见 Hans-Peter Adler, *Das Akkadische des Königs Tušratta von Mitanni*, p. 212。

③ 克努松、阿德勒拟补为 [*am-me*]，但是雷尼拟补为 [*ma-an-ni*]，参见 J. A. Knudtzon, *Die El-Amarna-Tafeln*, Vol. 1, p. 228; Hans-Peter Adler, *Das Akkadische des Königs Tušratta von Mitanni*, p. 212; Anson F. Rainey, *The El-Amarna Correspondence: A New Edition of the Cuneiform Letters from the Site of El-Amarna Based on Collations of All Extant Tablets*, Vol. 2, p. 1365。

aḫu(šéš)*-ia* ᵐ*Mi-im-mu-ú-re-ia iq-ta-*[*b*]*i-mì an-nu-ú ú-nu-ta* (15) *ša i-na-an-na ú-še-e-bi-*⌜*lu*⌝ *la mi-im-ma-a-me ù aḫu*(šéš)*-ia* ⌜*la*⌝ *ut-ta-za-*⌜*am*⌝*-mì mi-im-ma* (16) *la ú-še-e-bíl-mì an-nu-ú ú-nu-ta ša i-na-an-na ú-še-e-*⌜*bí*⌝*-la-kum-mì ka-am-ma-me* (17) *ul-te-e-bíl-ak-*⌜*kum*⌝*-mì ù un-du aššati*(dam)*ᵗⁱ ša e-ri-šu aḫu* (šéš)*-ia i-na-an-din-ma-a-mì* (18) *i-le-eq-qú-ú-*⌜*nim*⌝*-ma-mì a-am-ma-ru-me ù* 10*-šu ma-la an-ni-i ú-še-bé-lak*(!)*-kum-mì*

【中文译文】

（13）你父尼穆瑞亚在他的泥板上说了一些话。当马奈（14）送来了（新娘）聘礼时，我的兄弟尼穆瑞亚说道："目前我送的（15）这些东西不算什么，我的兄弟不要生气啊！（16）我的确没送什么东西。现在我把目前我想送（17）的这些东西送你了。但是，当我的兄弟（答应）嫁出，并且人们送来我所要求的我的妻子时，（18）在我见了之后，我将送给你这些东西的十倍（之多的东西）。"

【拉丁化转写】

(19) *ù ṣalmānu*(alam⌜meš⌝) *ša hurāṣi*(kù.gi) *ša-ap-ku₈-tu₄ up-pu-qu-ú-tu₄* 1ᵉⁿ *ṣalmu*(alam) *a-na* [*i*]⌜*a*⌝*-ši ù ša-ni-tu₄ ṣalmu*(alam) (20) *a-na ṣalam*(alam) ⌜f⌝*Tá-a-du-Ḫé-e-bá mārti*(dumu.munus)*-ia a-šar a-bi-ka-ma* ᵐ*Mi-im-mu-*⌜*re*⌝*-ia e-te-ri-iš* (21) *ù* ⌜*iq*⌝*-ta-bi a-bu-ka-ma muš-šèr a-na ša hurāṣi*(kù.gi)*-ma ša-pí-ik-ta up-pu-u*[*q*]*-ta na-dá-a-an-sú-nu-mì* (22) ⌜*ù*⌝ *ša* ⁿᵃ⁴*uqnî*(za.gìn) *šadê*(kur) *a-na-an-din-ak-kum-mì ù hurāṣa*(kù.gi) *ap-pu-na ša-na-a* ⌜*ma*⌝*-ʾa-dá ú-nu-ta* (23) ⌜*ša*⌝ *pa-ṭá la i-šu-ú it-ti ṣalmāni*(alamᵐᵉˢ̌) *a-na-an-din-ak-kum-mì ù hurāṣa*(kù.gi) *ša ṣalmāni*([a]lamᵐᵉˢ̌) ˡᵘ́*mārū*(dumuᵐᵉˢ̌) *šipri*(kin)*-ia* (24) [*gá*]*b-bi-i-šu-nu-ma ša i-na* ᵏᵘʳ*Mi-iṣ-ri-i aš-bu i-na inātī*(igiᵐᵉˢ̌)*-šu-nu i-ta-am-*⌜*ru*⌝ *ù ṣalmāni*(alamᵐᵉˢ̌) *a-bu-*⌜*ka*⌝*-ma* (25) [*a-n*]*a pa-ni* ˡᵘ́*mārī*(dumuᵐᵉˢ̌) *šipri*(kin)*-ia a-na ši-ip-ki ut-te-e-er-šu-nu i-te-pu-*

us-sú-˹*nu*˺ *ig-ta-mar-šu-nu*① (26) ˹*uz*˺*-ze-ek-ki-šu-nu*② *ù ki-i a-na ši-ip-*˹*ki*˺ *tù-ur-ru* ${}^{\text{lú}}$*mārū*(dumu^{meš}) *šipri*(kin)-[*i*]*a* ˹*i*˺-˹*na*˺ ˹*inātī*(igi^{meš})˺-˹*šu*˺*-nu i-tam-ru* (27) ˹*ù*˺ *ki-i gám-ru-ma za-ku*$_8$*-ú i-na inānī*(igi^{meš})*-šu-nu i-ta-am-ru* (28) *ù ḫurāṣu*(kù.gi) *ša-nu-ú ma-ʾa-du* <*ú-nu-ta*> *ša pa-ṭá la i-šu-ú ša a-na ia-ši ú-še-e-*[*e*]*b-bé lu uk-te-li-im-ma* (29) *ù iq-ta-bi a-na* ${}^{\text{lú}}$*mārī*(dumu^{meš}) *šipri*(kin) *a-nu-um-ma ṣalmāni*(alam^{meš}) *ù a-nu-um-ma hurāṣa*(kù.[gi]) *ma-a-dá ù ú-nu-ta* (30) *ša-a pa-ṭá la-i-šu-ú ša a-na aḫi*(šeš)*-ia ú-še-bé-lu ù i-na inānī*(igi^{meš})*-ku*$_8$*-nu am-ra-a-mì* (31) ˹*ù*˺ ${}^{\text{lú}}$*mārū*(dumu^{meš}) *šipri*(kin) kin-*ia i-na inātī*(igi^{meš})*-šu-nu i-ta-am-ru*

【中文译文】

（19）至于纯金浇铸的雕像，一尊像是我的，另一尊像（20）是我女儿塔杜希帕的，这些就是我向你父尼穆瑞亚要的东西。（21）你的父亲说道：“与其给你纯金浇铸的雕像，（22）不如送给你真天青石做成的雕像。另外，我要送给你大量的黄金，以及（23）无数的东西，连同这（两）尊雕像。”至于这两尊雕像所需的黄金，待在埃及（米西尔）的我的全部使节（24）都亲眼看到了，至于这些雕像，你父（25）在我的使节面前，让人把这些（金）像浇铸、制造并且完成了它们，（26）举办了净化（仪式）③。当做浇铸工作的时候，我的使节看到了。（27）当雕像完成并举行净化仪式的时候，他们也看到了。（28）他展示了要送给我的大量的黄金和无数的东

① 这个词的原形动词为 *gamru*，形容词的意思为“完全的、全部的”，据此莫兰翻译为“全部”，但是雷尼将之视为动词“完成”，笔者认为雷尼的翻译比较合适，因为前面两个词为动词，且都用 *-šu-nu* 结尾，埃尔达塔（Eldata）与此完全一致，因此，视为动词更为妥当一些。参见 William L. Moran, *The Amarna Letters*, p. 87; Anson F. Rainey, *The El-Amarna Correspondence: A New Edition of the Cuneiform Letters from the Site of El-Amarna Based on Collations of All Extant Tablets*, Vol. 1, p. 285。

② 平托雷认为其动词原形为 *zakkû*（意思为“打磨”）；莫兰认为这个词及其意思不能被文献所证实，而且不符合语境，事实上，其动词原形为 *zakû*，意思为“金属的提纯”。但是，笔者认为，此处可能指的是雕像制作完成后某种净化地位仪式，尽管在第 27 行出现了原形动词。参见 William L. Moran, *The Amarna Letters*, p. 90。

③ 某种宗教仪式，具体不详。

西。（29）他对我的使节说道："现在，我要送给我兄弟的这些雕像、大量的黄金与（30）无数的东西，你们用眼睛看看吧！"（31）于是，我的使节们亲眼看到了（它们）。

【拉丁化转写】

(32) ˹*ù*˺ *i-na-an-na aḫu*(šeš)*-ia ṣalmāna*(alam^{meš}) *up-pu-qu-ú-tù ša a-*˹*bu*˺*-ka ú-še-e-eb-bé-*˹*lu*˺ *la tù-še-e-bi-la* (33) ˹*ù*˺ ˹*ša*˺ *iṣī*(giš^{meš}) *uḫ-ḫu-zu-tù tù-ul-te-e-bi-la ú-nu-*˹*ta*˺ *ša a-bu-ka a-na* ˹*ia*˺*-ši ú-še-e-eb-bé-lu* (34) [*l*]*a tù-še-e-bi-lam-ma ù tù-ul-te-e-mì-iṣ dan-níš-ma* (35) ˹*ù*˺ *a-ma-tù mi-im-ma ša i-du-ú ša a-na aḫi*(šeš)*-ia aḫ-ṭù-ú ia-nu-ú i-na* ˹*a*˺*-i-im-me-e ūmi*(u$_4$)^{mi} *ša aḫi*(šeš)*-*˹*ia*˺ (36) ˹*šul*˺*-*˹*ma*˺*-an-sú el-te-me ù ūma*(u$_4$)^{ma} *ša-a-šu bá-ni-ta e-te-pu-uš-sú* (37) *ù* [^{m}*Ḫ*]*a-*˹*a*˺*-maš-ši* ^{lú}*mārū*(dumu^{meš}) *šipri*(kin)*-šu ša aḫi*(šeš)*-ia un-du a-na muḫḫi*(ugu)*-ia il-li-*˹*ku*$_8$˺ *ù un-du ša aḫi*(šeš)*-ia* (38) *a-ma-*˹*te*˺$^{\text{[m]eš}}$*-šu iq-bu-ú-ma eš-mu-ú ù a-ka-an-na aq-ta-bi ki-i-*˹*me*˺*-e it-ti* ^{m}*Mi-mu-re-ia* (39) *a-bi-*˹*ka*˺ *ar-ta-na-ʾa-a-mu-mì ù i-na-an-*˹*na*˺ 10*-šu it-ti* ^{m}*Na-ap-ḫur-*˹*re*˺*-ia ar-ta-na-ʾa-am-mì* (40) *dan-níš* ˹*ù*˺ *a-ka-an-na a-*˹*na*˺ ^{m}*Ḫa-a-maš-ši* ^{lú}*mār*(dumu^{meš}) *šipri*(kin)*-ka aq-ta-bi*

【中文译文】

（32）但是，现在我的兄弟还没有送来你父亲要送给我的纯金浇铸的雕像。（33）而你送了镀金木头雕像。你父亲要送给我的东西，（34）你（不但）没有送来，而且还大大降低了其品质。（35）据我所知，我从未触犯过我的兄弟。在我（36）听到我的兄弟的问候时，我度过了美好的一天。（37）至于我的兄弟的使节哈马西，当他来到我面前的时候，当他对我说了我的兄弟的（38）话语，我听到了这些话之后，当时我说道："就像我与你父尼穆瑞亚（39）保持友爱一样，现在，我将与那坡胡瑞亚保持十倍的强烈友爱。"（40）这就是我对你的使节哈马西说的话。

【拉丁化转写】

(41) *ù i-na-an-*˹*na*˺ *aḫu*(šeš)*-ia ṣalmāna*(˹alam˺ ^{meš}) *ša hurāṣi*(kù.gi) *up-*

pu-⸢qu⸣-tù la ú-še-e-bi-⸢la⸣ ù ri-iḫ-ta ú-nu-ta (42) *ša a-bu-ka a-na šu-bu-li ⸢iq⸣-[bu]-ú mi-it-ḫa-⸢ri⸣-⸢iš⸣ aḫu*(šeš)*-ia la ú-še-⸢e⸣-bi-lam-ma* (43) *i-na-an-na aḫu*(šeš)*-ia ṣalmāna*(⸢alam⸣meš) *ša hurāṣi*(kù.gi) *up-pu-qu-ú-tù ša a-na a-⸢bi⸣-ka e-⸢ri⸣-[š]u* (44) *li-id-din-am-ma lu-[ú la-]⸢a⸣ i-kál-la-a-[šu-nu]* (45) *mātāti*(kur.kur) *gáb-bi-i-[šu-nu x x x x x x x x x x x x x x x x x x x x x x x a-na] na-dá-a-ni i[q-bu-ú]* (46) *ù i-na-an-na šum-m[a x x x x x x x x x x x x x x x x x x] gáb-bi-⸢i⸣-š[u-nu]* (47) *šum-ma it-til-tu*$_4$ *[x x x x x x x x x x x x x x x x x x x x x x x x x x x]-ta a-[x x x]* (48) *a-na la ṭá-bu-ut-t[i x x x x x x x x x x x x x x x x x x x x x x x x x x x x x x x x x x x] ṣalmāna* (alammeš) *[x x x a-na]* (49) *na-da-ni iq-bu-⸢ú⸣ [x x x x x x x x x x x x x x x x x x x x x x x] ⸢ru⸣ [x x x x x]* (50) *ù i-na māti*(kur) *ša aḫi*(še[š])*-[ia hurāṣu*(kù.gi) *ki-i e-pé-ri ma-a-dá-at am-mi-i-ni i-na libbi*(šà)*-šu š]a aḫī*(šeš)*[-ia ṣalmāna* (alammeš)] ①(51) *im-tar-ṣa-a-ma la [id-dì-na ki-i ša iq-bu-ú* ᵐ*Mi-im-mu-re-ia a-bu-k]a-ma a-na i[a-ši]*

【中文译文】

（41）现在，我的兄弟既没有给我送来纯金浇铸的雕像，（42）我的兄弟也没有送来你的父亲命令送的其余的各种东西。（43）现在，愿我的兄弟送来我向你父亲要过的纯金浇铸的雕像，（44）愿（我的兄弟）不要扣留（它们）！（45）所有的国家□□□他说要给□□□（46）现在，如果□□□所有的□□□（47）倘若一次□□□□□□（48）不好□□□□□□至于雕像□□□（49）他说要送的□□□□□□（50）在我的兄弟的国家里，黄金多如沙土，为什么我的兄弟［因心疼这些雕像］而（51）不给（我）呢？而这些是你的父亲尼穆瑞亚答应送给我的。

① 莫兰将这句话与第26号泥板书信的第41—43行进行对照，按照第26号泥板书信拟补为 [*i-na* šà-*šu š*]*a* šeš[-*ia* alammeš]，雷尼继续采用莫兰的拟补，笔者赞同这两位学者的意见。参见 William L. Moran, *The Amarna Letters*, p. 90; Anson F. Rainey, *The El-Amarna Correspondence: A New Edition of the Cuneiform Letters from the Site of El-Amarna Based on Collations of All Extant Tablets*, Vol. 2, p. 1365。

【拉丁化转写】

(52) ^{m}*Ḫa-a-maš-ši* ⸢^{lú}⸣[*mārū*(dumu^{meš}) *šipri*(kin)-*šu ša aḫi*(šeš)-*ia un-du a-na muḫḫi*(ugu)-*ia*] *it-ta-al-*⸢*ka*⸣ [*x x x x x x x x x*] (53) *mi-im-ma la* ⸢*ú*⸣[-*še-e-bi-la x x x x x x x x x x x x x x x x x k*]*a* ⸢*ù*⸣ [*x x x x x x x x x x x x x x x*] (54) *ù a-ka-an*[-*na a-na mi-*]⸢*i*⸣-*ni aḫu*(šeš) [-*ia*] ⸢*lu*⸣-[*ú*] ⸢*la*⸣ [*id-dì-na*] (55) [^{m}*Ḫa-*]⸢*a*⸣-*m*[*aš-ši* ^{lú}*mārū*(dumu^{meš}) *šipri*(kin)-*šu ša a-bi-ka*]① ⸢*i*⸣-*na kál-le-*⸢*e*⸣ [*al-ta-ap-ra-aš-šu-m*]*a* (56) [*ù i-na ša-la-a-ša-a-at ar-ḫi i-n*]*a* ⸢*kál*⸣-⸢*le*⸣-⸢*e*⸣-⸢*em*⸣-⸢*ma*⸣ *ut-te-e-er-šu* (57) [*ù a-bu-ka hurāṣa*(kù.gi) *ma-a-dá-at*] *ul-te-*⸢*e*⸣-[*bi*]-*la ù er-be-e-et ma-aš-ku*$_8$ (58) [*ša ḫurāṣi*(kù.gi) *ma-lu-ú ša ú-še-e-bi-lu*] *ù* [^{m}*Ḫa-a-*]⸢*maš*⸣-*ši-i-ma aḫu*(šeš)-*ia* ^{lú}*mārī*(dumu^{meš}) *šipri*(kin)-*šu li-is-*⸢*al*⸣ (59)② [*x x x x x x x x x x x*]*a ar-k*[*a*]-⸢*nu*⸣ *i*[-*n*]*a*-[*a*]*n-d*⸢*i*⸣-*nu-ma* ^{m}*Ké-li-ia i*[*l-la-ak*] ⸢*ù*⸣ *ki-i-me-*[*e*] (60) [*x x x x x*] ⸢*ù*⸣ *a-k*[*a*]-*a*[*n-n*]*a* [^{m}*Pi-ri-is-sí*] ⸢*ù*⸣ ^{m}*Tu-lu-ub-*[*ri* ^{lú}*mārī*(dumu^{meš}) *šipri*(kin)-*ia al*]-*ta-pár-šu-nu* (61) [*ù*] ⸢*mi*⸣(?)-*im-m*[*a x x x x x x x li-š*]*a-*⸢*a*⸣-⸢*nu*⸣ ⸢*ša*⸣ *ḫurāṣi*(kù.[gi]) kù.[gi *x x x x x x x x x x x x x x*] *ma-aš-k*[*a*](?)③ (62) ⸢*ša*⸣ ⸢*a*⸣-⸢*bu*⸣-⸢*ka*⸣ [*iq-bu-ú a-na na-da-ni ù*] ⸢*ḫurāṣa*(kù.gi)⸣(?) [*x x x x x x aḫu*(šeš)]-⸢*i*⸣-⸢*a*⸣ (63) ⸢*ù*⸣ ⸢*a*⸣-⸢*ka*⸣-⸢*an*⸣-[*na*] *i*[*q-t*]*a*[-*bi a-*]*b*[*u-ú*]-[*k*]*a ḫurāṣu*([kù].gi^{meš}) *ša-*⸢*a*⸣-⸢*šu*⸣-⸢*nu*⸣ [*ù an-n*]*u-*[*ú ú-nu-tu*] (64) ⸢*bá*⸣ [*x x x x x x x*] *i-na*[-*a*]*n-n*[*a a-na aḫi*(šeš)-]*ia-*⸢*ma*⸣ ⸢*ter*⸣-⸢*ḫat*⸣-⸢*ka*⸣ *ul-te-*⸢*e*⸣ ⸢*bíl*⸣-*m*[*ì ù a-bu-ka r*]*a*[-*a-ma*] (65) ⸢*it*⸣-⸢*ti*⸣-⸢*ia*⸣ ⸢*a*⸣-⸢*na*⸣ ⸢*ra*⸣-[*a-mu-ú-ut-ti ú-t*]*e-*⸢*ti*⸣-*ir ù a-k*[*a-an-na ta-a-mu-*]*ur-t*[*u x x x x x*] (66) ⸢*im*⸣-*ma-*⸢*ti*⸣-⸢*i*⸣-⸢*me*⸣[*x x x x x x x x x x x x x x x x x x x x x x x x x x x x x x x x x x x*] *nu* [*x x x*

① 对于此处的拟补，因为此处谈的都是埃及先王阿蒙霍特普三世与米坦尼的友好交往，所以，这里拟补为“你父亲的使节”。由此可以看出，哈马西在阿蒙霍特普三世、埃赫那吞统治时代，一直是埃及与米坦尼之间的使节。

② 此行开始为泥板背面。

③ 阿德勒把此处拟补为 [ ]-*ma aš-k*[*i*?]，而雷尼拟补为 *ma-aš-k*[*a*]，笔者采用了雷尼的拟补，参见 Hans-Peter Adler, *Das Akkadische des Königs Tušratta von Mitanni*, p. 218; Anson F. Rainey, *The El-Amarna Correspondence: A New Edition of the Cuneiform Letters from the Site of El-Amarna Based on Collations of All Extant Tablets*, Vol. 2, p. 1365。

x x x x x x] (67) [*ù*] ˹*la*˺ ˹*ú*˺-˹*še*˺[-*bi-la x x x x x x x x x x x x x x aḫi*(šeš)-*i*]*a li-t*[*u*$_4$*x x x x x x x*] (68) [*x x x x x x*]˹*ša*˺ ˹*a*˺[*x x x x x x x x x x š*]*u*(?)[*x x x x x x x x x x x x x x x x x x x x x*]

【中文译文】

（52）至于［我的兄弟的使节］哈马西，当他来到［我的面前时］，（53）并没有送来任何东西□□□他的□□□，并且□□□（54）为什么我的兄弟没有送来东西呢？（55）至于你的父亲的使节哈马西，我急速地派走了他，（56）在三个月内，他急速返回来了。（57）你的父亲送给我大量的黄金，这是他送来的满满的四袋子（58）黄金。对此，我的兄弟可以问问我的使节哈马西。（59）□□□此后，他会让凯利亚来，并且像（60）□□□因此，我派去了我的使节皮里西①和图鲁布里②，（61）以及物品□□□［黄金□□□在袋子（？）］中，（62）这都是你父亲命令要送给我的，黄金□□□我的兄弟。（63）因此，你父亲说："这些黄金物品以及其他物品（64）□□□现在，我把它们送给我的兄弟作为聘礼。在这友好关系中，（65）你的父亲对我展示他的爱。因此，接见礼□□□（66）当□□□□□□□（67）他并没有送给我兄弟□□□□□□（68）□□□□□□□

【拉丁化转写】

(69) [*ù a-ma-*]*tu*$_4$ *ša-a* ˹*it*˺[-*ti a-bi-i-ka a-dáb-b*]*u-bu* ˹*ù*˺ *ša* ˹*a*˺-*b*]*u-ú-*˹*ka*˺ [*i-dáb-bu-bu it-t*]*i-*˹*ia*˺ (70) [*x x x x x x x x x*] *ma-am-ma ul* ˹*i*˺-*d*[*e*$_9$ ^{f}*Te-i-e ummu*(ama)-*ka i-de*$_9$] ^{m}˹*Ké*˺-˹*li*˺-˹*i*˺*a* [*ù* ^{m}*Ma-né-e ul i*]-*de*$_9$ (71) ˹*ù*˺ ˹*ma*˺-*am-ma ša-nu-ú-um-ma* ˹*ul*˺ ˹*i*˺-˹*de*$_4$˺-[*šu-nu-ti*] ˹*ù*˺ *ummu*(ama)-*šu* [*ša aḫi*(šeš)-*ia i-de*$_4$ *gáb-*]˹*bá*˺-*šu* (72) ˹*ki*˺-˹*i*˺-*me-e a-bu-ú-ka it-*˹*ti*˺-*ia* [*i-dáb-bu-bu ra-*]*mu-ú-ut*[-*ta-šu it-ti a-bi-ia la im-*]˹*še*˺(?) (73) *ki-i-me-e*

---

① 皮里西是米坦尼的使节，其名字为胡里语，由 *ewri*（主人）以及后缀 *ssi* 构成，参见 Richard S. Hess, *Amarna Personal Names*, p. 125。

② 图鲁布里为米坦尼使节，其名字为胡里语，这个名字的具体意思不明，参见 Richard S. Hess, *Amarna Personal Names*, pp. 159-160。

a-na-ku it-ti a-bi-i-˹*ka*˺ *i-dáb-bu-bu ra-m*[*u-ú-ta-ia it-ti a-bi-ka la am-še*] (74) ˹*ù*˺ ˹*i*˺-˹*na*˺-˹*an*˺-˹*na*˺ *aḫu*(šeš)-*ia* ˹*iq*˺-˹*ta*˺-[*b*]*i k*[*i*]-˹*i*˺-*me-e* ˹*it*˺-*ti* ˹*a*˺-[*bi*]-˹*i*˺*a ta*-[*ar-ta-na-*ʾ*a-a-mu-mì ù*] (75) ˹*a*˺-˹*ka*˺-˹*na*˺ *it*[*-ti-ia*] ˹*ri*˺[*-ta-*ʾ*a-am-m*]*ì* ˹*ù*˺ *aḫu*(šeš)-*ia-ma* ˹*i*˺-˹*mar*˺-*an-ni ki*[*-i-me-e it-ti aḫu*(šeš)*-ia*] (76) *a*[*r-*]*t*[*a-n*]*a-*[ʾ*a-a-mu-mì ù a-na*]-˹*ku*˺ ˹*aq*˺-˹*ta*˺-*bi aḫu*(šeš)-*ia umma*(ama)-*šu l*[*i*]-[*i*]*š*-[*t*]*a-*ʾ*a*-[*al-ši x x x x*] ①(77) [*x x x x x x x x x x x t*]*i* [*aḫu*(šeš)-*ia-ma*] *i*-[*ma*]*r-an-ni ki-i-me-e*[*x x x x x x x ù*] (78) [*i-n*]*a-an-n*[*a x x x x x*] *d*[*á-an-níš-ma a*]*ḫ*[*-ta-du-ma*]

【中文译文】

（69）我对你父亲所说的话，以及你父亲对我所说的话，□□□，没有人知道它们。（70）你的母亲泰伊知道这些话，② 凯利亚与马奈知道这些话。（71）其他任何人不知道这些话，我的兄弟的母亲全知道：（72）你父亲怎样与我说的话，他是如何没有忽视对我父亲的友爱的。（73）同样，（你母亲知道），我是如何对你父亲说的，我是如何没有忽视对你父亲的友爱。（74）现在，我的兄弟说："就像你与我的父亲保持友爱，（75）现在请与我保持友爱吧！"我的兄弟将会看到我是怎样与我的兄弟（76）保持友爱的！的确我也说过："请我的兄弟问他的母亲，□□□（77）我的兄弟将会看到我，就如□□□（78）现在，我会高兴万分。"

【拉丁化转写】

(79) [m]˹*Ma*˺-˹*né*˺-*e* [[lú]*mār*(dumu[meš]) *šipri*(kin)-*šu š*]*a* ˹*aḫi*(šeš)˺-[*ia x x*

---

① 阿德勒拟补为 *l*[*i*]-[*i*]*š*-[*t*]*a-*ʾ*a*-[*al-ši x x x*]，但是莫兰认为阿德勒的拟补是错的，建议拟补为 *l*[*u-*(*ú*) *i-š*]*a-*ʾ*a*-[*al-*(*ši*) *x x x*]，而雷尼检验泥板后，又肯定了阿德勒的拟补。参见 Hans-Peter Adler, *Das Akkadische des Königs Tušratta von Mitanni*, p. 220; William L. Moran, *The Amarna Letters*, p. 90; Anson F. Rainey, *The El-Amarna Correspondence: A New Edition of the Cuneiform Letters from the Site of El-Amarna Based on Collations of All Extant Tablets*, Vol. 2, p. 1365。

② 从第 26 号泥板书信开始，在埃及与米坦尼的通信中，埃及太后泰伊的地位凸显出来，这里提及泰伊能够见证米坦尼王图什拉塔与阿蒙霍特普三世间的友好关系，这与在书信开头问候泰伊形成了前后呼应。

x x] ki[-i-me-e] ⸢it⸣(?)-[t]al-⸢ka⸣a[-na ia-ši] (80) a-š⸢a⸣-ar[x x x x x x x x x x x x x x x x x x x x x x x x x x x x x x x x x x x x x x x x] (81) a-bi-[i]-šu [ša] ⸢aḫi(šeš)⸣-⸢ia⸣ [x x x x x x x x x x x x x x x x x x x x x x x x x x el-te-me] (82) a-ma-te^meš-⸢šu⸣ [ša] ⸢aḫi(šeš)⸣-⸢ia⸣ ⸢ù⸣ aḫ-⸢ta⸣-[du] ⸢dá⸣[-an-níš-ma] (83) ù i-na-an-⸢na⸣ ⸢m⸣⸢Ma⸣-⸢né⸣-⸢e⸣ [i-n]a šatti(⸢mu⸣) ⸢an⸣[-ni-ti ú-maš-šar-šu-ma šum-ma ^lúmār(dumu^meš) šipri(kin)-ia aḫu(šeš)-ia la] (84) ik-ta-la-a-šu-nu [x x x x x x x x x x x x x x x x x x x x x ^m]^eš[x x x x x x x x x x x x x x] (85) ù aš-šum an-ni-ti [x x x x x x x x x x x x x x x x x x x x x x x x x x x x x x x x x x x x x x x x x x] (86) ù ḫé-du-ú-tù dá-a[n]-⸢níš⸣-⸢ma⸣ [x x x x x x x x x x x x x x x x x x x x x x x x x x] (87) isinna(ezen) i-mar ^dTešuba(Im) ù ⸢d⸣⸢A⸣-[ma]-⸢nu⸣[x x x x x x x x x x x x x x x x x x x x x] (88) li-mèš-šèr-ma a-na-ku ù aḫu(š[eš)-ia x x x x x x x x x x x x x x x x x x x x x x x x x x x] (89) a-nu-um-ma ^m⸢Pi⸣-⸢ri-is-⸢sí⸣ ⸢ù⸣ [^mTu-lu-ub-ri ^lúmār(dumu^meš) šipri(kin)-šu ša aḫi(šeš)-ia]① (90) a-na aḫi(šeš)-ia a-na ⸢kál⸣-le-⸢e⸣-e[m-ma al-ta-pár-šu ù a-na du-ul-lu-ḫi aq-ta-bá-a-šu-nu] (91) ù aḫu(šeš)-ia ⸢lu⸣-⸢ú⸣ ⸢la⸣-⸢a⸣ [ik-ta-la-šu-nu ḫa-mut-ta li-mèš-šèr-šu-nu-ma ṭe$_4$-e-ma] (92) li-te-er-[ru]-ú-⸢ni⸣ ⸢ša⸣ ⸢aḫi(šeš)⸣[-ia šul-ma-an-šu lu-uš-]me-e-ma [lu-ú]-⸢uḫ⸣-[du] (93) ù ⸢ša⸣-a ⸢ aḫi(šeš)⸣-⸢ia⸣ [^lúmārū(dumu^meš) šipri(kin)-šu it-t]i ^mPi-ri-is-sí ⸢i⸣-⸢na⸣ ṣābi(érin)-i[a] (94) a-na [du-lu-ḫi a-na ia-ši li-i]l-li-ku$_8$-ni a-na ⸢ša⸣-⸢a⸣-[šu]-⸢nu⸣ a-ta-[mar] (95) a-⸢dì⸣ ⸢ša⸣-a [x x x x x x x x x x x x x x x x x x x x x x x x x x x x x x x x x x x x x] ul-li-i is-sà-aḫ-ḫa-r[u] (96) ù a-⸢ka⸣-an-na [^mMa-né-e ^lúMār(dumu^meš) šipra(kin)-šu ša aḫi(še]š) -ia ú-⸢maš⸣-šar-šu ù at-tù-ia (97) ^lú⸢mārī(dumu^meš) šipri(kin)⸣- [ia aḫu(šeš)-ia li-mèš-šèr-šu-nu-ma ù

① 克努松、雷尼都拟补为 [^mTu-lu-ub-ri it-ti ^lúmār(dumu.meš) šiprī(kin)-šu ša aḫi(šeš)-ia]，但是阿德勒将 itti 去掉了，笔者认为这里没有必要加上 itti，因此，赞同阿德勒的建议。参见 J. A. Knudtzon, *Die El-Amarna-Tafeln*, Vol. 1, p. 236; Anson F. Rainey, *The El-Amarna Correspondence: A New Edition of the Cuneiform Letters from the Site of El-Amarna Based on Collations of All Extant Tablets*, Vol. 1, p. 292; Hans-Peter Adler, *Das Akkadische des Königs Tušratta von Mitanni*, p. 220。

^{m}]*Ma-né-e a-ša-ap-pár a-na ḫé-du-ú-ti* (98) ⸢*a*⸣-⸢*na*⸣ ⸢*ša*⸣(?) *er*[*-ṣé-ti*] *a-ḫi-i-a*

【中文译文】

（79）至于我的兄弟的使节马奈，□□□就如他来到我面前一样，（80）来自□□□□□□□（81）我的兄弟的父亲□□□我听到（82）我的兄弟的话，我十分高兴。（83）现在，至于马奈，我会让他在今年离开的，如果我的兄弟没有（84）滞留我的使节的话。□□□□□□□（85）因为这个□□□□□□□（86）极大的还礼□□□□□□□（87）他看到了节日。愿台舒巴和阿蒙□□□（88）允许我的兄弟和我□□□□□□□（89）与此同时，我派遣我的兄弟的使节皮里西和图鲁布里（90）急速到我兄弟处，告诉他们加紧（前行）。（91）愿我的兄弟别扣留他们，愿他立即放他们走！让他们（92）带回消息！当我听到我的兄弟的问候时，我会高兴的。（93）愿我的兄弟的使节同皮里西，在我的士兵的（护佑下），（94）急速到我这里来，对于他们，我将会看（他们），（95）直到□□□□□□□他们返回来。（96）现在，我将放我的兄弟的使节马奈离开，（97）愿我的兄弟也放属于我的使节离开！我将愉快地派遣马奈（98）到我的兄弟的国家里。

【拉丁化转写】

(99) ⸢*ù*⸣ ⸢*un*⸣-*d*[*u i-ka-aš-ša-du* ^{lú}]*mārū*(dumu ^{meš}) *šipri*(kin)*-šu ša a-ḫi-i-a* (100) ⸢*it*⸣-[*t*] [^{m}*Pi-ri-is-sí ù* ^{m}*Tu-lu-ub-ri a-n*]*a i-sí-i-ni ra-bi-i a-na gi*$_5$*-im-ri* (101) *a-na-*[*ku e-ep-pu-us-sú-nu-ti ù i-na-an-n*]*a lu-ú ik-šu-du ù šum-ma a-ka-an-*⸢*na*⸣ (102) *a-*[*na ia-ši i-ka-a*]*š-*⸢*ša*⸣*-*⸢*du*$_4$⸣ [*ù m*]*i-i-na-a ep-pu-us-sú-nu-ti* (103) [*ù li-it-*]*ta-l*[*a-ku*$_8$*-ú*]① ⸢*lik*⸣[*x x x x a-na*] *i-sí-ni* (104) ⸢*ù*⸣ *aḫu*(š[eš])*-*⸢*ia*⸣ *ḫurāṣa*(kù.gi) *ma-a-*⸢*dá*⸣ ⸢*li*⸣*-še-e-bi-*⸢*la*⸣ [*a-na*] ⸢*i*⸣*-*⸢*si*⸣*-ni gi*$_5$*-im-*⸢*ri*⸣ (105) *ù* ⸢*it*⸣*-ti* ⸢*ma*⸣*-*⸢*a*⸣*-dá-a-*⸢*ti*⸣ ⸢*ú*⸣*-*⸢*nu*⸣*-ú-*

① 克努松没有进行拟补，而雷尼拟补为 [*ù li-it-*]*ta-l*[*a-ku*$_8$*-ú*]，但是他对这样的拟补不太确定，参见 Anson F. Rainey, *The El-Amarna Correspondence: A New Edition of the Cuneiform Letters from the Site of El-Amarna Based on Collations of All Extant Tablets*, Vol. 2, p. 1366。

ti aḫu(šeš)-*i*[*a lu-ú-ka-ab-bá-ta-ni*] (106) [*i-na māti*(kur)] ˹*ša*˺ ˹*aḫi*(šeš)˺-˹*ia*˺ ˹*ḫurāṣu*(kù.gi)˺ [*k*]*i*-˹*i*˺ *e-pé-ri ma*-˹*a*˺-[*dá-at*] ˹*aḫū*(šeš)˺-˹*ia*˺ *li*-˹*ib*˺-˹*bi*˺ (107) [*lu-ú la-a ú-šá*]*m*-˹*ra*˺-*aṣ ḫurāṣa*(k[ù.gi) *ma-*]*a-dá* ˹*li*˺-*še-e-bi-l*[*a ki-*]*me-e a-‹na› aḫi*(šeš)-*ia* (108) [*ù it-ti*] *ma*-˹*a*˺-*dá*-˹*a*˺-*ti* [*ú-nu-ú-t*]*i ú-ka*-˹*ab*˺-˹*bá*˺-˹*ta*˺-˹*ni*˺ [*aḫu*(šeš)]-*ia* ˹*el*(ugu)˺ *a-bi*-˹*i*˺-*šu* (109) [*x x x x x x x*][*x x x x x x x x x*]-˹*ta*˺ *li*-˹*i*˺-˹*it*˺-*ter*-˹*an*˺-˹*ni*˺

【中文译文】

（99）当我的兄弟的使节与皮里西、图鲁布里一起来到时，（100）我会为他们举办盛大的庆典。（101）现在，让他们快来吧！若他们到达了（102）我这里，我该怎样对待他们呢？（103）愿他们到来□□□并在节日（104）愿我的兄弟送给我很多黄金，以便让节日能够举行，（105）愿顺便（送来）大量的黄金物品，愿我的兄弟让我荣耀！（106）在我的兄弟的国家里，黄金多如沙土！愿我的兄弟（107）别让我伤心！愿我的兄弟像过去一样送来大量的黄金！（108）我的兄弟一定会用很多黄金器皿敬重我，这将会超过他的父亲！（109）□□□愿他为我而超过□□□

【拉丁化转写】

(110) [*a-nu-um-ma a-na šul-ma-ni-k*]*a* [1] *naḫlapat*(˹túg˺.gú) *ḫur-ri* 1 *naḫlapat*(túg.[g]ú) ˹*āli*(uru)˺1 ^{túg}*kusītu*(˹bar˺.dul) 1 $^{\text{na4}}$[*x x x x x x x*] (111) [*x x x x x x x x x x x x* 1 šu] ˹*ša*˺ ˹*qa*˺-˹*ti*˺ ˹*inātu*(igi^{meš})˺^{tu4} *ḫulāl*(nír) *šadê*(kur) 5(?) *i-na minûti*(šid)^{ti} *ḫurāša*(kù.gi) *uḫḫuz*(gar) (112) [1 $^{\text{na4}}$*ta-pa-tu*$_4$ *š*]*a* ˹*šmna*(ì)˺ ˹*ṭâba*(dùg.ga)˺ *ma-*[*lu-ú*] 1$^{nu\text{-}˹tu4˺}$ *abnātu*(˹na$_4$˺ ^{meš}) *ḫurāša*(kù.gi) [*uḫḫuz*(gar)] ˹*a*˺-˹*na*˺ ^{f}*Te-i-e ummi*(ama)-[*ka*] (113) [1 $^{\text{na4}}$*ta-pa-tu*$_4$ *ša šmna*(ì) *ṭâba*(dùg.ga)] [*ma*]-˹*lu*˺-*u* 1$^{nu\text{-}[tu4]}$ *abnātu*(na$_4^{\text{meš}}$) ˹*ḫurāša*(kù.gi)˺ [*uḫḫuz*(gar) *a-na*] ˹^{f}˺*Ta-a-du*$_4$-*Ḫé-e-ba*! (114) [*mārti*(dumu.munus)-*ia*] a*ššati*(d[am])-[*k*]*a ul*-˹*te*˺-*bíl*

【中文译文】

（110）与此同时，我把以下物品送给你作为你的问候礼：1 件胡里斗篷；1件城市斗篷；1件袍子；1块□□□石；(111)1件手□□□；1串共有5块镶金的真胡拉尔石做成“眼睛”形状的首饰。(112)(我)把1只盛满香油的罐和1串镶金的石头(送给)你母亲泰伊。(113)(我)把1只盛满香油的罐和1串镶金的石头送给我女儿——你的妻子——塔杜希帕。

(十)第28号泥板书信

第28号泥板书信为埃及农夫在1887年挖掘所得，可能出土于埃及的阿马尔那，1901年为罗斯托夫兹收藏，1902年或1903年卖给了英国的大英博物馆。目前藏于大英博物馆，编号为BM 037645，泥板尺寸为146.1毫米×101.6毫米，保存得较为完好，只有几处文字损毁，共49行文字。对该泥板的岩相学检验表明，泥土成分与第17号泥板类似，不能确定制作泥板的泥土来源。[①]

1892年，沙伊尔的论文《罗斯托夫兹收藏的阿马尔那泥板》对该泥板进行抄录、转写、法文翻译。1896年，温克勒的《阿马尔那泥板》一书，对泥板进行了拉丁化转写和德文翻译。1889年，塞斯在《现藏于布拉格博物馆的阿马尔那的楔形文字泥板》中对泥板进行了拉丁化转写。1907年、1915年，克努松在《阿马尔那泥板》一书中对该泥板进行了拉丁化转写，并将之译为德文。1976年，阿德勒出版的《米坦尼国王图什拉塔的阿卡德语》，对该泥板进行了拉丁化转写、德文翻译。1992年，莫兰出版的《阿马尔那书信》，将该泥板翻译为英文并详细地进行注解。2015年，雷尼的遗作《阿马尔那书信》对该书信进行拉丁化转写以及英文翻译，并做了一些注解。

本译文的原始文献来自沙伊尔的拓本，[②] 同时参考了克努松、

① Yuval Goren, Israel Finkelstein and Nadav Na'aman, *et. al.*, *Inscribed in Clay: Provenance Study of the Amarna Letters and Other Ancient Near Eastern Texts*, p. 43.

② V. Scheil, “Tablettes d’El-Amarna de la Collection Rostovicz,” *Mémoires Publiés par les Memebres de la Misssion Archéologique Française au Cáire*, Vol. 6, 1892, p. 302.

阿德勒、雷尼的拉丁化转写①以及莫兰的法文、英文译本。②

题解

第 28 号泥板书信的写信人为米坦尼王图什拉塔，收信人为埃及法老埃赫那吞。其主要内容为两项：第一项，为埃及扣留使节问题，图什拉塔进行了抗议；第二项，说明图什拉塔与埃及先王阿蒙霍特普三世的友好关系，埃及太后泰伊是见证人，建议埃赫那吞向泰伊求证。

泥板译注

【拉丁化转写】

(1)③ *a-na* ^{m}*Nap-ḫur-i-re-ia šar* ^{kur}*Mi-iṣ-ri-*[*i*] (2) *aḫi*(šeš)*-ia ḫa-ta-ni-ia ša i-ra-*ʾ[*a-am-an-ni*] (3) *ù ša a-ra-mu-uš qí-bi-*⸢*ma*⸣ (4) *um-ma* ^{m}*Tù-uš-rat-ta šar* ^{kur}*Mi-it-ta-a-an*!*-n*[*i*] (5) *e-mu-ú-ka ša i-ra-*ʾ*a-mu-ú-ka aḫu*(šeš)*-ka-ma* (6) *a-na ia-ši šul-mu a-na ka-a-ša lu-ú šul-mu* (7) ⸢*a*⸣-⸢*na*⸣ *bītātī*(é^{meš})*-ka a-na* ^{f}*Te-i-e ummi*(ama)*-ka bēlet*([n]in) ^{kur}*Mi-iṣ-ri-i* (8) *a-na* ^{f}*Ta-a-du*$_{4}$*-Ḫe-e-bá mārti* (dumu(!).munus)-[*ia*] *aššāti*(dam)*-ka* (9) *a-na re-ḫu-ú-ti aššāti*(dam^{meš})*-ka a-na mārī*(dumu^{meš})*-ka a-na* ^{lú}*rabûtī* (gal^{meš}) *-ka* (10) *a-na* ^{giš}*narkabātī*(gigir^{meš})*-ka a-na sīsī* (anše.kur. ra^{meš})*-ka a-na ṣābī*(érin^{meš}) *-ka* (11) *a-na māti*(kur)*-ka ù a-na mim-mu-ka dan-*

---

① J. A. Knudtzon, *Die El-Amarna-Tafeln*, Vol. 1, pp. 240, 242, 244; Hans-Peter Adler, *Das Akkadische des Königs Tušratta von Mitanni*, pp. 226-229; Anson F. Rainey, *The El-Amarna Correspondence: A New Edition of the Cuneiform Letters from the Site of El-Amarna Based on Collations of All Extant Tablets*, Vol. 1, pp. 296, 298.

② William L. Moran, *Les Lettres d'el-Amarna: Correspondance Diplomatique du Pharaon*, pp. 177-178; William L. Moran, *The Amarna Letters*, pp. 90-91.

③ 此行开始为泥板正面。

níš dan-níš lu-ú ⸢*šul*⸣*-mu*

【中文译文】

（1）你（使节）对埃及（米西尔）的国王、（2）我的兄弟、我的女婿、我爱的人（3）与爱我的人那坡胡瑞亚说，（4）“下面是米坦尼王、（5）你的岳父、爱你的人与你的兄弟图什拉塔的话”。（6）祝愿平安与我本人同在！祝愿平安与你本人同在！（7）祝愿平安与你的宫廷、你的母亲泰伊——埃及的女主人——同在！（8）真诚地祝愿平安与我的女儿、你的妻子塔杜希帕，（9）你的其余的妻子、你的儿子们、你的官员们、（10）你的战车、你的马匹、你的士兵、（11）你的国家以及你所有的东西同在！

【拉丁化转写】

(12) ᵐ*Pi-ri-is-sí ù* ᵐ*Tul-ub-ri* ˡᵘ́*mār*(dumu^meš^) *šipri*(kin)^*ri*^-[*i*]*a* (13) *a-na aḫi*(šeš)*-ia a-na kál-le-e al-ta-pár-šu-nu ù a-*[*na*] (14) *du-ul-lu-ḫi*[①] *dan-níš dan-niš aq-ta-bá-a-šu-nu-t*[*i*] (15) *ù šu-nu mi-i-ṣú-ú-ta-am-ma*[②] *al-ta-pár-šu-nu* (16) *ù a-ma-ta an-ni-ta i-na ma-aḫ-ri-i-im-*⸢*ma*⸣ (17) *a-na aḫi*(šeš)*-ia aq-ta-bi* ᵐ*Ma-né-e* ˡᵘ́*mār*(dumu) *šipri*(kin)*-šu ša* [*aḫi*(šeš)-

① 标准写法应该为 *dulluḫiš*，副词，意思为“赶快地”，这里用了两个 *danniš* 来修饰，因此，翻译为“快速前进”。

② *mīṣūtamma*，《简明阿卡德语词典》解释为“作为小队”（as a small company），词性为名词，《芝加哥大学东方研究所的亚述语词典》解释为“很快、理解”，词性为副词，克努松、阿德勒、莫兰、雷尼翻译为“小分队或护卫队”，考虑到后面的 *al-ta-par-šu-nu* 的使动后缀代词 *-šu-nu*，因此，这里翻译为“作为小分队”比较妥当。参见 Jeremy Black, *et. al.*, eds., *A Concise Dictionary of Akkadian*, 2nd (corrected) Printing, p. 212; A. Leo Oppenheim and Erica Reiner, *et. al.*, eds., *The Chicago Assyrian Dictionary of the Oriental Institute of the University of Chicago*, Vol. 10, Part 2, p. 116; J. A. Knudtzon, *Die El-Amarna-Tafeln*, Vol. 1, p. 241; Hans-Peter Adler, *Das Akkadische des Königs Tušratta von Mitanni*, p. 227; William L. Moran, *The Amarna Letters*, p. 91; Anson F. Rainey, *The El-Amarna Correspondence: A New Edition of the Cuneiform Letters from the Site of El-Amarna Based on Collations of All Extant Tablets*, Vol. 1, p. 297; Anson F. Rainey, *The El-Amarna Correspondence: A New Edition of the Cuneiform Letters from the Site of El-Amarna Based on Collations of All Extant Tablets*, Vol. 2, p. 1367。

ia] (18) *a-kál-la-a-šu-ú-mì a-dú mār*(dumu) *šipri*(kin)^{ri}*-ia-mì aḫu*(šeš) [*-ia*] (19) *ú-maš-ša-ru-ú-ma-a-mì i-il-la-ku*$_8$*-ú-ni*[*m*]

【中文译文】

（12）我已派遣我的使节皮里西与图鲁布里（13）急速前往我的兄弟处。（14）我告诉他们快速前进。（15）我已派遣了他们作为一支小分队，（16）我曾经对我的兄弟说了这样的话：（17）“我将扣留我兄弟的使节马奈，（18）直到我兄弟放我的使节离开（19）并且他们到达我这里。”

【拉丁化转写】

(20) *ù i-na-an-na aḫu*(šeš)*-ia a-na ga*$_{14}$*-am-ra-ti-im-ma* (21) *la ú-maš-šar-šu-nu-ti a-na a-la-ki ù ik-ta-la-a-šu-*˹*nu*˺*-ti* (22) *dan-níš dan-niš* ^{lú}*mārī* (dumu^{meš}) *šipri*(kin)^{ri} *mi-nu-ú* (23) *ú-ul iṣ-ṣú-ru-ú ip-par-ra-šu-ú-ma i-il-la-ku*$_8$ (24) ˹*aḫu*(šeš)˺*-ia aš-šum* ^{lú}*mārī* (dumu^{meš}) *šipri*(kin)^{ri} *am-mi-ni libba*(šà)*-šu* (25) [*i-i*]*k-kál-šu*① *am-mi-ni ul-lu-ú a-na pa-ni ul-l*[*i-i*] (26) [*né-šu*]*-ru la in-né-eš-šèr ù ul-lu-*[*ú*] (27) [*ša ul*]*-li-i šul-ma-an-sú la-a i-še-em-m*[*e*] (28) [*ù*] *ḫa-da-nu dan-niš dan-niš ūmi*(u$_4$)^{mi}*-šà*[*m-ma*] (29) [*aḫu*(šeš)*-*]˹*i*˺*a* ^{lú}˹*mār*(dumu)˺ *šipra*(kin)*-ia ḫa-*˹*mu*˺*-ta li-*˹*me*˺*-eš-šèr*[*-šu-ma*] (30) [*ša*] *aḫi*([še]š)*-ia šul-ma-an-sú* ˹*lu*˺*-*˹*uš*˺*-*˹*me*˺[*-ma*] (31) [*x x x*] ˹^{lú}*mārī*(dumu^{meš}) *šipri*(kin)^{ri} *ša*˺ *aḫī*([š]e[š])*-ia* (32) ② [*x x x x x x x x x x x x x*] [*x x x x x x x x x x x x x x x x x x x x*] (33)③ [*x x x x x x x x x x x x x x*][*x x x x x x x x x x x x x x x x x x*] (34-35) [*x x x x x x x x x x x x x x x x x x x x x x x x x x x x x x x x x x x x x x x x x x x x x x x x*] (36) [*x x x x x x x x x x x x x x g*]*i-ú-ti š*[*a x x x x x x x x x x x x x x x x x x x x x x x*]

---

① 第 24—25 行的 *libba*(šà)*-šu* [*i-i*]*k-kál-šu*（*libbašu ikkalšu*）可以直译为“他吃了他的心”，这是比喻伤心或不高兴。William L. Moran, *The Amarna Letters*, p. 28; Anson F. Rainey, *The El-Amarna Correspondence: A New Edition of the Cuneiform Letters from the Site of El-Amarna Based on Collations of All Extant Tablets*, Vol. 2, p. 1367.

② 此行仅仅保留下来若干符号痕迹，无法识读。

③ 此行开始为泥板背面，仅仅保留下来若干符号痕迹，无法识读。

【中文译文】

（20）现在，我的兄弟根本不放他们走，（21）他严重地扣留了他们。（22）使节是什么？（23）他们不是能飞走飞回的鸟啊！（24）为什么因为使节我的兄弟的心如同被咬了一样呢？（25）为什么一个人不能公正地（26）对待另一个人呢？（27）为什么一个人不能听到另一个人的问候呢？（28）为什么我们不能每天都高高兴兴呢？（29）愿我的兄弟让我的使节立即走！（30）愿我能听到我的兄弟的问候！（31）□□□我的兄弟各地的使节（32—36）☒

【拉丁化转写】

(37) [^{m}*Ma-né-e l*]*u-meš-šèr-šu*① *ù* ^{lú}*mārī*(dumu^{meš}) *šipra*(k[in)^{ra}*-ia*] (38) [*a-na aḫi*(šeš)*-i*]*a ki-i pá-ni-i-ti lu-uš-pur* ˹*ù*˺ [*a-na-ku*] (39) [*a-ma*]*-ta pá-ni-i-ta ša aḫi*(šeš)*-ia lu-u*[*š-me-ma*]② (40) ˹*a*˺-˹*na*˺ *aḫi*(šeš)*-ia il-*˹*li*˺-˹*ik*˺ *ù aḫu*(šeš)*-ia* ˹*ša*˺ *lìb-bi-i*[*a*] (41) *gáb-ba-šu-nu-ma* ˹*li*˺*-pu-uš ù lìb-bi lu la-a ú*[*-še-em-ri-iṣ*]

【中文译文】

（37）我会放［马奈］走的，至于我的使节，（38）我会像以前一样派遣（他们）到我的兄弟处。（39）于是我就会听到我的兄弟的美好的话语了。（40）他前往我兄弟那里，愿我的兄弟做（41）所有我心想的事情，愿他不要伤我的心！

---

① 克努松拟补为 [^{m}*Ma-ni-e l*]*u-miš*(!)*-š*[e]*r*(!)*-šu*、莫兰拟补为 [*l*]*u-meš-šèr-šu*、雷尼拟补为 [^{m}*Ma-né-e l*]*u-meš-šèr-šu*，阿德勒拟补为 [(*ù šeš*)] *a-ra-ma-šu*，参见 J. A. Knudtzon, *Die El-Amarna-Tafeln*, Vol. 1, p. 242; William L. Moran, *The Amarna Letters*, p. 92; Anson F. Rainey, *The El-Amarna Correspondence: A New Edition of the Cuneiform Letters from the Site of El-Amarna Based on Collations of All Extant Tablets*, Vol. 2, p. 1367; Hans-Peter Adler, *Das Akkadische des Königs Tušratta von Mitanni*, p. 228。

② 第 38—39 行，克努松拟补为 [*ù*] [*x x i*]*-ta*，雷尼等人拟补为 ˹*ù*˺ [*ki-ma ša*] [*ul-li-*]˹*i*˺*?-ta*，笔者拟补为 [*a-na-ku*] [*a-ma*]*-ta*。参见 J. A. Knudtzon, *Die El-Amarna-Tafeln*, Vol. 1, p. 242; Anson F. Rainey, *The El-Amarna Correspondence: A New Edition of the Cuneiform Letters from the Site of El-Amarna Based on Collations of All Extant Tablets*, Vol. 1, p. 298。

【拉丁化转写】

(42) *ù a-ma-te*^{meš} ⸢*gáb*⸣?-*ba-ši-na-ma ša it-ti a-bi-k*[*a*] (43) *ad-bu-bu* ^{f}*Te-i-e ummu*(ama)-*ka i-de-e-ši-na-a-ti* (44) *ma-am-ma ša-nu-ú-um-ma ú-ul i-de-e-ši-na-a-ti* (45) *ù a-šar* ^{f}*Te-i-e umma*(ama)-*ka ti*-⸢*ša*⸣-ʾ*a-al-šu-nu-ti-ma* (46) *li-id-bu-bá-ak-ku ki-i-me-e a-bu-ka it-ti-ia* (47) *ir-ta-na*-ʾ*a-am ù a-ka-an-na aḫu*(šeš)-*ia i-na-an-na* (48) *it-ti-ia li-ir-ta*-ʾ*a-am ù ša ša-ni-i ša ma-am-ma* (49) *aḫu*(šeš)-*ia lu la-ai-še-em-me*

【中文译文】

（42）另外，我与你父亲说的每一句话，（43）你的母亲泰伊都是知道的。（44）任何其他人是不会知道的。（45）你必须直接向你的母亲泰伊询问它们，（46）让她告诉你！就如你父亲与我（47）保持友爱一样，现在，希望我的兄弟（48）与我保持友爱！（49）愿我的兄弟别听其他任何人的话！

（十一）第 29 号泥板书信

第 29 号泥板书信可能出土于埃及的阿马尔那，目前藏于德国柏林的近东博物馆，编号为 VAT 00271 + VAT 01600 + VAT 01618 + VAT 01619 + VAT 01620 + VAT 02192 + VAT 02194 + VAT 02195 + VAT 02196 + VAT 02197，其中 VAT 00271 的尺寸为 450 毫米×260 毫米。对该泥板的岩相学检验表明，其泥土成分与第 17 号泥板类似，不能确定制作泥板的泥土来源。①

1889—1890 年，德国学者温克勒、阿贝尔编撰的《阿马尔那泥板》，出版了该泥板的 VAT 00271 残片的拓本。1891 年，德拉特在论文《阿马尔那书信之四》对泥板的部分残片进行了拉丁化转写、德文翻译与注释。1896 年，温克勒的《阿马尔那泥板》一书，对 VAT 00271 残片进行了拉丁化转写和德文翻译。1899 年，阿莱维在其《阿蒙霍特普三世和阿蒙霍特普四世的书信》一书中，对整

---

① Yuval Goren, Israel Finkelstein and Nadav Naʾaman, *et. al.*, *Inscribed in Clay: Provenance Study of the Amarna Letters and Other Ancient Near Eastern Texts*, p. 43.

个泥板进行拉丁化转写，并将之翻译成了法文。1907 年、1915 年，克努松在《阿马尔那泥板》一书中对该泥板进行了拉丁化转写，并将之译为德文。1915 年，施罗德出版的《阿马尔那泥板》一书，把各个残片合在一起拓下来。1976 年，阿德勒出版的《米坦尼国王图什拉塔的阿卡德语》，对该泥板进行了拉丁化转写、德文翻译。1992 年，莫兰出版的《阿马尔那书信》，将该泥板翻译为英文并详细地进行注解。2015 年，雷尼的遗作《阿马尔那书信》对该书信进行拉丁化转写以及英文翻译，并做了一些注解。

本译文的原始文献来自温克勒、阿贝尔以及施罗德的拓本，①同时参考了克努松、阿德勒、雷尼的拉丁化转写②以及莫兰的法文、英文译本。③

题解

第 29 号泥板书信的写信人为米坦尼王图什拉塔，收信人为埃及法老埃赫那吞。其主要内容为：第 6—15 行，回顾图什拉塔上台以来，与埃及先王阿蒙霍特普三世的友好关系；第 16—44 行，回顾米坦尼与埃及的联姻历史，尤其着重叙述了阿蒙霍特普三世与图什拉塔的联姻，规劝埃及法老继承两国友好传统；第 45—54 行，叙述埃及先王阿蒙霍特普三世答应的纯金雕像问题；第 55—68 行，叙述了图什拉塔因埃及先王阿蒙霍特普三世去世而伤心不已，以及

---

① Hugo Winckler and Ludwig Abel, *Der Thontafelfund von El-Amarna*, Heft 1, No. 24; Otto Schroeder, *Die Tontafelin von El-Amarna, Texte Nr 1-189,* No. 12.

② J. A. Knudtzon, *Die El-Amarna-Tafeln*, Vol. 1, pp. 244, 246, 248, 250, 252, 254, 256, 258, 260, 262, 264, 266, 268; Hans-Peter Adler, *Das Akkadische des Königs Tušratta von Mitanni*, pp. 230-251; Anson F. Rainey, *The El-Amarna Correspondence: A New Edition of the Cuneiform Letters from the Site of El-Amarna Based on Collations of All Extant Tablets*, Vol. 1, pp. 300, 302, 304, 306, 308, 310, 312, 314, 316, 318, 320, 322.

③ William L. Moran, *Les Lettres d'el-Amarna: Correspondance Diplomatique du Pharaon*, pp. 179-188; William L. Moran, *The Amarna Letters*, pp. 92-98.

埃赫那吞上台的事情；第 69—90 行，叙述埃赫那吞送来的木雕像，而不是埃及先王答应的纯金雕像对米坦尼王图什拉塔造成的伤害；第 91—147 行，重复埃及没有送礼物的事情，中间夹带关于扣留使节的事情以及泰伊能够证明阿蒙霍特普三世的承诺；第 148—160 行，叙述埃及扣留使节的问题；第 161—172 行，再次回到礼物问题上；第 173—181 行，关于米坦尼的两个人在埃及犯罪及处理的事情。

泥板译注

【拉丁化转写】

(1)① [*a-na* ^{m}*Nap-ḫu-u-re-ia šar* ^{kur}*Mi-iṣ-ri-i aḫi*(šeš)-*i*]*a ḫa-ta-ni-ia ša a*[*-ra-a*]*m-mu-ú-uš ù ša i-ra*[*-ʾa-ma-an-ni*] (2) [*qí-bí-ma um-ma* ^{m}*Tù-uš*]-˹*rat*˺-[*ta*] *š*[*ar* ^{kur}*Mi-it-ta-an-n*]*i* ˹*aḫu*(šeš)˺-˹*ka*˺-*ma e-mi-ka* [*š*]*a i-ra-ʾa-*˹*mu*˺-*ka a-na ia-ši šul-m*[*u a-na ka-a-ša*] (3) [*lu-ú šul-mu a-na*] ˹^{f}*Te*˺-*i-*˹*e*˺ *l*[*u-ú š*]*ul-*[*mu a-n*]*a* ^{f}*Ta-*˹*a*˺*-du-Ḫé-*˹*e*˺*-b*[*á*] *mārti* (dumu.munus)-[*i*]*a aššati*(dam)-*ka*② [*šul-mu*] (4) [*a-na aššātī*(dam^{meš})-*ka re-e-*]*ḫé-ti lu-ú* ˹*šul*˺-*mu a-na mārī*(dumu^{meš})-*ka a-na* ^{lú}*rabûtī*(˹gal˺^{meš})-*ka* ^{giš}*narkabātī*(gigir^{meš})-*ka a-na sīsī* (an[še].kur.[ra^{meš}-*ka*] (5) [*a-na ṣābī*(érin^{meš})-*ka a-na māti*(ku]r)-*ka ù a-na mim-mu-ka dan-níš dan-níš dan-níš lu-u* [*šul-mu*]

【中文译文】

（1）你（使节）对埃及（米西尔）的国王、我的兄弟、我的女婿、我爱的人与爱我的人那坡胡瑞亚（2）说，“下面是米坦尼王、你的兄弟、你的岳父、爱你的人与图什拉塔的话”。祝愿平安与我本人同在！祝愿平安与你本人同在！（3）祝愿平安与泰伊同在！祝愿平安与我的女儿、你的妻子塔杜希帕同在！（4）祝愿平

---

① 此行开始为泥板正面。

② 莫兰在翻译的时候，漏掉了 *aššati*(dam)-*ka*，参见 William L. Moran, *The Amarna Letters*, p. 92。

安与你的其余的妻子们同在！万分真诚地祝愿平安与你的儿子们、你的官员们、你的战车、你的马匹、（5）你的士兵、你的国家以及你所有的东西同在！

【拉丁化转写】

(6) [*iš-tu re-eš šà*]*r-ru-ti-ia*① *a-d*[*i*] ⸢m⸣*Ni-im-mu-u-re-ia-ma a-bu-ka* [*a*]*-na ia-ši il-ta-nap-pa-ra el sú-lu-u*[*m*]*-me-*[*e*] (7) [*il-ta-nap-pár*] *mi-im-ma ša-n*[*u-ú*] *ša il-ta-nap-pa-ru ia-nu mi-nu-um-me-e a-ma-a-tu*$_4$ *gáb-bá-ši-n*[*a*]*-a*[*-ma*] (8) [*ša* ᵐ*Ni-im-mu-u-re-i*]*a a-bi-ka š*[*a a-na*] *ia-ši il-ta-nap-‹pa›-ru*② *ù* ⸢f⸣⸢*Te*⸣*-*[*i*]*-e aššat*(dam)*ᵃᵗ* ᵐ*Ni-im-mu-u-re-*⸢*ia*⸣ ⸢*ra*⸣*-bi-tu*$_4$ (9) [*ra-im-tu*$_4$] *ummu*(ama)*-ka gáb-bá-*⸢*šu*⸣*-*⸢*nu*⸣ *i-de*$_4$*-šu-nu a-na* ᶠ*Te-i-e-ma ummi*(a[ma])*-*⸢*ka*⸣ *gáb-bá-šu-nu-ma ši-*⸢*ta*⸣*-*⸢*a*⸣*-*⸢*al*⸣*-šu-nu-ti* (10) [*ša il-ta-nap-pa-ru*]③ *a-bu-ú-ka a-ma-a-te*ᵐᵉš *ša it-ti-ia id-dá-na-am-bu-bu*

【中文译文】

（6）从我执掌我的王权开始，只要你的父亲尼穆瑞亚给我写信，（7）经常写的是关于和平（的书信）。（除此之外），你没有

---

① 第6行：克努松没有拟补 [*iš-tu x x x x x*]*ir-ru-ti-ia*，而阿德勒拟补为 [*aš-šum ṣe-eḫ-ḫé*]*-er-ru-ti-ia*，莫兰拟补为 [*ištu rēš* lug]al*-ru-ti-ia*，雷尼拟补为 [*iš-tu re-eš šà*]*r-ru-ti-ia*，从这些拟补来看，克努松之外的其他人，对于 *rēš* 一词是写作表义符还是音节符，有不同的意见，具体参见 J. A. Knudtzon, *Die El-Amarna-Tafeln*, Vol. 1, p. 244; Hans-Peter Adler, *Das Akkadische des Königs Tušratta von Mitanni*, p. 230; William L. Moran, *The Amarna Letters*, p. 98; Anson F. Rainey, *The El-Amarna Correspondence: A New Edition of the Cuneiform Letters from the Site of El-Amarna Based on Collations of All Extant Tablets*, Vol. 2, p. 1368。

② 克努松拟补为 *il-ta-nap-ru*，阿德勒、莫兰拟补为 *il-ta-nap-‹pa›-ru*，雷尼接受了这种拟补，参见 William L. Moran, *The Amarna Letters*, p. 98; Hans-Peter Adler, *Das Akkadische des Königs Tušratta von Mitanni*, p. 230; Anson F. Rainey, *The El-Amarna Correspondence: A New Edition of the Cuneiform Letters from the Site of El-Amarna Based on Collations of All Extant Tablets*, Vol. 2, p. 1368。

③ 克努松、阿德勒没有进行拟补，莫兰拟补为 [*ša il-ta-nap-pa-ru*]，雷尼接受了莫兰的拟补，参见 J. A. Knudtzon, *Die El-Amarna-Tafeln*, Vol. 1, p. 244; Hans-Peter Adler, *Das Akkadische des Königs Tušratta von Mitanni*, p. 230; William L. Moran, *The Amarna Letters*, p. 98; Anson F. Rainey, *The El-Amarna Correspondence: A New Edition of the Cuneiform Letters from the Site of El-Amarna Based on Collations of All Extant Tablets*, Vol. 2, p. 1368。

给我写其他任何事情。至于你父亲尼穆瑞亚（8）写信给我说全部事情，尼穆瑞亚所钟爱的王后、（9）你的母亲泰伊都知道。你向你的母亲泰伊询问所有的事情：（10）你的父亲经常写的（事情）以及他与我所讨论的事情。

【拉丁化转写】

(11) [ra-ʾa-mu-ti ša it-ti aḫi(šeš)-]ia 10-šu dan-níš-⸢ma⸣ ša ⸢it⸣-ti ^{m}Ni-im-mu-u-r[e]-ia a-bi-i-ka ša ni-ir-⸢ta⸣-⸢na⸣-⸢ʾa⸣-a-m[u] (12) [ù mi-nu-um-me-e ša]① ⸢^{m}⸣Ni-im-mu-u-re-ia a-bu-ka it-ti-ia id-⸢dá⸣-[na]b-bu-bu šu-ú ia-ši lìb-bi i-⸢na⸣ ⸢mi⸣-⸢ni⸣-⸢im⸣-m[a] (13) [a-ma-ti ú-ul ul-te]-em-ri-iṣ ù mi-⸢nu⸣-um-me-e a-ma-tu$_4$ ša ⸢a⸣-qáb-bu-ú-ma ù am-mi-tu$_4$ ⸢i⸣-⸢na⸣ ūmi(u$_4$)^{mi} ša-a-š[u] (14) [i-te-pu-uš ù a-na-ku] at-tù-šu libba(šà)-šu i-na mi-ni-im-ma a-ma-ti ú-ul ul-te-em-ri-iṣ ù mi-nu-um-me[-e] (15) [a-ma-tu$_4$ ša i-qáb-ba-]am-ma ù ⸢am⸣-⸢mi⸣-tu$_4$ i-na ūmi(u$_4$)^{mi} ša-a-šu-ma e-te-pu-u[š]

【中文译文】

（11）我对我的兄弟的友爱十倍于我｛们｝与你父尼穆瑞亚的友爱。（12）在你父尼穆瑞亚与我讨论的所有事情中，在任何事情上他从未使我的心伤痛过。（13）我所说的任何的话，他都在当天（14）做好。我在任何事情上从未使他的心伤痛过。他所（15）说出的任何话我都在当天做。

【拉丁化转写】

(16) e-nu[-ma ^{m}(Mn-ḫprw-rʿ)]② a-bu-šu ša ⸢^{m}⸣[Ni-i]m-mu-u-re-ia a-na ^{m}A[r]-⸢ta⸣-ta-a-ma a-bá a-bi-⸢ia⸣ ⸢iš⸣-⸢pu⸣-⸢ru⸣ ù māras(⸢dumu⸣.

① 克努松、莫兰、雷尼、阿德勒拟补为 [*ù mi-nu-um-me-e ša*]，参见 J. A. Knudtzon, *Die El-Amarna-Tafeln*, Vol. 1, p. 244; William L. Moran, *The Amarna Letters*, p. 92; Anson F. Rainey, *The El-Amarna Correspondence: A New Edition of the Cuneiform Letters from the Site of El-Amarna Based on Collations of All Extant Tablets*, Vol. 1, p. 302; Hans-Peter Adler, *Das Akkadische des Königs Tušratta von Mitanni*, p. 230。

② 莫兰认为此处应该是图特摩斯四世的王位名 *Mn-ḫprw-rʿ*，雷尼接受了莫兰的建议 ^{m}(*Mn-ḫprw-rʿ*)，参见 William L. Moran, *The Amarna Letters*, p. 98; Anson F. Rainey, *The El-Amarna Correspondence: A New Edition of the Cuneiform Letters from the Site of El-Amarna Based on Collations of All Extant Tablets*, Vol. 2, p. 1368。

munus)-[*sú*] (17) *ša* ⸢*a*⸣[*-bá a-bi-ia a-ḫa-at*] ⸢*a*⸣*-bi-ia i-te-*[*ri*]*-is-sí* 5-*šu* 6-*šu i*[*l*]*-ta-pár ù ú-ul id-*⸢*di*⸣*-na-aš-*⸢*ši*⸣ *im-ma-ti-*⸢*i*⸣*-me-*⸢*e*⸣ (18) 7-*šu* [*a-na a-bá a-bi-ia il-t*]*a-pár ù i-na e-mu-ú-qí-im-ma it-*[*ta*]*-din-ši un-du* ᵐ*Ni-im-*⸢*mu*⸣*-*⸢*u*⸣*-*⸢*re*⸣*-*⸢*i*⸣*a a-bu-ka a-na* ᵐ*Šut-t*[*ar-na*] (19) *a-bi-*⸢*i*⸣[*a ki-i iš-pu-ru*] *ù māras*(dumu.munus)-⸢*sú*⸣ *ša a-bi-ia a-ḫa-a-*⸢*ti*⸣ *at-tù-ia ki-i* ⸢*i*⸣*-ri-šu* 3-*šu ù* 4-*šu* ⸢*il*⸣*-*⸢*ta*⸣*-*[*pár*] (20) *ù* [*ù-ul id-di-*]⸢*na*⸣*-*⸢*aš*⸣*-ši im-ma-ti-*⸢*i*⸣*-*⸢*me*⸣*-e* 5-*šu ù* 6-*šu* ⸢*il*⸣*-*⸢*ta*⸣*-pár ù i-na e-*⸢*mu*⸣*-ú-*⸢*qí*⸣*-im-ma i*[*t-ta-din-ši*] (21) ⸢*un*⸣[*-du*] ᵐ*Ni-*⸢*im*⸣*-mu-u-re-ia* [*a-bu-ka*] *a-na ia-ši ki-i* ⸢*iš*⸣*-*[*pu*]*-ru ù mārti*(dumu. munus)*ᵗⁱ ki-i*[*i-*]⸢*ri*⸣*-šu* ⸢*ù*⸣ ⸢*ú*⸣[*-ul-la*] (22) [*la-a*]① ⸢*aq*⸣*-bi* ⸢*i*⸣*-*⸢*na*⸣ ⸢*ma*⸣*-aḫ-*[*ri-im-ma*② *a-na* ˡᵘ́]*mār*(dumu) *šipri*(kin)*ʳⁱ-šu aq-ta-bi* ⸢*um*⸣*-*⸢*ma*⸣*-a a-na-an-din-aš-ši-i-ma-a-ku mār*(dumu) ⸢*šipru*(kin)⸣*-ka i-na* ⸢*ša*⸣!*-nu-ut-t*[*im*]*-m*[*a*] (23) [*ki-i*] *il-li-ka ù šamna*(⸢í⸣⸢meš⸣) [*a-na qa-aq-qa-dì-ša it-tab-*⸢*ku*⸣③ *ù* [*te*]*-*⸢*er*⸣*-ḫa-ti-i-ša ki-i il-qú-ú ù at-ta-di*[*n-ši*] (24) [*ù te-*]*er-ḫa-tu*₄ *ša* ⁽ᵐ⁾*Ni-*⸢*im*⸣*-*⸢*mu*⸣*-*⸢*re*⸣[*-ia a-bi-i-*]*ka ša* [*ú-še-b*]*i-lu pātī*(zagᵐᵉš) *la i-šu šamê*(an) *ù erṣeta*(ki) ⸢*uš*⸣*-*⸢*te*⸣*-el-li la-a* [*aq-bi*] (25) [*ul-la*] *a-na-an-din-aš-*⸢*ši*⸣ *ù* ᵐ*Ḫa-a-*⸢*ma*⸣*-*⸢*aš*⸣*-š*[*i* ˡᵘ́*mār*(dumu) *šipri*(kin)*ʳ*]*ⁱ* ④

---

① 屈内拟补为 [*ul-la*]，阿德勒对此是支持的，但是莫兰、雷尼拟补为 [*la-a*]，参见 Hans-Peter Adler, *Das Akkadische des Königs Tušratta von Mitanni*, p. 232; Anson F. Rainey, *The El-Amarna Correspondence: A New Edition of the Cuneiform Letters from the Site of El-Amarna Based on Collations of All Extant Tablets*, Vol. 2, p. 1369。

② ⸢*i*⸣*-*⸢*na*⸣ ⸢*ma*⸣*-aḫ-*[*ri-im-ma*] 中的 *maḫrum* 的意思为"立即"，加上介词 *ina* 构成了一个习惯表达。但是，莫兰、雷尼认为，这里的 *maḫrum* 的意思为"第一次、早先"，参见 Jeremy Black, *et. al.*, eds., *A Concise Dictionary of Akkadian*, 2nd (corrected) Printing, p. 191。

③ 克努松拟补为 *it-tab-l*[*u*]，得到了阿德勒的支持，而莫兰、雷尼拟补为 *it-tab-*⸢*ku*⸣，参见 J. A. Knudtzon, *Die El-Amarna-Tafeln*, Vol. 1, p. 246; Hans-Peter Adler, *Das Akkadische des Königs Tušratta von Mitanni*, p. 232; William L. Moran, *The Amarna Letters*, p. 98; Anson F. Rainey, *The El-Amarna Correspondence: A New Edition of the Cuneiform Letters from the Site of El-Amarna Based on Collations of All Extant Tablets*, Vol. 2, p. 1369。

④ 克努松拟补为 ᵐ*Ḫa-a-ma-a*[*š*]*-š*[*i* nâgi]ru，莫兰对此表示怀疑，雷尼认为这种拟补不合适，不合逻辑，所以拟补为 ᵐ*Ḫa-a-*⸢*ma*⸣*-*⸢*aš*⸣*-š*[*i* lú.dumu.kin-*r*]i，参见 J. A. Knudtzon, *Die El-Amarna-Tafeln*, Vol. 1, p. 246; William L. Moran, *The Amarna Letters*, p. 98; Anson F. Rainey, *The El-Amarna Correspondence: A New Edition of the Cuneiform Letters from the Site of El-Amarna Based on Collations of All Extant Tablets*, Vol. 2, p. 1369。

ša ⸢*aḫi*(šeš)⸣-[*i*]*a a-na kál-l*[*e-e a-n*]*a* ^{m}*Ni-im-*⸢*mu*⸣*-*⸢*re*⸣-[*i*]*a al-tap-*⸢*ra*⸣-⸢*aš*⸣-[*šu*] (26) [*ù i-n*]*a* 3 *arḫī*(iti$^{\mathrm{me[š]}}$) [*a-n*]*a ḫa-mut-ti dan-níš-ma* [*il-ta-pár-aš-šu*]① *ù* 4 *maškā*(k[uš^{meš}])② *ḫurāṣa*([k]ù.[gi]) ⸢*ma*⸣-⸢*lu*⸣-⸢*ú*⸣ ⸢*ul*⸣[-*te-bíl*] (27) [*muš-š*]*èr šu-kut-tù* [*ša*] ⸢*a*⸣-⸢*bi*⸣-[*ka*] ⸢*a*⸣-*ḫe-én-na-a* ta.àm *ša ú-š*[*e-bi-lu*]

【中文译文】

（16）当尼穆瑞亚的父亲□□□派人到我祖父阿尔塔塔马③处，（17）并要求我祖父的女儿，我父亲的姐妹的时候，他派人来了五六次，但他没有把她给④他。（18）当他第七次派人到我祖父处时，他不得已才把她给了他。当你的父亲尼穆瑞亚写信给我父苏塔尔那，（19）并要求我父的女儿、我姐妹的时候，他派人来了三四次，（20）但他没把她给出。当他第五、第六次派人来，他不得已才把她给了他。（21）当你父尼穆瑞亚派人向我要求我的女儿的时候，我没有（22）说不。我立即对他的使节说道："我会把她给出的。"当你的使节再次来的时候，（23）他们将油倒在了她的头上，并且送来聘礼后，我把她给了（他们）。（24）你的父亲尼穆

---

① 克努松拟补为 [*ut-te-e*]-*i*[*r*]-*r*[*a-aš-šu*]，雷尼拟补为 [*il-ta-pár-aš-šu*]。 J. A. Knudtzon, *Die El-Amarna-Tafeln*, Vol. 1, p. 246; Anson F. Rainey, *The El-Amarna Correspondence: A New Edition of the Cuneiform Letters from the Site of El-Amarna Based on Collations of All Extant Tablets*, Vol. 2, p. 1369.

② 克努松拟补为 *š*[*i*]*ḳlē*，屈内拟补为 k[uš.meš]，莫兰、雷尼接受了屈内的建议。参见 J. A. Knudtzon, *Die El-Amarna-Tafeln*, Vol. 1, p. 246; Cord Kühne, *Die Chronologie der Internationalen Korrespondenz von el-Amarna*, p. 32; William L. Moran, *The Amarna Letters*, p. 98; Anson F. Rainey, *The El-Amarna Correspondence: A New Edition of the Cuneiform Letters from the Site of El-Amarna Based on Collations of All Extant Tablets*, Vol. 2, p. 1369。

③ 阿尔塔塔马是米坦尼国王阿尔塔塔马一世，为当政的米坦尼国王图什拉塔的祖父。这个名字在第 24 号泥板书信中读作 ^{m}*Ar-ta-ta-a-maš*，这可能是该名字的胡里语读法。这个名字为印欧语名字，由 *arta* 与 *tamaš* 组成，前者可能与梵语 *ṛtáḥ*、神 *Ṛta* 有关，因此，意思为"真的、正确的，真理、圣法"，后者与梵语 *dhāma*（意思为"居住的地方、房子里住的士兵、法、秩序"）有关，这样，这个名字的意思为"其居所是神圣的律法"。参见 Richard S. Hess, *Amarna Personal Names*, pp. 38-39。

④ 在泥板书信中，往往把嫁出公主说成"送出或送出公主"，笔者采用直译。

瑞亚送来的聘礼多得数也数不清，好得可以与天地媲美。我没有说过（25）“我不会把她给出”的话。我立即派遣我兄弟的使节哈马西急速到尼穆瑞亚处。（26）在三个月内，他最快地派遣他回来。他同时送来了4个装满黄金的袋子。（27）这还不用说分散送来的首饰。

【拉丁化转写】

(28) [*im*]-*ma*-˹*ti*˺-˹*i*˺-˹*me*˺① *mārti*([dumu.]munus*ti*) *at-ta*-˹*din*˺-*ši ù ki*-˹*i*˺ [*ub*]-*la-aš-ši ù* m*Ni*-˹*im*˺-*mu-u-re-ia a-bu-ka ki-i i-ta*-˹*mar*˺-˹*ši*˺ *i*[*ḫ-ta-du*] (29) [*mi-im-ma ú-u*]*l iḫ-du* [*ù*] *iḫ*-˹*ta*˺-*du* [*dan-níš*] *dan-níš-ma ù* ˹*iq*˺-*ta-bi aḫu*(šeš)-*ia um-ma-a i-na* ku_8-*ù-ul*② *libbi*(šà)-*š*[*u*] (30) [m*Tù-uš-rat-ta aḫu*(šeš)-*ia i*]*t-ta-din-ši ù i-te-pu-u*[*š*] *ūmu*(˹u_4˺)*mu am-mi-tu*$_4$ *bá*-[*n*]*i-i-tu*$_4$ *it-ti māti*(kur)-*šu-ma i-na muḫ-ḫi mār*(dumu) *šipri*(kin)- ˹*ia*˺ (31) [*ù a-bu-ka ki-*]*me-e*③ ˹*a*˺-*mi-lu-tu*$_4$ *me-ḫé-er-š*[*u*]④ *ki-i i-mu-ru ù ù-kab-bá-as-sú ù ka-an-na* m*Ni-im-mu-u-re*-˹*ia*˺ (32) [lú*mār*(dumu) *šipri*(kin)-*ia ki*-

---

① *immatimê*/*matimê*<*mati*+*mê*，其意思为“任何时候”，但是这里可能表达的是“当……时候”的意思，与通用的 *mati* 的意思一样，参见 Jeremy Black, *et. al.*, eds., *A Concise Dictionary of Akkadian*, 2nd (corrected) Printing, p. 204。

② ku_8-*ù-ul* 为 *kalû*，意思为“全部”，这里加上介词 *ina*，可以翻译为“以全部”，加上后边的 *libbīšu*，可以翻译为“全心全意地”，克努松曾经翻译为“高兴”，把这个词等同于希伯来语和乌加里特语中的 *gyl*，莫兰认为在边缘地区的阿卡德语、迦南语中没有这种用法。参见 Jeremy Black, *et. al.*, eds., *A Concise Dictionary of Akkadian*, 2nd (corrected) Printing, p. 143; William L. Moran, *The Amarna Letters*, p. 98。

③ 克努松、莫兰、阿德勒没有进行拟补，雷尼检验泥板发现，有 3.5 厘米的空间，所以拟补为 [*ù a-bu-ka ki-*]*me-e*。参见 J. A. Knudtzon, *Die El-Amarna-Tafeln*, Vol. 1, p. 248; William L. Moran, *The Amarna Letters*, p. 93; Hans-Peter Adler, *Das Akkadische des Königs Tušratta von Mitanni*, p. 232; Anson F. Rainey, *The El-Amarna Correspondence: A New Edition of the Cuneiform Letters from the Site of El-Amarna Based on Collations of All Extant Tablets*, Vol. 2, p. 1369。

④ ˹*a*˺-*mi-lu-tu*$_4$ *me-ḫé-er-š*[*u*] 中 *meḫru* 的意思为“同等地位的”，这样整个词组的意思为“同伴、同侪”。

i] *me-eḫ-*˹*ru*˺*-ti*① *ù ki-i* ˹*it*˺*-*˹*bá*˺*-*˹*ru*˺*-ti*② *uk-te-te-*˹*eb*˺*-bi-it ù i-na libbi*(šà) *bītāti*(é^{meš})^{ti} *ša a-na* ^{f}*Ta-du-Ḫé-bá* (33) [*aš-bu* ^{lú}*mār*(dumu)] *šipri* ([ki]n)-*ia gáb-bá-šu-nu-ma ša aš-bu* [*us*]*-sé-eḫ-ḫé-er ù i-na lìb-bi* ^{lú}*mārī*(dumu) *šipri*(kin)*-ia ša i-ru-bu* (34) [1^{en} *ša mi-im-ma la-a id-di-*]*nu ia-nu ša* ^{m}*Ké-li-ia* [*li*]*-*˹*ša*˺*-*˹*a*˺*-*˹*an*˺*-*˹*šu*˺③ [*ša*] *ḫurāṣi*(kù.gi) *ša* 1 *li-im šiqli*(su) *i-na šuqulti*(ki.lal.bi) *it-ta-din* (35) [*x maškā*(kuš^{meš}) *ḫurāṣa*(kù.gi) *ma-*]*lu-ú* ^{m}*Ni-im-mu-u-re-ia a-na* [^{f}*Ta-a-du-Ḫe*]*e-bá it-ta-din ù* ^{f}*Ta-a-du-Ḫe-e-bá* (36) [*a-na muḫ-ḫi* ^{lú}*mārī*(dumu^{meš}) *šipri*(kin)*-*]*ia it-ta-tá-*˹*ad*˺*-*[*din*] *ù* ˹*a*˺*-n*[*a muḫḫi* ^{lú}*mārī*(dumu^{meš})] *šipri*([k]in) *-ia* ^{m}*Ni-im-mu-u-re-ia i-na* ˹*ra*˺*-*ʾ*a-a-mi* (37) [*ù i-na ku*$_{8}$*-ub-bu-ut-ti*] *uk-te-te-eb-bi-i*[*s-*]*s*[*ú-n*]*u* [*ù* ^{m}*Ni-im-mu-*]*u-re-ia* ^{m}*Ni-i-u* ^{lú}*mārī*(dumu^{meš}) *šipri*(kin)*-šu il-ta-pár-šu* (38) [*it-ti* ^{m}*Ké-li-ia* ^{lú}*mārī*(dumu^{meš}) *šipri*(kin)] *ša at-tù-ia* ˹*ù*˺ ˹*it-*˺˹*ta*˺*-*[*din-šu-nu a-la-ka a-n*]*a kál-le-e i-na ma-aḫ-ri-ia* 7(?) *maškā*(˹kuš˺^{meš}) *ša ḫurāṣi*(kù.gi) (39) [*ki-i ú-bi-lu it-ti* 1 *li-*]˹*ša*˺*-*˹*a*˺*-*˹*nu*˺ ˹*ša*˺ *ḫurāṣi*(kù.[gi]) ˹*ša*˺ [1 *li-im šiqli* (su) *i-na*] *šuqlti*([ki.] lal.bi) *ša* ^{m}*Ké-li-ia ù* ˹*a*˺*-*˹*ka*˺*-an-na* (40) [^{m}*Ni-im-mu-u-re-ia ki-ma*]④ *abē*([ab.]˹ba˺.a^{meš})-[*šu*] *i*[*t-ti-ia i-na ra*]-

---

① *me-eḫ-*˹*ru*˺*-ti* 为 *meḫrūtu*，意思为“同等地位”，此处仍然翻译为“同侪”。

② 克努松拟补为 [*š*]*a-pa-*[*a-r*]*u-ti*，阿德勒拟补为 ˹*ú*˺*-*˹*pá*˺*-a-*˹*ru*˺*-ti*，屈内、莫兰、雷尼拟补为 ˹*it*˺*-*˹*bá*˺*-*˹*ru*˺*-ti*，笔者赞同屈内、莫兰、雷尼的拟补，*itbārūtu* 的意思为“朋友”，这样与前面的 *meḫrūtu*（同侪）就能更加匹配了。参见 J. A. Knudtzon, *Die El-Amarna-Tafeln*, Vol. 1, p. 248; Hans-Peter Adler, *Das Akkadische des Königs Tušratta von Mitanni*, p. 232; William L. Moran, *The Amarna Letters*, p. 99; Anson F. Rainey, *The El-Amarna Correspondence: A New Edition of the Cuneiform Letters from the Site of El-Amarna Based on Collations of All Extant Tablets*, Vol. 1, p. 304。

③ 第 34、第 39 行：*lišānu* 意思为“舌头、刀刃”，这里可能指的是像舌头一样的长条金子，所以，翻译为金条。

④ 克努松拟补为 [^{m}*Ni-im-mu-u-ri-ia a-bu-ú-ka el a*]*bē-*[*šu*]，莫兰继承这种拟补，但是雷尼校验泥板后拟补为 [^{m}*Ni-im-mu-u-re-ia ki-ma*]。参见 J. A. Knudtzon, *Die El-Amarna-Tafeln*, Vol. 1, p. 248; William L. Moran, *The Amarna Letters*, p. 93; Anson F. Rainey, *The El-Amarna Correspondence: A New Edition of the Cuneiform Letters from the Site of El-Amarna Based on Collations of All Extant Tablets*, Vol. 1, p. 304; Anson F. Rainey, *The El-Amarna Correspondence: A New Edition of the Cuneiform Letters from the Site of El-Amarna Based on Collations of All Extant Tablets*, Vol. 2, p.1369。

a-ʾa-mi ú-te-te-et-ti-ir ˹*la*˺-˹*am*˺ [lú]*mārī*(dumu[meš]) *šipri*(kin)-˹*i*˺*a* (41) [*it-ta-aṣ-ṣú it-ta-la-ku a-n*]*a muš*-˹*šu*˺-[*r*]*i*-˹*šu*˺-*n*[*u*] ˹*ú*˺-[*ul iq-ta-*]˹*bá*˺-˹*a*˺ *ul-la-a ú-še-bi-la* ˹*a*˺-˹*na*˺ ˹*kál*˺-*le-e* (42) [*i-na ma-aḫ-ri-ia*] *ù* ˹*ṭe*$_4$˺-˹*e*˺-*ma il*-˹*ták*˺-*na-aš*-[*šu-nu*] ˹*ki*˺-˹*me*˺-[*e la-a*] ˹*ta*˺-*ak-ka-al*-‹*la*› *i-na kál-le-e i-na ša-pa-ri-šu* (43) [*ṣalmāna*(alam[meš]) *ú-u*]*l ú-še-e-bíl-an-ni-ma* ˹*ša*˺ ˹*mi*˺-*i*[*m-ma*] ˹*mi*˺-[*nu-um-me-e š*]*a ú*-˹*še*˺-*bi-lu pa-ṭá la i-šu ù a-ka-an-na* (44) [[m]*Ni-im-mu-u-*]*re-ia a-bu-ú-ka i-na* ˹*mi*˺-˹*im*˺[-*m*]*a a-ma*[-*ti a-di* 1][*en*] *pa-ṭi a-na šu-um-ru-ṣi ú-ul um-te-eš-šèr*

【中文译文】

（28）当我给了我的女儿，当我把她送去的时候，你父尼穆瑞亚看到她后，他由衷欣喜。（29）他能不高兴吗？他非常高兴。于是，我的兄弟说："我的兄弟图什拉塔（30）全心全意把他的女儿给我。他与他的国家[①]举办了宴会，[②]以尊崇我的使节。"（31）正如一个人看到了他的同伴一样，你的父亲流露出了他的崇敬之意。于是你的父亲尼穆瑞亚（32）对我的信使就如对同侪和朋友一样尊敬。至于塔杜希帕的房子里我的使节，（33）以及在那里的所有的使节，我都派走了他们，在进入埃及的使节中，（34）我派走了所有的人。他给了凯利亚重1000谢克尔的金条。（35）尼穆瑞亚给了塔杜希帕□袋黄金，而塔杜希帕（36）把它给了我的使节。尼穆瑞亚对我的使节表现出了尊敬之情，（37）带着友爱与仁慈。尼穆瑞亚派出了他的使节尼乌[③]，（38）以及属于我的使节凯利亚，你让他们急速前往我这里。7袋子黄金（39）和重1000谢克尔的金条，他把这些给了凯利亚。（40）现在，尼穆瑞亚，像他的祖辈一样，与我很友爱。在我的使节（41）前往和离开之前，我都放了他们，他没有说"不"，他急速派往我这里。（42）他指示他说："你不要被耽

---

① 他的国家指的是米坦尼的贵族。

② 直译为"他和他的国让那天变成美好的一天"。

③ 尼乌是埃及使节。学界认为他的名字是古埃及语，可能是古埃及语词 *nἰ*ȝ，具体意思不知。参见 Richard S. Hess, *Amarna Personal Names*, p. 120。

搁了。”很快将他派来，（43）因此他没有给我带来雕像。但是，他送来的东西是数不胜数的。于是，（44）你的父亲尼穆瑞亚没有在任何事情甚至是一件小事上伤过我的心。

【拉丁化转写】

(45) [ù a-ma-te^{meš}] ⸢ša⸣ a-qáb-bu-ú gáb-bá-⸢šu⸣-[nu-m]a ma-am-[ma ša-na-]⸢am⸣-ma ši-i-bu-ú-ta ú-ul a-qáb-bi ^{f}Te-i-e-ma (46) [ummu(ama)-ka] ⸢ši⸣-i-it ša [a-q]áb-bu-ú ù ^{f}Te-⸢i⸣-⸢e⸣[-ma umma(ama)-]ka ši-ta-a-al-ši šum-ma i-na a-⸢ma⸣-ti ša a-qáb-bu-ú (47) [a-di 1]^{en} ⸢a⸣-ma-tu$_4$ la [k]i-i-na-ti i-⸢bá⸣-aš-ši [šum-ma a-ma-]tu$_4$ ša la ^{m}Ni-im-mu-u-re-ia a-bi-i-ka šum-ma (48) [^{m}Ni-im-mu-]u-⸢re⸣-ia a-bi-i-⸢ka⸣ it-ti-⸢i⸣a a-ḫa-⸢miš⸣ [ra-a-ma ú-ul] ⸢ú⸣-né-ep-pí-iš šum-ma ^{m}Ni-im-⸢mu⸣-u-re-ia a-bi-i-ka (49) [ú-u]l iq-⸢bi⸣ im-ma-ti-i-me-⸢e⸣ ḫarāṣa(kù.gi$^{\text{⸢meš⸣}}$) ša [^{kur}Mi-iṣ-]⸢ri⸣-⸢i⸣ i-na ^{kur}Ḫa-ni-gal-bat ú-⸢še⸣-⸢em⸣-ṣi ù ša-ar-ru-um-ma (50) ḫarāṣa([kù.gi]^{meš}) ú-ul ú-še-eb-⸢bal⸣ e-te-⸢ri⸣-iš ⸢2⸣[ṣalmānu(alam^{meš}) ša ḫarāṣi (kù.gi]^{meš}) up-‹pu›-qú-ú-tu$_4$ muš-šu-⸢ru⸣-tu$_4$ ⸢a⸣-⸢šar⸣ ^{m}Ni-im-mu-u-re-ia (51) [a-bi-i-]ka ù iq-ta-⸢bi⸣ ^{m}⸢Ni⸣-⸢im⸣-mu-⸢u⸣-⸢re⸣-⸢i⸣a ⸢a⸣-b[u-ka] ⸢mi⸣-nu-ú ṣalmānu(alam^{meš}) ša ḫarāṣi(kù.gi^{meš}) ⸢ša⸣ la mi-im-ma-ma (52) [ša] aḫu([š]eš)-ia i-ri-šu muš-⸢šèr⸣ ša ḫarāṣi(kù[.gi])-[m]a ù ⸢ša⸣ [$^{\text{na4}}$uqnî(za.gì]n) šadê(kur) e-⸢ep⸣-pu-uš-ma ú-še-e-bél-ak-⸢ku⸣ (53) [ù] ⸢a⸣-ka-an-na ^{m}⸢Ni⸣-im-mu-u-re-ia ⸢a⸣-⸢bu⸣-⸢ka⸣ i-na a-[m]a-ti a-i-im-ma a-ma-ti a-na la a-ma-ti la ut-te-e-⸢er⸣ (54) [ù l]ìb-bi i-na a-ma-ti a-⸢i⸣-im-ma ú-ul ú-še-em-ri-iš

【中文译文】

（45）至于我所说的全部的事情，我没有讲出其他任何人作为证人，你的母亲泰伊，（46）她是我举出的（证人），请询问你的母亲泰伊！如果在我所说的话中，（47）有一句是不真实的话，如果有一句不是你父亲尼穆瑞亚所说的话，如果（48）你的父亲没有对我做保持友爱的事情，如果你的父亲尼穆瑞亚（49）没有说过“当我使埃及的黄金在哈尼加尔巴特变得充足的时候，（50）我将不会给过多的金子了”。我向你父尼穆瑞亚要2尊纯金浇铸的雕像，（51）你父尼穆瑞亚说："我的兄弟索要金像算什么啊！他没有要其他东西。（52）别说金像，就是真天青石像，我也会制造并送给你。"（53）于是，你父尼穆瑞亚，在任何事情上——（大）事或（小）事，都没有拒绝过我。（54）在任何事情上都没有使我伤心过。

【拉丁化转写】

(55) [*ù aḫu*(šeš)-]⸢*ia*⸣ ⸢^{m}⸣⸢*Ni*⸣-⸢*im*⸣-*mu-u*-⸢*re*⸣-*ia a-na ši-i-im-ti-i-šu ki-i il-li-ku iq-ta-bu-uš ù* ⸢*ša*⸣ *iq-bu-ú* (56) [*el-te-me ù*] ⸢*la*⸣ [*ma-ma-an*] *i*-⸢*na*⸣ *ru-uq-qí ul-te-eb-ši-il ù a-na-ku i-na ūmi*(⸢u$_4$⸣)^{mi} *ša-a-šu ab-ta-ki* (57) [*ù i-na qa-bal mu-ši at-t*]*a-ša-ab*[1] *aklī*(⸢ninda⸣^{meš}) *ù mê*(a^{meš}) *i*-⸢*na*⸣ *ūmi*(⸢u$_4$⸣)^{mi} *ša-a-šu ú-ul el*-[*te-qé*]-⸢*e*⸣ *ù am-ta-ra-aṣ* (58) [*um-ma-a lu-ú mi-ta-ku a*]-*na-ku-ma* ⸢*ù*⸣ *lu-ú mi-i-it* [60 × sig$_7$!(gašan) ^{meš}] *i-na māti*(kur) *at-tù-ia ù i*-⸢*na*⸣ [*māti*(kur)] *aḫi*([še]š)-⸢*i*⸣*a* 60 × sig$_7$!(gašan)^{meš}[2]-*ma* (59) [*ù aḫu*(šeš)-*ia ša a-ra-am-mu-ú-u*]*š ù* ⸢*ša*⸣ *i-ra-ʾa-ma-an-ni* ⸢*lu*⸣-*ú bá-li-iṭ it-ti šamê*(an) *ù erṣeti*(k[i]) [*ša*] *ni-ra-ʾa-a-mu* (60) [*ra-a-ʾa-mu-ú-tu*$_4$] *am-mi*-⸢*tu*$_4$⸣ *i-na lìb-bi-ni* ⸢*ù*⸣ *lu-ú nu-ú-ur-ri-ik*[3]

【中文译文】

（55）当我的兄弟尼穆瑞亚老死[4]的时候，他们报告了此事，我听到他们说的话，（56）我在锅里什么都没有煮。在那天，我哭

---

① [*ù i-na qa-bal mu-ši at-t*]*a-ša-ab* 是根据第 85 行拟补的，联系前面提到的 *ūmu*（白天），这样拟补成夜晚，比较合理。

② 对于此处的数字，有的学者建议拟补为 60 (×) 10000，若是如此，根据对等原则，前面的数字也应该拟补为 60 (×) 10000。参见 William L. Moran, *The Amarna Letters*, p. 29。

③ *lu-ú nu-ú-ur-ri-ik*，莫兰翻译为"我们确实使它持久"，雷尼翻译为"我们会使它持久"，雷尼认为这是与米坦尼语中第一人称阳性复数的祈求式很相似，参见 William L. Moran, *The Amarna Letters*, p. 84; Anson F. Rainey, *The El-Amarna Correspondence: A New Edition of the Cuneiform Letters from the Site of El-Amarna Based on Collations of All Extant Tablets*, Vol. 2, p. 1370。

④ 在阿卡德语中，*ana šimti*，意思为"死"，*ana šimti alāku* 的直译为"走向命运"，指的人的"自然死亡"，参见 Jeremy Black, *et. al.*, eds., *A Concise Dictionary of Akkadian*, 2nd (corrected) Printing, p. 373。

泣了，（57）在夜间我呆坐着。在那天，我没有进食，也没有喝水，我悲恸着，（58）我说道：“这就像我死了一样！就像我国的600000人死了一样！就如我的兄弟的国家的600000人死了一样！（59）但是，愿我爱的和爱我的我的兄弟能与天地同寿吧！我们的（60）友爱——在我们的心中的那种友爱，让我们使它持久吧！”

【拉丁化转写】

(61) *[ù un-du iq-ta-bu-(uš) um-ma-a* ^{m}*Na]p-[ḫu-u-ri-i]a-mì mār*(dumu)*-šu [r]a-bu-ú ša* ^{m}*Ni-im-mu-u-re-ia ša* ^{f}*Te-i-e aššati*(dam)*-šu* (62) *[ra-bi-ti i-na ma-aš-ka-ni-šu šàr]-ru-ta i-ip-pu-uš-˹ši˺ ù aq-ta-bi um-ma-a la mi-i-it* ^{m}*Ni-im-mu-u-re-ia* (63) *[aḫu*(šeš)*-ia* ^{m}*Nap-ḫur-re-]ia mār*(dum[u])*-[š]u ra-bu-˹ú˺ ˹ša˺* ^{f}*˹Te˺-i-e aššati*(dam)*-šu ra-bi-ti i-na ma-aš-ka-ni-šu-ma* (64) *[šàr-ru-ta i-ip-pu-uš] la ú-˹še˺-˹en˺-nu-ú a-m[a-a-tu*$_4$ *a-i]-im-ma-ma iš-tu ma-aš-ka-ni-ši-na ki-i ša pa-na-a-nu* (65) *[ù i-na-an-na i-na lìb-bi-i]a a-qáb-˹bi˺ um-ma-a* ^{m}*N[a]p-ḫu-u-ri-ia-ma aḫa*(šeš)*-ia i-na lìb-bi-ni ša ni-ra-ʾa-a-mu* (66) *[am-mi-tu*$_4$ *i-na-an-na el]* ^{m}*Ni-im-mu-u-re-ia a-bi-i-šu* ˹10˺*-˹šu˺ i-[m]a-ʾi-id aš-šum* ^{f}*Te-i-e ummu*(ama)*-šu ša aššat*(dam)^{at} (67) *[*^{m}*Ni-im-mu-u-re-ia ra-bi-t]i ra-˹im˺-tu*$_4$ *bal-ṭá-at ˹ù˺ i-ta-ar-ra-aṣ a-ma-a-tu*$_4$ *a-na pa-ni* ^{m}*Nap-ḫu-u-re-ia* (68) *[mār*(dumu)*-šu ša* ^{m}*Ni-im-mu]-u-re-ia mu-ti-šu ˹ma˺-a-dì-iš dan-níš dan-níš ša ni-ir-ta-na-ʾa-a-mu*

【中文译文】

（61）现在，当他们说：“那坡胡瑞亚，尼穆瑞亚与他的王后泰伊的长子①，（62）在他的位置上执掌王权了。”我说道：“我的兄弟尼穆瑞亚（63）没有死！现在，那坡胡瑞亚，他（与）王后泰伊（所生的）他的长子，在他的位置上（64）执掌王权，任何事情都

① 埃赫那吞并不是阿蒙霍特普三世与泰伊的长子，图什拉塔将埃赫那吞说成长子，可能表明米坦尼对埃及的情况是不了解的，或许也表明，在米坦尼已经确立起王位的长子继承制，因此，图什拉塔会按照米坦尼的做法来理解埃及的做法。

不会改变，就如过去一样。”（65）我在我的心中说：“那坡胡瑞亚是我的兄弟，在我们的心中，我们的友爱（66）将比他父尼穆瑞亚（的时候）增加十倍，因为他的母亲、（67）尼穆瑞亚钟爱的王后泰伊还健在，她会向她的丈夫尼穆瑞亚的儿子（68）那坡胡瑞亚交代事情：我们彼此深深友爱着。”

【拉丁化转写】

(69) [*ù un-du aḫu*(šeš)*-ia-ma*] *i-na ma-a-aḫ-ri-im-ma a-na* [*ia-ši*] *ki-i iš-*⸢*pu*⸣*-ru un-du* ᵐ*Ké-*⸢*li*⸣*-ia ú-me-eš-še-ru-ma* (70) [*ù un-du aḫu*(šeš)*-ia-m*]*a* ⸢ᵐ⸣⸢*Ma*⸣*-*⸢*né*⸣*-*⸢*e*⸣ ⸢*ki*⸣*-*⸢*i*⸣ *iš-pu-*[*ru*] *ù ṣalmāna*(alam^{meš}) *ša iṣī* (giš^{meš}) *aḫu*(šeš)*-ia ú-še-bi-la ù ḫurāṣi* (kù.gi^{meš}) (71) [*ša* ᵐ*Ni-im-mu-u-re-*]⸢*ia*⸣*-ma* ⸢*iq*⸣*-*⸢*bu*⸣*-*[*šu*]*-*⸢*nu*⸣ ⸢*ki*⸣*-*[*i a-ta-ma*]*r-šu-n*[*u*] *ki-i la ḫurāṣi* (kù.gi^{meš}) *ù ki-i la up*[*-pu-qú*] (72) [*x x x x x x x x x x x* [*ḫurāṣu*(kù.gi^{meš})]*-šu ù am*[*-ta-ra-aṣ*]① *ap-pu-na dan-níš-ma iš-tu pa-na-a-nu-u*[*m-m*]*a* (73) [*x x x x x x x x x x x x x x x u-nu-te*^{me}]^{š} ⸢*ap*⸣*-pu-na* ᵐ*Ni-im-mu-*[*u-re-i*]*a* ⸢*aḫu*(šeš)⸣*-ia ša a-na ia-ši id-di-na aḫu*(šeš)*-*⸢*ia*⸣ (74) [*ú-ṣe-eḫ-ḫé-er-m*]*a*② *ù* ⸢*ar*⸣*-ta-*

---

① 克努松拟补为 *a*[*m-ta-al-l*]*u*，阿德里拟补为 *am*[*-ta-ra-aṣ*]，莫兰、雷尼接受了阿德勒的拟补，笔者接受多数学者的意见，因为 *am*[*-ta-ra-aṣ*] 的动词原形为 *marāṣu*，意思为“伤心”，这样与前面送来木头雕像而非纯金雕像，从逻辑上就能够比较贴切了。此外，联系第 77 行的 ⸢*ul*⸣*-*⸢*te*⸣*-*⸢*em*⸣*-ri-iṣ*，就能更加确定这里的拟补比较合理了。参见 J. A. Knudtzon, *Die El-Amarna-Tafeln*, Vol. 1, p. 252; Hans-Peter Adler, *Das Akkadische des Königs Tušratta von Mitanni*, p. 238; William L. Moran, *The Amarna Letters*, p. 99; Anson F. Rainey, *The El-Amarna Correspondence: A New Edition of the Cuneiform Letters from the Site of El-Amarna Based on Collations of All Extant Tablets*, Vol. 1, p. 308。

② 克努松没有进行拟补，只是把看得见的字符写上了，阿德勒也没有拟补，甚至都没有看到末尾的字符 *ma*，莫兰、雷尼等人拟补为 [*ú-ṣe-eḫ-ḫé-er-m*]*a*，笔者接受多数学者的建议，[*ú-ṣe-eḫ-ḫé-er-m*]*a* 的动词原形为 *ṣaḫāru/ṣeḫēru*，意思为“变小、变少”，这里是 D 词干，意思为“降低、减少”，这个词与前面提及的纯金雕像降级为镀金木雕像，从逻辑上是比较贴切的。参见 J. A. Knudtzon, *Die El-Amarna-Tafeln*, Vol. 1, p. 252; Hans-Peter Adler, *Das Akkadische des Königs Tušratta von Mitanni*, p. 238; William L. Moran, *The Amarna Letters*, p. 95; Anson F. Rainey, *The El-Amarna Correspondence: A New Edition of the Cuneiform Letters from the Site of El-Amarna Based on Collations of All Extant Tablets*, Vol. 1, p. 308。

⸢ʾu⸣-ub[-ma] ki-⸢me⸣-⸢e⸣-ma ma-⸢a⸣-dì-iš ⸢dan⸣-níš a-na-ak-ké-e-er (75) [*x x x x x x x x x x x x x x x*] *ù ⸢a⸣-⸢na⸣-ku um-ma-a* [*a-qáb-bi-i-*]*ma-a* $^{\text{[m]}}$*⸢Ni⸣-⸢im⸣-⸢mu⸣-⸢u⸣-⸢re⸣-ia ⸢aḫu*(šeš)⸣-⸢*ia*⸣ *ta-a-mu-ur-⸢ti⸣* (76) [*a-na ia-ši ki-i ú-še-*]*bi-lu ⸢ša⸣* ^{m}*Nap-ḫu-u-re-ia ⸢aḫu*(šeš)⸣-[*i*]*a ša-n*[*u-ti-m*]*a ⸢e⸣-li-⸢šu⸣ ú-ul ú-re-ed-dì* (77) [*ú-nu-te*^{meš}] *a-bi-ka*! *ša ú-š*[*e*]*-bi-lu ù ki-⸢i⸣* [*ú-nu-te*^{me}]^{š}-⸢*šu*⸣ *ip-⸢ṭù⸣-⸢ru⸣* ⸢ *libba*(šà)⸣-⸢*ia*⸣ ⸢*ul*⸣-⸢*te*⸣-⸢*em*⸣-*ri-iṣ* (78) [*x x x x x x x x x x x x x x x x x*]*-ma ù a-na pa-ni* ^{m}*Ma-né-e* [*libba*(šà)*-šu ú-ul*] ⸢*ul*⸣*-te-em-ri-iṣ* (79) [*mi*]*-im-⸢ma⸣-⸢a⸣-ma*①

【中文译文】

（69）当我的兄弟首次给我写信的时候，当我放凯利亚走的时候，（70）当我的兄弟派来马奈的时候，我的兄弟送来了木头雕像，（71）（而不是）尼穆瑞亚曾经说过的金像，我看到了它们，它不是黄金的，也不是浇铸的，（72）□□□他的金子□□□，此外，我会像以前一样很伤心□□□（73）物品，此外，我的兄弟尼穆瑞亚曾经送给我的黄金，我的兄弟（76）减少了许多，我生气了，我变得充满敌意，（75）□□□我说道："尼穆瑞亚，我的兄弟，〈愿〉你看一下，我的兄弟那坡胡瑞亚送给我的东西没有增加。"（77）至于（你送来的）你的父亲送来的东西，当他们打开他的东西的时候，它让我伤心（78）□□□在马奈面前，□□□我没有让你伤心过，不管任何事情。

【拉丁化转写】

(80) [*ù un-du Ma-né-e ki-i ik-ta-ša-du it-ti*] ⸢*ú*⸣-⸢*nu*⸣-⸢*te*⸣⸢^{meš}⸣ *ša aḫu*(šeš)*-ia id-⸢dì⸣-⸢na⸣ ú-še-e-el-li ù u*[*n-du*] (81) [*a-ta-mar ú-nu-te*^{meš} *ša*

① [*mi*]*-im-⸢ma⸣-⸢a⸣-ma* 是 mimma，其意思为"任何东西，任何事情"，莫兰认为这里就是"任何东西"的意思，但是，词组 *mimma la*、*mimmal ul* 的意思是"没有，一点也不"，雷尼认为这个词与前面 *ul* 配合，意思为"一点也不"。参见 William L. Moran, *The Amarna Letters*, p. 95; Anson F. Rainey, *The El-Amarna Correspondence: A New Edition of the Cuneiform Letters from the Site of El-Amarna Based on Collations of All Extant Tablets*, Vol. 1, p. 309。

aḫu(šeš)-*ia ú-še-bi-lu aq-ta-bi a-n*]*a* $^{\text{lú.meš}}$*rabûtī*(gal^{meš})-*ia* ⸢*um*⸣-*ma-a* ⸢*it*⸣-⸢*ti*⸣ *aḫi*(šeš)-*ia i-na k*[u_8-*u*]*l* (82) [*lìb-bi-ia ar-ta-ta-ʾa-a-am ù ki-me-e ša*] *abbū*(⸢ab⸣.ba.a^{meš})-*ia ap-pu*-⸢*na*⸣-⸢*ma*⸣ *it-ti abbī*(ab.ba.a^{meš})-*šu* (83) [*ša aḫi*(šeš)-*ia ir-ta-ta-ʾa-a-mu ù*] *qí-i-ša-a-ti*^{meš} *ša aḫu*(šeš)-*ia* ⸢*ul*⸣-⸢*te*⸣-*e-bi-la-am-ma* (84) [*x x x x x x x x x x x x x x x x x x x lu-ú*] *ni-iḫ-du dan*-⸢*níš*⸣ *ù ūma*(u_4)^{ma} ⸢*bá*⸣-⸢*na*⸣-*a lu-ú ni-i-pu-uš* (85) [*x x x x x x x x x x x x x x x x x x x x x x x x x*]*it-ta-aṣ-ṣí-ma* [*ù i*]-*na qà-bal mu-ši*① *at-ta-ša-am-ma* (86) [*x x x x x x x x x x x x x x x x x x x x x x x x x*]⸢*ša*⸣ ⸢*it*⸣-⸢*ta*⸣-⸢*aṣ*⸣-⸢*ṣí*⸣-[*m*]*a ù* ^{m}*Ma-né-e ú-nu-te*^{meš} (87) [*x x x x x x x x x x x x x x x x x x x x x x x x x*]-*ma ù iṭ-ṭe*$_4$-*ḫé ú-nu-te*^{meš} *a-na pa-ni-i*[*a*] (88) [*x x x x x x x x x x x x x x x x x x x x x x x x x*]⸢*ú*⸣-*uḫ*-⸢*ḫa*⸣-⸢*ra*⸣-*a*[*m-m*]*a*② *ù* ⸢*aḫ*⸣-⸢*ta*⸣-⸢*du*⸣ *i-na ūmi*(u_4)-$^{m[i]}$ (89) [*ša-a-šu x x x x x x x x x x x x x x x x x*] ⸢*it*⸣-⸢*ti*⸣ *rubî*(⸢nun⸣^{meš}) [*ú*]-*bá-r*[*u*]-*ti* ^{m}⸢*Ma*⸣-⸢*né*⸣-⸢*e*⸣-*ma* ^{lú}*mār*(dumu) *šipri*(⸢kin⸣)-[*šu*] (90) [*ša aḫi*(šeš)-*ia x x x x x x x x x x x x x x x x x*] ⸢*iḫ*⸣-⸢*ta*⸣-*du ù li-iq-bá*-[*ak-ku*]

【中文译文】

（80）当马奈带着我兄弟送来东西到来的时候，他拿上了这些东西，当（81）他看到我兄弟送来的东西的时候，我对我的官员们说道：“我一直全心全意（82）爱着我的兄弟！就如我的祖先与他的兄弟的祖先（83）保持友爱一样。我的兄弟送给我的礼物（84）□□□愿我们十分高兴！他们举办了宴会。③（85）□□□将前往，在半夜，我坐着（86）□□□前往□□□马奈（87）□□□东西。”他带东西来到我面前，（88）他逗留到了很晚，在那天我高兴了。（89）□□□和王公和外宾。我的兄弟的使节（90）马奈□□□非常高兴。让他告诉你吧！

---

① [*i*]-*na qà-bal mu-ši* 中 *qablum* 的意思为“中间”，*mūšu* 是“夜晚”的意思，这样加上前面的介词 *ina*，这个词组的意思为“在半夜”。

② ⸢*ú*⸣-*uḫ*-⸢*ḫa*⸣-⸢*ra*⸣-*a*[*m-m*]*a* 是动词 *aḫāru*（被耽搁）的 D 词干“耽误、耽搁”，这里指的是马奈在米坦尼王那里逗留了很长时间。

③ 直译为“我们让那天变成美好的一天”。

【拉丁化转写】

(91) [^{m}*Pi-ri-is-sí ù* ^{m}*Tul-up*]*-ri a-*˹*na*˺ *du-ul-*[*lu-ḫi*] ˹*a*˺*-*˹*na*˺ ˹*kál*˺*-le-e*① *al-ta-*˹*pár*˺*-š*[*u-nu*] (92) [*x x x x x x x x x al-t*]*a-*˹*pár*˺ ˹*ù!*˺ [*x x x ú*]*-*˹*še*˺*-*˹*bíl*˺*-*[*aš-šu*] *ù aš-pu*[*-ra*] (93) [*x x x x x x x x x x x*] 3 *me-e* [*x x x x x x x x x x x x x x x x x x x x x x x x*] (94)② [*x x x x x x x x x x x x x x x x x x x x x x x x x x x x x x x x x x x x x x x x x x x x x x x x x*] (95) [*x x x x x x x x x x x x x x x x x x x x x x x x x x x x x x x x x x x x x x x x x x x x x x x x x x*] (96) [*x x x x x x x x x x x x x x x x x x x x x x x x x x x x x x x x x x x x x x x x x x x x x x x x x x*] (97) [*x x x x x x x x x x x x x x x x x x x x x x x x x x x x x x x x x x x x x x x x x x x x x x x x x x*] (98) [*x x x x x x x x x x x x x x x x x x x x x x x x x x x x x x x x x x x x x x x x x x x x x x x x x x*] (99) [*x x x x x x x x x x x x x x x x x x x x x x x x x x x x x x x x x x x x x um*]*-*˹*te*˺*-*˹*eš*˺*-*˹*šèr*˺ [*x x x x x x x x x x x x x x x x x x x x x x x x x x x x x x x x x x x x x x x*] (100) [*x x x x x x x x x x x x x x x x x x x*] *aḫu*(šeš)*-*˹*i*˺[*a x x x x x x x x x x x x x x*] ˹*dan*˺*-*˹*niš*˺ (101)[*x x x x x x x x x x x x x x x x x x x x x*]*a it-ti* [^{m}*Ni-im-mu-u-re*]*-*˹*ia*˺ *aḫi*(šeš)*-*˹*i*˺[*a*] (102) [*x x x x x x x x x x x x x x x x x x*] *ardūti*([ì]r)*$^{du-ti}$* *ša t*[*a x x x x x x x x x x x x x x x x x x x x*] (103) [*x x x x x x x x x x x x x x x x x x x x*]*-*˹*ú*˺ *ù* x*-ar-*˹*ka*˺ [*x x x x x x x x x x x x x x x x x x x*] (104) [*x x x x x x x x x x x x x x x x š*]*a* ˹*i*˺*-*˹*na*˺ ˹*te*˺*-*˹*er*˺*-*˹*ṣi*˺ *Ni-im-mu-u-*˹*re*˺[*-ia a-bi-ka*] (105) [*x x x x x x x x x x x x x x x x x x x*]*a mār*(dumu)*-ia a-na* 10*-šu lu-ù*[*x x x x x x x x*] (106) [*x x x x x x x x x x x x x ša a-bu*]*-ka i-te-né-ep-pu-šu ù an-*˹*nu*˺*-t*[*u$_{4}$* *x x x x x*] (107) [*x x x x x x x x x x x x x x x x x x*] ˹*a*˺*-du-šu-ú* ^{f}*Te-i-e ummu*(ama)*-ka a-na* ˹*a*˺*-b*[*i-ka*] ˹*aḫi*(šeš)˺*-*˹*ia*˺(108) [*ù am-ma-a-tu$_{4}$* *a-ma-a-tu$_{4}$* *ša ta-*] *aq-bá-a ù a-ni-*[*na*] *i-na-an-na a-ma-a-tu$_{4}$* *ša ummu*(ama)*-ka ša a-na* ^{m}*Ké-li-*[*ia i*]*q-*[*ta*]*-bu* (109) [*x x x x x x x x x x x x x ṣalmānu*(alam^{meš}) *š*]*a*

---

① *du-ul-*[*lu-ḫi*] ˹*a*˺*-*˹*na*˺ ˹*kál*˺*-le-e* 为两个词组成：*dulluḫu*（匆忙）、*ana kallê*（急速）。它们都强调急速派出，因此，翻译成“全速”。

② 从此行开始为泥板背面。

ḫurași(kù.gi^{meš}) ⸢*up*⸣-[*pu-qú-*]*tu*$_4$ *muš-šu-ru-tu*$_4$ *e-te-ri-iš ù me-*⸢*e*⸣*-re-še*[*-ti-ia*] (110) [*ša a-na* ^{m}*Ni-im-mu-u-re-ia a-bi-ka e-te-ri-šu la a-d*]*a-ag-gal* ⸢*ù*⸣ $^{\text{[lú]}}$*mārī*(dumu^{meš}) *šipri*(kin)*-ia aḫu*(šeš)*-ia la ú-maš-šar-šu-nu-*⸢*ma*⸣ *ù la* [*il-li-ku-ma*] (111) [*ù šul-ma-an-šu ša aḫi*(šeš)*-ia*] *ú-ul ut-te-er-r*[*a-aš-*]*šu ù ṭe*$_4$*-e-ma ul iš-ku-na-an-ni ù ṣalmānu*(⸢alam⸣^{meš}) *š*[*a ḫurași*(kù.gi^{meš})] (112) [*up-pu-qú-tu*$_4$ *muš-šu-ru-tu*$_4$ *ša a-na* ^{m}*Ni-im-mu-u-re-ia e-te-ri-š*]*u i-na-an-na* [*a-na*] ⸢*ka*⸣*-a-ša e-te-ri-iš-ma ul ta-ad-di-na* ⸢*ù*⸣ *me-re-*[*še-ti-ia*] (113) [*ša a-na ka-a-ša e-ri-šu ú-ul a-da-ag-gal ù ṭe*$_4$*-ma u*]*l ta-aš-ku-*⸢*na*⸣*-*[*ni ù*] ⸢^{lú}⸣⸢*mārī*(dumu^{meš})⸣ ⸢*šipri*(kin)⸣*-ia ul-tu*$_4$ 4 *šanāti*(mu^{meš})^{ti} ⸢*ta*⸣[*-ak-ta-la-šu-nu*]

【中文译文】

（91）我立即派遣皮里西与图鲁布里全速前行，（92）□□□我派遣□□□，且我送给他□□□，还送□□□（93）□□□ 300 □□□（94—98）⊠（99）□□□他派出□□□（100）□□□我的兄弟□□□非常□□□（101）□□□与我的兄弟尼穆瑞亚（102）□□□仆人□□□（103）□□□□□□（104）□□□在你父亲尼穆瑞亚的时代（105）□□□愿我的儿子十倍□□□（106）□□□你的父亲经常做，且这个□□□（107）□□□你的母亲泰伊对我的兄弟即你的父亲□□□（108）你说过的那些话，以及你的母亲对凯利亚说过的那些话，（109）□□□我要的浇铸的纯金雕像，以及我向你父亲尼穆瑞亚提出的（110）我的要求，我都没看到，至于我的使节，我的兄弟没有放走他们，他们没有来到我这里。（111）他没有送回来我兄弟的问候礼物，他也没有传达（我的兄弟）的话，至于我向你父亲尼穆瑞亚要的（112）浇铸的纯金雕像，现在我向你要，但是，你没有送给我。至于我向（113）你提出的要求，我没有看到，他也没有传达（我的兄弟）的话。至于我的使节，自从 4 年前，就被滞留了。

【拉丁化转写】

(119) [*ù un-du il-li-ku* ^{lú}*mārī*(dumu^{meš}) *šipri*(kin)*-ia*] ⸢*iḫ*⸣*-mu-*

ṭù a-an-nu-ú-[tu$_4$ *ki-]i ša pa-na-a-nu iš-tu sí-*⸢*ma*⸣*-an*① ⸢*a*⸣*-[bi-i-ka]* (120) [*x x x x x x x x x x x x x x x*] ⸢*ša*⸣ *a-na ma-am-ma* x[*x x x*]⸢*šu*⸣ ⸢*ù*⸣ *ša ni-ir-ta-na-*⸢*ʾa*⸣[*-a-m*]*u* ⸢*el*⸣ [*ša pa-na-a-nu*] (121) [*x x x x x x x x x x x x x i-na ter-*]*ṣi abbī*(ab.ba.a^{meš})*-ni*[*x x x x x x x x x x*] *iš-tu lìb-bi-*⸢*i*⸣[*a*(?) *x x x x x x x x x x*] ⸢1^{en}⸣ ⸢*ul*⸣ (122) [*x x x x x x x x x x x x x i-n*]*a lìb-bi-šu-nu ir-t*[*a-na-ʾa-a-mu ma-d*]*ì-iš dan-níš ù aḫu*(šeš)*-*[*ia*] *it-ma-am-ma lu la* ⸢*i*⸣*-še-*⸢*em*⸣*-*⸢*me*⸣ (123) [*x x x x x x x x x x ki-i ša pa-n*]*a-*⸢*a*⸣*-nu ú-bá-an pa-ti*② [*iš-tu*] ⸢*sí*⸣*-*⸢*ma*⸣*-*⸢*an*⸣ *a-bi-i-ka* ⸢*lu*⸣*-ú la ú-*⸢*še*⸣*-*[*x x x*] (124) [*x x x x x x* ^{f}*Te-*]⸢*i*⸣*-e* ⸢*ummu*(ama)⸣*-ka l*[*u-ú te-še-*]⸢*em*⸣*-me šum-*[*ma*] ^{f}⸢*Te*⸣⸢*i*⸣*-e* ⸢*i*⸣*-n*[*a*]*-an-din-ka it-ti-ia* [*x x x x x x*] (125) [*x x x x x x x x aḫu*(šeš)*-ia*] ⸢*i*⸣*-*⸢*qáb*⸣*-bi l*[*a ta-a*]*r-ta-na-ʾa-*⸢*am*⸣ *ù la ta-*[*ar*]*-*⸢*ta*⸣*-*⸢*na*⸣*-ʾa-am ù ki-i pí-*[*i*] (126) [*x x x x x x x ḫa-mut-*]*ta lu-*⸢*ú*⸣ [*l*]*i-*⸢*it*⸣*-*⸢*te*⸣*-er ù* [*a-qáb-bi a-na-*]⸢*ku*⸣*a-ma-*⸢*tu*$_4$⸣ *ša a-na muḫ-*⸢*ḫi*⸣ (127) [*aḫi*(šeš)*-ia lu-û e-pu-šu ù am-mu*]*-tu*$_4$ *at-ta* [*i-n*]*a-an-na a-na muḫ-ḫi* [*aḫi*(šeš)*-ka lu-ú t*]*e-pu-uš ù mi-nu-um-me-e* (128) [*a-ma-tu*$_4$ *ša* ^{m}*Ni-im-mu-u-re-ia a-bi-ka š*]*a i-na muḫ-ḫi*[*-ia*] *ša in-né-ep-*⸢*pu*⸣*-šu* [*ù am-*]*m*[*u-t*]*u*$_4$ *i-na-an-na at-ta* 10*-šu* (129) [*a-na muḫ-ḫi aḫi*(šeš)*-ka lu-ú te-pu-uš*] ⸢*dan*⸣*-*⸢*níš* ⸣[*ul-lu-*]*ú ša ul-li-i a-ma-ti-šu lu-ú la u-na-*⸢*ak*⸣*-kàr* (130) [*mi-nu-um-me-e a-ma-tu*$_4$ *ša a-qáb-bu am-mu-*]⸢*tu*$_4$⸣ *aḫu*(šeš)*-ia* ⸢*lu*⸣*-*⸢*ú*⸣ ⸢*i*⸣*-*[*pu-uš*] *ù mi-nu-um-me-e a-ma-tu*$_4$ *ša aḫi*(šeš)*-ia* (131) [*i-qáb-bu lu-ú e-pu-uš*] *ul-lu-*⸢*ú*⸣ *ša ul-l*[*i-*]⸢*i*⸣ *i-*⸢*na*⸣ *mi-ni-im-ma a-ma-ti libba*(šà)*-šu* (132) [*lu-ú la ú-šàm-ra-aṣ x x x x x x x x x x x lu-ú*] *ni-ir-ta-na-ʾa-am ù lu-ú ni-*⸢*ḫa*⸣*-ad-du* ⸢*a*⸣*-di ni-i-nu-ú-ma* (133) [*ù*

① *iš-tu sí-*⸢*ma*⸣*-an* 中 *simānu* 的意思是“时代、时期”，前加介词 *ištu*（自从），整个词组的意思为“自从你父亲时代以来”，参见 Erica Reiner, *et. al.*, eds., *The Chicago Assyrian Dictionary of the Oriental Institute of the University of Chicago*, Vol. 15, p. 269。

② *ú-bá-an pa-ti* 中 *ubānu* 意思为“手指头、脚指头”，*pātu* 的意思为“边缘”，整个意思似乎指的是从阿蒙霍特普三世时代以来，都非常友好，哪怕一段短暂的不愉快也没有发生过。参见 Jeremy Black, *et. al.*, eds., *A Concise Dictionary of Akkadian*, 2nd (corrected) Printing, pp. 417, 271。

el mātāti(kur.kur^{meš})^{ti} *gáb-ba-ši-na-ma mātātu*(kur.kur^{meš})^{tu4}*-n*]*i la-le-e-ši-na ú-la-al-la ù i-qáb-bu-ú um-ma-a ki-i* (134) [*ir-ta-na-ʾa-mu šar*(lugal) ^{kur}*Ḫa-ni-gal-bat ù* ^{kur}*Mi-iṣ-r*]*i-i šum-ma ka-an-na el mātāti*(kur.kur^{meš})^{ti} *gáb-ba-ši-na-ma ma-*⸢*dì*⸣*-iš* (135) [*dan-níš mātātu*(kur.kur^{meš})^{tu4}*-ni la-le-e-ši-na ú-la-al-la ù i-*]*qáb-bu-ú mātātu*(kur.kur^{meš})^{tu4} *gáb-ba-ši-na-ma i-na muḫ-ḫi-ni*

【中文译文】

（119）当我的使节去的时候，他们加速走。他们像在你父亲时代那样，（120）□□□向□□□他们常常友爱，超过了以往（121）□□□在我们祖先的时代□□□从我的心底□□□不是一个（122）□□□他们从心底十分友爱，我的兄弟发下誓言，愿他不要听（123）□□□就如父亲时代那样，愿不□□□（124）□□□你的母亲泰伊知道一切。如果泰伊给你，与我□□□（125）□□□我的兄弟说道："现在你没有表现出爱"，但是，你也没有表现出爱啊！根据□□□文件（126）□□□愿他快点返回来，我自己就能对我的兄弟说话了（127），我将做它，至于说给我兄弟的话，愿他能做它，不论（128）你的父亲尼穆瑞亚对我说什么，我都会做它，现在，你能做它超过你可以（129）做的事情十倍之多。一个人不应该更改另外一个人说的话。（130）无论我说什么话，愿我的兄弟都去做它，无论我的兄弟（131）说什么话，愿我都去做它。在任何事情上，一个人不要让另外一个人（132）伤心。□□□愿我们友爱，愿我们高兴，只要我们还活着的话。（133）我们的国家要比所有的国家都富有，他们将会说：（134）"哈尼加尔巴特的国王与埃及的国王是多么友爱啊！"如果是这样，我们的国家就会（135）比其他所有国家更繁荣。其他所有的国家在我们面前都会如此说的。

【拉丁化转写】

(136) [*ù a-nu-um-ma ap-pu-*]*na-ma* ⸢*lu*⸣*-*⸢*ú*⸣ [*a-na-ku(?)*] *ṣalmāna*([alam]^{meš}) *ša ḫurāṣi*(kù.gi^{meš}) ⸢*up*⸣*-‹pu›-qú-tu*$_4$ *muš-šu-ru-*⸢*tu*$_4$⸣

iš-tu ma-ḫa-ar ^{m}*Ni-*⸢*im*⸣⸢*mu*⸣*-u-*⸢*re*⸣*-ia-ma* (137) [*a-bi-ka e-te-ri-iš ù*] *ḫurāṣa*([kù].gi^{meš}) *ma-a-at-ta* ⸢*ša*⸣ ⸢*ši*⸣*-*⸢*ip*⸣*-r*[*a la ep-*]⸢*šu*⸣① *dan-níš dan-níš e-*⸢*te*⸣*-ri-iš* ⸢*i*⸣*-na-an-na aḫu*(šeš)*-ia ṣalmāna*(al[am]⸢^{meš}⸣) (138) [*ša ḫurāṣi*(kù.gi^{meš}) *up-pu-qú-tu*$_4$] ⸢*muš-šu-ru-tu*$_4$ *li-id-*⸢*di*⸣*-*⸢*na*⸣ *ù ḫurāṣa*(kù.gi⸢^{meš}⸣) *ma-a-at-ta ša ši-ip-ra la* ⸢*ep*⸣*-šu dan-níš dan-níš aḫu*(⸢šeš⸣)*-*⸢*ia*⸣ (139) [*li-id-di-na*] *ṣalmāna*([alam^{me}]^{š}) *ša ḫurāṣi*(kù.gi^{meš}) ⸢*a*⸣*-bu-*⸢*ka*⸣*-ma a-na ia-ši i*[*d-di-n*]*a* ⸢*am*⸣*-mi-i-ni-im-ma i-na lìb-bi-*⸢*ka*⸣ *mar-ṣa ù* ⸢*la*⸣ *t*[*a-aš-al*] ⸢*šum*⸣*-*⸢*ma*⸣② (140) [*a-na-ku a-šar a-bi-ka*] *ul e-te-ri-iš ù a-bu-ka ap-pu*[*-na-ma*] ⸢*a*⸣*-*⸢*na*⸣ ⸢*ia*⸣*-*⸢*ši*⸣ *ú-ul id-di-na ù* ⸢*i*⸣*-*⸢*na*⸣*-*⸢*an*⸣*-*⸢*na*⸣*-*⸢*ma*⸣ *a-šar aḫi*(šeš)*-*[*i*]⸢*a*⸣ ⸢*e*⸣*-*⸢*te*⸣*-*⸢*ri*⸣*-*⸢*iš*⸣ (141) [*ù ki-na-a am-mu-tu*$_4$ *a-ma-a-t*]*u*$_4$ *ù la-*⸢*a*⸣ *ki-*⸢*na*⸣*-a ia-nu-um-ma-a ap*[*-pu-n*]*a a-šar a-bi-ka-ma ṣalmāna*(alam^{meš}) *ša* ⸢*e*⸣*-ri-šu it-ta-an-na* ⸢*ù*⸣ ⸢*i*⸣*-*⸢*na*⸣*-*⸢*an*⸣*-*⸢*na*⸣ (142) [*a-šar aḫi*(šeš)*-ia ša-nu-ti-ma e-*]⸢*te*⸣*-ri-*⸢*iš*⸣ ⸢*ù*⸣ ⸢*aḫu*(šeš)⸣*-*⸢*i*⸣*a ša-nu-ti-m*[*a*] *la e-ep-pu-uš-ma-a la i-na-an-di-na-a lìb-bi-i ù-*⸢*šàm*⸣*-*⸢*ra*⸣*-*⸢*aṣ*⸣ (143) [*x x x x x x x x*] ⸢*mu*⸣ [*x x x x x*]*ú ša a-ma-a-ti gáb-bi-im-*[*ma*] ⸢^{f}⸣*Te-i-*⸢*e*⸣*-*[*m*]*a ummu*(ama)*-ka ši-i-it ù* ^{f}*Te-i-e-ma* ⸢*umma*(ama)⸣*-*⸢*ka*⸣ *ša-*⸢*a*⸣*-a*[*l*]*-ši* (144) [*šum-ma ṣalmāna*(alam^{meš}) *ša*] *ḫurāṣi*([kù].gi^{meš}) ⸢*ù*⸣ *ḫurāṣi*([kù.gi^{m}]^{eš}) *ma-a-at-ta a-šar a-bi-k*[*a ul e-te-ri-i*]*š ù a-bu-ka a-na* ⸢*ia*⸣*-ši ul id-di-na* ⸢*ù*⸣ ⸢*aḫu*(šeš)⸣*-*[*i*]⸢*a*⸣ (145) [*ṣalmāna*(alam^{meš}) *ša ḫurāṣi*(kù.gi^{meš})] ⸢*up*⸣*-*⸢*pu*⸣*-qú-t*[*u*$_4$ *mu*]*š-šu-ru-tu*$_4$ *ù ḫurāṣa*(kù.gi^{meš}) [*ma-at-ta aḫu*(šeš)]-

---

① ⸢*ši*⸣*-*⸢*ip*⸣*-r*[*a la ep-*]⸢*šu*⸣，*šipru/šiprātu* 意思为“要完成工作、任务、活动”，*epēšu* 的意思为“做、干活”，这样，其意思为“未加工的”。

② 克努松读作 *i-na libbi-k*[*a la-*]*a mar-*[*ṣ*]*a ù la i*[*š-'a-al*] *šum-ma*，阿德勒读作 *i-na lìb-bi-*[*ka x x x x*]*-a mar-ṣa ù la i*[*š-'a-al*] *šum-ma*，莫兰显然将“伤心”一词拟补为 [*im*]*-mar-*[*ṣ*]*a*，雷尼在校验泥板的时候，发现倒数第二个词的第一个字符为 ta，因此，读作 *i-na lìb-bi-*⸢*ka*⸣ *mar-ṣa ù* ⸢*la*⸣ *t*[*a-aš-al*] ⸢*šum*⸣*-*⸢*ma*⸣。参见 J. A. Knudtzon, *Die El-Amarna-Tafeln*, Vol. 1, p. 260; Hans-Peter Adler, *Das Akkadische des Königs Tušratta von Mitanni*, p. 244; William L. Moran, *The Amarna Letters*, p. 99; Anson F. Rainey, *The El-Amarna Correspondence: A New Edition of the Cuneiform Letters from the Site of El-Amarna Based on Collations of All Extant Tablets*, Vol. 2, p. 1371。

⸢*i*⸣*a li-id-di-nam-ma ù aḫu*(šeš)*-ia lìb-bi lu la ú-šà*[*m*]*-r*[*a-aṣ*] (146) [*i-na māt*(kur) *aḫi*(šeš)*-ia*] *ḫurāṣu*([kù.gi]^{meš}) *ki-i* [*e-pé-*]*ri ma-a-dá-at ù* [*lìb-bi aḫi* (šeš)]*-ia lu-ú la ú-še-em-ri-iṣ šum-ma ka-ra-aš-ka* (147) [*a-na abbī*(ab.ba.a^{meš})*-ia*] *la e-ep-pa-aš ù mi-na-ae-ep-pu-us-sú-nu*

【中文译文】

（136）现在，此外，我向你父尼穆瑞亚要求浇铸的纯金像，（137）我特别需要大量非制成品的黄金。现在，愿我的兄弟送给我（138）浇铸的纯金像！愿我的兄弟千万给我大量未加工的黄金！（139）你父已经送给了我金像，为什么这会使你心中不舒服呢？为什么他不询问呢？若（140）我没有提出要求的话，你的父亲就不会给我。现在，我向我的兄弟提出要求，（141）我的话是真还是假的呢？不是真的吗？此外，我向你的父亲要求雕像，他给了我。现在，（142）我向我的兄弟要另外一个（雕像）。而我的兄弟没有制造另外一个（雕像），也没有给我送来，他使我伤心。（143）□□□所有事情的（缘由），泰伊，你的母亲她（知道）。请询问你的母亲泰伊：（144）难道我在你父（当政）的时候没有要过（金）像和大量的黄金吗？是不是你父没有给我啊？愿我的兄弟（145）能够给我送来浇铸的纯金像和大量的黄金！愿我的兄弟别令我伤心！（146）在我的兄弟的国家里，黄金就多如沙土。我从未伤过我的［兄弟的心］。如果我不能（147）为我的先祖建起祭庙，我还能为他们做什么呢？

【拉丁化转写】

(148) [*ù aq-ta-bi um-ma-a a-na*] *aḫi*(šeš)-[*ia*] ^{m}*Ké-li-ia-ma li-tú-*⸢*ur*⸣*-*⸢*ra*⸣*-aš-šu ša aḫi*(šeš)-[*ia*] *libba*(šà)*-šu-ú ú-šàm-ra-aṣ* ^{m}*Ké-li-ia ú-ta-ar-ra-aš-šu* (149) [*a-na aḫi*(šeš)*-ia a-*]*na-k*[*u*] ⸢*um*⸣*-ma-a* ^{lú}*mārī*(dumu^{meš}) *šipri*(kin)[*-šu ša*] ⸢*aḫi*(šeš)⸣*-ia a-na* ⸢*ḫa*⸣*-*⸢*mut*⸣*-ti* [*ú-*]*ta-a-ar-ra-ak-kum-ma-a-ku im-ma-ti-me-e aḫu*(šeš)*-ia-ma* ^{lú}*mārī*(dumu^{meš}) *šipri*(kin)*-ia* (150) [*ú-ta-ḫi-is-sú-nu a-n*]*a-k*[*u a*]*n-nu-tu*$_4$ *an-ni-ka-a*[*-am*] ⸢*ú*⸣*-ta-ḫi-is-*⸢*sú*⸣*-nu u*[*m-ma*] *lu-ú a-na-ku-ma im-ma-ti-i-me-e* ^{lú}*mārī*(dumu^{meš}) *šipri*(kin)-

ia ú-maš-šar-ma (151) [*il-li-ku$_8$-ni ù ki-i-me-*]⸢*e*⸣ *ṭe$_4$-e-ma i-ša-ak-*[*ka*]*-nu-ni ù* ᵐ*Ma*[*-né-*]⸢*e*⸣ *ú maš-šar-šu-ma ù* ᵐ*Ké-li-ia a-na aḫi*(šeš)-[*ia*] *ki-i pa-ni-ti* (152) [*a-na-ku-ma ú-ta-a*]*r-*⸢*ra*⸣*-*[*aš-*]*šu im-ma-ti-me-e* ⸢*aḫu*(šeš)⸣*-ia* ˡᵘ́*mārī*(dumu^meš^) *šipri*(kin)*-i*[*a k*]*i-i ma-*⸢*aš*⸣*-*⸢*ši*⸣*-*⸢*ti*⸣ *i-na-aḫ-ḫi-is-sú-nu ù a-na-ku ki-*⸢*i*⸣ ⸢*aḫ*⸣*-*⸢*sú*⸣*-*⸢*sú*⸣ (153) [*e-ep-pu-uš i*]*-*⸢*na*⸣*-*⸢*an*⸣*-*⸢*na*⸣ *ap-pu-na a-ma-tu$_4$ ša* ⸢*aḫi*(šeš)⸣*-ia ša a-na k*[*a-ar-ṣ*]*í mi-*⸢*im*⸣*-ma i-bá-aš-ši aš-*⸢*šum*⸣ *mi-i-ni-i ša aḫi*(šeš)*-ia* (154) [*ummu*(ama)*-šu iq-ta-bi um-ma-a*] *eṭ-lu šu-ú ù a-na kussî*(⸢giš⸣.⸢gu⸣.za) *a-bi-šu* ⸢*ilu*(dingr)⸣⸢*lu*⸣*-*⸢*um*⸣*-ma* ⸢*it*⸣*-*⸢*ta*⸣*-ša-ab ù ša lìb-bi-šu aḫu*(šeš)*-ia* ⸢*lu*⸣ *i-pu*⸢*uš*⸣

【中文译文】

（148）我说："愿凯利亚返回到我的兄弟处！我会伤我的兄弟的心吗？"我将派遣凯利亚返回他处！（149）我对我的兄弟说："我将立即派出我的兄弟的使节到你处。当我的兄弟滞留我的使节（150）[返回]，我也会把他们滞留在这里。让这些人从这里[返回]。"我也说道："一旦他放我的使节上路，（151）他们到了我这里，且当他们给我带来了消息，我将放你的使节马奈上路，我会像以前那样派遣凯利亚到我的兄弟处。（152）正是我送回了他。我的兄弟滞留了我的使节，就如忘记（他们）一样，我将会做我所打算的事情（扣留使节）。（153）现在，我的兄弟的所作所为已经变成了应受谴责的事情，为什么我的兄弟的（154）母亲说："他现在已经长大成人，他已坐在已经变成神的他的父亲的王座上。愿我的兄弟随心所欲做事情！"

【拉丁化转写】

(155) [*ù a-na-ku-ma*]① *aq-ta-bi um-ma-a* ⸢*aḫu*(šeš)⸣*-ia* [lú]

① 莫兰翻译为"我"，雷尼根据莫兰的翻译拟补为 [*ù a-na-ku-ma*]，而阿德勒拟补为 [*ù a-na aḫi*(šeš)*-ia*]。参见 William L. Moran, *The Amarna Letters*, p. 96; Anson F. Rainey, *The El-Amarna Correspondence: A New Edition of the Cuneiform Letters from the Site of El-Amarna Based on Collations of All Extant Tablets*, Vol. 2, p. 1372; Hans-Peter Adler, *Das Akkadische des Königs Tušratta von Mitanni*, p. 246。

mārī(⸢dumu⸣^{meš}) *šiprī*(kin)*-ia ul ú-maš-šar-šu[-nu-]ti-ma-a-ku ù ma-a-dì-iš i-na-aḫ-ḫi-is-sú-nu-ti-i-ma-a-[ku-ma]* (156) *[ka-ar-ṣí-šu] ù aḫu*(šeš)*-ia lu-ú ⸢a⸣!-k]ál ⸢ak⸣-⸢kál⸣-ma-a-ku* ^{m}*Ma-sí-bá-a-ad-li* ⸢^{lú}⸣*mār*(dumu) *šipri*(kin)*-ia a-ḫa a-bi-šu ša* ^{m}*Ké-li-ia-ma a-n[a aḫi*(šeš)*-ia]* (157) *[al-ta-pár-šu] ù ⸢a⸣-⸢na⸣ ⸢ḫe⸣-d[u]-ti ⸢a⸣-[na aḫi*(šeš)*-]ia al-ta-pár-šu ù aḫu*(šeš)*-ia lu-ú la ut-ta-az-za-am ki-i-me-e* ^{m}*Ké-li-ia ⸢ul⸣ aš-pu[r-šu]* (158) *[ù a-na ḫe-du-t]i ú-⸢ul⸣ aš-[pu]r-šu ù ⸢ul⸣-lu-ú* ^{lú}*mār*(dumu) *šipri*(kin)*-ia ša a-na aḫi*(šeš)*-ia aš-pu-ru aḫu*(šeš)*-šu-ma ša* ^{m}*Ké-li-ia mār*(dumu) *ummi*(ama)*-šu-ma [šu-ut]*① (159) *[ù a-na aḫu*(šeš)*-i]a a-na ⸢kál⸣-le-e aš-pur-šu ki-i aḫu*(šeš)*-ia la ⸢ú⸣-⸢mèš⸣-šèr-[š]u ḫa-mut-ta la i-tù-ur-ra ù aḫu*(šeš)*-ia a-⸢na⸣ [ia-ši]* (160) *[a-na a-ma-ti me-]e-re-še-ti-ia ša e-ri-šu ṭe*$_4$*-e-ma ú-ul iš-ku-na-an-ni ù aš-⸢šum⸣an-ni-ti* ^{m}*Ké-li-ia ⸢ú⸣-ul aš-[pur-šu]* (161) *[ù aḫu*(šeš)*-ia] a-na ta-az-zi-i-im-ti ù a-⸢na⸣ mi-im-ma-[m]a lu-ú la ú-ta-a [a]r*

【中文译文】

（155）我对我的兄弟说了如下的话："（若）我的兄弟不放我的使节，而且长期扣留他们（使得他们不能）回我处，（156）我谴责他的行为。我的兄弟，我真的谴责这种行为。我的使节马孜帕特里②，凯利亚的叔叔，我派遣他到我的兄弟处，（157）我愉快地派遣他到我的兄弟处。愿我的兄弟不要抱怨我没有派出凯利亚，（158）我没有愉快地派出他！我派给我兄弟的我的那个使节快速地前往我兄弟处了，他是凯利亚的同胞兄弟，他是他的母亲的儿

① 克努松、阿德勒、莫兰没有拟补，雷尼拟补为 *māri*(dumu) *ummi*(ama)*-šu-ma [šu-ut]*。J. A. Knudtzon, *Die El-Amarna-Tafeln*, Vol. 1, p. 264; Hans-Peter Adler, *Das Akkadische des Königs Tušratta von Mitanni*, p. 246; William L. Moran, *The Amarna Letters*, p. 96; Anson F. Rainey, *The El-Amarna Correspondence: A New Edition of the Cuneiform Letters from the Site of El-Amarna Based on Collations of All Extant Tablets*, Vol. 2, p. 1372.

② 马孜帕特里为米坦尼使节，是米坦尼著名使节凯利亚的叔叔。该名字为胡里语，前半部分 *ma-sí-bá* 的意思不明，后半部分 *a-ad-li* 也许意思为"强壮的"。参见 Richard S. Hess, *Amarna Personal Names*, p. 111。

子。①（159）我派他快速前往我兄弟处。因为我的兄弟还没放他离开，因此，他没有迅速返回。我的兄弟对于我（160）所提的要求没有做出决定。鉴于此，我没有派出凯利亚。（161）愿我的兄弟别总是不断抱怨或（说）其他东西！”

【拉丁化转写】

(162) [*ù* ^{m}*Ma-sí-bá-a*]*d-li a-na aḫi*(šeš)*-ia ša aš-pu-ru a-ḫa a-bi-šu ša* ^{m}*Ké-*˹*li*˺*-ia-ma ù ṣalmāna*(alam^{meš}) *ša ḫurāṣi*(kù.gi^{meš}) *up-pu-qú-tu*$_4$ ˹*muš*˺*-*˹*šu*˺*-*[*ru*]*-*˹*tu*$_4$˺ (163) [*aḫu*(šeš)*-ia li-id-di-na*] *ù ḫurāṣa*(kù.gi^{meš}) *ma-a-at-*˹*ta*˺ *ša ši-ip-ra la ep-šu*② *ša* ˹*ka*˺*-r*[*a*]*-aš-ki ša a-na aḫi*(šeš)*-ia e-ri-šu aḫu*(šeš)*-ia li-id-*˹*di*˺*-*[*na-an-ni*] (164) [*ù aḫu*(šeš)*-ia líb-b*]*i* ˹*lu*˺ *l*[*a*] *ú-ša-am-ra-aṣ* ˹*ù*˺ *lu-ú* ˹*la*˺ *i-kál-la* ˹*ù*˺ *i-na māt*(k[ur]) *aḫi*([še]š)*-ia ḫurāṣu*(kù.gi$^{\text{m[eš]}}$) *ki-i e-pé-ri ma-a-dá-*[*a*]*t* (165) [*ù a-na-ku lìb-b*]*i* [*š*]*a aḫi*(šeš)*-ia* [*lu-ú*] ˹*la*˺ ˹*ú*˺*-*[*ša-am-r*]*a-a*[*ṣ*] (166) [*ù aḫu*(šeš)*-ia*] ˹*el*˺*a-bi-šu ra-*ʾ*a-mu-ta* [*ù*] *aḫutta*([*š*]*e*[*š*])$^{\text{u[t]-ta}}$ 10-*šu li-te-et-te-er-an-*˹*ni*˺ *ù it-t*[*i*]*-ia ni-ir-t*[*a-na-*ʾ*a-*]*am da*[*n-ní*]*š* ˹*dan*˺*-níš-*˹*ma*˺ (167) [*ù* $^{\text{lú.}}$]^{meš}*mār*(dumu) *šipri*(kin)*-ia aḫu*(šeš)*-ia* ˹*ḫa*˺*-*[*mut-t*]*a li-me-eš-šèr-šu-nu-ti-ma ù* ^{m}*Ma-né-e* ˹*it*˺*-*˹*ti*˺ $^{\text{˹lú˺[meš]}}$*mār*(dumu) *šipri*(kin)*-ia aḫu*(šeš)*-ia* [*l*]*i-iš-pur-šu-ma* ˹*li*˺*-*˹*il*˺[*-li-ku-ni-m*]*a* (168) [*ki-i*] ˹*pu*˺*-ú še-*˹*ri*˺*-ia i*[*q-ta-bu-ma*] *aḫu*(šeš)*-ia li-id-di-na ù* ^{m}*Ké-li-ia a-na* [*aḫi*(šeš)*-*]*ia* ˹*lu*˺*-uš-*˹*pur*˺*-ma ù ge-*[*er-ra ra*]*-*˹*bá*˺*-a a-na aḫi*([še]š)*-ia* (169) [*lu-ú-še-bi-*]*il* ˹*ù*˺ [*mi-nu-*]*um-me-e a-ma-a-tu*$_4$ *gáb-bá-ši-na-a-ma ša aḫu*(šeš)*-*[*ia*] ˹*i*˺*-dáb-bu-bu ù am-mu-tu*$_4$ *lu-ú e-*˹*pu*˺*-*˹*uš*˺ (170) [*am-mu-tu*$_4$] *lu-ú-pu-uš*[*-ma*] *lu ep-šu ù i-na-an-na a-na aḫi*(šeš)*-ia ki-*[*i*] *pa-ni-ti ú-ul aš-pur ka-a-am-ma ki-i-m*[*é-e*] (171) [*aš-pu-ru*] *ù aḫu*(šeš)*-ia* [*lu-ú*] *i-dá-an-ni aḫu*(šeš)*-ia lu-ú la ut-ta-az-*[*za-am*] *ù a-na*

---

① 此处提及米坦尼又把一个使节派往埃及，这个使节为米坦尼使节凯利亚的兄弟，这样，凯利亚家族至少有三个人担任派往埃及的使节，这是不是暗示此时出现了一些类似充当使节的专业外交家族呢？

② *ši-ip-ra la ep-šu*，*šipru/šiprātu* 意思为“要完成工作、任务、活动”，*epēšu* 的意思为“做、干活”，这样，其意思为“未加工的”。

aḫi(šeš)*-ia ša-pa-a-ra ra-*˹*ba*˺*-*[*a*] (172) [*e-pu-uš-ma*] ^{m}*Ké-li-i*[*a a-ša-a*]*p-pár-ma ù ša-pa-a-ra ra-bá-a a-*˹*na*˺ *aḫi*([še]š)*-ia a-ša-ap-*[*pár*]

【中文译文】

（162）我派遣给我的兄弟的马孜帕特里是凯利亚的叔叔。愿我的兄弟送来浇铸的纯金像！（163）愿我的兄弟送来我曾向我的兄弟要的（用在）祭庙的大量未加工的黄金！（164）愿我的兄弟别伤我的心！别耽搁！因为在我的兄弟的国家里，黄金多如沙土。（165）我从未伤过我的兄弟的心。（166）愿我的兄弟超过他父亲对我的爱，愿我的兄弟十倍于他的父亲增加对我的兄弟之情！我们应强烈地保持着友爱！（167）愿我的兄弟立即放我的使节走，愿我的兄弟派出马奈随同我的使节，以便他们能到我处（米坦尼）！（168）因为我的嘴巴已经说过了，愿我的兄弟给我！然后，我将派遣凯利亚到我的兄弟处，我将派遣一个大商队①到我的兄弟（埃及王）处。（169）至于我的兄弟所说的任何事情，我将会做这些事情。（170）愿我做这些事情，我让他们做这些事情！我没有像以前那样给我的兄弟写信，当（171）我写信的时候，愿我的兄弟理解我！愿我的兄弟不要生气！我将派遣一个大使节团到我的兄弟处。②（172）我将派遣凯利亚，我将派遣一个大使节团到我的兄弟处。

【拉丁化转写】

(173) [*ù aḫu*(šeš)*-ia aš-šum* ^{m}*Ar-*]*te-eš-šu-bá* ˹*ù*˺ ^{m}*A-sa-li iq-ta-bi-šu-nu um-ma šu-ú*[*m*]*a i-na* ˹*māti*(kur)˺ *ša aḫi*(šeš)*-ka iḫ-ta-ṭù-mì ul-te-r*[*i-bu*] (174) [*ki-la-al-la*]*-šu-nu ù ul-*˹*te*˺*-*˹*ri*˺*-bu ardānā*(ìr^{meš})*-ia re-e-ḫu-*tu_4 *ša i-na* ^{kur}*M*[*i-*]*iṣ-ri-i ú-ši-bu* ^{m}*Ma*[*-né-e*] (175) [^{lú}*mār*(dumu) *šipri*(kin)-

---

① 第 168 行提及的“大商队”（*ge-*[*er-ra ra*]*-*˹*bá*˺*-a* 即 *gerra rabâ*）表明了大国之间的使节承担的礼物贸易的任务。

② 第 171、第 172 行强调要“派遣一个大使节团”（*ša-pa-a-ra ra-bá-a* 即 *šapāra rabâ*），这是米坦尼王暗示米坦尼将送给埃及大量的礼物。

ka]① *a-˹na˺ pa-ni-ia ˹i˺[-te-]˹ru˺-ub ù ub-ti-i-ir-ru-ú-šu-nu a-na ˹pa˺-[ni-i]a ù i-dáb[-bu-bu-ma]* (176) [*ni-te-pu-uš-mì*] *ù aq-ta-bi a-na pa-ni-šu-nu šu-um-ku*$_8$*-nu am-mi-i-ni* [*x x x x x x x x x x*]*ma-mì* [*ù aḫu*(šeš)-*ia*] (177) [^{m}*Ma-né-e ša-a-*]˹*al*˺-˹*šu*˺ *ki-i-me-e e-te-pu-us-sú-nu i-na šèr-˹šèr˺-re-ti ù ˹iz˺-˹qāti*(šu)˺ *a*[*l-ták-na-šu-nu*] (178) [*ù ki-la-al-la*]-*šu-nu* 1^{en} *a-na i-di* 1^{en} *a-na āli*(uru)-*ia ša qa-an-ni māti*(kur)^{ti} ˹*ul*˺[*-te-bi*] *lù ša-ni-˹ta˺* [*aḫu*(šeš)-*ia*] (179) [*ul liq-ta-bi*] *ù ˹aš˺-šum an-ni-ti la a-du-uk-šu-nu aḫu*(šeš)-*i˹a˺ ˹šu˺-˹nu˺ ki-i i*[*ḫ-ta-ṭù*] (180) [*ù aḫu*(šeš)-*ia ú-*]˹*ul*˺ *iq-bi ˹ù˺ ˹aḫu*(šeš)˺-*ia ù-ul as-ʾa-al ˹i˺-˹na˺-an-na ˹aḫu*(šeš)˺-*ia né-e-pé-el-t*[*i*] *š*[*a*] (181) [*iḫ-ṭù*] *li-iš-*[*ku*]$_8$*-un ù k*[*i-i-me*]*-e aḫu*(šeš)-*ia ḫa-še-eḫ-šu-*[*n*]*u ù a-ka-˹an˺-na lu-ú-pu-˹us˺-˹su˺-*[*nu*]*-t*[*i*]

【中文译文】

（173）关于阿尔台舒巴②与阿萨里③，我的兄弟说道："他（俩）在你的兄弟的国家里犯了罪。"他们（174）把他们带进来④，也把住在埃及的其余我的仆人带进来。你的使节马奈（175）来到我面前，并且人们在我的面前证实他们（有罪），他们说：（176）"我们做了。"我当着他们的面说道："为什么你们的名字□□□？"我的兄弟（177）问一下马奈，我是如何对待他们的，我给他们戴上（脖）

① 阿德勒、莫兰似乎没有进行拟补，雷尼拟补为 [lú.dumi.kin-*ka*]，参见 Hans-Peter Adler, *Das Akkadische des Königs Tušratta von Mitanni*, p. 248; William L. Moran, *The Amarna Letters*, p. 97; Anson F. Rainey, *The El-Amarna Correspondence: A New Edition of the Cuneiform Letters from the Site of El-Amarna Based on Collations of All Extant Tablets*, Vol. 1, p. 322。

② 阿尔台舒巴为米坦尼人，除了本泥板书信外，第 24 号泥板书信也提及了这个人。其名字 *Ar-te-eš-šu-bá* 是胡里语，是一个两个词构成的动词句子，前一部分为胡里语动词 *ar*（意思为"给"），后一部分为神名 *Teššub*，这样，其意思为"台舒巴给予"。参见 Richard S. Hess, *Amarna Personal Names*, pp. 39-40。

③ 阿萨里为来自米坦尼的书吏，除了本泥板书信外，第 24 号泥板书信也提及了这个人。其名字所属语系并不清楚。参见 Richard S. Hess, *Amarna Personal Names*, p. 42。

④ "带进来"从上下文来看，应该指的是引渡到米坦尼的意思。

链①和手枷，（178）一个拴着一个，我把他们送到边界上我的城市（流放）。我的兄弟（179）没有说什么，因此，我没有杀死他们。他们犯了罪，（180）我的兄弟没有说什么，我的兄弟，因此，我也没有询问。现在，愿我的兄弟证实他们的罪行，（181）我将会按照我的兄弟所希望的对他们进行处罚！

【拉丁化转写】

(182) [*a-nu-um-ma a-n*]*a* ⸢*šul*⸣*-ma-ni ša* [*aḫi*(šeš)*-ia*] 1 *mulṭu*(ga.zum) *ḫurāṣu*(kù.gi) *tam-lu-ú šadê*(kur) *rēš*(sag) *bu-ur-ḫi-iš* 1 ^{giš}*ḫuppalû*(tukul.sag.na$_4$)② (183) [*uḫ-ḫu-z*]*u-uš* $^{\text{na4}}$*uqnî*(za.gì[n]) [*šadê*(kur) *x x x x x x x* ^{m}]^{eš} 1 *qātu*(šu) *ša qātāti*(šu^{meš}) *aban*(na$_4$) *šadê*(kur) 1 ⸢*šu*⸣*-ru-uḫ-tu*$_4$ *ḫurāṣa*([kù].gi) *uḫḫuz*(gar$_3$) 3 *ṣubātu*(túg^{meš}) 3 *qātu*(šu) túg[*x x x x x x x x*] (184) [*x x x x x x x x x x x x x x* 1] $^{\text{[t]ug}}$⸢*naḫlap*(gú)⸣ ⸢*āli*(uru)⸣ [*x x x* 3 ^{gi}]^{š}*qasātu*(ban^{meš}) 3 ^{kuš}*išpatu* (é.amar.ru) *ḫurāṣa*(k[ù.g]i) *uḫḫuz*(gar) ⸢90⸣ *qanû*([g]i^{meš}) *siparru*(ud.ka.bar(=zabar)) *šar-m*[*u-tu*$_4$] (185) [*x x x x x x x x x x x x x x x x x x x x x*]*ti-a-an-nu dám-qù-ú-tu*$_4$ 3 ^{giš}*ḫuppalû*([tu]kul.⸢sag.na$_4$⸣) [*a-n*]*a šul-ma-ni aḫi*(šeš)*-ia u*[*l-te-bil*] (186) [*x x x x x x x x x x x x x x x x x x ša*] *ḫurāṣi*(kù.gi^{meš}) 1 *qātu*(šu) *ša qātāti*(šu^{meš}) na$_4$[*x x x x x x* šu] *an-ṣa-bá-a-tu*$_4$ *x*[*x x x x x x x x x x x x x x x x x x*] (187) [*x x x x x x x x x x x x x x x x x x x x x x x x x x x x x*] 2 *ṣubātu*(túg^{meš}) *a-na šul-ma-*[*ni ša* ^{f}*Te*]-⸢*i*⸣*-e* ⸢*ummi*(ama)⸣*-ka u*[*l-te-bil*] (188) [*x x x x x x x x x x x x x x x x x x x x x x x x x x x x x*] 1 *qātu*(šu) *ša qātāti*(šu^{meš}) ⸢na$_4$⸣[*x x x x x x x x x* šu *an-ṣ*]*a-bá-*[*a-tu*$_4$*x x x x x x x x x x x x x x x*] (189) [*x x x x x x x x x x x x x x x x x x x x x x x x x x x x x*] *ṣubātu*(túg^{meš}) *a-*[*n*]*a* ⸢*šul*⸣*-ma-n*[*i ša* ^{f}*Ta-a-du-Ḫé-bá*] *mārat*([dumu.m]unus)*-ia-ma* [*ul-te-bil*]

---

① *šeršerratu* 的意思为"链子、环子"，这里可能指的是戴在脖子上的链子。参见 Jeremy Black, *et. al.*, eds., *A Concise Dictionary of Akkadian*, 2nd (corrected) Printing, p. 368。

② 第 182、第 185 行 ^{giš}*ḫuppalû*(tukul.sag.na$_4$) 意思为"权标、双面斧"，参见 Jeremy Black, *et. al.*, eds., *A Concise Dictionary of Akkadian*, 2nd (corrected) Printing, p. 121。

【中文译文】

（182）[与此同时]，作为我的兄弟的问候礼：1 把金梳子，镶着真水牛头；1 只权标，（183）镶嵌着真天青石，□□□；1 对真（宝）石手饰；1 对镶金舒鲁赫图；3 件衣服；3 对□□□衣服；（184）□□□ 1 件城市上衣，□□□ 3 只弓；3 个镶金箭囊；90 只（修剪整齐的）青铜箭；（185）□□□好质量□□□；3 只权标。我送来作为我的兄弟的问候礼。（186）□□□黄金的□□□；1 对□□□手饰品；□□□石，□□□对耳环，□□□；（187）□□□ 2 件衣服。我送来作为你的母亲泰伊的问候礼。（188）□□□ 1 对□□□手饰品，□□□石；□□□对耳环□□□；（189）□□□件衣服。我送去作为我的女儿塔杜希帕的问候礼。

（十二）第 30 号泥板书信

第 30 号泥板书信为埃及农夫在 1887 年挖掘所得，可能出土于埃及的阿马尔那，最晚到 1888 年 10 月 13 日，为大英博物馆所收藏，目前藏于大英博物馆，编号为 BM 029841，泥板尺寸为 63.5 毫米 ×50.6 毫米，保存较好，共 13 行文字。背面残留有滚印的印文，有学者认为这个印章属于米坦尼风格，因此，现在一般视为米坦尼的书信。对该泥板的岩相学检验表明，其泥土成分与第 17 号泥板类似，不能确定制作泥板的泥土来源。①

1892 年，贝措尔德、巴奇编写的《大英博物馆所藏阿马尔那泥板》出版了该泥板的拓本，并且对书信内容进行了简要介绍。1893 年，贝措尔德在其《东方外交》中也对其进行了拉丁化转写。1896 年，温克勒写作的《阿马尔那泥板》一书，对该泥板进行了拉丁化转写、德文翻译以及较为简单的注释。1899 年，阿莱维在其《阿蒙霍特普三世和阿蒙霍特普四世的书信》一书中，对泥板进行拉丁化转写，并将之翻译成了法文。1915 年，克努松在《阿马尔那泥板》一书中对该泥板进行了拉丁化转写，并将之译为德

① Yuval Goren, Israel Finkelstein and Nadav Na'aman, *et. al.*, *Inscribed in Clay: Provenance Study of the Amarna Letters and Other Ancient Near Eastern Texts*, p. 43.

文。1967 年，奥本海姆在《美索不达米亚书信》一书中，把该泥板译成了英文。1975 年，阿茨在《第二十九届东方国际大会》的发言稿中，对该泥板进行了拉丁化转写。1992 年，莫兰出版的《阿马尔那书信》，将该泥板翻译为英文并详细地进行注解。2015 年，雷尼的遗作《阿马尔那书信》对该书信进行拉丁化转写以及英文翻译，并做了一些注解。

本译文的原始文献来自贝措尔德、巴奇的拓本，① 同时参考了克努松、阿德勒、雷尼的拉丁化转写 ② 以及莫兰的法文、英文译本。③

题解

第 30 号泥板书信的写信人没有给出，收信人为迦南的国王，学界一般认为这封书信有护照的功能，但是，本质上这还是一封书信。其主要内容为：要求埃及所属的迦南的国王们，不要拖延使节的行程。

泥板译注

【拉丁化转写】

(1)④ *a-na šarrāni*(lugal^{meš}) *ša* ^{kur}*ki-na-a-aḫ*[*-ḫi*] (2) *ardāni*(ìr^{meš}) *aḫi*(šeš)*-ia um-ma šarru*(lugal)*-ma* (3) *a-nu-um-ma* ^{m}*A-ki-ia* ^{lú}*mār*(dumu) *šipri*(⌜kin⌝)*-*⌜*ia*⌝ (4) *a-na muḫḫi*(ugu) ⌜*šàr*⌝ $^{\text{⌜kur⌝}}$*Mi-iṣ-ri-i*

---

① Carl Bezold and E. A. Wallis Budge, *The Tell El-Amarna Tablets in the British Museum with Autotype*, No. 58.

② J. A. Knudtzon, *Die El-Amarna-Tafeln*, Vol. 1, pp. 268, 270; Hans-Peter Adler, *Das Akkadische des Königs Tušratta von Mitanni*, pp. 252-253; Anson F. Rainey, *The El-Amarna Correspondence: A New Edition of the Cuneiform Letters from the Site of El-Amarna Based on Collations of All Extant Tablets*, Vol. 1, pp. 324.

③ William L. Moran, *Les Lettres d'el-Amarna: Correspondance Diplomatique du Pharaon*, p. 191; William L. Moran, *The Amarna Letters*, p. 100.

④ 此行开始为泥板正面。

aḫi(šeš)-⸢*ia*⸣ (5) *a-na du-*⸢*ul*⸣*-*⸢*lu*⸣*-ḫi a-na kál-le-e* (6) *al-ta-pár-šu ma-am-ma* (7) *lu-ú la i-na-aḫ-ḫi-is-sú* (8) *na-aṣ-ri-iš i-na* kur*Mi-iṣ-ri-i* (9) *šu-ri-bá ù a-na qāt*(šu) (10) ⸢lú⸣*Ḫal-zu-uḫ-li ša* kur*Mi-iṣ-*⸢*ri*⸣*-i* (11)① ⸢*id*⸣*-*⸢*na*⸣*-*⸢*šu*⸣(?)② *ḫa-mut-ta* ⸢*li*⸣!*-il-*⸢*li*⸣!*-*⸢*ik*⸣! (12)③ *ù kad*‹*-ru*›*-sú mi-im-ma* (13) *i-na muḫ-ḫi-šu lu-ú la ib-bá-aš-ši*

【中文译文】

（1）你（使节）对迦南的国王们，（2）我的兄弟的仆人们④（说）："下面是国王的话。"（3）与此同时，至于我的使节阿凯亚⑤，（4）我派遣他（5）以最快的速度（6）到我的兄弟埃及（米西尔）王处。（7）愿任何人都别拖延他！（8）使他安全地进入埃及（米西尔）！（9）尽快地把他交到埃及（米西尔）的（10）要塞指挥官⑥的（11）手中！请让他立即前行！（12）他不应该欠任何（13）（过路）礼品。

四 埃及与赫梯间的泥板书信

埃及与赫梯之间的泥板书信现存共有4封。其中第41号泥板书信是赫梯王苏皮鲁流马一世写给埃及法老埃赫那吞的；第42号泥板书信损坏了，没有保留下通信者的名字，但是，学界一般将此信确认为赫梯写给埃及的书信；第43号泥板书信损坏严重；第

① 此行开始为泥板下边缘。

② 克努松、阿德勒读作 *it-t*[*i*]，莫兰认为 *id-na-x* 中的 *x* 不可能是 *šu* 而是 *ni*，雷尼校验泥板看到的符号是 *šu*，参见 J. A. Knudtzon, *Die El-Amarna-Tafeln*, Vol. 1, p. 270; Hans-Peter Adler, *Das Akkadische des Königs Tušratta von Mitanni*, p. 252; William L. Moran, *The Amarna Letters*, p. 100; Anson F. Rainey, *The El-Amarna Correspondence: A New Edition of the Cuneiform Letters from the Site of El-Amarna Based on Collations of All Extant Tablets*, Vol. 2, p. 1374。

③ 此行开始为泥板背面。

④ 指的是埃及在叙巴地区的附属国的统治者。

⑤ 阿凯亚为米坦尼使节，其名字为胡里语，由两部分组成：前部分为胡里语 *ag*（指导、带领），后部分为词素 *-ia/ya*。参见 Richard S. Hess, *Amarna Personal Names*, p. 25。

⑥ 在阿卡德语中读作 *ḫalzuḫlu*，意思为"地方总督"，此处提及把米坦尼使节送到的 *ḫalzuḫlu*，这可能指的是埃及边境的官员，所以，一些学者翻译为要塞指挥官，但是，也有可能指的是埃及在迦南地区的官员。

44 号泥板书信是赫梯王子写给一位埃及法老的书信，收信人可能是埃赫那吞。

（一）第 41 号泥板书信

第 41 号泥板书信可能出土于埃及的阿马尔那，目前藏于埃及的开罗博物馆，编号为 C 4747（12207），泥板尺寸为 130 毫米×80 毫米，泥板左上角、左下角有缺损，右侧边也有损毁。迄今尚未对此泥板的泥土来源进行岩相学检验。

1888 年，温克勒、施拉德的《皇家柏林博物馆和布拉格博物馆中的阿马尔那泥板的报告》一文，把该泥板书信抄录出版。1889 年，塞斯在《现藏于布拉格博物馆的阿马尔那的楔形文字泥板》一文中，对该泥板进行了拉丁化转写、英文翻译以及注释。1889—1890 年，德国学者温克勒、阿贝尔编撰的《阿马尔那泥板》，出版了该泥板的拓本。1891 年，德拉特在论文《阿马尔那书信之四》中将其进行拉丁化转写并进行了法文翻译。1896 年，温克勒写作的《阿马尔那泥板》一书，对该泥板进行了拉丁化转写、德文翻译以及较为简单的注释。1899 年，阿莱维在其《阿蒙霍特普三世和阿蒙霍特普四世的书信》一书中，对泥板进行拉丁化转写，并将之翻译成了法文。1915 年，克努松在《阿马尔那泥板》一书中对该泥板进行了拉丁化转写，并将之译为德文。1992 年，莫兰出版的《阿马尔那书信》，将该泥板翻译为英文并详细地进行注解。2015 年，雷尼的遗作《阿马尔那书信》对该书信进行拉丁化转写以及英文翻译，并做了一些注解。

本译文的原始文献来自温克勒、阿贝尔的拓本，① 同时参考了克努松、雷尼的拉丁化转写 ② 以及莫兰的法文、英文译本。③

---

① Hugo Winckler and Ludwig Abel, *Der Thontafelfund von El-Amarna*, Heft 1, No. 18.

② J. A. Knudtzon, *Die El-Amarna-Tafeln*, Vol. 1, pp. 298, 300, 302; Anson F. Rainey, *The El-Amarna Correspondence: A New Edition of the Cuneiform Letters from the Site of El-Amarna Based on Collations of All Extant Tablets*, Vol. 1, pp. 358, 360.

③ William L. Moran, *Les Lettres d'el-Amarna: Correspondance Diplomatique du Pharaon*, pp. 210-211; William L. Moran, *The Amarna Letters*, p. 114.

题解

第 41 号泥板书信的写信人为赫梯国王苏皮鲁流马一世，收信人是埃及国王埃赫那吞。其主要内容为：第 7—13 行，回顾赫梯王苏皮鲁流马一世与埃及先王建立友好关系的过程以及两国之间顺畅的礼物贸易；第 14—22 行，赫梯王谴责埃及新王没有履行先王的承诺，指出埃及新王也需要与赫梯进行礼物交换，提议两国巩固友好关系；第 23—38 行，赫梯国王具体说明埃及先王承诺的礼物是什么，并且表示无论埃及王要什么，赫梯都会满足，呈现出大国一贯的慷慨姿态。

泥板译注

【拉丁化转写】

(1) ① [*um-ma* ^{d}*šamši*(utu)^{ši}] ② ^{m}*Šu-up-pí-*⸢*lu*⸣*-li-u-ma šarru*(⸢lugal⸣) *rabû*(g[al]) (2) [*šar*(lugal)$^{kur\ uru}$*Ḫ*]*a-*[*a*]*t-ti*^{ki} *a-na* ^{m}*Ḫu-u-ri-i-*⸢*i*⸣[*a*] (3) [*šàr*(lugal) $^{kur\ uru}$*Mi*]*-iṣ-ri-i*^{ki} *aḫi*(šeš)*-ia qí-bí-*[*m*]*a* (4) [*a-na ia-ši šu*]*l-mu a-na maḫ-ri-ka lu-ú šul-*⸢*mu*⸣ (5) [*a-na aššāti*(dam^{meš})*-k*]*a mārī*(dumu^{meš})*-ka bīti*(é)*-ka ṣābē*(érin^{meš})*-ka* ^{giš}*narkabātī*(gigir^{meš})*-ka* (6)[*ù i-*]*na* ⸢*lìb*⸣*-bi māti*(kur)-ka *dan-níš lu-ú šul-mu*

---

① 此行开始为泥板正面。

② 根据赫梯书信、敕令中国王的称呼拟补为 [*um-ma* ^{d}*šamši*(utu)^{ši}]。拟补的赫梯王的头衔，学界一般翻译为“陛下”，尽管该词字面意思是“我的太阳”。参见 William L. Moran, *The Amarna Letters*, p. 114; Anson F. Rainey, *The El-Amarna Correspondence: A New Edition of the Cuneiform Letters from the Site of El-Amarna Based on Collations of All Extant Tablets*, Vol. 2, p. 1386。

【中文译文】

（1）“下面是陛下、大王、哈梯国王苏皮鲁流马①的话。”（2）你（使节）对埃及国王、我的兄弟（3）胡瑞亚②说。（4）祝愿平安与我同在！祝愿平安在你的面前！（5）真诚地祝愿平安与你的妻子们、儿子们、你的宫廷、你的士兵们、你的战车（6）以及你国家里的一切同在！

【拉丁化转写】

(7) [l]ú.meš*mār*(dumu) *šipri*(kin)*ri*-ia *ša a-na a-bi-ka aš-pu-u-ru* (8) *ù* ˹*mé*˺-*re-eš*$_{15}$-*ta ša a-bu-ka e-ri-šu* [*i*]-˹*na*˺ *bé*-˹*e*˺-*r*[*i*-]*ni* (9) *at-te-ru-tam*-˹*ma*˺ *lu-ú ni-ip-pu*-[*u*]*š-mi* ˹*ù*˺ *šurrumna*(˹lugal˺(? i.aš))③ (10) *la-a ak-t*[*a-l*]*a mi-nu-me-e ša a-bu-ka id-bu*-˹*bá*˺ (11) *šurrumna*(lugal(? i.aš)) *gáb-b*[*á-am-m*]*a lu-ú e-pu-uš ù mé-re-eš*$_{15}$-*ta*-˹*ia*˺④ (12) ˹*ša*˺ *a-na a-bi-ka e-ri-šu a-bu-ka mì-im-ma ú-ul* (13) ˹*ik*˺-*la gáb-bá-am-ma lu-ú id-dì-na*

---

① 苏皮鲁流马为赫梯国王苏皮鲁流马一世。其名字为赫梯语，由几部分组成：第一部分为 *šuppi*，意思为“纯净的、神圣的”；第二部分为 *luli*，意思为“水池、泉水、源头”；第三部分为 *uma*，意思为“来自、源于”。所以，其名字的意思为“来自纯净或神圣水池或泉水”，参见 Richard S. Hess, *Amarna Personal Names*, p. 148。

② 胡瑞亚为埃及国王，可能是埃赫那吞或斯门卡拉或图坦卡蒙，参见 William L. Moran, *The Amarna Letters*, p. 115; Anson F. Rainey, *The El-Amarna Correspondence: A New Edition of the Cuneiform Letters from the Site of El-Amarna Based on Collations of All Extant Tablets*, Vol. 2, p. 1386。

③ 第 9、第 11 行 ˹lugal˺(? i.aš) 中，i.aš 如何读，现在还不能确定，莫兰、雷尼根据屈内的建议，尝试读作 lugal，并且尝试性地翻译为“确实、当然”，*šurrumma*(lugal)，这里 lugal 显然不是“国王”之意，而是表示了 *šurrumma* 的读音，*šurrumma* 也写作 *šarrumma*，意思是“确实，当然”，出现在阿马尔那、奴兹和乌加里特出土的文献中。参见 William L. Moran, *The Amarna Letters*, p. 115; Anson F. Rainey, *The El-Amarna Correspondence: A New Edition of the Cuneiform Letters from the Site of El-Amarna Based on Collations of All Extant Tablets*, Vol. 2, p. 1386。

④ 莫兰认为戈登读作 *mi-ri-iš-ta-ia* x-y 是不对的，雷尼读作 *mé-re-eš*$_{15}$-*ta*-˹*ia*˺，参见 William L. Moran, *The Amarna Letters*, p. 115; Anson F. Rainey, *The El-Amarna Correspondence: A New Edition of the Cuneiform Letters from the Site of El-Amarna Based on Collations of All Extant Tablets*, Vol. 2, p. 1386。

【中文译文】

（7）我向你的父亲派去了我的使节，（8）你的父亲提出了要求："在我们之间，（9）让我们建立兄弟友谊吧！"当然（10）我没有拒绝。不论你的父亲说什么，（11）当然我都全部照办了。（12）不论我向你的父亲提出什么要求，他从未（13）拒绝过，他全部照办了。

【拉丁化转写】

(14) *un-du a-bu-ka bal-*[*ṭ*]*ù šu-bi-la-a-te-*˹*e*˺① (15) *ša ú-še-bi-la aḫu*(šeš)*-ia am-mì-ni ták-la-aš-šu-nu-ti* (16) *i-na-an-na aḫu*(šeš)*-ia a-na* giš*kussî*(gu.za) *ša a-bi-ka* (17) [*t*]*e-e-te-li ù ki-me-e a-bu-ka ù a-na-ku* (18) *šul-ma-na i-na bé-e-ri-ni ḫa-aš-ḫa-a-nu-ma* (19) *ù i-na-an-na-ma* ˹*at*˺*-ta* ˹*ù*˺ *a-na-ku i-na be-ri-ni* (20) *ka-an-na lu-ú ṭa-a-bá-a-nu ù mé-re-eš*$_{15}$*-ta ‹ša›* (21) *a-*˹*na*˺*-*[*k*]*u a-na a-bi-ka aq-bu-ú a-na aḫi*(šeš)*-ia-ma* (22) [*a-qa-bi a-ḫ*]*u-uz-za-ta i-na bé-e-ri-ni i ni-ip-pu-uš*

【中文译文】

（14）当你的父亲活着的时候，（15）你父亲（许诺）要送给我的东西，为什么我的兄弟扣下了呢？（16）现在，我的兄弟，你已经坐上你的父亲的王座，（17）就如你的父亲（埃及先王）和我一样，（18）我们之间需要（互送）问候礼品。（19）现在，你和我，我们之间（20）应该是友好的。（21）至于我曾向你的父亲说过的要求，我将向我的兄弟（22）说出来："请让我们之间建立姻亲关系吧！"

【拉丁化转写】

(23) [*mi-im-m*]*a ša a-na a-bi-ka e-ri-iš-ta* (24) [*at-ta*] *aḫu*([*še*]*š*)*-ia*

---

① 莫兰翻译为"礼物"，雷尼翻译为"运输的货物"（shipment），这里的 [*at-ta*] *aḫu*([še]š)*-ia* 为 *šūbultu/šībiltu*，意思为"运送的货物、礼品"，在阿马尔那书信中，一般把礼物叫作 *šulmanu*，因此，笔者认为翻译成"东西"比较可靠。参见 William L. Moran, *The Amarna Letters*, p. 114; Anson F. Rainey, *The El-Amarna Correspondence: A New Edition of the Cuneiform Letters from the Site of El-Amarna Based on Collations of All Extant Tablets*, Vol. 1, p. 359。

la-a ta-kà-al-la-a-šu①(25) [x x x 2 ṣ]a-al-ma-a-ni ša ḫarāṣi(kù.gi) 1^{en} (26) [li-zi-iz] 1^{en} li-ši-ib ù 2 ṣalmāni(alam^{meš})ša amēlāti(munus^{meš}) (27) [ša] kaspi([kù.babba]r)-ma ù ^{na4}uqnâ(za.gìn) ra-bi-ta ù a-na (28)[x x x k]à-an-na-šu-nu ra-bu-ú aḫu(šeš)-ia [li-še-bi-la]② (29)③ [x x x x x x x x x x x] i[x x x]˹e˺ a\[x x x x x x x x x x] (30) [x x x x x x x x ul-t]e-bi-la-[m]a ù [x x x x x x x x x x x x] (31)[x x x x x x] ù šum-ma aḫu(šeš)-ia [ḫa-šeḫ a-na](32)[na-dá-ni] aḫu([še]š)-ia li-id-dì-in-šu-nu-[ti](33)[ù šum-m]a aḫu(šeš)-ia a-na na-a-dá-ni-šu-nu[-ma] (34) [la-]˹a˺ ˹ḫa˺-šeḫ ki-me-e ^{giš}narkabātī(gigir^{meš})-ia a-na(35)[na-š]e ^{gada}ḫu-uz-zi(!) i-˹gam˺-ma-˹ru˺-ma a-na aḫu(šeš)-ia (36) ú-tá-a-ar-šu-nu-ti ù mi-ni-um-me-e (37) ša aḫu(šeš)-ia ḫa-aš-ḫa-ta ˹šu˺-˹u˺-˹up˺-ra-˹am˺-ma (38) lu-še-bíl-ak-ku

【中文译文】

（23）至于我向你父亲要的任何东西，（24）你，我的兄弟，不要扣留它（们）。（25）□□□ 2 尊金雕像——1 尊（26）立像、1 尊坐像，2 尊女人的银雕像，（27）大天青石，为（28）□□□以及（他们的）大架子，愿我的兄弟送来（它们）！（29）□□□□□□（30）我已经送去□□□□□□（31）□□□倘若我的兄弟愿意（32）给我，那就让我的兄弟把它们给我吧！（33）如果我的兄弟不愿意给我，（34）当我的带有帆布车篷（？）战车（35）被完成的时候，我会把它们（指礼物）（36）退还给我的兄弟。（37）不论我的兄弟想要什么，请写信告诉我，（38）我就会把它送给你了。

① *ta-kà-al-la-a-šu* 中最后一个代词为 *šu* 而非 *šunu*，从前面的句子分析，此处应该是复数代词才对。

② 克努松没有拟补，莫兰拟补为 [*šu-bi-la*]，雷尼拟补为 [*li-še-bi-la*]，参见 J. A. Knudtzon, *Die El-Amarna-Tafeln*, Vol. 1, p. 300; William L. Moran, *The Amarna Letters*, p. 115; Anson F. Rainey, *The El-Amarna Correspondence: A New Edition of the Cuneiform Letters from the Site of El-Amarna Based on Collations of All Extant Tablets*, Vol. 2, p. 1387。

③ 此行开始为泥板背面。

【拉丁化转写】

(39)*a-nu-um-ma a-na šul-ma-ni-ka* 1 *bi-ib-ru* (40)*kaspi*(kù.babbar) *āli*(udu.‹a›.lum) 5 *ma-na šuqultu*(ki.lá.bé) 1 *bi-ib-ru* (41) *kaspi*(kù.babbar) *āli*(udu) *puḫīli*(sir$_4$) \ *pu-u-ḫi-lu* 3 *ma-na šuqultu*(ki.lá.bé) (42) 2 [*k*]*à-ak-kà-ru kaspi*(kù.babbar) 10 *ma-na šuqultu*(ki.lá.bé)-*ma* (43) 2 ^{giš}*ni-kip-tu*$_4$ *ra-a-bu-tì ul-te-bíl-ak-ku*

【中文译文】

（39）与此同时，我给你送去你的问候礼：1个银角杯，（40）重5米那；1个银质的（41）公羊形角杯，重3米那；（42）2个银盘子①，重10米那；（43）2根大戟属的木头②。

（二）第42号泥板书信

第42号泥板书信可能出土于埃及的阿马尔那，目前藏于德国柏林的近东博物馆，编号为VAT 01655，泥板尺寸为120毫米×80毫米。该泥板有两块残片，缺损严重。对该泥板的岩相学分析不能确定其是用什么泥土制成的。③

1889—1890年，德国学者温克勒、阿贝尔编撰的《阿马尔那泥板》，出版了该泥板的拓本。1896年，温克勒写作的《阿马尔那泥板》一书，对该泥板进行了拉丁化转写、德文翻译以及较为简单的注释。1899年，阿莱维在其《阿蒙霍特普三世和阿蒙霍特普四世的书信》一书中，对泥板进行拉丁化转写，并将之翻译成了法文。1915年，施罗德出版的《阿马尔那泥板》一书，对该泥板的一块残片重新抄录出版。1915年，克努松在《阿马尔那泥板》一书中对该泥板进行了拉丁化转写，并将之译为德文。1992年，莫

① *kakkaru* 是圆盘子（？）或金属锭子。参见 Jeremy Black, *et. al.*, eds., *A Concise Dictionary of Akkadian*, 2nd (corrected) Printing, p. 141。

② *nikiptu* 是一种大戟科的植物，可能是一种药材。参见 Jeremy Black, *et. al.*, eds., *A Concise Dictionary of Akkadian*, 2nd (corrected) Printing, p. 253。

③ Yuval Goren, Israel Finkelstein and Nadav Na'aman, *et. al.*, *Inscribed in Clay: Provenance Study of the Amarna Letters and Other Ancient Near Eastern Texts*, p. 31.

兰出版的《阿马尔那书信》，将该泥板翻译为英文并详细地进行注解。2015 年，雷尼的遗作《阿马尔那书信》对该书信进行拉丁化转写以及英文翻译，并做了一些注解。

本译文的原始文献来自温克勒、阿贝尔以及施罗德的拓本，[①] 同时参考了克努松、雷尼的拉丁化转写 [②] 以及莫兰的法文、英文译本。[③]

题解

第 42 号泥板书信的写信人为赫梯国王苏皮鲁流马一世，收信人没有给出，可能是埃及国王埃赫那吞或图坦卡蒙。其主要内容为：赫梯国王苏皮鲁流马一世抗议埃及国王在泥板上把他的名字写在了赫梯王名字的上边，可能涉及外交礼仪问题。

泥板译注

【拉丁化转写】

(1) [④] [*um-ma* ^{d}*šamši*(utu)$^{\textit{ši}}$ ^{m}*Šu-up-pí-lu-li-u-ma šarru*(lugal) *rabû*(gal)] (2) [*šar*(lugal) $^{\text{kur uru}}$*Ḫa-at-ti*]^{ki} *a-na* ^{m}*Ḫu-u-ri-i-ia*] (3) [*šar*(lugal) $^{\text{kur uru}}$*Mi-iṣ-ri-i*^{ki} *aḫi*(šeš)*-ia qí-bi-ma*] (4) [*a-na ia-ši šul-mu a-na maḫ-ri aḫi*(šeš)*-ia*](5) *lu-*⸢*ú*⸣ ⸢*šul*⸣*-*⸢*mu* ⸣⸢*a*⸣*-*⸢*na*⸣ *aššāti*[(dam^{meš})*-ka mārī*(dumu^{meš})*-ka*] (6)$^{\text{lú.meš}}$*rabûtī*(gal)-

---

① Hugo Winckler and Ludwig Abel, *Der Thontafelfund von El-Amarna*, Heft 1, No. 16; Otto Schroeder, *Die Tontafelin von El-Amarna, Texte Nr 1-189,* No. 15.

② J. A. Knudtzon, *Die El-Amarna-Tafeln*, Vol. 42, pp. 302, 304; Anson F. Rainey, *The El-Amarna Correspondence: A New Edition of the Cuneiform Letters from the Site of El-Amarna Based on Collations of All Extant Tablets*, Vol. 1, p. 362.

③ William L. Moran, *Les Lettres d'el-Amarna: Correspondance Diplomatique du Pharaon*, pp. 212-213; William L. Moran, *The Amarna Letters*, pp. 115-116.

④ 此行开始为泥板正面。

ka a-na *ṣābē*(érin[^{meš}-*ka*]) [*sīsī*(anše.kur.ra^{meš}-*ka*)](7)^{giš}*narkabātī* (gigir^{meš})-*ka ù i-n*[*a lìb*˺-*bi* *māti*(kur)-*ka dan-niš lu-ú šul-mu*

【中文译文】

（1）"下面是陛下、大王、（2）哈梯国王苏皮鲁流马的话。"你（使节）对埃及国王、（3）我的兄弟胡瑞亚说。（4）祝愿平安与我同在！祝愿平安在你的（5）面前！真诚地祝愿平安与你的妻子们、儿子们、（6）你的官员们、你的士兵们、你的马匹、（7）你的战车以及你国家里的一切同在！

【拉丁化转写】

(8) *aḫu*(šeš)-*ia ki-a-am ši-mé*[*x x x x x x x x x x x x x x x x x x x x x x x x x x x x x*] (9) *a-ba a-bi-ni iš-tu* $^{\text{k[ur]}}$[*x x x x x x x x x x x x x x x x x x x x x x x x x x x x x x x*](10) [*šum*-]*ma iš-tu* $^{\text{kur uru}}$*Ḫu*[*r-ri x x x x x x x x x x x x x x x x x x x x x*] (11) [*šum-ma*] ˹*iš*˺-*tu* *māti*(kur)^{ti} [*x x x x x x x x x x x x x x x x x x x x x x x x x x x x*] (12) *i-la-k*[*am x x x x x x x x x x x x x x x x x x x x x x x x x x x x x x x x x x x x x x x x x x*] (13) *a-na pá-ni* [*x x x x x x x x x x x x x x x x x x x x x x x x x x*] ˹*ša*˺ [*x x x x x x x x x x x x x x*] (14) *li-iš-al-ma* (15) *ù i-na-an-na ṭup-pá-ka ša* [*ta-aš-pu-ra-a*] (16) *šum-ka e-li šum-ia am-mi*-˹*ni*˺ [*tù-ra-ab-bi*] (17) *ù ma-an-nu ša ba-a-na-a-ti* [*i-na bé-ri-ni*] (18) *uš*-˹*bal*˺-*kat-ma pár-ṣú ki-na-an*[-*na-ma*] (19) *aḫu*(šeš)-*ia aš-šum-ma sú-lum-me-e* [*i-na bé-ri-ni*] (20) *ta-aš-pu-u-ra-a ù šum-ma* [*ki-na-an-na-ma šum-ka*]① (21) *am-mi-ni*$_7$ *tù-ra-ab-bi ù a*-[*na-ku ki-ma*] (22) [*n*]*a-pu-ul-tì*② *ki-a-am ḫa-as*[-*sa-ku šu*-

① 莫兰拟补为[šeš-ia at-ta *šum-ka*]，雷尼拟补为[*ki-na-an-na-ma šum-ka*]，参见William L. Moran, *The Amarna Letters*, p. 116; Anson F. Rainey, *The El-Amarna Correspondence: A New Edition of the Cuneiform Letters from the Site of El-Amarna Based on Collations of All Extant Tablets*, Vol. 2, p. 1388。

② [*n*]*a-pu-ul-tì*是与希伯来语nblh有关的词，意思为"尸体"，参见Anson F. Rainey, *The El-Amarna Correspondence: A New Edition of the Cuneiform Letters from the Site of El-Amarna Based on Collations of All Extant Tablets*, Vol. 2, p. 1388。

mi ša] (23) [*ṭu*]*p-šar* ^{m}*Ru-mi-in-*˹*ta*˺(?) [*x x x x x x x x x x x x x x x x x x x x x x x x x x x*] (24) [*aš*]*-ṭur ù šum-ka* [*x x x x x x x x x x x x x x x x x x x x x x x x x x x x x x x x x*] (25) [*a-pá-a*]*š-ši-iṭ ù* [*x x x x x x x x x x x x x x x x x x x x x x x x x x x x x x x x x x x x*] (26) [*x x x x x x x*]*na la-a la*[*x x x x x x x x x x x x x x x x x x x x x x x x x x x x x x x x x x x x*] (27)① [*um-ma*]*-a* ^{lú}*ṭup-šar* ˹*ša*˺ [*x x x x x x x x x x x x x x x x x x x x x x x x x x x x x x x x*] (28) [*ki-a*]*-ma la-a ti-iz-z*[*i-iz-ma*]

【中文译文】

（8）我的兄弟，当你听闻□□□（9）我们的父亲的父亲从□□□国家□□□（10）倘若来自胡里国②□□□（11）让若来自□□□国□□□（12）他将会到□□□（13）在□□□面前□□□（14）愿他去问问。（15）现在，至于［你送来］的你的泥板，（16）为什么你把你的名字放在我的名字上面呢？（17）谁是把我们之间友好关系（18）扰乱了的人呢？这种做法对吗？（19）我的兄弟，因为我们之间的和平，（20）才写信给我的，如果是这样的话，（21）为什么使你的名字伟大呢？我是像（22）一具尸体思考的吗？（23）书吏的名字是鲁明塔③□□□（24）我写下了，□□□（25）我将抹掉□□□（26）□□□不□□□（27）□□□这是书吏说的□□□（28）因此，不能站立。

（三）第 43 号泥板书信

第 43 号泥板书信出土于埃及的阿马尔那，是皮特里在 1891—1892 年在阿马尔那挖掘出来的。目前藏于牛津大学阿什莫林博物馆，编号为 Ashm 1893-1-41 (408)。该泥板右上角、右下角有缺失，左侧边缘有缺损。迄今尚未对此泥板的泥土来源进行岩相学检验。

1894 年，塞斯、皮特里的《阿马尔那丘》，出版了该泥板的

① 此行开始为泥板背面。

② 胡里国，可能指的是米坦尼。

③ 鲁明塔可能是书吏的名字，具体不详。

拓本。1915 年，克努松在《阿马尔那泥板》一书中对该泥板进行了拉丁化转写，并将之译为德文。1992 年，莫兰出版的《阿马尔那书信》，尽管没有翻译该泥板，但是进行了注解。2015 年，雷尼的遗作《阿马尔那书信》对该书信进行拉丁化转写以及英文翻译，并做了一些注解。

本译文的原始文献来自塞斯、皮特里的拓本，① 同时参考了克努松、雷尼的拉丁化转写以及现代语言译本。②

题解

第 43 号泥板书信的写、收信人都没有给出，莫兰从语法角度认为，这封泥板书信不属于赫梯的书信，但是，传统上按照克努松的分类，仍然视为赫梯的书信。由于泥板破损严重，其准确的内容，还不清楚。但是泥板提到“杀人”“保护”“国王的长子”，可能牵扯到一桩案件。

泥板译注

【拉丁化转写】

(1)③ [*x x a-n*]*a-ku a-na muḫḫi*(ugu) [*x x x*] (2) [*x x x t*]*i? an-ni-ta*$_5$ *mār*(dumu)[*-šu rabû*(gal?)] (3) [*x x x ip-*]⸢*pu*⸣*-ša-aš-šu i-na* [*x x x*] (4) [*x x x*] *amēlū*(lú^{meš}) *ṣa-ab-ru-tì* (5) [*x x x*] *an-ni-ta*$_5$ *ša it-ti-šu* (6) [*x x x*] *du-šu ù i-du-ku-šu* (7) [*x x x*] *i-de a-na pa-ni ilāni*(dingir^{meš}) (8) [*x x x*] ⸢*ti*$_7$⸣*-di-i ki-i a-bu-šu* (9) [*x x x*] ⸢*ip*⸣*-pu-uš ki-i* ⸢*a*⸣*-*⸢*bu*⸣*-šu* (10) [*x x x*] *it-*⸢*ta*⸣*-*

① A. H. Sayce and W. M. F. Petrie, *Tell el Amarna*, pl. 31.

② J. A. Knudtzon, *Die El-Amarna-Tafeln*, Vol. 1, pp. 304-307; Anson F. Rainey, *The El-Amarna Correspondence: A New Edition of the Cuneiform Letters from the Site of El-Amarna Based on Collations of All Extant Tablets*, Vol. 1, pp. 364-367.

③ 此行开始为泥板正面。

˹al˺-la-ak (11) [*x x x*] *a-na-aṣ-ṣa-ar-˹šu˺-nu-ma* (12) [*x x x gáb-*]*bá-šu-nu ù mār*(dumu)*-šu rabû*(gal) (13) [*x x x*]*tì ša a-bi-šu* (14) [*x x x*] *dam-qí-iš ki-i ˹ip˺-pu-ša-aš-šu* (15) [*x x x*] *la-a* ti_7*-di-i* (16) [*x x x*] *at-ta la-a* ti_7*-*[*di-i*] (17) [*x x x*]*ma ma-am-ma la-a*[*x x x*] (18) [*x x x*] *ù ˹šu˺-˹ú˺*[*x x x*] (19)① [*x x x*] [*x x x*] (20)② [*x x x*] [*x x x*] (21)③ [*x x x*]*˹li˺*[*x x x*] (22) [*x x x x x x x x x x x x x x x*] (23) [*x x x*]*-˹ma˺?-˹a˺ šarru*(l[ugal?]) [*x x x*] (24) [*x x x* ḫ]i.a *ba-n*[*a x x x*] (25) [*x x x*] *bal i-n*[*a x x x*] (26) [*x x x ˹an˺-nu-˹tim˺* [*x x x*] (27) [*x x x*] [na4]*uqnû*(za.gìn) *i-n*[*a x x x*] (28) [*x x x*] [[na4]]*uqnû*(˹za˺.gìn) *rabû*(gal) *damqu*(sig_5) *l*[*i x x x*](29) [*x x x ša*] *aḫu*(šeš)*-ia ḫa-šiḫ* (30) [*x x x*] *a-na-˹ku˺*? (31) [*x x x*] *šu* [*x x x*] (32) [*a-nu-um-ma a-na šu-*]*ul-m*[*a-ni-ka x x x*] (33)④ [ ] (34) [*x x x x x x x x x x x x x x x x x x x x x x x x x x x x x x x x x x*] (35)⑤ [ ]

【中文译文】

（1）□□□我□□□面前□□□（2）□□□（和）这个□□□国王的长子（3）□□□他为他做，在□□□（4）□□□存心不良的人（5）□□□与他在一起的这个（6）□□□他杀了他（7）□□□我知道，在诸神的面前。（8）□□□你知道，像他的父亲（9）□□□做，像他的父亲（10）□□□他出去了（11）□□□我会保护他们（12）□□□所有的他们和他的长子（13）□□□他的父亲的□□□（14）□□□像他做的那样好（15）□□□你没有听闻□□□（16）□□□你没有听闻□□□（17）□□□任何事情□□□不□□□（18）□□□和他□□□（19—22）☒（23）□□□国王□□□（24）□□□好的□□□（25）□□□在□□□（26）□□□这些□□□（27）□□□天青石在□□□（28）

① 泥板上保留下来一点痕迹，无法识读。

② 此行开始为泥板背面，保留下来一点痕迹，无法识读。

③ 泥板上保留下来一点痕迹，无法识读。

④ 泥板上保留下来一点痕迹，无法识读。

⑤ 泥板上保留下来一点痕迹，无法识读。

□□□上好的大天青石□□□（29）我的兄弟想要的□□□（30）□□□我□□□（31）□□□他□□□（32）作为你的问候礼物。（33—35）☒

（四）第 44 号泥板书信

第 44 号泥板书信出土于埃及的阿马尔那，目前藏于德国柏林的近东博物馆，编号为 VAT 01656，泥板尺寸为 125 毫米 × 80 毫米，保存较好。对该泥板的岩相学分析不能确定其是用什么泥土制成的。①

1889—1890 年，德国学者温克勒、阿贝尔编撰的《阿马尔那泥板》，出版了该泥板的拓本。1891 年，德拉特在《阿马尔那的三封信》一文中，对该泥板进行了拉丁化转写、法文翻译和注释。1896 年，温克勒写作的《阿马尔那泥板》一书，对该泥板进行了拉丁化转写、德文翻译以及较为简单的注释。1899 年，阿莱维在其《阿蒙霍特普三世和阿蒙霍特普四世的书信》一书中，对泥板进行了拉丁化转写，并将之翻译成了法文。1915 年，施罗德出版的《阿马尔那泥板》一书，将该泥板重新抄录出版。1915 年，克努松在《阿马尔那泥板》一书中对该泥板进行了拉丁化转写，并将之译为德文。1992 年，莫兰出版的《阿马尔那书信》，将该泥板翻译为英语并详细地进行注解。2015 年，雷尼的遗作《阿马尔那书信》对该书信进行拉丁化转写以及英文翻译，并做了一些注解。

本译文的原始文献来自温克勒、阿贝尔以及施罗德的拓本，②同时参考了克努松、雷尼的拉丁化转写③以及莫兰的法文、英文译本。④

---

① Yuval Goren, Israel Finkelstein and Nadav Na'aman, *et. al.*, *Inscribed in Clay: Provenance Study of the Amarna Letters and Other Ancient Near Eastern Texts*, p. 31.

② Hugo Winckler and Ludwig Abel, *Der Thontafelfund von El-Amarna*, Heft 2, No. 29, 226, 230; Otto Schroeder, *Die Tontafelin von El-Amarna, Texte Nr 1-189,* No. 16.

③ J. A. Knudtzon, *Die El-Amarna-Tafeln*, Vol. 1, pp. 306, 308; Anson F. Rainey, *The El-Amarna Correspondence: A New Edition of the Cuneiform Letters from the Site of El-Amarna Based on Collations of All Extant Tablets*, Vol. 1, pp. 368.

④ William L. Moran, *Les Lettres d'el-Amarna: Correspondance Diplomatique du Pharaon*, pp. 214-215; William L. Moran, *The Amarna Letters*, p. 117.

题解

第 44 号泥板书信的写信人为赫梯王子兹坦，收信人是埃及国王，但是没有给出名字。其主要内容为赫梯王子与埃及国王之间使节往来与礼物赠送。特别值得注意的是，赫梯王子送给埃及法老 16 个奴隶，要求埃及赠予黄金。

泥板译注

【拉丁化转写】

(1)① *a-na be-lí šar*(lugal) $^{\text{kur [ur]u}}$*Mi-iṣ-ri-⸢i⸣* (2) *a-bi-ia qí-bí-⸢ma⸣* (3) *um-ma* ^{m}*Zi-⸢i⸣-⸢dan⸣ mār*(dumu) *šarri*(lugal) (4) *mār*(dumu)*-ka-ma* (5) *a-na ma-ḫar be-lí a-bi-ia* (6) *gáb-ba lu-ú šul-mu* (7) *i-na maḫ-ri-i gerri*(kaskal) *a-i-ú-tì* (8) *mārī*(dumu^{meš}) *šipri*(kin)^{ri}*-ka a-na* $^{\text{kur uru}}$*Ḫa-at-ti* (9) *it-tal-ku ù ki-i-me-e a-na muḫ-ḫi-ka* (10) *it-it-as-ḫa-ru ù a-na-ku-ma* (11) *a-na ak-ka-a-ša a-bi-ia* (12) *⸢šul⸣-ma-na aš-pur ù šu-bi-*il_5*-ta* (13) [*a-n*]*a muḫ-ḫi-ka ul-te-⸢bíl⸣* (14) [*x x x x x x x x x x x x x x x*] *mārī*([dumu]^{meš}) *šipri*(kin)*-ka* (15) [*x x x x x x x x x x x x x x x x x x x x x e*]*l* (16) [*x x x x x x x x x x x x x x x x x x x x x*] *aš-p*[*ur*](?) (17)② [*x x x x x x x x x x x x x x x x x x x x x x x x x x x x x x x x x x x x x x x x x x x x x x x x*] (18)③ [*x x x x x x x x x x x x x x*] *⸢a⸣-⸢nu⸣-um mārī*(dumu^{meš}) *šipri*(kin)*-⸢ka⸣* (19) [*iš-tu*] $^{\text{[ku]r uru}}$*Ḫa-at-ti a-na muḫ-ḫi-ka* (20) [*ú-ka-ši-is-*]*sú-nu-ti ù a-na-ku-ma* (21) [*i*]*t-ti mārī*(dumu^{meš})

① 此行开始为泥板正面。

② 此行开始为泥板正面下边缘。

③ 此行开始为泥板背面。

šipri(kin)-*ka at-tu-ia mārī*(dumu^{meš}) *šipri*(kin)-*ia* (22) *a-na muḫ-ḫi a-bi-ia aš-pur-šu-nu-ti* (23) *ù ṣu-*⸢*bi*⸣*-il*$_5$*-ta* 16 *amēla*(lú^{meš}) (24) *a-na šul-ma-ni-ka ul-te-bíl-ak-ku* (25) *ù a-*⸢*na*⸣*-ku ḫurāṣa*([kù.]gi) ⸢*ḫa*⸣*-aš-ḫa-ku* (26) *ù a-bu-*[*i*]*a ḫurāṣa*(kù.gi) *šu-bi-la* (27) *ù mi-nu-um-me-e be-lí a-bi-ia* (28) *ḫa-aš-ḫa-tá šu-up-ra-ma ú-*⸢*še*⸣*-bíl-ak-ku*

【中文译文】

（1）你（使节）对我主，埃及（米西尔）王①，（2）我的父亲说:（3）“下面是国王的儿子，（4）你的儿子兹坦②的话。”（5）祝愿平安与我主，我父（6）时时刻刻同在！（7）至于之前你的商旅，（8）他们与你的使节已经（9）到了哈梯。当他们（10）返回到你那里的时候，我（11）给你——我的父亲——（12）送去了问候礼物，我已经（13）运送给你了。还给你送去了礼物。（14）□□□你的使节□□□（15）⊠（16）□□□我送去□□□（17）⊠（18）□□□现在，你的使节，（19）（他们）来自哈梯，我会（20）派到你身边，我（21）把我的使节与你的使节，（22）派到了我父亲那里，（23）运送去了16个人（24），我送给你作为你的问候礼物。（25）我想要黄金，（26）愿我的父亲送给我。（27）不论我的主人，我的父亲（28）想要什么东西，写信给我，我都会送给你的。

---

① 对于埃及国王的身份，莫兰认为，如果称呼父亲暗示了写信人与收信人之间的年龄差距的话，那么，这里的国王可能是阿蒙霍特普三世，雷尼根据屈内的建议，也持有相似的看法，笔者对此不赞同，因为在古代西亚，国家之间称呼父亲，一般有三种情况：一国的王子会称呼友邦的国王，臣服的国王会称呼宗主国的国王，年轻的国王会称呼年老的国王。鉴于兹坦的王子身份，笔者认为这是对友邦国王的称呼，所以，并不代表年龄的大小。参见 William L. Moran, *The Amarna Letters*, p. 117; Anson F. Rainey, *The El-Amarna Correspondence: A New Edition of the Cuneiform Letters from the Site of El-Amarna Based on Collations of All Extant Tablets*, Vol. 2, p. 1389。

② 兹坦为赫梯的王子，有学者认为可能是国王苏皮鲁流马一世的兄弟。其名字属于鲁维语，与 *ziti*（男人）有关，参见 Richard S. Hess, *Amarna Personal Names*, p. 172。

附录二　专有名词表

阿巴萨尔（Abarsal）　公元前 3 千纪位于幼发拉底河流域的城邦，迄今没有找到其遗址所在，可能是胡埃拉丘（Tell Ḫuēra）。根据埃博拉文献，该城邦遭到马里、埃博拉的进攻，曾经与埃博拉签订了诸侯条约。

阿比埃舒赫（Abi-Esuh）　古巴比伦王国国王，约公元前 1711—前 1684 年在位。在位期间，加喜特人向两河流域渗透，埃什嫩那逐步强大起来，为此，他在边境修建要塞以拱卫王国。

阿比沙马尔（Abi-Samar）　卡赫米什以北一个国家的国王，臣服于马里王亚赫顿林。在写给亚赫顿林的书信中，他请求宗主国帮助抵御埃卡拉图王朝的沙马什阿达德一世的入侵。

阿波菲斯（Apophis）　古埃及语称其为阿佩皮（Apepi），希腊语将其翻译为阿波菲斯。他是古埃及喜克索斯王朝的末王，约公元前 1585—前 1550 年在位。在位期间，针对埃及第 17 王朝崛起的新情况，试图与努比亚联合抗衡。最终，被第 18 王朝法老阿赫摩斯二世打败。

阿布迪阿什尔塔（Abdi-Ashirta）　叙利亚的阿穆鲁国家的奠基者。在位期间，不断蚕食埃及在叙利亚地区的领土，后来遭到埃及的反制，可能死于一场战争。

阿达波（Adab/Udab） 泰勒赫与皮普尔之间的苏美尔古城，今比斯马亚（Bismaya）。早在早王朝时代就有人居住。基什王美西林曾经把势力扩展到该城，根据埃博拉文献，该城与埃博拉有着经贸往来。后来，并入阿卡德王国、乌尔第三王朝。

阿达德尼拉里一世（Adad-Nirari I） 亚述国王，公元前1305—前1274年在位。他是历史上第一位留下详细记载的亚述国王，他的敕令、写给其他国王的书信保留了下来。在对外扩张方面，他向西打败哈尼加尔巴特王国，兵锋抵达卡赫米什，向南打败了加喜特王朝，迫使该王朝向亚述称臣纳贡。

阿杜（Addu/Adda/Anda/Hadad/Adad） 塞姆人的天气神。其名字最早出现在萨尔贡时代之前，通常用表意符写作 ^{d}IM，公元前3千纪主要为埃博拉、马里等北叙利亚、上两河流域民族所崇拜，在公元前2千纪，他成为哈拉波（Halab，即阿勒颇）的城神。在叙利亚的西部地区，与当地的天气神巴尔（Baal）、达干（Dagan）等融合在了一起。他也是亚述重要的神祇，出现在许多人名、王铭、契约之中。

阿杜尼拉里（Adu-Nirari） 努哈什舍国王，为泥板书信所提及。

阿尔曼特（Armant） 现代埃及卢克索以南的城镇，在古埃及名叫南赫利奥坡里斯或孟图的赫利奥坡里斯。

阿尔米（Armi） 埃博拉文献中提及的国家，可能是那拉姆辛铭文提及的阿尔马奴（Armanum），可能是今沙姆萨特丘（Tell of Samsat）。该国与埃博拉缔结了条约，臣服于埃博拉。

阿尔努瓦达三世（Arnuwandas III） 赫梯国王。在位期间，国内爆发了严重骚乱，骚乱直到下一任国王上台还没有停息。阿尔努瓦达三世死后无子，王位传给兄弟苏皮鲁流马二世。

阿尔塔苏马拉（Artashumara） 米坦尼国王，约公元前14世纪在位。他可能被叛乱者皮尔黑所杀。

阿尔塔塔马二世（Artatama II） 赫梯文献中提及的胡里国的国王，与米坦尼王图什拉塔争夺胡里人的最高领导权。

阿尔塔塔马一世（Artatama I）　米坦尼国王，约公元前 15 世纪晚期在位，与埃及的第 18 王朝法老阿蒙霍特普二世、图特摩斯四世同时代。根据泥板书信记载，他是第一位与埃及和解的米坦尼王，他的女儿嫁给了埃及法老以巩固彼此关系。

阿尔帕德（Arpad）　北叙利亚地区阿勒颇北部的城市，可能是今利发特丘（Tell Rifaat）。公元前 9 世纪，该城成为一个王国的首都，前 7 世纪臣服于乌拉尔图（Urartu），后被亚述占领。

阿尔什（Alse）　米坦尼与伊苏瓦之间的地方，其国王允许赫梯国王苏皮鲁流马一世借道攻击米坦尼。

阿尔扎瓦（Arzawa）　公元前 2 千纪后半期安纳托利亚西部的一个国家或地区。根据赫梯文献，其首都为阿帕萨（Apasa / Abasa）。在阿马尔那时代，阿尔扎瓦与埃及有外交往来，赫梯兴起后，逐步被赫梯征服。

阿发里斯（Avaris）　古埃及喜克索斯王朝的首都，今达巴丘（Tell el-Daba）。

阿古姆二世（Agum II / Agum Kakrime）　巴比伦尼亚的加喜特王朝的国王，约公元前 16 世纪在位。

阿赫摩斯二世（Ahmose II）　古埃及第 18 王朝的缔造者，约公元前 1550—前 1527 年在位。在位期间，打败了三角洲地区的喜克索斯王朝，实现了埃及的再次统一。曾经率军追击喜克索斯人到巴勒斯坦，也曾统兵对努比亚进行侵略。

阿黑亚瓦（Ahhiyawa）　赫梯文献中提及的地中海边上的国家。有的学者认为此地是荷马时代的希腊，有的认为是安纳托利亚某个地方。

阿胡塔布（Aḫu-ṭābu）　巴比伦尼亚的加喜特王朝派往埃及的使节。

阿拉哈德（Allahad/ Allahada）　马里文献中所提及的亚姆巴尔（upper Yamutbal）地区的王国。

阿拉拉赫（Alalakh） 今土耳其南部的阿特沙那丘（Tell Atchana）。它是公元前2千纪中期的一座重要城市。这里出土了大量的档案，包括行政资料和文学作品，主要用阿卡德语写成。

阿拉鲁（Alalu） 胡里人神话中的众神之王、天界的统治者，巴比伦神名表把他视为阿努的祖先之一。

阿拉帕哈（Arrapha） 胡里人和亚述人的城市，今伊拉克基尔库克（Kirkuk），位于今伊拉克巴格达以北250公里之处。该地早在公元前5千纪就有人居住，公元前2千纪，这里建立了一个小王国或以阿拉帕哈为中心的城邦。该国臣服于米坦尼王国，后来被亚述征服，成为亚述领土的一部分。

阿拉什亚（Alashiya） 可能是塞浦路斯岛。古埃及的新王国时代文献提及这个地方，赫梯文献也提及这个地方。根据泥板书信，该地与埃及有着外交关系，向埃及出口铜；根据赫梯文献，该地在赫梯新王国时代臣服于赫梯。

阿勒颇（Aleppo） 叙利亚古城，坐落在奥伦特河与幼发拉底河之间商路上，将地中海、安纳托利亚、叙利亚腹地以及更东边的地方连接在了一起。公元前2千纪，该城是延哈德王国的首都。

阿利那的太阳女神（Sun Goddess of Arinna） 赫梯最重要的女神，为赫梯天气神塔尔胡那（Tarḫunna）的妻子。她是赫梯王权的保护神，头衔为“所有国家的王后”，其崇拜地在阿利那（靠近哈图萨）。

阿卡（Akka） 今以色列海法湾的阿卡（Acre/Akko/Acco）。公元前19世纪，埃及的诅咒文最早记载该地，泥板书信提及此城，该城历史上受到埃及人、罗马人、波斯人和阿拉伯人统治。

阿卡德（Akkad/Agade） 一般指的是与巴比伦尼亚南部地区（苏美尔地区）相对的巴比伦尼亚的北部地区，特指阿卡德的萨尔贡崛起的城市（阿卡德城），此城至今尚未找到，是萨尔贡（约公元前2334—前2279年）创立的王国的首都。到了乌尔第三王朝时代，阿卡德也成了与南部地区（苏美尔地区）相对立的北部地区的称呼。

阿卡德时代（Akkadian Empire）　阿卡德王国统治巴比伦尼亚的时代，约公元前 2340—前 2159 年。

阿卡德语（Akkadian）　古代东塞姆语各种方言的总称。古阿卡德语（old Addadian）指的是萨尔贡统治时代（the Sargonic Period，公元前 24—前 22 世纪）文献中使用的语言。

阿卡德王国（Kingdom of Akkad/Akkadian Empire）　两河流域历史上第一个王国，统治中心为阿卡德城。萨尔贡打败了温马国王卢伽尔扎格西，统一了巴比伦尼亚，创建了阿卡德王国。阿卡德王国征服幼发拉底河中游的马里、哈布尔河流域的那伽尔，势力还深入底格里斯河地区的亚述故地。库提人入侵两河流域，灭亡了阿卡德王国。

阿凯亚（Akiya）　米坦尼派往埃及的使节。

阿马尔那（Amarna）　位于中埃及，埃赫那吞改革时期的都城，名埃赫塔吞（Akhetaten）。此处出土了大量的楔形文字泥板，其中包括埃及与米坦尼、巴比伦、赫梯、亚述以及叙巴地区附属国之间的通信，学界称其为阿马尔那泥板书信或阿马尔那书信。由此产生了一个“阿马尔那时代”，其狭义指这些泥板书信所在年代，广义指公元前 2 千纪后半期一个外交时代。

阿马尔辛（Amar-Sin）　乌尔第三王朝国王，约公元前 2046—前 2038 年在位。在位期间，对埃兰作战，对底格里斯地区作战，势力抵达哈马兹，进行一些神庙建设工程。

阿蒙（Amen）　古埃及神祇。中王国时代一度成为国家主神，从新王国开始长期作为埃及主神。

阿蒙霍特普二世（Amenhotep Ⅱ）　古埃及第 18 王朝法老，约公元前 1425—前 1397 年在位。头两年，他与父亲图特摩斯三世共治，公元前 1423 年单独执政。在位期间，镇压了叙巴地区、努比亚地区的反抗斗争。

阿蒙霍特普三世（Amenhotep Ⅲ）　古埃及第 18 王朝法老，约公元前 1388—前 1350 年在位。在位期间，与西亚各大国保持友好关系，迎娶了多位西亚公主，在国内进行大规模的工程建设。

阿摩利人（Amorites） 生活在两河流域以西塞姆族群的总称。阿摩利一词来自阿卡德语阿穆鲁（Ammuru），其对应的苏美尔语为马尔图（mar.tu）。古代两河流域人把阿摩利人塑造成不懂得农耕生产、城市生活的野蛮人，在历史上阿摩利人与两河流域人争斗不断。乌尔第三王朝奔溃后，阿摩利人在两河流域站稳脚跟，建立了一系列王朝，其中包括巴比伦第一王朝（古巴比伦）。

阿穆特皮埃尔二世（Amutpiel II） 卡特那的国王，为马里文献所提及。根据马里文献，他曾经访问过乌加里特，在金瑞林统治第 8 年，会见过金瑞林。

阿姆卡（Amuq/ Amka/Amki/Amq） 黎巴嫩东部的一个区域，相当于现在贝卡峡谷地区（the Beqaa Valley region）。

阿努（Anu） 古代两河流域的天神，苏美尔语中读作安（An），阿卡德语中读作阿努（Anu）。该神可能起源于乌鲁克，在古苏美尔时代，其头衔为“国土之王”（lugal kur.kur.ra），暗示了其在万神殿中的崇高地位。在乌尔第三王朝、伊辛－拉尔萨时代，其出现在众多赞美诗、祈祷词中，从古巴比伦时代开始，成为万神殿中的三个主神之一。

阿帕拉罕达（Aplahanda） 卡赫米什国王，与马里国王金瑞林同时代，有学者建议将其统治年代定在公元前 1786—前 1766 年。在位期间，他与埃卡拉图王朝的国王沙马什阿达德一世结盟进攻延哈德，以失败告终。马里复国后，与金瑞林以兄弟相称，使卡赫米什成为当时叙利亚地区的大国之一。

阿普苏（Apsu） 苏美尔语中读作阿布祖（Abzu），指的是地下水或甜水海洋。在神话中，阿普苏为地下深处的地方，有着创造的能力。

阿淑尔城（Ashur） 今卡尔特－舍尔卡特（Qalt Sherqat），底格里斯河地区亚述的古老的首都，公元前 883 年之后不再是亚述的首都。

阿淑尔神（Aššur） 亚述神祇，形象为展翅太阳圆盘中的手持弓的长须神祇，起初可能为两河流域北部的山神，后来成为亚述城的保护神，在亚述帝国时期，合并了诸如恩利尔、阿努、沙马什等神祇的特征，成为全国的最高神。该神也是亚述王权保护神，很多亚述国王名字中都有阿淑尔神的名字。

阿淑尔贝尔卡拉（Assur-bel-kala）中亚述时代的亚述国王，约公元前 1073—前 1056 年在位。在位期间，亚述经历了大规模的反抗，在其统治末年，阿拉美亚人对亚述西部边界形成巨大压力，亚述急剧衰落。

阿淑尔拉比一世（Assur-rabi I）中亚述时代的亚述国王，可能约公元前 1490—前 1470 年在位。

阿淑尔那丁阿赫二世（Assur-nadin-ahhe II）中亚述时代的亚述国王，可能在公元前 1400—前 1391 年在位，可能是第 16 号泥板书信中提及的阿淑尔乌巴里特一世的先祖。

阿淑尔乌巴里特一世（Ashur-uballit I）中亚述时代的亚述国王，约公元前 1363—前 1328 年在位。在其统治时代，起初亚述还是米坦尼、加喜特王朝的附属国，为了实现独立，阿淑尔乌巴里特一世积极交好埃及，后来乘着赫梯出兵灭亡米坦尼的有利时机，亚述逐步成为西亚北非的大国。后来，他打败了加喜特王朝，把听命于他的库里加尔祖二世（Kurigalzu II）扶上了巴比伦王位。

阿西库尔阿杜（Ashkur-Addu/Yashkur-Addu）可能是卡拉那（Karana）的王子或卡拉那与舒鲁祖姆（Shuruzum）的国王，与马里国王金瑞林同时代。

阿塔里斯亚（Atarisias）赫梯文献中提及的一个人，在赫梯国王图德哈里四世末期，此人联合阿黑亚瓦一起对抗赫梯。

阿塔伦（Atamrum）初为阿拉哈德国的国王，后为安达里格（Andarig）的国王，与马里的国王金瑞林是同时代人。

阿兹鲁（Aziru）叙利亚的阿穆鲁国家的国王。在位期间，不断蚕食埃及在叙利亚地区的领土，后来遭到埃及的反制，最后投靠赫梯，这使得阿穆鲁成为赫梯的附属国。

埃阿（Ea/ ‘Ay(y)a） 阿卡德人的神衹，两河流域重要的大神之一。在阿卡德时代，该神等同于苏美尔人的恩基（Enki），为水神（*Bel naqbi*）、创世神（*bān kullati*）、智慧之神（*bel uzni*）、众神的魔法之神（*maš.maš ilani*）、工匠保护神。在古苏美尔时代、阿卡德时代，埃阿的名字出现在阿卡德人的名字之中；在中巴比伦和新巴比伦时代，埃阿成为抵抗邪恶的重要神衹。

埃安那图姆（Eanatum） 苏美尔城邦时代（古苏美尔时代）拉伽什的统治者（约公元前 2454—前 2425 年在位）。在任期间，他取得了对温马战争的重大胜利，获得了“基什之王”的称号。在其著名的鹫碑（Stele of Vultures）上，记载了拉伽什的重大胜利。该碑的铭文中记载了拉伽什与温马的条约内容，温马王 6 次发誓保证不侵犯拉伽什。

埃博拉（Ebla） 叙利亚古城，今马尔第赫丘（Tell Mardikh），位于奥伦特河流域。公元前 3500 年，该城已有人居住，公元前 2250 年被毁，到了古巴比伦时代再次有人居住，公元前 1600 年被毁，从此无人居住。该城最辉煌的时期为地层 IIB 时代（公元前 2400—前 2250 年），此时埃博拉成为一个叙利亚地区强大王国的首都。埃博拉王国与马里为争夺商路控制权而发生了百年战争，与此同时，与叙利亚、两河流域北部各国甚至苏美尔地区的基什有着广泛的外交关系。埃博拉的书写系统借自两河流域，但是语言为西塞姆语埃博拉语（Eblaite）。

埃比兹凯尔（Ibbi-zikir） 埃博拉宰相，前宰相埃博里姆之子。在埃博拉为相 17 年，通过战争与外交手段，把埃博拉的霸权推向顶峰。

埃博里姆（Ibrium） 埃博拉宰相。埃博拉王伊尔卡博达穆（Irkabdamu）在去世前，任命他为宰相，让他辅助幼主伊沙尔达穆（Ishar-damu）。他担任宰相长达 18 年，埃博拉逐步建立起了霸权。

埃盖司塔（Egesta/ Segesta） 西西里岛的城市。

埃赫那吞（Akhenaten） 古埃及第 18 王朝法老，约公元前

1350—前1334年在位。在位期间，为了抑制阿蒙神庙集团的势力，进行了著名的改革，废除传统的阿蒙神信仰，改信阿吞。改革最后以失败告终。

埃赫塔吞（Akhetaten） 古埃及法老埃赫那吞改革时期，在今阿马尔那地区建立了新都埃赫塔吞。改革失败后，新都被废弃。

埃卡拉图（Ekallatum） 阿淑尔以南的底格里斯河地区的城邦。沙马什阿达德一世（约公元前1833—前1775年）占领了这座城，把自己的儿子伊什美达干一世任命为该地的统治者。

埃兰（Elam） 苏美尔地区以东（今伊朗西南部）的国家，与两河流域有着密切的文化联系。在历史上，埃兰与两河流域彼此不断征伐，在公元前2千纪、前1千纪初年，埃兰一度在巴比伦尼亚建立了霸权，在乌尔第三王朝奔溃后，埃兰成为马里时代西亚大国的一员，广泛参与了西亚地区的政治活动。埃兰的文字借自两河流域的楔形文字，其语言埃兰语（Elamite）与现存的任何语言都没有亲缘关系。

埃利都（Eridu） 苏美尔地区临近波斯湾的古城，今阿布沙赫因（Abu Shahrein）。该城是恩基（Enki）神的崇拜之地。根据《苏美尔王表》，埃利都是王权自天而降后第一座拥有王权的城市，考古发现证实该城异常古老。作为恩基神的崇拜地，它是两河流域历史上一座重要的城市。

埃马尔（Emar） 阿勒颇以东100公里的幼发拉底河边拐弯处的古城，今曼斯凯奈丘（Tell Meskene）。自从公元前3千纪以来，此城是叙利亚、两河流域、安纳托利亚、地中海之间重要的商业中心。该城为埃博拉文献、马里文献所提及，后来归属于延哈德王国，公元前13世纪、公元前12世纪归属于赫梯王国。

埃什嫩那（Eshnunna） 底格里斯河东部地区一个小王国，今阿斯马丘（Tell Asmar），在乌尔第三王朝奔溃后成为西亚地区外交中重要一员。

埃台伦（Etellum） 马里时代一个小国的国王。

安赫森娜蒙（Ankhesenamun） 埃及第18王朝法老埃赫那吞的女儿，原名为安赫森帕吞（Ankhesenpaaten），后改名为安赫森娜蒙。她是同父异母的兄弟图坦卡蒙的王后，图坦卡蒙去世后，按照赫梯文献的记载，埃及王后曾经要求赫梯国王派一个儿子到埃及当王，这位王后可能就是安赫森娜蒙。她可能在赫梯王子被谋杀后，嫁给了新任法老阿伊（Ay）。

安纳托利亚（Anatolia） 通常称为阿纳托利亚高原（Anatolian Plateau）、阿纳托利亚半岛（Anatolian Peninsula）、土耳其的亚洲部分（Asian Turkey），指的是亚洲最西边的半岛，北临黑海，南临地中海，西边濒临爱琴海，东接托罗斯山脉（the Taurus）的东南段，即小亚（Asia Minor），今为土耳其的领土。地处欧亚两洲交界之处，这个地区经历了历次民族迁徙与征服，公元前2千纪为赫梯王国所在地，后来建立了弗里吉亚王国，再后来为波斯帝国、亚历山大帝国、罗马帝国所占据，之后归属于拜占庭帝国。15世纪奥斯曼土耳其建立。1923年后该地成为土耳其的领土。

奥伦特河（Orontes River） 叙利亚的重要河流，发源于黎巴嫩山中贝卡峡谷（Bekaa Valley），在古城安提柯（Antioch）东北方不远处入地中海。在历史上，很多国家军队都跨过此河，在此河周围有很多古战场，如埃及与赫梯作战的卡迭什，亚述与叙巴地区的联军作战的卡尔卡尔（Karkar）。

奥西里斯（Osiris） 古埃及神祇，传说最初为古埃及的国王，后被弟弟塞特（Seth）杀害，成了地下世界的主宰。

巴比伦（Babylon） 幼发拉底河地区的古城，兴起于乌尔第三王朝奔溃之后的乱世。在公元前18世纪，巴比伦参与了争夺两河流域控制权的斗争，其间与西亚各国开展了广泛的外交，其国王汉谟拉比兼并了其他各国，以巴比伦为中心统一了两河流域。在亚述帝国时代，巴比伦城被亚述王辛那赫里布拆毁，后经亚述王阿萨尔哈东重建，新巴比伦时代尼布甲尼撒二世大规模重修，后被马其顿的亚历山大三世所摧毁。

巴比伦尼亚（Babylonia） 两河流域南部地区，从杰济拉（Jezirah）地区到波斯湾地区。

巴达拉姆（Bà-dà-lam） 公元前1千纪一份学生练习文本中提及的加喜特国王干达什所征服的地方。

巴卡尔山（Gebel Barkal） 今苏丹喀土穆（Khartoum）以北400公里处的小山。古埃及第18王朝法老图特摩斯三世远征到此立碑纪念，在麦罗埃（Meroitic Kingdom）时代，此地成为王家墓地。

比拉拉马（Bilalama） 埃什嫩那第四任国王，与伊辛第一王朝舒伊利舒（Shu-ilishu，约公元前1984—前1975年在位）同时代。在其统治时代，与阿摩利人发生了战争，从事一些建筑活动。

巴里赫河（Balikh River） 幼发拉底河的支流。发源于叙利亚的拉卡城（Raqqa）以北92公里的小山村附近，在拉卡城附近汇入幼发拉底河。

比布鲁斯（Byblos） 腓尼基地区重要的城市，腓尼基人称之为杰巴尔（Gebal），希腊人称之为比布鲁斯。在历史上，比布鲁斯贸易发达，在公元前3千纪，埃及法老就到此地购买木材等物品，公元前2千纪，其商业网络覆盖地中海很多地区。在埃及图特摩斯三世远征叙巴地区以来，比布鲁斯成为埃及的附属国。公元前1千纪，先后为亚述、新巴比伦、波斯所征服。著名的腓尼基字母文字诞生于此地。

比伦杜马（Birunduma） 赫梯文献中提及的地方，迄今不知道其具体位置所在。

布尔曼（Burman） 幼发拉底河地区的国家，现在还不能确定其具体位置。在埃博拉称霸的时期，布尔曼臣服于埃博拉，其国王迎娶了埃博拉的公主兹米尼库巴巴。

布尔那布亚什一世（Burna-Buriash I） 巴比伦尼亚的加喜特王朝第四任国王，约公元前1530—前1500年在位。根据后来的亚述年代记，其在位期间与亚述国王普祖尔阿淑尔三世（Puzur-Ashur Ⅲ）签订了一份解决边界纠纷的条约。

布尔那布亚什二世（Burnaburiash Ⅱ） 巴比伦尼亚的加喜特王朝的国王，约公元前 1375—前 1347 年在位。他与埃及保持良好的外交关系，被亚述打败后，被迫迎娶了亚述国王阿淑尔乌巴里特一世女儿为妻。

达杜莎（Dadusha） 埃什嫩那的国王，约公元前 1800—前 1779 年在位。

达干（Dagan/Dagon） 幼发拉底河中游地区崇拜的天气神。公元前 3 千纪，为叙利亚、两河流域西部地区重要的神祇，埃博拉万神殿最重要的神祇，图图尔（Tuttul）、马里地区主要神祇。阿卡德的萨尔贡把达干神崇拜引入两河流域，尼普尔成为重要的达干崇拜地，乌尔第三王朝时代，达干神进入官方崇拜系统之中，在乌尔的贡牲中心有神庙，在古巴比伦时代在伊辛有崇拜神庙。在公元前 2 千纪，达干崇拜扩展到西叙利亚和巴勒斯坦地区，在乌加里特受到崇拜。到了黑铁时代，腓力斯丁人崇拜达干。

达梯图（Dati-^{d}TU） 埃博拉公主，嫁给了卢姆南国（不知具体位置）的国王为妻。

德尔（Der） 底格里斯河东部地区的城市。

狄尼克图（Diniktum） 迪亚拉河地区的城市。公元前 2 千纪中期，该城已有人居住，加喜特王朝征服了此城。在公元前 18 世纪，该城起初独立于其他大国，后被埃什嫩那征服。

杜尔－库里加尔祖（Dur-Kurigalzu） 加喜特国王库里加尔祖一世于公元前 15 世纪在今天巴格达以西 29 公里的地方建造的小城（要塞），今伊拉克的阿加尔库夫（Aqar Quf）。该城成为加喜特王朝重要的行政中心，加喜特王朝灭亡后被遗弃。该城市原来建有防御性的城墙，建有献给恩利尔的塔庙（现残存 57 米高的塔心），王宫的彩色壁画以及一些雕像保留了下来。

多彼雅（Tobiah）《旧约·尼米西记》中描述的一个外邦人。

恩（En） 苏美尔统治者头衔。最初的意义已不可考，可能与神庙有关，后来成为统治者的称号。

恩利尔（Enlil）　苏美尔人的神祇，最早出现在杰姆迭特那色时代（Jemdet-Nasr period），从法拉的神名表来看，该神是最为重要的神祇之一。在古苏美尔时代，该神为尼普尔城的保护神。除了尼普尔外，该神在两河流域很多地方被崇拜，如阿淑尔、巴比伦，甚至在埃兰也受到崇拜。

恩利尔尼拉里（Enlil-nirari）　中亚述时代的亚述国王，约公元前 1329—前 1320 年在位。在位期间，与加喜特王朝国王库里加尔祖二世（他的外甥）作战获胜。

恩美台那（Enmetena）　古苏美尔时代拉伽什的国王，约公元前 2403—前 2375 年在位。在位期间，与乌鲁克结盟，打败温马。

恩西（Ensi）　苏美尔头衔，起初为城邦统治者的称号，到了乌尔第三王朝时代成为地方长官的头衔。

法拉（Fara）　古代的舒鲁帕克（Shuruppak）城的现代名称，靠近幼发拉底河故道上的尼普尔（Nippur）。此处出土了重要的苏美尔语文献以及最早的完整神祇表，这些文献与阿布萨拉比赫（Abu Salabikh）出土的文献同期。

盖伯（Geb）　古埃及地神，空气神舒（Shu）的儿子，与姐妹努特（Nut）孕育了奥西里斯等四位神祇。

干达什（Gandash/Gaddash）　两河流域一份王表中所记载的加喜特人在两河流域东北地区建立的国家的第一位国王，生活于公元前 1730 年前后。公元前 1 千纪的一份资料，其中记载了干达什征服了巴比伦。学界认为这份材料记载的内容，是不真实的，可能干达什及其后继者仅仅是在巴比伦附近占据了一块地方，对巴比伦构成了持续性的威胁。

古巴比伦时代（Old Babylon Period）　古代两河流域的一个时代，大约公元前 2000—前 1600 年。这个时代的典型特征是西亚地区诸侯并立，各国征伐不断，两河流域的北部地区崛起为重要的力量，巴比伦崛起统一两河流域，巴比伦语取代了苏美尔语，成为两河流域的主要语言。

古达达努姆（Gudadanum）　埃博拉文献提及的地名，有的学者建议把它确认为叙利亚的古城卡特那，对此建议现在还有很大争议。

古迪亚（Gudea）　新苏美尔时代（约公元前2119—前2180年）拉伽什的统治者（ensi）。在其治下，拉伽什兴旺发达。古迪亚建设了一些神庙、码头，雕刻了大约20尊自己的雕像（现多数藏于法国卢浮宫）竖立在神庙庭院中，编撰了一些优美的文学、宗教作品。

古亚述时代（Old Assyrian Period）　约公元前2000—前1800年。此时亚述因国际贸易而兴盛，在小亚建立了贸易据点。

哈布尔河（Khabur River）　幼发拉底河的支流。发源于土耳其与叙利亚边界，在布赛拉（Al-Busayrah）附近汇入幼发拉底河。由于有很多河流汇入哈布尔河，哈布尔河流经地区肥沃无比。

哈夫拉（Khafre）　古埃及第四王朝法老，约公元前2558—前2532年在位。

哈拉马西（Kharamashi）　埃及派往米坦尼的使节。

哈兰（Harran）　卡赫米什以东不远处靠近幼发拉底河的古城、商贸中心，靠近今土耳其境内乌尔法（Urfa）。此城为塞姆人月神辛（Sin）的崇拜地之一。公元前2世纪中期的赫梯文献就提到了该城，公元前8世纪该城被新亚述征服，新巴比伦王国兴起后，又被新巴比伦王国所控制。

哈马（Hama/ Ḥama）　今叙利亚中西部的奥伦特河岸边的城市，在大马士革以北213公里处。

哈马兹（Hamazi/Khamzi）　古代两河流域北部的城邦或王国，迄今还没有确定其位置，可能在亚述与埃兰之间、底格里斯河左岸。该国在公元前26世纪、前25世纪，势力发展到顶峰，《苏美尔王表》记载其曾经打败基什而称霸，埃博拉出土该国与埃博拉签订的外交条约。

哈拉波（Halab）　今叙利亚城市阿勒颇的古称。

哈里什河（the Halys River）　土耳其境内流程最长的河流，

发源于安纳托利亚东部，向西南流淌，然后向北流入黑海，两岸为赫梯文明的发源地。

哈那（Knana/Hana）　公元前 18 世纪末期到前 17 世纪中期的幼发拉底河中游的国家，首都为台尔卡。起初为马里所统治，巴比伦王汉谟拉比灭亡马里后，其并入了古巴比伦王国。古巴比伦王国式微后，哈那逐渐发展并独立。后来，巴比伦尼亚的加喜特王朝打败哈那，其最终可能并入米坦尼。

哈尼加尔巴特（Hanigalbat）　米坦尼的另外一个名称。赫梯灭亡米坦尼后，扶植的亲赫梯的傀儡王国，学界往往称为哈尼加尔巴特王国，该王国后来为亚述所灭。

哈特舍普苏特（Hatshepsut）　古代埃及第 18 王朝的女法老，约公元前 1479—前 1458 年在位。

哈图萨（Hattusa）　赫梯王国的首都，今土耳其的博阿兹柯伊（Bogazköy），在安卡拉以西 300 公里之处。此处出土了大量用赫梯语、阿卡德语以及其他安纳托利亚语言写作的楔形文字泥板文书。

哈图什里一世（Hattusilis I）　赫梯古王国国王，约公元前 1650—前 1620 年在位。在位期间，迁都哈图萨，出兵北叙利亚地区。

哈图什里三世（Hattusilis III）　赫梯新王国国王，约公元前 1267—前 1237 年在位。在位期间，与埃及签订了和平条约，为了缓和与亚述关系，坐视哈尼加尔巴特王国被亚述所灭。

哈苏瓦（Khassuwan/Ḫassuwan）　埃博拉文献提及的地方，可能在卡赫米什附近，可能是现在的贝沙尔（Til Beşar）。

哈舒（Hashshum/Haššum）　可能在卡赫米什、乌尔舒以北的某个地方。在公元前 3 千纪后半期，交替为埃博拉与马里所控制。在公元前 2 千纪上半期，因商贸中心的地位继续兴旺。在马里时代，该国一度与延哈德结盟，后与埃卡拉图王朝的国王沙马什阿达德一世结盟围攻延哈德。后来，延哈德国王雅瑞林征服此城，赫梯古王国扩张时代攻占此城。

哈亚苏穆（Haya-Sumu） 马里文献中伊兰苏拉的国王，与马里国王金瑞林同时代。作为马里的附属国君主，迎娶了金瑞林的两个女儿。

海国王朝（Sealand Dynsaties） 公元前 2 千纪在靠近波斯湾的沼泽地出现的两个王朝。公元前 1720 年，海国第一王朝（巴比伦第二王朝）建立，挑战古巴比伦王国的权威，这个王朝持续了 3 个世纪，大约在公元前 1480 年灭亡。海国第二王朝创建于公元前 1026 年，灭亡于公元前 1006 年。

海上民族（Sea peoples） 公元前 1200 年民族大迁徙的民族的总称，这次迁徙给东地中海地区造成巨大破坏。

汉谟拉比（Hammurabi） 巴比伦第一王朝（古巴比伦王国）的第六位国王，约公元前 1792—前 1750 年在位。在位早年，除了控制基什、西帕尔等少数地区外，主要致力于国家建设，强化行政机构职能、挖掘灌溉河渠，对外与马里、埃什嫩那、拉尔萨交好。从公元前 18 世纪 60 年代开始，对外进行大规模扩张，基本统一了两河流域地区。在位期间，颁布了著名的《汉谟拉比法典》。

汉提里一世（Hantilis I） 赫梯古王国国王，谋杀穆尔什里一世后上台。在位期间，征伐卡赫米什。

赫梯人（the Hittites） 公元前 18 世纪在安纳托利亚居住的印欧语系族群，后很快以哈图萨为中心创建了独立的王国。在公元前 2 千纪中期，在苏皮鲁流马一世统治下，赫梯控制了整个安纳托利亚，接着进军北叙利亚，灭亡了米坦尼王国，并挑战埃及在叙巴地区的霸权。在后阿马尔那时代，赫梯与附属国签订了大量的诸侯条约，赫梯与西亚北非各大国开展外交往来，开创了一个繁荣的外交盛世。公元前 12 世纪，赫梯国家奔溃。

赫达（Hidar/Ḫ̮I-da） 马里国王，约公元前 2300 年在位，与埃博拉的国王伊沙尔达穆同时代。

黑黑（Hihi） 加喜特王卡达什曼哈尔贝一世统治时期，为反击半游牧人苏图人的侵扰，所修建的要塞堡垒所在地。

赫连姆赫布（Horemheb） 古埃及第18王朝末代法老，约公元前1319—前1292年在位。

胡阿阿（Ḫu-ʾ-a） 巴比伦尼亚的加喜特王朝派往埃及的使节。

胡里人（the Hurrians） 公元前3千纪中期进入上两河流域，其语言与现存任何语言都没有亲缘关系。到了古巴比伦时代，胡里人在整个两河流域北部地区都有分布。一部分胡里人进入西里西亚，创建了库祖瓦德那国家。大约公元前1500年，胡里人创建了米坦尼王国。米坦尼成为西亚北非重要的大国，其疆域最大的时候东起底格里斯河，西到地中海岸边，定都瓦舒卡尼（Washukanni）。在阿马尔那时代，米坦尼与西亚北非大国开展广泛的外交活动，与埃及成为姻亲之国。赫梯兴起后，灭亡了米坦尼。胡里人广泛吸收两河流域文化，其宗教、文化成就对赫梯影响很大，赫梯的官方宗教中就混合了胡里人的宗教。

加喜特人（the Kassites） 公元前2千纪早期生活在幼发拉底河中游的部落族群。后来，在巴比伦尼亚中部地区建立了统治，后来兼并了整个巴比伦尼亚。加喜特人统治时期，整个西亚地区进入了大国外交时代，加喜特人与埃及保持了良好的外交关系。加喜特王朝重视文化，收藏、整理、编辑了很多阿卡德语的文学、科学作品。

基什（Kish） 靠近巴比伦城的苏美尔城市，今欧海米尔丘（Tell El Oheimir）。此城是公元前3千纪的重要城市，其国王的头衔“基什之王”，为众多苏美尔城邦统治者所采用，这表明其曾经在巴比伦尼亚建立霸权。到了公元前2千纪，基什处在巴比伦的阴影之下，地位不再重要。

吉尔苏（Girsu） 公元前3千纪重要的苏美尔人城市，今泰勒赫丘（Tell Telloh）。位于两河流域南部地区的幼发拉底河与底格里斯河之间的平原上，与拉伽什共同构成拉伽什城邦的领土。起初此城是拉伽什城邦的政治中心，后来成为重要的宗教中心，为宁吉尔苏神庙的所在地。此处出土了大量古物，包括5万块楔形文字泥板、著名的鹫碑、古迪亚的雕像。

金瑞林（Zimri-Lim） 马里国王，约公元前1774—前1761年在位。埃卡拉图王朝的国王沙马什阿达德一世征服马里后，金瑞林外出逃亡到延哈德。公元前1775年沙马什阿达德一世去世后，金瑞林借助延哈德的力量，复国成功。在位期间，与叙利亚地区一些城邦结盟，与巴比伦王汉谟拉比结成盟友，借助这些同盟扩展马里的势力，在国内修建了包括宫殿在内的建筑物。约公元前1761年，巴比伦王汉谟拉比打败了金瑞林，征服了马里。

鹫碑（Stele of the Vultures） 古苏美尔时代的拉伽什的国王埃安那图姆，于公元前2525年竖立的纪念对温马军事胜利的纪念碑。此碑为迄今所发现的关于古苏美尔时代城邦间战争最早的翔实的记载，碑文记载了温马的国王对拉伽什国王六次发誓的誓言，对于研究公元前3千纪的外交，具有重要价值。除了碑文外，上面还有描述拉伽什对温马战争的浮雕。此碑为残碑，其最大的残片藏于法国卢浮宫。

卡博卢尔（Kablul） 幼发拉底河左岸、卡赫米什以北地区的国家。在埃博拉称霸的时代，该国臣服于埃博拉。

卡达什曼恩利尔一世（Kadashman-Enlil I） 巴比伦尼亚的加喜特王朝的国王，约公元前1380—前1359年在位。在位期间，与埃及开展广泛的外交往来，把女儿嫁给了埃及法老。

卡达什曼哈尔贝一世（Kadashman-harbe I） 巴比伦尼亚的加喜特王朝的国王，约公元前15世纪晚期在位。在位期间，对半游牧部落苏图人（Suteans）作战，在黑黑修筑了要塞。

卡达什曼图尔古（Kadashman-Turgu） 巴比伦尼亚的加喜特王朝的国王，约公元前1281—前1264年在位。在位期间，与赫梯、埃及保持外交关系，与亚述敌对，在国内修建一些纪念建筑物。

卡尔巴亚（Kalbaya） 阿尔扎瓦派往埃及的使节。

卡迭什（Qadesh） 叙利亚古城，今奈比曼德丘（Tell Nebi

Mend）。该城的埃及语名称为 Qdšw，赫梯语名称为 Kadeš，阿卡德语名称为 Kinza/Kidša/Gizza。位于奥伦特河源头，战略地位重要。早在铜石并用时代就有人居住，但是直到公元前 18 世纪，才逐渐变得重要起来，此时是卡特那国王作战的指挥部所在地。在公元前 15 世纪，成为埃及与米坦尼争夺的对象，最终落入埃及手中，后来又成为埃及与赫梯争夺的对象。最后，毁于海上民族入侵的战火之中。

卡赫米什（Carchemish/Karkamish） 北叙利亚靠近阿勒颇（Aleppo）的古城，今杰拉布鲁斯（Djerablus）。该城从新石器时代到希腊化时代都有人居住。在公元前 2 千纪，该城是一个独立王国的首都，主要居民为胡里人，后相继被赫梯、米坦尼征服。

卡尼什（Kanish） 赫梯文献中提及的地名，具体位置不明。

卡什提里亚什四世（Kashtiliash IV） 巴比伦尼亚的加喜特王朝的国王，约公元前 13 世纪中叶在位。在位期间，对埃兰和亚述作战，后亚述王图库尔提尼努尔提一世打败了加喜特王朝，废黜了卡什提里亚什四世，任命了三个总督治理巴比伦尼亚，但不久，加喜特王朝成功驱逐了亚述人获得独立。

卡特那（Qatna） 叙利亚古城，今米什里菲赫（Tell al-Mishrifeh）。此国为公元前 2 千纪非常重要的国家，最早为马里文献所提及。根据马里文献，此国在西亚大国外交中举足轻重。

卡尔杜尼阿什（Karduniash） 巴比伦尼亚的加喜特王朝对巴比伦城、巴比伦尼亚的称呼，这个称呼也出现在泥板书信之中。

卡拉什马（Kalashma） 赫梯文献中提及的国家。

卡拉尹达什（Karaindash） 巴比伦尼亚的加喜特王朝的国王，约公元前 1440—前 1430 年在位。在位期间，在乌鲁克为伊楠娜女神建造了新神庙，征服了南部的海国第一王朝，与埃及建立了外交关系。

凯达尔（Qedar） 亚述帝国时代的部落。

凯尔塔（Kirta） 米坦尼王国的创立者，公元前 17—前 16 世纪在位。

凯利亚（Keliya） 米坦尼派往埃及的使节。

凯鲁（Kiru） 马里国王金瑞林的女儿、伊兰苏拉的国王哈亚苏穆的妻子，因从事间谍活动被哈亚苏穆抛弃，后返回马里。

凯鲁希帕（Kelukhipa） 米坦尼王苏塔尔那二世的女儿、阿蒙霍特普三世的妻子，埃及语中读作*Kyrgypꜣ*，写作。

凯什杜特（Keshdut） 埃博拉公主，生活在约公元前24世纪，嫁给了基什的王子。

凯亚（Keya） 古埃及第18王朝法老埃赫那吞的妻子。

克勒芬（Colophon） 古希腊城邦，位于小亚西海岸。

库尔塔（Kurta） 马里文献提及的国家。

库拉（Kura） 埃博拉城的保护神、主神。

库里加尔祖一世（Kurigalzu I） 巴比伦尼亚的加喜特王朝国王，约公元前1430—前1380年在位。在位期间，建筑了新城杜尔－库里加尔祖，将自己神化，与埃及建立了友好关系，将女儿嫁给了埃及法老阿蒙霍特普三世。

库里加尔祖二世（Kurigalzu II） 巴比伦尼亚的加喜特王朝的国王，约公元前1332—前1308年在位。亚述国王阿淑尔乌巴里特一世打败加喜特后，将库里加尔祖二世立为国王。在位期间，他重修乌尔城，重修了乌鲁克的伊楠娜神庙，扩建了杜尔－库里加尔祖城，攻打埃兰并取胜，与亚述作战败北。

库鲁斯塔马（Kurustama） 赫梯文献中提及的一个国家，赫梯与埃及就这个国家签订了一个条约，该国可能在叙利亚的某个地方。

库马尔比（Kumarbi） 胡里人的神祇、“众神之王”。

库萨拉（Kussara） 公元前2千纪的安纳托利亚的古城，迄今尚未确定其具体位置。根据古亚述文献，亚述商人在这里建立了商业贸易点；根据阿尼塔铭文，此处是哈提人的国家或赫梯人最初的统治中心。

库瓦里（Kuwari） 下扎布河流域一个名为“看门者之国”

（*māt Utêm*）的国家的国王，约公元前2千纪早期在位，与埃卡拉图王朝的沙马什阿达德一世同时代。该国的首都在舒萨拉（Shusharra），今山姆萨拉丘（Tell Shemshara）。

库祖瓦德那（kuzzuwatna/ Kizzuwatna/Kizzuwadna） 公元前2千纪安纳托利亚地区的国家，位于安纳托利亚东南部，为托罗斯山与杰伊汉河（Ceyhan river）所环绕，大致相当于古典时代西里西亚（Cilicia），首都在库马尼（Kummanni）。在公元前2千纪，此地居住了大量的胡里人，胡里人创立了这个王国。它起初是个独立的国家，后来为米坦尼与赫梯所控制。此地宗教发达，对赫梯后期的宗教影响很大。

塔巴尔那（Tabarna） 赫梯语与鲁维语文献中赫梯国王的王衔，可能源自第一位国王塔巴尔那。

拉尔萨（Larsa） 巴比伦尼亚南部的城市，今森凯尔赫（Senkereh）。在乌尔第三王朝奔溃后，逐步兴盛起来，与伊辛（Isin）争夺霸权，在利姆辛一世统治时期（公元前1822—前1763年）进入了全盛时期，最终被巴比伦王汉谟拉比所征服。拉尔萨是太阳神乌图（Utu）重要的崇拜中心之一。

拉哈穆（Lahamu/ Lakham） 阿卡德神话中的女神，为阿普苏与提阿马特的女儿，与拉赫穆生下下一代神祇。

拉赫穆（Lahmu） 阿卡德神话中神祇，为阿普苏与提阿马特的儿子，与拉哈穆生下下一代神祇。

拉伽什（Lagash） 苏美尔的城邦，包括现在的泰勒赫丘（古代的吉尔苏）和黑巴丘［Tell al-Hibba，古代的乌鲁库（Uruku）］两个地方。此地出土了大量的物品以及铭文。公元前3千纪，在苏美尔的政治生活中扮演了重要角色，在古苏美尔时代与温马长期争霸，在阿卡德王国奔溃后，重新强盛起来。

拉美西斯二世（Ramesses Ⅱ） 古埃及第19王朝法老，约公元前1279—前1213年在位。在位期间，为了收复赫梯夺取的叙利亚地区的领土，与赫梯进行著名的卡迭什战役，最后与赫梯签订了和平条约。

垒兰（Tell Leilan） 见舒巴特恩利尔。

利姆辛一世（Rim-Sin I） 拉尔萨的国王，约公元前1822—前1763年在位。他是两河流域活的时间最长的国王，统治了60年。打败了伊辛以及乌鲁克联盟，控制了大部分巴比伦尼亚南部地区（苏美尔地区）。约公元前1764年，被巴比伦王汉谟拉比打败。有关利姆辛一世的一些传世文献保存下来，主要为献给神祇的祈祷词。

李皮特伊斯塔尔（Lipit-Ishtar） 伊辛王朝第五位国王，约公元前1934—前1923年在位。在位期间，重修了乌尔的恩图女祭司（*Entu* Priestess）的住所，编撰了著名的《李皮特伊斯塔尔法典》。

列吉昂（Rhegium） 亚平宁半岛最南端的古城。早在公元前3千纪晚期，就有人居住，公元前8世纪成为希腊殖民城邦，后并入罗马。

卢伽尔（Lugal） 两河流域的王衔。在古苏美尔时代，似乎是霸主的专用称号，后来变成了国王的称号。

卢伽尔凯基奈杜杜（Lugalkiginedudu） 古苏美尔时代乌鲁克的国王，与拉伽什国王恩美台那同时代。其铭文提及此时乌鲁克统治乌尔。

卢伽尔那米尔苏姆（Lugal-namir-sum） 古苏美尔时代的基什国王。

卢姆南（Lumnan） 埃博拉文献中国家，不知具体位置。

鲁兹达穆（Ruzi-damu） 埃马尔王，与埃博拉国王伊尔卡博达穆（约公元前2340年在位）同时代，迎娶了埃博拉公主梯莎琳（可能是国王的妹妹）。

马尔杜克阿帕拉伊丁那一世（Marduk-apla-iddina I） 巴比伦尼亚的加喜特王朝的国王，约公元前1171—前1159年在位。

马干（Magan） 两河流域文献中提及的地名，最早出现在阿卡德时代的王铭中，多数学者认为马干为阿曼的沿波斯湾海岸地区。在新亚述文献中，马干指的是非洲红海沿岸地区。

马里（Mari） 幼发拉底河中游地区的城市，今叙利亚的哈里里丘（Tell Hariri）。在古苏美尔时代就已建城，在公元前 3 千纪后半期与埃博拉争夺商路控制权发生了百年战争，到了伊辛 - 拉尔萨时代，成为西亚地区大国，广泛参与西亚地区的外交活动，公元前 1759 年为巴比伦王汉谟拉比摧毁。此地出土了大量的泥板文书（公元前 2 千纪初年以来），即马里文献，对于研究叙利亚地区以及西亚地区的文明具有重要价值。

马奈（Mane） 埃及派往米坦尼的使节。

马斯巴德里（Masibadli） 米坦尼派往埃及的使节，是米坦尼使节凯利亚的叔叔。

麦鲁哈（Meluhha） 两河流域文献中提及的地名，最早出现在阿卡德时代的王铭中，多数学者认为麦鲁哈在印度河流域。在新亚述文献中，麦鲁哈指的是非洲红海沿岸地区。

美丽塔吞（Mertitaten） 古埃及第 18 王朝的公主，法老埃赫那吞的长女，可能是泥板书信中的马亚提（Mayati），生活于公元前 1350 年前后。在涅斐尔提提从历史记录消失后，她成为埃赫那吞的伴侣，后又成为斯门卡拉（Smenkhkare）的伴侣，可能死于埃赫那吞去世之前。

美西林（Mesilim/Mesalim） 古苏美尔时代基什的国王，约公元前 2550 年前后在位。在位期间，基什称霸，作为霸主调停了拉伽什与温马的边界之争。

米提瓦扎（Mittiwaza/ Shattiwaza/ Kurtiwaza） 哈尼加尔巴特王国的国王，米坦尼王图什拉塔的儿子或兄弟，约公元前 14 世纪在位。米坦尼灭亡后，逃亡到赫梯，迎娶了赫梯公主，在赫梯的支持下，打败了竞争者苏塔尔那三世，建立了哈尼加尔巴特王国，后与赫梯签订了诸侯条约，臣服于赫梯。

穆巴里塔特 - 舍鲁阿（Muballiṭat-Šērūa） 中亚述时代亚述国王阿淑尔乌巴里特一世的女儿，嫁给巴比伦王布尔那布亚什二世。

穆帖巴人（Mutiabaleans） 居住在卡萨鲁克（Kassaluk）及其周边地区的居民。

穆瓦塔里二世（Muwatallis Ⅱ） 赫梯新王国国王，约公元前1295—前1272年在位。在位期间，与埃及争夺叙利亚地区，发生了著名的卡迭什战役，后来把首都迁到了塔尔珲塔萨（Tarhuntassa）。

穆尔什里一世（Mursili Ⅰ） 赫梯古王国国王，约公元前1620—前1590年在位。在位期间，征伐北叙利亚，灭亡了延哈德王国，攻取了巴比伦城，返回赫梯途中与胡里人作战，后被谋杀。

穆尔什里三世（Mursili Ⅲ） 赫梯新王国国王，本名叫乌尔黑台舒巴（Urhi-Teshshub），约公元前1272—前1267年在位。在位期间，附属国哈尼加尔巴特的国王被亚述俘虏，赫梯逐步失去了对哈尼加尔巴特的控制，在与亚述的外交上明显处于下风。穆尔什里三世后被叔父哈图什里三世赶下台。

马尔吉姆（Malgium） 中期青铜时代兴起的两河流域城市，迄今尚未确定其具体位置。

马什凯姆（Mashkim） 古代两河流域的官员职能之一，可能与审判有关。

米坦尼（Mitanni） 胡里人建立的王国，大概建立于公元前1500年。米坦尼王国早期与埃及争夺叙利亚地区，后来与埃及实现了和平，开创了繁荣的阿马尔那大国外交时代。

米西尔（Misiri） 塞姆语对埃及的称呼。

穆基什（Mukish） 叙利亚阿勒颇以北的国家，赫梯国王苏皮鲁流马一世灭亡了米坦尼后，进攻穆基什，将其纳入附属国的行列之中。后来，穆基什反叛，赫梯让乌加里特一起镇压反叛。战后，苏皮鲁流马一世把穆基什的大部分国土给了乌加里特王尼冠马杜（Niqmaddu），并且让卡赫米什国土与穆基什接壤，依靠乌加里特和卡赫米什来夹击并监视穆基什。

那哈林（Naharin） 古埃及第18王朝时代古埃及语对米坦尼

的称呼，该国在埃及语中读作 *nhrn*，写作。

那拉姆辛（Naram-Sin，阿卡德） 阿卡德王国的国王，约公元前 2260—2224 年在位。在位期间，不断镇压被征服地区的反抗，征伐了幼发拉底河中游地区，将其纳入王国的版图，留存至今的那拉姆辛石碑描述了对东部山区的战争。他是两河流域第一个活着神化自己、宣布为神的统治者。

那拉姆辛（Naram-Sin，埃什嫩那） 埃什嫩那的国王，约公元前 19 世纪在位。

那伽尔（Nagar/ Nawar） 叙利亚古城，位于上哈布尔河流域，靠近巴拉克丘（Tell Brak）村庄。公元前 3 千纪下半期，其名字为那伽尔，后来变成了那瓦尔（Nawar）。该地早在公元前 7 千纪就有人居住，从公元前 4 千纪，逐步发展成上两河流域最大的城市，经过一段时间萧条后，公元前 2600 年再次发展起来，并且以那伽尔的名字现身，成为叙利亚地区的大国。之后，被阿卡德王国征服，变成阿卡德王国在哈布尔河流域的统治中心。在公元前 2 千纪早期，成为马里的附属国，公元前 2 千纪中期成为米坦尼王国的一部分。

那普泰拉（Naptera） 赫梯保存下来的埃及王后与赫梯王后的信件中埃及王后的名字。

南那（Nanna/Nannar） 苏美尔的月神，其阿卡德语名字叫辛（Sin）。在乌尔第三王朝时代，南那的崇拜变得流行起来，其乌尔城的神庙为埃凯舜加尔（Ekishungal）。除了乌尔外，其另外一个崇拜中心在哈兰（Harran）。南那出现在两河流域众多神话故事之中。

南什（Nanshe） 苏美尔女神，恩基与宁胡尔萨格（Ninhursag）的女儿，主管社会公正、丰饶、波斯湾的海水与海中生物，其主神庙在尼那（Nina）城，名叫斯拉拉（Sirara）神庙。

奈里布图姆（Neribtum） 两河流域的古代小城，今伊什查里丘（Tell Ishchali），距离巴格达以东 16 公里。目前对其历史还不是很清楚，考古挖掘出宗教圣地，有一座伊楠娜神庙，庙内发掘出一个猴子雕像。猴子并非两河流域当地动物，因此，其发现具有重要的意义。

尼尼微（Niniveh） 底格里斯河地区的古老的亚述城市，靠近现在的伊拉克的摩苏尔（Mossul）。从公元前5千纪就有人居住。此城有著名的伊斯塔尔（Ištar）女神的神庙，该神庙的建立可能与阿卡德的国王马尼斯图苏（Manishtusu）有关。在新亚述王辛那赫里布（公元前8世纪）、阿淑尔拔尼拔二世（公元前7世纪）统治时代，该城成为亚述帝国的首都。亚述帝国后期的国王大规模收集楔形文字文献，此城出土了大量的文献。

尼喀美帕（Niqmepa） 阿拉拉赫国王，约公元前15世纪前半期在位，是伊德里米的儿子。

尼普尔（Nippur） 巴比伦尼亚中部的古城，今努发尔（Nuffar）。该城在历史上一直使用到帕提亚时代（公元前238—公元224年），但是，从来没有成为一个王朝的首都，在公元前3千纪、公元前2千纪的上半期，此城因其为恩利尔（Enlil）的崇拜地而享有很高的政治地位。此城出土了大量的楔形文字泥板，尤其是苏美尔语文学作品。

尼亚（Niya/Niye/Niy/Nii） 公元前2千纪北叙利亚地区的王国。

涅斐尔塔丽（Nefertrari） 拉美西斯二世的妻子，生活于约公元前1279—前1250年。她是拉美西斯二世最宠爱的妻子，拉美西斯二世为她在阿布－辛拜尔修建了神庙，她的坟墓是王后谷最豪华的坟墓。她可能是赫梯书信中提及的埃及王后那坡台拉（Naptera）。

涅斐尔提提（Nefertiti） 古埃及新王国第18王朝法老埃赫那吞的王后，生活于公元前1352—前1340年前后。

宁胡尔萨格（Ninhursag） 两河流域女神，有“众神之母”“孩子们的母亲”等头衔，其神庙在基什、拉伽什，其中基什的神庙是从古苏美尔时代到古巴比伦时代的崇拜中心。

宁吉尔苏（Ningirsu） 苏美尔神祇，其名字意思为“吉尔苏的女主人”。本为拉伽什的地方神祇，吉尔苏的保护神、丰产神，后来其崇拜扩展到了两河流域其他地区。宁吉尔苏的神庙为埃尼努（E-Ninnu）。

宁努尔塔（Ninurta） 亚述的战神。起初为苏美尔人的掌管农业、灌溉的神祇，到了公元前 3 千纪末，转变成了战神。在巴比伦尼亚，其职司为后来马尔杜克神所取代，但是亚述却引入该神，以保护亚述的对外战争的胜利。该神的主神庙是尼普尔的埃舒美沙（Eshumesha）。

努哈什舍（Nuhashesh/ Nuhašše） 公元前 2 千纪兴起于叙利亚西北部，是类似于联邦的国家，先后被埃及、米坦尼和赫梯所统治。

努特（Nut） 古埃及天空女神，空气神舒（Shu）的女儿，与兄弟盖伯孕育了奥西里斯等四位神祇。

奴兹（Nuzi） 底格里斯河以北的靠近基尔库克（Kirkuk）的城市，今伊拉克的约尔干丘（Yorgan Tepe）。早在古苏美尔时代，就已经发展起来，但是该城的黄金时代为公元前 2 千纪中期的米坦尼王国统治时代。

帕拉塔尔那一世（Parrattarna/ Paršatar/Barattarna/Parattarna I） 米坦尼国王，约公元前 15 世纪在位。在位期间，米坦尼领土大大扩展，东到阿拉帕哈，南到台尔卡，西到库祖瓦德那，吞并了阿拉拉赫，其国王伊德里米称臣纳贡。

帕帕蒂尔马（Papadilmah） 赫梯古王国时代篡夺王位的人。

帕辟一世（Pepi I） 古埃及第 6 王朝法老，约公元前 2321—前 2287 年在位。在位期间，派遣官员乌尼（Weni）对巴勒斯坦地区进行贸易远征，宫廷内斗严重，发生了王后夺权的阴谋案。

皮尔黑（Pirhi） 米坦尼王国篡夺王位者。

皮里亚（Piliya） 库祖瓦德那的国王，约公元前 15 世纪在位。在位期间，与阿拉拉赫国王伊德里米签订了条约，并与赫梯实现了和平。

普杜希帕（Puduḫepa） 赫梯新王国国王哈图什里三世的妻子。出生于库祖瓦德那，把该地的胡里人信仰带入赫梯宫廷，在赫梯宫廷享有很高的地位。

普萨鲁马（Pusharrumash） 赫梯古王国时代国王。

普祖尔阿淑尔三世（Puzur-Ashur Ⅲ） 中亚述时代的亚述国王，约公元前1503—前1479年在位。在位期间，与加喜特王朝签订了条约，在阿淑尔兴建了一些建筑物。

蓬特（Punt） 古埃及文献提及的国度，可能在今索马里或也门一带。

塞赫那（Sekhna） 见舒巴特恩利尔。

萨尔贡（Sargon） 阿卡德王萨尔贡（Sargon of Agade），约公元前2334—前2279年。阿卡德王国的创建者，两河流域第一个地域王国的奠基者。由于伟大的功勋，后世的文学作品汇总把他塑造成一个传奇般的人物。

萨拉图（Saratu） 阿卡城的国王，其子苏塔特那（Sutatna）伙同顺阿达（Shum-Hadda）抢劫了巴比伦的使节。

萨那普朱古姆（Sanapzugum） 埃博拉文献提及的地方，可能在现在叙利亚与土耳其边界一带。

萨尔穆（Ṣa-al-mu） 巴比伦尼亚的加喜特王朝派往埃及的使节。

沙尔马那沙尔一世（Shalmaneser I） 中亚述时代的亚述国王，约公元前1273—前1244年在位。在位期间，灭亡了哈尼加尔巴特王国，侵入了乌拉尔图（在亚美尼亚），修建都城尼姆鲁德（Nimrud）。

沙马什阿达德一世（Shamshi-Adad I） 埃卡拉图王国的国王，约公元前1833—前1775年在位。在位期间，积极进行对外扩张，创建东到扎格罗斯山、西到幼发拉底河的王国，把两个儿子分别立为埃卡拉图、马里的国王。从马里发现的他与两个儿子的通信，可以知道他与两个儿子对周围的小国不断进行战争，大大拓展了王国的疆界。

萨姆苏迪塔那（Samsu-Ditanna）　古巴比伦王国的末王，约公元前 1625—前 1595 年在位。他曾与海国第一个王朝作战，从事神庙建设工作。公元前 1595 年，赫梯攻陷巴比伦城，古巴比伦王国灭亡。

萨姆苏伊鲁那（Samsu-iluna）　古巴比伦王国国王，约公元前 1749—前 1712 年在位。在位期间，竭力维持王国的统一，其统治第九年，对加喜特人作战，镇压反叛的拉尔萨。

邵什卡（Shaushka/Sausga）　胡里人的女神，职司为战争、丰产、治疗，从职司方面来看，该女神对应于两河流域的伊斯塔尔女神。该女神后来进入赫梯万神殿。

沙鲁亨（Sharuhen）　古埃及文献中记载的喜克索斯人逃出的落脚之地，可能在今巴勒斯坦的加沙或内盖夫沙漠（Negev Desert）之中，迄今还没有找到其具体位置。

苏巴尔图（Subartu）　一再被青铜时代的文献提及，可能是底格里斯河上游的某个地方。在古代两河流域，苏巴尔图是北方的代名词。

舒巴特恩利尔（Shubat-Enlil）　底格里斯河上游、哈布尔河流域（幼发拉底河地区）的城镇，今垒兰丘（Tell Leilan）。该城早在公元前 5000 年就有人定居，在公元前 3 千纪末，该城的名称为塞赫那。在公元前 1800 年之前，该城一直默默无闻。公元前 1800 年前后，沙马什阿达德一世将其定为首都，更名为舒巴特恩利尔。公元前 1726 年，巴比伦王汉谟拉比摧毁了这个城镇，此后这里再也没有人居住。

舒（Shu）　古埃及的气神，与泰富努特（Tefnut）孕育了天神努特和地神盖伯。

苏加古（Sugagu）　加喜特王朝的库里加尔祖二世与亚述王恩利尔尼拉里发生战争的地点。

苏美尔（Sumer） 从波斯湾到巴比伦之间的两河流域最南部地区。在历史上，苏美尔人把这个地方称为“文明之国”（Kengir）。苏美尔文明衰落后，两河流域用苏美尔一词来指这个地方。

《苏美尔王表》（Sumerian King List） 伊辛第一王朝时代编撰的王表，记载了从传说时代到辛马吉尔（Sin-magir）统治时代（公元前1827—前1817年）的两河流域的王朝、国王名字。

塞提一世（Sety I） 古埃及第19王朝法老，约公元前1290—前1279年在位。早年与父亲拉美西斯一世共治，亲政后率军与赫梯作战，一度重新占领了卡迭什，在国内修建神庙。

沙比沙农（Shabishanum） 马里逃亡到伊兰苏拉的逃亡犯。

绍沙塔尔（Saushtatar） 米坦尼国王，约公元前15世纪在位。在位期间，征服了亚述，米坦尼疆土达到最大。

绍图阿拉一世（Shautuara I） 哈尼加尔巴特王国的国王，约公元前13世纪在位。在位期间，臣服于亚述国王阿达德尼拉里一世。

苏穆亚曼（Sumu-Yamam） 马里国王亚赫顿林的儿子，发动政变，驱逐了父亲亚赫顿林，夺取了马里政权。

苏皮鲁流马一世（Suppiluliumas I） 赫梯新王国的国王，赫梯帝国的缔造者，约公元前1370—前1330年在位。根据后世的文献《苏皮鲁流马一世的事迹》，苏皮鲁流马一世早年随父亲征战，登上王位后灭亡了米坦尼，夺取北叙利亚地区，一度侵入埃及在叙利亚地区的势力范围，与埃及发生了战争。与加喜特王朝签订了条约，迎娶了加喜特王朝公主。

苏塔哈坡沙坡（Suthapshap） 赫梯书信提及的埃及王子。

苏图人（Suteans） 公元前2千纪后半期在叙巴地区居住的塞姆语族群。

顺阿达（Shum-Hadda） 泥板书信提及的人，为欣那图那城的巴隆美（Ba'lumme）之子。

舒尔吉（Shulgi/ Culgi）　乌尔第三王朝国王，约公元前2094—前2047年在位。在位期间，创建了著名的贡牲中心普祖里什达干（Puzrish-Dagan），神化王权，宣称他自己是太阳神乌图的兄弟、伊楠娜的丈夫，在名字前面加上神一词。对外征服了埃兰地区的安善（Anshan），并把公主嫁给这些地区的国王来确保他们的忠诚。

苏那萨拉一世（Sunassura I）　库祖瓦德那国王，与米坦尼王绍沙塔尔同时代。

苏塔尔那一世（Shuttarna I）　米坦尼国王，约公元前15世纪早期在位。

苏塔尔那二世（Shuttarna II）　米坦尼国王，约公元前15世纪早期在位。在位期间，与埃及保持了友好关系，把女儿凯鲁希帕嫁给了埃及第18王朝法老阿蒙霍特普三世，统治着西到阿拉拉赫、东到亚述与阿拉帕哈、南到奥伦特河的广大疆域。

苏塔特那（Sutatna）　泥板书信中提及的人，阿卡国王萨拉图（Saratu）之子。

舒辛（Shu-Sin）　乌尔第三王朝的第四任国王，约公元前2037—前2027年在位。在位期间，为了抵抗阿摩利人，修建了长城。

塔杜希帕（Tadukhiba）　米坦尼王图什拉塔的女儿，嫁给了埃及第18王朝法老阿蒙霍特普三世。

塔格里斯达穆（Tagrish-damu）　埃博拉公主，嫁给了那伽尔王子乌尔图姆胡胡。

塔加塔山（Mount Taggata）　具体位置不详。

塔卡尼亚拉山（Mount Takniyara）　具体位置不详。

塔拉姆阿卡德（Tar'am-Agade）　阿卡德王国国王那拉姆辛的女儿，嫁给了乌尔凯什国王。

塔什米沙鲁马（Tashmi-Sharrumma）　赫梯王子，曾与埃及第19王朝法老拉美西二世互通外交信函。

台达（Taida）　哈尼加尔巴特王国的首都，可能位于马尔丁

（Mardin）附近。

台尔卡（Terqa） 幼发拉底河中游的城市，位于马里以北地区。在古巴比伦时代，为哈那（Hana）王国的首都。

台舒巴（Teshub/Teshup） 胡里人的天神、风暴神。按照胡里神话，库马尔比神吞了父亲阿努的阴茎而孕育出了台舒巴，此神话影响后世的希腊神话。随着胡里神话传入赫梯，台舒巴被赫梯人所接受，并与他们的风暴神塔鲁（Taru）融合起来。

泰伊（Tiye） 古埃及第 18 王朝法老阿蒙霍特普三世的王后，生活于约公元前 1400—前 1340 年。

陶鲁斯山（Taurus Mountains） 今土耳其南部的山脉，把地中海滨海平原与安纳托利亚中部分隔开来。

提阿马特（Tiamat） 古代两河流域神话中的咸水女神，与淡水神阿普苏结合生育了下一代神祇。

提格拉特帕拉沙尔一世（Tiglathpileser I / Tukuti-apil-Eshara I） 中亚述时代的亚述国王，约公元前 1145—前 1076 年在位。在位期间，把亚述的疆界大大进行了扩展，东部扩展到安纳托利亚东部，西部到了地中海的海滨。他在南边打败了巴比伦王尼布甲尼撒一世，做了一些文化上的举措，把当时的亚述法律进行了汇编，修建了一座图书馆，搜集各地的泥板文书。

梯莎琳（Tiša-lim） 埃博拉公主，嫁给了埃马尔王鲁兹达穆。

铁列平（Telipinus） 赫梯古王国国王，约公元前 1525—前 1500 年在位。在位期间，颁布了著名的《铁列平敕令》，解决了王位继承问题。

图德哈里一世（Tuthaliysh I） 赫梯古王国国王，可能在公元前 1730 年在位。

图德哈里二世（Tudhliyas II） 赫梯新王国国王，公元前 14 世纪后半期在位。

图库尔提尼努尔塔一世（Tukulti-Ninurta I） 中亚述时代的亚述国王，约公元前 1243—前 1207 年在位。在位期间，占领了凡湖周围地区以及扎格罗斯山的西部某些地区，打败了加喜特王朝的国王，第一次直接统治了巴比伦尼亚，在巴比伦修建了卡尔－图库尔提尼努尔塔（Kar-Tukulti-Ninurta）。为庆祝对巴比伦这一重大胜利，编撰了《图库尔提尼努尔塔史诗》。该王在历史上因残酷对待反叛者而臭名昭著。

图普凯什（Tupkish）乌尔凯什国王，约公元前2250年在位。

图什拉塔（Tushratta）米坦尼王国的末王，约公元前14世纪末期在位。在位期间，与埃及恢复了友好关系，曾经竭力拉拢埃及抗衡赫梯，最终以失败告终。

图坦卡蒙（Tutankhamen）古埃及第18王朝法老，约公元前1336—前1327年在位。在位期间，颁布了恢复阿蒙神崇拜的敕令，把都城从埃赫塔吞迁回孟斐斯，进而迁回底比斯。

图特摩斯一世（Tuthmose I）古埃及第18王朝法老，约公元前1504—前1492年在位。在位期间，出兵叙巴地区，到达幼发拉底河东岸。

图特摩斯三世（Tuthmose III）古埃及第18王朝法老，约公元前1479—前1425年在位。早年被哈特舍普苏特女王剥夺了王权，后夺回王位。对西亚地区进行了17次远征，缔造了埃及帝国。

图特摩斯四世（Tuthmose IV）古埃及第18王朝法老，约公元前1397—前1388年在位。

图尼普（Tunip）公元前2千纪后半期的叙利亚西部地区的城邦，可能是今阿沙尔奈赫丘（Tell Asharneh）。根据泥板书信，该国在阿马尔那时代臣服于埃及。

图尼皮布里（Tunipibri）米坦尼派往埃及的使节，其名字属于胡里语，尽管其意思还不清楚，但是可以确定的是，其名字由两部分构成：*Tu*$_4$*-ni-ip* 与胡里词 *tuni*(*b*) 有关，这是一个神祇的修饰语；*ib-ri* 可能读作 *ew-ri*（意思为“主人”），也可能是神祇的另一修饰语 *tabri*。

图图尔（Tuttul）古代叙利亚的古城，今比阿丘（Tell

Bi'a)，靠近现在叙利亚的拉卡（Raqqa）城。该地早在公元前 3 千纪中叶就有人居住，公元前 2 千纪上半期该城是达干神的崇拜中心，根据阿卡德铭文，阿卡德王萨尔贡曾经在图图尔祭拜达干神。

瓦萨沙塔（Wasashatta） 哈尼加尔巴特的国王，约公元前 13 世纪早期在位。在位期间，利用赫梯与亚述的矛盾自保，最后被中亚述国王阿达德尼拉里一世打败并俘虏，其家族被迁到了阿淑尔。

瓦舒卡尼（Washshukanni） 米坦尼王国的首都，迄今其位置还不能确定，该地很可能是今法哈里亚丘（Tell el-Fahariya）。

乌尔舒（Urshum/Ursu） 公元前 2 千纪的卡赫米什以北的幼发拉底河西岸城市，地处商路上，地位非常重要。在公元前 18 世纪，该城已经为马里文献所记载，后来逐渐变成了胡里人的国家所在。到了公元前 17 世纪，遭受了赫梯王哈图什里一世的围攻。到了赫梯王苏皮鲁流马一世时代，此城成为赫梯的攻击目标。

乌尔图姆胡胡（Ultum-ḫuḫu） 那伽尔王子，生活于公元前 24 世纪后半期，迎娶了埃博拉公主塔格里斯达穆。

乌哈兹提斯（Uhha-zitis） 阿尔扎瓦的最后一个享有独立地位的国王，与赫梯国王穆尔什里二世（约公元前 1321—前 1295 年在位）同时代。在位期间，积极应对赫梯的入侵，但还是以亡国告终。

乌克尼图（Uqnitum） 乌尔凯什的王后。

乌加里特（Ugarit） 叙利亚南部的地中海沿海城市，今叙利亚的茴香丘（Ras Shamra）。公元前 2 千纪中期，乌加里特使用泥板来书写楔形文字的字母化文字。其语言为乌加里特语（Ugaritic），为西塞姆语一支。此地出土了大量的文献，包括大量的神学、仪式文献。

乌鲁卡基那（Urukagina/ Irikagina/Uruinimgina） 古苏美尔时代的统治者（公元前 25 世纪），其在任期间进行了著名的乌鲁卡基那改革。

乌鲁克（Uruk） 古代两河流域城市，今伊拉克的瓦尔卡

（Warka）。此城从公元前 4 千纪到公元前 1 千纪中期都有人居住，出土了两河流域最早的铭文，其出土的文献最晚年代为塞琉古王朝。在古苏美尔时代，乌鲁克是重要的城邦，曾经打败基什称霸苏美尔地区，此后成为重要的宗教中心和文化中心，该城也是天神阿努的主要崇拜地。

乌尔（Ur）　两河流域苏美尔地区的古城，今穆卡伊尔（Tell Muqqayir）。最晚到公元前 4500 年就有人定居此地，在公元前 4 千纪晚期到公元前 3 千纪早期，乌尔是苏美尔地区 12 个最重要城市之一。此城兴起了几个重要的王朝，其中古苏美尔时代的乌尔第一王朝，曾经称霸苏美尔地区，阿卡德王国奔溃后，该城兴起了乌尔第三王朝。该城是月神南那的崇拜地。出土了大量的苏美尔语、巴比伦语文献。

乌尔第三王朝（Third Dynasty of Ur/Ur Ⅲ）　阿卡德王国奔溃后，两河流域所建立起来的第二个王国（约公元前 2110—前 2003 年）。在王国存续期间，除了进行对外扩张外，也受到埃兰、阿摩利人的威胁，为此修建了著名的阿摩利长城来抵御阿摩利人。

乌尔凯什（Urkesh）　叙利亚上哈布尔河流域的国家，今穆扎（Tell Mozan），靠近巴拉克丘（Tell Brak）。该地早在公元前 3 千纪初就有人居住，到了公元前 2700 年，已经成为一座胡里人居住的城市，到了公元前 2500—前 2300 年，乌尔凯什成为哈布尔河流域重要的商贸中心。

乌什坦沙里（Ushtansharri）　巴比伦逃亡到埃卡拉图的逃亡犯。

乌图（Utu）　苏美尔的太阳神，被巴比伦人称为沙马什。

温阿蒙（Wenamen）　古埃及文学作品《温阿蒙的故事》中主角。根据该故事，他受命阿蒙神庙，到比布鲁斯采购木材，途中遭受各种困境。

温马（Umma）　拉伽什附近的苏美尔城邦，今周哈（Djokha）。长期与拉伽什进行争霸斗争。在古苏美尔时代末期，温马打败苏美尔地区的很多城邦，基本上统一了苏美尔地区，后阿卡德的萨尔贡打败温马，结束了温马的霸权。

《希达姆之歌》（Song of Hedammu） 保存在赫梯首都哈图萨出土的赫梯文献之中，保存的文本开头、中间与末尾都破损不可读。该神话属于库马尔比系列神话之一。根据该神话，库马尔比与海神的女儿生育下了希达姆，这是一个龙状的怪物。希达姆生活在海中，每天都要吃掉大量的家畜和人。伊斯塔尔女神发现了希达姆，把消息报给天气神台舒巴。可能台舒巴不敢应战，伊斯塔尔独自去面对希达姆，她把海水变成睡眠药，希达姆为伊斯塔尔所迷惑，离开了海水。由于文献破损，结局不可知。

喜克索斯人（the Hyksos） 起源于叙利亚－阿勒斯坦的族群。埃及中王国奔溃后，进入尼罗河三角洲，建立了喜克索斯王朝。

西里西亚（Cilicia） 见库祖瓦德那。

西马图姆（Shimatum） 金瑞林的女儿、伊兰苏拉的国王哈亚苏穆的妻子。

西帕尔（Sippar） 巴比伦尼亚北部的古城，今伊拉克的哈巴丘（Abu Habba）。从公元前 3 千纪到公元前 1 千纪，一直有人居住，为太阳神沙马什（Shamash）的崇拜中心。出土了大量的古巴比伦、新巴比伦时代的经济文献泥板。

辛（Sin） 见南那。

辛加密尔（Sin-gamil） 狄尼克图的国王，与马里王金瑞林、巴比伦王汉谟拉比同时代。

欣那图那（Khinnatuna/ Khinnatuni/ Khinnatunu） 圣经中的哈那桑（Hannathon），为巴勒斯坦地区的城市，至今还不能确定遗址所在，可能为加利利地区的哈那顿丘（Tel Hanaton）。

亚赫顿林（Yahdun-Lim/ Iahdun-Lim） 马里的阿摩利人王朝的第二任国王，约公元前 1820—前 1796 年在位。在位期间，致力于国家建设，修筑新的防御城墙，挖掘一些灌溉沟渠，不断向外扩展马里的势力，曾经打到地中海海岸，迫使一些城市称臣纳贡。

亚穆特巴尔（Yamutbal） 居住在拉尔萨王国和努姆哈（Numha）以南地区的阿摩利部落。

亚斯马赫阿杜（Yasmah-Addu） 埃卡拉图王国国王沙马什阿达德一世的儿子，亚述占领马里后，被其父立为马里的国王，约公元前 1796—前 1776 年在位。此时正是西亚外交史上的马里时代，亚斯马赫阿杜为了处理国事，与父亲不断通信，从信中可以看出，亚斯马赫阿杜在马里的统治比较软弱，多次遭受其父训斥。沙马什阿达德一世死后，亚斯马赫阿杜被驱逐，马里复国。

亚述（Assyria） 两河流域北部的杰济拉（Jezirah）山区的称呼，来源于此地的城市阿淑尔（Assur）。在公元前 2 千纪、公元前 1 千纪，亚述被用来称呼中亚述、新亚述帝国的疆域。

雅瑞林（Yarim-Lim） 延哈德的国王，约公元前 1780—前 1764 年在位。在位期间，面对埃卡拉图王朝的国王沙马什阿达德一世的威胁，与巴比伦王汉谟拉比、埃什嫩那王伊巴尔皮埃尔二世结盟以对抗。他为马里王子金瑞林提供政治避难，在沙马什阿达德一世去世后，协助金瑞林复国。他统治时代，征服了一些城邦，势力抵达乌加里特、乌尔苏，成为西亚地区最有势力的国王之一。

延哈德（Yamhad） 公元前 2 千纪前半期阿勒颇（Kingdom of Aleppo）王国的名称，也是该王国首都的名称。

伊巴尔皮埃尔二世（Ibal-pi-el Ⅱ） 埃什嫩那的国王，约公元前 1779—前 1765 年在位。与巴比伦王汉谟拉比、马里王金瑞林同时代，是同时代西亚实力最强的国王之一。

伊比辛（Ibbi-Sin/Ibbi-Suen） 乌尔第三王朝末王，公元前 2026—前 2004 年在位。在位期间，国内地方势力坐大，外部受阿摩利人威胁，埃兰人入侵终结了乌尔第三王朝。

伊布布（Ibubu） 埃博拉官员，曾经写信给哈马兹的官员。

伊达马拉兹（Idamaraz） 哈布尔河与其支流甲甲河（the Jaghjagh River）之间的地区。

伊德里米（Idrimi） 阿拉拉赫（Alalakh）国王，约公元前

1460—前1400年在位。早年被米坦尼国王所流放，后成功复国，并创建了穆基什（Mukish）国，臣服于米坦尼。在位期间，进攻赫梯，与库祖瓦德那签订了条约。

伊尔卡博达穆（Irkab-damu） 埃博拉国王，约公元前2340年在位。在位期间，埃博拉逐渐走出衰弱的阴影，开始走向强盛。

伊兰苏拉（Ilan-Sura） 马里文献中提及的马里的附属国。

伊鲁舒马（Ilu-shuma） 早期亚述的统治者，约公元前1960—前1939年在位。

伊楠娜［Inanna/Innin/Ninni(n)］ 苏美尔女神，在阿卡德语中称为伊斯塔尔（Ishtar）。伊楠娜为爱神、战神，自从公元前3千纪与塞姆人的伊斯塔尔女神融合后，就变成与金星有关的女神了。其神庙遍布两河流域各地，但最重要的神庙是乌鲁克的埃安那（Eanna），其他重要的神庙在基什、尼尼微。

伊皮克阿达德二世（Ipiq-Adad Ⅱ） 埃什嫩那第十五任国王，约公元前1862—前1818年在位。在位期间，控制了整个迪亚拉河地区。

伊沙尔达穆（Ishar-damu） 埃博拉王国的末王，统治了35年，约公元前24世纪后半期在位。在位期间，埃博拉势力进一步强大，霸权达到极盛。

伊什赫阿杜（Ishhi-Addu） 卡特那国王，约公元前18世纪前半期在位，与埃卡拉图王朝的国王沙马什阿达德一世、伊什美达干一世同时代。在其统治时代，卡特那国力发展到顶峰，黎巴嫩地区的很多国家承认其霸权，巴勒斯坦地区的夏锁（Hazor）奉其为宗主。

伊什比埃拉（Ishbi-Erra） 伊辛第一王朝的开创者，约公元前2017—前1985年在位。早年在乌尔第三王朝从军，后来成为伊辛城的总督。利用乌尔第三王朝内忧外患的有利时机，他在伊辛宣布独立。埃兰人灭亡乌尔第三王朝后，他以乌尔第三王朝的继任者自居。

伊什美达干一世（Ishme-Dagan I） 埃卡拉图王国的国王沙马

什阿达德一世的儿子，埃卡拉图王朝的国王，约公元前1780—前1741年在位。沙马什阿达德一世把伊什美达干一世立为埃卡拉图的国王，从马里时代的信函可知，伊什美达干一世处事干练，军事领导能力强，深得其父欢心。沙马什阿达德一世死后，他继承了王位，最终亚述被巴比伦王汉谟拉比征服。

伊苏瓦（Ishuwa） 安纳托利亚西北部的国家，具体地点不详。

伊辛（Isin） 古老的苏美尔城市，今伊拉克的巴赫里亚特（Bahriyat）。从公元前5千纪就有人居住，但是直到乌尔第三王朝奔溃后才变成一个重要的城市。该城市是女神古拉（Gura或Ninisina）重要的崇拜地。在乌尔第三王朝奔溃后，伊什比埃拉（Ishbi-Erra）创立了伊辛第一王朝（约公元前2017—前1794年），统治了苏美尔、阿卡德地区。拉尔萨王朝兴起后，伊辛与拉尔萨长期争夺霸权。1794年，巴比伦王汉谟拉比征服伊辛。在伊辛王朝时代，苏美尔语是官方语言，苏美尔文化继续繁荣，编撰了大量的王室赞美诗。伊辛第二王朝（公元前1158—前1050年）结束了加喜特王朝的统治。

约尼（Yuni） 米坦尼王图什拉塔的妻子

尹巴图姆（Inbatum） 马里王金瑞林的女儿、阿拉哈德国与安达里格（Andarig）的国王阿塔伦的王后。曾经向金瑞林汇报王国的情势以及她丈夫的行为，在阿塔伦死后，写信要求金瑞林派人接她回马里。

扎布河（Upper and Lower Zab/ Great and Little Zab/two Zab Rivers） 底格里斯河的两条支流。大扎布河发源于安纳托利亚东南的群山之中，奔流426公里后，在摩苏尔附近汇入底格里斯河；小扎布河发源于伊朗的东北山区，流程达402公里，在伊拉克的拜伊吉（Baiji）附近汇入底格里斯河。底格里斯河与扎布河围成的区域，为亚述的发源地。

扎格罗斯山（Zagros Mountains） 两河流域东部、东南部的山，在伊朗、伊拉克形成了山脉。从伊朗西部绵延1500公里，直达霍尔木兹海峡。扎格罗斯山麓有众多谷地，这些谷地水源充沛，土壤肥沃，这成为两河流域远征掠夺的对象。而扎格罗斯山以西的埃兰人，历史上成为两河流域的重要竞争敌手，而库提人则侵入两河流域，灭亡了阿卡德王国。后来米底人、波斯人迁到扎格罗斯山麓的北部、东部居住。

扎南扎（Zannanza） 赫梯文献提及的派往埃及与埃及寡后安赫森娜蒙结婚的王子。

孜丹（Zidan） 泥板书信中写信给埃及法老的赫梯王子。

孜丹塔二世（Zidanta Ⅱ） 赫梯中王国的国王，约公元前 16 或前 15 世纪在位。

兹米尼库巴巴（Zimini-KUBABBAR） 埃博拉公主，嫁给了幼发拉底河地区的布尔曼国的国王。

兹特哈里亚（Zithariyash） 最初是哈梯人的神祇，是兹特哈拉（Zithara）城的主神，后来逐渐上升成赫梯国王的个人保护神，通常伴随着国王出征，其形象常与狩猎袋或者羊皮袋联系在一起。

孜孜（Zi-zi） 哈马兹国王，与埃博拉国王伊尔卡博达穆同时代。

中亚述时代（Middle Assyrian period） 约公元前 1400—前 1050 年，埃卡拉图王朝灭亡后，亚述变成周围国家的附属国，公元前 1400 年前后，亚述再次强盛，变成了西亚的一个大国。

祖加卢姆（Zugalum） 埃博拉公主，嫁给巴里赫平原北部地区的哈兰国的国王。

祖拉比（Zulabi） 赫梯文献中提及的国名或地名，具体位置不详。

附录三　公元前2千纪西亚北非各国年代表

<table>
<tr><th>时间</th><th colspan="2">埃及</th><th>赫梯</th><th>米坦尼</th><th>亚述</th><th>巴比伦</th></tr>
<tr><td>1750</td><td colspan="2">第2中间期（1750—1550）</td><td></td><td></td><td></td><td>古巴比伦</td></tr>
<tr><td></td><td>第14王朝（部分王名）
东三角洲
亚穆
亚克宾
卡瑞赫
阿木
塞斯
亚库巴赫尔</td><td>第13王朝末诸王</td><td></td><td></td><td></td><td>…
萨姆苏伊鲁那（1749—1712）
阿比埃舒赫（1711—1684）
阿米迪塔那（1683—1647）</td></tr>
<tr><td>1650</td><td>第15王朝（喜克索斯王朝）
萨利提斯
伯农
哈延
亚那什西</td><td>第16王朝（部分王名）
底比斯
杰胡提
孟图霍特普
尼比里拉乌
贝比安赫</td><td>哈图什里一世</td><td></td><td></td><td>阿米萨杜卡（1646—1626）
萨姆苏迪塔那（1625—1595）
加喜特王朝</td></tr>
<tr><td>1580</td><td></td><td>第17王朝
底比斯
拉霍特普
索贝克马萨夫一世
索贝克马萨夫二世
因太夫五世</td><td>穆尔什里一世</td><td></td><td></td><td></td></tr>
</table>

续表

时间	埃及		赫梯	米坦尼	亚述	巴比伦
	阿波菲斯 哈穆迪	因太夫六世 因太夫七世 阿赫摩斯一世 塔奥 卡摩斯				
1150	**第 18 王朝** 阿赫摩斯二世（1550—1529） 阿蒙霍特普一世（1525—1504） 图特摩斯一世（1504—1492） 图特摩斯二世（1492—1479） 哈特舍普苏特（1479—1458） 图特摩斯三世（1479—1425） 阿蒙霍特普二世（1425—1397） 图特摩斯四世（1397—1388） 阿蒙霍特普三世（1388—1350）		铁列平 … 图德哈里一世 …	… 苏塔尔那一世 … 绍沙塔尔 … 阿尔塔塔马一世	… 普祖尔阿淑尔三世 … 阿淑尔那丁阿赫一世（？—1431） 恩利尔那斯伊尔二世（1430—1425） 阿淑尔尼拉里二世（1424—1418） 阿淑尔贝尔尼塞舒（1417—1409） 阿淑尔瑞穆尼塞舒（1408—1401） 阿淑尔那丁阿赫二世（1400—1391）	… 阿古姆二世 布尔那布亚什一世 卡拉尹达什 卡达什曼哈尔贝一世 库里加尔祖一世

续表

时间	埃及	赫梯	米坦尼	亚述	巴比伦
	阿蒙霍特普四世 = 埃赫那吞（1350—1334）	苏皮鲁流马一世		埃里巴阿达德一世（1390—1364）	卡达什曼恩利尔一世
			苏塔尔那二世	阿淑尔乌巴里特一世（1363—1328）	布尔那布亚什二世
			图什拉塔		
	斯门卡拉 / 涅菲尔涅菲尔阿吞（？）				卡拉哈尔达什
	图坦卡吞 = 图坦卡蒙（1333—1323）				那兹布加斯
	阿伊（1323—1329）			恩利尔尼拉里（1327—1328）	库里加尔祖二世
	赫连姆赫布（1319—1292）		米提瓦扎		
	第19王朝	阿尔努瓦达二世		阿里克登伊里（1317—1306）	
	拉美西斯一世（1292—1290）		绍图阿拉一世	阿达德尼拉里一世（1305—1274）	那兹马鲁塔什
1295	塞提一世（1290—1279）	穆尔什里二世			
			瓦萨沙塔		卡达什曼图尔古
		穆瓦塔里二世			
	拉美西斯二世（1279—1213）				
		穆尔什里三世	绍图阿拉二世	沙尔马那沙尔一世（1273—1244）	
					卡达什曼恩利尔二世
		哈图什里三世			库杜尔恩利尔
				图库尔提尼努尔塔一世（1243—1207）	沙加拉克提舒亚什
					卡什提里亚什四世
		图德哈里四世			恩利尔那丁舒米
	美楞普塔（1213—1203）				

续表

时间	埃及	赫梯	米坦尼	亚述	巴比伦
	阿蒙美西斯（1203—1199）				卡达什曼哈尔贝二世 阿达德舒马伊迪那
	塞提二世（1199—1193）			阿淑尔那丁阿普里（1206—1203） 阿淑尔尼拉里三世（1202—1203）	阿达德舒马乌苏尔
	西普塔 / 陶斯瑞特（1193—1185）			恩利尔库杜里乌苏尔（1196—1192） 尼努尔塔阿皮尔埃库尔（1191—1179）	

注：表中的年代省去“公元前”的字样。

来源：根据 Karen Radner, Nadine Moeller and D. T. Potts, eds., *The Oxford History of the Ancient Near East, Volume III: From the Hyksos to the Late Second Millennium BC*, Oxford: Oxford University Press, 2022, xiv-xv 的表格删减而成。

图书在版编目（CIP）数据

阿马尔那时代西亚北非大国外交研究 / 袁指挥著
. -- 北京：社会科学文献出版社, 2024.2
中国历史研究院学术出版资助项目
ISBN 978-7-5228-2926-5

Ⅰ. ①阿… Ⅱ. ①袁… Ⅲ. ①外交史－研究－西亚－古代②外交史－研究－北非－古代 Ⅳ. ①D837.09 ②D841.09

中国国家版本馆CIP数据核字（2023）第230712号

中国历史研究院学术出版资助项目
阿马尔那时代西亚北非大国外交研究

著　　者 / 袁指挥

出 版 人 / 冀祥德
责任编辑 / 李丽丽
文稿编辑 / 梅怡萍
责任印制 / 王京美

出　　版 / 社会科学文献出版社·历史学分社（010）59367256
地址：北京市北三环中路甲29号院华龙大厦　邮编：100029
网址：www.ssap.com.cn
发　　行 / 社会科学文献出版社（010）59367028
印　　装 / 北京盛通印刷股份有限公司

规　　格 / 开　本：787mm×1092mm　1/16
印　张：42.25　插　页：1　字　数：650千字
版　　次 / 2024年2月第1版　2024年2月第1次印刷
书　　号 / ISBN 978-7-5228-2926-5
定　　价 / 138.00元

读者服务电话：4008918866